# 한국어 발음 교육의 실제

## •●● 황인권 黃仁權

　충남 보령 웅천 출생. 공주교육대학교와 한남대학교 국어교육과를 졸업했다. 한남대학교에서 석사학위를, 고려대학교에서 박사학위를 받았다. 저서로 『한국 방언 연구 : 충남편』 『초등국어의 표기와 발음』 등이, 논문으로 「충남 보령지역어의 음운연구」 외 다수가 있다. 초등학교 교사와 고려대학교, 공주교육대학교, 배재대학교, 한남대학교 강사를 역임했다.

# 한국어 발음 교육의 실제

초판 인쇄 · 2016년 11월 30일
초판 발행 · 2016년 12월 5일

지은이 · 황인권
펴낸이 · 한봉숙
펴낸곳 · 푸른사상사

편집 · 지순이, 김선도 | 교정 · 김수란
등록 · 1999년 7월 8일 제2-2876호
주소 · 경기도 파주시 회동길 337-16(서패동 470-6) 푸른사상사
　　　서울시 중구 을지로 148 중앙데코플라자 803호
대표전화 · 031) 955-9111~2 | 팩시밀리 · 031) 955-9114
이메일 · prun21c@hanmail.net
홈페이지 · http://www.prun21c.com

ⓒ 황인권, 2016
ISBN 979-11-308-1063-8　93710
값 32,000원

# 한국어 발음
# 교육의 실제

황인권

Actual
Pronunciation of
Korean
Education

푸른사상
PRUNSASANG

이 도서의 국립중앙도서관 출판예정도서목록(CIP)은 서지정보유통지원시스템 홈페이지(http://seoji.nl.go.kr)와
국가자료공동목록시스템(http://www.nl.go.kr/kolisnet)에서 이용하실 수 있습니다.(CIP제어번호: CIP2016028869)

　이 책은 우리말 표기부터 발음까지의 음운변화 과정에서 음운규칙 적용
에 따른 표준 발음과 비표준 발음을 정확히 이해하여, 표기와 발음에 대
한 표현 능력의 향상으로 올바른 언어생활에 도움이 되고자 하는 데 목적
이 있다(이하 '표준발음'과 '비표준발음'처럼 띄지 않고 붙여서 기술함.).

　언어는 시간의 흐름에 따라 발음도 변하고, 글자의 형태도 변하고, 낱
말의 의미도 변한다. 또 현재의 상황에서도 언어는 변화할 수 있고, 앞으
로도 계속 변화할 것이다. 이와 같이 언어의 변화 내용 중 이 글은 표기와
발음을 중심으로 기술한다.

　표기와 발음이 '나무[나무]'와 같이 같은 경우([ ]는 발음을 나타냄.)도
있고, '국물[궁물]'과 같이 다른 경우도 있다. 전자는 바르게 표기만 하면
어려움이 없지만, 후자는 표기와 발음이 다르기 때문에 헷갈리는 경우도
있다. 이 글에서는 후자의 내용을 중심으로 기술한다. 표기와 발음의 이
론적 내용과 관련하여 제1장은 국어의 자음과 모음, 제2장은 표기의 음운
변화와 관련된 내용과 용어, 제3장은 표기와 발음에 관한 음운규칙 등을

기술한다. 제4장은 표기의 음운변화에 따른 음운규칙 적용과 발음 교육의 실제에 대해 기술한다. 이는 국어의 단어를 중심으로, 음운변화 과정(이하 '음운변화과정'과 같이 붙여 기술함.)에서 각 단계별로 음운규칙 적용에 따른 표준발음과 비표준발음을 정확히 이해하는 데 중점을 둔다. 이와 같은 내용은 현행 표준 발음법(이하 '현행'은 생략하고, '표준발음법'이라고 붙여서 기술함.)을 배경으로 기술한다.

이 글을 마무리하기까지 자료 수집, 검토, 교정 등에 많은 수고를 해 준 이세희, 최미숙, 황화연 님들에게 진심으로 감사를 드린다.

『초등국어의 표기와 발음』에 이어 두 번째로 내 청을 흔쾌하게 받아 준 푸른사상사의 한봉숙 대표님께 진심으로 감사드리고, 또 이 글이 한 권의 멋진 책이 되기까지 많은 수고를 해 준 편집부 식구들에게도 진심으로 감사드린다.

2016년 11월
雲峰 씀

한국어 발음 교육의 실제

# 제3장 • 표기와 발음에 관한 음운규칙

한국어 발음 교육의 실제

# 국어의 **자음과 모음**

# 제1장 ● 국어의 **자음과 모음**

국어의 자음(子音)을 '닿소리'라고도 하고, 국어의 모음(母音)을 '홀소리'라고도 한다.

(1) ㄱ. ㄱ(기역)　　ㄴ(니은)　　ㄷ(디귿)　　ㄹ(리을)　　ㅁ(미음)

　　　ㅂ(비읍)　　ㅅ(시옷)　　ㅇ(이응)　　ㅈ(지읒)　　ㅊ(치읓)

　　　ㅋ(키읔)　　ㅌ(티읕)　　ㅍ(피읖)　　ㅎ(히읗)

　　　ㅏ(아)　　　ㅑ(야)　　　ㅓ(어)　　　ㅕ(여)　　　ㅗ(오)

　　　ㅛ(요)　　　ㅜ(우)　　　ㅠ(유)　　　ㅡ(으)　　　ㅣ(이)

　　ㄴ. ㄲ(쌍기역)　ㄸ(쌍디귿)　ㅃ(쌍비읍)　ㅆ(쌍시옷)　ㅉ(쌍지읒)

　　　ㅐ(애)　　　ㅒ(얘)　　　ㅔ(에)　　　ㅖ(예)　　　ㅘ(와)

　　　ㅙ(왜)　　　ㅚ(외)　　　ㅝ(워)　　　ㅞ(웨)　　　ㅟ(위)

　　　ㅢ(의)

(1ㄱ)은 한글맞춤법 제4항에 규정하고 있다. 이 규정은 한글 자모의 수를 스물넉 자로 하고, 그 순서와 이름은 보기와 같이 한다는 내용이다.

(1ㄴ)은 한글맞춤법 제4항 [붙임1]에 규정하고 있다. 이 규정은 (1ㄱ)의 자모로써 적을 수 없는 소리는 두 개 이상의 자모를 어울려서 적되, 그 순서와 이름은 보기와 같이 정한다는 내용이다.

(2) ㄱ ㄲ ㄴ ㄷ ㄸ ㄹ ㅁ ㅂ ㅃ ㅅ ㅆ ㅇ ㅈ ㅉ ㅊ ㅋ ㅌ ㅍ ㅎ

(2)는 표준발음법 제2항에 규정하고 있다. 이 규정은 표준어의 자음을 19개로 한다는 내용이다.

(3) ㅏ ㅐ ㅑ ㅒ ㅓ ㅔ ㅕ ㅖ ㅗ ㅘ ㅙ ㅚ ㅛ ㅜ ㅝ ㅞ ㅟ ㅠ ㅡ ㅢ ㅣ

(3)은 표준발음법 제3항에 규정하고 있다. 이 규정은 표준어의 모음을 21개로 한다는 내용이다.

# ① 국어의 자음

국어의 자음은 조음위치(調音位置, place of articulation)에 따라 순음·치경음·구개음·연구개음·후두음 등으로 분류하고, 조음방법(調音方法, manner of articulation)에 따라 파열음·파찰음·마찰음·비음·유음 등으로 분류한다.

## 1) 순음(脣音, labial)

순음은 두 입술이 맞닿아서 내는 자음을 말하는데, 이를 입술소리 또는 두입술소리(양순음 : 兩脣音, bilabial)라고도 한다. 국어 자음 중의 순음은 'ㅂ, ㅃ, ㅍ, ㅁ' 등이 있다.

## 2) 치경음(齒莖音, alveolar)

치경음은 혀끝(설단 : 舌端)을 잇몸(치경)에 대고 내는 자음을 말하는데, 이를 잇몸소리 또는 치조음(齒槽音)이라고도 한다. 국어 자음 중의 치경음은 'ㄷ, ㄸ, ㅌ, ㅅ, ㅆ, ㄴ, ㄹ' 등이 있다.

## 3) 구개음(口蓋音, palatal)

구개음은 혀의 앞부분(전설 : 前舌)을 센입천장(경구개 또는 단단한 입천장)에 대거나 접근시켜서 내는 자음을 말하는데, 이를 입천장소리 또는 센입천장소리(경구개음 : 硬口蓋音)라고도 한다. 국어 자음 중의 구개음은

'ㅈ, ㅉ, ㅊ' 등이 있다.

## 4) 연구개음(軟口蓋音, velar)

연구개음은 혀의 뒷부분(설배 : 舌背)과 여린입천장(연구개 또는 연하거나 부드러운 입천장)에서 내는 소리를 말하는데, 이를 여린입천장소리라고도 한다. 국어 자음 중의 연구개음은 'ㄱ, ㄲ, ㅋ, ㅇ' 등이 있다.

## 5) 후두음(喉頭音, glottal)

후두음은 인두(咽頭)의 벽과 혀뿌리(설근 : 舌根)를 마찰하여 내는 소리를 말하는데, 이를 목구멍소리·목청소리·성대음(聲帶音)·성문음(聲門音)·성문폐쇄음(聲門閉鎖音)·후음(喉音) 등이라고도 한다. 국어 자음 중의 후두음은 'ㅎ'이 있다.

## 6) 파열음(破裂音, plosive)

파열음은 입안의 어느 곳을 완전히 막고 기류(氣流)를 압축시켰다가 터뜨리는 소리를 말하는데, 이를 터짐소리나 폐쇄음(閉鎖音) 또는 정지음(停止音, stop)이라고도 한다. 국어 자음 중의 파열음은 'ㄱ, ㄲ, ㅋ, ㄷ, ㄸ, ㅌ, ㅂ, ㅃ, ㅍ' 등이 있다.

## 7) 파찰음(破擦音, affricate)

파찰음은 터짐소리처럼 기류를 완전히 막았다가 터뜨릴 때는, 터짐소리와 달리 서서히 터뜨려서 갈이소리처럼 마찰이 생기게 하여 내는 소리를 말하는데, 이를 터짐갈이소리라고도 한다. 국어 자음 중의 파찰음은 'ㅈ, ㅉ, ㅊ' 등이 있다.

## 8) 마찰음(摩擦音, fricative, spirant)

마찰음은 두 발음기관의 사이(조음점과 조음체)를 완전히 막지 않고, 아주 좁은 틈을 남겨 놓아 기류가 그 사이로 빠져나가게 하여 마찰을 일으켜 내는 소리를 말하는데, 이를 갈이소리라고도 한다. 조음점(調音點)은 자음의 소리 나는 위치와 관련된 기관 가운데 조음체가 접근하는 자리로서, 윗입술·윗니·윗잇몸·입천장 등과 같이 스스로 움직이지 못하는 발음기관을 말한다. 조음체(調音體)는 자음을 만들어 내는 과정에서 능동적으로 움직여 조음점에 접근하는 발음기관으로서, 혀·아랫입술 등이 있다. 국어 자음 중의 갈이소리는 'ㅅ, ㅆ, ㅎ' 등이 있다.

## 9) 비음(鼻音, nasal)

비음은 콧속(비강 : 鼻腔)으로 통하는 통로가 열린 상태에서 내는 소리, 즉 입안의 통로를 막고 코로 공기를 내보내면서 내는 소리를 말하는데, 이를 콧소리라고도 한다. 국어 자음 중의 비음은 'ㄴ, ㅁ, ㅇ' 등이 있다.

## 10) 유음(流音, liquid)

유음은 자음 중 기류가 가장 적게 장애를 받으면서 내는 소리를 말하는데, 이를 흐름소리라고도 한다. 국어 자음 중의 유음은 'ㄹ'이 있다.

## 11) 평음(平音)

평음은 입안(구강 : 口腔) 내부의 기압 및 발음기관의 긴장도가 낮아 약하게 터지는 소리를 말하는데, 이를 예사(例事)소리라고도 한다. 국어 자음 중의 평음은 'ㄱ, ㄷ, ㅂ, ㅅ, ㅈ' 등이 있다. 'ㅎ'은 평음으로 보는 견해도 있고, 격음으로 보는 견해도 있다. 이 글의 국어 자음체계에서는 'ㅎ'을 평음으로 기술한다.

## 12) 경음(硬音)

경음은 목구멍 근육을 긴장하거나 성문을 폐쇄하여 내는 소리를 말하는데, 이를 된소리라고도 한다. 국어 자음 중의 경음은 'ㄲ, ㄸ, ㅃ, ㅆ, ㅉ' 등이 있다.

## 13) 격음(激音)

격음은 숨이 거세게 나오는 터짐소리를 말하는데, 이를 거센소리나 유기음(有氣音) 또는 기음(氣音)이라고도 한다. 국어 자음 중의 격음은 'ㅋ, ㅌ, ㅊ, ㅍ' 등이 있다.

**표 1** 국어의 자음체계

| 조음방법 \ 조음위치 | | 순음 | 치경음 | 구개음 | 연구개음 | 후두음 |
|---|---|---|---|---|---|---|
| 파열음 | 평음 | ㅂ | ㄷ | | ㄱ | |
| | 경음 | ㅃ | ㄸ | | ㄲ | |
| | 유기음 | ㅍ | ㅌ | | ㅋ | |
| 파찰음 | 평음 | | | ㅈ | | |
| | 경음 | | | ㅉ | | |
| | 유기음 | | | ㅊ | | |
| 마찰음 | 평음 | | ㅅ | | | ㅎ |
| | 경음 | | ㅆ | | | |
| 비음 | | ㅁ | ㄴ | | ㅇ | |
| 유음 | | | ㄹ | | | |

한국어 발음 교육의 실제

## ② 국어의 모음

국어 모음의 분류 기준은 혀의 위치와 입술 모양으로 결정된다. 혀의 위치는 혀의 높낮이와 앞뒤의 위치로 구분한다. 이 중 혀의 높낮이로는 고모음, 중모음, 저모음 등으로 구분한다. 혀의 앞뒤의 위치로는 전설모음, 후설모음 등으로 구분한다. 입술모양의 경우는 원순모음과 평순모음으로 구분한다.

### 1) 고모음(高母音, high vowel)

고모음은 혀의 위치가 가장 높은 경우, 즉 혀가 입천장에 가장 가까운 위치에서 실현되는 소리를 말하는데, 이를 높은홀소리라고도 한다. 국어 모음 중의 고모음은 'ㅣ, ㅟ, ㅡ, ㅜ' 등이 있다.

### 2) 중모음(中母音, mid vowel)

중모음은 고모음과 저모음의 중간에서 실현되는 소리를 말하는데, 이를 가운데홀소리라고도 한다. 국어 모음 중의 중모음은 'ㅔ · ㅚ · ㅓ · ㅗ' 등이 있다.

### 3) 저모음(低母音, low vowel)

저모음은 고모음의 반대로 실현되는 소리를 말하는데, 이를 낮은홀소리라고도 한다. 국어 모음 중의 저모음은 'ㅐ, ㅏ' 등이 있다.

### 4) 전설모음(前舌母音, front vowel)

전설모음은 혀의 앞부분에서 실현되는 소리를 말하는데, 이를 앞홀소리라고도 한다. 국어 모음 중의 전설모음은 'ㅣ, ㅔ, ㅐ, ㅟ, ㅚ' 등이 있다.

## 5) 후설모음(後舌母音, back vowel)

후설모음은 혀의 뒷부분에서 실현되는 소리를 말하는데, 이를 뒤홀소리라고도 한다. 국어 모음 중의 후설모음은 'ㅡ, ㅓ, ㅏ. ㅜ, ㅗ' 등이 있다.

## 6) 원순모음(圓脣母音, rounded vowel)

원순모음은 입술을 둥글게 하고, 동시에 입술을 앞으로 쭉 내밀면서 내는 소리를 말하는데, 이를 둥근홀소리라고도 한다. 국어 모음 중의 원순모음은 'ㅜ, ㅗ, ㅟ, ㅚ' 등이 있다.

## 7) 평순모음(平脣母音, unrounded vowel)

평순모음은 원순모음과는 반대로 실현되는 소리를 말하는데, 이를 안둥근홀소리 또는 비원순모음(非圓脣母音)이라고도 한다. 국어 모음 중의 평순모음은 'ㅣ, ㅔ, ㅐ, ㅡ, ㅓ, ㅏ' 등이 있다.

**표 2** 국어의 모음체계

| 혀의 위치 | 전설모음 | | 후설모음 | |
|---|---|---|---|---|
| 입술 모양 / 혀의 높낮이 | 평순모음 | 원순모음 | 평순모음 | 원순모음 |
| 고모음 | ㅣ | ㅟ | ㅡ | ㅜ |
| 중모음 | ㅔ | ㅚ | ㅓ | ㅗ |
| 저모음 | ㅐ | | ㅏ | |

한국어 발음 교육의 실제

## 8) 단모음(單母音)과 이중모음(二重母音)과 반모음(半母音, semi-vowel)

(4) ㅏ  ㅐ  ㅓ  ㅔ  ㅗ  ㅚ  ㅜ  ㅟ  ㅡ  ㅣ

　(4)는 표준발음법 제4항에 규정되어 있다. 이 규정은 보기를 단모음으로 발음한다는 내용이다. 이 중 'ㅚ, ㅟ'는 이중모음으로 발음할 수 있다.(제4항 [붙임]) 단모음이란 모음을 발음할 때 처음부터 끝까지 같은 음성으로 실현되는 모음을 말하는데, 이를 홑홀소리라고도 한다.

(5) ㅑ  ㅒ  ㅕ  ㅖ  ㅘ  ㅙ  ㅛ  ㅝ  ㅞ  ㅠ  ㅢ

　(5)는 표준발음법 제5항에 규정되어 있다. 이 규정은 (5)를 이중모음으로 발음한다는 내용이다. 이중모음이란 소리를 내는 도중에 입술 모양이나 혀의 위치가 처음과 나중이 달라지는 모음을 말한다. 이를 거듭홀소리, 겹홀소리, 복모음(複母音), 중모음(重母音) 등이라고도 한다. 보기 중 'ㅑ[ja]', 'ㅛ[jo]', 'ㅘ[wa]', 'ㅝ[wɔ]' 등을 이중모음으로 발음할 경우에 'ㅑ(ㅣ + ㅏ)', 'ㅛ(ㅣ + ㅗ)', 'ㅘ(ㅗ + ㅏ)', 'ㅝ(ㅜ + ㅓ)' 등과 같이 분석할 수 있다.([  ]는 발음을 나타냄.) 이 경우에 괄호 안의 '+' 앞에 있는 'ㅣ'와 'ㅗ', 'ㅜ' 등은 모음이 아닌 반모음이다. 이와 같은 반모음(半母音)을 앞의 발음에서는 반모음 'ㅣ'를 [j]로, 반모음 'ㅗ'와 'ㅜ'를 [w]로 나타내었다. 그런데 반모음 [j]를 [y]로 나타내기도 한다. 그러므로 반모음은 모음과는 달리 혼자 음절(音節)을 이루지 못하고, 보기와 같이 모음과 결합하여 이중모음으로 실현된다.

# 제 2 장

# 표기의 음운변화와 관련된 내용과 용어

# ❶ 음소와 음절

음운(音韻)이란 말의 뜻을 구별하여 주는 소리의 가장 작은 단위를 말한다. 음운은 음소(音素, 낱소리)와 운소(韻素)로 구분된다. 음소에는 자음과 모음이 있다. 자음의 예를 들면, '강'과 '방'은 뜻이 다르다. 이 경우에 두 단어의 뜻을 구별하는 것은 두 단어의 첫소리 'ㄱ'과 'ㅂ'이 다르기 때문이다. 그러므로 'ㄱ', 'ㅂ' 등과 같은 자음을 음소 또는 낱소리라고도 한다. 모음의 예를 들면, '너'와 '나'도 뜻이 다르다. 이 경우는 모음 'ㅓ'와 'ㅏ'가 다르기 때문이다. 그러므로 'ㅓ', 'ㅏ' 등과 같은 모음을 음소라고 한다. 운소는 소리의 높낮이, 길이, 세기 등이 있다. 이 중 표준발음법에서는 음의 길이만을 운소로 규정하고 있다. 예를 들면, '밤[밤]'과 '밤[밤:]'의 경우에 발음의 길이에 따라 두 낱말의 뜻이 다르다. 이 경우에 소리의 길이를 운소라고 한다.

음절(音節)이란 음소가 모여서 이루어진 소리의 한 덩어리를 말하는데, 이를 소리마디라고도 한다.

(6) ㄱ. 아 야 어 여 오 요 우 유 …
ㄴ. 악 약 억 역 옥 욕 욱 육 …
ㄷ. 가 갸 거 겨 고 교 구 규 …
ㄹ. 갈 걀 걸 곌 골 굴 귤 …

(6)은 한 음절을 여러 유형으로 나타낸 경우이다.

(6ㄱ)은 모음인 중성만으로 음절이 이루어진 경우이고, (6ㄴ)은 모음

인 중성과 자음인 종성으로 음절이 이루진 경우이고, (6ㄷ)은 자음인 초성과 모음인 중성으로 음절이 이루어진 경우이고, (6ㄹ)은 자음인 초성과 모음인 중성과 자음인 종성으로 음절이 이루어진 경우이다. 국어의 모음은 '아ㆍ어' 등과 같이 스스로 한 음절을 이루지만, 국어의 자음은 'ㄱㆍㄴ' 등과 같이 스스로 한 음절을 이룰 수 없고, '가ㆍ나' 등과 같이 모음과 결합하여 한 음절을 이룰 수 있다. 국어의 한 음절은 '감'의 경우에 '감→ㄱ+ㅏ+ㅁ'과 같이 자음과 모음으로 분석할 수 있다.('+'는 음절이나 음소의 경계를 나타냄.) 이 중 'ㄱ'을 첫소리(초성 : 初聲), 모음 'ㅏ'를 가운뎃소리(중성 : 中聲), 받침 'ㅁ'을 끝소리(종성 : 終聲, 또는 말음 : 末音)라고 한다. 따라서 국어의 경우에 한 음절은 '아ㆍ어' 등과 같이 모음으로만 이루어지는 경우, '가ㆍ나' 등과 같이 자음과 모음으로 이루어지는 경우, '감ㆍ강' 등과 같이 자음과 모음, 그리고 자음으로 이루어지는 경우 등과 같이 구분할 수 있다. 물론 가운뎃소리는 '야ㆍ여' 등과 같이 반모음과 모음이 결합된 이중모음인 경우도 있고, 끝소리에는 '밖, 있-' 등과 같이 쌍받침인 경우와 '값, 몫' 등과 같이 겹받침인 경우도 있다.

이 글에서는 음절과 음절이 결합되어 '국물'과 같이 두 음절인 경우에 '국-'을 제1음절, '-물'을 제2음절이라고 기술한다. 또 이 경우에 제1음절인 '국-'을 앞 음절, 제2음절인 '-물'을 뒤 음절이라고도 한다. 또 제1음절의 모음 'ㅜ'('국-'의 'ㅜ')와 제2음절의 모음 'ㅜ'('-물'의 'ㅜ') 사이에 있는 두 개의 자음 중 'ㄱ'('국'의 받침)을 앞 끝소리, 'ㅁ'('물'의 첫소리)을 뒤 첫소리라고 한다. '음악'의 경우에 앞 음절인 '음-'의 받침 'ㅁ'은 앞 끝소리이고, '-악'의 모음 'ㅏ'는 뒤 모음이라고 한다.

## ② 자음접변(子音接變)

앞 끝소리(제1음절 받침)와 뒤 첫소리(제2음절 첫소리)가 있는 두 음절이 결합되는 경우에 '신문[신문]'과 같이 소리가 변하지 않는 경우(표기와 발음이 같음.)가 있고, '국물[궁물]'과 같이 소리가 변하는 경우(표기와 발음이 다름.)도 있다. 후자와 같이 두 모음 사이에 있는 'ㄱ'과 'ㅁ'이 서로 이어져 소리가 변화하는 것을 자음접변이라고 하는데, 이를 닿소리이어바뀜이라고도 한다. 이 내용과 관련하여 이 글에서는 '국물[궁물]'과 같이 자음접변이 실현될 수 있는 경우를 '자음접변의 환경'이라고 기술한다. '국물'과 같은 경우에는 앞 끝소리 'ㄱ'이 뒤 첫소리 'ㅁ'에 동화되어 비음인 [ㅇ]으로 실현되기 때문에, 이는 자음동화로서 비음화에 해당된다. 국어의 경우에 자음동화는 소리 내는 방법에 따라 비음화와 유음화로 구분하고, 소리 나는 위치에 따라 순음화와 구개음화 및 연구개음화로 구분한다. 이에 대해서는 관련된 각 항에서 기술한다.

## ③ 표기의 음운변화과정과 음운규칙 적용

표기의 음운변화과정이란 표기와 발음이 다른 경우(예 : 국물[궁물])에, 표기의 자음이나 모음이 다른 소리로 바뀌는 과정을 말한다. 즉 자음이나 모음이 달라진 경우이다. 표기의 자음이 변화된 경우에는 자음에 관한 규칙이 적용되고, 모음이 변화된 경우에는 모음에 관한 규칙이 적용된다. 이 음운변화과정에서 적용되는 자음에 관한 규칙은 말음법칙, 절음법칙, 비음화, 유음화, 순음화, 구개음화, 연구개음화, 격음화, 경음화, 마찰음화, 자음탈락, 동서열자음탈락, 자음첨가 등이 있다. 모음에 관한 규칙은 단모음화, 이중모음화 등이 있다. 이 외에 연음법칙이 있다.

표기의 음운변화과정에 따른 음운규칙 적용이란 하나의 단어(이하 설명이나 보기에서 '단어와 조사나 기타' 등이 결합된 경우도 포함됨.)에 대해 표기부터 발음까지 소리가 달라진 과정을 각 단계별로 구분했을 때에, 각 단계별로 소리의 변화에 해당되는 음운규칙이 적용된 과정을 말한다. 즉 위와 같은 규칙들이 각 단계별로 적용되는 경우를 말한다.

표기의 음운변화과정에서 각 단계별이란 'A → B → C'와 같이 기술하는 것을 말한다. 이 경우는 두 단계를 나타낸 것이다. 즉 화살표('→') 하나가 한 단계를 나타낸다. 이 중 'A'는 하나의 단어에 대한 표기이고, 화살표(→)는 소리의 변화 전·후를 나타내고, 'B'는 'A'(표기)에서 1단계로 변화된 것을 나타내고, 마지막 단계인 'C'는 발음을 나타낸다. 따라서 이 경우에는 표기(A)부터 발음(C)까지 두 단계의 음운규칙이 적용된다. 즉 1단계는 'A → B'와 같이 'A'가 'B'로 소리가 달라진 경우에, 달라진 내용에 해당되는 음운규칙이 적용된다. 2단계('B → C')는 'B'가 'C'로 소리가 달라진 경우에, 달라진 내용에 해당되는 음운규칙이 적용된다. 물론 단어에 따라서는 표기부터 발음까지 '1단계'만 적용되거나 또는 '2단계' 이상 적용되는 경우도 있다. 예를 들면, 앞의 보기 '국물'은 [궁물]과 같이 자음접변의 환경에서 앞 끝소리 'ㄱ'이 뒤 첫소리 'ㅁ'을 닮아 비음인 [ㅇ]으로 발음된 경우인데, 이는 한 단계만 적용된다. 그러므로 '국물'이 '국물 → 궁물'과 같은 음운변화과정에서 1단계는 'ㄱ → ㅇ(국- → 궁-)'과 같이 'ㄱ'에 콧소리되기가 적용된다. 이 경우 'ㄱ'에 콧소리되기가 적용된다는 것은, 'ㄱ'이 [ㅇ]으로 비음화가 실현되기 때문에 음운변화과정에서 비음화 규칙이 적용된다는 것을 의미한다.(이하 '같은 의미'로 기술함.) 그런데 음운변화과정이 '국물'과 같이 한 단계인 경우에는 '1단계'란 말을 생략하기도 한다. 물론 하나의 보기에 대해 두 가지 이상의 음운변화과정이 가능한 경우도 있지만, 이 글에서는 하나의 음운변화과정만 기술한다. 예를 들면 '몸짓'의 경우에 '몸짓 → 몸찟 → 몸찓'과 '몸짓 → 몸짇 → 몸찓'과 같이 두 가지의 음운변화과정이 가능하다. 전자는 1단계에 'ㅈ → ㅉ(-짓 → -찟)'과 같이 'ㅈ'에 경음화가 적용되고, 2단계는 'ㅅ → ㄷ(-찟 → 찓)'과 같이 'ㅅ'에 말음법칙이 적용된다. 즉 음절 순서에 따라 음운규칙이 적용된 경우이다. 후자는 1단계에 'ㅅ → ㄷ(-짓 → -짇)'과 같이 'ㅅ'에 말음법칙이 적용되고, 2

단계는 'ㅈ → ㅉ(-짇 → -찓)'과 같이 'ㅈ'에 경음화가 적용된다. 이 경우에 음운규칙 적용 순서는 다르지만, 표기인 '몸짓'에 대해 표준발음인 [몸찓] 은 같다.

음절 순서에 따른 변화과정에서 음절 순서란 두 음절인 경우에 앞 음절 의 첫소리나 가운뎃소리 또는 끝소리에 적용되는 규칙이 있으면 먼저 순서 대로 적용한 후에, 뒤 음절 첫소리나 가운뎃소리 또는 끝소리에 순서대로 규칙을 적용하는 것을 말한다. 즉 이는 '앞 음절 첫소리 → 가운뎃소리 → 끝소리 → 뒤 음절 첫소리 → 가운뎃소리 → 끝소리' 등과 같은 순서에서 적 용할 규칙이 있으면 적용하고, 해당되는 규칙이 없으면 다음 단계로 이어 지면서 해당되는 규칙을 적용하는 경우를 말한다. 앞의 '몸짓'에서는 '-짓' 의 'ㅈ'('ㅈ → ㅉ')과 'ㅅ'('ㅅ → ㄷ')이 모두 변화하지만, 'ㅈ'이 뒤 음절 첫소 리이고 'ㅅ'이 뒤 음절 끝소리이기 때문에 'ㅅ'보다는 'ㅈ'이 먼저 음운규칙 에 적용된 경우이다.

따라서 이 글에서는 음절 순서에 따른 음운변화과정을 중심으로 기술하 되, 비표준발음과 자음첨가 또는 일부 복수표준발음 등에서는 다른 음운변 화과정을 기술한다. 좀 더 상세한 내용은 해당되는 각 항에서 기술한다.

### ❹ 순행동화(順行同化)와 역행동화(逆行同化)와 상호동화 (相互同化)

동화(同化)란 앞 끝소리와 뒤 모음이나 첫소리가 결합되는 경우에, 어느 한쪽이나 양쪽이 영향을 받아 비슷하거나 같은 소리로 바뀌는 현상을 말하 는데, 이를 닮음이라고도 한다. 순행동화란 자음접변의 환경에서 뒤 첫소 리가 앞 끝소리를 닮아 소리가 바뀌는 현상을 말하는데, 이를 내리닮음이 라고도 한다. 역행동화란 앞 끝소리가 뒤 모음이나 첫소리를 닮아 소리가 바뀌는 현상을 말하는데, 이를 치닮음이라고도 한다. 상호동화란 자음접변

한국어 발음 교육의 실제

의 환경에서 앞 끝소리와 뒤 첫소리가 서로 영향을 끼쳐 두 자음이 모두 변화하는 것을 말하는데, 이를 서로닮음이라고도 한다.

(7) ㄱ. 물놀이[물로리]　　칼날[칼랄]　　종로[종노]
　　ㄴ. 국물[궁물]　　　　닫는[단는]　　잡는[잠는]
　　ㄷ. 물난리[물랄리]
　　ㄹ. 백리[뱅니]　　　　협력[혐녁]

(7ㄱ)은 순행동화인 경우이다. '물놀이'는 자음접변의 환경에서 [물로리]와 같이 뒤 첫소리 'ㄴ'이 앞 끝소리 'ㄹ'을 닮아 'ㄴ'이 [ㄹ]로 발음된 경우이다. '종로'는 자음접변의 환경에서 [종노]와 같이 뒤 첫소리 'ㄹ'이 앞 끝소리 'ㅇ'을 닮아 'ㄹ'이 [ㄴ]으로 발음된 경우이다.

(7ㄴ)은 역행동화인 경우이다. '국물'은 자음접변의 환경에서 [궁물]과 같이 앞 끝소리 'ㄱ'이 뒤 첫소리 'ㅁ'을 닮아 'ㄱ'이 [ㅇ]으로 발음된 경우이다. '닫는'은 자음접변의 환경에서 [단는]과 같이 앞 끝소리 'ㄷ'이 뒤 첫소리 'ㄴ'을 닮아 'ㄷ'이 [ㄴ]으로 발음된 경우이다. '잡는'은 자음접변의 환경에서 [잠는]과 같이 앞 끝소리 'ㅂ'이 뒤 첫소리 'ㄴ'을 닮아 'ㅂ'이 [ㅁ]으로 발음된 경우이다.

(7ㄷ)의 '물난리'[물랄리]는 제2음절 '-난-'을 중심으로 순행동화와 역행동화처럼 두 가지의 자음동화가 실현된 경우이다. 순행동화는 '물난-'과 같은 자음접변의 환경에서 [물란]과 같이 뒤 첫소리 'ㄴ'이 앞 끝소리 'ㄹ'을 닮아 'ㄴ'이 [ㄹ]로 발음된 경우이다. 역행동화는 '-난리'와 같은 자음접변의 환경에서 [날리]와 같이 앞 끝소리 'ㄴ'이 뒤 첫소리 'ㄹ'을 닮아 'ㄴ'이 [ㄹ]로 발음된 경우이다.

(7ㄹ)은 상호동화인 경우이다. '백리'가 '백리 → 백니 → 뱅니'와 같은 음운변화과정에서 1단계는 'ㄹ → ㄴ(-리 → -니)'과 같이 'ㄹ'에 비음화가 적용되고, 2단계는 'ㄱ → ㅇ(백- → 뱅-)'과 같이 'ㄱ'에 비음화가 적용된다.

이 경우에 표기는 '백리'이고, 표준발음은 [뱅니]이다. 즉 표기와 표준발음이 다른 경우이다. '협력'이 '협력 → 협녁 → 혐녁'과 같은 음운변화과정에서 1단계는 'ㄹ → ㄴ(-력 → -녁)'과 같이 'ㄹ'에 비음화가 적용되고, 2단계는 'ㅂ → ㅁ(협- → 혐-)'과 같이 'ㅂ'에 비음화가 적용된다. 이 경우에 표기는 '협력'이고, 표준발음은 [혐녁]이다. 즉 표기와 표준발음이 다른 경우이다.

한국어 발음 교육의 실제

# 제 3 장

# 표기와 발음에 관한 **음운규칙**

이 장에서는 학술적인 고찰보다 표준발음법을 중심으로 표기부터 발음까지 음운변화과정에서 각 단계별로 적용되는 음운규칙 등에 대해서 기술한다.

국어 자음의 음운변화와 관련된 음운규칙으로는 말음법칙, 연음법칙, 절음법칙, 비음화, 유음화, 순음화, 구개음화, 연구개음화, 격음화, 경음화, 마찰음화, 자음탈락, 동서열자음탈락, 자음첨가 등을 기술한다. 국어 모음의 음운변화와 관련된 음운규칙으로는 단모음화, 이중모음화 등을 기술한다.

## ❶ 말음법칙

말음법칙(末音法則)이란 우리말의 받침소리가 'ㄱ, ㄴ, ㄷ, ㄹ, ㅁ, ㅂ, ㅇ' 등과 같이 7개의 자음으로만 실현되는 현상을 말한다.(표준발음법 제8항) 이를 받침규칙이나 종성규칙이라고도 하는데, 이 규칙은 음절말(音節末, 음절 끝)에서 분포 제약을 의미한다. 즉 음절말에서는 하나의 자음만이 분포될 수 있고, 또 그 자리에 올 수 있는 음소도 위와 같이 7개의 자음으로 한정되어 있다. 받침 'ㄲ · ㅋ' 등은 [ㄱ]으로, 받침 'ㅅ · ㅆ · ㅈ · ㅊ · ㅌ' 등은 [ㄷ]으로, 'ㅍ'은 [ㅂ]으로 발음한다. 이 경우에 [ㄱ], [ㄷ], [ㅂ] 등을 대표음이라고 한다. 표기는 '부엌, 꽃, 잎, 밭, 값, 흙' 등과 같이 음절 끝에 'ㅋ, ㅊ, ㅍ, ㅌ, ㅄ, ㄺ' 등이 올 수 있다. 그러나 발음은 '[부억], [꼳], [입], [받], [갑], [흑] 등과 같이 위의 7개의 자음으로만 발음한다. 국어의 경우에 표기와 발음이 '나무[나무]'와 같이 같은 경우도 있고, '국물[궁물]'과 같이 다른 경우도 있기 때문에, 말음법칙에 따른 표기와 발음을 정확하게 구별하는 것이 매우 중요하다.

(8) ㄱ. 닭다[닥따]       키읔[키윽]       키읔과[키윽꽈]
    ㄴ. 옷[옫]         웃다[욷:따]       있다[읻따]
      젖[젇]         빗다[빋따]       꽃[꼳]
      쫓다[쫃따]      솥[솓]         뱉다[밷:따]
    ㄷ. 앞[압]         덮다[덥따]

(8)은 표준발음법 제9항에 규정되어 있다. 이 규정은 받침 'ㄲ·ㅋ', 'ㅅ·ㅆ·ㅈ·ㅊ·ㅌ', 'ㅍ'은 어말(語末, 단어 끝) 또는 자음 앞에서 각각 대표음 [ㄱ, ㄷ, ㅂ]으로 발음한다는 내용이다. 어말이란 단어의 마지막 음절의 받침을 말한다. 예를 들면 보기에서 '키읔'의 'ㅋ', '옷'의 'ㅅ', '젖'의 'ㅈ', '꽃'의 'ㅊ' 등이 어말에 해당된다. '자음 앞'이란 '닭다'의 경우에 '닭-'의 'ㄲ'이 '-다'의 첫소리인 자음 'ㄷ' 앞에 있는 것을 말한다. 즉 자음접변의 환경에서 앞 끝소리인 'ㄲ'이 뒤 첫소리인 'ㄷ' 앞에 있는 것을 말한다.

(8ㄱ)은 받침 'ㄲ, ㅋ' 등이 어말 또는 자음 앞에서 [ㄱ]으로 실현된 경우이다. 'ㅋ'이 어말인 '키읔'은 '키읔→키윽'과 같은 음운변화과정에서 'ㅋ→ㄱ(-읔→-윽)'과 같이 'ㅋ'에 말음법칙이 적용된다. 즉 표기는 '키읔'으로 하지만, 발음은 [키윽]으로 하기 때문에 표기와 발음이 다른 경우이다. 'ㄲ'이 자음('ㄷ') 앞인 '닭다'가 '닭다→닥다→닥따'와 같은 음운변화과정에서 1단계는 'ㄲ→ㄱ(닭-→닥-)'과 같이 'ㄲ'에 말음법칙이 적용되고, 2단계는 'ㄷ→ㄸ(-다→-따)'과 같이 'ㄷ'에 경음화가 적용된다. 그러므로 표기는 '닭다'이고, 표준발음은 [닥따]이다. 'ㅋ'이 자음('ㄱ') 앞인 '키읔과'가 '키읔과→키윽과→키윽꽈'와 같은 음운변화과정에서 1단계는 'ㅋ→ㄱ(-읔-→-윽-)'과 같이 'ㅋ'에 말음법칙이 적용되고, 2단계는 'ㄱ→ㄲ(-과→-꽈)'과 같이 'ㄱ'에 경음화가 적용된다.

(8ㄴ)은 받침 'ㅅ, ㅆ, ㅈ, ㅊ, ㅌ' 등이 어말 또는 자음 앞에서 [ㄷ]으로 실현된 경우이다. 'ㅅ'이 어말인 '옷'은 '옷 → 온'과 같은 음운변화과정에서 'ㅅ → ㄷ'과 같이 'ㅅ'에 말음법칙이 적용된다. 'ㅈ'이 어말인 '젖'은 '젖 → 전'과 같은 음운변화과정에서 'ㅈ → ㄷ'과 같이 'ㅈ'에 말음법칙이 적용된다. 'ㅊ'이 어말인 '꽃'은 '꽃 → 꼳'과 같은 음운변화과정에서 'ㅊ → ㄷ'과 같이 'ㅊ'에 말음법칙이 적용된다. 'ㅌ'이 어말인 '솥'은 '솥 → 손'과 같은 음운변화과정에서 'ㅌ → ㄷ'과 같이 'ㅌ'에 말음법칙이 적용된다.

자음접변의 환경에서 앞 끝소리가 'ㅅ'이고, 뒤 첫소리가 'ㄷ'인 '웃다'가 '웃다 → 욷다 → 욷따'와 같은 음운변화과정에서 1단계는 'ㅅ → ㄷ(웃- → 욷-)'과 같이 'ㅅ'에 말음법칙이 적용되고, 2단계는 'ㄷ → ㄸ(-다 → -따)'과 같이 'ㄷ'에 경음화가 적용된다. 앞 끝소리가 'ㅆ'이고, 뒤 첫소리가 'ㄷ'인 '있다'가 '있다 → 읻다 → 읻따'와 같은 음운변화과정에서 1단계는 'ㅆ → ㄷ(있- → 읻-)'과 같이 'ㅆ'에 말음법칙이 적용되고, 2단계는 'ㄷ → ㄸ(-다 → -따)'과 같이 'ㄷ'에 경음화가 적용된다. 앞 끝소리가 'ㅈ'이고, 뒤 첫소리가 'ㄷ'인 '빚다'가 '빚다 → 빋다 → 빋따'와 같은 음운변화과정에서 1단계는 'ㅈ → ㄷ(빚- → 빋-)'과 같이 'ㅈ'에 말음법칙이 적용되고, 2단계는 'ㄷ → ㄸ(-다 → -따)'과 같이 'ㄷ'에 경음화가 적용된다. 앞 끝소리가 'ㅊ'이고, 뒤 첫소리가 'ㄷ'인 '쫓다'가 '쫓다 → 쫀다 → 쫀따'와 같은 음운변화과정에서 1단계는 'ㅊ → ㄷ(쫓- → 쫀-)'과 같이 'ㅊ'에 말음법칙이 적용되고, 2단계는 'ㄷ → ㄸ(-다 → -따)'과 같이 'ㄷ'에 경음화가 적용된다. 앞 끝소리가 'ㅌ'이고, 뒤 첫소리가 'ㄷ'인 '뱉다'가 '뱉다 → 밷다 → 밷따'와 같은 음운변화과정에서 1단계는 'ㅌ → ㄷ(뱉- → 밷-)'과 같이 'ㅌ'에 말음법칙이 적용되고, 2단계는 'ㄷ → ㄸ(-다 → -따)'과 같이 'ㄷ'에 경음화가 적용된다.

(8ㄷ)은 받침 'ㅍ'이 어말 또는 자음 앞에서 [ㅂ]으로 실현된 경우이다. 'ㅍ'이 어말인 '앞'은 '앞 → 압'과 같은 음운변화과정에서 'ㅍ → ㅂ'과 같

한국어 발음 교육의 실제

이 'ㅍ'에 말음법칙이 적용된다. 'ㅍ'이 자음 앞인 '덮다'가 '덮다 → 덥다 → 덥따'와 같은 음운변화과정에서 1단계는 'ㅍ → ㅂ'과 같이 'ㅍ'에 말음법칙이 적용되고, 2단계는 'ㄷ → ㄸ(-다 → -따)'과 같이 'ㄷ'에 경음화가 적용된다.

(9)  놓는[논는]   쌓네[싼네]

(9)는 표준발음법 제12항 3에 규정되어 있다. 이 규정은 'ㅎ' 뒤에 'ㄴ'이 결합되는 경우에는 [ㄴ]으로 발음한다는 내용이다. 앞 끝소리 'ㅎ'이 뒤 첫소리 'ㄴ' 앞인 '놓는'이 '놓는 → 녿는 → 논는'과 같은 음운변화과정에서 1단계는 'ㅎ → ㄷ(놓- → 녿-)'과 같이 'ㅎ'에 말음법칙이 적용되고, 2단계는 'ㄷ → ㄴ(녿- → 논-)'과 같이 'ㄷ'에 비음화가 적용된다. '쌓네'가 '쌓네 → 싿네 → 싼네'와 같은 음운변화과정에서 1단계는 'ㅎ → ㄷ(쌓- → 싿-)'과 같이 'ㅎ'에 말음법칙이 적용되고, 2단계는 'ㄷ → ㄴ(싿- → 싼-)'과 같이 'ㄷ'에 비음화가 적용된다.

## ❷ 연음법칙

연음법칙(連音法則)이란 '옷이[오시]'와 같이 앞 끝소리('옷-'의 'ㅅ')와 뒤 모음('- ㅣ')이 결합되는 두 개의 음절에서 앞 끝소리가 뒤 음절의 첫소리로 옮겨 발음하는 것을 말하는데, 이를 이음소리규칙이라고도 한다.

(10) 깎아[까까]      옷이[오시]      있어[이써]      낮이[나지]
     꽂아[꼬자]      꽃을[꼬츨]      쫓아[쪼차]      밭에[바테]
     앞으로[아프로]   덮이다[더피다]

(10)은 표준발음법 제13항에 규정하고 있다. 이 규정은 홑받침이나 쌍받침이 모음으로 시작된 조사나 어미, 접미사와 결합되는 경우에는, 제 음가

(音價 : 낱자가 지니고 있는 소리. 또는 소릿값)대로 뒤 음절 첫소리로 옮겨 발음한다는 내용이다. 이 중 '옷이 · 낮이 · 꽃을 · 밭에 · 앞으로' 등의 경우에 '이 · 을 · 에 · 으로' 등은 조사이고, '깎아 · 있어 · 꽂아 · 쫓아' 등의 경우에 '-아, -어' 등은 어미이고, '덮이다'의 '-이다'는 접미사인 경우이다.

(11) 넋이[넉씨]     앉아[안자]     닭을[달글]     젊어[절머]
     곬이[골씨]     핥아[할타]     읊어[을퍼]     값을[갑쓸]
     없어[업써]

(11)은 표준발음법 제14항에 규정되어 있다. 이 규정은 겹받침이 모음으로 시작된 조사나 어미, 접미사와 결합되는 경우에는, 뒤엣 것만을 뒤 음절 초성으로 옮겨 발음한다는 내용이다. '뒤엣 것'이란 겹받침 'ㄳ'의 'ㅅ', 'ㄵ'의 'ㅈ', 'ㄻ'의 'ㄱ' 등을 말한다. 이 중 '넋-, 곬-, 값-, 없-' 등과 같이 겹받침 중 뒤 자음(뒤엣 것)이 'ㅅ'인 경우는 [ㅆ]과 같이 경음으로 발음한다. 보기에서 '이, 을' 등은 조사이고, '-아, -어' 등은 어미인 경우이다.

## ❸ 절음법칙

절음법칙(絕音法則)이란 합성어나 단어 사이 등과 같이 앞의 받침 뒤에 홀소리 'ㅏ · ㅓ · ㅗ · ㅜ · ㅟ' 등으로 시작되는 실질형태소가 연결되는 경우에, 앞의 받침을 대표음으로 바꾸어서 뒤 음절 첫소리로 옮겨 발음하는 현상을 말한다. 이를 끊음소리규칙이라고도 한다. 합성어의 경우는 '겉옷'이 [거돋]으로 발음되고, 낱말 사이의 경우는 '꽃 아래'가 [꼬다래]로 발음되는 것을 말한다. ('옷', '아래' 등이 실질형태소임.) 이 경우에 '겉옷'을 [거톧]으로, '꽃 아래'를 [꼬차래]로 발음하면 비표준발음이 된다. 이것이 연음과 절음의 다른 점이다. 즉 앞의 받침과 뒤의 모음이 연결된 경우에, 뒤의 음절이 모음으로 시작된 조사('밭에'의 '에')나 어미('깎아'의 '-아') 또는 접미사('끄덕이다'의 '-이다')인 경우는 연음법칙이 적용되고, 합성어('겉옷')나 단어 사이('꽃 아래')인 경우는 절음법칙이 적용된다. 그러므로 '밭에'[바테], '깎아'[까까], '끄덕이다'[끄더기다], '겉옷'[거돋], '꽃 아래'[꼬다래] 등은 표준발음이다. 절음법칙도 말음법칙이 적용된다는 점에서는 말음법칙에 포함된다고 볼 수 있다. 말음법칙은 대표음이 '옷'[옫]과 같이 어말이나 또는 '옷과'[옫꽈]같이 뒤 자음('과'의 'ㄱ')과 연결된 경우에 적용되는데, 절음법칙은 합성어나 낱말 사이에서 뒤에 모음(실질형태소의 첫 음절 모음)이 연결된 경우에만 적용된다는 점이 말음법칙과 다르다.

(12) ㄱ. 겉옷[거돋]        맛없다[마덥따]     젖어미[저더미]
      헛웃음[허두슴]
   ㄴ. 꽃 위[꼬뒤]         늪 앞[느밥]       밭 아래[바다래]

(12)는 표준발음법 제15항에 규정하고 있다. 이 규정은 '밭, 늪, 젖, 맛, 겉, 헛, 꽃' 등의 받침('ㅌ, ㅍ, ㅈ, ㅅ, ㅊ' 등) 뒤에 모음 'ㅏ, ㅓ, ㅗ, ㅜ, ㅟ' 등으로 시작되는 실질형태소('아래, 앞, 어미, 없다, 옷, 웃음, 위' 등)가 연결된 경우에는, 대표음(말음법칙이 적용된 음소)으로 바꾸어서 뒤 음절 첫소리로 옮겨 발음한다는 내용이다. (12ㄱ)은 합성어의 경우이고, (12ㄴ)은 두 낱말 사이의 경우이다.

(12ㄱ)의 '겉옷'이 '겉옷 → 거돗 → 거돋'과 같은 음운변화과정에서 1단계는 'ㅌ → ㄷ(겉옷 → 거돗)'과 같이 'ㅌ'에 절음법칙이 적용되고, 2단계는 'ㅅ → ㄷ(-돗 → -돋)'과 같이 'ㅅ'에 말음법칙이 적용된다. '맛없다'가 '맛없다 → 마덦다 → 마덥다 → 마덥따'와 같은 음운변화과정에서 1단계는 'ㅅ → ㄷ(맛없- → 마덦-)'과 같이 'ㅅ'에 절음법칙이 적용되고, 2단계는 'ㅄ → ㅂ(-덦- → -덥-)'과 같이 'ㅅ'에 자음탈락이 적용되고, 3단계는 'ㄷ → ㄸ(-다 → -따)'과 같이 'ㄷ'에 경음화가 적용된다.

(12ㄴ)의 '꽃 위'는 '꽃위 → 꼬뒤'와 같은 음운변화과정에서 'ㅊ → ㄷ(꽃

위 → 꼬뒤)'과 같이 절음법칙이 적용된다. '젖어미'가 '젖어미 → 저더미'와
같은 음운변화과정에서 'ㅈ → ㄷ(젖어- → 저더-)'과 같이 'ㅈ'에 절음법칙
이 적용된다.

# ❹ 비음화

비음화(鼻音化)는 자음접변의 환경에서 앞 끝소리가 비음인 뒤 첫소리를
닮아 비음으로 실현되는 역행동화의 경우(제18항)와 유음인 뒤 첫소리가
비음인 앞 끝소리를 닮아 비음으로 실현되는 순행동화의 경우(제19항)처
럼 두 가지로 구분할 수 있다. 이를 콧소리되기라고도 한다.

(13) ㄱ. 먹는[멍는]　　국물[궁물]　　깎는[깡는]　　긁는[긍는]
　　　흙만[흥만]　　닫는[단는]　　밥물[밤물]　　잡는[잠는]
　　　붙는[분는]　　밟는[밤ː는]　　읊는[음는]
　　　키읔만[키응만]　몫몫이[몽목씨]
　　　앞마당[암마당]　값매다[감매다]
　　ㄴ. 깃는[진는]　　있는[인는]　　놓는[논는]
　　　옷맵시[온맵씨]
　　ㄷ. 맞는[만는]　　쫓는[쫀는]　　젖멍울[전멍울]
　　　꽃망울[꼰망울]
　　ㄹ. 책 넣는다[챙넌는다]　　흙 말리다[흥말리다]
　　　옷 맞추다[온맏추다]　　밥 먹는다[밤멍는다]
　　　값 매기다[감매기다]

(13)은 표준발음법 제18항에 규정되어 있다. 이 규정은 받침 'ㄱ(ㄲ, ㅋ,
ㄳ, ㄺ), ㄷ(ㅅ, ㅆ, ㅈ, ㅊ, ㅌ, ㅎ), ㅂ(ㅍ, ㄼ, ㄿ, ㅄ)'은 'ㄴ, ㅁ' 앞에서 [ㅇ,
ㄴ, ㅁ]으로 발음한다는 내용이다. 보기는 'ㄱ'이 [ㅇ]으로, 'ㄷ'이 [ㄴ]으로,
'ㅂ'이 [ㅁ]으로 실현되는 역행동화인 경우이다.

(13ㄱ)은 자음접변의 환경에서 앞 끝소리인 파열음이 뒤 첫소리인 비음을 닮아, 비음으로 실현된 경우이다. 비음화는 'ㄱ계 → [ㅇ], ㄷ계 → [ㄴ], ㅂ계 → [ㅁ]' 등과 같이 동서열자음동화가 실현된다. 'ㄱ계'는 'ㄱ, ㄲ, ㅋ, ㄳ, ㄺ' 등을 말하고, 'ㄷ계'는 'ㄷ, ㅅ, ㅆ, ㅈ, ㅊ, ㅌ, ㅎ' 등을 말하고, 'ㅂ계'는 'ㅂ, ㅍ, ㄼ, ㄿ, ㅄ' 등을 말한다. 동서열자음동화란 같은 소리 나는 위치에서 파열음, 마찰음, 파찰음 등이 같은 소리 나는 위치에 있는 비음으로 실현되는 것이다. 예를 들면 보기 중 '먹는'에서 '먹'의 'ㄱ'(파열음)이 뒤 첫소리 'ㄴ'(비음)을 닮아 'ㄱ'과 같은 소리 나는 위치(연구개음)에 있는 비음 [ㅇ]으로 실현되는 것이지, 다른 소리 나는 위치에 있는 비음 [ㄴ]이나 [ㅁ]으로 실현되는 것은 아니다. 다만, 'ㄷ'계의 경우에 구개음인 'ㅈ · ㅊ' 등과 후두음인 'ㅎ'은 'ㄷ'과 소리 나는 위치가 다르기 때문에, 규칙 적용 과정에서 1단계로 'ㅈ · ㅊ · ㅎ → ㄷ'과 같이 말음법칙이 적용된 다음에, 비음화가 적용되는 것이다. '먹는'은 '먹는 → 멍는'과 같은 음운변화과정에서 'ㄱ → ㅇ(먹- → 멍-)'과 같이 'ㄱ'에 비음화가 적용된다. '깎는'이 '깎는 → 깍는 → 깡는'과 같은 음운변화과정에서 1단계는 'ㄲ → ㄱ(깎- → 깍-)'과 같이 'ㄲ'에 말음법칙이 적용되고, 2단계는 'ㄱ → ㅇ(깍- → 깡-)'과 같이 'ㄱ'에 비음화가 적용된다. '키읔만'이 '키읔만 → 키윽만 → 키응만'과 같은 음운변화과정에서 1단계는 'ㅋ → ㄱ(-읔- → -윽-)'과 같이 'ㅋ'에 말음법칙이 적용되고, 2단계는 'ㄱ → ㅇ(-윽- → -응-)'과 같이 'ㄱ'에 비음화가 적용된다. '몫몫이'가 '몫몫이 → 목몫이 → 몽몫이 → 몽목씨'와 같은 음운변화과정에서 1단계는 'ㄳ → ㄱ(몫- → 목-)'과 같이 'ㅅ'에 자음탈락이 적용되고, 2단계는 'ㄱ → ㅇ(목- → 몽-)'과 같이 'ㄱ'에 비음화가 적용되고, 3단계는 'ㅅ → ㅆ(-몫이 → -목씨)'과 같이 'ㅅ'에 경음화가 적용된다. '긁는'은 ① '긁는 → 극는 → 긍는'과 ② '긁는 → 글는 → 글른'과 같이 두 가지로 음운변화과정을 설정할 수 있다. 이 중 ①의 경우에 1단계는 'ㄹ'에 자음탈락이 적용되고, 2단계는 'ㄱ'에 비음화가 적용된

다. ②의 경우에 1단계는 'ㄱ'에 자음탈락이 적용되고, 2단계는 'ㄴ'에 유음화가 적용된다. 전자는 표준발음이지만, 후자의 [글른]은 언중들에 의해 실현되고 있는 비표준발음이므로, 발음에 유의해야 한다. '흙만'이 '흙만→흑만→흥만'과 같은 음운변화과정에서 1단계는 'ㄺ→ㄱ(흙-→흑-)'과 같이 'ㄹ'에 자음탈락이 적용되고, 2단계는 'ㄱ→ㅇ(흑-→흥-)'과 같이 'ㄱ'에 비음화가 적용된다. '닫는'은 '닫는→단는'과 같은 음운변화과정에서 'ㄷ→ㄴ(닫-→단-)'과 같이 'ㄷ'에 비음화가 적용된다. '밥물'은 '밥물→밤물'과 같은 음운변화과정에서 'ㅂ→ㅁ(밥-→밤-)'과 같이 'ㅂ'에 비음화가 적용된다. '붙는'이 '붙는→붇는→분는'과 같은 음운변화과정에서 1단계는 'ㅌ→ㄷ(붙-→붇-)'과 같이 'ㅌ'에 말음법칙이 적용되고, 2단계는 'ㄷ→ㄴ(붇-→분-)'과 같이 'ㄷ'에 비음화가 적용된다. '앞마당'이 '앞마당→압마당→암마당'과 같은 음운변화과정에서 1단계는 'ㅍ→ㅂ(앞-→압-)'과 같이 'ㅂ'에 말음법칙이 적용되고, 2단계는 'ㅂ→ㅁ(압-→암-)'과 같이 'ㅂ'에 비음화가 적용된다. '밟는'이 '밟는→밥는→밤는'과 같은 음운변화과정에서 1단계는 'ㄼ→ㅂ(밟-→밥-)'과 같이 'ㄹ'에 자음탈락이 적용되고, 2단계는 'ㅂ→ㅁ(밥-→밤-)'과 같이 'ㅂ'에 비음화가 적용된다. '밟는'도 [발른]과 같은 비표준발음이 언중들에 의해 실현되고 있으므로, 발음에 주의해야 한다. '읊는'이 '읊는→읖는→읍는→음는'과 같은 음운변화과정에서 1단계는 'ㄿ→ㅍ(읊-→읖-)'과 같이 'ㄹ'에 자음탈락이 적용되고, 2단계는 'ㅍ→ㅂ(읖-→읍-)'과 같이 'ㅍ'에 말음법칙이 적용되고, 3단계는 'ㅂ→ㅁ(읍-→음-)'과 같이 'ㅂ'에 비음화가 적용된다. '없는'이 '없는→업는→엄는'과 같은 음운변화과정에서 1단계는 'ㅄ→ㅂ(없-→업-)'과 같이 'ㅅ'에 자음탈락이 적용되고, 2단계는 'ㅂ→ㅁ(업-→엄-)'과 같이 'ㅂ'에 비음화가 적용된다.

(13ㄴ)은 자음접변의 환경에서 앞 끝소리 'ㅅ·ㅆ·ㅎ' 등이 비음인 뒤 첫소리를 닮아, 비음으로 실현된 경우이다. 이 경우는 먼저 앞 끝소리에 말

음법칙이 적용된 후에, 비음화가 적용된다. '옷맵시'가 '옷맵시 → 온맵시 → 온맵시 → 온맵씨'와 같은 음운변화과정에서 1단계는 'ㅅ → ㄷ(옷- → 온-)'과 같이 'ㅅ'에 말음법칙이 적용되고, 2단계는 'ㄷ → ㄴ(온- → 온-)' 과 같이 'ㄷ'에 비음화가 적용되고, 3단계는 'ㅅ → ㅆ(-시 → -씨)'과 같이 'ㅅ'에 경음화가 적용된다. '있는'이 '있는 → 읻는 → 인는'과 같은 음운 변화과정에서 1단계는 'ㅆ → ㄷ(있- → 읻-)'과 같이 'ㅆ'에 말음법칙이 적용되고, 2단계는 'ㄷ → ㄴ(읻- → 인-)'과 같이 'ㄷ'에 비음화가 적용된다. '놓는'이 '놓는 → 녿는 → 논는'과 같은 음운변화과정에서 1단계는 'ㅎ → ㄷ(놓- → 녿-)'과 같이 'ㅎ'에 말음법칙이 적용되고, 2단계는 'ㄷ → ㄴ (녿- → 논-)'과 같이 'ㄷ'에 비음화가 적용된다.

(13ㄷ)은 자음접변의 환경에서 앞 끝소리 'ㅈ·ㅊ' 등이 비음인 뒤 첫소리를 닮아, 비음으로 실현된 경우이다. 이 경우는 먼저 'ㅈ·ㅊ' 등에 말음법칙이 적용된 후에, 비음화가 적용된다. '맞는'이 '맞는 → 맏는 → 만는'과 같은 음운변화과정에서 1단계는 'ㅈ → ㄷ(맞- → 맏-)'과 같이 'ㅈ'에 말음법칙이 적용되고, 2단계는 'ㄷ → ㄴ(맏- → 만-)'과 같이 'ㄷ'에 비음화가 적용된다. '쫓는'이 '쫓는 → 쫃는 → 쫀는'과 같은 음운변화과정에서 1단계는 'ㅊ → ㄷ(쫓- → 쫃-)'과 같이 'ㅊ'에 말음법칙이 적용되고, 2단계는 'ㄷ → ㄴ(쫃- → 쫀-)'과 같이 'ㄷ'에 비음화가 적용된다.

(13ㄹ)은 표준발음법 제18항 [붙임]에 규정되어 있다. 이 규정은 두 단어를 이어서 한 마디로 발음하는 경우에도 비음화가 실현된다는 내용이다. '책 넣는다'가 '책넣는다 → 챙넣는다 → 챙넏는다 → 챙넌는다'와 같은 음운변화과정에서 1단계는 'ㄱ → ㅇ(책- → 챙-)'과 같이 'ㄱ'에 비음화가 적용되고, 2단계는 'ㅎ → ㄷ(-넣- → -넏-)'과 같이 'ㅎ'에 말음법칙이 적용되고, 3단계는 'ㄷ → ㄴ(-넏- → -넌-)'과 같이 'ㄷ'에 비음화가 적용된다. '흙 말리다'가 '흙말리다 → 흑말리다 → 흥말리다'와 같은 음운변화과정에서 1단계는 'ㄹ → ㄱ(흙- → 흑-)'과 같이 'ㄹ'에 자음탈락이 적용되고, 2단

계는 'ㄱ → ㅇ(흑- → 흥-)'과 같이 'ㄱ'에 비음화가 적용된다. '옷 맞추다'가 '옷맞추다 → 옫맞추다 → 온맞추다 → 온맏추다'와 같은 음운변화과정에서 1단계는 'ㅅ → ㄷ(옷- → 옫-)'과 같이 'ㅅ'에 말음법칙이 적용되고, 2단계는 'ㄷ → ㄴ(옫- → 온-)'과 같이 '옫-'의 'ㄷ'에 비음화가 적용되고, 3단계는 'ㅈ → ㄷ(-맞- → -맏-)'과 같이 'ㅈ'에 말음법칙이 적용된다. '값매기다'가 '값매기다 → 갑매기다 → 감매기다'와 같은 음운변화과정에서 1단계는 'ㅄ → ㅂ(값- → 갑-)'과 같이 'ㅅ'에 자음탈락이 적용되고, 2단계는 'ㅂ → ㅁ(갑- → 감-)'과 같이 'ㅂ'에 비음화가 적용된다.

(14) ㄱ. 담력[담:녁]　　　침략[침냑]　　　강릉[강능]　　　항로[항노]
　　　대통령[대:통녕]
　　 ㄴ. 막론[막논 → 망논]　　　백리[백니 → 뱅니]
　　　협력[협녁 → 혐녁]　　　십리[십니 → 심니]

(14ㄱ)은 표준발음법 제19항에 규정되어 있다. 이 규정은 받침 'ㅁ, ㅇ' 뒤에 연결되는 'ㄹ'은 [ㄴ]으로 발음한다는 내용이다. 이는 순행동화이다. 보기는 자음접변의 환경에서 앞 끝소리가 'ㅁ · ㅇ' 등이고, 뒤 첫소리가 'ㄹ'인 경우에 'ㄹ'이 앞 끝소리인 비음을 닮아 [ㄴ]으로 실현된 경우이다. '담력'은 '담력 → 담녁'과 같은 음운변화과정에서 'ㄹ → ㄴ(-력 → -녁)'과 같이 'ㄹ'에 비음화가 적용된다. '강릉'은 '강릉 → 강능'과 같은 음운변화과정에서 'ㄹ → ㄴ(-릉 → -능)'과 같이 'ㄹ'에 비음화가 적용된다.

(14ㄴ)은 표준발음법 제19항 [붙임]에 규정되어 있다. 이 규정은 받침 'ㄱ, ㅂ' 뒤에 연결되는 'ㄹ'도 [ㄴ]으로 발음한다는 내용이다. 이 경우는 앞 끝소리와 뒤 첫소리가 서로 영향을 끼쳐 두 자음이 모두 변화하는 상호동화에 해당된다. '막론'이 '막론 → 막논 → 망논'과 같은 음운변화과정에서 1단계는 'ㄹ → ㄴ(-론 → -논)'과 같이 'ㄹ'에 비음화가 적용되고, 2단계는 'ㄱ → ㅇ(막- → 망-)'과 같이 'ㄱ'에 비음화가 적용된다. '협력'이 '협력 →

협녁 → 혐녁'과 같은 음운변화과정에서 1단계는 'ㄹ → ㄴ(-력 → -녁)'과 같이 'ㄹ'에 비음화가 적용되고, 2단계는 'ㅂ → ㅁ(협- → 혐-)'과 같이 'ㅂ'에 비음화가 적용된다.

(15) 콧날[콛날 → 콘날]  아랫니[아랟니 → 아랜니]
     툇마루[퇻:마루 → 퇸:마루 / 퇜-]  뱃머리[밷머리 → 밴머리]

(15)는 표준발음법 제30항 2에 규정되어 있다. 이 규정은 사이시옷 뒤에 'ㄴ, ㅁ'이 결합되는 경우에는 [ㄴ]으로 발음한다는 내용이다. 보기는 자음접변의 환경에서 앞 끝소리 'ㅅ'이 비음인 뒤 첫소리에 연결되어, 비음으로 실현된 경우이다. 이 경우는 먼저 'ㅅ'에 말음법칙이 적용된 후에, 비음화가 적용된다. '콧날'이 '콧날 → 콛날 → 콘날'과 같은 음운변화과정에서 1단계는 'ㅅ → ㄷ(콧- → 콛-)'과 같이 'ㅅ'에 말음법칙이 적용되고, 2단계는 'ㄷ → ㄴ(콛- → 콘-)'과 같이 'ㄷ'에 비음화가 적용된다. '툇마루'가 '툇마루 → 퇻마루 → 퇸마루'와 같은 음운변화과정에서 1단계는 'ㅅ → ㄷ(툇- → 퇻-)'과 같이 'ㅅ'에 말음법칙이 적용되고, 2단계는 'ㄷ → ㄴ(퇻- → 퇸-/퇜-)'과 같이 'ㄷ'에 비음화가 적용된다.

(16) 의견란[의:견난]  임진란[임:진난]  생산량[생산냥]
     결단력[결딴녁]  공권력[공꿘녁]  동원령[동:원녕]
     상견례[상견녜]  횡단로[횡단노/휑-]  이원론[이:원논]
     입원료[이붠뇨]  구근류[구근뉴]

(16)은 표준발음법 제20항 '다만'에 규정되어 있다. 이 규정은 보기와 같은 단어들은 'ㄹ'을 [ㄴ]으로 발음한다는 규정이다. 보기는 '-견란'과 같이 자음접변의 환경에서도 앞 끝소리 'ㄴ'('-견'의 종성)이 [ㄹ]로 실현되지 않고, 뒤 첫소리 'ㄹ'('-란'의 초성)이 [ㄴ]으로 실현된 경우이다. '의견란'은 '의견란 → 의견난'과 같은 음운변화과정에서 'ㄹ → ㄴ(-란 → -난)'과 같

이 'ㄹ'에 비음화가 적용된다. '결단력'이 '결단력 → 결딴력 → 결딴녁'과 같은 음운변화과정에서 1단계는 'ㄷ → ㄸ(-단- → -딴-)'과 같이 'ㄷ'에 경음화가 적용되고, 2단계는 'ㄹ → ㄴ(-력 → -녁)'과 같이 'ㄹ'에 비음화가 적용된다. 따라서 보기와 같은 자음접변의 환경이라고 해서, 모두 유음화가 실현되는 것은 아니라는 점을 발음에서 유의해야 한다.

# ❺ 유음화

유음화(流音化)란 자음접변의 환경에서 'ㄴ'이 'ㄹ'을 닮아 [ㄹ]로 소리 나는 현상을 말한다. 이를 흐름소리되기라고도 한다. 유음화는 '난로[날로]'와 같은 역행동화와 '칼날[칼랄]'과 같은 순행동화처럼 두 가지가 모두 실현되는 경우이다.

(17) ㄱ. 난로[날:로]　　　신라[실라]　　　천리[철리]
　　　광한루[광:할루]　　대관령[대:괄령]
　　ㄴ. 칼날[칼랄]　　　물난리[물랄리]　　줄넘기[줄럼끼]
　　　할는지[할른지]
　　ㄷ. 닳는[달른]　　　뚫는[뚤른]　　　핥네[할레]

(17)은 표준발음법 제20항에 규정되어 있다. 이 규정은 'ㄴ'이 'ㄹ'의 앞이나 뒤에서 [ㄹ]로 발음된다는 내용이다.

(17ㄱ)은 자음접변의 환경에서 앞 끝소리 'ㄴ'이 뒤 첫소리인 'ㄹ'을 닮아 [ㄹ]로 실현된 역행동화의 경우이다. '난로'의 경우는 '난-'의 받침 'ㄴ'이 'ㄹ'('-로'의 첫소리)을 닮아 [ㄹ]로 실현된 것이다. 즉 '난로'는 '난로 → 날로'와 같은 음운변화과정에서 'ㄴ → ㄹ(난- → 날-)'과 같이 'ㄴ'에 유음화가 적용된다. '천리'는 언중들이 [천니]와 같이 비표준발음을 하고 있으므로, 발음에 유의해야 한다. '대관령'은 '대관령 → 대괄령'과 같은 음운변화

과정에서 'ㄴ → ㄹ(-관- → -괄-)'과 같이 'ㄴ'에 유음화가 적용된다.

(17ㄴ)은 자음접변의 환경에서 뒤 첫소리 'ㄴ'이 앞 끝소리인 'ㄹ'을 닮아 [ㄹ]로 실현된 순행동화의 경우이다. '칼날'은 '-날'의 첫소리인 'ㄴ'이 'ㄹ'('칼-'의 끝소리)을 닮아 [ㄹ]로 실현된 것이다. 즉 '칼날'은 '칼날 → 칼랄'과 같은 음운변화과정에서 'ㄴ → ㄹ(-날 → -랄)'과 같이 'ㄴ'에 유음화가 적용된다. '물난리'가 '물난리 → 물란리 → 물랄리'와 같은 음절 순서에 따른 음운변화과정에서 1단계는 'ㄴ → ㄹ(-난- → -란-)'과 같이 'ㄴ'(제2음절 '-난-'의 첫소리)에 유음화가 적용되는 순행동화이고, 2단계는 'ㄴ → ㄹ(-란 → -랄)'과 같이 'ㄴ'(제2음절 '-란-'의 끝소리)에 유음화가 적용되는 역행동화이다. '줄넘기'가 '줄넘기 → 줄럼기 → 줄럼끼'와 같은 음절 순서에 따른 음운변화과정에서 1단계는 'ㄴ → ㄹ(-넘- → -럼-)'과 같이 'ㄴ'에 유음화가 적용되는 순행동화이고, 2단계는 'ㄱ → ㄲ(-기 → -끼)'과 같이 'ㄱ'에 경음화가 적용된다. 물론 이 경우에 음절 순서를 바꾸어 '줄넘기 → 줄넘끼 → 줄럼끼'와 같은 음운변화과정에서 1단계는 'ㄱ'에 경음화를 적용하고, 2단계는 'ㄴ'에 유음화를 적용해도 표준발음인 [줄럼끼]는 같다.

(17ㄷ)은 표준발음법 제20항 (2) [붙임]에 규정되어 있다. 이 규정은 첫소리 'ㄴ'이 'ㅀ', 'ㄾ' 뒤에 연결되는 경우에도 유음화를 인정하는 내용이다. 보기는 자음접변의 환경에서 뒤 음절 'ㄴ'('-는, -네' 등의 첫소리)이 앞 음절의 'ㅀ, ㄾ'('닳-, 뚫-, 핥-' 등의 겹받침) 뒤에 연결된 경우이다. 이 경우에는 먼저 자음탈락이 적용된 후에, 유음화가 적용된다. '닳는'이 '닳는 → 달는 → 달른'과 같은 음운변화과정에서 1단계는 'ㅀ → ㄹ(닳- → 달-)'과 같이 'ㅎ'에 자음탈락이 적용되고, 2단계는 'ㄴ → ㄹ(-는 → -른)'과 같이 'ㄴ'에 유음화가 적용된 순행동화이다. '핥네'가 '핥네 → 할네 → 할레'와 같은 음운변화과정에서 1단계는 'ㄾ → ㄹ(핥- → 할-)'과 같이 'ㅌ'에 자음탈락이 적용되고, 2단계는 'ㄴ → ㄹ(-네 → -레)'과 같이 'ㄴ'에 유음화가 적용된 순행동화이다.

## **6** 순음화

자음동화 중 소리 나는 위치(조음위치)에 의한 경우는 순음화, 구개음화, 연구개음화 등이 있다. 이 중 순음화란 자음접변의 환경에서 앞 끝소리(순음 제외)가 뒤 첫소리를 닮아 순음으로 실현되는 현상을 말한다. 이를 입술소리되기 또는 양순음화(두입술소리되기)라고도 한다. 이 경우에 역행동화인 순음화는 비표준발음이다. 아래 보기는 표준발음과 비표준발음을 모두 나타낸 경우이다. (괄호 안의 '×'는 비표준발음을 나타냄.)

(18) ㄱ. 문법[문뻡](×[뭄뻡])
    ㄴ. 젖먹이[전머기](×[점머기])
    ㄷ. 꽃밭[꼳빧](×[꼽빧])

(18)은 표준발음법 제21항에 규정되어 있다. 이 규정은 순음화로 실현된 자음동화는 표준발음으로 인정하지 않는다는 내용이다. 보기는 표준발음과 비표준발음을 모두 나타낸 경우인데, 이는 자음접변의 환경에서 앞 끝소리가 순음인 뒤 첫소리를 닮아 순음화가 실현된 역행동화이다.

(18ㄱ)은 자음접변의 환경에서 앞 끝소리 'ㄴ'('문-'의 끝소리)이 뒤 첫소리 'ㅂ'('-법'의 첫소리)을 닮아, 'ㄴ'이 순음인 [ㅁ]으로 실현된 경우이다. '문법'이 '문법 → 뭄법 → 뭄뻡'과 같은 음절 순서에 따른 음운변화과정에서 1단계는 'ㄴ → ㅁ(문- → 뭄-)'과 같이 'ㄴ'에 순음화가 적용되고, 2단계는 'ㅂ → ㅃ(-법 → -뻡)'과 같이 'ㅂ'에 경음화가 적용된다. 이 경우에는 비표준발음인 [뭄뻡]만 실현되고, 표준발음인 [문뻡]은 실현되지 않는다. 그러나 하나의 음운변화과정에서 '문법 → 문뻡 → 뭄뻡'과 같이 음운규칙 적용 순서를 바꾸어서 1단계에 경음화를 적용하고, 2단계에 순음화를 적용하면 표준발음인 [문뻡]과 비표준발음인 [뭄뻡]이 모두 실현된다.

(18ㄴ)의 '젖먹이'는 자음접변의 환경에서 앞 끝소리가 'ㅈ'('젖-'의 끝소

한국어 발음 교육의 실제

리)이고, 뒤 첫소리가 'ㅁ'('-먹-'의 첫소리)인 경우이다. 이 경우에 하나의 음운변화과정에서 표준발음과 비표준발음을 모두 나타내기 위해서는 먼저 말음법칙을 적용한 후에, 비음화와 순음화를 차례로 적용한다. '젖먹이'가 '젖먹이 → 젇먹이 → 전머기 → 점머기'와 같은 음운변화과정에서 1단계는 'ㅈ → ㄷ(젖- → 젇-)'과 같이 'ㅈ'에 말음법칙이 적용되고, 2단계는 'ㄷ → ㄴ(젇- → 전-)'과 같이 'ㄷ'에 비음화가 적용되고, 3단계는 'ㄴ → ㅁ (전- → 점-)'과 같이 'ㄴ'에 순음화가 적용된다. 2단계에 비음화가 적용된 [전머기]는 표준발음이고, 3단계에 순음화가 적용된 [점머기]는 비표준발음이다.

(18ㄷ)은 자음접변의 환경에서 앞 끝소리가 'ㅊ'('꽃-'의 끝소리)이고, 뒤 첫소리가 'ㅂ'('-밭'의 첫소리)인 경우이다. 이 경우에 하나의 음운변화과정에서 표준발음과 비표준발음을 모두 나타내기 위해서는 먼저 말음법칙을 적용한 후에 경음화, 순음화 등을 차례로 적용한다. '꽃밭'이 '꽃밭 → 꼳받 → 꼳빧 → 꼽빧'과 같은 음운변화과정에서 1단계는 'ㅊ → ㄷ'과 같이 'ㅊ'에 말음법칙이 적용되고, 2단계는 'ㅂ → ㅃ(-받 → -빧)'과 같이 'ㅂ'에 경음화가 적용되고, 3단계는 'ㄷ → ㅂ(꼳- → 꼽-)'과 같이 'ㄷ'에 순음화가 적용된다. 이 경우에 2단계에서 실현된 [꼳빧]은 표준발음이고, 3단계에서 실현된 [꼽빧]은 비표준발음이다.

## ❼ 구개음화

구개음화(口蓋音化)란 앞 받침이 뒤의 반모음 'ㅣ'나 모음 'ㅣ'와 연결된 경우에, 이의 닮음으로 인해 구개음화로 실현되는 현상을 말한다. 이를 입천장소리되기 또는 경구개음화(센입천장소리되기)라고도 한다. 이 현상은 자음과 모음 사이에서 이루어지는 역행동화로서, 음소가 바뀌는 'ㄷ·ㅌ', 'ㄱ·ㄲ·ㅋ' 등의 구개음화와 음소의 바뀜이 없이 음성적 차이만을 보이는 'ㅅ', 'ㄴ', 'ㄹ' 등의 구개음화로 구분된다. 이 글에서는 음소가 바뀌는 경우만 기술하고, 음성적 차이를 보이는 경우는 생략한다.

위치동화 중 구개음화가 자음과 모음이 연결되는 경우에 앞 받침이 뒤 모음을 닮음으로 인해 실현되는 것이라면, 순음화와 연구개음화는 자음 접변의 환경에서 앞 끝소리가 뒤 첫소리를 닮음으로 인해 실현되는 경우이다.

(19) ㄱ. 굳이[구지]　　　　밭이[바치]　　　　미닫이[미다지]
　　　　땀받이[땀바지]　　　벼훑이[벼훌치]
　　　　곧이듣다[고지듣따]
　　　ㄴ. 굳히다[구치다]　　　닫히다[다치다]　　　묻히다[무치다]

(19)는 표준발음법 제17항에 규정되어 있다. 이 규정은 받침 'ㄷ, ㅌ(ㄾ)'이 조사나 접미사의 모음 'ㅣ'와 결합되는 경우에는, [ㅈ, ㅊ]으로 바꾸어서 뒤 음절 첫소리로 옮겨 발음한다는 내용이다. 이는 표준발음이다.

(19ㄱ)은 앞 받침인 'ㄷ, ㅌ(ㄾ)' 등이 뒤 모음 'ㅣ'와 연결되어 'ㄷ'→[ㅈ], 'ㅌ'→[ㅊ] 등과 같이 구개음화가 실현된 경우이다. '곧이듣다'가 '곧이듣다 → 고지듣다 → 고지듣따'와 같은 음운변화과정에서 1단계는 'ㄷ → ㅈ(곧이- → 고지-)'과 같이 'ㄷ'에 구개음화가 적용되고, 2단계는 'ㄷ → ㄸ(-다 → -따)'과 같이 'ㄷ'에 경음화가 적용된다. '밭이'는 '밭이 → 바치'와 같은 음운변화과정에서 'ㅌ → ㅊ'과 같이 'ㅌ'에 구개음화가 적용된다. '벼훑이'가 '벼훑이 → 벼훌티 → 벼훌치'와 같은 음운변화과정에서 1단계는 '-훑이 → -훌티'와 같이 연음법칙이 적용되고, 2단계는 'ㅌ → ㅊ(-티 → -치)'과 같이 'ㅌ'에 구개음화가 적용된다.

(19ㄴ)은 앞 받침 'ㄷ'이 뒤 음절 '히'와 연결되어 'ㄷ'의 구개음화가 실현된 경우이다. '굳히다'가 '굳히다 → 굳이다 → 구치다'와 같은 음운변화과정에서 1단계는 'ㄷ + ㅎ' → 'ㅌ'과 같이 'ㄷ'과 'ㅎ'의 합한 소리로 인해

'ㄷ'에 격음화가 적용되고, 2단계는 'ㅌ → ㅊ(굳이- → 구치-)'과 같이 'ㅌ'에 구개음화가 적용된다.

## 8 연구개음화

연구개음화(軟口蓋音化)란 자음접변의 환경에서 앞 끝소리(연구개음 제외)가 뒤 첫소리인 연구개음을 닮아 연구개음으로 실현되는 현상을 말한다. 이를 여린입천장소리되기라고도 한다. (괄호 안의 '×'는 비표준발음을 나타냄.)

(20) ㄱ. 감기[감기](×[강기])
　　 ㄴ. 옷감[온깜](×[옥깜])　　　 있고[읻꼬](×[익꼬])
　　　　 꽃길[꼳낄](×[꼭낄])

(20)은 표준발음법 제21항의 보기이다. 이 규정은 자음동화를 인정하지 않는다는 내용이다. 보기는 자음접변의 환경에서 앞 끝소리가 뒤 첫소리인 연구개음('ㄱ, ㄲ, ㅋ' 등)을 닮아 연구개음으로 실현된 역행동화로서, 이는 비표준발음이다. 이 경우에 하나의 음운변화과정에서 표준발음과 비표준발음을 모두 나타내기 위해서는 '말음법칙 → 경음화 → 연구개음화' 등의 순서로 규칙을 적용한다. 즉 연구개음화를 마지막 단계에 적용해야 한다.

(20ㄱ)은 자음접변의 환경에서 앞 끝소리인 'ㅁ'('감-'의 끝소리)이 연구개음인 뒤 첫소리 'ㄱ'('-기'의 첫소리)을 닮아, 'ㅁ → ㅇ'과 같이 'ㅁ'이 연구개음인 'ㅇ'으로 실현된 경우이다. '감기'는 '감기 → 강기'와 같은 음운변화과정에서 'ㅁ → ㅇ(감- → 강-)'과 같이 'ㅁ'에 연구개음화가 적용된다. 이 경우에 표기와 같은 [감기]는 표준발음이고, 연구개음화가 적용된 [강기]는 비표준발음이다.

(20ㄴ)은 자음접변의 환경에서 앞 끝소리가 'ㅅ · ㅆ · ㅊ' 등이고, 뒤 첫

소리가 연구개음인 경우이다. 이 경우에 하나의 음운변화과정에서 표준발음과 비표준발음을 모두 나타내기 위해서는 먼저 말음법칙을 적용한 후에, 경음화·연구개음화 등의 순서로 규칙을 적용한다. '옷감'이 '옷감→온감→온깜→옥깜'과 같은 음운변화과정에서 1단계는 'ㅅ → ㄷ(옷- →온-)'과 같이 'ㅅ'에 말음법칙이 적용되고, 2단계는 'ㄱ → ㄲ(-감 → -깜)'과 같이 'ㄱ'에 경음화가 적용되고, 3단계는 'ㄷ → ㄱ(온- → 옥-)'과 같이 'ㄷ'에 연구개음화가 적용된다. 이 경우에 2단계에서 실현된 [온깜]은 표준발음이고, 3단계에서 실현된 [옥깜]은 비표준발음이다. '있고'가 '있고→읻고 → 읻꼬 → 익꼬'와 같은 음운변화과정에서 1단계는 'ㅆ → ㄷ(있- →읻-)'과 같이 'ㅆ'에 말음법칙이 적용되고, 2단계는 'ㄱ → ㄲ(-고 → -꼬)'과 같이 'ㄱ'에 경음화가 적용되고, 3단계는 'ㄷ → ㄱ(읻- → 익-)'과 같이 'ㄷ'에 연구개음화가 적용된다. 이 경우에 2단계에서 실현된 [읻꼬]는 표준발음이고, 3단계에서 실현된 [익꼬]는 비표준발음이다. '꽃길'이 '꽃길 →꼳길 → 꼳낄 → 꼭낄'과 같은 음운변화과정에서 1단계는 'ㅊ → ㄷ(꽃- →꼳-)'과 같이 'ㅊ'에 말음법칙이 적용되고, 2단계는 'ㄱ → ㄲ(-길 → -낄)'과 같이 'ㄱ'에 경음화가 적용되고, 3단계는 'ㄷ → ㄱ(꼳- → 꼭-)'과 같이 'ㄷ'에 연구개음화가 적용된다. 2단계에서 실현된 [꼳낄]은 표준발음이고, 3단계에서 실현된 [꼭낄]은 비표준발음이다.

## ⑨ 격음화

격음화(激音化)란 평음 'ㄱ·ㄷ·ㅂ·ㅈ' 등이 'ㅎ'과 결합되어 'ㄱ + ㅎ → ㅋ', 'ㄷ + ㅎ → ㅌ', 'ㅂ + ㅎ → ㅍ', 'ㅈ + ㅎ → ㅊ' 등과 같이 하나의 격음으로 실현되는 것을 말한다. 이를 거센소리되기 또는 유기음화(有氣音化), 기음화(氣音化)라고도 한다. 이와 같은 현상은 발음하는 경우에 노력 경제의 일환으로 말의 속도를 빠르게 하기 위해 합음(合音, 합한 소리)의과정에서 나타나는 자음축약(子音縮約, 닿소리줄임)이다. 자음접변의 환경에서 격음화가 실현되는 경우에 'ㅎ'의 위치는 '좋다[조타]'와 같이 앞 끝소리인 경우도 있고, '좁히다[조피다]'와 같이 뒤 첫소리인 경우도 있다. 그러므로 격음화는 자음접변의 환경에서 앞 끝소리나 뒤 첫소리 중 반드시 한 자음이 'ㅎ'인 경우에 일어나는 자음축약이다.

(21) ㄱ. 놓고[노코]        좋던[조ː턴]        쌓지[싸치]
        많고[만ː코]        않던[안턴]        닳지[달치]
      ㄴ. 각하[가카]        맏형[마텽]        먹히다[머키다]
        밝히다[발키다]        좁히다[조피다]        넓히다[널피다]
        꽂히다[꼬치다]        앉히다[안치다]
      ㄷ. 옷 한 벌[오탄벌]        낮 한때[나탄때]
        숱하다[수타다]        꽃 한 송이[꼬탄송이]

(21)은 표준발음법 제12항에 규정되어 있다. (21ㄱ)은 표준발음법 제12항 1의 보기이고, (21ㄴ)은 제12항 1 [붙임 1]의 보기이고, (21ㄷ)은 제12항 1 [붙임 2]의 보기이다.

(21ㄱ)은 표준발음법 제12항 1에 규정되어 있다. 이 규정은 'ㅎ(ㄶ, ㅀ)' 뒤에 'ㄱ, ㄷ, ㅈ'이 결합되는 경우에는, 뒤 음절 첫소리와 합쳐서 [ㅋ, ㅌ, ㅊ]으로 발음한다는 내용이다. 보기는 음절말 위치에서 앞 끝소리인 'ㅎ'('놓-, 않-, 닳-' 등의 끝소리)이 뒤 첫소리인 'ㄱ, ㄷ, ㅈ'('-고, -던, -지' 등의 첫소리) 등과 연결되는 경우에 두 자음의 합한 소리로 인해 격음화가 실현된 것이다. '놓고'는 '놓고 → 노코'와 같은 음운변화과정에서 'ㅎ + ㄱ → ㅋ'과 같이 'ㄱ'에 격음화가 적용된다. '않던'은 '않던 → 안턴'과 같은 음운변화과정에서 'ㅎ + ㄷ → ㅌ'과 같이 'ㄷ'에 격음화가 적용된다. '닳지'는 '닳지 → 달치'와 같은 음운변화과정에서 'ㅎ + ㅈ → ㅊ'과 같이 'ㅈ'에 격음화가 적용된다. 그런데 (21ㄱ)의 '놓고, 좋던, 쌓지' 등이 [논꼬], [존떤], [싼찌] 등과 같이 격음화가 아닌 경음화로 실현되기도 한다. '놓고'의

경우에 '놓고 → 논고 → 논꼬'와 같은 음운변화과정에서 1단계는 'ㅎ → ㄷ (놓- → 논-)'과 같이 'ㅎ'에 말음법칙이 적용되고, 2단계는 'ㄱ → ㄲ(-고 → -꼬)'과 같이 'ㄱ'에 경음화가 적용된다. 이와 같이 격음화를 거부하고 경음화로 실현된 것은 비표준발음이므로, 격음화와 경음화를 정확히 구별하는 것이 중요하다.

(21ㄴ)은 표준발음법 제12항 1 [붙임 1]에 규정되어 있다. 이 규정은 받침 'ㄱ(ㄺ), ㄷ, ㅂ(ㄼ), ㅈ(ㄵ)'이 뒤 음절 첫소리 'ㅎ'과 결합되는 경우에도, 역시 두 소리를 합쳐서 [ㅋ, ㅌ, ㅍ, ㅊ]으로 발음한다는 내용이다. 보기는 앞 받침 'ㄱ, ㄺ, ㄷ, ㅂ, ㄼ, ㅈ, ㄵ'('각-, 밝-, 맏-, 좁-, 넓-, 꽂-, 앉-' 등의 끝소리) 등이 뒤 첫소리인 'ㅎ'과 연결되는 경우에 두 자음의 합한 소리로 인해 격음화가 실현된 것이다. '각하'는 '각하 → 가카'와 같은 음운변화과정에서 'ㄱ + ㅎ → ㅋ'과 같이 'ㄱ'에 격음화가 적용된다. '밝히다'는 '밝히다 → 발키다'와 같은 음운변화과정에서 'ㄱ + ㅎ → ㅋ'과 같이 'ㄱ'에 격음화가 적용된다. '맏형'은 '맏형 → 마텽'과 같은 음운변화과정에서 'ㄷ + ㅎ → ㅌ'과 같이 'ㄷ'에 격음화가 적용된다. '넓히다'는 '넓히다 → 널피다'와 같은 음운변화과정에서 'ㅂ + ㅎ → ㅍ'과 같이 'ㅂ'에 격음화가 적용된다. '꽂히다'는 '꽂히다 → 꼬치다'와 같은 음운변화과정에서 'ㅈ + ㅎ → ㅊ'과 같이 'ㅈ'에 격음화가 적용된다. '앉히다'는 '앉히다 → 안치다'와 같은 음운변화과정에서 'ㅈ + ㅎ → ㅊ'과 같이 'ㅈ'에 격음화가 적용된다.

(21ㄷ)은 표준발음법 제12항 1 [붙임 2]에 규정하고 있다. 이는 규정에 따라 'ㄷ'으로 발음되는 'ㅅ, ㅈ, ㅊ, ㅌ'의 경우에도 격음화를 인정한다는 내용이다. 보기는 둘 또는 그 이상의 단어를 이어서 한 마디로 발음하는 경우이다. '옷 한 벌, 낮 한때' 등은 '옷한벌 → 온한벌 → 오탄벌, 낮한때 → 낟한때 → 나탄때' 등과 같이 음운변화과정을 설정할 수 있다. 이 중 1단계는 'ㅅ · ㅈ → ㄷ'과 같이 'ㅅ · ㅈ' 등에 말음법칙이 각각 적용되고, 2단계는 'ㄷ + ㅎ' → ㅌ'과 같이 'ㄷ'에 격음화가 적용된다. '꽃 한 송이'가 '꽃한송이 →

꼳한송이 → 꼬탄송이'와 같은 음운변화과정에서 1단계는 'ㅊ → ㄷ(꽃- → 끋-)'과 같이 'ㅊ'에 말음법칙이 적용되고, 2단계는 'ㄷ + ㅎ → ㅌ(끋한- → 꼬탄-)'과 같이 'ㄷ'에 격음화가 적용된다. '숱하다'가 '숱하- → 숟하- → 수타-'와 같은 음운변화과정에서 1단계는 'ㅌ → ㄷ(숱- → 숟-)'과 같이 'ㅌ'에 말음법칙이 적용되고, 2단계는 'ㄷ + ㅎ → ㅌ(숟하- → 수타-)'과 같이 'ㄷ'에 격음화가 적용된다. 여기서 '숱하다'가 [수타다]로 실현되는 것이 '숱하- → 수타'와 같이 'ㅎ'이 탈락하는 것으로 이해해서는 안 된다. 그러므로 '숱하다'의 경우는 격음화와 'ㅎ' 탈락을 정확히 구별해야 한다.

## 🔟 경음화

경음화(硬音化)란 자음접변의 환경에서 평음인 뒤 첫소리가 된소리로 실현되는 현상을 말한다. 이를 된소리되기라고도 한다.

(22) ㄱ. 국밥[국빱]　　　　깎다[깍따]　　　　삯돈[삭똔]
　　　　닭장[닥짱]　　　　칡범[칙뻠]　　　　넋받이[넉빠지]
　　ㄴ. 있던[읻떤]　　　　꽂고[꼳꼬]　　　　솥전[솓쩐]
　　　　뻗대다[뻗때다]　　옷고름[옫꼬름]　　꽃다발[꼳따발]
　　　　낯설다[낟썰다]　　밭갈이[받까리]
　　ㄷ. 곱돌[곱똘]　　　　덮개[덥깨]　　　　옆집[엽찝]
　　　　값지다[갑찌다]　　넓죽하다[넙쭈카다]
　　　　읊조리다[읍쪼리다]

(22)는 표준발음법 제23항에 규정되어 있다. 이 규정은 받침 'ㄱ(ㄲ, ㅋ, ㄳ, ㄺ), ㄷ(ㅅ, ㅆ, ㅈ, ㅊ, ㅌ), ㅂ(ㅍ, ㄼ, ㄿ, ㅄ)' 뒤에 연결되는 'ㄱ, ㄷ, ㅂ, ㅅ, ㅈ'은 된소리로 발음한다는 내용이다. 보기는 자음접변의 환경에서 평음인 뒤 첫소리가 된소리로 실현된 경우이다.

(22ㄱ)은 자음접변의 환경에서 앞 끝소리가 'ㄱ, ㄲ, ㄳ, ㄺ' 등인 경우이

다. 앞 끝소리가 'ㄱ'이고, 뒤 첫소리가 'ㅂ'인 '국밥'은 '국밥 → 국빱'과 같은 음운변화과정에서 'ㅂ → ㅃ(-밥 → -빱)'과 같이 'ㅂ'에 경음화가 적용된다. 앞 끝소리가 'ㄲ'이고, 뒤 첫소리가 'ㄷ'인 '깎다'가 '깎다 → 깍다 → 깍따'와 같은 음운변화과정에서 1단계는 'ㄲ → ㄱ(깎- → 깍-)'과 같이 'ㄲ'에 말음법칙이 적용되고, 2단계는 'ㄷ → ㄸ(-다 → -따)'과 같이 'ㄷ'에 경음화가 적용된다. 앞 겹받침이 'ㄳ'이고, 뒤 첫소리가 'ㅂ'인 '넋받이'가 '넋받이 → 넉받이 → 넉빧이 → 넉빠지'와 같은 음운변화과정에서 1단계는 'ㄳ → ㄱ(넋- → 넉-)'과 같이 'ㅅ'에 자음탈락이 적용되고, 2단계는 'ㅂ → ㅃ(-받- → -빧-)'과 같이 'ㅂ'에 경음화가 적용되고, 3단계는 'ㄷ → ㅈ(-빧이 → -빠지)'과 같이 'ㄷ'에 구개음화가 적용된다. 앞 겹받침이 'ㄺ'이고, 뒤 첫소리가 'ㅈ'인 '닭장'이 '닭장 → 닥장 → 닥짱'과 같은 음운변화과정에서 1단계는 'ㄺ → ㄱ(닭- → 닥-)'과 같이 'ㄹ'에 자음탈락이 적용되고, 2단계는 'ㅈ → ㅉ(-장 → -짱)'과 같이 'ㅈ'에 경음화가 적용된다.

(22ㄴ)은 앞 끝소리가 'ㄷ, ㅅ, ㅆ, ㅈ, ㅊ, ㅌ' 등인 경우이다. 자음접변의 환경에서 앞 끝소리가 'ㄷ'인 '뻗대다'는 '뻗대다 → 뻗때다'와 같은 음운변화과정에서 'ㄷ → ㄸ(-대- → -때-)'과 같이 'ㄷ'에 경음화가 적용된다. 앞 끝소리가 'ㅅ, ㅆ, ㅈ, ㅊ, ㅌ' 등인 경우는 음운변화과정의 1단계에 말음법칙을 적용하고, 2단계에 경음화를 적용한다. '옷고름'이 '옷고름 → 옫고름 → 옫꼬름'과 같은 음운변화과정에서 1단계는 'ㅅ → ㄷ(옷- → 옫-)'과 같이 'ㅅ'에 말음법칙이 적용되고, 2단계는 'ㄱ → ㄲ(-고- → -꼬-)'과 같이 'ㄱ'에 경음화가 적용된다. '있던'이 '있던 → 읻던 → 읻떤'과 같은 음운변화과정에서 1단계는 'ㅆ → ㄷ(있- → 읻-)'과 같이 'ㅆ'에 말음법칙이 적용되고, 2단계는 'ㄷ → ㄸ(-던 → -떤)'과 같이 'ㄷ'에 경음화가 적용된다. '꽂고'가 '꽂고 → 꼳고 → 꼳꼬'와 같은 음운변화과정에서 1단계는 'ㅈ → ㄷ(꽂- → 꼳-)'과 같이 'ㅈ'에 말음법칙이 적용되고, 2단계는 'ㄱ → ㄲ(-고 → -꼬)'과 같이 'ㄱ'에 경음화가 적용된다. '꽃다발'이 '꽃다발 → 꼳다발

→ 꼳따발'과 같은 음운변화과정에서 1단계는 'ㅊ → ㄷ(꽃- → 꼳-)'과 같이 'ㅊ'에 말음법칙이 적용되고, 2단계는 'ㄷ → ㄸ(-다- → -따-)'과 같이 'ㄷ'에 경음화가 적용된다. '솥전'이 '솥전 → 솓전 → 솓쩐'과 같은 음운변화과정에서 1단계는 'ㅌ → ㄷ(솥- → 솓-)'과 같이 'ㅌ'에 말음법칙이 적용되고, 2단계는 'ㅈ → ㅉ(-전 → -쩐)'과 같이 'ㅈ'에 경음화가 적용된다. 이외의 보기들도 이와 같은 변화과정에서 1단계에 말음법칙이 적용되고, 2단계는 경음화가 적용된다.

(22ㄷ)은 앞 끝소리가 'ㅂ, ㅍ, ㄼ, ㄿ, ㅄ' 등인 경우이다. '곱돌'이 '곱돌 → 곱똘'과 같은 음운변화과정에서 'ㄷ → ㄸ(-돌 → -똘)'과 같이 'ㄷ'에 경음화가 적용된다. 앞 끝소리가 'ㅍ'인 경우는 음운변화과정의 1단계에 말음법칙을 적용하고, 2단계에 경음화를 적용한다. '덮개'가 '덮개 → 덥개 → 덥깨'와 같은 음운변화과정에서 1단계는 'ㅍ → ㅂ(덮- → 덥-)'과 같이 'ㅍ'에 말음법칙이 적용되고, 2단계는 'ㄱ → ㄲ(-개 → -깨)'과 같이 'ㄱ'에 경음화가 적용된다. 앞 끝소리가 'ㄼ · ㄿ · ㅄ' 등인 경우는 음운변화과정의 1단계에 자음탈락을 적용하고, 2단계에 경음화를 적용한다. '넓죽하다'가 '넓죽하다 → 넙죽하다 → 넙쭉하다 → 넙쭈카다'와 같은 음운변화과정에서 1단계는 'ㄼ → ㅂ(넓- → 넙-)'과 같이 'ㄹ'에 자음탈락이 적용되고, 2단계는 'ㅈ → ㅉ(-죽- → -쭉-)'과 같이 'ㅈ'에 경음화가 적용되고, 3단계는 'ㄱ + ㅎ → ㅋ(-쭉하- → -쭈카-)'과 같이 'ㄱ'에 격음화가 적용된다. '읊조리다'가 '읊조리다 → 읖조리다 → 읍조리다 → 읍쪼리다'와 같은 음운변화과정에서 1단계는 'ㄿ → ㅍ(읊- → 읖-)'과 같이 'ㄹ'에 자음탈락이 적용되고, 2단계는 'ㅍ → ㅂ(읖- → 읍-)'과 같이 'ㅍ'에 말음법칙이 적용되고, 3단계는 'ㅈ → ㅉ(-조- → -쪼-)'과 같이 'ㅈ'에 경음화가 적용된다. '값지다'가 '값지다 → 갑지다 → 갑찌다'와 같은 음운변화과정에서 1단계는 'ㅄ → ㅂ(값- → 갑-)'과 같이 'ㅅ'에 자음탈락이 적용되고, 2단계는 'ㅈ → ㅉ(-지- → -찌-)'과 같이 'ㅈ'에 경음화가 적용된다.

(23) ㄱ. 신고[신꼬]    껴안다[껴안따]    앉고[안꼬]    얹다[언따]

　　 ㄴ. 삼고[삼꼬]    더듬지[더듬찌]    닮고[담꼬]    젊지[점찌]


　(23)은 표준발음법 제24항에 규정되어 있다. 이 규정은 어간 받침 'ㄴ (ㄵ), ㅁ(ㄻ)' 뒤에 결합되는 어미의 첫소리 'ㄱ, ㄷ, ㅅ, ㅈ'은 된소리로 발음한다는 내용이다. 보기는 자음접변의 환경에서 뒤 첫소리가 된소리로 실현된 경우이다.

　(23ㄱ)은 자음접변의 환경에서 앞 끝소리가 'ㄴ·ㄵ' 등이고, 뒤 첫소리가 'ㄱ·ㄷ' 등인 경우이다. 뒤 첫소리가 'ㄱ'인 '신고'는 '신고→신꼬'와 같은 음운변화과정에서 'ㄱ→ㄲ(-고→-꼬)'과 같이 'ㄱ'에 경음화가 적용된다. 물론 '신고'는 '신발을 신고'와 같이 '신다'의 어간 '신-'에 어미 '-고'가 연결된 경우이다. 그러므로 '간첩신고'와 같이 '어떤 사실을 알리거나 보고하는 일'을 의미하는 '신고[신고]'와는 정확히 구별해야 한다. 뒤 첫소리가 'ㄷ'인 '얹다'가 '얹다→언다→언따'와 같은 음운변화과정에서 1단계는 'ㄵ→ㄴ(얹-→언-)'과 같이 겹받침 중 'ㅈ'에 자음탈락이 적용되고, 2단계는 'ㄷ→ㄸ(-다→-따)'과 같이 'ㄷ'에 경음화가 적용된다.

　(23ㄴ)은 자음접변의 환경에서 앞 끝소리가 'ㅁ·ㄻ' 등이고, 뒤 첫소리가 'ㄱ·ㅈ' 등인 경우이다. 뒤 첫소리가 'ㄱ'인 '삼고'는 '삼고→삼꼬'와 같은 음운변화과정에서 'ㄱ→ㄲ(-고→-꼬)'과 같이 'ㄱ'에 경음화가 적용된다. 뒤 첫소리가 'ㅈ'인 '젊지'가 '젊지→점지→점찌'와 같은 음운변화과정에서 1단계는 'ㄻ→ㅁ(젊-→점-)'과 같이 겹받침 중 'ㄹ'에 자음탈락이 적용되고, 2단계는 'ㅈ→ㅉ(-지→-찌)'과 같이 'ㅈ'에 경음화가 적용된다.

　그런데 (22)의 보기(표준발음법 제23항)와는 달리 (23)의 보기(표준발음법 제24항)와 같이 자음접변의 환경에서 앞 끝소리가 'ㄴ, ㅁ' 등처럼 콧소리인 경우에는 경음화가 실현되지 않는 경우도 있다. 이는 표준발음법 제

한국어 발음 교육의 실제

24항 '다만'의 보기에서도 '안기다[안기다], 감기다[감기다], 굶기다[굼기다], 옮기다[옴기다] 등과 같이 뒤 첫소리가 피동, 사동의 접미사 '-기-'의 'ㄱ'인 경우는 된소리되기가 실현되지 않는 것으로 규정하고 있다. 따라서 앞 끝소리가 콧소리인 경우는 국어사전을 활용하여 이 내용을 정확하게 이해하는 것이 바람직하다.

(24) ㄱ. 넓게[널께]    떫지[떨:찌]
     ㄴ. 핥다[할따]    훑소[훌쏘]

(24)는 표준발음법 제25항에 규정되어 있다. 이 규정은 어간 받침 'ㄼ, ㄾ' 뒤에 결합되는 어미의 첫소리 'ㄱ, ㅈ, ㄷ, ㅅ'은 된소리로 발음한다는 내용이다. 보기의 음운변화과정에서는 먼저 자음탈락을 적용한 후에, 경음화를 적용한다.

(24ㄱ)은 앞 끝소리인 겹받침이 'ㄼ'인 경우에, 뒤 첫소리인 'ㄱ·ㅈ' 등이 각각 된소리로 실현된 것이다. 뒤 첫소리가 'ㄱ'인 '넓게'가 '넓게 → 널게 → 널께'와 같은 음운변화과정에서 1단계는 'ㄼ → ㄹ(넓- → 널-)'과 같이 'ㅂ'에 자음탈락이 적용되고, 2단계는 'ㄱ → ㄲ(-게 → -께)'과 같이 'ㄱ'에 경음화가 적용된다. 뒤 첫소리가 'ㅈ'인 '떫지'가 '떫지 → 떨지 → 떨찌'와 같은 음운변화과정에서 1단계는 'ㄼ → ㄹ(떫- → 떨-)'과 같이 'ㅂ'에 자음탈락이 적용되고, 2단계는 'ㅈ → ㅉ(-지 → -찌)'과 같이 'ㅈ'에 경음화가 적용된다.

(24ㄴ)은 앞 끝소리인 겹받침이 'ㄾ'인 경우에, 뒤 첫소리인 'ㄷ·ㅅ' 등이 각각 된소리로 실현된 것이다. 뒤 첫소리가 'ㄷ'인 '핥다'가 '핥다 → 할다 → 할따'와 같은 음운변화과정에서 1단계는 'ㄾ → ㄹ(핥- → 할-)'과 같이 'ㅌ'에 자음탈락이 적용되고, 2단계는 'ㄷ → ㄸ(-다 → -따)'과 같이 'ㄷ'에 경음화가 적용된다. 뒤 첫소리가 'ㅅ'인 '훑소'가 '훑소 → 훌소 → 훌쏘'와 같은 음운변화과정에서 1단계는 'ㄾ → ㄹ(훑- → 훌-)'과 같이 'ㅌ'에 자

음탈락이 적용되고, 2단계는 'ㅅ → ㅆ(-소 → -쏘)'과 같이 'ㅅ'에 경음화가 적용된다.

(25) ㄱ. 갈등[갈뚱]　　　발동[발똥]　　　절도[절또]
　　　말살[말쌀]　　　일시[일씨]　　　불소[불쏘](弗素)
　　　갈증[갈쯩]　　　물질[물찔]　　　발전[발쩐]
　　　몰상식[몰쌍식]　불세출[불쎄출]
　　ㄴ. 허허실실[허허실실](虛虛實實)　　절절하다[절절하다](切切-)

(25)는 표준발음법 제26항에 규정되어 있다. 이 규정은 한자어에서, 'ㄹ' 받침 뒤에 연결되는 'ㄷ·ㅅ·ㅈ'은 된소리로 발음한다는 내용이다.

(25ㄱ)은 자음접변의 환경에서 앞 끝소리가 'ㄹ'이고, 뒤 첫소리가 'ㄷ·ㅅ·ㅈ' 등인 경우에, 'ㄷ·ㅅ·ㅈ' 등의 경음화가 각각 실현된 것이다. 뒤 첫소리가 'ㄷ'인 '갈등'은 '갈등 → 갈뚱'과 같은 음운변화과정에서 'ㄷ → ㄸ(-등 → -뚱)'과 같이 'ㄷ'에 경음화가 적용된다. 뒤 첫소리가 'ㅅ'인 '말살'은 '말살 → 말쌀'과 같은 음운변화과정에서 'ㅅ → ㅆ(-살 → -쌀)'과 같이 'ㅅ'에 경음화가 적용된다. 뒤 첫소리가 'ㅈ'인 '갈증'은 '갈증 → 갈쯩'과 같은 음운변화과정에서 'ㅈ → ㅉ(-증 → -쯩)'과 같이 'ㅈ'에 경음화가 적용된다.

(25ㄴ)은 표준발음법 제26항 '다만'에 규정되어 있다. 이 규정은 같은 한자가 겹쳐진 낱말의 경우에는 된소리로 발음하지 않는다는 내용이다. 그러므로 이 보기들은 '허허실실[허허실실]', '절절하다[절절하다]' 등과 같이 표기와 발음이 같은 경우이다.

(26) ㄱ. 할 것을[할꺼슬]　갈 데가[갈떼가]　할 바를[할빠를]
　　　할 수는[할쑤는]　할 적에[할쩌게]　갈 곳[갈꼳]
　　　할 도리[할또리]　만날 사람[만날싸람]
　　ㄴ. 할걸[할껄]　　　할밖에[할빠께]　　할세라[할쎄라]

할수록[할쑤록]　　　할진대[할찐대]

할지라도[할찌라도]　　할지언정[할찌언정]


(26ㄱ)은 표준발음법 제27항에 규정되어 있다. 이 규정은 관형사형 '-(으)ㄹ' 뒤에 연결되는 'ㄱ, ㄷ, ㅂ, ㅅ, ㅈ'은 된소리로 발음한다는 내용이다. 다만, 끊어서 말할 적에는 평음으로 발음한다. 표기로는 '할 것'과 같이 'ㄹ' 받침의 음절('할')과 뒤의 음절('것')이 한 칸 띄어져 있지만, 발음의 경우는 두 가지가 가능한 것이다. 예를 들면, 보기 중 '할 것'에 대해 하나는 두 단어('할'과 '것')를 한 마디로 이어서 발음하는 경우에 [할껃]과 같이 'ㄱ'이 된소리로 실현되는데, 이는 (26ㄱ)에 해당한다. 또 하나는 제27항 '다만'의 내용과 같이 '할'과 '것'을 끊어서 말할 적에는 된소리가 아닌 평음 [할 걷]으로 실현해야 된다. 따라서 발음할 경우에는 표기대로 띄어서 발음할 것인가(평음), 아니면 두 단어를 한 마디로 이어서 발음할 것인가(경음화)를 정확히 구별해야 한다.

(26ㄴ)은 표준발음법 제27항 [붙임]에 규정되어 있다. 이 규정은 '-(으)ㄹ'로 시작되는 어미의 경우에도 된소리로 발음한다는 내용이다. 보기들은 어간 '하-'에 어미 '-ㄹ걸·-ㄹ밖에·-ㄹ세라·-ㄹ수록·-ㄹ지라도·-ㄹ지언정·-ㄹ진대' 등이 연결된 경우에, 'ㄹ'의 뒤에 오는 'ㄱ·ㅂ·ㅅ·ㅈ' 등이 각각 된소리로 실현되는 것이다.


(27) ㄱ. 문-고리[문꼬리]　　눈-동자[눈똥자]　　신-바람[신빠람]

　　　산-새[산쌔]　　　　손-재주[손째주]

　　ㄴ. 길-가[길까]　　　　물-동이[물똥이]　　발-바닥[발빠닥]

　　　굴-속[굴쏙]　　　　술-잔[술짠]

　　ㄷ. 바람-결[바람껼]　　그믐-달[그믐딸]　　아침-밥[아침빱]

　　　잠-자리[잠짜리]

　　ㄹ. 강-가[강까]　　　　초승-달[초승딸]　　등-불[등뿔]

　　　창-살[창쌀]　　　　강-줄기[강쭐기]

(27)은 표준발음법 제28항에 규정되어 있다. 이 규정은 표기상으로는 사이시옷이 없더라도, 관형격 기능을 지니는 사이시옷이 있어야 할(휴지가 성립되는) 합성어의 경우에는, 뒤 단어의 첫소리 'ㄱ·ㄷ·ㅂ·ㅅ·ㅈ'을 된소리로 발음한다는 내용이다. 국어에서 관형격 기능을 가진 조사는 '의' 하나뿐이다. '냇가'는 '내'와 '가'가 연결되어 '내의 가'와 같은 의미를 가진 경우에, 'ㅅ'이 '냇-'과 같이 표기된 것이다. 물론 이 경우에 표기 '냇가'는 [내까/낻까]와 같이 복수표준발음으로 실현되고 있다. 그러나 합성어인 '문-고리'는 의미상 '문의 고리'와 같지만, 표기는 '문ㅅ고리'와 같이 할 수 없기 때문에 표준발음만 [문꼬리]로 한다는 내용이다.

(27ㄱ)은 자음접변의 환경에서 앞 끝소리가 'ㄴ'인 경우에, 뒤 첫소리가 된소리로 실현된 것이다. 뒤 첫소리가 'ㄱ'인 '문-고리'는 '문고리 → 문꼬리'와 같은 음운변화과정에서 'ㄱ → ㄲ(-고- → -꼬-)'과 같이 뒤 첫소리인 'ㄱ'에 경음화가 적용된다. 뒤 첫소리가 'ㄷ'인 '눈-동자'는 '눈동자 → 눈똥자'와 같은 음운변화과정에서 'ㄷ → ㄸ(-동- → -똥-)'과 같이 'ㄷ'에 경음화가 적용된다. 뒤 첫소리가 'ㅂ'인 '신-바람'은 '신바람 → 신빠람'과 같은 음운변화과정에서 'ㅂ → ㅃ(-바- → -빠-)'과 같이 'ㅂ'에 경음화가 적용된다. 뒤 첫소리가 'ㅅ'인 '산-새'는 '산새 → 산쌔'와 같은 음운변화과정에서 'ㅅ → ㅆ(-새 → -쌔)'과 같이 'ㅅ'에 경음화가 적용된다. 뒤 첫소리가 'ㅈ'인 '손-재주'는 '손재주 → 손째주'와 같은 음운변화과정에서 'ㅈ → ㅉ(-재- → -째-)'과 같이 'ㅈ'에 경음화가 적용된다.

(27ㄴ)은 자음접변의 환경에서 앞 끝소리가 'ㄹ'인 경우이다. 뒤 첫소리가 'ㄱ'인 '길-가'는 '길가 → 길까'와 같은 음운변화과정에서 'ㄱ → ㄲ(-가 → -까)'과 같이 'ㄱ'에 경음화가 적용된다. '물-동이'는 '물동이 → 물똥이'와 같은 음운변화과정에서 'ㄷ → ㄸ(-동- → -똥-)'과 같이 'ㄷ'에 경음화가 적용된다. '발-바닥'은 '발바닥 → 발빠닥'과 같은 음운변화과정에서 'ㅂ → ㅃ(-바- → -빠-)'과 같이 'ㅂ'에 경음화가 적용된다. '굴-속'은 '굴

속 → 굴쏙'과 같은 음운변화과정에서 'ㅅ → ㅆ(-속 → -쏙)'과 같이 'ㅅ'에 경음화가 적용된다. '술-잔'은 '술잔 → 술짠'과 같은 음운변화과정에서 'ㅈ → ㅉ(-잔 → -짠)'과 같이 'ㅈ'에 경음화가 적용된다.

(27ㄷ)은 자음접변의 환경에서 앞 끝소리가 'ㅁ'인 경우이다. 뒤 첫소리가 'ㄱ'인 '바람-결'은 '바람결 → 바람껼'과 같은 음운변화과정에서 'ㄱ → ㄲ(-결 → -껼)'과 같이 'ㄱ'에 경음화가 적용된다. '그믐-달'은 '그믐달 → 그믐딸'과 같은 음운변화과정에서 'ㄷ → ㄸ(-달 → -딸)'과 같이 'ㄷ'에 경음화가 적용된다. '아침-밥'은 '아침밥 → 아침빱'과 같은 음운변화과정에서 'ㅂ → ㅃ(-밥 → -빱)'과 같이 'ㅂ'에 경음화가 적용된다. '잠-자리'는 '잠자리 → 잠짜리'와 같은 음운변화과정에서 'ㅈ → ㅉ(-자- → -짜-)'과 같이 'ㅈ'에 경음화가 적용된다.

(27ㄹ)은 자음접변의 환경에서 앞 끝소리가 'ㅇ'인 경우이다. 뒤 첫소리가 'ㄱ'인 '강-가'는 '강가 → 강까'와 같은 음운변화과정에서 'ㄱ → ㄲ(-가 → -까)'과 같이 'ㄱ'에 경음화가 적용된다. '초승-달'은 '초승달 → 초승딸'과 같은 음운변화과정에서 'ㄷ → ㄸ(-달 → -딸)'과 같이 'ㄷ'에 경음화가 적용된다. '등-불'은 '등불 → 등뿔'과 같은 음운변화과정에서 'ㅂ → ㅃ(-불 → -뿔)'과 같이 'ㅂ'에 경음화가 적용된다. '창-살'은 '창살 → 창쌀'과 같은 음운변화과정에서 'ㅅ → ㅆ(-살 → -쌀)'과 같이 'ㅅ'에 경음화가 적용된다. '강-줄기'는 '강줄기 → 강쭐기'와 같은 음운변화과정에서 'ㅈ → ㅉ(-줄- → -쭐-)'과 같이 'ㅈ'에 경음화가 적용된다. 이 중 '문고리, 물동이, 강줄기' 등이 비표준발음인 [문:고리], [물:동이], [강:줄기] 등과 같이 된소리로 발음하지 않는 경우가 있으므로, 발음에 유의해야 한다.

(28) 닿소[다쏘]    많소[만쏘]    싫소[실쏘]

(28)은 표준발음법 제12항 2에 규정되어 있다. 이 규정은 'ㅎ(ㄶ, ㅀ)' 뒤에 'ㅅ'이 결합되는 경우에는, 'ㅅ'을 [ㅆ]으로 발음한다는 내용이다. 앞 끝

소리가 'ㅎ'이고, 뒤 첫소리가 'ㅅ'인 '닿소'가 '닿소 → 다소 → 다쏘'와 같은 음운변화과정에서 1단계는 'ㅎ → ∅(닿- → 다-)'과 같이 'ㅎ'에 자음탈락이 적용되고, 2단계는 'ㅅ → ㅆ(-소 → -쏘)'과 같이 'ㅅ'에 경음화가 적용된다. 소리에 관한 이론에서는 이 부호('∅')를 영(零), 즉 아무것도 없음을 나타내는 기호로 사용하는 경우가 있다. 즉 이 부호('∅')는 'ㄱ → ∅'과 같이 'ㄱ'이 탈락(삭제 또는 생략)된 경우에 사용하거나 또는는 '∅ → ㄱ'과 같이 'ㄱ'이 첨가(삽입)된 경우에 사용하기도 한다. 그러므로 이 글에서도 위와 같이 이 부호('∅')를 탈락이나 첨가의 경우에 사용하고, 이를 '영'이라고 읽는다. 또 '닿소'는 '닿소 → 닫소 → 닫쏘 → 다쏘'와 같은 음운변화과정을 설정할 수 있다. 이 경우에 1단계는 'ㅎ → ㄷ(닿- → 닫-)'과 같이 'ㅎ'에 말음법칙이 적용되고, 2단계는 'ㅅ'에 경음화가 적용되고, 3단계는 'ㄷ'에 동서열자음탈락이 적용된다. 전자와 후자의 표준발음인 [다쏘]는 같다. 음운규칙 적용의 경우에 전자는 두 단계가 적용되지만, 후자는 세 단계가 적용된다. 이 중 1단계에 전자는 'ㅎ'의 자음탈락이 적용되고, 후자는 'ㅎ'의 말음법칙이 적용되어 차이를 보이고 있다. 앞 겹받침이 'ㄶ'인 '많소'가 '많소 → 만소 → 만쏘'와 같은 음운변화과정에서 1단계는 'ㄶ → ㄴ(많- → 만-)'과 같이 'ㅎ'에 자음탈락이 적용되고, 2단계는 'ㅅ → ㅆ(-소 → -쏘)'과 같이 'ㅅ'에 경음화가 적용된다. 앞 겹받침이 'ㅀ'인 '싫소'가 '싫소 → 실소 → 실쏘'와 같은 음운변화과정에서 1단계는 'ㅀ → ㄹ(싫- → 실-)'과 같이 'ㅎ'에 자음탈락이 적용되고, 2단계는 'ㅅ → ㅆ(-소 → -쏘)'과 같이 'ㅅ'에 경음화가 적용된다.

### 11 마찰음화

마찰음화(摩擦音化)란 체언(體言, 임자씨)의 어말자음(語末子音, 낱말끝닿소리) 'ㄷ, ㅌ, ㅈ, ㅊ, ㅎ' 등이 모음으로 시작되는 격어미(格語尾, 자리씨

끝)와 연결된 경우에 마찰음 [ㅅ]으로 발음되는 현상을 말하는데, 이를 갈이소리되기라고도 한다.

(29) 디귿이[디그시]    디귿을[디그슬]    디귿에[디그세]
    지읒이[지으시]    지읒을[지으슬]    지읒에[지으세]
    치읓이[치으시]    치읓을[치으슬]    치읓에[치으세]
    티읕이[티으시]    티읕을[티으슬]    티읕에[티으세]
    히읗이[히으시]    히읗을[히으슬]    히읗에[히으세]

(29)는 표준발음법 제16항에 규정되어 있다. 이 규정은 한글 자모의 이름은 그 받침소리를 이음소리로 하되, 'ㄷ·ㅈ·ㅊ·ㅎ'의 경우에는 특별히 보기와 같이 발음한다는 내용이다. 마찰음화에 대해 표준발음법에서는 보기와 같이 한글 자모의 경우로 한정하고 있다. 한글 자모의 이름은 그 받침소리를 연음으로 하는 것이 원칙이지만, 보기는 언중들의 현실 발음을 표준발음으로 인정한 것이다. 그러나 '디귿이[디그지], 티읕이[티으치]' 등은 구개음화의 환경에 적합하기 때문에, 마찰음화와 구개음화의 구별에 혼란을 가져올 수도 있으므로, 발음에 유의해야 한다.

## 12 자음탈락

자음탈락(子音脫落)이란 겹받침 중 하나의 자음이 어말 또는 자음 앞에서 발음되지 않는 현상을 말한다. 이를 닿소리빠짐 또는 묵음화(黙音化)라고도 한다. 이 중 어말인 경우는 예를 들면, '넋'[넉], '까닭'[까닥], '여덟'[여덜] 등과 같이 겹받침 중 'ㄳ'의 'ㅅ', 'ㄺ'의 'ㄹ', 'ㄼ'의 'ㅂ' 등이 어말에서 발음되지 않는 경우이다. 자음 앞인 경우는 '앉다[안따]', '앉고[안꼬]', '앉지[안찌]' 등과 같이 겹받침 'ㄵ' 중 'ㅈ'이 자음 'ㄷ, ㄱ, ㅈ' 등의 앞에서 발음되지 않는 경우이다. 물론 겹받침의 경우에 모든 환경에서 자음탈락이 실현되는 것은 아니다. '앉아[안자], 닭을[달글], 핥아[할타]' 등과 같이 모음으로 시작된 조사나 어미, 접미사와 결합되는 경우에는 연음을 나타내고 있다.

'ㅎ'의 탈락도 표준발음법 제12항 2, 3 [붙임], 4에 규정되어 있다. 그러므로 이 글에서는 받침 'ㅎ·ㄶ·ㅀ' 등에 대한 'ㅎ'의 탈락에 대해서 별도의 항을 설정하지 않고, 이 항에서 기술한다.

(30) ㄱ. 넋[넉]     넋과[넉꽈]     앉다[안따]     여덟[여덜]
　　 넓다[널따]   외곬[외골/웨─]  핥다[할따]     없다[업:따]
　　ㄴ. 밟다[밥:따]  밟소[밥:쏘]     밟지[밥:찌]     밟게[밥:께]
　　 밟고[밥:꼬]   밟는[밤:는]
　　ㄷ. 넓─죽하다[넙쭈카다]          넓─둥글다[넙뚱글다]

(30ㄱ)은 표준발음법 제10항에 규정되어 있다. 이 규정은 겹받침 'ㄳ', 'ㄵ', 'ㄼ, ㄽ, ㄾ', 'ㅄ'은 어말 또는 자음 앞에서 각각 [ㄱ, ㄴ, ㄹ, ㅂ]으로 발음한다는 내용이다. 보기는 겹받침 중 뒤 자음 'ㅅ, ㅈ, ㅂ, ㅌ' 등이 탈락된 경우이다. 겹받침이 어말인 '넋'은 '넋 → 넉'과 같은 음운변화과정에서 'ㄳ → ㄱ(넋 → 넉)'과 같이 'ㅅ'에 자음탈락이 적용된다. '여덟'은 '여덟 → 여덜'과 같은 음운변화과정에서 'ㄼ → ㄹ(─덟 → ─덜)'과 같이 'ㅂ'에 자음탈락이 적용된다. '외곬'은 '외곬 → 외골'과 같은 음운변화과정에서 'ㄽ → ㄹ(─곬 → ─골)'과 같이 'ㅅ'에 자음탈락이 적용된다.

겹받침이 자음 앞인 경우에는 먼저 자음탈락이 적용된 후에 경음화가 적용된다. '넋과'가 '넋과 → 넉과 → 넉꽈'와 같은 음운변화과정에서 1단계는 'ㄳ → ㄱ(넋─ → 넉─)'과 같이 'ㅅ'에 자음탈락이 적용되고, 2단계는 'ㄱ → ㄲ(─과 → ─꽈)'과 같이 'ㄱ'에 경음화가 적용된다. '앉다'가 '앉다 → 안다 → 안따'와 같은 음운변화과정에서 1단계는 'ㄵ → ㄴ(앉─ → 안─)'과 같이 'ㅈ'에 자음탈락이 적용되고, 2단계는 'ㄷ → ㄸ(─다 → ─따)'과 같이 'ㄷ'에 경음화가 적용된다. '넓다'가 '넓다 → 널다 → 널따'와 같은 음운변화과

정에서 1단계는 '래 → ㄹ(넓- → 널-)'과 같이 'ㅂ'에 자음탈락이 적용되고,
2단계는 'ㄷ → ㄸ(-다 → -따)'과 같이 'ㄷ'에 경음화가 적용된다. '핥다'가
'핥다 → 할다 → 할따'와 같은 음운변화과정에서 1단계는 '랴 → ㄹ(핥- →
할-)'과 같이 'ㅌ'에 자음탈락이 적용되고, 2단계는 'ㄷ → ㄸ(-다 → -따)'
과 같이 'ㄷ'에 경음화가 적용된다. '없다'가 '없다 → 업다 → 업따'와 같은
음운변화과정에서 1단계는 'ㅄ → ㅂ(없- → 업-)'과 같이 'ㅅ'에 자음탈락
이 적용되고, 2단계는 'ㄷ → ㄸ(-다 → -따)'과 같이 'ㄷ'에 경음화가 적용
된다. 그런데 '넓다'는 [널브다], '핥다'는 [할트다]와 같은 비표준발음이 언
중들에 의해 실현되고 있으므로 유의해야 한다.

(30ㄴ)은 표준발음법 제10항 다만 1에 규정되어 있다. 이 규정은 '밟-'은
자음 앞에서 [밥]으로 발음한다는 내용이다. '밟다'가 '밟다 → 밥다 → 밥
따'와 같은 음운변화과정에서 1단계는 '래 → ㅂ(밟- → 밥-)'과 같이 'ㄹ'
에 자음탈락이 적용되고, 2단계는 'ㄷ → ㄸ(-다 → -따)'과 같이 'ㄷ'에 경
음화가 적용된다. '밟는'이 '밟는 → 밥는 → 밤는'과 같은 음운변화과정에
서 1단계는 '래 → ㅂ(밟- → 밥-)'과 같이 'ㄹ'에 자음탈락이 적용되고, 2단
계는 'ㅂ → ㅁ(밥- → 밤-)'과 같이 'ㅂ'에 비음화가 적용된다.

(30ㄷ)은 표준발음법 제10항 다만 2에 규정되어 있다. 이 규정은 '넓-'이
보기와 같은 경우에 [넙]으로 발음한다는 내용이다. '넓죽하다'가 '넓죽하다
→ 넙죽하다 → 넙쭉하다 → 넙쭈카다'와 같은 음운변화과정에서 1단계는
'래 → ㅂ(넓- → 넙-)'과 같이 'ㄹ'에 자음탈락이 적용되고, 2단계는 'ㅈ →
ㅉ(-죽- → -쭉-)'과 같이 'ㅈ'에 경음화가 적용되고, 3단계는 'ㄱ + ㅎ →
ㅋ(-쭉하- → -쭈카-)'과 같이 'ㄱ'에 격음화가 적용된다.

(31) 닭[닥]      흙과[흑꽈]      맑다[막따]      늙지[늑찌]
    삶[삼]      젊다[점ː따]      읊고[읍꼬]      읊다[읍따]

(31)은 표준발음법 제11항에 규정되어 있다. 이 규정은 겹받침 'ㄺ, ㄻ,

'ㄾ'은 어말 또는 자음 앞에서 각각 [ㄱ, ㅁ, ㅂ]으로 발음한다는 내용이다. 보기는 겹받침 중 앞 자음 'ㄹ'이 탈락된 경우이다. 겹받침이 어말인 '닭'은 '닭 → 닥'과 같은 음운변화과정에서 'ㄹㄱ → ㄱ(닭 → 닥)'과 같이 'ㄹ'에 자음탈락이 적용된다. '삶'은 '삶 → 삼'과 같은 음운변화과정에서 'ㄹㅁ → ㅁ(삶 → 삼)'과 같이 'ㄹ'에 자음탈락이 적용된다.

  겹받침이 자음 앞인 경우에는 먼저 자음탈락이 적용된 후에 경음화가 적용된다. '흙과'가 '흙과 → 흑과 → 흑꽈'와 같은 음운변화과정에서 1단계는 'ㄹㄱ → ㄱ(흙- → 흑-)'과 같이 'ㄹ'에 자음탈락이 적용되고, 2단계는 'ㄱ → ㄲ(-과 → -꽈)'과 같이 'ㄱ'에 경음화가 적용된다. '맑다'가 '맑다 → 막다 → 막따'와 같은 음운변화과정에서 1단계는 'ㄹㄱ → ㄱ(맑- → 막-)'과 같이 'ㄹ'에 자음탈락이 적용되고, 2단계는 'ㄷ → ㄸ(-다 → -따)'과 같이 'ㄷ'에 경음화가 적용된다. '늙지'가 '늙지 → 늑지 → 늑찌'와 같은 음운변화과정에서 1단계는 'ㄹㄱ → ㄱ(늙- → 늑-)'과 같이 'ㄹ'에 자음탈락이 적용되고, 2단계는 'ㅈ → ㅉ(-지 → -찌)'과 같이 'ㅈ'에 경음화가 적용된다. '젊다'가 '젊다 → 점다 → 점따'와 같은 음운변화과정에서 1단계는 'ㄹㅁ → ㅁ(젊- → 점-)'과 같이 'ㄹ'에 자음탈락이 적용되고, 2단계는 'ㄷ → ㄸ(-다 → -따)'과 같이 'ㄷ'에 경음화가 적용된다. '읊고'가 '읊고 → 읖고 → 읍고 → 읍꼬'와 같은 음운변화과정에서 1단계는 'ㄹㅍ → ㅍ(읊- → 읖-)'과 같이 'ㄹ'에 자음탈락이 적용되고, 2단계는 'ㅍ → ㅂ(읖- → 읍-)'과 같이 'ㅍ'에 말음법칙이 적용되고, 3단계는 'ㄱ → ㄲ(-고 → -꼬)'과 같이 'ㄱ'에 경음화가 적용된다.

(32) ㄱ. 넋 없다[너겁따]        닭 앞에[다가페]
     ㄴ. 값어치[가버치]        값있는[가빈는]

  (32)는 표준발음법 제15항 [붙임]에 규정되어 있다. 이 규정은 겹받침의 경우에는, 그중 하나만을 옮겨 발음한다는 내용이다.

(32ㄱ)은 표기상 띄어 있지만, 이는 두 단어를 이어서 한 마디로 발음하는 경우이다. '넋없다'가 '넋없다 → 너겂다 → 너겁다 → 너겁따'와 같은 음운변화과정에서 1단계는 'ㄳ → ㄱ(넋없- → 너겂-)'과 같이 'ㅅ'에 자음탈락이 적용되고, 2단계는 'ㅄ → ㅂ(-겂- → -겁-)과 같이 'ㅅ'에 자음탈락이 적용되고, 3단계는 'ㄷ → ㄸ(-다 → -따)'과 같이 'ㄷ'에 경음화가 적용된다. '닭 앞에'가 '닭앞에 → 다갚에 → 다가페'와 같은 음운변화과정에서 1단계는 'ㄺ → ㄱ(닭앞- → 다갚-)'과 같이 'ㄹ'에 자음탈락이 적용되고, 2단계는 '다갚에 → 다가페'와 같이 연음법칙이 적용된다. '닭 앞에'와 '닭을'[달글]을 비교해 보자. 표기의 경우는 '닭'의 겹받침 'ㄺ' 뒤에 '-아', '-으' 등과 같이 모음이 이어지고 있지만, 발음의 경우는 [다가페]와 [달글]처럼 차이를 보이고 있다. 표준발음법 규정에 따르면 전자는 '닭'과 '앞'이 실질형태소로서 대등적 관계와 자음탈락 현상을 나타내고 있고, 후자는 실질형태소인 '닭'과 형식형태소인 조사 '을'이 이어진 연음 현상을 나타내고 있다는 점이 다르다.

(32ㄴ)의 '값어치'가 '값어치 → 가버치'와 같은 음운변화과정에서 'ㅄ → ㅂ(값어- → 가버-)'과 같이 'ㅅ'에 자음탈락이 적용된다. '값있는'이 '값있는 → 가빘는 → 가빋는 → 가빈는'과 같은 음운변화과정에서 1단계는 'ㅄ → ㅂ(값있- → 가빘-)'과 같이 'ㅅ'에 자음탈락이 적용되고, 2단계는 'ㅆ → ㄷ(-빘- → -빋-)'과 같이 'ㅆ'에 말음법칙이 적용되고, 3단계는 'ㄷ → ㄴ(-빋- → -빈-)'과 같이 'ㄷ'에 비음화가 적용된다. 비표준발음인 [갑씬는]으로 발음하는 경우도 있으므로, 발음에 유의해야 한다.

(33) ㄱ. 낳은[나은]　　놓아[노아]　　쌓이다[싸이다]
　　 ㄴ. 많아[마나]　　않은[아는]
　　 ㄷ. 닳아[다라]　　싫어도[시러도]

(33)은 표준발음법 제12항 4에 규정되어 있다. 이 규정은 'ㅎ(ㄶ, ㅀ)' 뒤

에 모음으로 시작된 어미나 접미사가 결합되는 경우에는, 'ㅎ'을 발음하지 않는다는 내용이다.

(33ㄱ)은 모음 사이에 있는 'ㅎ'이 탈락된 경우이다. '낳은'은 '낳은 → 나은'과 같은 음운변화과정에서 'ㅎ → ∅(낳- → 나-)'과 같이 'ㅎ'에 자음탈락 적용된다.

(33ㄴ)은 모음 사이에 있는 받침 'ㄶ' 중 'ㅎ'이 탈락된 경우이다. '많아'가 '많아 → 만아 → 마나'와 같은 음운변화과정에서 1단계는 'ㄶ → ㄴ(많- → 만-)'과 같이 'ㅎ'에 자음탈락이 적용되고, 2단계는 '만아 → 마나'와 같이 연음법칙이 적용된다.

(33ㄷ)은 모음 사이에 있는 받침 'ㅀ' 중 'ㅎ'이 탈락된 경우이다. '닳아'가 '닳아 → 달아 → 다라'와 같은 음운변화과정에서 1단계는 'ㅀ → ㄹ(닳- → 달-)'과 같이 'ㅎ'에 자음탈락이 적용되고, 2단계는 '달아 → 다라'와 같이 연음법칙이 적용된다.

(34) ㄱ. 앓네[안네]　　　　　 않는[안는]
　　　ㄴ. 뚫네[뚤네 → 뚤레]　　뚫는[뚤는 → 뚤른]

(34)는 표준발음법 제12항 3 [붙임]에 규정되어 있다. 이 규정은 'ㄶ, ㅀ' 뒤에 'ㄴ'이 결합되는 경우에는, 'ㅎ'을 발음하지 않는다는 내용이다.

(34ㄱ)은 겹받침 'ㄶ' 중 'ㅎ'이 탈락된 경우이다. '앓네'는 '앓네 → 안네'와 같은 음운변화과정에서 'ㄶ → ㄴ(앓- → 안-)'과 같이 'ㅎ'에 자음탈락이 적용된다. '않는'은 '않는 → 안는'과 같은 음운변화과정에서 'ㄶ → ㄴ(않- → 안-)'과 같이 'ㅎ'에 자음탈락이 적용된다.

(34ㄴ)은 겹받침 'ㅀ' 중 'ㅎ'이 탈락된 경우이다. '뚫네'가 '뚫네 → 뚤네 → 뚤레'와 같은 음운변화과정에서 1단계는 'ㅀ → ㄹ(뚫- → 뚤-)'과 같이 'ㅎ'에 자음탈락이 적용되고, 2단계는 'ㄴ → ㄹ(-네 → -레)'과 같이 'ㄴ'에 유음화가 적용된다. '뚫는'이 '뚫는 → 뚤는 → 뚤른'과 같은 음운변화과정

에서 1단계는 'ㅀ → ㄹ(뚫- → 뚤-)'과 같이 'ㅎ'에 자음탈락이 적용되고, 2단계는 'ㄴ → ㄹ(-는 → -른)'과 같이 'ㄴ'에 유음화가 적용된다.

## 13 동서열자음탈락

동서열자음탈락(同序列子音脫落)이란 같은 소리 나는 위치(조음위치)에 있는 자음이 앞 끝소리와 뒤 첫소리로 연결되어 있는 경우에, 이 중 하나의 자음이 중화로 인해 탈락되는 현상을 말한다. 이를 같은위치닿소리빠짐이라고도 한다. '동서열'이란 소리 나는 위치가 같은 경우를 말한다. 중화(中和)란 애초에 대립되던 자음이 특정 환경에서 그 대립을 상실하게 되는 현상을 말한다. 이 경우에 특정 환경은 소리 나는 위치가 같다는 점이다.

이 항에서는 자음접변의 환경에서 같은 소리 나는 위치에 있는 앞 끝소리와 뒤 첫소리가 연결되어 있는 경우에 앞 끝소리가 탈락되는 내용을 중심으로 기술한다.

(35) ㄱ. 맑게[말께]　　　　묽고[물꼬]　　　　얽거나[얼꺼나]
　　　ㄴ. 없다[업:따]
　　　ㄷ. 없는[엄는]
　　　ㄹ. 냇가[낻:까 / 내:까]　　콧등[콛뜽 / 코뜽]
　　　　　깃발[긷빨 / 기빨]　　햇살[핻쌀 / 해쌀]
　　　　　뱃전[밷쩐 / 배쩐]

(35ㄱ)은 표준발음법 제11항 '다만'에 규정되어 있다. 이 규정은 용언의 어간 말음 'ㄹ'은 'ㄱ'앞에서 [ㄹ]로 발음한다는 내용이다. 보기는 앞 겹받침 'ㄹ'이 뒤 첫소리 'ㄱ'과 연결된 경우에, 앞 겹받침 중 'ㄱ'이 탈락된 경우이다. 이 경우에 소리 나는 위치가 같은 두 'ㄱ'은 중화로 인해 앞 끝소리인 'ㄱ'의 동서열자음탈락이 실현된 것이다. '맑게'가 '맑게 → 말게 → 말께'와 같은 음운변화과정에서 1단계는 'ㄹ → ㄹ(맑- → 말-)'과 같이 'ㄱ에 동서

열자음탈락이 적용되고, 2단계는 'ㄱ → ㄲ(-게 → -께)'과 같이 'ㄱ'에 경음화가 적용된다.

(35ㄴ)은 표준발음법 제10항에 규정되어 있다. 이 규정은 겹받침 'ㅄ'이 자음 앞에서 [ㅂ]으로 발음한다는 내용이다. '없다'는 앞 끝소리 'ㅅ'과 뒤 첫소리 'ㄷ'이 소리 나는 위치가 같기 때문에, 'ㅅ → ∅'와 같이 'ㅅ'의 동서열자음탈락이 실현된 경우이다. '없다'가 '없다 → 업다 → 업따'와 같은 음운변화과정에서 1단계는 'ㅄ → ㅂ(없- → 업-)'과 같이 'ㅅ에 동서열자음탈락이 적용되고, 2단계는 'ㄷ → ㄸ(-다 → -따)'과 같이 'ㄷ'에 경음화가 적용된다.

(35ㄷ)은 표준발음법 제18항에 규정되어 있다. 이 규정은 겹받침 'ㅄ'이 'ㄴ' 앞에서 [ㅁ]으로 발음한다는 내용이다. '없는'은 앞 끝소리 'ㅅ'과 뒤 첫소리 'ㄴ'이 소리 나는 위치가 같기 때문에, 'ㅅ → ∅'와 같이 'ㅅ'의 동서열자음탈락이 실현된 경우이다. '없는'이 '없는 → 업는 → 엄는'과 같은 음운변화과정에서 1단계는 'ㅄ → ㅂ(없- → 업-)'과 같이 'ㅅ'에 동서열자음탈락이 적용되고, 2단계는 'ㅂ → ㅁ(업- → 엄-)'과 같이 'ㅂ'에 비음화가 적용된다.

(35ㄹ)은 표준발음법 제30항 1에 규정되어 있는 보기의 일부이다. 이 규정은 'ㄱ, ㄷ, ㅂ, ㅅ, ㅈ'으로 시작하는 단어 앞에 사이시옷('ㅅ')이 올 때는 이들 자음만을 된소리로 발음하는 것을 원칙으로 하되, 사이시옷을 [ㄷ]으로 발음하는 것도 허용한다는 내용이다. 보기는 두 가지의 발음을 모두 표준발음(복수표준발음)으로 인정한 경우이다. 이 경우에 '냇가[낻까/내까]'와 같이 하나의 음운변화과정에서 두 가지의 표준발음을 모두 나타내기 위해서는 뒤 첫소리의 소리 나는 위치에 따라 세 가지의 음운규칙 적용 방법을 설정할 수 있다.

첫째, '냇가'와 같이 앞 끝소리가 'ㅅ'이고, 뒤 첫소리가 연구개음('ㄱ')인 경우는 '말음법칙 → 경음화 → 연구개음화 → 동서열자음탈락' 등의 순서로 규칙을 적용한다. '냇가'는 '냇가 → 낻가 → 낻까 → 낵까 → 내까'와 같이 네 단계의 음운변화과정을 설정할 수 있다. 1단계는 'ㅅ → ㄷ(냇- → 낻-)'과 같이 'ㅅ'에 말음법칙이 적용되고, 2단계는 'ㄱ → ㄲ(-가 → -까)'과 같이 'ㄱ'에 경음화가 적용되고, 3단계는 'ㄷ → ㄱ(낻- → 낵-)'과 같이 'ㄷ'에 연구개음화가 적용되고, 4단계는 'ㄱ → ∅(낵까 → 내까)'과 같이 'ㄱ'에 동서열자음탈락이 적용된다. 이 음운변화과정에서 2단계에 실현된 [낻까]와 4단계에서 실현된 [내까]는 모두 표준발음이다. [내까]의 경우는 4단계에서 동서열자음탈락이 적용된 것이다. 이는 자음접변의 환경에서 같은 소리 나는 위치에 있는 자음들이 앞 끝소리와 뒤 첫소리가 연결되어 발음되는 경우에, 이 중 앞 끝소리가 탈락된 것이다. 즉 'ㄱ'과 'ㄲ'은 연구개음으로서 같은 위치에 있는 경우이다. 예를 들면, 4단계의 '낵까 → 내까'에서 앞 끝소리 'ㄱ'과 뒤 첫소리 'ㄲ'은 연구개음으로서 소리 나는 위치가 같은 경우에 앞 끝소리인 'ㄱ'이 탈락된 것이다. 실제로 '먹고'·'듣다'·'밥보' 등과 같은 경우에 [먹꼬]·[듣따]·[밥뽀] 등과 같은 표준발음보다는, 동서열자음탈락이 적용되어 비표준발음이 된 [머꼬]·[드따]·[바뽀] 등을 발음하는 데 힘이 덜 들고, 편하고, 부드럽다. 그런데 '냇가'를 '냇가 → 낻가 → 낵가 → 낵까 → 내까'와 같이 음절 순서에 따른 음운변화과정을 설정하면, 표준발음 [낻까]는 나타나지 않는다. 이것이 전자의 음운변화과정과 다른 점이다.

둘째, '콧등'이나 '뱃전'과 같이 앞 끝소리가 'ㅅ'이고, 뒤 첫소리가 치경음('ㄷ, ㅅ')이나 구개음('ㅈ')인 경우는 '말음법칙 → 경음화 → 동서열자음탈락' 등의 순서로 규칙을 적용한다. '콧등'이 '콧등 → 콛등 → 콛뜽 → 코뜽'과 같은 음운변화과정에서 1단계는 'ㅅ → ㄷ(콧- → 콛-)'과 같이 'ㅅ'에 말음법칙이 적용되고, 2단계는 'ㄷ → ㄸ(-등 → -뜽)'과 같이 'ㄷ'에 경음화가 적용되고, 3단계는 'ㄷ → ∅(콛뜽 → 코뜽)'과 같이 'ㄷ'에 동서열자음탈락이 적용된다.('ㄷ'과 'ㄸ'은 같은 조음위치임.) 이 중 2단계에서 실현

된 [콛뚱]과 3단계에서 실현된 [코뚱]은 모두 표준발음이다. '햇살'이 '햇살
→ 핻살 → 핻쌀 → 해쌀'과 같은 변화과정에서 1단계는 'ㅅ → ㄷ(햇- →
핻-)'과 같이 'ㅅ'에 말음법칙이 적용되고, 2단계는 'ㅅ → ㅆ(-살 → -쌀)'
과 같이 'ㅅ'에 경음화가 적용되고, 3단계는 'ㄷ → ∅(핻쌀 → 해쌀)'과 같
이 'ㄷ'에 동서열자음탈락이 적용된다.('ㄷ'과 'ㅆ'은 같은 조음위치임.) '뱃
전'이 '뱃전 → 밷전 → 밷쩐 → 배쩐'과 같은 음운변화과정에서 1단계는 'ㅅ
→ ㄷ(뱃- → 밷-)'과 같이 'ㅅ'에 말음법칙이 적용되고, 2단계는 'ㅈ → ㅉ
(-전 → -쩐)'과 같이 'ㅈ'에 경음화가 적용되고, 3단계는 'ㄷ → ∅(밷쩐 →
배쩐)'과 같이 'ㄷ'에 동서열자음탈락이 적용된다. 이 경우에 'ㄷ'과 'ㅈ'은
소리 나는 위치가 다르지만, 이 두 자음의 위치가 인접해 있고 또 받침의 위
치에서 'ㅈ'은 'ㄷ'으로 중화되기 때문에 같은 위치에 포함된 것으로 본다.

  셋째, '깃발'과 같이 앞 끝소리가 'ㅅ'이고, 뒤 첫소리가 순음('ㅂ')인 경
우는 '말음법칙 → 경음화 → 순음화 → 동서열자음탈락' 등의 순서로 규칙
을 적용한다. '깃발'이 '깃발 → 긷발 → 긷빨 → 깁빨 → 기빨'과 같은 음운
변화과정에서 1단계는 'ㅅ → ㄷ(깃- → 긷-)'과 같이 'ㅅ'에 말음법칙이 적
용되고, 2단계는 'ㅂ → ㅃ(-발 → -빨)'과 같이 'ㅂ'에 경음화가 적용되고,
3단계는 'ㄷ → ㅂ(긷- → 깁-)'과 같이 'ㄷ'에 순음화가 적용되고, 4단계는
'ㅂ → ∅(깁빨 → 기빨)'과 같이 'ㅂ'에 동서열자음탈락이 적용된다. ('ㅂ'과
'ㅃ'은 같은 조음위치임.)


**14** **자음첨가**

  이 글에서 자음첨가(子音添加)는 앞 끝소리와 뒤 모음 사이에서 'ㄴ'음이
첨가되는 경우를 말하는데, 이를 닿소리보탬이라고도 한다. 표준발음법법
음의 첨가(제7장)에서는 'ㄴ'음 첨가만 규정하고 있다. 표준발음법 제29항
은 '솜이불[솜니불]', '홑이불[혼니불]' 등과 같이 합성어나 파생어의 경우에

'ㄴ'음 첨가를 나타내고 있다. 제30항 1은 '베갯잇[베갣닏 → 베갠닏]', '깻잎[깯닙 → 깬닙]' 등과 같이 사이시옷 뒤에 '이'소리가 결합되는 경우에 'ㄴ'음 첨가를 나타내고 있다. 음운변화과정에서 'ㄴ'음 첨가로 인해 비음화와 유음화도 실현되는 경우가 있다.

(36) ㄱ. 눈-요기[눈뇨기]　　맨-입[맨닙]　　　　신-여성[신녀성]
　　　한-여름[한녀름]　　남존-여비[남존녀비]
　　ㄴ. 국민-윤리[궁민뉼리]
　　ㄷ. 담-요[담뇨]　　　　솜-이불[솜니불]
　　ㄹ. 밤-윷[밤눋]
　　ㅁ. 식용-유[시굥뉴]　　직행-열차[지캥녈차]
　　ㅂ. 콩-엿[콩녇]
　　ㅅ. 꽃-잎[꼰닙]　　　　홑-이불[혼니불]
　　ㅇ. 삯-일[상닐]
　　ㅈ. 막-일[망닐]　　　　내복-약[내봉냑]　　　색-연필[생년필]
　　　늑막-염[능망념]　　영업-용[영엄뇽]

(36)은 표준발음법 제29항에 규정되어 있다. 이 규정은 합성어 및 파생어에서, 앞 단어나 접두사(接頭辭)의 끝이 자음이고 뒤 단어나 접미사의 첫 음절이 '이·야·여·요·유'인 경우에는, 'ㄴ'음을 첨가하여 [니·냐·녀·뇨·뉴]로 발음한다는 내용이다.

(36ㄱ, ㄴ)은 앞 단어('눈-', '국민-', '남존-' 등)나 접두사('맨-', 신-, 한-' 등)의 받침이 'ㄴ'음이고, 뒤 단어의 첫 음절이 '요·이·여·유' 등인 경우에 'ㄴ'음이 첨가된 것이다. '눈요기'는 '눈요기 → 눈뇨기'와 같은 음운변화과정에서 'Ø → ㄴ(-요- → -뇨-)'과 같이 'ㄴ'음 첨가가 적용된다. '국민윤리'가 '국민윤리 → 궁민윤리 → 궁민뉸리 → 궁민뉼리'와 같은 음절 순서에 따른 음운변화과정에서 1단계는 'ㄱ → ㅇ(국- → 궁-)'과 같이 'ㄱ'에 비음화가 적용되고, 2단계는 'Ø → ㄴ(-윤- → -뉸-)'과 같이 'ㄴ'음 첨가가

적용되고, 3단계는 'ㄴ → ㄹ(-뉸- → -뉼-)'과 같이 'ㄴ'에 유음화가 적용된다.

(36ㄷ, ㄹ)은 앞 단어('담-, 밤-, 솜-')의 받침이 'ㅁ'이고, 뒤 단어의 첫 음절이 '요·유·이' 등인 경우에 'ㄴ'음이 첨가된 것이다. '담요'는 '담요 → 담뇨'와 같은 음운변화과정에서 '∅ → ㄴ(-요 → -뇨)'과 같이 'ㄴ'음 첨가가 적용된다. '밤윷'이 '밤윷 → 밤늧 → 밤륜'과 같은 음운변화과정에서 1단계는 '∅ → ㄴ(-윷 → -늧)'과 같이 'ㄴ'음 첨가가 적용되고, 2단계는 'ㅊ → ㄷ(-늧 → -륜)'과 같이 'ㅊ'에 말음법칙이 적용된다. 이 경우에 음운변화과정에서 규칙적용 순서를 바꾸어 1단계에 말음법칙을 적용하고, 2단계에 'ㄴ'음 첨가를 적용해도 표준발음인 [밤륜]은 같다.

(36ㅁ, ㅂ)은 앞 단어('식용-, 직행-, 콩-')의 받침이 'ㅇ'이고, 뒤 단어('-열차, -엿')와 접미사('-유')의 첫 음절이 '여·유' 등인 경우에 'ㄴ'음이 첨가된 것이다. '식용유'가 '식용유 → 시굥뉴'와 같은 음운변화과정에서 '∅ → ㄴ(-유 → -뉴)'과 같이 'ㄴ'음 첨가가 적용된다. '직행열차'가 '직행열차 → 지캥열차 → 지캥녈차'와 같은 음운변화과정에서 1단계는 'ㄱ + ㅎ → ㅋ(직행- → 지캥-)'과 같이 'ㄱ'과 'ㅎ'의 합한 소리로 인해 'ㄱ'에 격음화가 적용되고, 2단계는 '∅ → ㄴ(-열- → -녈-)'과 같이 'ㄴ'음 첨가가 적용된다. '콩엿'이 '콩엿 → 콩녓 → 콩년'과 같은 음운변화과정에서 1단계는 '∅ → ㄴ(-엿 → -녓)'과 같이 'ㄴ'음 첨가가 적용되고, 2단계는 'ㅅ → ㄷ(-녓 → -년)'과 같이 'ㅅ'에 말음법칙이 적용된다.

(36ㅅ)은 앞 단어('꽃-')와 접두사('홑-')의 받침이 'ㅊ·ㅌ' 등이고, 뒤 단어('-잎, -이불')의 첫 음절이 '이'인 경우에 'ㄴ'음이 첨가된 것이다. '꽃잎'이 '꽃잎 → 꼳입 → 꼳닙 → 꼰닙'과 같은 음운변화과정에서 1단계는 'ㅊ → ㄷ(꽃- → 꼳-)'과 같이 'ㅊ'에 말음법칙과 'ㅍ → ㄷ(-잎 → -입)'과 같이 'ㅍ'에 말음법칙이 각각 적용되고, 2단계는 '∅ → ㄴ(-입 → -닙)'과 같이 'ㄴ'음 첨가가 적용되고, 3단계는 'ㄷ → ㄴ(꼳- → 꼰-)'과 같이 'ㄷ'에

한국어 발음 교육의 실제

비음화가 적용된다. 물론 이 음운변화과정의 규칙 적용 순서에서 1단계에 'ㄴ'음 첨가를 적용하고, 2단계에 'ㅊ'의 말음법칙을 적용해도 표준발음인 [꼰닙]은 같다. '홑이불'은 '홑이불 → 홑이불 → 혼니불 → 혼니불'과 '홑이불 → 홑니불 → 혼니불 → 혼니불'같이 두 가지의 음운변화과정이 모두 가능하다. 전자의 경우에 1단계는 'ㅌ'에 말음법칙이 적용되고, 2단계는 'ㄴ'음 첨가가 적용된다. 후자의 경우에 1단계는 'ㄴ'음 첨가가 적용되고, 2단계는 'ㅌ'에 말음법칙이 적용된다. 그러므로 전자와 후자는 규칙적용의 순서에서 1단계와 2단계가 다르지만, 표준발음인 [혼니불]은 같다

(36ㅇ)은 앞 단어의 받침이 겹받침인 경우이다. '삯일'은 '삯일 → 삭일 → 삭닐 → 상닐'과 '삯일 → 삯닐 → 삭닐 → 상닐'같이 두 가지의 음운변화과정을 설정할 수 있다. 전자의 경우에 1단계는 'ㄳ → ㄱ(삯- → 삭-)'과 같이 'ㅅ'에 자음탈락이 적용되고, 2단계는 '∅ → ㄴ(-일 → -닐)'과 같이 'ㄴ'음 첨가가 적용되고, 3단계는 'ㄱ → ㅇ(삭- → 상-)'과 같이 'ㄱ'에 비음화가 적용된다. 후자의 경우에 1단계는 '∅ → ㄴ(-일 → -닐)'과 같이 'ㄴ'음 첨가가 적용되고, 2단계는 'ㄳ → ㄱ'과 같이 'ㅅ'에 자음탈락이 적용되고, 3단계는 'ㄱ → ㅇ'과 같이 'ㄱ'에 비음화가 적용된다. 그러므로 전자와 후자는 음운변화과정의 규칙 적용 순서에서 1단계와 2단계가 다르지만, 3단계의 표준발음 [상닐]은 같다.

(36ㅈ)은 'ㄴ'음 첨가로 인해 비음화가 적용된 경우이다. '막일'이 '막일 → 막닐 → 망닐'과 같은 음운변화과정에서 1단계는 '∅ → ㄴ(-일 → -닐)'과 같이 'ㄴ'음 첨가가 적용되고, 2단계는 'ㄱ → ㅇ(막- → 망-)'과 같이 'ㄱ'에 비음화가 적용된다. '영업용'이 '영업용 → 영업뇽 → 영엄뇽'과 같은 음운변화과정에서 1단계는 '∅ → ㄴ(-용 → -뇽)'과 같이 'ㄴ'음 첨가가 적용되고, 2단계는 'ㅂ → ㅁ(-업- → -엄-)'과 같이 'ㅂ'에 비음화가 적용된다.

(37) ㄱ. 검열[검:녈]　　　　　금융[금늉]　　　　이죽-이죽[이중니죽]
　　　　야금-야금[야금냐금]　　율랑-율랑[율랑뇰랑]
　　ㄴ. 검열[거:멸]　　　　　금융[그뮹]　　　　이죽-이죽[이주기죽]
　　　　야금-야금[야그먀금]　　율랑-율랑[율랑율랑]

(37)은 표준발음법 제29항 '다만'에 규정되어 있다. 이 규정은 위의 보기의 경우에 'ㄴ'소리를 첨가하여 발음하되, 표기대로 발음할 수 있다는 내용이다. 즉 (37ㄱ)과 (37ㄴ)같이 두 가지를 모두 복수표준발음으로 인정한 것이다.

(37ㄱ)은 'ㄴ'음이 첨가된 것이다. '이죽-이죽'이 '이죽이죽 → 이죽니죽 → 이중니죽'과 같은 음운변화과정에서 1단계는 '∅ → ㄴ(-이- → -니-)'과 같이 'ㄴ'음 첨가가 적용되고, 2단계는 'ㄱ → ㅇ(-죽- → -중-)'과 같이 'ㄱ'에 비음화가 적용된 것이다.

(37ㄴ)은 표기대로 발음을 나타낸 것이다.

(38) ㄱ. 들-일[들:릴]　　　　물-약[물략]　　　　설-익다[설릭따]
　　　　불-여우[불려우]　　　서울-역[서울력]
　　　　휘발-유[휘발류]　　　유들-유들[유들류들]
　　ㄴ. 물-엿 [물련]　　　　솔-잎[솔립]

(38)은 표준발음법 제29항 [붙임 1]에 규정되어 있다. 이 규정은 'ㄹ'받침 뒤에 첨가된 'ㄴ'음은 [ㄹ]로 발음한다는 내용이다.

(38ㄱ)의 '들-일'이 '들일 → 들닐 → 들릴'과 같은 음운변화과정에서 1단계는 '∅ → ㄴ(-일 → -닐)'과 같이 'ㄴ'음 첨가가 적용되고, 2단계는 자음 접변의 환경에서 'ㄴ → ㄹ(-닐 → -릴)'과 같이 뒤 첫소리 'ㄴ'에 유음화가 적용된다.

(38ㄴ)의 '물-엿'은 'ㄴ'음 첨가와 유음화 이외에 'ㅅ → ㄷ'과 같이 'ㅅ'에 말음법칙이 적용된다. 물론 '물엿 → 물넛 → 물렷 → 물련'과 '물엿 → 물엳

→ 물년 → 물런'와 같이 두 가지의 음운변화과정에서 말음법칙을 3단계나 1단계에 적용해도, 표준발음인 [물런]은 같다.

(39) ㄱ. 한 일[한닐]               3연대[삼년대]
     ㄴ. 먹은 엿 [머근년]       서른 여섯[서른녀선]
     ㄷ. 옷 입다[온닙따]
     ㄹ. 할 일[할릴]              1연대[일런대]
     ㅁ. 먹을 엿[머글런]        스물 여섯 [스물려섣]
     ㅂ. 잘 입다[잘립따]
     ㅅ. 6 · 25[유기오]        3 · 1절[사밀쩔]
        송별-연[송ː벼련]       등용-문[등용문]

(39)는 표준발음법 제29항 [붙임 2]와 '다만'에 규정하고 있다. 이 규정은 두 단어를 이어서 한 마디로 발음하는 경우에도 이에 준한다는 내용이다. 여기서 '이에 준한다'는 내용은 표기상으로는 띄어 쓰지만, 발음의 경우에 (39ㄱ-ㄷ)은 'ㄴ'음이 첨가되고, (39ㄹ-ㅂ)은 'ㄴ'음의 첨가에 따른 유음화가 실현된 것을 의미한다.

(39ㄱ)은 앞 끝소리가 'ㄴ'이고, 뒤 음절이 '이 · 여' 등인 경우에 'ㄴ'음이 첨가된 것이다. '한 일'은 '한일 → 한닐'과 같은 음운변화과정에서 '∅ → ㄴ(-일 → -닐)'과 같이 'ㄴ'음 첨가가 적용된다.

(39ㄴ)은 앞 끝소리가 'ㄴ'이고, 뒤 음절이 '여'인 경우에 'ㄴ'음이 첨가된 것이다. '먹은 엿'이 '먹은엿 → 머근녓 → 머근년'과 같은 음운변화과정에서 1단계는 '∅ → ㄴ(-엿 → -녓)'과 같이 'ㄴ'음 첨가가 적용되고, 2단계는 'ㅅ → ㄷ(-녓 → -년)'과 같이 'ㅅ'에 말음법칙이 적용된다.

(39ㄷ)은 앞 끝소리가 'ㅅ'이고, 뒤 음절이 '이'인 경우에 'ㄴ'음이 첨가된 것이다. '옷 입다'가 '옷입다 → 온입다 → 온닙다 → 온닙다 → 온닙따'와 같은 음운변화과정에서 1단계는 'ㅅ → ㄷ(옷- → 온-)'과 같이 'ㅅ'에 말음법칙이 적용되고, 2단계는 '∅ → ㄴ(-입- → -닙-)'과 같이 'ㄴ'음 첨가가 적

용되고, 3단계는 'ㄷ → ㄴ(온- → 온-)'과 같이 'ㄷ'에 비음화가 적용되고, 4단계는 'ㄷ → ㄸ(-다 → -따)'과 같이 'ㄷ'에 경음화가 적용된다. 물론 이 경우에 1단계와 2단계에서 'ㄴ'음 첨가와 말음법칙의 적용 순서를 바꾸어 1단계에 'ㄴ'음 첨가를 적용하고, 2단계에 말음법칙을 적용해도 표준발음인 [온닙따]는 같다.

(39ㄹ)은 앞 끝소리가 'ㄹ'이고, 뒤 음절이 '이·여' 등인 경우에 'ㄴ'음이 첨가된 것이다. '할 일'이 '할일 → 할닐 → 할릴'과 같은 음운변화과정에서 1단계는 '∅ → ㄴ(-일 → -닐)'과 같이 'ㄴ'음 첨가가 적용되고, 2단계는 'ㄴ → ㄹ(-닐 → -릴)'과 같이 'ㄴ'에 유음화가 적용된다.

(39ㅁ)은 앞 끝소리가 'ㄹ'이고, 뒤 음절이 '여'인 경우에 'ㄴ'음이 첨가된 것이다. '먹을 엿'이 '먹을엿 → 머글넛 → 머글렷 → 머글련'과 같은 음운변화과정에서 1단계는 '∅ → ㄴ(-엿 → -넛)'과 같이 'ㄴ'음 첨가가 적용되고, 2단계는 'ㄴ → ㄹ(-넛 → -렷)'과 같이 'ㄴ'에 유음화가 적용되고, 3단계는 'ㅅ → ㄷ(-렷 → -련)'과 같이 'ㅅ'에 말음법칙이 적용된다. 물론 이 경우에도 음운규칙 적용의 순서에서 1단계에 말음법칙을 적용하고, 2단계에 'ㄴ'음 첨가를 적용해도 표준발음인 [머글련]은 같다.

(39ㅂ)은 앞 끝소리가 'ㄹ'이고, 뒤 음절이 '이'인 경우에 'ㄴ'음이 첨가된 것이다. '잘 입다'가 '잘입다 → 잘닙다 → 잘립다 → 잘립따'와 같은 음운변화과정에서 1단계는 '∅ → ㄴ(-입- → -닙-)'과 같이 'ㄴ'음 첨가가 적용되고, 2단계는 'ㄴ → ㄹ(-닙- → -립-)'과 같이 'ㄴ'에 유음화가 적용되고, 3단계는 'ㄷ → ㄸ(-다 → -따)'과 같이 'ㄷ'에 경음화가 적용된다.

(39ㅅ)은 표준발음법 제29항 [붙임 2] '다만'에 규정하고 있다. 이 규정은 보기와 같은 단어에서는 'ㄴ(ㄹ)'소리를 더 첨가하여 발음하지 않는다는 규정이다. 그러므로 위 보기들을 [융니오], [삼닐쩔], [송별련], [등농문] 등과 같이 비표준발음으로 하지 않도록 주의해야 한다.

한국어 발음 교육의 실제

(40) 뒷윷[뒫늋 → 뒨늋]　　　깻잎[깯닙 → 깬닙]
　　베갯잇[베갣닏 → 베갠닏]　　나뭇잎[나묻닙 → 나문닙]
　　도리깻열[도리깯녈 → 도리깬녈]

　(40)은 표준발음법 제30항 3에 규정하고 있다. 이 규정은 사이시옷 뒤에 '이'음이 결합되는 경우에는 [ㄴㄴ]으로 발음한다는 내용이다. 보기는 앞 끝소리인 사이시옷('ㅅ')이 뒤 음절 '유·이·여' 등과 결합된 경우이다. '뒷 윷'이 '뒷윷 → 뒫윷 → 뒫늋 → 뒨늋 → 뒨늋'과 같은 음운변화과정에서 1 단계는 'ㅅ → ㄷ(뒷- → 뒫-)'과 같이 'ㅅ'에 말음법칙이 적용되고, 2단계 는 '∅ → ㄴ(-윷 → -늋)'과 같이 'ㄴ'음 첨가가 적용되고,  3단계는 'ㄷ → ㄴ(뒫- → 뒨-)'과 같이 'ㄷ'에 비음화가 적용되고, 4단계는 'ㅊ → ㄷ(-늋 → -늋)'과 같이 'ㅊ'에 말음법칙이 적용된다. 물론 이 변화과정에서 1단계 에 'ㄴ'음 첨가를 적용하고, 2단계에 말음법칙을 적용해도 표준발음인 [뒨 늋]은 같다. '도리깻열'이 '도리깻열 → 도리깯열 → 도리깯녈 → 도리깬녈' 과 같은 음운변화과정에서 1단계는 'ㅅ → ㄷ(-깻- → -깯-)'과 같이 'ㅅ' 에 말음법칙이 적용되고, 2단계는 '∅ → ㄴ(-열 → -녈)'과 같이 'ㄴ'음 첨 가가 적용되고,  3단계는 'ㄷ → ㄴ(-깯- → -깬-)'과 같이 'ㄷ'에 비음화가 적용된다. '나뭇잎'은 '나뭇잎 → 나뭇닢 → 나묻닙 → 나문닙'과 '나뭇잎 → 나묻입 → 나묻닙 → 나문닙'같이 두 가지의 음운변화과정을 설정할 수 있 다. 전자의 경우에 1단계는 '∅ → ㄴ(-잎 → -닢)'과 같이 'ㄴ'음 첨가가 적 용되고, 2단계는 'ㅅ → ㄷ·ㅍ → ㅂ' 등과 같이 각각 'ㅅ'과 'ㅍ'에 말음법 칙이 적용되고, 3단계는 'ㄷ → ㄴ(-묻- → -문-)'과 같이 'ㄷ'에 비음화가 적용된다. 후자의 경우에 1단계는 말음법칙을 적용하고, 2단계에 'ㄴ'음 첨 가를 적용해도, 전자와 후자의 표준발음인 [나문닙]은 같다. 이 경우에 후 자는 음절 순서에 따른 음운변화과정이다.

**15** 단모음화

단모음화(單母音化)란 이중모음이 단모음으로 실현되는 현상을 말하는데, 이를 홑홀소리되기라고도 한다.

(41) ㄱ. 가지어 → 가져[가저]      찌어 → 쪄[쩌]

      다치어 → 다쳐[다처]

  ㄴ. 계집[계:집 / 게:집]      계시다[계:시다 / 게:시다]

      시계[시계 / 시게](時計)    연계[연계 / 연게](連繫)

      몌별[몌별 / 메별](袂別)    개폐[개폐 / 개페](開閉)

      혜택[혜:택 / 헤:택](惠澤)    지혜[지혜 / 지헤](智慧)

  ㄷ. 닁큼[닝큼]      무늬[무니]      씌어[씨어]

      틔어[티어]      희어[히어]      희망[히망]

      유희[유히]      닐리리[닐리리]

      희떱다[히떱따]      띄어쓰기[띠어쓰기]

  ㄹ. 주의[주의 / 주이]      협의[혀븨 / 혀비]

      우리의[우리의 / 우리에]    강의의[강의의 / 강의에]

(41)은 이중모음이 단모음으로 실현된 경우이다.

(41ㄱ)은 표준발음법 제5항 '다만 1'에 규정되어 있다. 이 규정은 용언의 활용형에 나타나는 '져, 쪄, 쳐'는 [저, 쩌, 처]로 발음한다는 내용이다. 보기는 용언의 어간에 어미가 연결되어 음절축약과 단모음화가 실현된 경우이다. '가지어'는 '가지- + -어 → 가지어'와 같이 '가지다'의 어간 '가지-'에 어미 '-어'가 연결된 경우이다. '가지어'가 '가지어 → 가져 → 가저'와 같은 음운변화과정에서 1단계는 'ㅣ + ㅓ → ㅕ(-지어 → -져)'와 같이 두 음절이 한 음절로 줄어드는 음절축약이 적용되고, 2단계는 'ㅕ → ㅓ(-져 → -저)'와 같이 이중모음 'ㅕ'에 단모음화가 적용된다. 이 경우에 '져'의 'ㅈ', '쪄'의 'ㅉ', '쳐'의 'ㅊ' 등은 모두 소리 나는 위치가 구개음이고, 'ㅕ

('ㅣ + ㅓ')의 반모음 'ㅣ'도 소리 나는 위치가 구개음이다. 그러므로 앞 자음 'ㅈ, ㅉ, ㅊ' 등이 뒤 반모음 'ㅣ'와 결합되는 경우에는 같은 소리 나는 위치에서 중화로 인해 반모음인 'ㅣ'의 소리가 실현되지 않는다. 음운변화과정에서 음절축약이 '적용된다'라는 말은 음절축약과 같은 발음이 실현된 경우에, 그 현상에 대해 음운변화과정에서 음절축약이 적용된다는 의미이다.

(41ㄴ)은 표준발음법 제5항 '다만 2'에 규정되어 있다. 이 규정은 '예, 례' 이외의 'ㅖ'는 [ㅔ]로도 발음한다는 내용이다. 보기는 '계집[계집/게집]'과 같이 복수표준발음을 인정하는 경우이다. 이는 이중모음 'ㅖ(ㅣ + ㅔ)'가 반모음 'ㅣ'의 탈락으로 인해 [에]처럼 실현된 것으로도 해석할 수 있다. 이 경우에 '계집'은 '계집 → 게집'과 같은 음운변화과정에서 'ㅖ → ㅔ(계- → 게-)'와 같이 'ㅖ'에 단모음화가 적용된다. 'ㅖ'에 단모음화가 적용된다는 것은, 'ㅖ'가 'ㅔ'로 단모음화가 실현되어 단모음화가 적용된다는 의미이다.

(41ㄷ)은 표준발음법 제5항 '다만 3'에 규정되어 있다. 이 규정은 자음을 첫소리로 가지고 있는 음절의 'ㅢ'는 [ㅣ]로 발음한다는 내용이다. 보기는 이중모음 'ㅢ'가 단모음 [ㅣ]처럼 실현된 것으로도 해석할 수 있다. 이 경우에 '늴리리'는 '늴리리 → 닐리리'와 같은 음운변화과정에서 'ㅢ → ㅣ (늴- → 닐-)'와 같이 'ㅢ'에 단모음화가 적용된다. '희망'은 '희망 → 히망'과 같은 음운변화과정에서 'ㅢ → ㅣ(희- → 히-)'와 같이 'ㅢ'에 단모음화가 적용된다. '유희'는 '유희 → 유히'와 같은 음운변화과정에서 'ㅢ → ㅣ(-희 → -히)'와 같이 'ㅢ'에 단모음화가 적용된다.

(41ㄹ)은 표준발음법 제5항 '다만 4'에 규정하고 있다. 이 규정은 단어의 첫 음절 이외의 '의'는 [ㅣ]로, 조사 '의'는 [ㅔ]로 발음함도 허용한다는 내용이다. 보기는 '주의[주의/주이]'와 같이 복수표준발음을 인정하는 경우이다. 이는 이중모음 'ㅢ'가 첫 음절 이외의 경우에 [ㅣ]로도 실현된 것으로 해석할 수 있다. 이 경우에 '주의'는 '주의 → 주이'와 같은 음운변화과정에서 'ㅢ → ㅣ(-의 → -이)'와 같이 'ㅢ'에 단모음화가 적용된다. 조사인 경우의

'우리의'는 '우리의 → 우리에'와 같은 음운변화과정에서 'ㅢ → ㅔ(-의 → -에)'와 같이 'ㅢ'에 단모음화가 적용된다.

## 16 이중모음화

이중모음화(二重母音化)란 단모음이 이중모음으로 실현되는 경우를 말하는데, 이를 겹홀소리되기라고도 한다.

(42) ㄱ. 되어[되어/되여]　　　피어[피어/피여]
　　 ㄴ. 이오[이오/이요]　　　아니오[아니오/아니요]

(42ㄱ)은 표준발음법 제22항에 규정하고 있다. 이 규정은 보기의 경우에 용언의 어미는 [어]로 발음함을 원칙으로 하되, [여]로 발음함도 허용한다는 내용이다. '되어'가 [되여]로 발음되는 경우는 '-어'가 이중모음인 [-여]로 실현된 것이다. 이 경우에 '되어'는 '되어 → 되여'와 같은 음운변화과정에서 '-ㅓ → -ㅕ(-어 → -여)'와 같이 '-ㅓ'에 이중모음화가 적용된다. (42ㄴ)은 표준발음법 제22항 [붙임]에 규정하고 있다. 이 규정은 '이오, 아니오'도 이에 준하여 [이요, 아니요]로 발음함을 허용한다는 내용이다. '이오'가 [이요]로 발음되는 경우는 '-오'가 이중모음인 [-요]로 실현된 것이다. 이 경우에 '이오'는 '이오 → 이요'와 같은 음운변화과정에서 '-ㅗ → -ㅛ(-오 → -요)'와 같이 '-ㅗ'에 이중모음화가 적용된다.

# 표기의 음운변화에 따른
# 음운규칙 적용과 발음 교육

# 제4장 ● 표기의 음운변화에 따른 **음운규칙 적용**과 발음 교육

이 장에서는 표기의 음절 순서에 따른 음운변화과정에서 각 단계별로 음운규칙이 적용되는 경우에, 각 단계 중 1단계에서 적용되는 자음의 음운규칙을 중심으로 하여 각 항을 설정한다. 이에 해당되는 자음의 음운규칙은 말음법칙(말), 절음법칙(절), 비음화(비), 유음화(유), 순음화(순), 구개음화(구), 연구개음화(연), 격음화(격), 경음화(경), 자음탈락(탈), 자음첨가(첨) 등이 있다. 보기의 경우에 음운규칙은 '말음법칙 → 말'과 같이 괄호 안의 약어('말')로 기술한다. 이 중 순음화, 연구개음화, 자음첨가 등은 음절 순서에 따른 음운규칙이 적용되지 않는 경우도 있다. 단모음화(단)는 항을 설정하지 않고, 다른 음운규칙과 관련된 항에서 기술한다. 각각의 보기에서 같은 음운변화과정과 음운규칙이 적용되는 경우에는 하나만 설명하고, 나머지 보기는 설명을 생략한다.

## 1 말음법칙

표기의 음절 순서에 따른 음운변화과정에서 1단계에 적용되는 말음법칙은 끝소리가 'ㄲ, ㅅ, ㅆ, ㅈ, ㅊ, ㅋ, ㅌ, ㅍ, ㅎ' 등인 경우이다. 각 받침 위치가 첫째는 단어 끝인 경우이고, 둘째는 자음접변의 환경에서 앞 끝소리와 뒤 첫소리가 연결된 경우에 앞 끝소리인 경우이다. (괄호 안의 '표'는 표준발음법을 나타냄.)

**1) 끝소리가 'ㄲ'인 경우(표 제9항)**

(43) 'ㄲ'이 단어 끝(어말)인 경우('ㄲ → ㄱ' : 말)

밖[박](말)

꿈밖[꿈박]　　　　문밖[문박]　　　　안팎[안팍]

창밖[창박]　　　　판밖[판박]

(43)은 'ㄲ'이 단어 끝에서 'ㄲ → ㄱ'과 같이 'ㄱ'으로 실현된 경우이다. '꿈밖'은 '꿈밖 → 꿈박'과 같은 음운변화과정에서 'ㄲ → ㄱ'과 같이 'ㄲ'에 말음법칙이 적용된다. 이는 표기인 '꿈밖'이 표준발음인 [꿈박]으로 실현된 것을 의미한다. 즉 표기와 표준발음이 다른 경우이다.

(44) 'ㄲ'이 뒤 첫소리(자음) 앞인 경우('ㄲ → ㄱ' : 말)

'ㄲ + ㄱ,ㄷ,ㅂ,ㅅ,ㅈ → ㄱ + ㄱ,ㄷ,ㅂ,ㅅ,ㅈ → ㄱ + ㄲ,ㄸ,ㅃ,ㅆ,ㅉ'

ㄱ. 갈닦다[갈닥다 → 갈닥따](말 → 경)

겪다[격따]　　　깎다[깍따]　　　꺾다[꺽따]　　　낚다[낙따]

낚시[낙씨]　　　닦다[닥따]　　　닦달[닥딸]　　　덖다[덕따]

묶다[묵따]　　　섞다[석따]　　　솎다[속따]　　　볶다[복따]

뒤섞다[뒤석따]　들볶다[들복따]　막깎다[막깍따]

민낚시[민낙씨]　밖사랑[박싸랑]　밖주인[박쭈인]

반깎기[반깍끼]　밤낚시[밤낙씨]　안팎벌[안팍뻘]

안팎벽[안팍뼉]　홅닦다[홅닥따]

민물낚시[민물낙씨]　　　바다낚시[바다낙씨]

방울낚시[방울낙씨]　　　삼봉낚시[삼봉낙씨]

안팎살림[안팍쌀림]　　　안팎식구[안팍씩꾸]

안팎장사[안팍짱사]　　　안팎중매[안팍쭝매]

안팎심부름[안팍씸부름]　허리꺾기[허리꺽끼]

ㄴ. 밖복사뼈[박복사뼈 → 박뽁사뼈 → 박뽁싸뼈](말 → 경 → 경)

안팎곱사[안팍꼽싸]

ㄷ. 밖목[박목 → 방목](말 → 비)

밖무리[방무리]                     안팎날[안팡날]

문밖놀이[문방노리]                안팎노자[안팡노자]

ㄹ. 안팎먹기[안팍먹기 → 안팡먹기 → 안팡먹끼](말→비→경)

ㅁ. 밖넓적다리[박넓적다리 → 방넓적다리 → 방넙적다리 →

방넙쩍다리 → 방넙쩍따리](말→비→'ㄹ'탈→경→경)


(44)는 앞 끝소리 'ㄲ'이 뒤 첫소리(자음 'ㄱ' 등. '등'은 두 가지 이상의 자음인 경우를 말하는데, 이하 '등'은 생략함.) 앞에서 'ㄲ → ㄱ'과 같이 'ㄱ'으로 실현된 경우이다. 이 경우에는 하나의 음운변화과정에서 먼저 말음법칙이 적용된 후에, 다른 음운규칙 등이 적용된다. ('등'은 두 가지 이상의 음운규칙이 적용되는 경우를 말함.)

(44ㄱ)은 앞 끝소리 'ㄲ'이 뒤 첫소리 'ㄱ, ㄷ, ㅂ, ㅅ, ㅈ' 등과 연결('반깎기'의 'ㄲ'과 'ㄱ')된 경우이다. 앞 끝소리가 'ㄲ'이고, 뒤 첫소리가 'ㄷ'인 '갈닦다'가 '갈닦다 → 갈닥다 → 갈닥따'와 같은 음운변화과정에서 1단계는 'ㄲ → ㄱ(-닦- → -닥-)'과 같이 'ㄲ'에 말음법칙이 적용되고, 2단계는 'ㄷ → ㄸ(-다 → -따)'과 같이 'ㄷ'에 경음화가 적용된다. 이는 표기인 '갈닦다'가 표준발음인 [갈닥따]로 실현된 것을 의미한다. 즉 표기와 표준발음이 다른 경우이다.

(44ㄴ)은 'ㄲ'이 뒤 첫소리 'ㅂ, ㄱ' 등과 연결('밖복-')된 경우이다. '안팎곱사'가 '안팎곱사 → 안팍곱사 → 안팍꼽사 → 안팍꼽싸'와 같은 음운변화과정에서 1단계는 'ㄲ → ㄱ(-팎- → -팍-)'과 같이 'ㄲ'에 말음법칙이 적용되고, 2단계는 'ㄱ → ㄲ(-곱- → -꼽-)'과 같이 'ㄱ'에 경음화가 적용되고, 3단계는 'ㅅ → ㅆ(-사 → -싸)'과 같이 'ㅅ'에 경음화가 적용된다.

(44ㄷ)은 'ㄲ'이 뒤 첫소리 'ㄴ, ㅁ' 등과 연결('밖목')된 경우이다. '밖목'이 '밖목 → 박목 → 방목'과 같은 음운변화과정에서 1단계는 'ㄲ → ㄱ(밖- → 박-)'과 같이 'ㄲ'에 말음법칙이 적용되고, 2단계는 'ㄱ → ㅇ(박- → 방-)'과 같이 'ㄱ'에 비음화가 적용된다.

(44ㄹ)은 'ㄲ'이 뒤 첫소리 'ㅁ'과 연결('안팎먹-')된 경우이다. '안팎먹기'가 '안팎먹기 → 안팍먹기 → 안팡먹기 → 안팡먹끼'와 같은 음운변화과정에서 1단계는 'ㄲ → ㄱ(-팎- → -팍-)'과 같이 'ㄲ'에 말음법칙이 적용되고, 2단계는 'ㄱ → ㅇ(-팍- → -팡-)'과 같이 'ㄱ'에 비음화가 적용되고, 3단계는 'ㄱ → ㄲ(-기 → -끼)'과 같이 'ㄱ'에 경음화가 적용된다.

(44ㅁ)은 'ㄲ'이 뒤 첫소리 'ㄴ'과 연결('밖넓-')된 경우이다. '밖넓적다리'가 '밖넓적다리 → 박넓적다리 → 방넓적다리 → 방넙적다리 → 방넙쩍다리 → 방넙쩍따리'와 같은 음운변화과정에서 1단계는 'ㄲ → ㄱ(밖- → 박-)'과 같이 'ㄲ'에 말음법칙이 적용되고, 2단계는 'ㄱ → ㅇ(박- → 방-)'과 같이 'ㄱ'에 비음화가 적용되고, 3단계는 'ㄼ → ㅂ(-넓- → -넙-)'과 같이 'ㄹ'에 자음탈락이 적용되고, 4단계는 'ㅈ → ㅉ(-적- → -쩍-)'과 같이 'ㅈ'에 경음화가 적용되고, 5단계는 'ㄷ → ㄸ(-다- → -따-)'과 같이 'ㄷ'에 경음화가 적용된다.

## 2) 끝소리가 'ㅅ'인 경우(표 제9항)

(45) 'ㅅ'이 단어 끝인 경우('ㅅ → ㄷ': 말)

가래엿[가래엳](말)

| | | | | | |
|---|---|---|---|---|---|
| 갓[간] | 것[걷] | 곳[곧] | 굿[굳] | 깃[긷] | 끗[끋] |
| 낫[낟] | 넷[넫] | 닷[닫] | 댓[댇] | 덧[덛] | 듯[듣] |
| 뜻[뜯] | 맛[맏] | 멋[먿] | 못[몯] | 뭇[묻] | 뭿[뮏] |
| 벗[벋] | 볏[볃] | 붓[붇] | 빗[빋] | 삿[삳] | 샛[샏] |
| 셋[섿] | 쉿[쉳] | 앗[앋] | 엇[얻] | 엿[엳] | 옛[옏] |
| 옷[옫] | 잇[읻] | 잣[잗] | 젓[젇] | 짓[짇] | 첫[첟] |
| 쳇[쳗] | 탓[탇] | 톳[톧] | 햇[핻] | 헛[헏] | |

| | | | |
|---|---|---|---|
| 갸웃[갸욷] | 거짓[거짇] | 건듯[건듣] | 건뜻[건뜯] |
| 걸핏[걸핃] | 고샷[고샫] | 굿긋[굳귿] | 굿붓[굳붇] |
| 굿짓[굳짇] | 굴갓[굴갇] | 굴엇[굴얻] | 귀깃[귀긷] |

| | | | |
|---|---|---|---|
| 귀맛[귀맏] | 그것[그걷] | 그곳[그곧] | 그깟[그깓] |
| 그릇[그륻] | 글맛[글맏] | 기껏[기껃] | 기웃[기욷] |
| 긴맛[긴맏] | 까짓[까짇] | 깨엿[깨엳] | 꿀맛[꿀맏] |
| 끼웃[끼욷] | 나룻[나룯] | 날것[날걷] | 남짓[남짇] |
| 너덧[너덛] | 널못[널몯] | 네댓[네댇] | 노릇[노륻] |
| 다섯[다섣] | 단것[단걷] | 단맛[단맏] | 대못[대몯] |
| 대빗[대빋] | 돈맛[돈맏] | 돌껏[돌껃] | 돌못[돌몯] |
| 동곳[동곧] | 두엇[두얻] | 딴맛[딴맏] | 띠앗[띠앋] |
| 말뜻[말뜯] | 말맛[말맏] | 말빗[말빋] | 망웃[망욷] |
| 매맛[매맏] | 멈칫[멈칟] | 면빗[면빋] | 무릇[무륻] |
| 무맛[무맏] | 무엇[무얻] | 문곳[문곧] | 물맛[물맏] |
| 물붓[물붇] | 바곳[바곧] | 반빗[반빋] | 방긋[방귿] |
| 방끗[방끋] | 배껏[배껃] | 뱅긋[뱅귿] | 뱅끗[뱅끋] |
| 버릇[버륻] | 버섯[버섣] | 번뜻[번뜯] | 벙긋[벙귿] |
| 벙끗[벙끋] | 벙싯[벙싣] | 베옷[베옫] | 별것[별걷] |
| 별맛[별맏] | 별짓[별짇] | 병긋[병귿] | 보곳[보곧] |
| 본뜻[본뜯] | 봄뜻[봄뜯] | 봄맛[봄맏] | 봉곳[봉곧] |
| 비끗[비끋] | 비옷[비옫] | 비웃[비욷] | 빙긋[빙귿] |
| 빵긋[빵귿] | 빵긋[빵귿] | 빵끗[빵끋] | 삐끗[삐끋] |
| 삥긋[삥귿] | 사뭇[사묻] | 사붓[사붇] | 산뜻[산뜯] |
| 살맛[살맏] | 상긋[상귿] | 샐긋[샐귿] | 생것[생걷] |
| 생긋[생귿] | 서넛[서넏] | 선긋[선귿] | 선뜻[선뜯] |
| 설낏[설낃] | 성긋[성귿] | 속뜻[속뜯] | 손맛[손맏] |
| 손빗[손빋] | 송곳[송곧] | 수컷[수컫] | 시앗[시앋] |
| 시옷[시옫] | 신맛[신맏] | 실컷[실컫] | 실톳[실톧] |
| 싱긋[싱귿] | 싱끗[싱끋] | 쌜긋[쌜귿] | 쓴맛[쓴맏] |
| 씨앗[씨앋] | 씰긋[씰귿] | 씽긋[씽귿] | 아얏[아얃] |
| 알것[알걷] | 암컷[암컫] | 야짓[야짇] | 양껏[양껃] |
| 어섯[어섣] | 언뜻[언뜯] | 얼핏[얼핃] | 에잇[에읻] |
| 여럿[여럳] | 여섯[여섣] | 연못[연몯] | 왕못[왕몯] |

한국어 발음 교육의 실제

요것[요건] 움칫[움친] 원뜻[원뜯] 은못[은몯]
이것[이걷] 이곳[이곧] 이깟[이깐] 이끗[이끋]
이웃[이욷] 일껏[일껃] 잔못[잔몯] 잘못[잘몯]
장옷[장옫] 저것[저걷] 저곳[저곧] 저깟[저깐]
저것[저걷] 절굿[절굳] 제멋[제먿] 조것[조걷]
조뼛[조뼏] 주뼛[주뼏] 중깃[중긷] 짐짓[짐짇]
짜긋[짜귿] 짠맛[짠맏] 째못[째몯] 쫑긋[쫑귿]
쭈뼛[쭈뼏] 쭝긋[쭝귿] 찌긋[찌귿] 찌릿[찌릳]
찡긋[찡귿] 차렷[차렫] 찰것[찰걷] 참빗[참빋]
촌맛[촌맏] 추젓[추젇] 큰긋[큰귿] 큰못[큰몯]
타곳[타곧] 털붓[털붇] 통옷[통옫] 통잣[통잗]
판굿[판굳] 한갓[한갇] 한겻[한겯] 한곳[한곧]
한껏[한껃] 한뜻[한뜯] 한맛[한맏] 할긋[할귿]
해껏[해껃] 헌것[헌걷] 혼굿[혼굳] 흘긋[흘귿]
흘깃[흘긷] 흘끗[흘끋] 흘낏[흘낃] 흠칫[흠친]
힘껏[힘껃] 쇠못[쇠몯/쉐-] 회깟[회깐/훼-]
가래톳[가래톧] 가리맛[가리맏] 감칠맛[감칠맏]
거리굿[거리굳] 거멀못[거멀몯] 건들멋[건들먿]
검버섯[검버섣] 고기젓[고기젇] 고까옷[고까옫]
고까짓[고까짇] 고리못[고리몯] 고린짓[고린짇]
곤두짓[곤두짇] 구두못[구두몯] 그까짓[그까짇]
기와못[기와몯] 꼬까옷[꼬까옫] 꽁지깃[꽁지긷]
나라굿[나라굳] 나사못[나사몯] 난사젓[난사젇]
날개깃[날개긷] 날개옷[날개옫] 너더댓[너더댇]
네까짓[네까짇] 누비옷[누비옫] 눈치껏[눈치껃]
다리굿[다리굳] 단체옷[단체옫] 대동빗[대동빋]
대여섯[대여섣] 대창옷[대창옫] 대창젓[대창젇]
대하젓[대하젇] 도창빗[도창빋] 돌송곳[돌송곧]
동글붓[동글붇] 두서넛[두서넏] 두치못[두치몯]
둥근못[둥근몯] 마을굿[마을굳] 마음껏[마음껃]

| | | |
|---|---|---|
| 말가웃[말가욷] | 말총갓[말총갇] | 망자굿[망자굳] |
| 매운맛[매운맏] | 명주옷[명주옫] | 모송곳[모송곧] |
| 모시옷[모시옫] | 목청껏[목청껃] | 무당굿[무당굳] |
| 무명옷[무명옫] | 무새짓[무새짇] | 민짜못[민짜몯] |
| 바보짓[바보짇] | 반달빗[반달빋] | 반편짓[반편짇] |
| 밤새껏[밤새껃] | 범탈굿[범탈굳] | 불현듯[불현듣] |
| 비녀못[비녀몯] | 뿔송곳[뿔송곧] | 사례굿[사례굳] |
| 살량굿[살량굳] | 삼베옷[삼베옫] | 삼신굿[삼신굳] |
| 삼차굿[삼차굳] | 삼채굿[삼채굳] | 상당굿[상당굳] |
| 상문굿[상문굳] | 상투빗[상투빋] | 새김붓[새김붇] |
| 새우젓[새우젇] | 생기빗[생기빋] | 생선젓[생선젇] |
| 선창굿[선창굳] | 성심껏[성심껃] | 세상맛[세상맏] |
| 소리굿[소리굳] | 소창옷[소창옫] | 소태맛[소태맏] |
| 손님굿[손님굳] | 수수엿[수수엳] | 심청굿[심청굳] |
| 쌍시옷[쌍시옫] | 씨름굿[씨름굳] | 아감젓[아감젇] |
| 아랑곳[아랑곧] | 아래옷[아래옫] | 아무것[아무걷] |
| 아직껏[아직껃] | 알버섯[알버섣] | 어깨깃[어깨긷] |
| 어느덧[어느덛] | 어린것[어린걷] | 얼레빗[얼레빋] |
| 얼림굿[얼림굳] | 여탐굿[여탐굳] | 여태껏[여태껃] |
| 영동굿[영동굳] | 영등굿[영등굳] | 영산굿[영산굳] |
| 오구굿[오구굳] | 오늘껏[오늘껃] | 오리젓[오리젇] |
| 요까짓[요까짇] | 용왕굿[용왕굳] | 우물굿[우물굳] |
| 우환굿[우환굳] | 이까짓[이까짇] | 이때껏[이때껃] |
| 이제껏[이제껃] | 일채굿[일채굳] | 잉어젓[잉어젇] |
| 자리옷[자리옫] | 자반굿[자반굳] | 잔치옷[잔치옫] |
| 잘잘못[잘잘몯] | 장재젓[장재젇] | 저까짓[저까짇] |
| 전등갓[전등갇] | 정성껏[정성껃] | 제까짓[제까짇] |
| 제량갓[제량갇] | 조개젓[조개젇] | 조기젓[조기젇] |
| 조까짓[조까짇] | 조상굿[조상굳] | 조선낫[조선낟] |
| 조왕굿[조왕굳] | 조침젓[조침젇] | 좀노릇[좀노륻] |

종노릇[종노른]        좌궁깃[좌궁긴]        좌도굿[좌도군]
중노릇[중노른]        지금껏[지금껃]        지붕갓[지붕간]
질그릇[질그른]        참새젓[참새전]        창난젓[창난전]
채그릇[채그른]        초친맛[초친맏]        콩버섯[콩버섣]
토하젓[토하전]        통송곳[통송곧]        통영갓[통영간]
틀송곳[틀송곧]        한치못[한치몯]        허리옷[허리온]
허튼굿[허튼군]        허튼짓[허튼진]        화류빗[화류빈]
화해굿[화해군]        황새낫[황새난]        후추엿[후추연]
되가웃[되가웉/뒈—]    된시앗[된시앋/뒌—]
된시옷[된시옫/뒌—]    성의껏[성의껃/—이—]
외딴곳[외딴곧/웨—]    갈고리못[갈고리몯]
갈이그릇[가리그른]    고구마엿[고구마연]
굳은씨앗[구든씨안]    귀때그릇[귀때그른]
기와버섯[기와버섣]    꿍꿍이짓[꿍꿍이진]
나들이옷[나드리온]    나절가웃[나절가웉]
도깨그릇[도깨그른]    도깨비짓[도깨비진]
도래송곳[도래송곧]    동구래깃[동구래긴]
망나니짓[망나니진]    모지랑붓[모지랑붇]
몽둥이맛[몽둥이맏]    문잡이굿[문자비굳]
물부리굿[물부리굳]    민머리못[민머리몯]
반달송곳[반달송곧]    아닥치듯[아닥치듣]
지랄버릇[지랄버른]    허드레옷[허드레온]

(45)는 'ㅅ'이 단어 끝('가래엿'의 'ㅅ')에서 'ㅅ → ㄷ'과 같이 'ㄷ'으로 실현된 경우이다. '가래엿'은 '가래엿 → 가래열'과 같은 음운변화과정에서 'ㅅ → ㄷ'과 같이 'ㅅ'에 말음법칙이 적용된다. 이는 표기인 '가래엿'이 표준발음인 [가래열]으로 실현된 것을 의미한다. 즉 표기와 표준발음이 다른 경우이다.

(46) 'ㅅ'이 단어 끝인 경우('ㅅ → ㄷ' : 말)

갑옷[가볻](말)

| | | | |
|---|---|---|---|
| 겹옷[겨볻] | 눈옷[누녿] | 들옷[드롣] | 먹옷[머곧] |
| 물옷[무롣] | 봄옷[보몯] | 속옷[소곧] | 솜옷[소몯] |
| 안옷[아녿] | 잠옷[자몯] | 큰옷[크녿] | 털옷[터롣] |
| 활옷[화롣] | 가락옷[가라곧] | | 광목옷[광모곧] |
| 구름옷[구르몯] | 놀이옷[노리옫] | | 단벌옷[단버롣] |
| 달걀옷[달갸롣] | 무색옷[무새곧] | | 박이옷[바기옫] |
| 비단옷[비다녿] | 사발옷[사바롣] | | 숨진옷[숨지녿] |
| 여름옷[여르몯] | 진솔옷[진소롣] | | 출입옷[추리볻] |

(46)은 단어의 끝소리 'ㅅ'('옷'의 'ㅅ')이 'ㅅ → ㄷ'과 같이 'ㄷ'으로 실현
된 경우이다. '갑옷'은 '갑옷 → 가볻'과 같은 음운변화과정에서 'ㅅ → ㄷ(-
옷 → -옫)'과 같이 'ㅅ'에 말음법칙이 적용된다. 이 경우에 '갑-'의 끝소리
'ㅂ'은 뒤 음절의 첫소리로 옮겨 본디의 소리대로 발음된다.

(47) 'ㅅ'이 뒤 첫소리(자음) 앞인 경우('ㅅ → ㄷ' : 말)

ㄱ. 굿춤[굳춤]('ㅅ + ㅊ → ㄷ + ㅊ : 말)

| | | | |
|---|---|---|---|
| 굿터[굳터] | 굿판[굳판] | 굿패[굳패] | 깃털[긷털] |
| 넷째[넫째] | 맛깔[맏깔] | 붓통[붇통] | 셋째[섿째] |
| 엿판[엳판] | 옷핀[옫핀] | 첫딸[첟딸] | 첫째[첟째] |
| 첫차[첟차] | 첫판[첟판] | 풋콩[푿콩] | |
| 그것참[그걷참] | 꼿꼿이[꼳꼬시] | 꿋꿋이[꾿꾸시] | |
| 끗끗이[끋끄시] | 다섯째[다섣째] | 못쓰다[몯쓰다] | |
| 솟치다[솓치다] | 송곳칼[송곧칼] | 숫처녀[숟처녀] | |
| 숫총각[숟총각] | 여섯째[여섣째] | 엿치기[엳치기] | |
| 옷차림[옫차림] | 옷치레[옫치레] | 의붓딸[의붇딸] | |
| 첫추위[첟추위] | 첫출발[첟출발] | | |

ㄴ. 것까지[걷까지]('ㅅ + ㄲ → ㄷ + ㄲ' : 말)

| | | |
|---|---|---|
| 것끼리[걷끼리] | 것뿐[걷뿐] | 것처럼[걷처럼] |

한국어 발음 교육의 실제

고것뿐[고걷뿐]　　곳까지[곧까지]　　그것쯤[그걷쯤]

탓처럼[탇처럼]　　노릇까지[노륻까지]

무엇처럼[무얻처럼]　　　　버릇처럼[버른처럼]

　ㄷ. 붓끝[붇끝 → 붇끋](말 → 말)


　(47ㄱ)은 'ㅅ'이 뒤 첫소리 앞('굿춤'의 'ㅊ')에서 'ㅅ → ㄷ'과 같이 'ㄷ'으로 실현된 경우이다. '굿춤'은 '굿춤 → 굳춤'과 같은 음운변화과정에서 'ㅅ → ㄷ'과 같이 'ㅅ'에 말음법칙이 적용된다. 이는 표기인 '굿춤'이 표준발음인 [굳춤]으로 실현된 것을 의미한다. 즉 표기와 표준발음이 다른 경우이다.

　(47ㄴ)은 조사('까지, 뿐, 처럼' 등)나 접미사('끼리, 쯤' 등)가 연결된 경우이다. 이 중 조사인 '까지'가 연결된 '것까지'는 앞 끝소리인 'ㅅ'이 뒤 첫소리 앞('것까지'의 'ㄲ')에서 'ㅅ → ㄷ'과 같이 'ㄷ'으로 실현된 경우이다. '것까지'는 '것까지 → 걷까지'와 같은 음운변화과정에서 'ㅅ → ㄷ'과 같이 'ㅅ'에 말음법칙이 적용된다.

　(47ㄷ)의 '붓끝'이 '붓끝 → 붇끝 → 붇끋'과 같은 음운변화과정에서 1단계는 'ㅅ → ㄷ(붓- → 붇-)'과 같이 'ㅅ'에 말음법칙이 적용되고, 2단계는 'ㅌ → ㄷ(-끝 → -끋)'과 같이 'ㅌ'에 말음법칙이 적용된다.


(48) 'ㅅ'이 뒤 첫소리 'ㄱ'의 앞인 경우

　'ㅅ + ㄱ → ㄷ + ㄲ('ㅅ → ㄷ': 말, 'ㄱ → ㄲ': 경)

　개웃거리다[개욷거리다 → 개욷꺼리다](말 → 경)

| | | | |
|---|---|---|---|
| 덧감[덛깜] | 못가[몯까] | 빗각[빋깍] | 빗금[빋끔] |
| 빗길[빋낄] | 숫기[숟끼] | 엇각[얻깍] | 엇결[얻껼] |
| 엇길[얻낄] | 옛글[옏끌] | 옛길[옏낄] | 옷감[옫깜] |
| 웃국[욷꾹] | 웃기[욷끼] | 젓갈[젇깔] | 젓국[젇꾹] |
| 첫길[첟낄] | 풋감[푿깜] | 풋게[푿께] | 햇감[핻깜] |
| 햇곡[핻꼭] | 햇김[핻낌] | 헛간[헏깐] | 헛글[헏끌] |
| 헛길[헏낄] | 헛김[헏낌] | | |

굽잇길[구빈낄]　　　굿거리[굳꺼리]　　　글짓기[글짇끼]

깃가지[긷까지]　　　깃갈이[긷까리]　　　깃고대[긷꼬대]

깃그물[긷끄물]　　　놋구멍[녿꾸멍]　　　덧가지[덛까지]

덧거름[덛꺼름]　　　덧거리[덛꺼리]　　　덧걸다[덛껄다]

덧걸이[덛꺼리]　　　덧그림[덛끄림]　　　덧기둥[덛끼둥]

못걸이[몯꺼리]　　　뭇가름[묻까름]　　　벗기다[벋끼다]

붓글씨[붇끌씨]　　　뺏기다[뺃끼다]　　　셋겸상[섿껌상]

숫구멍[숟꾸멍]　　　씻기다[씯끼다]　　　앗기다[앋끼다]

엇가게[얻까게]　　　엇가리[얻까리]　　　엇걸다[얻껄다]

엇구루[얻꾸루]　　　연못가[연몯까]　　　엿가락[엳까락]

엿가마[엳까마]　　　엿가위[엳까위]　　　엿강정[엳깡정]

엿기름[엳끼름]　　　옷가지[옫까지]　　　옷거리[옫꺼리]

옷걸이[옫꺼리]　　　옷고름[옫꼬름]　　　옷기장[옫끼장]

옷거름[옫꺼름]　　　옷기다[옫끼다]　　　옷기떡[옫끼떡]

입씻김[입씯낌]　　　잣가루[잗까루]　　　잣기름[잗끼름]

젓가락[젇까락]　　　짓거리[짇꺼리]　　　첫가물[첟까물]

첫가을[첟까을]　　　첫가지[첟까지]　　　첫걸음[첟꺼름]

첫겨울[첟껴울]　　　초젓국[초젇꾹]　　　풋가지[푿까지]

풋거름[푿꺼름]　　　풋고추[푿꼬추]　　　풋과일[푿꽈일]

풋기운[푿끼운]　　　풋김치[푿낌치]　　　한것기[한걷끼]

햇가지[핻까지]　　　햇감자[핻깜자]　　　햇거지[핻꺼지]

햇과일[핻꽈일]　　　햇김치[핻낌치]　　　헛가게[헏까게]

헛가래[헏까래]　　　헛걸음[헏꺼름]　　　헛고생[헏꼬생]

헛공부[헏꽁부]　　　헛구역[헏꾸역]　　　헛구호[헏꾸호]

헛기운[헏끼운]　　　헛기침[헏끼침]

돌려짓기[돌려짇끼]　　말짓거리[말짇꺼리]

비웃구이[비욷꾸이]　　속옷가지[소곧까지]

어릿광대[어릳꽝대]　　엇갈리다[얻깔리다]

엿가위질[엳까위질]　　옷감가지[옫깜가지]

첫걸음마[첟꺼름마]　　햇고구마[핻꼬구마]

햇고사리[핻꼬사리]    헛갈리다[헏깔리다]

헛기르다[헏끼르다]    헷갈리다[헫깔리다]

갸웃거리다[갸운꺼리다]  기웃거리다[기운꺼리다]

머뭇거리다[머묻꺼리다]  벙긋거리다[벙귿꺼리다]

쫑긋거리다[쫑귿꺼리다]

(48)은 자음접변의 환경에서 앞 끝소리가 'ㅅ'('개웃-'의 'ㅅ')이고, 뒤 첫소리가 'ㄱ'('-거리다'의 'ㄱ')인 경우에 'ㅅ'이 'ㅅ → ㄷ'과 같이 'ㄷ'으로 실현된 경우이다. 이 경우에는 하나의 음운변화과정에서 먼저 말음법칙이 적용된 후에, 경음화가 적용된다. '개웃거리다'가 '개웃거리다 → 개운거리다 → 개운꺼리다'와 같은 음운변화과정에서 1단계는 'ㅅ → ㄷ(-웃- → -운-)'과 같이 'ㅅ'에 말음법칙이 적용되고, 2단계는 'ㄱ → ㄲ(-거- → -꺼-)'과 같이 'ㄱ'에 경음화가 적용된다.

(49) 'ㅅ'이 뒤 첫소리 'ㄱ'의 앞인 경우(표 제30항 1)

'ㅅ + ㄱ → ㄷ + ㄲ → ㄱ + ㄲ → ∅ + ㄲ'(복수표준발음)

('ㅅ → ㄷ': 말, 'ㄱ → ㄲ': 경, 'ㄷ → ㄱ': 연, 'ㄱ → ∅ : 'ㄱ'탈)

갓골[갇골 → 갇꼴 → 각꼴 → 가꼴 : 가꼴/갇꼴](말→ 경 → 연 → 'ㄱ'탈)

갓길[가낄/갇낄]      갯가[개까/갣까]      곳간[고깐/곧깐]

귓가[귀까/귇까]      깃발[기빨/긷빨]      냇가[내까/낻까]

댓글[대끌/댇끌]      땟국[때꾹/땓꾹]      뭇국[무꾹/묻꾹]

뱃길[배낄/밷낄]      샛길[새낄/샏낄]      윗글[위끌/윋끌]

잿골[재꼴/잳꼴]      찻길[차낄/찯낄]      촛국[초꾹/촏꾹]

햇귀[해뀌/핻뀌]

갯가재[개까재/갣까재]        갯고둥[개꼬둥/갣꼬둥]

갯고랑[개꼬랑/갣꼬랑]        고깃간[고기깐/고긷깐]

고깃국[고기꾹/고긷꾹]        귓구녕[귀꾸녕/귇꾸녕]

귓구멍[귀꾸멍/귇꾸멍]        기찻길[기차낄/기찯낄]

김칫국[김치꾹/김칟꾹]        당핏골[당피꼴/당핃꼴]

뒷걸음[뒤꺼름/뒫꺼름]        뒷골목[뒤꼴목/뒫꼴목]

등콧길[등교낄/등곧낄]　　　따릿골[따리꼴/따릳꼴]

매밋과[매미꽈/매믿꽈]　　　모랫길[모래낄/모랟낄]

바닷가[바다까/바닫까]　　　방앗간[방아깐/방앋깐]

뱃가죽[배까죽/밷까죽]　　　뱅엇국[뱅어꾹/뱅얻꾹]

북엇국[부거꾹/부걷꾹]　　　시냇가[시내까/시낻까]

젓가락[저까락/걷까락]　　　진돗개[진도깨/진돋깨]

콧구멍[코꾸멍/콛꾸멍]　　　하굣길[하교낄/하굗낄]

고춧가루[고추까루/고춛까루]　　골칫거리[골치꺼리/골칟꺼리]

기삿거리[기사꺼리/기삳꺼리]　　나뭇가지[나무까지/나묻까지]

등하굣길[등하교낄/등하굗낄]　　밤나뭇골[밤나무꼴/밤나묻꼴]

뽕나뭇과[뽕나무꽈/뽕나묻꽈]　　서릿기둥[서리끼둥/서릳끼둥]

쇠고깃국[쇠고기꾹/쇠고긷꾹]　　우거짓국[우거지꾹/우거짇꾹]

저잣거리[저자꺼리/저잗꺼리]　　절굿공이[절구꽁이/절굳꽁이]

이야깃거리[이야기꺼리/이야긷꺼리]

(49)는 두 가지의 표준발음(복수표준발음)인 경우이다. 후자의 표준발음은 자음접변의 환경에서 앞 끝소리가 'ㅅ'('갓골'의 'ㅅ')이고, 뒤 첫소리가 'ㄱ'('갓골'의 'ㄱ')인 경우에 'ㅅ'이 'ㅅ → ㄷ'과 같이 'ㄷ'으로 실현된 경우이다. 보기는 하나의 음운변화과정에서 먼저 받침규칙이 적용된 후에, 다른 음운규칙 등이 적용된다. 그러나 음절 순서에 따라 음운과정을 설정하면 표준발음은 나타나지 않기 때문에, 이 보기에서는 다른 음운과정으로 기술한다. 즉 하나의 음운변화과정에서 두 가지의 표준발음을 모두 나타내기 위해서는 '갓골'의 경우에 '갓골 → 간골 → 간꼴 → 각꼴 → 가꼴'과 같이 설정할 수 있다. 1단계는 'ㅅ → ㄷ(갓- → 간-)'과 같이 'ㅅ'에 말음법칙이 적용되고, 2단계는 'ㄱ → ㄲ(-골 → -꼴)'과 같이 'ㄱ'에 경음화가 적용되고, 3단계는 'ㄷ → ㄱ(간- → 각-)'과 같이 'ㄷ'에 연구개음화가 적용되고, 4단계는 'ㄱ → Ø(각- → 가-)'과 같이 'ㄱ'에 동서열자음탈락이 적용된다. 이 중 2단계에서 실현된 [간꼴]과 4단계에서 실현된 [가꼴]은 표기 '갓골'에 대

해 모두 표준발음이다. 물론 이 경우에 '갓골 → 갇골 → 각골 → 각꼴 → 가
꼴'과 같은 음절 순서에 따른 음운과정에서는 표준발음인 [갇꼴]이 실현되
지 않는다.

(50) 'ㅅ'이 뒤 첫소리 'ㄱ, ㄲ' 등의 앞인 경우
    'ㅅ + ㄱ → ㄷ + ㄲ'('ㅅ → ㄷ' : 말)
    ㄱ. 곳곳[곧곳 → 곧꼿 → 곧꼳](말 → 경 → 말)
        샷갓[삳깓]          옛것[옏껃]          옷갓[옫깓]          옷깃[옫낃]
        풋것[푿껃]          핫것[핟껃]          햇것[핻껃]          헛것[헏껃]
        까짓것[까짇껃]      놋그릇[녿끄른]      대삿갓[대삳깓]
        버섯갓[버섣깓]      씻김굿[씯낌굳]
    ㄴ. 뜻글자[뜯글자 → 뜯끌자 → 뜯끌짜](말 → 경 → 경)
        젓국지[전꾹찌]      첫국밥[천꾹빱]      풋곡식[푿꼭씩]
        햇곡식[핻꼭씩]      헛걱정[헏꺽쩡]
    ㄷ. 덧궂다[덛궂다 → 덛꿎다 → 덛끋다 → 덛끋따](말 → 경 → 말 → 경)
        샷갓집[삳깓찝]      짓궂다[짇꾿따]
        샷갓가마[삳깓까마]              샷갓구름[삳깓꾸름]
        샷갓들이[삳깓뜨리]              샷갓반자[삳깓빤자]
        샷갓장이[삳깓짱이]              샷갓쟁이[삳깓쩽이]
    ㄹ. 샷갓버섯[삳갇버섯 → 삳깓버섯 → 삳깓버섣 → 삳깓뻐섣 → 삳깓뻐선]
        (말 → 경 → 말 → 경 → 말)
    ㅁ. 갯값[갣값 → 갣깞 → 갣깝 → 객깝 → 개깝 : 개깝/갣깝]
        (말 → 경 → 'ㅅ'탈 → 연 → 'ㄱ'탈)
    ㅂ. 맛국물[맏국물 → 맏꾹물 → 맏꿍물](말 → 경 → 비)
        젓국물[전꿍물]
    ㅅ. 웃걷이[욷걷이 → 욷껃이 → 욷꺼지](말 → 경 → 구)
        젓갈붙이[전깔부치]
    ㅇ. 꼿꼿하다[꼳꼿하다 → 꼳꼳하다 → 꼳꼬타다](말 → 말 → 격)
        꿋꿋하다[꾿꾸타다]

(50)은 자음접변의 환경에서 앞 끝소리가 'ㅅ'('뜻글자'의 'ㅅ')이고, 뒤 첫소리가 'ㄱ'('뜻글자'의 'ㄱ')인 경우에 'ㅅ'이 'ㅅ → ㄷ'과 같이 'ㄷ'으로 실현된 경우이다. 이 경우에는 하나의 음운변화과정에서 먼저 말음법칙을 적용한 후에, 경음화 등을 적용한다.

(50ㄱ)의 '삿갓'이 '삿갓 → 삳갓 → 삳깟 → 삳깐'과 같은 음운변화과정에서 1단계는 'ㅅ → ㄷ(삿- → 삳-)'과 같이 'ㅅ'에 말음법칙이 적용되고, 2단계는 'ㄱ → ㄲ(-갓 → -깟)'과 같이 'ㄱ'에 경음화가 적용되고, 3단계는 'ㅅ → ㄷ(-깟 → -깐)'과 같이 'ㅅ'에 말음법칙이 적용된다.

(50ㄴ)의 '젓국지'가 '젓국지 → 젇국지 → 젇꾹지 → 젇꾹찌'와 같은 음운변화과정에서 1단계는 'ㅅ → ㄷ(젓- → 젇-)'과 같이 'ㅅ'에 말음법칙이 적용되고, 2단계는 'ㄱ → ㄲ(-국- → -꾹-)'과 같이 'ㄱ'에 경음화가 적용되고, 3단계는 'ㅈ → ㅉ(-지 → -찌)'과 같이 'ㅈ'에 경음화가 적용된다.

(50ㄷ)의 '삿갓집'이 '삿갓집 → 삳갓집 → 삳깟집 → 삳깐집 → 삳깐찝'과 같은 음운변화과정에서 1단계는 'ㅅ → ㄷ(삿- → 삳-)'과 같이 'ㅅ'에 말음법칙이 적용되고, 2단계는 'ㄱ → ㄲ(-갓- → -깟-)'과 같이 'ㄱ'에 경음화가 적용되고, 3단계는 'ㅅ → ㄷ(-깟- → -깐-)'과 같이 'ㅅ'에 말음법칙이 적용되고, 4단계는 'ㅈ → ㅉ(-집 → -찝)'과 같이 'ㅈ'에 경음화가 적용된다.

(50ㄹ)의 '삿갓버섯'이 '삿갓버섯 → 삳갓버섯 → 삳깟버섯 → 삳깐버섯 → 삳깐뻐섯 → 삳깐뻐섣'과 같은 음운변화과정에서 1단계는 'ㅅ → ㄷ(삿- → 삳-)'과 같이 'ㅅ'에 말음법칙이 적용되고, 2단계는 'ㄱ → ㄲ(-갓- → -깟-)'과 같이 'ㄱ'에 경음화가 적용되고, 3단계는 'ㅅ → ㄷ(-깟- → -깐-)'과 같이 'ㅅ'에 말음법칙이 적용되고, 4단계는 'ㅂ → ㅃ(-버- → -뻐-)'과 같이 'ㅂ'에 경음화가 적용되고, 5단계는 'ㅅ → ㄷ(-섯 → -섣)'과 같이 'ㅅ'에 말음법칙이 적용된다.

(50ㅁ)의 '갯값'은 [개깝/갣깝]과 같이 두 가지의 표준발음이 실현된 경우이다. 이 두 가지의 표준발음을 하나의 음운변화과정에 모두 나타내기 위

한국어 발음 교육의 실제

해서 '갯값'은 '갯값 → 갣값 → 갣깞 → 갣깝 → 객깝 → 개깝'과 같이 설정할 수 있다. 1단계는 'ㅅ → ㄷ(갯- → 갣-)'과 같이 'ㅅ'에 말음법칙이 적용되고, 2단계는 'ㄱ → ㄲ(-값 → -깞)'과 같이 'ㄱ'에 경음화가 적용되고, 3단계는 'ㅄ → ㅂ(-깞 → -깝)'과 같이 'ㅅ'에 자음탈락이 적용되고, 4단계는 'ㄷ → ㄱ(갣- → 객-)'과 같이 'ㄷ'에 연구개음화가 적용되고, 5단계는 'ㄱ → Ø(객- → 개-)'과 같이 'ㄱ'에 동서열자음탈락이 적용된다. 이 중 3단계에서 실현된 [갣깝]과 5단계에서 실현된 [개깝]은 표기인 '갯값'에 대해 모두 표준발음이다.

(50ㅂ)의 '젓국물'이 '젓국물 → 젇국물 → 젇꾹물 → 젇꿍물'과 같은 음운변화과정에서 1단계는 'ㅅ → ㄷ(젓- → 젇-)'과 같이 'ㅅ'에 말음법칙이 적용되고, 2단계는 'ㄱ → ㄲ(-국- → -꾹-)'과 같이 'ㄱ'에 경음화가 적용되고, 3단계는 'ㄱ → ㅇ(-꾹- → -꿍-)'과 같이 'ㄱ'에 비음화가 적용된다.

(50ㅅ)의 '웃걸이'가 '웃걸이 → 욷걸이 → 욷껄이 → 욷꺼지'와 같은 음운변화과정에서 1단계는 'ㅅ → ㄷ(웃- → 욷-)'과 같이 'ㅅ'에 말음법칙이 적용되고, 2단계는 'ㄱ → ㄲ(-걸- → -껄-)'과 같이 'ㄱ'에 경음화가 적용되고, 3단계는 'ㄷ → ㅈ(-껄이 → -꺼지)'과 같이 'ㄷ'에 구개음화가 적용된다.

(50ㅇ)의 '꿋꿋하다'가 '꿋꿋하다 → 꾿꿋하다 → 꾿꾿하다 → 꾿꾸타다'와 같은 음운변화과정에서 1단계는 'ㅅ → ㄷ(꿋- → 꾿-)'과 같이 'ㅅ'에 말음법칙이 적용되고, 2단계는 'ㅅ → ㄷ(-꿋- → -꾿-)'과 같이 'ㅅ'에 말음법칙이 적용되고, 3단계는 'ㄷ + ㅎ → ㅌ(-꾿하- → -꾸타-)'과 같이 'ㄷ'에 격음화가 적용된다.

(51) 'ㅅ'이 뒤 첫소리 'ㄱ, ㄲ' 등의 앞인 경우-('첩어')

ㄱ. 'ㅅ + ㄱ → ㄷ + ㄲ'('ㅅ → ㄷ': 말, 'ㄱ → ㄲ': 경)

가뭇가뭇[가묻가뭇 → 가묻까뭇 → 가묻까묻](말 → 경 → 말)

가붓가붓[가묻까묻]        가뿟가뿟[가뿓까뿓]

가웃가웃[가운까운]　　　가칫가칫[가친까친]

갸웃갸웃[갸운까운]　　　거뭇거뭇[거문꺼문]

거칫거칫[거친꺼친]　　　거풋거풋[거푼꺼푼]

건듯건듯[건든껀든]　　　건뜻건뜻[건뜬껀뜬]

걸핏걸핏[걸핀껄핀]　　　고깃고깃[고긴꼬긴]

고릿고릿[고린꼬린]　　　고붓고붓[고분꼬분]

구깃구깃[구긴꾸긴]　　　구붓구붓[구분꾸분]

구핏구핏[구핀꾸핀]　　　궁싯궁싯[궁신꿍신]

그릇그릇[그른끄른]　　　기웃기웃[기운끼운]

　ㄴ. 'ㅅ + ㄲ → ㄷ + ㄲ'('ㅅ → ㄷ' : 말 → 맏)

　　까뭇까뭇[까묻까뭇 → 까묻까묻](맏 → 맏)

　　갸웃갸웃[갸운꺄운]　　　까칫까칫[까친까친]

　　꺼뭇꺼뭇[꺼문꺼묻]　　　꺼칫꺼칫[꺼친꺼친]

　　꼬깃꼬깃[꼬긴꼬긴]　　　꼬붓꼬붓[꼬분꼬분]

　　꾸깃꾸깃[꾸긴꾸긴]　　　꾸붓꾸붓[꾸분꾸분]

　　끼웃끼웃[끼운끼운]

　　(51)은 같은 소리나 비슷한 소리를 가진 낱말이 겹쳐서 이루어진 복합어의 경우이다. (51ㄱ)은 음운변화과정에서 먼저 말음법칙이 적용된 후에, 경음화가 적용된다.

　　(51ㄱ)은 'ㅅ'이 뒤 첫소리 앞('-뭇가-'의 'ㄱ')과 단어의 끝소리('-가뭇'의 'ㅅ')에서 'ㅅ → ㄷ'과 같이 'ㄷ'으로 실현된 경우이다. '가뭇가뭇'은 '가뭇가뭇 → 가묻가뭇 → 가묻까뭇 → 가묻까묻'과 같은 음운변화과정에서 1단계는 'ㅅ → ㄷ(-뭇- → -묻-)'과 같이 'ㅅ'에 말음법칙이 적용되고, 2단계는 'ㄱ → ㄲ(-가- → -까-)'과 같이 'ㄱ'에 경음화가 적용되고, 3단계는 'ㅅ → ㄷ(-뭇 → -묻)'과 같이 'ㅅ'에 말음법칙이 적용된다. 이는 표기인 '가뭇가뭇'이 표준발음인 [가묻까묻]으로 실현된 것을 의미한다. 즉 표기와 표준발음이 다른 경우이다.

(51ㄴ)은 'ㅅ'이 뒤 첫소리 앞('-믓까-'의 'ㄲ')과 단어의 끝소리('-까믓'의 'ㅅ')에서 'ㅅ → ㄷ'과 같이 'ㄷ'으로 실현된 경우이다. '까믓까믓'은 '까믓까믓 → 까묻까믓 → 까묻까묻'과 같은 음운변화과정에서 1단계는 'ㅅ → ㄷ(-믓- → -묻-)'과 같이 'ㅅ'에 말음법칙이 적용되고, 2단계는 'ㅅ → ㄷ(-믓 → -묻)'과 같이 'ㅅ'에 말음법칙이 적용된다. 이는 표기인 '까믓까믓'이 표준발음인 [까묻까묻]으로 실현된 것을 의미한다. 즉 표기와 표준발음이 다른 경우이다.

(52) 'ㅅ'이 뒤 첫소리 'ㄴ'의 앞인 경우

'ㅅ + ㄴ → ㄷ + ㄴ → ㄴ + ㄴ'('ㅅ → ㄷ' : 말, 'ㄷ → ㄴ' : 비)

ㄱ. 가랫날[가랟날 → 가랜날](말 → 비)

| | | | |
|---|---|---|---|
| 갯논[갠논] | 놋날[논날] | 덧날[던날] | 덧눈[던눈] |
| 덧니[던니] | 뒷날[뒨날] | 못내[몬내] | 못논[몬논] |
| 벗님[번님] | 샛눈[샌눈] | 숫눈[순눈] | 엇논[언논] |
| 엇눈[언눈] | 옛날[옌날] | 옷농[온농] | 웃날[운날] |
| 웃네[운네] | 윗니[윈니] | 잣눈[잔눈] | 첫날[천날] |
| 첫눈[천눈] | 쳇눈[첸눈] | 촛농[촌농] | 콧날[콘날] |
| 텃논[턴논] | 풋내[푼내] | 풋눈[푼눈] | 헛날[헌날] |
| 헛눈[헌눈] | 홋날[혼날] | | |

| | | |
|---|---|---|
| 가윗날[가윈날] | 갓나물[간나물] | 괭잇날[괭인날] |
| 다릿널[다린널] | 단옷날[다논날] | 대팻날[대팬날] |
| 덧나다[던나다] | 덧내다[던내다] | 동짓날[동진날] |
| 맛나다[만나다] | 맛난이[만나니] | 머릿내[머린내] |
| 머릿니[머린니] | 못나다[몬나다] | 못난이[몬나니] |
| 뱃노래[밴노래] | 벼룻논[벼룬논] | 송곳날[송곤날] |
| 송곳눈[송곤눈] | 송곳니[송곤니] | 쉿내[쇤내/쉔-] |
| 수릿날[수린날] | 아랫놈[아랜놈] | 아랫니[아랜니] |
| 어섯눈[어선눈] | 윗넓이[윈널비] | 윗놀이[윈노리] |
| 윗누이[윈누이] | 윗눈썹[윈눈썹] | 자릿날[자린날] |

자릿내[자린내]　　　　잔칫날[잔친날]　　　　잣나무[잔나무]

장삿날[장산날]　　　　제삿날[제산날]　　　　중굿날[중군날]

짓널다[진널다]　　　　콧노래[콘노래]　　　　톳나무[톤나무]

풋나무[푼나무]　　　　풋나물[푼나물]　　　　풋내기[푼내기]

하룻날[하룬날]　　　　하짓날[하진날]　　　　햇나물[핸나물]

햇누룩[핸누룩]　　　　헛나이[헌나이]　　　　헛농사[헌농사]

갓난아이[간난아이]　　굴젓눈이[굴전누니]

배냇냄새[배낸냄새]　　버섯나물[버선나물]

빗나가다[빈나가다]　　소달깃날[소달긴날]

아랫눈썹[아랜눈썹]　　아흐랫날[아흐랜날]

어긋나다[어근나다]　　엇나가다[언나가다]

엇놀리다[언놀리다]　　엇누비다[언누비다]

엿누룽지[연누룽지]　　짓누르다[진누르다]

짓눌리다[진눌리다]　　첫나들이[천나드리]

초이렛날[초이렌날]　　초하룻날[초하룬날]

ㄴ. 곗날[곋날 → 곈날 → 겐날 : 곈날/겐–](말 → 비 → 단)

ㄷ. 볏낟[볃낟 → 변낟 → 변난](말 → 비 → 말)

윗녘[윈녁]　　　　　　풋낯[푼낟]　　　　　　아랫녘[아랜녁]

헛노릇[헌노른]

ㄹ. 헛늙다[헏늙다 → 헌늙다 → 헌늑다 → 헌늑따]

　　(말 → 비 → 'ㄹ'탈 → 경)

ㅁ. 엇눕다[얻눕다 → 언눕다 → 언눕따](말 → 비 → 경)

첫날밤[천날빰]　　　　윗눈시울[윈눈씨울]

ㅂ. 샛노랗다[샏노랗다 → 샌노랗다 → 샌노라타](말 → 비 → 격)

헛놓다[헌노타]　　　　싯누렇다[신누러타]

어긋놓다[어근노타]

ㅅ. 다섯 남매[다섣남매 → 다선남매](말 → 비)

못 나가[몬나가]　　　　못 날다[몬날다]　　　　못 내다[몬내다]

ㅇ. 갓 낳은[갇낳은 → 간낳은 → 간나은](말 → 비 → 'ㅎ'탈)

(52)는 자음접변의 환경에서 앞 끝소리가 'ㅅ'이고, 뒤 첫소리가 'ㄴ'인 경우에, 'ㅅ'이 [ㄴ]으로 실현된 것이다. 이 경우에는 음운변화과정에서 먼저 말음법칙이 적용된 후에, 비음화 등이 적용된다.

(52ㄱ)의 '가랫날'이 '가랫날 → 가랟날 → 가랜날'과 같은 음운변화과정에서 1단계는 'ㅅ → ㄷ(-랫- → -랟-)'과 같이 'ㅅ'에 말음법칙이 적용되고, 2단계는 'ㄷ → ㄴ(-랟- → -랜-)'과 같이 'ㄷ'에 비음화가 적용된다. 이는 표기인 '가랫날'이 표준발음인 [가랜날]로 실현된 것을 의미한다. 즉 표기와 표준발음이 다른 경우이다.

(52ㄴ)은 복수표준발음인 경우이다. '곗날'이 '곗날 → 곋날 → 곈날 → 겐날'과 같은 음운변화과정에서 1단계는 'ㅅ → ㄷ(곗- → 곋-)'과 같이 'ㅅ'에 말음법칙이 적용되고, 2단계는 'ㄷ → ㄴ(곋- → 곈-)'과 같이 'ㄷ'에 비음화가 적용되고, 3단계는 'ㅖ → ㅔ(곈- → 겐-)'과 같이 'ㅖ'에 단모음화가 적용된다. 이는 [곈날/겐날]과 같이 두 가지의 표준발음인 경우이다.

(52ㄷ)의 '윗녘'이 '윗녘 → 윋녘 → 윈녘 → 윈녁'과 같은 음운변화과정에서 1단계는 'ㅅ → ㄷ(윗- → 윋-)'과 같이 'ㅅ'에 말음법칙이 적용되고, 2단계는 'ㄷ → ㄴ(윋- → 윈-)'과 같이 'ㄷ'에 비음화가 적용되고, 3단계는 'ㅋ → ㄱ(-녘 → -녁)'과 같이 'ㅋ'에 말음법칙이 적용된다.

(52ㄹ)의 '헛늙다'가 '헛늙다 → 헏늙다 → 헌늙다 → 헌늑다 → 헌늑따'와 같은 음운변화과정에서 1단계는 'ㅅ → ㄷ(헛- → 헏-)'과 같이 'ㅅ'에 말음법칙이 적용되고, 2단계는 'ㄷ → ㄴ(헏- → 헌-)'과 같이 'ㄷ'에 비음화가 적용되고, 3단계는 'ㄺ → ㄱ(-늙- → -늑-)'과 같이 'ㄺ'에 자음탈락이 적용되고, 4단계는 'ㄷ → ㄸ(-다 → -따)'과 같이 'ㄷ'에 경음화가 적용된다.

(52ㅁ)의 '첫날밤'이 '첫날밤 → 첟날밤 → 천날밤 → 천날빰'과 같은 음운변화과정에서 1단계는 'ㅅ → ㄷ(첫- → 첟-)'과 같이 'ㅅ'에 말음법칙이 적용되고, 2단계는 'ㄷ → ㄴ(첟- → 천-)'과 같이 'ㄷ'에 비음화가 적용되고, 3단계는 'ㅂ → ㅃ(-밤 → -빰)'과 같이 'ㅂ'에 경음화가 적용된다.

(52ㅂ)의 '샛노랗다'가 '샛노랗다 → 샏노랗다 → 샌노랗다 → 샌노라타'와 같은 음운변화과정에서 1단계는 'ㅅ → ㄷ(샛- → 샏-)'과 같이 'ㅅ'에 말음법칙이 적용되고, 2단계는 'ㄷ → ㄴ(샏- → 샌-)'과 같이 'ㄷ'에 비음화가 적용되고, 3단계는 'ㅎ + ㄷ → ㅌ(-랗다 → -라타)'과 같이 'ㄷ'에 격음화가 적용된다.

(52ㅅ)은 표준발음법 제18항 [붙임]에 규정되어 있다. 이는 '옷 맞추다'[온맏추다]와 같이 두 단어를 이어서 한 마디로 발음하는 경우에도 비음화가 실현된다는 내용이다. '다섯 남매'가 '다섯남매 → 다섣남매 → 다선남매'와 같은 음운변화과정에서 1단계는 'ㅅ → ㄷ(-섯- → -섣-)'과 같이 'ㅅ'에 말음법칙이 적용되고, 2단계는 'ㄷ → ㄴ(-섣- → -선-)'과 같이 'ㄷ'에 비음화가 적용된다.

(52ㅇ)은 표준발음법 제18항 [붙임]에 규정되어 있다. '갓 낳은'은 '갓낳은 → 갇낳은 → 간낳은 → 간나은'과 같은 음운변화과정에서 1단계는 'ㅅ → ㄷ(갓- → 갇-)'과 같이 'ㅅ'에 말음법칙이 적용되고, 2단계는 'ㄷ → ㄴ(갇- → 간-)'과 같이 'ㄷ'에 비음화가 적용되고, 3단계는 'ㅎ → ∅(-낳은 → -나은)'과 같이 'ㅎ'에 자음탈락이 적용된다.

(53) 'ㅅ'이 뒤 첫소리 'ㄴ'의 앞과 단어 끝인 경우-('첩어')
　　　'ㅅ + ㄴ → ㄷ + ㄴ → ㄴ + ㄴ'('ㅅ → ㄷ' : 말, 'ㄷ → ㄴ' : 비)
　　　나긋나긋[나귿나귿 → 나근나근](말 → 비 → 말)
　　　나릿나릿[나린나릳]　　　나풋나풋[나푼나푿]
　　　너붓너붓[너분너붇]　　　노긋노긋[노근노귿]
　　　노릇노릇[노른노륻]　　　누긋누긋[누근누귿]
　　　누릇누릇[누른누륻]　　　뉘엿뉘엿[뉘연뉘엳]
　　　느긋느긋[느근느귿]　　　느릿느릿[느린느릳]
　　　느짓느짓[느진느짇]

(53)은 같은 소리나 비슷한 소리를 가진 낱말이 겹쳐서 이루어진 복합어

의 경우이다. 보기는 'ㅅ'이 뒤 첫소리 앞('-긋나-'의 'ㄴ')과 단어의 끝소리('-나긋'의 'ㅅ')에서 'ㅅ → ㄷ'과 같이 'ㄷ'으로 실현된 경우이다. 이 경우에는 하나의 음운변화과정에서 먼저 말음법칙이 적용된 후에, 비음화가 적용된다. '나긋나긋'은 '나긋나긋 → 나귿나긋 → 나근나긋 → 나근나귿'과 같은 음운변화과정에서 1단계는 'ㅅ → ㄷ(-긋- → -귿-)'과 같이 'ㅅ'에 말음법칙이 적용되고, 2단계는 'ㄷ → ㄴ(-귿- → -근-)'과 같이 'ㄷ'에 비음화가 적용되고, 3단계는 'ㅅ → ㄷ(-긋 → -귿)'과 같이 'ㅅ'에 말음법칙이 적용된다.

(54) 'ㅅ'이 뒤 첫소리 'ㄷ'의 앞인 경우

'ㅅ + ㄷ → ㄷ + ㄸ'('ㅅ → ㄷ' : 말, 'ㄷ → ㄸ' : 경)

갓등[갇등 → 갇뚱](말 → 경)

| | | | |
|---|---|---|---|
| 깃다[긷따] | 깃동[긷똥] | 끗다[끋따] | 낫다[낟따] |
| 렷다[렫따] | 못다[묻따] | 벗다[벋따] | 붓다[붇따] |
| 붓대[붇때] | 빗다[빋따] | 뺏다[뺃따] | 섯등[섣뚱] |
| 솟다[솓따] | 솟대[솓때] | 숫돌[숟똘] | 씻다[씯따] |
| 앗다[앋따] | 엇다[얻따] | 옷단[옫딴] | 웃다[욷따] |
| 웃돈[욷똔] | 잇다[읻따] | 잣다[잗따] | 잣대[잗때] |
| 젓다[젇따] | 짓다[짇따] | 첫도[첟또] | 첫돌[첟똘] |
| 풋대[푿때] | 햇동[핻똥] | 헛돈[헏똔] | |

| | | |
|---|---|---|
| 깃들다[긷뜰다] | 내것다[내걷따] | 놋다리[녿따리] |
| 놋대야[녿때야] | 놋대접[녿때접] | 놋동이[녿똥이] |
| 덧두리[덛뚜리] | 멋대로[먿때로] | 못도랑[몯또랑] |
| 봇도랑[볻또랑] | 붓두껍[붇뚜껍] | 비웃다[비욷따] |
| 빗대다[빋때다] | 삿대질[삳때질] | 엇대다[얻때다] |
| 엿도가[엳또가] | 엿돈이[엳또니] | 웃돌다[욷똘다] |
| 이것다[이걷따] | 이렷다[이렫따] | 잇달다[읻딸다] |
| 잣다리[잗따리] | 잣단자[잗딴자] | 짓둥이[짇뚱이] |

| | | |
|---|---|---|
| 첫대목[첟때목] | 첫더위[첟떠위] | 치솟다[치솓따] |
| 퍼붓다[퍼붇따] | 풋담배[푿땀배] | 풋돈냥[푿똔냥] |
| 풋대추[푿때추] | 헛다리[헏따리] | 헛돌다[헏똘다] |
| 헛동자[헏똥자] | | 휘젓다[휘젇따] |
| 못되다[몯뙤다/-뛔-] | | 비롯되[비롣뙤/-뛔] |
| 앳되다[앧뙤다/-뛔-] | | 엇되다[얻뙤다/-뛔-] |
| 엇단쇠[얻딴쇠/-쉐] | | 잘못된[잘몯뙨/-뛘] |
| 풋되다[푿뙤다/-뛔-] | | 헛되다[헏뙤다/-뛔-] |
| 기웃대다[기욷때다] | | 내리긋다[내리귿따] |
| 못대가리[몯때가리] | | 무른숫돌[무른숟똘] |
| 제멋대로[제먿때로] | | 쫑긋대다[쫑귿때다] |
| 할긋대다[할귿때다] | | |

(54)는 자음접변의 환경에서 앞 끝소리가 'ㅅ'('갓등'의 'ㅅ')이고, 뒤 첫소리가 'ㄷ'('갓등'의 'ㄷ')인 경우에 'ㅅ'이 'ㅅ → ㄷ'과 같이 'ㄷ'으로 실현된 경우이다. 이 경우에는 하나의 음운변화과정에서 먼저 말음법칙이 적용된 후에, 경음화가 적용된다. '갓등'이 '갓등 → 갇등 → 갇뜽'과 같은 음운변화과정에서 1단계는 'ㅅ → ㄷ(갓- → 갇-)'과 같이 'ㅅ'에 말음법칙이 적용되고, 2단계는 'ㄷ → ㄸ(-등 → -뜽)'과 같이 'ㄷ'에 경음화가 적용된다.

(55) 'ㅅ'이 뒤 첫소리 'ㄷ'의 앞인 경우(표 제30항 1)
'ㅅ + ㄷ → ㄷ + ㄸ' → ∅ + ㄸ'(복수표준발음)
('ㅅ → ㄷ': 말, 'ㄷ → ㄸ': 경, 'ㄷ → ∅': 'ㄷ'탈)
갯돌[갣똘 → 갠똘 → 개똘 : 개똘/갠똘](말 → 경 → 'ㄷ'탈)

| | | |
|---|---|---|
| 갯둑[개뚝/갣뚝] | 곗돈[계똔/*갣똔] | 곗술[계쑬/*갣쑬] |
| 댓돌[대똘/댇똘] | 뒷담[뒤땀/뒫땀] | 맷돌[매똘/맫똘] |
| 볏단[벼딴/볃딴] | 콧등[코뜽/콛뜽] | |
| 가욋돈[가외똔/가웯똔] | | 간깃대[간지때/간긷때] |
| 갈빗대[갈비때/갈빋때] | | 공깃돌[공기똘/공긷똘] |

김칫독[김치똑/김칟똑]       담뱃대[담배때/담밷때]
뒷다리[뒤따리/뒫따리]       뒷덜미[뒤떨미/뒫떨미]
등댓불[등대뿔/등댇뿔]       멧돼지[메뙈지/멛뙈지]
모랫돌[모래똘/모랟똘]       세뱃돈[세배똔/세밷똔]
쇳덩이[쇠떵이/쉗떵이]       윗도리[위또리/윋또리]
전봇대[전보때/전볻때]       주춧돌[주추똘/주춛똘]
나뭇더미[나무떠미/나묻떠미]   나뭇등걸[나무뜽걸/나묻뜽걸]
바윗덩이[바위떵이/바윋떵이]   세숫대야[세수때야/세숟때야]
신줏단지[신주딴지/신줃딴지]   아랫도리[아래또리/아랟또리]
오랫동안[오래똥안/오랟똥안]
고깃덩어리[고기떵어리/고긷떵어리]
문젯덩어리[문제떵어리/문젣떵어리]
아랫동아리[아래똥아리/아랟똥아리]

(55)는 두 가지의 표준발음(복수표준발음)인 경우이다. 후자의 표준발음은 자음접변의 환경에서 앞 끝소리가 'ㅅ'('갓골'의 'ㅅ')이고, 뒤 첫소리가 'ㄱ'('갓골'의 'ㄱ')인 경우에 'ㅅ'이 'ㅅ → ㄷ'과 같이 'ㄷ'으로 실현된 경우이다. 보기는 하나의 음운변화과정에서 먼저 말음법칙이 적용된 후에, 다른 음운규칙 등이 적용된다. 하나의 음운변화과정에서 두 가지의 표준발음을 모두 나타내기 위해 '갓돌'의 경우는 '갓돌 → 갇돌 → 갇똘 → 개똘'과 같이 설정할 수 있다. 1단계는 'ㅅ → ㄷ(갓- → 갇-)'과 같이 'ㅅ'에 말음법칙이 적용되고, 2단계는 'ㄷ → ㄸ(-돌 → -똘)'과 같이 'ㄷ'에 경음화가 적용되고, 3단계는 'ㄷ → ∅(갇- → 개-)'과 같이 'ㄷ'에 동서열자음탈락이 적용된다. 이 중 2단계에서 실현된 [갇똘]과 3단계에서 실현된 [개똘]은 표기인 '갓돌'에 대해 모두 표준발음이다. 보기 중 '곗돈, 곗술' 등은 복수표준발음과 단모음화가 실현된 경우이다. '곗돈'은 [계똔/겓똔/게똔/겓똔]과 같이 실현되는데, 위 보기는 [계똔/겓똔]과 같이 두 가지만 기술한 것이다. 따라서 이 글에서는 위 보기처럼 표준발음을 두 가지만 기술한다. '곗돈[겓

똔]'의 경우가 '곗돈 → 곋돈 → 곋똔 → 겓똔'과 같은 음운변화과정에서 1단계는 'ㅅ → ㄷ(곗- → 곋-)'과 같이 'ㅅ'에 말음법칙이 적용되고, 2단계는 'ㄷ → ㄸ(-돈 → -똔)'과 같이 'ㄷ'에 경음화가 적용되고, 3단계는 'ㅖ → ㅔ (곋- → 겓-)'과 같이 'ㅖ'에 단모음화가 적용된다.

(56) 'ㅅ'이 뒤 첫소리 'ㄷ'의 앞인 경우
　　'ㅅ + ㄷ → ㄷ + ㄸ'('ㅅ → ㄷ' : 말, 'ㄷ → ㄸ' : 경)
　ㄱ. 햇돌[핻돌 → 핻똘 → 핻똗](말 → 경 → 말)
　ㄴ. 첫닭[첟닭 → 첟딹 → 첟딱](말 → 경 → 'ㄹ'탈)
　　 햇닭[핻딱]
　ㄷ. 놋다리밟기[녿다리밟기 → 녿따리밟기 → 녿따리밥기 → 녿따리밥끼]
　　 (말 → 경 → 'ㄹ'탈 → 경)
　ㄹ. 엿듣다[엳듣다 → 엳뜯다 → 엳뜯따](말 → 경 → 경)
　　 헛듣다[헏뜯따]
　ㅁ. 잇닿다[읻닿다 → 읻땋다 → 읻따타](말 → 경 → 격)

　(56)은 자음접변의 환경에서 앞 끝소리가 'ㅅ'('첫닭'의 'ㅅ')이고, 뒤 첫소리가 'ㄷ'('첫닭'의 'ㄷ')인 경우에 'ㅅ'이 'ㅅ → ㄷ'과 같이 'ㄷ'으로 실현된 경우이다. 이 경우에는 하나의 음운변화과정에서 먼저 말음법칙이 적용된 후에, 경음화 등이 적용된다.

　(56ㄱ)의 '햇돌'이 '햇돌 → 핻돌 → 핻똘 → 핻똗'과 같은 음운변화과정에서 1단계는 'ㅅ → ㄷ(햇- → 핻-)'과 같이 'ㅅ'에 말음법칙이 적용되고, 2단계는 'ㄷ → ㄸ(-돌 → -똘)'과 같이 'ㄷ'에 경음화가 적용되고, 3단계는 'ㅌ → ㄷ(-똘 → -똗)'과 같이 'ㅌ'에 말음법칙이 적용된다.

　(56ㄴ)의 '첫닭'이 '첫닭 → 첟닭 → 첟딹 → 첟딱'과 같은 음운변화과정에서 1단계는 'ㅅ → ㄷ(첫- → 첟-)'과 같이 'ㅅ'에 말음법칙이 적용되고, 2단계는 'ㄷ → ㄸ(-닭 → -딹)'과 같이 'ㄷ'에 경음화가 적용되고, 3단계는 'ㄺ → ㄱ(-딹 → -딱)'과 같이 'ㄹ'에 자음탈락이 적용된다.

　　　　　　　　　　　　　　　　　한국어 발음 교육의 실제

(56ㄷ)의 '놋다리밟기'가 '놋다리밟기 → 녿다리밟기 → 녿따리밟기 → 녿따리밥기 → 녿따리밥끼'와 같은 음운변화과정에서 1단계는 'ㅅ → ㄷ(놋- → 녿-)'과 같이 'ㅅ'에 말음법칙이 적용되고, 2단계는 'ㄷ → ㄸ (-다- → -따-)'과 같이 'ㄷ'에 경음화가 적용되고, 3단계는 'ㄼ → ㅂ(- 밟- → -밥-)'과 같이 'ㄹ'에 자음탈락이 적용되고, 4단계는 'ㄱ → ㄲ(-기 → -끼)'과 같이 'ㄱ'에 경음화가 적용된다.

(56ㄹ)의 '헛듣다'가 '헛듣다 → 헏듣다 → 헏뜬다 → 헏뜬따'와 같은 음운변화과정에서 1단계는 'ㅅ → ㄷ(헛- → 헏-)'과 같이 'ㅅ'에 말음법칙이 적용되고, 2단계는 'ㄷ → ㄸ(-듣- → -뜬-)'과 같이 'ㄷ'에 경음화가 적용되고, 3단계는 'ㄷ → ㄸ(-다 → -따)'과 같이 'ㄷ'에 경음화가 적용된다.

(56ㅁ)의 '잇닿다'가 '잇닿다 → 읻닿다 → 읻땋다 → 읻따타'와 같은 음운변화과정에서 1단계는 'ㅅ → ㄷ(잇- → 읻-)'과 같이 'ㅅ'에 말음법칙이 적용되고, 2단계는 'ㄷ → ㄸ(-닿- → -땋-)'과 같이 'ㄷ'에 경음화가 적용되고, 3단계는 'ㅎ + ㄷ → ㅌ(-땋다 → -따타)'과 같이 'ㄷ'에 격음화가 적용된다.

(57) 'ㅅ'이 뒤 첫소리 'ㄷ'의 앞과 단어 끝인 경우('첩어')
　　'ㅅ + ㄷ → ㄷ + ㄸ'('ㅅ → ㄷ' : 말, 'ㄷ → ㄸ' : 경)
　　다붓다붓[다붇다붓 → 다붇따붓 → 다붇따붇](말 → 경 → 말)
　　당싯당싯[당싣땅싣]　　덩싯덩싯[덩싣떵싣]
　　도렷도렷[도렫또렫]　　두렷두렷[두렫뚜렫]
　　둥싯둥싯[둥싣뚱싣]

(57)은 같은 소리나 비슷한 소리를 가진 낱말이 겹쳐서 이루어진 복합어의 경우이다. 보기는 'ㅅ'이 뒤 첫소리 앞('-붓다-'의 'ㄷ')과 단어의 끝소리 ('-다붓'의 'ㅅ')에서 'ㅅ → ㄷ'과 같이 'ㄷ'으로 실현된 경우이다. 이 경우에는 하나의 음운변화과정에서 먼저 말음법칙이 적용된 후에, 경음화 등이

적용된다. '다붓다붓'은 '다붓다붓 → 다붇다붓 → 다붇따붓 → 다붇따붇'과 같은 음운변화과정에서 1단계는 'ㅅ → ㄷ(-붓- → -붇-)'과 같이 'ㅅ'에 말음법칙이 적용되고, 2단계는 'ㄷ → ㄸ(-다- → -따-)'과 같이 'ㄷ'에 경음화가 적용되고, 3단계는 'ㅅ → ㄷ(-붓 → -붇)'과 같이 'ㅅ'에 말음법칙이 된다.

(58) 'ㅅ'이 뒤 첫소리 'ㄸ'의 앞과 단어 끝인 경우('첩어')

'ㅅ + ㄸ → ㄷ + ㄸ'('ㅅ → ㄷ' : 말)

또렷또렷[또렫또렷 → 또렫또렫](말 → 말)

뚜렷뚜렷[뚜렫뚜렫]    뚱싯뚱싯[뚱싣뚱싣]

(58)은 같은 소리나 비슷한 소리를 가진 낱말이 겹쳐서 이루어진 복합어의 경우이다. 보기는 'ㅅ'이 자음 앞('-렷또-'의 'ㄸ')과 단어의 끝소리('-또렷'의 'ㅅ')에서 'ㅅ → ㄷ'과 같이 'ㄷ'으로 실현된 경우이다. '또렷또렷'은 '또렷또렷 → 또렫또렷 → 또렫또렫'과 같은 음운변화과정에서 1단계는 'ㅅ → ㄷ(-렷- → -렫-)'과 같이 'ㅅ'에 말음법칙이 적용되고, 2단계는 'ㅅ → ㄷ(-렷 → -렫)'과 같이 'ㅅ'에 말음법칙이 적용된다.

(59) 'ㅅ'이 뒤 첫소리 'ㅁ'의 앞인 경우

'ㅅ + ㅁ → ㄷ + ㅁ → ㄴ + ㅁ'('ㅅ → ㄷ' : 말, 'ㄷ → ㄴ' : 비)

가짓말[가짇말 → 가진말](말 → 비)

| | | | |
|---|---|---|---|
| 갯물[갠물] | 깃목[긴목] | 깻묵[깬묵] | 냇물[낸물] |
| 덧문[던문] | 덧물[던물] | 뒷말[뒨말] | 뒷면[뒨면] |
| 뒷문[뒨문] | 뗏목[뗀목] | 못물[몬물] | 뭇매[문매] |
| 볏모[변모] | 볏목[변목] | 빗물[빈물] | 샛문[샌문] |
| 셋말[센말] | 엿물[연물] | 옛말[옌말] | 옷매[온매] |
| 웃물[운물] | 윗면[윈면] | 윗목[윈목] | 윗몸[윈몸] |
| 윗물[윈물] | 잇몸[인몸] | 잿물[잰물] | 잿메[젠메] |
| 찻물[찬물] | 첫말[천말] | 첫모[천모] | 첫물[천물] |

한국어 발음 교육의 실제

콧물[콘물]　　텃물[턴물]　　팻말[팬말]　　푯말[푠말]

핏물[핀물]　　햇물[핸물]　　헛물[헌물]

갓머리[간머리]　　　　갓모자[간모자]　　　개숫물[개순물]

갯마을[갠마을]　　　　갯머리[갠머리]　　　거짓말[거진말]

고샅말[고산말]　　　　귀엣말[귀엔말]　　　깃머리[긴머리]

나룻목[나룬목]　　　　노랫말[노랜말]　　　다릿목[다린목]

뒷마당[뒨마당]　　　　뒷마을[뒨마을]　　　뒷머리[뒨머리]

뒷모습[뒨모습]　　　　뒷모양[뒨모양]　　　모싯물[모신물]

바닷말[바단말]　　　　바닷물[바단물]　　　바잣문[바잔문]

바짓말[바진말]　　　　뱃머리[밴머리]　　　뱃멀미[밴멀미]

비눗물[비눈물]　　　　사잇문[사인문]　　　세숫물[세순물]

쇗몸[쇤몸/쉔ー]　　　쇗물[쇤물/쉔ー]　　수돗물[수돈물]

시냇물[시낸물]　　　　시쳇말[시첸말]　　　아랫면[아랜면]

아랫목[아랜목]　　　　아랫몸[아랜몸]　　　아랫물[아랜물]

양잿물[양잰물]　　　　양칫물[양친물]　　　엿목판[연목판]

우숫물[우순물]　　　　웃머리[운머리]　　　윗마기[윈마기]

윗마디[윈마디]　　　　윗마을[윈마을]　　　윗막이[윈마기]

윗머리[윈머리]　　　　장삿목[장산목]　　　진딧물[진딘물]

짓마다[진마다]　　　　참깻묵[참깬묵]　　　첫마디[천마디]

첫머리[천머리]　　　　추깃물[추긴물]　　　치렛말[치렌말]

치맛말[치만말]　　　　콧마루[콘마루]　　　콩깻묵[콩깬묵]

텃마당[턴마당]　　　　풋마늘[푼마늘]　　　풋머루[푼머루]

풋머리[푼머리]　　　　풋면목[푼면목]　　　햇무리[핸무리]

허릿매[허린매]　　　　헛맹세[헌맹세]　　　혼잣말[혼잔말]

툇마루[퇸마루/퉨ー]　　　　　　　　　갈깃머리[갈긴머리]

건넛마을[건넌마을]　　　　　　　　　고갯마루[고갠마루]

귀엣머리[귀엔머리]　　　　　　　　　노릇마당[노른마당]

다릿마디[다린마디]　　　　　　　　　띠앗머리[띠안머리]

배냇머리[배낸머리]　　　　　　　　　베갯머리[베갠머리]

빨랫말미[빨랜말미]　　　　　　　　　샛마파람[샌마파람]

생거짓말[생거진말]　　　　　송곳망치[송곤망치]

아랫마디[아랜마디]　　　　　아랫마을[아랜마을]

아랫머리[아랜머리]　　　　　옷매무새[온매무새]

우스갯말[우스갠말]　　　　　웃음엣말[우스멘말]

윗마구리[윈마구리]　　　　　이맛머리[이만머리]

짓무르다[진무르다]　　　　　하짓머리[하진머리]

허드렛물[허드렌물]　　　　　하룻망아지[하룬망아지]

　(59)는 자음접변의 환경에서 앞 끝소리가 'ㅅ'이고, 뒤 첫소리가 'ㅁ'인 경우에, 'ㅅ'이 [ㄴ]으로 실현된 것이다. 이 경우에는 음운변화과정에서 먼저 말음법칙이 적용된 후에, 비음화가 적용된다. '갯물'이 '갯물 → 갣물 → 갠물'과 같은 음운변화과정에서 1단계는 'ㅅ → ㄷ(갯- → 갣-)'과 같이 'ㅅ'에 말음법칙이 적용되고, 2단계는 'ㄷ → ㄴ(갣- → 갠-)'과 같이 'ㄷ'에 비음화가 적용된다. 이는 표기인 '갯물'이 표준발음인 [갠물]로 실현된 것을 의미한다. 즉 표기와 표준발음이 다른 경우이다.

(60) 'ㅅ'이 뒤 첫소리 'ㅁ'의 앞인 경우

　　　'ㅅ + ㅁ → ㄷ + ㅁ → ㄴ + ㅁ'('ㅅ → ㄷ' : 말, 'ㄷ → ㄴ' : 비)

　　ㄱ. 뒷맛[뒫맛 → 뒨맛 → 뒨맏](말 → 비 → 말)

　　　　첫맛[천맏]　　　　촛밑[촌믿]　　　　혓밑[현믿]

　　　　갈큇밑[갈퀸믿]　　뒷무릎[뒨무릅]　　머릿밑[머린믿]

　　　　헛맞추다[헌맏추다]

　　ㄴ. 엇먹다[얻먹다 → 언먹다 → 언먹따](말 → 비 → 경)

　　　　옷맵시[온맵씨]　　헛먹다[헌먹따]

　　　　바닷물고기[바단물꼬기]

　　ㄷ. 윗미닫이틀[윋미닫이틀 → 윈미닫이틀 → 윈미다지틀](말 → 비 → 구)

　　　　아랫미닫이틀[아랜미다지틀]

　　ㄹ. 샛말갛다[샏말갛다 → 샌말갛다 → 샌말가타](말 → 비 → 격)

　　　　싯멀겋다[신멀거타]　　　헛맞히다[헌마치다]

ㅁ. 깃무늬[긷무늬 → 긴무늬 → 긴무니](말 → 비 → 단)

ㅂ. 빗맞다[빋맞다 → 빈맞다 → 빈맏다 → 빈맏따](말 → 비 → 말 → 경)

　헛맞다[헌맏따]　　　　　　어긋맞다[어근맏따]

ㅅ. 맷맷하다[맫맷하다 → 맨맷하다 → 맨맫하다 → 맨매타다]

　(말 → 비 → 말 → 격)

　밋밋하다[민미타다]

ㅇ. 네댓 마리[네댇마리 → 네댄마리](말 → 비)

　다섯 면[다선면]　　　　다섯 명[다선명]　　못 말려[몬말려]

　못 맞아[몬마자]　　　　옛 모습[옌모습]　　첫 문단[천문단]

　다섯 마리[다선마리]　　못 만지다[몬만지다]

　버섯 모양[버선모양]


(60)은 자음접변의 환경에서 앞 끝소리가 'ㅅ'이고, 뒤 첫소리가 'ㅁ'인 경우에, 'ㅅ'이 [ㄴ]으로 실현된 것이다. 이 경우에는 음운변화과정에서 먼저 말음법칙이 적용된 후에, 비음화 등이 적용된다.

(60ㄱ)의 '첫맛'이 '첫맛 → 천맛 → 천맏 → 천만'과 같은 음운변화과정에서 1단계는 'ㅅ → ㄷ(첫- → 천-)'과 같이 'ㅅ'에 말음법칙이 적용되고, 2단계는 'ㄷ → ㄴ(천- → 천-)'과 같이 'ㄷ'에 비음화가 적용되고, 3단계는 'ㅅ → ㄷ(-맛 → -맏)'과 같이 'ㄷ'에 말음법칙이 적용된다.

(60ㄴ)의 '옷맵시'가 '옷맵시 → 온맵시 → 온맵시 → 온맵씨'와 같은 음운변화과정에서 1단계는 'ㅅ → ㄷ(옷- → 온-)'과 같이 'ㅅ'에 말음법칙이 적용되고, 2단계는 'ㄷ → ㄴ(온- → 온-)'과 같이 'ㄷ'에 비음화가 적용되고, 3단계는 'ㅅ → ㅆ(-시 → -씨)'과 같이 'ㅅ'에 경음화가 적용된다.

(60ㄷ)의 '윗미닫이틀'이 '윗미닫이틀 → 윈미닫이틀 → 윈미닫이틀 → 윈미다지틀'과 같은 음운변화과정에서 1단계는 'ㅅ → ㄷ(윗- → 윈-)'과 같이 'ㅅ'에 말음법칙이 적용되고, 2단계는 'ㄷ → ㄴ(윈- → 윈-)'과 같이 'ㄷ'에 비음화가 적용되고, 3단계는 'ㄷ → ㅈ(-닫이- → -다지-)'과 같이 'ㄷ'에 구개음화가 적용된다.

(60ㄹ)의 '샛말갛다'가 '샛말갛다 → 샏말갛다 → 샌말갛다 → 샌말가타'와 같은 음운변화과정에서 1단계는 'ㅅ → ㄷ(샛- → 샏-)'과 같이 'ㅅ'에 말음법칙이 적용되고, 2단계는 'ㄷ → ㄴ(샏- → 샌-)'과 같이 'ㄷ'에 비음화가 적용되고, 3단계는 'ㅎ + ㄷ → ㅌ(-갛다 → -가타)'과 같이 'ㄷ'에 격음화가 적용된다.

(60ㅁ)의 '깃무늬'가 '깃무늬 → 긷무늬 → 긴무늬 → 긴무니'와 같은 음운변화과정에서 1단계는 'ㅅ → ㄷ(깃- → 긷-)'과 같이 'ㅅ'에 말음법칙이 적용되고, 2단계는 'ㄷ → ㄴ(긷- → 긴-)'과 같이 'ㄷ'에 비음화가 적용되고, 3단계는 'ㅢ → ㅣ(-늬 → -니)'와 같이 'ㅢ'에 단모음화가 적용된다.

(60ㅂ)의 '빗맞다'가 '빗맞다 → 빋맞다 → 빈맞다 → 빈맏다 → 빈맏따'와 같은 음운변화과정에서 1단계는 'ㅅ → ㄷ(빗- → 빋-)'과 같이 'ㅅ'에 말음법칙이 적용되고, 2단계는 'ㄷ → ㄴ(빋- → 빈-)'과 같이 'ㄷ'에 비음화가 적용되고, 3단계는 'ㅈ → ㄷ(-맞- → -맏-)'과 같이 'ㅈ'에 말음법칙이 적용되고, 4단계는 'ㄷ → ㄸ(-다 → -따)'과 같이 'ㄷ'에 경음화가 적용된다.

(60ㅅ)의 '맷맷하다'가 '맷맷하다 → 맫맷하다 → 맨맷하다 → 맨맫하다 → 맨매타다'와 같은 음운변화과정에서 1단계는 'ㅅ → ㄷ(맷- → 맫-)'과 같이 'ㅅ'에 말음법칙이 적용되고, 2단계는 'ㄷ → ㄴ(맫- → 맨-)'과 같이 'ㄷ'에 비음화가 적용되고, 3단계는 'ㅅ → ㄷ(-맷- → -맫-)'과 같이 'ㅅ'에 말음법칙이 적용되고, 4단계는 'ㄷ + ㅎ → ㅌ(-맫하- → -매타-)'과 같이 'ㄷ'에 격음화가 적용된다.

(60ㅇ)은 표준발음법 제18항 [붙임]에 규정되어 있다. 이는 '옷 맞추다'[온맏추다]와 같이 두 단어를 이어서 한 마디로 발음하는 경우에도 비음화가 실현된다는 내용이다. '다섯 마리'가 '다섯마리 → 다섣마리 → 다선마리'와 같은 음운변화과정에서 1단계는 'ㅅ → ㄷ(-섯- → -섣-)'과 같이 'ㅅ'에 말음법칙이 적용되고, 2단계는 'ㄷ → ㄴ(-섣- → -선-)'과 같이 'ㄷ'에 비음화가 적용된다.

(61) 'ㅅ'이 뒤 첫소리 'ㅁ'의 앞과 단어 끝인 경우('첩어')

　'ㅅ＋ㅁ→ㄷ＋ㅁ→ㄴ＋ㅁ'('ㅅ→ㄷ': 말, 'ㄷ→ㄴ': 비)

　말긋말긋[말귿말귿 → 말근말근](말 → 비 → 말)

　머뭇머뭇[머묻머묻]　　　　멈칫멈칫[멈친멈친]

　몽긋몽긋[몽귿몽귿]　　　　문칫문칫[문친문친]

　물긋물긋[물귿물귿]　　　　뭉긋뭉긋[뭉귿뭉귿]

　(61)은 같은 소리나 비슷한 소리를 가진 단어가 겹쳐서 이루어진 복합어의 경우이다. 보기는 'ㅅ'이 뒤 첫소리 앞('–긋말–'의 'ㅁ')과 단어의 끝소리('–말긋'의 'ㅅ')에서 'ㅅ → ㄷ'과 같이 'ㄷ'으로 실현된 경우이다. 이 경우에는 하나의 음운변화과정에서 먼저 말음법칙이 적용된 후에, 비음화 등이 적용된다. '말긋말긋'은 '말긋말긋 → 말귿말긋 → 말근말긋 → 말근말귿'과 같은 음운변화과정에서 1단계는 'ㅅ → ㄷ(–긋– → –귿–)'과 같이 'ㅅ'에 말음법칙이 적용되고, 2단계는 'ㄷ → ㄴ(–귿– → –근–)'과 같이 'ㄷ'에 비음화가 적용되고, 3단계는 'ㅅ → ㄷ(–긋 → –귿)'과 같이 'ㅅ'에 말음법칙이 적용된다.

(62) 'ㅅ'이 뒤 첫소리 'ㅂ'의 앞인 경우

　'ㅅ＋ㅂ→ㄷ＋ㅃ'('ㅅ→ㄷ': 말, 'ㅂ→ㅃ': 경))

　가짓불[가짇불 → 가짇뿔](말 → 경)

　끗발[끋빨]　　　덧밥[덛빱]　　　빗변[빋뼌]　　　삿반[삳빤]

　엇보[얻뽀]　　　엿밥[엳빱]　　　옷밥[옫빱]　　　옷벌[옫뻘]

　옷보[옫뽀]　　　옷본[옫뽄]　　　웃비[욷삐]　　　잣불[잗뿔]

　첫발[첟빨]　　　첫밥[첟빱]　　　첫봄[첟뽐]　　　풋밤[푿빰]

　풋배[푿빼]　　　풋벼[푿뼈]　　　핫반[핟빤]　　　햇박[핻빡]

　햇밤[핻빰]　　　햇밥[핻빱]　　　햇벼[핻뼈]　　　헛발[헏빨]

　헛방[헏빵]　　　헛배[헏빼]　　　헛불[헏뿔]

　놋바리[녿빠리]　　　　놋방울[녿빵울]　　　　놋보[녿뽀/넫–]

　덧바지[덛빠지]　　　　덧버선[덛뻐선]　　　　덧베개[덛뻬개]

| | | |
|---|---|---|
| 맛보기[맏뽀기] | 못바늘[몯빠늘] | 벗바리[벋빠리] |
| 붓방아[붇빵아] | 삿바늘[삳빠늘] | 삿부채[삳뿌채] |
| 샛바람[샏빠람] | 솟보다[솓뽀다] | 숫보기[숟뽀기] |
| 엇박이[얻빠기] | 엇베다[얻뻬다] | 엿보다[엳뽀다] |
| 엿불림[엳뿔림] | 웃보다[욷뽀다] | 질삿반[질삳빤] |
| 풋바둑[푿빠둑] | 풋바람[푿빠람] | 풋바심[푿빠심] |
| 풋보리[푿뽀리] | 핫바지[핟빠지] | 햇보리[핻뽀리] |
| 헐벗다[헐벋따] | 헛바람[헏빠람] | 헛바퀴[헏빠퀴] |
| 헛방귀[헏빵귀] | 헛보다[헏뽀다] | |
| 거짓부렁[거짇뿌렁] | 거짓부리[거짇뿌리] | |
| 반딧불이[반딛뿌리] | 송곳방석[송곧빵석] | |
| 씻부시다[씯뿌시다] | 엇바꾸다[얻빠꾸다] | |
| 엇부루기[얻뿌루기] | 엿방망이[엳빵망이] | |
| 풋병아리[푿뼝아리] | 햇병아리[핻뼝아리] | |

(62)는 자음접변의 환경에서 앞 끝소리가 'ㅅ'('가짓불'의 'ㅅ')이고, 뒤 첫소리가 'ㅂ'('가짓불'의 'ㅂ')인 경우에 'ㅅ'이 'ㅅ → ㄷ'과 같이 'ㄷ'으로 실현된 경우이다. 이 경우에는 하나의 음운변화과정에서 먼저 말음법칙이 적용된 후에, 경음화가 적용된다. '끗발'이 '끗발 → 끋발 → 끋빨'과 같은 음운변화과정에서 1단계는 'ㅅ → ㄷ(끗- → 끋-)'과 같이 'ㅅ'에 말음법칙이 적용되고, 2단계는 'ㅂ → ㅃ(-발 → -빨)'과 같이 'ㅂ'에 경음화가 적용된다.

(63) 'ㅅ'이 뒤 첫소리 'ㅂ'의 앞인 경우(표 제30항 1)
   'ㅅ + ㅂ → ㄷ + ㅂ → ㄷ + ㅃ → ㅂ + ㅃ → ∅ + ㅃ'(복수표준발음)
   ('ㅅ → ㄷ': 말, 'ㅂ → ㅃ': 경, 'ㄷ → ㅂ': 순, 'ㅂ → ∅': 'ㅂ'탈)
   ㄱ. 갯벌[갣벌 → 갣뻘 → 갭뻘 → 개뻘 : 개뻘/갣뻘]
      (말 → 경 → 순 → 'ㅂ'탈)

| | | |
|---|---|---|
| 깃발[기빨/긷빨] | 뒷발[뒤빨/뒫빨] | 뒷벽[뒤뼉/뒫뼉] |
| 촛불[초뿔/촏뿔] | 핏발[피빨/핃빨] | 횃불[홰뿔/홷뿔] |
| 가겟방[가게빵/가겓빵] | 가랫밥[가래빱/가랟빱] | |

한국어 발음 교육의 실제

가윗밥[가위빱/가윋빱]　　　　갯바닥[개빠닥/갣빠닥]

갯바람[개빠람/갣빠람]　　　　갯바위[개빠위/갣빠위]

건넛방[건너빵/건넏빵]　　　　고깃배[고기뻬/고긷뻬]

공깃밥[공기빱/공긷빱]　　　　구둣방[구두빵/구둗빵]

구둣발[구두빨/구둗빨]　　　　나룻배[나루뻬/나룬뻬]

난롯불[날로뿔/날론뿔]　　　　담뱃불[담배뿔/담밷뿔]

대팻밥[대패빱/대팯빱]　　　　뒷받침[뒤빧침/뒫빧침]

뒷발질[뒤빨질/뒫빨질]　　　　뒷부분[뒤뿌분/뒫뿌분]

먼젓번[먼저뻔/먼젇뻔]　　　　번갯불[번개뿔/번갣뿔]

빗방울[비빵울/빋빵울]　　　　어젯밤[어제빰/어젣빰]

윗부분[위뿌분/윋뿌분]　　　　콧방귀[코빵귀/콛빵귀]

하룻밤[하루빰/하룬빰]　　　　혓바닥[혀빠닥/혇빠닥]

가랫바닥[가래빠닥/가랟빠닥]

가맛방석[가마빵석/가맏빵석]

마룻바닥[마루빠닥/마룯빠닥]

바닷바람[바다빠람/바닫빠람]

반딧불이[반디뿌리/반딛뿌리]

비눗방울[비누빵울/비눋빵울]

시곗바늘[시계빠늘/*시겓빠늘]

아랫부분[아래뿌분/아랟뿌분]

가맛바가지[가마빠가지/가맏빠가지]

ㄴ. 뒷밭[뒫밭 → 뒫뺕 → 뒫뺃 → 뒵뺃 → 뒤뺃 : 뒤뺃/뒫뺃]

　　(말 → 경 → 말 → 순 → 'ㅂ'탈)

쇳빛[쇠삗/쇧삗]　　　　잿빛[재삗/잳삗]　　　　텃밭[터빧/턷빧]

햇볕[해뼏/핻뼏]　　　　햇빛[해삗/핻삗]　　　　보랏빛[보라삗/보랃삗]

연둣빛[연두삗/연둗삗]　　　자줏빛[자주삗/자줃삗]

장밋빛[장미삗/장믿삗]　　　무지갯빛[무지개삗/무지갣삗]

(63)은 두 가지의 표준발음(복수표준발음)인 경우이다. 후자의 표준발음
은 자음접변의 환경에서 앞 끝소리가 'ㅅ'('갓골'의 'ㅅ')이고, 뒤 첫소리가

'ㄱ'('갓골'의 'ㄱ')인 경우에 'ㅅ'이 'ㅅ → ㄷ'과 같이 'ㄷ'으로 실현된 경우이다. 보기는 하나의 음운변화과정에서 먼저 말음법칙이 적용된 후에, 다른 음운규칙 등이 적용된다.

(63ㄱ)이 두 가지의 표준발음을 모두 나타내기 위해서 '깃발'은 '깃발 → 긷발 → 긷빨 → 깁빨 → 기빨'과 같은 음운변화과정을 설정할 수 있다. 1단계는 'ㅅ → ㄷ(깃- → 긷-)'과 같이 'ㅅ'에 말음법칙이 적용되고, 2단계는 'ㅂ → ㅃ(-발 → -빨)'과 같이 'ㅂ'에 경음화가 적용되고, 3단계는 'ㄷ → ㅂ(긷- → 깁-)'과 같이 'ㄷ'에 순음화가 적용되고, 4단계는 'ㅂ → ∅(깁- → 기-)'과 같이 'ㅂ'에 동서열자음탈락이 적용된다. 이 중 2단계에서 실현된 [긷빨]과 4단계에서 실현된 [기빨]은 표기 '깃발'에 대해 모두 표준발음이다.

(63ㄴ)의 '텃밭'은 '텃밭 → 턷밭 → 턷빹 → 턷빤 → 텁빤 → 터빤'과 같은 음운변화과정을 설정할 수 있다. 1단계는 'ㅅ → ㄷ(텃- → 턷-)'과 같이 'ㅅ'에 말음법칙이 적용되고, 2단계는 'ㅂ → ㅃ(-밭 → -빹)'과 같이 'ㅂ'에 경음화가 적용되고, 3단계는 'ㅌ → ㄷ(-빹 → -빤)'과 같이 'ㅌ'에 말음법칙이 적용되고, 4단계는 'ㄷ → ㅂ(턷- → 텁-)'과 같이 'ㄷ'에 순음화가 적용되고, 5단계는 'ㅂ → ∅(텁- → 터-)'과 같이 'ㅂ'에 동서열자음탈락이 적용된다.

(64) 'ㅅ'이 뒤 첫소리 'ㅂ'의 앞인 경우

　　'ㅅ + ㅂ → ㄷ + ㅃ'('ㅅ → ㄷ': 말, 'ㅂ → ㅃ': 경)

　　ㄱ. 뜻밖[뜯밖 → 뜯빡 → 뜯빡](말 → 경 → 말)

　　　　풋밭[푿빧]　　　　　　갓버섯[갇뻐섣]　　　　버섯밭[버섣빧]

　　　　보랏빛[보랃삗]　　　　헛부엌[헏뿌억]

　　ㄴ. 짓밟다[짇밟다 → 짇빪다 → 짇빱다 → 짇빱따]

　　　　(말 → 경 → 'ㄹ'탈 → 경)

　　ㄷ. 첫밨[첟밨 → 첟빤 → 첟빡](말 → 경 → 'ㅅ'탈)

ㄹ. 홋배앓이[혼배앓이 → 혼빼앓이 → 혼빼아리](말 → 경 → 'ㅎ'탈)

ㅁ. 뭇발길[묻발길 → 묻빨길 → 묻빨낄](말 → 경 → 경)

　　숫백성[숟빽썽]　　　　엇박다[얻빡따]　　　　엇붙다[얻뿓따]

ㅂ. 그릇붙이[그륻붙이 → 그륻뿥이 → 그륻뿌치](말 → 경 → 구)

　　덧붙이[덛뿌치]　　　셋붙이[섿뿌치]　　　　옷붙이[온뿌치]

　　덧붙이다[덛뿌치다]　엇붙이다[얻뿌치다]

ㅅ. 짓밟히다[짇밟히다 → 짇빪히다 → 짇빨피다](말 → 경 → 격)

ㅇ. 뺏뺏하다[뺃뺏하다 → 뺃뺃하다 → 뺃빠타다](말 → 말 → 격)

　　뻣뻣하다[뻗뻐타다]


(64)는 자음접변의 환경에서 앞 끝소리가 'ㅅ'('짓밟다'의 'ㅅ')이고, 뒤 첫소리가 'ㅂ, ㅃ'('짓밟다'의 'ㅂ') 등인 경우에 'ㅅ'이 'ㅅ → ㄷ'과 같이 'ㄷ'으로 실현된 경우이다. 이 경우에는 하나의 음운변화과정에서 먼저 말음법칙이 적용된 후에, 경음화 등이 적용된다.

(64ㄱ)의 '풋밭'이 '풋밭 → 푿밭 → 푿빹 → 푿빤'과 같은 음운변화과정에서 1단계는 'ㅅ → ㄷ(풋- → 푿-)'과 같이 'ㅅ'에 말음법칙이 적용되고, 2단계는 'ㅂ → ㅃ(-밭 → -빹)'과 같이 'ㅂ'에 경음화가 적용되고, 3단계는 'ㅌ → ㄷ(-빹 → -빤)'과 같이 'ㅌ'에 말음법칙이 적용된다.

(64ㄴ)의 '짓밟다'가 '짓밟다 → 짇밟다 → 짇빪다 → 짇빱다 → 짇빱따'와 같은 음운변화과정에서 1단계는 'ㅅ → ㄷ(짓- → 짇-)'과 같이 'ㅅ'에 말음법칙이 적용되고, 2단계는 'ㅂ → ㅃ(-밟- → -빪-)'과 같이 'ㅂ'에 경음화가 적용되고, 3단계는 'ㄼ → ㅂ(-빪- → -빱-)'과 같이 'ㄹ'에 자음탈락이 적용되고, 4단계는 'ㄷ → ㄸ(-다 → -따)'과 같이 'ㄷ'에 경음화가 적용된다.

(64ㄷ)의 '첫밧'이 '첫밧 → 천밧 → 천빳 → 천빡'과 같은 음운변화과정에서 1단계는 'ㅅ → ㄷ(첫- → 천-)'과 같이 'ㅅ'에 말음법칙이 적용되고, 2단계는 'ㅂ → ㅃ(-밧 → -빳)'과 같이 'ㅂ'에 경음화가 적용되고, 3단계는 'ㅆ → ㄱ(-빳 → -빡)'과 같이 'ㅅ'에 자음탈락이 적용된다.

(64ㄹ)의 '홋배앓이'가 '홋배앓이 → 혼배앓이 → 혼빼앓이 → 혼빼아리' 와 같은 음운변화과정에서 1단계는 'ㅅ → ㄷ(홋- → 혼-)'과 같이 'ㅅ'에 말음법칙이 적용되고, 2단계는 'ㅂ → ㅃ(-배- → -빼-)'과 같이 'ㅂ'에 경음화가 적용되고, 3단계는 'ㄶ → ㄹ(-앓이 → -아리)'과 같이 'ㅎ'에 자음탈락이 적용된다.

　(64ㅁ)의 '숫백성'이 '숫백성 → 숟백성 → 숟빽성 → 숟빽썽'과 같은 음운변화과정에서 1단계는 'ㅅ → ㄷ(숫- → 숟-)'과 같이 'ㅅ'에 말음법칙이 적용되고, 2단계는 'ㅂ → ㅃ(-백- → -빽-)'과 같이 'ㅂ'에 경음화가 적용되고, 3단계는 'ㅅ → ㅆ(-성 → -썽)'과 같이 'ㅅ'에 경음화가 적용된다.

　(64ㅂ)의 '옷붙이'가 '옷붙이 → 온붙이 → 온뿥이 → 온뿌치'와 같은 음운변화과정에서 1단계는 'ㅅ → ㄷ(옷- → 온-)'과 같이 'ㅅ'에 말음법칙이 적용되고, 2단계는 'ㅂ → ㅃ(-붙- → -뿥-)'과 같이 'ㅂ'에 경음화가 적용되고, 3단계는 'ㅌ → ㅊ(-뿥이 → -뿌치)'과 같이 'ㅌ'에 구개음화가 적용된다.

　(64ㅅ)의 '짓밟히다'가 '짓밟히다 → 짇밟히다 → 짇빪히다 → 짇빨피다' 와 같은 음운변화과정에서 1단계는 'ㅅ → ㄷ(짓- → 짇-)'과 같이 'ㅅ'에 말음법칙이 적용되고, 2단계는 'ㅂ → ㅃ(-밟- → -빪-)'과 같이 'ㅂ'에 경음화가 적용되고, 3단계는 'ㅂ + ㅎ → ㅍ(-빪히- → -빨피-)'과 같이 'ㅂ'에 격음화가 적용된다.

　(64ㅇ)의 '뻣뻣하다'가 '뻣뻣하다 → 뻗뻣하다 → 뻗뻗하다 → 뻗뻐타다' 와 같은 음운변화과정에서 1단계는 'ㅅ → ㄷ(뻣- → 뻗-)'과 같이 'ㅅ'에 말음법칙이 적용되고, 2단계는 'ㅅ → ㄷ(-뻣- → -뻗-)'과 같이 'ㅅ'에 말음법칙이 적용되고, 3단계는 'ㄷ + ㅎ → ㅌ(-뻗하- → -뻐타-)'과 같이 'ㄷ'에 격음화가 적용된다.

(65) 'ㅅ'이 뒤 첫소리 'ㅂ'의 앞과 단어 끝인 경우('첩어')
　　'ㅅ + ㅂ → ㄷ + ㅃ'('ㅅ → ㄷ': 말, 'ㅂ → ㅃ': 경)
　　반듯반듯[반든반듯 → 반듣빤듯 → 반듣빤듣](말 → 경 → 말)

반뜻반뜻[반뜬빤뜯]　　　　발긋발긋[발귿빨귿]

방긋방긋[방귿빵귿]　　　　방끗방끗[방끋빵끋]

방싯방싯[방신빵신]　　　　배끗배끗[배끋빼끋]

번듯번듯[번듣뻔듣]　　　　번뜻번뜻[번뜯뻔뜯]

벌긋벌긋[벌귿뻘귿]　　　　벙긋벙긋[벙귿뻥귿]

벙끗벙끗[벙끋뻥끋]　　　　벙싯벙싯[벙신뻥신]

볼긋볼긋[볼귿뽈귿]　　　　봉곳봉곳[봉곧뽕곧]

봉긋봉긋[봉귿뽕귿]　　　　부픗부픗[부픋뿌픋]

불긋불긋[불귿뿔귿]　　　　붕긋붕긋[붕귿뿡귿]

비끗비끗[비끋삐끋]　　　　비릿비릿[비릳삐릳]

비슷비슷[비슫삐슫]　　　　빙긋빙긋[빙귿삥귿]

빙끗빙끗[빙끋삥끋]　　　　빙싯빙싯[빙신삥신]

상긋방긋[상귿빵귿]　　　　상끗방끗[상끋빵끋]

생긋방긋[생귿빵귿]　　　　생긋뱅긋[생귿빵귿]

생끗방끗[생끋빵끋]　　　　생끗뱅끗[생끋빵끋]

성긋벙긋[성귿뻥귿]　　　　성끗벙끗[성끋뻥끋]

싱긋벙긋[싱귿뻥귿]　　　　싱끗벙끗[싱끋뻥끋]

싱긋빙긋[싱귿삥귿]　　　　싱긋빙긋[싱귿삥귿]

싱끗벙끗[씽끋뻥끋]　　　　어긋버긋[어귿뻐귿]

어슷비슷[어슫삐슫]　　　　언뜻번뜻[언뜯뻔뜯]

올긋볼긋[올귿뽈귿]　　　　울긋불긋[울귿뿔귿]

(65)는 같은 소리나 비슷한 소리를 가진 단어가 겹쳐서 이루어진 복합어
의 경우이다. 보기는 'ㅅ'이 뒤 첫소리 앞('-듯반-'의 'ㅂ')과 낱말의 끝소리
('-반듯'의 'ㅅ')에서 'ㅅ → ㄷ'과 같이 'ㄷ'으로 실현된 경우이다. 이 경우에
는 하나의 음운변화과정에서 먼저 말음법칙이 적용된 후에, 경음화 등이
적용된다. '반듯반듯'은 '반듯반듯 → 반든반듯 → 반든빤듯 → 반든빤든'과
같은 음운변화과정에서 1단계는 'ㅅ → ㄷ(-듯- → -듣-)'과 같이 'ㅅ'에
말음법칙이 적용되고, 2단계는 'ㅂ → ㅃ(-반- → -빤-)'과 같이 'ㅂ'에 경

음화가 적용되고, 3단계는 'ㅅ → ㄷ(-둣 → -들)'과 같이 'ㅅ'에 말음법칙
이 적용된다.

(66) 'ㅅ'이 뒤 첫소리 'ㅃ'의 앞인 경우('첩어')
　　　　'ㅅ + ㅃ → ㄷ + ㅃ'('ㅅ → ㄷ' : 말)
　　　빨긋빨긋[빨귿빨긋 → 빨귿빨귿](말 → 말)
　　　빵긋빵긋[빵귿빵귿]　　　　　　빵끗빵끗[빵끋빵끋]
　　　빵싯빵싯[빵신빵신]　　　　　　빼끗빼끗[빼끋빼끋]
　　　뻥긋뻥긋[뻥귿뻥귿]　　　　　　뼁끗뼁끗[뼁끋뼁끋]
　　　뻥싯뻥싯[뻥신뻥신]　　　　　　뻘긋뻘긋[뻘귿뻘귿]
　　　뼁긋뼁긋[뼁귿뼁귿]　　　　　　뼁끗뼁끗[뼁끋뼁끋]
　　　뼁싯뼁싯[뼁신뼁신]　　　　　　뽈긋뽈긋[뽈귿뽈귿]
　　　삐끗삐끗[삐끋삐끋]　　　　　　뼁긋뼁긋[뼁귿뼁귿]
　　　뼁끗뼁끗[뼁끋뼁끋]　　　　　　뼁싯뼁싯[뼁신뼁신]
　　　쌍긋빵긋[쌍귿빵귿]　　　　　　쌍끗빵끗[쌍끋빵끋]
　　　쌩긋빵긋[쌩귿빵귿]　　　　　　쌩긋빵긋[쌩귿빵귿]
　　　쌩끗빵끗[쌩끋빵끋]　　　　　　쌩끗뻥끗[쌩끋뻥끋]
　　　썽긋뻥긋[썽귿뻥귿]　　　　　　썽끗뻥끗[썽끋뻥끋]
　　　씽긋뻥긋[씽귿뻥귿]　　　　　　씽끗뻥끗[씽끋뻥끋]
　　　씽끗뻥끗[씽끋뻥끋]

(66)은 같은 소리나 비슷한 소리를 가진 단어가 겹쳐서 이루어진 복합어
의 경우이다. 보기는 'ㅅ'이 뒤 첫소리 앞('-긋빨-'의 'ㅃ')과 단어의 끝소리
('-빨긋'의 'ㅅ')에서 'ㅅ → ㄷ'과 같이 'ㄷ'으로 실현된 경우이다. '빨긋빨
긋'은 '빨긋빨긋 → 빨귿빨긋 → 빨귿빨귿'과 같은 음운변화과정에서 1단계
는 'ㅅ → ㄷ(-긋- → -귿-)'과 같이 'ㅅ'에 말음법칙이 적용되고, 2단계는
'ㅅ → ㄷ(-긋 → -귿)'과 같이 'ㅅ'에 말음법칙이 적용된다.

(67) 'ㅅ'이 뒤 첫소리 'ㅅ'의 앞인 경우

'ㅅ + ㅅ → ㄷ + ㅆ'('ㅅ → ㄷ' : 말, 'ㅅ → ㅆ' : 경)

끗수[끈수 → 끈쑤](말 → 경)

| | | | |
|---|---|---|---|
| 닷새[닫쌔] | 댓새[댇쌔] | 덧셈[덛쎔] | 덧신[덛씬] |
| 맛살[맏쌀] | 맛술[맏쑬] | 붓셈[붇쎔] | 빗살[빋쌀] |
| 엿새[엳쌔] | 옷솔[옫쏠] | 첫선[첟썬] | 첫술[첟쑬] |
| 풋수[푿쑤] | 풋술[푿쑬] | 풋심[푿씸] | 햇소[핻쏘] |
| 햇솜[핻쏨] | 햇순[핻쑨] | 헛수[헏쑤] | 헛숨[헏쑴] |
| 횟손[횓쏜] | | | |

| | | |
|---|---|---|
| 긴맛살[긴맏쌀] | 나눗셈[나눋쎔] | 나눗수[나눋쑤] |
| 네댓새[네댇쌔] | 놋쇠[녿쐬/-쒜] | 놋수저[녿쑤저] |
| 대엿새[대엳쌔] | 덧손질[덛쏜질] | 맛소금[맏쏘금] |
| 못살다[몯쌀다] | 뭇사람[묻싸람] | 뭇소리[묻쏘리] |
| 뭇시선[묻씨선] | 숫사람[숟싸람] | 엇서다[얻써다] |
| 엇시조[얻씨조] | 엇시침[얻씨침] | 옛사람[옏싸람] |
| 옛사랑[옏싸랑] | 옛시조[옏씨조] | 옷사치[옫싸치] |
| 옷상자[옫쌍자] | 옷소매[옫쏘매] | 옷시중[옫씨중] |
| 옷소금[옫쏘금] | 옷소리[옫쏘리] | 잣송이[잗쏭이] |
| 잣송진[잗쏭진] | 짓소리[짇쏘리] | 짓시늉[짇씨늉] |
| 첫사랑[첟싸랑] | 첫새벽[첟쌔벽] | 첫서리[첟써리] |
| 첫소리[첟쏘리] | 첫솜씨[첟쏨씨] | 초닷새[초닫쌔] |
| 초맛살[초맏쌀] | 초엿새[초엳쌔] | 풋사과[푿싸과] |
| 풋사랑[푿싸랑] | 풋사위[푿싸위] | 풋솜씨[푿쏨씨] |
| 풋수염[푿쑤염] | 햇사과[핻싸과] | 헛살다[헏쌀다] |
| 헛생각[헏쌩각] | 헛생색[헏쌩색] | 헛선심[헏썬심] |
| 헛세월[헏쎄월] | 헛소동[헏쏘동] | 헛소리[헏쏘리] |
| 헛소문[헏쏘문] | 헛손질[헏쏜질] | 헛수고[헏쑤고] |

| | |
|---|---|
| 너더댓새[너더댇쌔] | 못생기다[몯쌩기다] |
| 엇송아지[얻쏭아지] | 엿살피다[엳쌀피다] |
| 이웃사촌[이욷싸촌] | |

(67)은 자음접변의 환경에서 앞 끝소리가 'ㅅ'('끗수'에서 '끗-'의 'ㅅ')이고, 뒤 첫소리도 'ㅅ'('-수'의 'ㅅ')인 경우에 'ㅅ'이 'ㅅ → ㄷ'과 같이 'ㄷ'으로 실현된 경우이다. 이 경우에는 하나의 음운변화과정에서 먼저 말음법칙이 적용된 후에, 경음화가 적용된다. '닷새'가 '닷새 → 닫새 → 닫쌔'와 같은 음운변화과정에서 1단계는 'ㅅ → ㄷ(닷- → 닫-)'과 같이 'ㅅ'에 말음법칙이 적용되고, 2단계는 'ㅅ → ㅆ(-새 → -쌔)'과 같이 'ㅅ'에 경음화가 적용된다.

(68) 'ㅅ'이 뒤 첫소리 'ㅅ'의 앞인 경우(표 제30항 1)
　　'ㅅ + ㅅ → ㄷ + ㅆ' → Ø + ㅆ'(복수표준발음)
　　('ㅅ → ㄷ' : 말, ㅅ → ㅆ : 경, 'ㄷ → Ø' : 탈)
　　귓속[귇속 → 귇쏙 → 귀쏙 : 귀쏙/귇쏙](말 → 경 → 'ㄷ'탈)

| | | |
|---|---|---|
| 뒷산[뒤싼/뒫싼] | 뼛속[뼈쏙/뼏쏙] | 찻상[차쌍/찯쌍] |
| 칫솔[치쏠/칟쏠] | 콧속[코쏙/콛쏙] | 텃새[터쌔/턷쌔] |
| 핏속[피쏙/핃쏙] | 햇살[해쌀/핻쌀] | 횟수[회쑤/횓쑤] |
| 가짓수[가지쑤/가짇쑤] | 건넛산[건너싼/건넏싼] | |
| 뒷사람[뒤싸람/뒫싸람] | 마릿수[마리쑤/마릳쑤] | |
| 머릿속[머리쏙/머릳쏙] | 바닷속[바다쏙/바닫쏙] | |
| 쇳소리[쇠쏘리/쉗쏘리] | 윗사람[위싸람/윋싸람] | |
| 이맛살[이마쌀/이맏쌀] | 잔칫상[잔치쌍/잔칟쌍] | |
| 콧소리[코쏘리/콛쏘리] | 허릿심[허리씸/허릳씸] | |
| 노랫소리[노래쏘리/노랟쏘리] | | |
| 가운뎃소리[가운데쏘리/가운덷쏘리] | | |
| 가운뎃손가락[가운데쏜까락/가운덷쏜까락] | | |

(68)은 두 가지의 표준발음(복수표준발음)인 경우이다. 후자의 표준발음은 자음접변의 환경에서 앞 끝소리가 'ㅅ'('갓골'의 'ㅅ')이고, 뒤 첫소리가 'ㄱ'('갓골'의 'ㄱ')인 경우에 'ㅅ'이 'ㅅ → ㄷ'과 같이 'ㄷ'으로 실현된 경우이다. 이 경우에는 하나의 음운변화과정에서 먼저 말음법칙이 적용된 후에,

다른 음운규칙 등이 적용된다. 두 가지의 표준발음을 모두 나타내기 위해서 '가짓수'의 경우에 '가짓수 → 가짇수 → 가짇쑤 → 가지쑤'와 같은 음운변화과정을 설정할 수 있다. 1단계는 'ㅅ → ㄷ(-짓- → -짇-)'과 같이 'ㅅ'에 말음법칙이 적용되고, 2단계는 'ㅅ → ㅆ(-수 → -쑤)'과 같이 'ㅅ'에 경음화가 적용되고, 3단계는 'ㄷ → ∅(-짇- → -지-)'과 같이 'ㄷ'에 동서열 자음탈락이 적용된다. 이 중 2단계에서 실현된 [가짇쑤]와 3단계에서 실현된 [가지쑤]는 표기인 '가짓수'에 대해 모두 표준발음이다.

(69) 'ㅅ'이 뒤 첫소리 'ㅅ'의 앞인 경우

　　'ㅅ + ㅅ → ㄷ + ㅆ'('ㅅ → ㄷ' : 말, 'ㅅ → ㅆ' : 경)

　　ㄱ. 옷섶[온섶 → 온썹 → 온썹](말 → 경 → 말)
　　　　헛솥[헏쏟]

　　ㄴ. 놋숟가락[녿숟가락 → 녿쑫가락 → 녿쑫까락](말 → 경 → 경)

　　ㄷ. 엇섞다[얻섞다 → 얻썪다 → 얻썩다 → 얻썩따](말 → 경 → 말 → 경)

　　ㄹ. 닷샛날[닫샛날 → 닫쌧날 → 닫쌛날 → 닫쌘날](말 → 경 → 말 → 비)
　　　　엿샛날[엳쌘날]　　　　　　　대엿샛날[대엳쌘날]
　　　　삿갓나물[삳깐나물]　　　　　초닷샛날[초닫쌘날]
　　　　초엿샛날[초엳쌘날]

　　ㅁ. 긋습니다[귿습니다 → 귿씁니다 → 근씁니다](말 → 경 → 비)
　　　　깃습니다[긷씁니다]　　　　　끗습니다[끋씁니다]
　　　　낫습니다[낟씁니다]　　　　　뭇습니다[묻씁니다]
　　　　벗습니다[벋씁니다]　　　　　붓습니다[붇씁니다]
　　　　빗습니다[빋씁니다]　　　　　뺏습니다[뺃씁니다]
　　　　솟습니다[솓씁니다]　　　　　씻습니다[씓씁니다]
　　　　웃습니다[욷씁니다]　　　　　잇습니다[읻씁니다]
　　　　잣습니다[잗씁니다]　　　　　젓습니다[젇씁니다]
　　　　짓습니다[짇씁니다]

　(69)는 자음접변의 환경에서 앞 끝소리가 'ㅅ'('놋숟가락'에서 '놋-'의

'ㅅ')이고, 뒤 첫소리도 'ㅅ'('-숟-'의 'ㅅ')인 경우에 'ㅅ'이 'ㅅ → ㄷ'과 같이 'ㄷ'으로 실현된 경우이다. 이 경우에는 하나의 음운변화과정에서 먼저 말음법칙이 적용된 후에, 경음화 등이 적용된다.

(69ㄱ)의 '헛솥'이 '헛솥 → 헏솥 → 헏쏱 → 헏쏟'과 같은 음운변화과정에서 1단계는 'ㅅ → ㄷ(헛- → 헏-)'과 같이 'ㅅ'에 말음법칙이 적용되고, 2단계는 'ㅅ → ㅆ(-솥 → -쏱)'과 같이 'ㅅ'에 경음화가 적용되고, 3단계는 'ㅌ → ㄷ(-쏱 → -쏟)'과 같이 'ㅌ'에 말음법칙이 적용된다.

(69ㄴ)의 '놋숟가락'이 '놋숟가락 → 녿숟가락 → 녿쏟가락 → 녿쏟까락'과 같은 음운변화과정에서 1단계는 'ㅅ → ㄷ(놋- → 녿-)'과 같이 'ㅅ'에 말음법칙이 적용되고, 2단계는 'ㅅ → ㅆ(-숟- → -쏟-)'과 같이 'ㅅ'에 경음화가 적용되고, 3단계는 'ㄱ → ㄲ(-가- → -까-)'과 같이 'ㄱ'에 경음화가 적용된다.

(69ㄷ)의 '엇섞다'가 '엇섞다 → 얻섞다 → 얻썪다 → 얻썩다 → 얻썩따'와 같은 음운변화과정에서 1단계는 'ㅅ → ㄷ(엇- → 얻-)'과 같이 'ㅅ'에 말음법칙이 적용되고, 2단계는 'ㅅ → ㅆ(-섞- → -썪-)'과 같이 'ㅅ'에 경음화가 적용되고, 3단계는 'ㄲ → ㄱ(-썪- → -썩-)'과 같이 'ㄲ'에 말음법칙이 적용되고, 4단계는 'ㄷ → ㄸ(-다 → -따)'과 같이 'ㄷ'에 경음화가 적용된다. 물론 이 경우에 음절 순서에 따른 음운규칙을 적용하지 않고, '엇섞다 → 얻석다'와 같이 1단계에서 'ㅅ'과 'ㄲ'에 각각 말음법칙을 적용할 수도 있다.

(69ㄹ)의 '엿샛날'이 '엿샛날 → 연샛날 → 연쌧날 → 연쌛날 → 연쌘날'과 같은 음운변화과정에서 1단계는 'ㅅ → ㄷ(엿- → 연-)'과 같이 'ㅅ'에 말음법칙이 적용되고, 2단계는 'ㅅ → ㅆ(-샛- → -쌧-)'과 같이 'ㅅ'에 경음화가 적용되고, 3단계는 'ㅅ → ㄷ(-쌧- → -쌛-)'과 같이 'ㅅ'에 말음법칙이 적용되고, 4단계는 'ㄷ → ㄴ(-쌛- → -쌘-)'과 같이 'ㄷ'에 비음화가 적용된다. 이 경우에도 앞 보기('엇섞다')와 같이 'ㅅ'('엿-, -샛-)에 대해 각각 말음법칙을 적용할 수도 있다.

(69ㅁ)은 어간의 끝소리 'ㅅ'에 어미 '-습니다'가 연결된 경우이다. '깃습니다'가 '깃습니다 → 긷습니다 → 긷씁니다 → 긴씁니다'와 같은 음운변화과정에서 1단계는 'ㅅ → ㄷ(깃- → 긷-)'과 같이 'ㅅ'에 말음법칙이 적용되고, 2단계는 'ㅅ → ㅆ(-습- → -씁-)'과 같이 'ㅅ'에 경음화가 적용되고, 3단계는 'ㅂ → ㅁ(-씁- → -씀-)'과 같이 'ㅂ'에 비음화가 적용된다.

(70) 'ㅅ'이 뒤 첫소리 'ㅅ'의 앞과 단어 끝인 경우('첩어')

　　'ㅅ + ㅅ → ㄷ + ㅆ'('ㅅ → ㄷ' : 말, 'ㅅ → ㅆ' : 경)

　　사붓사붓[사붇사붇 → 사붇싸붓 → 사붇싸붇](말 → 경 → 말)

| | |
|---|---|
| 사뿟사뿟[사뿓싸뿓] | 사풋사풋[사푿싸푿] |
| 산뜻산뜻[산뜯싼뜯] | 살긋살긋[살귿쌀귿] |
| 살핏살핏[살핃쌀핃] | 상긋상긋[상귿쌍귿] |
| 상깃상깃[상긷쌍긷] | 상끗상끗[상끋쌍끋] |
| 샐긋샐긋[샐귿쌜귿] | 생긋생긋[생귿쌩귿] |
| 생끗생끗[생끋쌩끋] | 서붓서붓[서붇써붇] |
| 서뿟서뿟[서뿓써뿓] | 서풋서풋[서푿써푿] |
| 선뜻선뜻[선뜯썬뜯] | 설핏설핏[설핃썰핃] |
| 성긋성긋[성귿썽귿] | 성깃성깃[성긷썽긷] |
| 성끗성끗[성끋썽끋] | 소곳소곳[소곧쏘곧] |
| 수굿수굿[수굳쑤굳] | 슬몃슬몃[슬멷쓸멷] |
| 실긋샐긋[실귿쌜귿] | 실긋실긋[실귿씰귿] |
| 싱긋싱긋[싱귿씽귿] | 싱끗싱끗[싱끋씽끋] |

(70)은 같은 소리나 비슷한 소리를 가진 단어가 겹쳐서 이루어진 복합어의 경우이다. 보기는 'ㅅ'이 자음 앞('-붓사-'의 'ㅅ')과 단어의 끝소리('-사붓'의 'ㅅ')에서 'ㅅ → ㄷ'과 같이 'ㄷ'으로 실현된 경우이다. 이 경우에는 하나의 음운변화과정에서 먼저 말음법칙이 적용된 후에, 경음화 등이 적용된다. '사붓사붓'은 '사붓사붓 → 사붇사붇 → 사붇싸붓 → 사붇싸붇'과 같은 음운변화과정에서 1단계는 'ㅅ → ㄷ(-붓- → -붇-)'과 같이 'ㅅ'에 말

음법칙이 적용되고, 2단계는 'ㅅ → ㅆ(-사- → -싸-)'과 같이 'ㅅ'에 경음화가 적용되고, 3단계는 'ㅅ → ㄷ(-붓 → -붇)'과 같이 'ㅅ'에 말음법칙이 적용된다.

(71) 'ㅅ'이 뒤 첫소리 'ㅆ'의 앞과 단어 끝인 경우('첩어')

'ㅅ + ㅆ → ㄷ + ㅆ'('ㅅ → ㄷ' : 말)

쌀긋쌀긋[쌀귿쌀긋 → 쌀귿쌀귿](말 → 말)

| | |
|---|---|
| 쌍긋쌍긋[쌍귿쌍귿] | 쌍끗쌍끗[쌍끋쌍끋] |
| 쌜긋쌜긋[쌜귿쌜귿] | 쌩긋쌩긋[쌩귿쌩귿] |
| 쌩끗쌩끗[쌩끋쌩끋] | 썽긋썽긋[썽귿썽귿] |
| 썽끗썽끗[썽끋썽끋] | 씰긋쌜긋[씰귿쌜귿] |
| 씰긋씰긋[씰귿씰귿] | 씽긋씽긋[씽귿씽귿] |
| 씽끗씽끗[씽끋씽끋] | |

(71)은 같은 소리나 비슷한 소리를 가진 단어가 겹쳐서 이루어진 복합어의 경우이다. 보기는 'ㅅ'이 자음 앞('-긋쌀-'의 'ㅆ')과 단어의 끝소리('-쌀긋'의 'ㅅ')에서 'ㅅ → ㄷ'과 같이 'ㄷ'으로 실현된 경우이다. '쌀긋쌀긋'은 '쌀긋쌀긋 → 쌀귿쌀긋 → 쌀귿쌀귿'과 같은 음운변화과정에서 1단계는 'ㅅ → ㄷ(-긋- → -귿-)'과 같이 'ㅅ'에 말음법칙이 적용되고, 2단계는 'ㅅ → ㄷ(-긋 → -귿)'과 같이 'ㅅ'에 말음법칙이 적용된다.

(72) 'ㅅ'이 뒤 첫소리 'ㅈ'의 앞인 경우

'ㅅ + ㅈ → ㄷ + ㅉ'('ㅅ → ㄷ' : 말, 'ㅈ → ㅉ' : 경)

갓쟁이[갇쟁이 → 갇쨍이](말 → 경)

| | | | |
|---|---|---|---|
| 갓집[갇찝] | 낫질[낟찔] | 놋점[녿쩜] | 덧잠[덛짬] |
| 덧짐[덛찜] | 맛집[맏찝] | 못정[몯쩡] | 못질[몯찔] |
| 붓질[붇찔] | 빗점[빋쩜] | 빗접[빋쩝] | 숫제[숟쩨] |
| 숫쥐[숟쮀] | 엇조[얻쪼] | 엿죽[엳쭉] | 엿집[엳찝] |
| 옛적[옏쩍] | 옛정[옏쩡] | 옛집[옏찝] | 옷장[옫짱] |

한국어 발음 교육의 실제

잣죽[잗쭉]　　　짓자[짇짜]　　　첫잠[첟짬]　　　첫정[첟쩡]

풋잠[푿짬]　　　풋장[푿짱]　　　풋정[푿쩡]　　　헛잠[헏짬]

헛장[헏짱]　　　헛집[헏찝]

군것질[군걷찔]　　　군붓질[군붇찔]　　　군빗질[군빋찔]

굿자리[굳짜리]　　　덧장판[덛짱판]　　　돗자리[돋짜리]

맛장수[맏짱수]　　　맛조개[맏쪼개]　　　멋쟁이[먿쨍이]

멋지다[먿찌다]　　　뭇짐승[묻찜승]　　　삿자리[삳짜리]

송곳질[송곧찔]　　　송곳집[송곧찝]　　　시앗질[시앋찔]

엇장단[얻짱단]　　　엇지다[얻찌다]　　　엿자박[엳짜박]

엿장사[엳짱사]　　　엿장수[엳짱수]　　　엿쟁이[엳쩅이]

옷자락[옫짜락]　　　옷주제[옫쭈제]　　　이웃집[이욷찝]

참빗질[참빋찔]　　　첫자리[첟짜리]　　　첫제사[첟쩨사]

첫조금[첟쪼금]　　　풋장기[푿짱기]　　　풋절이[푿쩌리]

헛장사[헏짱사]　　　깃저고리[긷쩌고리]

깃주머니[긷쭈머니]　　　대삿자리[대삳짜리]

덧저고리[덛쩌고리]　　　엇중모리[얻쭝모리]

옷자르다[옫짜르다]　　　의붓자식[의붇짜식]

한갓지다[한갇찌다]　　　핫저고리[핟쩌고리]

(72)는 자음접변의 환경에서 앞 끝소리가 'ㅅ'('갓집'의 'ㅅ')이고, 뒤 첫소리가 'ㅈ'('-집'의 'ㅈ')인 경우에 'ㅅ'이 'ㅅ → ㄷ'과 같이 'ㄷ'으로 실현된 경우이다. 이 경우에는 하나의 음운변화과정에서 먼저 말음법칙이 적용된 후에, 경음화가 적용된다. '갓집'이 '갓집 → 갇집 → 갇찝'과 같은 음운변화과정에서 1단계는 'ㅅ → ㄷ(갓- → 갇-)'과 같이 'ㅅ'에 말음법칙이 적용되고, 2단계는 'ㅈ → ㅉ(-집 → -찝)'과 같이 'ㅈ'에 경음화가 적용된다.

(73) 'ㅅ'이 뒤 첫소리 'ㅈ'의 앞인 경우(표 제30항 1)

　　　'ㅅ + ㅈ → ㄷ + ㅉ → ∅ + ㅉ'(복수표준발음)

　　　('ㅅ → ㄷ' : 말, 'ㅈ → ㅉ' : 경, 'ㄷ → ∅' : 'ㄷ'탈)

ㄱ. 곳집[곧집 → 곧찝 → 고찝 : 고찝/곧찝](말 → 경 → 'ㄷ'탈)

| | | |
|---|---|---|
| 귓전[귀쩐/귇쩐] | 뒷장[뒤짱/뒫짱] | 뒷전[뒤쩐/뒫쩐] |
| 뒷짐[뒤찜/뒫찜] | 뒷줄[뒤쭐/뒫쭐] | 뒷집[뒤찝/뒫찝] |
| 못줄[모쭐/몯쭐] | 밧줄[바쭐/받쭐] | 뱃전[배쩐/밷쩐] |
| 뱃줄[배쭐/밷쭐] | 뱃짐[배찜/밷찜] | 뱃집[배찝/밷찝] |
| 볏짐[벼찜/볃찜] | 봇줄[보쭐/볻쭐] | 봇짐[보찜/볻찜] |
| 숫자[수짜/숟짜] | 찻잔[차짠/찯짠] | 찻종[차쫑/찯쫑] |
| 찻집[차찝/찯찝] | 탯줄[태쭐/탣쭐] | 핏줄[피쭐/핃쭐] |

가겟집[가게찝/가겓찝]　　　가랫줄[가래쭐/가랟쭐]

갈빗집[갈비찝/갈빋찝]　　　건넛집[건너찝/건넏찝]

그넷줄[그네쭐/그넫쭐]　　　기왓장[기와짱/기왇짱]

나뭇짐[나무찜/나묻찜]　　　농삿집[농사찝/농삳찝]

뒷자리[뒤짜리/뒫짜리]　　　뒷장불[뒤짱불/뒫짱불]

마룻장[마루짱/마룯짱]　　　못자리[모짜리/몯짜리]

벼룻집[벼루찝/벼룯찝]　　　부잣집[부자찝/부잗찝]

빗자루[비짜루/빋짜루]　　　빗줄기[비쭐기/빋쭐기]

쇳조각[쇠쪼각/쉗쪼각]　　　실핏줄[실피쭐/실핃쭐]

아랫집[아래찝/아랟찝]　　　외갓집[외가찝/웨갇찝]

이삿짐[이사찜/이삳찜]　　　잔칫집[잔치찝/잔칟찝]

전깃줄[전기쭐/전긷쭐]　　　콧잔등[코짠등/콛짠등]

태곳적[태고쩍/태곧쩍]

가운뎃점[가운데쩜/가운덷쩜]

가운뎃줄[가운데쭐/가운덷쭐]

가운뎃집[가운데찝/가운덷찝]

갯지렁이[개찌렁이/갣찌렁이]

도낏자루[도끼짜루/도낃짜루]

종잇조각[종이쪼각/종읻쪼각]

치맛자락[치마짜락/치맏짜락]

배냇저고리[배내쩌고리/배낻쩌고리]

　　　　　　　　　　　　　한국어 발음 교육의 실제

ㄴ. 고갯짓[고갣짓 → 고갣찟 → 고갣찓 → 고개찓 : 고개찓/고갣찓]

(말→경→말→'ㄷ'탈)

날갯짓[날개찓/날갣찓]　　　　　　보릿짚[보리찝/보릳찝]

어깻짓[어개찓/어깯찓]　　　　　　손사랫짓[손사래찓/손사랟찓]

ㄷ. 날갯죽지[날갣죽지 → 날갣쭉지 → 날갣쭉찌 → 날개쭉찌 :

날개쭉찌/날갣쭉찌](말 → 경 → 경 →'ㄷ'탈)

(73)은 두 가지의 표준발음(복수표준발음)인 경우이다. 후자의 표준발음은 자음접변의 환경에서 앞 끝소리가 'ㅅ'('곳집'의 'ㅅ')이고, 뒤 첫소리가 'ㅈ'('곳집'의 'ㅈ')인 경우에 'ㅅ'이 'ㅅ → ㄷ'과 같이 'ㄷ'으로 실현된 경우이다. 이 경우에 하나의 음운변화과정에서 두 가지의 표준발음을 모두 나타내기 위해서는 먼저 말음법칙이 적용된 후에, 다른 음운규칙 등이 적용된다.

(73ㄱ)의 '귓전'이 '귇전 → 귇쩐 → 귇쩐 → 귀쩐'과 같은 음운변화과정에서 1단계는 'ㅅ → ㄷ(귓- → 귇-)'과 같이 'ㅅ'에 말음법칙이 적용되고, 2단계는 'ㅈ → ㅉ(-전 → -쩐)'과 같이 'ㅈ'에 경음화가 적용되고, 3단계는 'ㄷ → ∅(귇- → 귀-)'과 같이 'ㄷ'에 동서열자음탈락이 적용된다. 이 중 2단계에서 실현된 [귇쩐]과 3단계에서 실현된 [귀쩐]은 표기인 '귓전'에 대해 모두 표준발음이다.

(73ㄴ)의 '날갯짓'이 '날갣짓 → 날갣짓 → 날갣찟 → 날갣찓 → 날개찓'과 같은 음운변화과정에서 1단계는 'ㅅ → ㄷ(-갯- → -갣-)'과 같이 'ㅅ'에 말음법칙이 적용되고, 2단계는 'ㅈ → ㅉ(-짓 → -찟)'과 같이 'ㅈ'에 경음화가 적용되고, 3단계는 'ㅅ → ㄷ(-찟 → -찓)'과 같이 'ㅅ'에 말음법칙이 적용되고, 4단계는 'ㄷ → ∅(-갣- → -개-)'과 같이 'ㄷ'에 동서열자음탈락이 적용된다. 이 중 3단계에서 실현된 [날갣찓]과 4단계에서 실현된 [날개찓]은 표기인 '날갯짓'에 대해 모두 표준발음이다.

(73ㄷ)의 '날갯죽지'가 '날갣죽지 → 날갣죽지 → 날갣쭉지 → 날갣쭉찌 → 날개쭉찌'와 같은 음운변화과정에서 1단계는 'ㅅ → ㄷ(-갯- → -갣-)'

과 같이 'ㅅ'에 말음법칙이 적용되고, 2단계는 'ㅈ → ㅉ(-죽- → -쭉-)'과 같이 'ㅈ'에 경음화가 적용되고, 3단계는 'ㅈ → ㅉ(-지 → -찌)'과 같이 'ㅈ'에 경음화가 적용되고, 4단계는 'ㄷ → ∅(-갠- → -개-)'과 같이 'ㄷ'에 동서열자음탈락이 적용된다. 이 중 3단계에서 실현된 [날갠쭉찌]와 4단계에서 실현된 [날개쭉찌]는 표기인 '날갯죽지'에 대해 모두 표준발음이다.

(74) 'ㅅ'이 뒤 첫소리 'ㅈ, ㅉ' 등의 앞인 경우

　　'ㅅ + ㅈ → ㄷ + ㅉ('ㅅ → ㄷ' : 말, 'ㅈ → ㅉ' : 경)

　ㄱ. 맛젓[맏젓 → 맏쩟 → 맏쩓](말 → 경 → 말)

　　첫젖[첟쩓]　　　　　　풋젓[푿쩓]　　　　　　헛짓[헏찓]

　ㄴ. 놋접시[녿접시 → 녿쩝시 → 녿쩝씨](말 → 경 → 경)

　　맛적다[맏쩍따]　　　　헛잡다[헏짭따]

　ㄷ. 헛짚다[헏짚다 → 헏찦다 → 헏찝다 → 헏찝따](말 → 경 → 말 → 경)

　　잘못짚다[잘몯찝따]

　ㄹ. 깔밋잖다[깔믿잖다 → 깔믿짢다 → 깔믿짠타](말 → 경 → 격)

　　야젓잖다[야젇짠타]　　　의젓잖다[의젇짠타]

　ㅁ. 짓찧다[짇찧다 → 짇찌타](말 → 격)

　　(74)는 자음접변의 환경에서 앞 끝소리가 'ㅅ'('놋접시'에서 '놋-'의 'ㅅ')이고, 뒤 첫소리가 'ㅈ, ㅉ'('-접-'의 'ㅈ') 등인 경우에 'ㅅ'이 'ㅅ → ㄷ'과 같이 'ㄷ'으로 실현된 경우이다. 이 경우에는 하나의 음운변화과정에서 먼저 말음법칙이 적용된 후에, 경음화 등이 적용된다.

　　(74ㄱ)의 '첫젖'이 '첫젖 → 첟젖 → 첟쩢 → 첟쩓'과 같은 음운변화과정에서 1단계는 'ㅅ → ㄷ(첫- → 첟-)'과 같이 'ㅅ'에 말음법칙이 적용되고, 2단계는 'ㅈ → ㅉ(-젖 → -쩢)'과 같이 'ㅈ'에 경음화가 적용되고, 3단계는 'ㅈ → ㄷ(-쩢 → -쩓)'과 같이 'ㅈ'에 말음법칙이 적용된다.

　　(74ㄴ)의 '맛적다'가 '맛적다 → 맏적다 → 맏쩍다 → 맏쩍따'와 같은 음운변화과정에서 1단계는 'ㅅ → ㄷ(맛- → 맏-)'과 같이 'ㅅ'에 말음법칙이 적

용되고, 2단계는 'ㅈ → ㅉ(-적- → -쩍-)'과 같이 'ㅈ'에 경음화가 적용되고, 3단계는 'ㄷ → ㄸ(-다 → -따)'과 같이 'ㄷ'에 경음화가 적용된다. '헛짚다'는 음절순서에 따른 음운규칙을 적용하여 1단계는 'ㅅ'에, 3단계는 'ㅍ'에 각각 말음법칙을 적용할 수 있고, 또 1단계에 'ㅅ'과 'ㅍ'에 대해 각각 말음법칙을 적용할 수도 있다. 물론 전자에 비해 후자는 음운규칙이 한 단계 줄어든다.

(74ㄷ)의 '잘못짚다'가 '잘못짚다 → 잘몯짚다 → 잘몯찦다 → 잘몯찝다 → 잘몯찝따'와 같은 음운변화과정에서 1단계는 'ㅅ → ㄷ(-못- → -몯-)'과 같이 'ㅅ'에 말음법칙이 적용되고, 2단계는 'ㅈ → ㅉ(-짚- → -찦-)'과 같이 'ㅈ'에 경음화가 적용되고, 3단계는 'ㅍ → ㅂ(-찦- → -찝-)'과 같이 'ㅍ'에 말음법칙이 적용되고, 4단계는 'ㄷ → ㄸ(-다 → -따)'과 같이 'ㄷ'에 경음화가 적용된다.

(74ㄹ)의 '깔밋잖다'가 '깔밋잖다 → 깔믿잖다 → 깔믿짢다 → 깔맏짠타'와 같은 음운변화과정에서 1단계는 'ㅅ → ㄷ(-밋- → -믿-)'과 같이 'ㅅ'에 말음법칙이 적용되고, 2단계는 'ㅈ → ㅉ(-잖- → -짢-)'과 같이 'ㅈ'에 경음화가 적용되고, 3단계는 'ㅎ + ㄷ → ㅌ(-짢다 → -짠타)'과 같이 'ㄷ'에 격음화가 적용된다.

(74ㅁ)의 '짓찧다'가 '짓찧다 → 짇찧다 → 짇찌타'와 같은 음운변화과정에서 1단계는 'ㅅ → ㄷ(짓- → 짇-)'과 같이 'ㅅ'에 말음법칙이 적용되고, 2단계는 'ㅎ + ㄷ → ㅌ(-찧다 → -찌타)'과 같이 'ㄷ'에 격음화가 적용된다.

(75) 'ㅅ'이 뒤 첫소리 'ㅈ'의 앞과 단어 끝인 경우('첩어')

　　'ㅅ + ㅈ → ㄷ + ㅉ'('ㅅ → ㄷ' : 말, 'ㅈ → ㅉ' : 경)

　　아릿자릿[아릳자릿 → 아릳짜릿 → 아릳짜릳](말 → 경 → 말)

| | |
|---|---|
| 요탓조탓[요탇쪼탇] | 웅긋중긋[웅귿쭝귿] |
| 이것저것[이걷쩌걷] | 이곳저곳[이곧쩌곧] |
| 자긋자긋[자귿짜귿] | 자릿자릿[자릳짜릳] |

자칫자칫[자칟짜칟]           잘깃잘깃[잘긷짤긷]

저릿저릿[저릳쩌릳]           조릿조릿[조릳쪼릳]

조뺏조뺏[조뺃쪼뺃]           졸깃졸깃[졸긷쫄긷]

주뺏주뺏[주뺃쭈뺃]           줄깃줄깃[줄긷쭐긷]

지긋지긋[지귿찌귿]           지싯지싯[지싣찌싣]

지칫지칫[지칟찌칟]           질긋질긋[질귿찔귿]

질깃질깃[질긷찔긷]

 

(75)는 같은 소리나 비슷한 소리를 가진 단어가 겹쳐서 이루어진 복합어
의 경우이다. 보기는 'ㅅ'이 뒤 첫소리 앞('-릿자-'의 'ㅈ')과 단어의 끝소리
('-자릿'의 'ㅅ')에서 'ㅅ → ㄷ'과 같이 'ㄷ'으로 실현된 경우이다. 이 경우에
는 하나의 음운변화과정에서 먼저 말음법칙이 적용된 후에, 경음화 등이
적용된다. '요탓조탓'은 '요탓조탓 → 요탇조탓 → 요탇쪼탓 → 요탇쪼탇'과
같은 음운변화과정에서 1단계는 'ㅅ → ㄷ(-탓- → -탇-)'과 같이 'ㅅ'에
말음법칙이 적용되고, 2단계는 'ㅈ → �(-조- → -쪼-)'과 같이 'ㅈ'에 경
음화가 적용되고, 3단계는 'ㅅ → ㄷ(-탓 → -탇)'과 같이 'ㅅ'에 말음법칙
이 적용된다.

(76) 'ㅅ'이 뒤 첫소리 'ㅉ'의 앞과 단어 끝인 경우('첩어')

    'ㅅ + ㅉ → ㄷ + ㅉ'('ㅅ → ㄷ' : 말)

옹긋쫑긋[옹귿쫑귿 → 옹귿쫑귿](말 → 말)

옹긋쫑긋[옹귿쫑귿]           짜긋짜긋[짜귿짜귿]

짜릿짜릿[짜릳짜릳]           짤깃짤깃[짤긷짤긷]

째긋째긋[째귿째귿]           쨍긋쨍긋[쨍귿쨍귿]

쨍끗쨍끗[쨍끋쨍끋]           쩌릿쩌릿[쩌릳쩌릳]

쪼뺏쪼뺏[쪼뺃쪼뺃]           쫄깃쫄깃[쫄긷쫄긷]

쫑긋쫑긋[쫑귿쫑귿]           쭈뺏쭈뺏[쭈뺃쭈뺃]

쭐깃쭐깃[쭐긷쭐긷]           쭝긋쭝긋[쭝귿쭝귿]

| | |
|---|---|
| 찌긋찌긋[찌귿찌귿] | 찌릇찌릇[찌륻찌륻] |
| 찌릿찌릿[찌릳찌릳] | 찔깃찔깃[찔긷찔긷] |
| 찡긋찡긋[찡귿찡귿] | 찡끗찡끗[찡끋찡끋] |

(76)은 같은 소리나 비슷한 소리를 가진 단어가 겹쳐서 이루어진 복합어
의 경우이다. 보기는 'ㅅ'이 뒤 첫소리 앞('-긋쫑-'의 'ㅉ')과 낱말의 끝소리
('-쫑긋'의 'ㅅ')에서 'ㅅ → ㄷ'과 같이 'ㄷ'으로 실현된 경우이다. '옹긋쫑
긋'은 '옹긋쫑긋 → 옹귿쫑긋 → 옹귿쫑귿'과 같은 음운변화과정에서 1단계
는 'ㅅ → ㄷ(-긋- → -귿-)'과 같이 'ㅅ'에 말음법칙이 적용되고, 2단계는
'ㅅ → ㄷ(-긋 → -귿)'과 같이 'ㅅ'에 말음법칙이 적용된다.

(77) 'ㅅ'이 뒤 첫소리 'ㅍ'의 앞과 단어 끝(또는 'ㅎ' 앞)인 경우
  'ㅅ + ㅍ → ㄷ + ㅍ'('ㅅ → ㄷ' : 말)
  ㄱ. 파릇파릇[파른파륻 → 파른파른]('첩어' :말 → 말)
    푸릇푸릇[푸른푸른]
  ㄴ. 풋풋하다[푿풋하다 → 푿푿하다 → 푿푸타다](말 → 말 → 격)

(77ㄱ)은 같은 소리나 비슷한 소리를 가진 단어가 겹쳐서 이루어진 복합
어의 경우이다. 보기는 'ㅅ'이 뒤 첫소리 앞('-릇파-'의 'ㅍ')과 낱말의 끝소
리('-파릇'의 'ㅅ')에서 'ㅅ → ㄷ'과 같이 'ㄷ'으로 실현된 경우이다. '파릇파
릇'은 '파릇파릇 → 파륻파릇 → 파륻파륻'과 같은 음운변화과정에서 1단계
는 'ㅅ → ㄷ(-릇- → -륻-)'과 같이 'ㅅ'에 말음법칙이 적용되고, 2단계는
'ㅅ → ㄷ(-릇 → -륻)'과 같이 'ㅅ'에 말음법칙이 적용된다.

(77ㄴ)의 '풋풋하다'가 '풋풋하다 → 푿풋하다 → 푿푿하다 → 푿푸타다'
와 같은 음운변화과정에서 1단계는 'ㅅ → ㄷ(풋- → 푿-)'과 같이 'ㅅ'에 말
음법칙이 적용되고, 2단계는 'ㅅ → ㄷ(-풋- → -푿-)'과 같이 'ㅅ'에 말음
법칙이 적용되고, 3단계는 'ㄷ + ㅎ → ㅌ(-푿하- → -푸타-)'과 같이 'ㄷ'
에 격음화가 적용된다.

(78) 'ㅅ'이 뒤 첫소리 'ㅎ'의 앞인 경우

'ㅅ + ㅎ → ㄷ + ㅎ → ㅌ'('ㅅ → ㄷ' : 말, 'ㄷ + ㅎ → ㅌ' : 격)

ㄱ. 첫해[첟해 → 처태](말 → 격)

첫행보[처탱보]  첫혼인[처토닌]

걸핏하면[걸피타면]  기껏해야[기꺼태야]

ㄴ. 듯하다[듣하다 → 드타다]('ㅅ + 하다' : 말 → 격)

뜻하다[뜨타다]  못하다[모타다]

뭣하다[뭐타다]  탓하다[타타다]

가뭇하다[가무타다]  갸웃하다[갸우타다]

걸핏하다[걸피타다]  깨끗하다[깨끄타다]

남짓하다[남지타다]  노릇하다[노르타다]

느긋하다[느그타다]  따뜻하다[따뜨타다]

또렷하다[또려타다]  뚜렷하다[뚜려타다]

머뭇하다[머무타다]  멈칫하다[멈치타다]

무엇하다[무어타다]  반듯하다[반드타다]

봉긋하다[봉그타다]  비롯하다[비로타다]

비릿하다[비리타다]  비슷하다[비스타다]

뿌듯하다[뿌드타다]  아릿하다[아리타다]

애틋하다[애트타다]  야릇하다[야르타다]

어엿하다[어여타다]  의젓하다[의저타다]

잘못하다[잘모타다]  짜릿하다[짜리타다]

쫑긋하다[쫑그타다]  쭈뼛하다[쭈뼈타다]

찌릿하다[찌리타다]  찡긋하다[찡그타다]

파릇하다[파르타다]  푸릇하다[푸르타다]

향긋하다[향그타다]  호젓하다[호저타다]

흐릿하다[흐리타다]  흐뭇하다[흐무타다]

ㄷ. 낫 한 자루[낟한자루 → 나탄자루](말 → 격)

셋 하면[섿하면 → 세타면]  넷 하면[네타면]

다섯 하면[다서타면]  멋 하냐[머타냐]

못 하다[모타다]                무엇 하는[무어타는]
여섯 해[여서태]                옷 한 벌[오탄벌]
잘 못 하다[잘모타다]

(78)은 표준발음법 제12항 1 [붙임 2]에 규정되어 있다. 이는 규정에 따라 'ㄷ'으로 발음되는 'ㅅ, ㅈ, ㅊ, ㅌ'의 경우에도 격음화가 실현된다는 내용이다. 보기는 자음접변의 환경에서 앞 끝소리 'ㅅ'이 뒤 첫소리 'ㅎ'과 연결되어 'ㅅ + ㅎ → ㄷ + ㅎ → ㅌ'과 같은 음운의 변화과정에서 격음화가 실현된 경우이다. 이 경우에 음운변화과정에서 먼저 'ㅅ'에 말음법칙이 적용된 후에, 'ㄷ'과 'ㅎ'의 합음으로 인해 격음화가 적용된다.

(78ㄱ)은 명사(이름씨)나 부사(어찌씨)의 경우이다. '첫해'가 '첫해 → 천해 → 처태'와 같은 음운변화과정에서 1단계는 'ㅅ → ㄷ(첫- → 천-)'과 같이 'ㅅ'에 말음법칙이 적용되고, 2단계는 'ㄷ + ㅎ → ㅌ(천해 → 처태)'과 같이 'ㄷ'에 격음화가 적용된다.

(78ㄴ)은 동사(움직씨)나 형용사(그림씨)의 경우이다. '듯하다'가 '듯하다 → 듣하다 → 드타다'와 같은 음운변화과정에서 1단계는 'ㅅ → ㄷ(듯- → 듣-)'과 같이 'ㅅ'에 말음법칙이 적용되고, 2단계는 'ㄷ + ㅎ → ㅌ(듣하 → 드타)'과 같이 'ㄷ'에 격음화가 적용된다.

(78ㄷ)는 단어가 띄어서 표기된 경우이다. '낫 한 자루'가 '낫한자루 → 낟한자루 → 나탄자루'와 같은 음운변화과정에서 1단계는 'ㅅ → ㄷ(낫- → 낟-)'과 같이 'ㅅ'에 말음법칙이 적용되고, 2단계는 'ㄷ + ㅎ → ㅌ(낟한- → 나탄-)'과 같이 'ㄷ'에 격음화가 적용된다.

(79) 'ㅅ'이 뒤 첫소리 'ㅎ'의 앞인 경우
    'ㅅ + ㅎ → ㄷ + ㅎ → ㅌ'('ㅅ → ㄷ' : 말, 'ㄷ + ㅎ → ㅌ' : 격)
    ㄱ. 비슷합니다[비슫합니다 → 비스탑니다 → 비스탐니다](말 → 격 → 비)
    ㄴ. 못하였다[몯하였다 → 모타였다 → 모타엳다 → 모타엳따]

(말 → 격 → 말 → 경)

헛헛증[허턷쯩]

ㄷ. 못했습니다[몯했습니다 → 모탰습니다 → 모탣습니다 →
모탣씁니다 → 모탣씁니다](말 → 격 → 말 → 경 → 비)

ㄹ. 훗훗하다[훋훗하다 → 후툿하다 → 후툳하다 → 후투타다]
(말 → 격 → 말 → 격)


(79)는 자음접변의 환경에서 앞 끝소리가 'ㅅ'이고, 뒤 첫소리가 'ㅎ'인 경우이다. 이 경우에는 하나의 음운변화과정에서 먼저 말음법칙이 적용된 후에, 격음화 등이 적용된다.

(79ㄱ)의 '비슷합니다'가 '비슷합니다 → 비슫합니다 → 비스탑니다 → 비스탐니다'와 같은 음운변화과정에서 1단계는 'ㅅ → ㄷ(-슷- → -슫-)'과 같이 'ㅅ'에 말음법칙이 적용되고, 2단계는 'ㄷ + ㅎ → ㅌ(-슫합- → -스탑-)'과 같이 'ㄷ'에 격음화가 적용되고, 3단계는 'ㅂ → ㅁ(-탑- → -탐-)'과 같이 'ㅂ'에 비음화가 적용된다.

(79ㄴ)의 '못하였다'가 '못하였다 → 몯하였다 → 모타였다 → 모타엳다 → 모타엳따'와 같은 음운변화과정에서 1단계는 'ㅅ → ㄷ(못- → 몯-)'과 같이 'ㅅ'에 말음법칙이 적용되고, 2단계는 'ㄷ + ㅎ → ㅌ(몯하- → 모타-)'과 같이 'ㄷ'에 격음화가 적용되고, 3단계는 'ㅆ → ㄷ(-였- → -엳-)'과 같이 'ㅆ'에 말음법칙이 적용되고, 4단계는 'ㄷ → ㄸ(-다 → -따)'과 같이 'ㄷ'에 경음화가 적용된다.

(79ㄷ)의 '못했습니다'가 '못했습니다 → 몯했습니다 → 모탰습니다 → 모탣습니다 → 모탣씁니다 → 모탣씁니다'와 같은 음운변화과정에서 1단계는 'ㅅ → ㄷ(못- → 몯-)'과 같이 'ㅅ'에 말음법칙이 적용되고, 2단계는 'ㄷ + ㅎ → ㅌ(몯했- → 모탰-)'과 같이 'ㄷ'에 격음화가 적용되고, 3단계는 'ㅆ → ㄷ(-탰- → -탣-)'과 같이 'ㅆ'에 말음법칙이 적용되고, 4단계는 'ㅅ → ㅆ(-습- → -씁-)'과 같이 'ㅅ'에 경음화가 적용되고, 5단계는 'ㅂ → ㅁ(-

한국어 발음 교육의 실제

씁- → -씀-)'과 같이 'ㅂ'에 비음화가 적용된다.

(79ㄹ)의 '훗훗하다'가 '훗훗하다 → 훈훗하다 → 후툿하다 → 후툰하다 → 후투타다'와 같은 음운변화과정에서 1단계는 'ㅅ → ㄷ(훗- → 훈-)'과 같이 'ㅅ'에 말음법칙이 적용되고, 2단계는 'ㄷ + ㅎ → ㅌ(훈훗- → 후툿-)'과 같이 'ㄷ'에 격음화가 적용되고, 3단계는 'ㅅ → ㄷ(-툿- → -툰-)'과 같이 'ㅅ'에 말음법칙이 적용되고, 3단계는 'ㄷ + ㅎ → ㅌ(-툰하- → -투타-)'과 같이 'ㄷ'에 격음화가 적용된다.

(80) 'ㅅ'이 뒤 첫소리 'ㅎ'의 앞과 단어 끝인 경우('첩어')

　'ㅅ + ㅎ → ㄷ + ㅎ → ㅌ'('ㅅ → ㄷ' : 말, 'ㄷ + ㅎ → ㅌ' : 격)

ㄱ. 하빗하빗[하빋하빗 → 하비타빗 → 하비타빋](말 → 격 → 말)

| | |
|---|---|
| 할긋할긋[할그탈귿] | 할깃할깃[할기탈긴] |
| 할끗할끗[할끄탈끋] | 할낏할낏[할끼탈낀] |
| 해끗해끗[해끄태끋] | 핼끗핼끗[핼끄탤끋] |
| 허빗허빗[허비터빋] | 호빗호빗[호비토빋] |
| 후빗후빗[후비투빋] | 흐릿흐릿[흐리트릳] |
| 흐뭇흐뭇[흐무트묻] | 흘긋흘긋[흘그틀귿] |
| 흘깃할깃[흘기탈긴] | 흘깃흘깃[흘기틀긴] |
| 흘끗흘끗[흘끄틀끋] | 흘낏흘낏[흘끼틀낀] |
| 흠칫흠칫[흠치틈칟] | 희끗희끗[히끄티끋] |
| 힐긋힐긋[힐그틸귿] | 힐끗힐끗[힐끄틸끋] |

ㄴ. 홧홧[환홧 → 화톳 → 화톧](말 → 격 → 말)

(80)은 같은 소리나 비슷한 소리를 가진 단어가 겹쳐서 이루어진 복합어의 경우이다. 보기는 'ㅅ'이 뒤 첫소리 앞('-빗하-'의 'ㅎ')과 단어의 끝소리('-하빗'의 'ㅅ')에서 'ㅅ → ㄷ'과 같이 'ㄷ'으로 실현된 경우이다. 이 경우에는 하나의 음운변화과정에서 먼저 말음법칙이 적용된 후에, 격음화 등이 적용된다.

(80ㄱ)의 '할긋할긋'이 '할긋할긋 → 할귿할긋 → 할그탈긋 → 할그탈귿'
과 같은 음운변화과정에서 1단계는 'ㅅ → ㄷ(-긋- → -귿-)'과 같이 'ㅅ'
에 말음법칙이 적용되고, 2단계는 'ㄷ + ㅎ → ㅌ(-귿할- → -그탈-)'과 같
이 'ㄷ'에 격음화가 적용되고, 3단계는 'ㅅ → ㄷ(-긋 → -귿)'과 같이 'ㅅ'에
말음법칙이 적용된다.

(80ㄴ)의 '홧홧'이 '홧홧 → 홛홧 → 화톳 → 화톹'과 같은 음운변화과정에
서 1단계는 'ㅅ → ㄷ(홧- → 홛-)'과 같이 'ㅅ'에 말음법칙이 적용되고, 2단
계는 'ㄷ + ㅎ → ㅌ(홛홧 → 화톳)'과 같이 'ㄷ'에 격음화가 적용되고, 3단계
는 'ㅅ → ㄷ(-톳 → -톹)'과 같이 'ㅅ'에 말음법칙이 적용된다.

## 3) 앞 끝소리가 'ㅆ'인 경우

(81) 'ㅆ'이 뒤 첫소리 'ㄴ'의 앞인 경우

　　'ㅆ + ㄴ → ㄷ + ㄴ → ㄴ + ㄴ'('ㅆ → ㄷ' : 말, 'ㄷ → ㄴ' : 비)

　　갔나[간나 → 간나](말 → 비)

| | | | |
|---|---|---|---|
| 갰나[갠나] | 겠느[겐느] | 겼는[견는] | 깼니[깬니] |
| 겼나[견나] | 꿨느[꿘느] | 났는[난는] | 냈니[낸니] |
| 넜나[넌나] | 넸느[넨느] | 녔는[년는] | 놨니[놘니] |
| 댔나[댄나] | 됐느[됀느] | 뒀는[뒨는] | 땄니[딴니] |
| 땠나[땐나] | 떴느[떤느] | 랐는[란는] | 랬니[랜니] |
| 렀나[런나] | 렸느[련느] | 맸는[맨는] | 밌니[민니] |
| 볐나[변나] | 봤느[봔느] | 빴는[빤는] | 뺐니[뺀니] |
| 샀나[산나] | 섰느[선느] | 셌는[센는] | 셨니[션니] |
| 쌌나[싼나] | 썼느[썬느] | 쐈는[쫜는] | 았니[안니] |
| 었나[언나] | 였느[연느] | 옜는[옌는] | 왔니[완니] |
| 웠나[원나] | 있느[인느] | 잤는[잔는] | 쟀니[쟨니] |
| 졌나[전나] | 줬느[줜느] | 짰는[짠는] | 쨌니[쨈니] |
| 쩠나[쩐나] | 찼느[찬느] | 챘는[챈는] | 쳤니[천니] |
| 췄나[췬나] | 컸느[컨느] | 켰는[견는] | 탔니[탄니] |

텄나[턴나]　팠느[판느]　팠는[판는]　팠니[판니]
했나[핸나]　혔느[현느]

(81)의 보기 중에는 비음화와 관련된 앞 끝소리 'ㅆ'과 뒤 첫소리 'ㄴ'을 포함한 두 음절만 기술하고, 이외의 음절은 생략한 경우도 있다. '겼는'의 경우에는 '이겼는가 → 겼는'과 같이 '겼는' 이외의 앞 음절 '이-'와 뒤 음절 '-가'를 생략한 것이다. 뒤 첫소리 'ㄴ'과 연결된 모음도 여러 활용형을 제시하기 위해 '나, 느, 는, 니' 등과 같이 기술한 것이다. 보기는 자음접변의 환경에서 앞 끝소리가 'ㅆ'('갔나'에서 '갔-'의 'ㅆ')이고, 뒤 첫소리가 'ㄴ'('-나-'의 'ㄴ')인 경우에 'ㅆ'이 'ㄴ'으로 실현된 경우이다. 이 경우에는 음운변화과정에서 먼저 'ㅆ → ㄷ'과 같은 말음법칙이 적용된 후에, 'ㄷ → ㄴ'과 같은 비음화가 적용된다. '갰나'가 '갰나 → 갠나 → 갠나'와 같은 음운변화과정에서 1단계는 'ㅆ → ㄷ(갰- → 갠-)'과 같이 'ㅆ'에 말음법칙이 적용되고, 2단계는 'ㄷ → ㄴ(갠- → 갠-)'과 같이 'ㄷ'에 비음화가 적용된다.

(82) 'ㅆ'이 뒤 첫소리 'ㄱ, ㄷ, ㅅ, ㅈ' 등의 앞인 경우
　　'ㅆ + ㄱ, ㄷ, ㅅ, ㅈ → ㄷ + ㄱ, ㄷ, ㅅ, ㅈ → ㄷ + ㄲ, ㄸ, ㅆ, ㅉ'
　　('ㅆ → ㄷ' : 말, 'ㄱ → ㄲ'·'ㄷ → ㄸ'·'ㅅ → ㅆ'·'ㅈ → ㅉ' : 경)
　　갔고[갇고 → 갇꼬](말 → 경)

| 갰고[갣꼬] | 겠다[겓따] | 겼소[겯쏘] | 깼지[깯찌] |
| 겼고[겯꼬] | 꿨다[꿛따] | 났소[낟쏘] | 냈지[낻찌] |
| 넜고[넏꼬] | 넸다[넫따] | 녔소[녇쏘] | 낮지[낟찌] |
| 댔고[댇꼬] | 됐다[됃따] | 됬소[됟쏘] | 땄지[딷찌] |
| 땠고[땓꼬] | 떴다[떧따] | 랐소[랃쏘] | 랬지[랟찌] |
| 렀고[럳꼬] | 렸다[럳따] | 맸소[맫쏘] | 밌지[믿찌] |
| 볐고[볃꼬] | 봤다[받따] | 빴소[빧쏘] | 뺐지[뺃찌] |
| 샀고[삳꼬] | 섰다[섣따] | 셌소[섿쏘] | 셨지[셛찌] |
| 쌌고[싿꼬] | 썼다[썯따] | 쐈소[쐍쏘] | 았지[앋찌] |

| | | | |
|---|---|---|---|
| 었고[얻꼬] | 였다[엳따] | 옜소[옏쏘] | 왔지[왇찌] |
| 윘고[윋꼬] | 있다[읻따] | 잤소[잗쏘] | 쟀지[잳찌] |
| 졌고[젇꼬] | 줬다[줟따] | 짰소[짣쏘] | 쨌지[짿찌] |
| 쩠고[쩓꼬] | 찼다[찯따] | 챘소[챋쏘] | 쳤지[쳗찌] |
| 췄고[췓꼬] | 컸다[컫따] | 켰소[켣쏘] | 탔지[탇찌] |
| 텄고[턷꼬] | 팠다[팓따] | 폈소[펻쏘] | 폈지[펻찌] |
| 했고[핻꼬] | 혔다[혇따] | | |

(82)의 보기 중에는 경음화와 관련된 앞 끝소리 'ㅆ'과 뒤 첫소리 'ㄱ·ㄷ·ㅅ·ㅈ' 등을 포함한 두 음절만 기술하고, 이 외의 음절은 생략한 경우도 있다. '겠다'의 경우에는 '가겠다 → 겠다'와 같이 '겠다' 이외의 앞 음절 '가-'를 생략한 것이다. 뒤 첫소리의 경우에는 '-고 → -꼬', '-다 → -따', '-소 → -쏘', '-지 → -찌' 등과 같이 여러 활용형을 제시한 것이다. 보기는 자음접변의 환경에서 앞 끝소리가 'ㅆ'('갔고'의 'ㅆ')이고, 뒤 첫소리가 'ㄱ'('-고'의 'ㄱ')인 경우에 'ㅆ'이 'ㄷ'으로 실현된 경우이다. 이 경우에는 음운변화과정에서 먼저 'ㅆ → ㄷ'과 같은 말음법칙이 적용된 후에, 경음화가 적용된다. '갔고'가 '갔고 → 갇고 → 갇꼬'와 같은 음운변화과정에서 1단계는 'ㅆ → ㄷ(갔- → 갇-)'과 같이 'ㅆ'에 말음법칙이 적용되고, 2단계는 'ㄱ → ㄲ(-고 → -꼬)'과 같이 'ㄱ'에 경음화가 적용된다.

(83) 'ㅆ'이 뒤 첫소리 'ㄷ'('-답니다'의 'ㄷ')의 앞인 경우
'ㅆ + ㄷ → ㄷ + ㄷ → ㄷ + ㄸ'('ㅆ → ㄷ' : 말, 'ㄷ → ㄸ' : 경)
가겠답니다[가겓답니다 → 가겓땁니다 → 가겓땀니다](말 → 경 → 비)

| | |
|---|---|
| 건넜답니다[건넏땀니다] | 기뻤답니다[기뻗땀니다] |
| 느꼈답니다[느껻땀니다] | 놀랐답니다[놀랃땀니다] |
| 다녔답니다[다녇땀니다] | 달랬답니다[달랟땀니다] |
| 먹였답니다[머겯땀니다] | 불렀답니다[불럳땀니다] |
| 슬펐답니다[슬펃땀니다] | 울었답니다[우럳땀니다] |
| 이겼답니다[이겯땀니다] | 재밌답니다[재믿땀니다] |

한국어 발음 교육의 실제

팔았답니다[파랃땀니다]　　　　기다렸답니다[기다럳땀니다]

무거웠답니다[무거월땀니다]　　주무셨답니다[주무셛땀니다]

(83)은 자음접변의 환경에서 앞 끝소리 'ㅆ'과 뒤 첫소리 'ㄷ'이 포함된
어미 '-답니다'가 연결된 경우에, 'ㅆ'이 'ㅆ → ㄷ'과 같이 'ㄷ'으로 실현된
것이다. 이 경우에는 하나의 음운변화과정에서 먼저 말음법칙이 적용된 후
에, 경음화와 비음화가 적용된다. '건넜답니다'가 '건넜답니다 → 건넏답
니다 → 건넏땁니다 → 건넏땀니다'와 같은 음운변화과정에서 1단계는 'ㅆ
→ ㄷ(-넜- → -넏-)'과 같이 'ㅆ'에 말음법칙이 적용되고, 2단계는 'ㄷ →
ㄸ(-답- → -땁-)'과 같이 'ㄷ'에 경음화가 적용되고, 3단계는 'ㅂ → ㅁ(-
땁- → -땀-)'과 같이 'ㅂ'에 비음화가 적용된다.

(84) 'ㅆ'이 뒤 첫소리 'ㅅ'('-습니다'의 'ㅅ')의 앞인 경우

　　　'ㅆ + ㅅ → ㄷ + ㅅ → ㄷ + ㅆ('ㅆ → ㄷ': 말, 'ㅅ → ㅆ': 경)

　　　갔습니다[갇습니다 → 갇씁니다 → 갇씀니다](말 → 경 → 비)

가겠습니다[가겓씀니다]　　　　기댔습니다[기댇씀니다]

꺼냈습니다[꺼낻씀니다]　　　　나빴습니다[나빧씀니다]

나섰습니다[나섣씀니다]　　　　닦았습니다[다깓씀니다]

달렸습니다[달렫씀니다]　　　　들었습니다[드럳씀니다]

배웠습니다[배월씀니다]　　　　비볐습니다[비볃씀니다]

성났습니다[성낟씀니다]　　　　우셨습니다[우셛씀니다]

잠겼습니다[잠겯씀니다]　　　　하였습니다[하엳씀니다]

(84)는 자음접변의 환경에서 앞 끝소리 'ㅆ'과 뒤 첫소리 'ㅅ'이 포함된
어미 '-습니다'가 연결된 경우에, 'ㅆ'이 'ㅆ → ㄷ'과 같이 'ㄷ'으로 실현된
것이다. 이 경우에는 하나의 음운변화과정에서 먼저 말음법칙이 적용된 후
에, 경음화와 비음화가 적용된다. '가겠습니다'가 '가겠습니다 → 가겓습
니다 → 가겓씁니다 → 가겓씀니다'와 같은 음운변화과정에서 1단계는 'ㅆ

→ ㄷ(-겠- → -겐-)'과 같이 'ㅆ'에 말음법칙이 적용되고, 2단계는 'ㅅ → ㅆ(-습- → -씁-)'과 같이 'ㅅ'에 경음화가 적용되고, 3단계는 'ㅂ → ㅁ(-씁- → -씀-)'과 같이 'ㅂ'에 비음화가 적용된다.

**4)** 끝소리가 'ㅈ'인 경우

(85) 'ㅈ'이 단어 끝인 경우('ㅈ → ㄷ' : 말)

곶[곧](말)

| | | | |
|---|---|---|---|
| 낮[낟] | 빚[빋] | 젖[젇] | 좆[졷] |
| 귀젖[귀젇] | 대낮[대낟] | 돈빚[돈빋] | 말빚[말빋] |
| 물젖[물젇] | 밤낮[밤낟] | 배젖[배젇] | 생젖[생젇] |
| 씨젖[씨젇] | 양벚[양벋] | 양젖[양젇] | 온갖[온갇] |
| 쥐젖[쥐젇] | 지읒[지읃] | 찰젖[찰젇] | 참젖[참젇] |
| 통젖[통젇] | 한낮[한낟] | | |
| 구유젖[구유젇] | 묵은빚[무근빋] | 사발젖[사발젇] | |
| 새끼낮[새끼낟] | 쌍지읒[쌍지읃] | | |

　　(85)는 'ㅈ'이 단어 끝('구유젖'의 'ㅈ')에서 'ㅈ → ㄷ'과 같이 'ㄷ'으로 실현된 경우이다. '귀젖'은 '귀젖 → 귀젇'과 같은 음운변화과정에서 'ㅈ → ㄷ'과 같이 'ㅈ'에 말음법칙이 적용된다. 이는 표기인 '귀젖'이 표준발음인 [귀젇]으로 실현된 것을 의미한다. 즉 표기와 표준발음이 다른 경우이다.

(86) 'ㅈ'이 뒤 첫소리(자음) 앞인 경우

　　'ㅈ + 첫소리 → ㄷ + 첫소리'('ㅈ → ㄷ' : 말)

　　ㄱ. 갖추다[갇추다](말)

| | | |
|---|---|---|
| 낮추다[낟추다] | 낮춤말[낟춤말] | 늦깎이[늗까끼] |
| 늦추다[늗추다] | 늦추위[늗추위] | 맞추다[맏추다] |
| 잦추다[잗추다] | 대낮처럼[대낟처럼] | |
| 부딪치다[부딛치다] | 빚꾸러기[빋꾸러기] | |

ㄴ. 벚꽃[벋꽃 → 벋꼳](말 → 말)

맞춤옷[맏추몯]

(86ㄱ)은 'ㅈ'이 뒤 첫소리(자음) 앞('갖추다'의 'ㅊ')에서 'ㅈ → ㄷ'과 같이 'ㄷ'으로 실현된 경우이다. '갖추다'는 '갖추다 → 갇추다'와 같은 음운변화 과정에서 'ㅈ → ㄷ'과 같이 'ㅈ'에 말음법칙이 적용된다. 이는 표기인 '갖추 다'가 표준발음인 [갇추다]로 실현된 것을 의미한다. 즉 표기와 표준발음이 다른 경우이다.

(86ㄴ)의 '맞춤옷'이 '맞춤옷 → 맏추못 → 맏추몯'과 같은 음운변화과정 에서 1단계는 'ㅈ → ㄷ(맞- → 맏-)'과 같이 'ㅈ'에 말음법칙이 적용되고, 2 단계는 'ㅅ → ㄷ(-못 → -몯)'과 같이 'ㅅ'에 말음법칙이 적용된다.

(87) 'ㅈ'이 첫소리 'ㄱ' 앞인 경우

'ㅈ + ㄱ → ㄷ + ㄱ → ㄷ + ㄲ'('ㅈ → ㄷ' : 말, 'ㄱ → ㄲ' : 경)

ㄱ. 갖가지[갇가지 → 갇까지](말 → 경)

| | | |
|---|---|---|
| 곶감[곧깜] | 꽂개[꼳깨] | 젖국[젇꾹] |
| 궂기다[굳끼다] | 낮교대[낟꾜대] | 늦가을[늗까을] |
| 늦갈이[늗까리] | 늦거름[늗꺼름] | 늦겨울[늗껴울] |
| 늦공부[늗꽁부] | 늦과일[늗꽈일] | 늦김치[늗낌치] |
| 맞걸다[맏껄다] | 맞고소[맏꼬소] | 맞구멍[맏꾸멍] |
| 빚거간[빋꺼간] | 빚구럭[빋꾸럭] | 빚구멍[빋꾸멍] |
| 손빚기[손빋끼] | 엊그제[얻끄제] | 젖가슴[젇까슴] |
| 젖기름[젇끼름] | 찢기다[찓끼다] | 맞겨루다[맏껴루다] |

ㄴ. 낮결[낟결 → 낟껼 → 낟껼](말 → 경 → 말)

ㄷ. 맞갖잖다[맏갖잖다 → 맏깣잖다 → 맏깓잖다 → 맏깓짢다 → 맏깓짠타](말 → 경 → 말 → 경 → 격)

(87)은 자음접변의 환경에서 앞 끝소리가 'ㅈ'이고, 뒤 첫소리가 'ㄱ'인 경우에 'ㅈ'이 자음 앞('갖가지'의 'ㄱ')에서 'ㅈ → ㄷ'과 같이 'ㄷ'으로 실현

된 경우이다. 이 경우에는 음운변화과정에서 먼저 'ㅈ → ㄷ'과 같은 말음법칙이 적용된 후에, 경음화가 적용된다.

(87ㄱ)의 '갖가지'가 '갖가지 → 갇가지 → 갇까지'와 같은 음운변화과정에서 1단계는 'ㅈ → ㄷ(갖- → 갇-)'과 같이 'ㅈ'에 말음법칙이 적용되고, 2단계는 'ㄱ → ㄲ(-가- → -까-)'과 같이 'ㄱ'에 경음화가 적용된다. 이는 표기인 '갖가지'가 표준발음인 [갇까지]로 실현된 것을 의미한다. 즉 표기와 표준발음이 다른 경우이다.

(87ㄴ)의 '낮곁'이 '낮곁 → 낟곁 → 낟꼍 → 낟꼇'과 같은 음운변화과정에서 1단계는 'ㅈ → ㄷ(낮- → 낟-)'과 같이 'ㅈ'에 말음법칙이 적용되고, 2단계는 'ㄱ → ㄲ(-곁 → -꼍)'과 같이 'ㄱ'에 경음화가 적용되고, 3단계는 'ㅌ → ㄷ(-꼍 → -꼇)'과 같이 'ㅌ'에 말음법칙이 적용된다.

(87ㄷ)의 '맞갖잖다'가 '맞갖잖다 → 맏갖잖다 → 맏깢잖다 → 맏깐잖다 → 맏깐짢다 → 맏깐짠타'와 같은 음운변화과정에서 1단계는 'ㅈ → ㄷ(맞- → 맏-)'과 같이 'ㅈ'에 말음법칙이 적용되고, 2단계는 'ㄱ → ㄲ(-갖- → -깢-)'과 같이 'ㄱ'에 경음화가 적용되고, 3단계는 'ㅈ → ㄷ(-깢- → -깐-)'과 같이 'ㅈ'에 말음법칙이 적용되고, 4단계는 'ㅈ → ㅉ(-잖- → -짢-)'과 같이 'ㅈ'에 경음화가 적용되고, 5단계는 'ㅎ + ㄷ → ㅌ(-짢다 → -짠타)'과 같이 'ㄷ'에 격음화가 적용된다.

(88) 'ㅈ'이 뒤 첫소리 'ㄴ' 앞인 경우
　　'ㅈ + ㄴ → ㄷ + ㄴ → ㄴ + ㄴ('ㅈ → ㄷ' : 말, 'ㄷ → ㄴ' : 비)
　ㄱ. 젖내[젇내 → 전내](말 → 비)
　　젖니[전니]　　　　벚나무[번나무]　　　　빚내다[빈내다]
　ㄴ. 맞놓다[맏놓다 → 만놓다 → 만노타](말 → 비 → 격)

(88)은 자음접변의 환경에서 앞 끝소리가 'ㅈ'이고, 뒤 첫소리가 'ㄴ'인 경우에 'ㅈ'이 뒤 첫소리 앞('젖내'의 'ㄴ')에서 'ㅈ → ㄷ'과 같이 'ㄷ'으로 실

현된 경우이다. 이 경우에는 음운변화과정에서 먼저 'ㅈ → ㄷ'과 같은 말음법칙이 적용된 후에, 비음화 등이 적용된다.

(88ㄱ)의 '젖니'가 '젇니 → 전니 → 전니'와 같은 음운변화과정에서 1단계는 'ㅈ → ㄷ(젖- → 젇-)'과 같이 'ㅈ'에 말음법칙이 적용되고, 2단계는 'ㄷ → ㄴ(젇- → 전-)'과 같이 'ㄷ'에 비음화가 적용된다. 이는 표기인 '젖니'가 표준발음인 [전니]로 실현된 것을 의미한다. 즉 표기와 표준발음이 다른 경우이다.

(88ㄴ)의 '맞놓다'가 '맞놓다 → 맏놓다 → 만놓다 → 만노타'과 같은 음운변화과정에서 1단계는 'ㅈ → ㄷ(맞- → 맏-)'과 같이 'ㅈ'에 말음법칙이 적용되고, 2단계는 'ㄷ → ㄴ(맏- → 만-)'과 같이 'ㄷ'에 비음화가 적용되고, 3단계는 'ㅎ + ㄷ → ㅌ(-놓다 → -노타)'과 같이 'ㄷ'에 격음화가 적용된다.

(89) 'ㅈ'이 뒤 첫소리 'ㄷ, ㄸ' 앞인 경우

　　'ㅈ + ㄷ → ㄷ + ㄷ → ㄷ + ㄸ'('ㅈ → ㄷ' : 말, 'ㄷ → ㄸ' : 경)

　　ㄱ. 가로찢다[가로찓다 → 가로찓따](말 → 경)

| 갖다[갇따] | 궂다[굳따] | 꽂다[꼳따] | 낮다[낟따] |
|---|---|---|---|
| 늦다[늗따] | 맞다[맏따] | 맞돈[맏똔] | 맷다[맫따] |
| 멎다[먿따] | 빚다[빋따] | 빚돈[빋똔] | 잊다[읻따] |
| 잦다[잗따] | 젖다[젇따] | 짖다[짇따] | 쫓다[쫃따] |
| 찢다[찓따] | 찾다[찯따] | | |

감궂다[감굳따]　　걸맞다[걸맏따]　　꾸짖다[꾸짇따]

낮도둑[낟또둑]　　늦더위[늗떠위]　　늦둥이[늗뚱이]

맞단추[맏딴추]　　맞담배[맏땀배]　　맞대결[맏때결]

맞대다[맏때다]　　맞대응[맏때응]　　메꽂다[메꼳따]

무젖다[무젇따]　　밤늦다[밤늗따]　　빚더미[빋떠미]

우짖다[우짇따]　　젖동냥[젇똥냥]　　젖동생[젇똥생]

쥐빚다[쥐빋따]　　치꽂다[치꼳따]

곰살궂다[곰살굳따]　　　낮도깨비[낟또깨비]

내리꽂다[내리꼳따]　　비빗대다[비빋때다]

수지맞다[수지맏따]　　지질맞다[지질맏따]

ㄴ. 낮닭[낟닭 → 낟딹 → 낟딱](말 → 경 → 'ㄹ'탈)

ㄷ. 맞부딪다[맏부딪다 → 맏뿌딪다 → 맏뿌딛다 → 맏뿌딛따]

　　(말 → 경 → 말 — 경)

ㄹ. 맞닿다[맏닿다 → 맏땋다 → 맏따타](말 → 경 → 격)

ㅁ. 맞닿는[맏닫는 → 맏딷는 → 맏딴는](말 → 경 → 비)

ㅂ. 맞뚫다[맏뚫다 → 맏뚤타](말 → 격)

　(89)는 자음접변의 환경에서 앞 끝소리가 'ㅈ'이고, 뒤 첫소리가 'ㄷ, ㄸ' 등인 경우에 'ㅈ'이 자음 앞('가로찢다'의 'ㄷ')에서 'ㅈ → ㄷ'과 같이 'ㄷ'으로 실현된 경우이다. 이 경우에는 음운변화과정에서 먼저 'ㅈ → ㄷ'과 같은 말음법칙이 적용된 후에, 경음화 등이 적용된다.

　(89ㄱ)의 '감궂다'가 '감궂다 → 감굳다 → 감굳따'와 같은 음운변화과정에서 1단계는 'ㅈ → ㄷ(-궂- → -굳-)'과 같이 'ㅈ'에 말음법칙이 적용되고, 2단계는 'ㄷ → ㄸ(-다 → -따)'과 같이 'ㄷ'에 경음화가 적용된다. 이는 표기인 '감궂다'가 표준발음인 [감굳따]로 실현된 것을 의미한다. 즉 표기와 표준발음이 다른 경우이다.

　(89ㄴ)의 '낮닭'이 '낮닭 → 낟닭 → 낟딹 → 낟딱'과 같은 음운변화과정에서 1단계는 'ㅈ → ㄷ(낮- → 낟-)'과 같이 'ㅈ'에 말음법칙이 적용되고, 2단계는 'ㄷ → ㄸ(-닭 → -딹)'과 같이 'ㄷ'에 경음화가 적용되고, 3단계는 'ㄺ → ㄱ(-딹 → -딱)'과 같이 'ㄹ'에 자음탈락이 적용된다.

　(89ㄷ)의 '맞부딪다'가 '맞부딪다 → 맏부딪다 → 맏뿌딪다 → 맏뿌딛다 → 맏뿌딛따'와 같은 음운변화과정에서 1단계는 'ㅈ → ㄷ(맞- → 맏-)'과 같이 'ㅈ'에 말음법칙이 적용되고, 2단계는 'ㅂ → ㅃ(-부- → -뿌-)'과 같이 'ㅂ'에 경음화가 적용되고, 3단계는 'ㅈ → ㄷ(-딪- → -딛-)'과 같이 'ㅈ'에 말음법칙이 적용되고, 4단계는 'ㄷ → ㄸ(-다 → -따)'과 같이 'ㄷ'에

한국어 발음 교육의 실제

경음화가 적용된다.

(89ㄹ)의 '맞닿다'가 '맞닿다 → 맏닿다 → 맏땋다 → 맏따타'와 같은 음운
변화과정에서 1단계는 'ㅈ → ㄷ(맞- → 맏-)'과 같이 'ㅈ'에 말음법칙이 적
용되고, 2단계는 'ㄷ → ㄸ(-닿- → -땋-)'과 같이 'ㄷ'에 경음화가 적용되고,
3단계는 'ㅎ + ㄷ → ㅌ(-땋다 → -따타)'과 같이 'ㄷ'에 격음화가 적용된다.

(89ㅁ)의 '맞닿는'이 '맞닿는 → 맏닿는 → 맏땋는 → 맏딴는 → 맏딴는'과
같은 음운변화과정에서 1단계는 'ㅈ → ㄷ(맞- → 맏-)'과 같이 'ㅈ'에 말음
법칙이 적용되고, 2단계는 'ㄷ → ㄸ(-닿- → -땋-)'과 같이 'ㄷ'에 경음화가
적용되고, 3단계는 'ㅎ → ㄷ(-땋- → -딴-)'과 같이 'ㅎ'에 말음법칙이 적용
되고, 4단계는 'ㄷ → ㄴ(-딴- → -딴-)'과 같이 'ㄷ'에 비음화가 적용된다.

(89ㅂ)의 '맞뚫다'가 '맞뚫다 → 맏뚫다 → 맏뚤타'와 같은 음운변화과정
에서 1단계는 'ㅈ → ㄷ(맞- → 맏-)'과 같이 'ㅈ'에 말음법칙이 적용되고, 2
단계는 'ㅎ + ㄷ → ㅌ(-뚫다 → -뚤타)'과 같이 'ㄷ'에 격음화가 적용된다.

(90) 'ㅈ'이 뒤 첫소리 'ㅂ' 앞인 경우

　'ㅈ + ㅂ → ㄷ + ㅂ → ㄷ + ㅃ'('ㅈ → ㄷ' : 말, 'ㅂ → ㅃ' : 경)

　ㄱ. 낮볕[낟볕 → 낟뼏](말 → 경)

　　늦벼[늗뼈]　　늦봄[늗뽐]　　　　맞벽[맏뼉]　　　맞불[맏뿔]

　　젖배[젇빼]　　젖병[젇뼝]

　　낮보다[낟뽀다]　　　늦바람[늗빠람]　　　늦보리[늗뽀리]

　　맞바둑[맏빠둑]　　　맞바람[맏빠람]　　　맞방아[맏빵아]

　　맞벌이[맏뻐리]　　　맞보기[맏뽀기]　　　맞보다[맏뽀다]

　　맞보증[맏뽀증]　　　빚보증[빋뽀증]

　　젖비린내[젇삐린내]

　ㄴ. 젖빛[젇빛 → 젇삧 → 젇삗](말 → 경 → 말)

　　비빚비빚[비빋삐빋]

　ㄷ. 맞받이[맏받이 → 맏빧이 → 맏빠지](말 → 경 → 구)

　　맞붙이[맏뿌치]　　　　빚받이[빋빠지]　　　　　맞붙이다[맏뿌치다]

(90)은 자음접변의 환경에서 앞 끝소리가 'ㅈ'이고, 뒤 첫소리가 'ㅂ'인 경우에 'ㅈ'이 자음 앞('낮볕'의 'ㅂ')에서 'ㅈ → ㄷ'과 같이 'ㄷ'으로 실현된 경우이다. 이 경우에는 음운변화과정에서 먼저 'ㅈ → ㄷ'과 같은 말음법칙이 적용된 후에, 경음화 등이 적용된다.

(90ㄱ)의 '늦벼'가 '늦벼 → 늗벼 → 늗뼈'와 같은 음운변화과정에서 1단계는 'ㅈ → ㄷ(늦- → 늗-)'과 같이 'ㅈ'에 말음법칙이 적용되고, 2단계는 'ㅂ → ㅃ(-벼 → -뼈)'과 같이 'ㅂ'에 경음화가 적용된다. 이는 표기인 '늦벼'가 표준발음인 [늗뼈]로 실현된 것을 의미한다. 즉 표기와 표준발음이 다른 경우이다.

(90ㄴ)의 '젖빛'이 '젖빛 → 젇빛 → 젇삧 → 젇삗'과 같은 음운변화과정에서 1단계는 'ㅈ → ㄷ(젖- → 젇-)'과 같이 'ㅈ'에 말음법칙이 적용되고, 2단계는 'ㅂ → ㅃ(-빛 → -삧)'과 같이 'ㅂ'에 경음화가 적용되고, 3단계는 'ㅊ → ㄷ(-삧 → -삗)'과 같이 'ㅊ'에 말음법칙이 적용된다.

(90ㄷ)의 '맞받이'가 '맞받이 → 맏받이 → 맏빤이 → 맏빠지'와 같은 음운변화과정에서 1단계는 'ㅈ → ㄷ(맞- → 맏-)'과 같이 'ㅈ'에 말음법칙이 적용되고, 2단계는 'ㅂ → ㅃ(-받- → -빤-)'과 같이 'ㅂ'에 경음화가 적용되고, 3단계는 'ㄷ → ㅈ(-빤이 → -빠지)'과 같이 'ㄷ'에 구개음화가 적용된다.

(91) 'ㅈ'이 첫소리 'ㅅ' 앞인 경우
    'ㅈ + ㅅ → ㄷ + ㅅ → ㄷ + ㅆ'('ㅈ → ㄷ' : 말, 'ㅅ → ㅆ' : 경)
    갖신[갇신 → 갇씬](말 → 경)
    낮술[낟쑬]       맞선[맏썬]       맞술[맏쑬]
    젖소[젇쏘]       늦새끼[늗쌔끼]    맞상대[맏쌍대]
    맞서다[맏써다]    맞소리[맏쏘리]

(91)은 자음접변의 환경에서 앞 끝소리가 'ㅈ'이고, 뒤 첫소리가 'ㅅ'인 경우에 'ㅈ'이 자음 앞('낮술'의 'ㅅ')에서 'ㅈ → ㄷ'과 같이 'ㄷ'으로 실현된

경우이다. 이 경우에는 음운변화과정에서 먼저 'ㅈ → ㄷ'과 같은 말음법칙이 적용된 후에, 경음화가 적용된다. '낮술'이 '낮술 → 낟술 → 낟쑬'과 같은 음운변화과정에서 1단계는 'ㅈ → ㄷ(낮- → 낟-)'과 같이 'ㅈ'에 말음법칙이 적용되고, 2단계는 'ㅅ → ㅆ(-술 → -쑬)'과 같이 'ㅅ'에 경음화가 적용된다. 이는 표기인 '낮술'이 표준발음인 [낟쑬]로 실현된 것을 의미한다. 즉 표기와 표준발음이 다른 경우이다.

(92) 'ㅈ'이 첫소리 'ㅈ, ㅉ' 앞인 경우
　　'ㅈ + ㅈ → ㄷ + ㅈ → ㄷ + ㅉ('ㅈ → ㄷ' : 말, 'ㅈ → ㅉ' : 경)
　　ㄱ. 낮잠[낟잠 → 낟짬](말 → 경)

| | | |
|---|---|---|
| 늦잠[늗짬] | 맞절[맏쩔] | 젖줄[젇쭐] |
| 늦자식[늗짜식] | 늦장가[늗짱가] | 늦장마[늗짱마] |
| 늦저녁[늗쩌녁] | 늦점심[늗쩜심] | 맞장구[맏짱구] |
| 빚잔치[빋짠치] | 빚쟁이[빋쨍이] | 빚지다[빋찌다] |
| 엊저녁[얻쩌녁] | 갖저고리[갇쩌고리] | |

　　ㄴ. 맞섶[맏섶 → 맏썹 → 맏썹](말 → 경 → 말)
　　ㄷ. 맞잡다[맏잡다 → 맏짭다 → 맏짭따](말 → 경 → 경)
　　ㄹ. 맞쫓다[맏쫓다 → 맏쪼타](말 → 격)

　(92)는 자음접변의 환경에서 앞 끝소리가 'ㅈ'이고, 뒤 첫소리가 'ㅈ, ㅉ' 등인 경우에 'ㅈ'이 자음 앞('낮잠'에서 '-잠'의 'ㅈ')에서 'ㅈ → ㄷ'과 같이 'ㄷ'으로 실현된 경우이다. 이 경우에는 음운변화과정에서 먼저 'ㅈ → ㄷ' 과 같은 말음법칙이 적용된 후에, 경음화 등이 적용된다.

　(92ㄱ)의 '늦자식'이 '늦자식 → 늗자식 → 늗짜식'과 같은 음운변화과정에서 1단계는 'ㅈ → ㄷ(늦- → 늗-)'과 같이 'ㅈ'에 말음법칙이 적용되고, 2단계는 'ㅈ → ㅉ(-자- → -짜-)'과 같이 'ㅈ'에 경음화가 적용된다. 이는 표기인 '늦자식'이 표준발음인 [늗짜식]으로 실현된 것을 의미한다. 즉 표기와 표준발음이 다른 경우이다.

(92ㄴ)의 '맞섶'이 '맞섶 → 맏섶 → 맏썹 → 맏썹'과 같은 음운변화과정에서 1단계는 'ㅈ → ㄷ(맞- → 맏-)'과 같이 'ㅈ'에 말음법칙이 적용되고, 2단계는 'ㅅ → ㅆ(-섶 → -쎂)'과 같이 'ㅅ'에 경음화가 적용되고, 3단계는 'ㅍ → ㅂ(-쎂 → -썹)'과 같이 'ㅍ'에 말음법칙이 적용된다.

(92ㄷ)의 '맞잡다'가 '맞잡다 → 맏잡다 → 맏짭다 → 맏짭따'와 같은 음운변화과정에서 1단계는 'ㅈ → ㄷ(맞- → 맏-)'과 같이 'ㅈ'에 말음법칙이 적용되고, 2단계는 'ㅈ → ㅉ(-잡- → -짭-)'과 같이 'ㅈ'에 경음화가 적용되고, 3단계는 'ㄷ → ㄸ(-다 → -따)'과 같이 'ㄷ'에 경음화가 적용된다.

(92ㄹ)의 '맞찧다'가 '맞찧다 → 맏찧다 → 맏찌타'와 같은 음운변화과정에서 1단계는 'ㅈ → ㄷ(맞- → 맏-)'과 같이 'ㅈ'에 말음법칙이 적용되고, 2단계는 'ㅎ + ㄷ → ㅌ(-찧다 → -찌타)'과 같이 'ㄷ'에 격음화가 적용된다.

(93) 'ㅈ'이 뒤 첫소리 'ㅁ' 앞인 경우

'ㅈ + ㅁ → ㄷ + ㅁ → ㄴ + ㅁ'('ㅈ → ㄷ' : 말, 'ㄷ → ㄴ' : 비)

ㄱ. 낮말[낟말 → 난말](말 → 비)

| | | |
|---|---|---|
| 늦모[는모] | 늦물[는물] | 맞모금[만모금] |
| 맞물다[만물다] | 맞밀다[만밀다] | 젖먹이[전머기] |
| 젖멍울[전멍울] | 젖몸살[전몸살] | 젖무덤[전무덤] |
| 늦모내기[는모내기] | | |

ㄴ. 맞미닫이[맏미닫이 → 만미닫이 → 만미다지](말 → 비 → 구)

ㄷ. 맞먹다[맏먹다 → 만먹다 → 만먹따](말 → 비 → 경)

ㄹ. 맞맺다[맏맺다 → 만맺다 → 만맫다 → 만맫따](말 → 비 → 말 → 경)

(93)은 자음접변의 환경에서 앞 끝소리가 'ㅈ'이고, 뒤 첫소리가 'ㅁ'인 경우에 'ㅈ'이 자음 앞('낮말'의 'ㅁ')에서 'ㅈ → ㄷ'과 같이 'ㄷ'으로 실현된 경우이다. 이 경우에는 음운변화과정에서 먼저 'ㅈ → ㄷ'과 같은 말음법칙이 적용된 후에, 비음화 등이 적용된다.

(93ㄱ)의 '늦모'가 '늦모 → 늗모 → 는모'과 같은 음운변화과정에서 1단

계는 'ㅈ → ㄷ(늦- → 늗-)'과 같이 'ㅈ'에 말음법칙이 적용되고, 2단계는 'ㄷ → ㄴ(늗- → 는-)'과 같이 'ㄷ'에 비음화가 적용된다. 이는 표기인 '늦모'가 표준발음인 [는모]로 실현된 것을 의미한다. 즉 표기와 표준발음이 다른 경우이다.

(93ㄴ)의 '맞미닫이'가 '맞미닫이 → 맏미닫이 → 만미닫이 → 만미다지'와 같은 음운변화과정에서 1단계는 'ㅈ → ㄷ(맞- → 맏-)'과 같이 'ㅈ'에 말음법칙이 적용되고, 2단계는 'ㄷ → ㄴ(맏- → 만-)'과 같이 'ㄷ'에 비음화가 적용되고, 3단계는 'ㄷ → ㅈ(-닫이 → -다지)'과 같이 'ㄷ'에 구개음화가 적용된다.

(93ㄷ)의 '맞먹다'가 '맞먹다 → 맏먹다 → 만먹다 → 만먹따'와 같은 음운변화과정에서 1단계는 'ㅈ → ㄷ(맞- → 맏-)'과 같이 'ㅈ'에 말음법칙이 적용되고, 2단계는 'ㄷ → ㄴ(맏- → 만-)'과 같이 'ㄷ'에 비음화가 적용되고, 3단계는 'ㄷ → ㄸ(-다 → -따)'과 같이 'ㄷ'에 경음화가 적용된다.

(93ㄹ)의 '맞맺다'가 '맞맺다 → 맏맺다 → 만맺다 → 만맫다 → 만맫따'와 같은 음운변화과정에서 1단계는 'ㅈ → ㄷ(맞- → 맏-)'과 같이 'ㅈ'에 말음법칙이 적용되고, 2단계는 'ㄷ → ㄴ(맏- → 만-)'과 같이 'ㄷ'에 비음화가 적용되고, 3단계는 'ㅈ → ㄷ(-맺- → -맫-)'과 같이 'ㅈ'에 말음법칙이 적용되고, 4단계는 'ㄷ → ㄸ(-다 → -따)'과 같이 'ㄷ'에 경음화가 적용된다.

(94) 'ㅈ'이 뒤 첫소리 'ㅎ' 앞인 경우

　　'ㅈ + ㅎ → ㄷ + ㅎ → ㅌ'('ㅈ → ㄷ' : 말, 'ㄷ + ㅎ → ㅌ' : 격)

　　늦호박[늗호박 → 느토박](말 → 격)

　　늦휴가[느튜가]　　　맞혼인[마토닌]　　　맞흥정[마틍정]

(94)는 자음접변의 환경에서 앞 끝소리가 'ㅈ'이고, 뒤 첫소리가 'ㅎ'인 경우에 'ㅈ'이 자음 앞('늦호박'의 'ㅎ')에서 'ㅈ → ㄷ'과 같이 'ㄷ'으로 실현된 경우이다. 이 경우에는 음운변화과정에서 먼저 'ㅈ → ㄷ'과 같은 말음

법칙이 적용된 후에, 격음화가 적용된다. '늦호박'이 '늦호박 → 늗호박 →
느토박'과 같은 음운변화과정에서 1단계는 'ㅈ → ㄷ(늦- → 늗-)'과 같이
'ㅈ'에 말음법칙이 적용되고, 2단계는 'ㄷ + ㅎ → ㅌ(늗호- → 느토)'과 같
이 'ㄷ'에 격음화가 적용된다. 이는 표기인 '늦호박'이 표준발음인 [느토박]
으로 실현된 것을 의미한다. 즉 표기와 표준발음이 다른 경우이다.


**5) 끝소리가 'ㅊ'인 경우**

(95) 'ㅊ'이 단어 끝인 경우('ㅊ → ㄷ' : 말)

가로돛[가로돋](말)

| | | | | | |
|---|---|---|---|---|---|
| 갗[갇] | 꽃[꼳] | 낯[낟] | 닻[닫] | 덫[덛] | 돛[돋] |
| 몇[몓] | 밫[믿] | 빛[빋] | 숯[숟] | 옻[옫] | 윷[윧] |

| | | | |
|---|---|---|---|
| 겹꽃[겹꼳] | 곰돛[곰돋] | 들꽃[들꼳] | 면빛[면빋] |
| 민낯[민낟] | 반돛[반돋] | 베돛[베돋] | 봄꽃[봄꼳] |
| 불꽃[불꼳] | 붓꽃[붇꼳] | 새덫[새덛] | 수꽃[수꼳] |
| 쌍돛[쌍돋] | 암꽃[암꼳] | 제빛[제빋] | 쥐덫[쥐덛] |
| 찌윷[찌윧] | 참숯[참숟] | 치읓[치읃] | 큰닻[큰닫] |
| 통꽃[통꼳] | 풀꽃[풀꼳] | 한닻[한닫] | |

| | | |
|---|---|---|
| 가을꽃[가을꼳] | 갈래꽃[갈래꼳] | 고슴돛[고슴돋] |
| 까만빛[까만빋] | 나라꽃[나라꼳] | 나팔꽃[나팔꼳] |
| 노른빛[노른빋] | 두루빛[두루빋] | 빨간빛[빨간빋] |
| 애기꽃[애기꼳] | 외꽃[외꼳/웨-] | 웃음꽃[우슴꼳] |
| 허리돛[허리돋] | 광주리덫[광주리덛] | 깜부기숯[깜부기숟] |


　　(95)는 'ㅊ'이 단어 끝('가을꽃'의 'ㅊ')에서 'ㅊ → ㄷ'과 같이 'ㄷ'으로 실
현된 경우이다. '겹꽃'은 '겹꽃 → 겹꼳'과 같은 음운변화과정에서 'ㅊ →
ㄷ'과 같이 'ㅊ'에 말음법칙이 적용된다. 이는 표기인 '겹꽃'이 표준발음인
[겹꼳]으로 실현된 것을 의미한다. 즉 표기와 표준발음이 다른 경우이다.

(96) 'ㅊ'이 뒤 첫소리(자음) 앞인 경우

'ㅊ + 자음 → ㄷ + 자음'('ㅊ → ㄷ' : 말)

꽃뚜껑[꼳뚜껑](말)

꽃싸움[꼳싸움]　　　꽃씨[꼳씨]　　　　꽃처럼[꼳처럼]

낮짝[낟짝]　　　　　돛처럼[돋처럼]　　　빛깔[빋깔]

옻칠[옫칠]　　　　　윷짝[윧짝]　　　　　윷판[윧판]

(96)은 'ㅊ'이 뒤 첫소리 앞('꽃뚜껑'의 'ㄸ')에서 'ㅊ → ㄷ'과 같이 'ㄷ'으로 실현된 경우이다. '꽃싸움'은 '꽃싸움 → 꼳싸움'과 같은 음운변화과정에서 'ㅊ → ㄷ'과 같이 'ㅊ'에 말음법칙이 적용된다. 이는 표기인 '꽃싸움'이 표준발음인 [꼳싸움]으로 실현된 것을 의미한다. 즉 표기와 표준발음이 다른 경우이다.

(97) 'ㅊ'이 뒤 첫소리 'ㄱ' 앞인 경우

'ㅊ + ㄱ → ㄷ + ㄱ → ㄷ + ㄲ'('ㅊ → ㄷ' : 말, 'ㄱ → ㄲ' : 경)

ㄱ. 꽃가루[꼳가루 → 꼳까루](말 → 경)

　꽃게[꼳께]　　　　꽃길[꼳낄]　　　　숯감[숟깜]

　꽃가마[꼳까마]　　꽃가지[꼳까지]　　꽃구경[꼳꾸경]

　꽃구름[꼳꾸름]　　낯가림[낟까림]　　낯가죽[낟까죽]

　닻가지[닫까지]　　닻고리[닫꼬리]　　빛기둥[빋끼둥]

　숯가마[숟까마]　　숯검정[숟껌정]　　숯구이[숟꾸이]

　옻기장[옫끼장]　　윷가락[윧까락]　　쫓기다[쫃끼다]

　꽃고무신[꼳꼬무신]　쫓겨나다[쫃껴나다]

ㄴ. 빛갓[빋갓 → 빋깟 → 빋깐](말 → 경 → 말)

　옻그릇[옫끄른]

ㄷ. 꽃값[꼳값 → 꼳깞 → 꼳깝](말 → 경 → 'ㅅ'탈)

　빛값[빋깝]

ㄹ. 불꽃같다[불꼳같다 → 불꼳깥다 → 불꼳깐다 → 불꼳깐따]

　(말 → 경 → 말 → 경)

(97)은 자음접변의 환경에서 앞 끝소리가 'ㅊ'이고, 뒤 첫소리가 'ㄱ'인 경우에 'ㅊ'이 뒤 첫소리 앞('꽃가마'의 'ㄱ')에서 'ㅊ → ㄷ'과 같이 'ㄷ'으로 실현된 경우이다. 이 경우에는 음운변화과정에서 먼저 'ㅊ → ㄷ'과 같은 말음법칙이 적용된 후에, 경음화 등이 적용된다.

(97ㄱ)의 '꽃가마'가 '꽃가마 → 꼳가마 → 꼳까마'와 같은 음운변화과정에서 1단계는 'ㅊ → ㄷ(꽃- → 꼳-)'과 같이 'ㅊ'에 말음법칙이 적용되고, 2단계는 'ㄱ → ㄲ(-가- → -까-)'과 같이 'ㄱ'에 경음화가 적용된다. 이는 표기인 '꽃가마'가 표준발음인 [꼳까마]로 실현된 것을 의미한다. 즉 표기와 표준발음이 다른 경우이다.

(97ㄴ)의 '빛갓'이 '빛갓 → 빋갓 → 빋깟 → 빋깐'과 같은 음운변화과정에서 1단계는 'ㅊ → ㄷ(빛- → 빋-)'과 같이 'ㅊ'에 말음법칙이 적용되고, 2단계는 'ㄱ → ㄲ(-갓 → -깟)'과 같이 'ㄱ'에 경음화가 적용되고, 3단계는 'ㅅ → ㄷ(-깟 → -깐)'과 같이 'ㅅ'에 말음법칙이 적용된다.

(97ㄷ)의 '꽃값'이 '꽃값 → 꼳값 → 꼳깞 → 꼳깝'과 같은 음운변화과정에서 1단계는 'ㅊ → ㄷ(꽃- → 꼳-)'과 같이 'ㅊ'에 말음법칙이 적용되고, 2단계는 'ㄱ → ㄲ(-값 → -깞)'과 같이 'ㄱ'에 경음화가 적용되고, 3단계는 'ㅄ → ㅂ(-깞 → -깝)'과 같이 'ㅅ'에 자음탈락이 적용된다.

(97ㄹ)의 '불꽃같다'가 '불꽃같다 → 불꼳같다 → 불꼳깥다 → 불꼳깓다 → 불꼳깓따'와 같은 음운변화과정에서 1단계는 'ㅊ → ㄷ(꽃- → 꼳-)'과 같이 'ㅊ'에 말음법칙이 적용되고, 2단계는 'ㄱ → ㄲ(-같- → -깥-)'과 같이 'ㄱ'에 경음화가 적용되고, 3단계는 'ㅌ → ㄷ(-깥- → -깓-)'과 같이 'ㅌ'에 말음법칙이 적용되고, 4단계는 'ㄷ → ㄸ(-다 → -따)'과 같이 'ㄷ'에 경음화가 적용된다.

(98) 'ㅊ'이 뒤 첫소리 'ㄴ' 앞인 경우
　　'ㅊ + ㄴ → ㄷ + ㄴ → ㄴ + ㄴ'('ㅊ → ㄷ': 말, 'ㄷ → ㄴ': 비)

ㄱ. 꽃나무[꼳나무 → 꼰나무](말 → 비)

   숯내[순내]        꽃눈[꼰눈]        꽃나비[꼰나비]

   꽃노래[꼰노래]      꽃놀이[꼰노리]

   빛나다[빈나다]       빛내다[빈내다]     옻나무[온나무]

   윷노래[윤노래]       윷놀이[윤노리]

   개옻나무[개온나무]      불꽃놀이[불꼰노리]

ㄴ. 닻낚시[닫낚시 → 단낚시 → 단낙시 → 단낙씨](말 → 비 → 말 → 경)

(98)은 자음접변의 환경에서 앞 끝소리가 'ㅊ'이고, 뒤 첫소리가 'ㄴ'인 경우에 'ㅊ'이 뒤 첫소리 앞('꽃나무'의 'ㄴ')에서 'ㅊ → ㄷ'과 같이 'ㄷ'으로 실현된 경우이다. 이 경우에는 음운변화과정에서 먼저 'ㅊ → ㄷ'과 같은 말음법칙이 적용된 후에, 비음화가 적용된다.

(98ㄱ)의 '꽃나무'가 '꽃나무 → 꼳나무 → 꼰나무'와 같은 음운변화과정에서 1단계는 'ㅊ → ㄷ(꽃- → 꼳-)'과 같이 'ㅊ'에 말음법칙이 적용되고, 2단계는 'ㄷ → ㄴ(꼳- → 꼰-)'과 같이 'ㄷ'에 비음화가 적용된다. 이는 표기인 '꽃나무'가 표준발음인 [꼰나무]로 실현된 것을 의미한다. 즉 표기와 표준발음이 다른 경우이다.

(98ㄴ)의 '닻낚시'가 '닻낚시 → 닫낚시 → 단낚시 → 단낙시 → 단낙씨'와 같은 음운변화과정에서 1단계는 'ㅊ → ㄷ(닻- → 닫-)'과 같이 'ㅊ'에 말음법칙이 적용되고, 2단계는 'ㄷ → ㄴ(닫- → 단-)'과 같이 'ㄷ'에 비음화가 적용되고, 3단계는 'ㄲ → ㄱ(-낚- → -낙-)'과 같이 'ㄲ'에 말음법칙이 적용되고, 4단계는 'ㅅ → ㅆ(-시 → -씨)'과 같이 'ㅅ'에 경음화가 적용된다.

(99) 'ㅊ'이 뒤 첫소리 'ㄷ' 앞인 경우

   'ㅊ + ㄷ → ㄷ + ㄷ → ㄷ + ㄸ'('ㅊ → ㄷ' : 말, 'ㄷ → ㄸ' : 경)

ㄱ. 꽃다발[꼳다발 → 꼳따발](말 → 경)

   닻돌[닫똘]        돛대[돋때]        옻독[온똑]     좇다[존따]

   쫓다[쫀따]        꽃동네[꼳똥네]      꽃동산[꼳똥산]

돛단배[돋딴배]　　뒤쫓다[뒤쫃따]　　숯덩이[숟떵이]

숯등걸[숟뜽걸]　　숯다리미[숟따리미]

ㄴ. 옻닭[옫닭 → 옫딹 → 옫딱](말 → 경 → 'ㄹ'탈)

　(99)는 자음접변의 환경에서 앞 끝소리가 'ㅊ'이고, 뒤 첫소리가 'ㄷ'인 경우에 'ㅊ'이 뒤 첫소리 앞('꽃다발'의 'ㄷ')에서 'ㅊ → ㄷ'과 같이 'ㄷ'으로 실현된 경우이다. 이 경우에는 음운변화과정에서 먼저 'ㅊ → ㄷ'과 같은 말음법칙이 적용된 후에, 경음화 등이 적용된다.

　(99ㄱ)의 '꽃다발'이 '꽃다발 → 꼳다발 → 꼳따발'와 같은 음운변화과정에서 1단계는 'ㅊ → ㄷ(꽃- → 꼳-)'과 같이 'ㅊ'에 말음법칙이 적용되고, 2단계는 'ㄷ → ㄸ(-다- → -따-)'과 같이 'ㄷ'에 경음화가 적용된다. 이는 표기인 '꽃다발'이 표준발음인 [꼳따발]로 실현된 것을 의미한다. 즉 표기와 표준발음이 다른 경우이다.

　(99ㄴ)의 '옻닭'이 '옻닭 → 옫닭 → 옫딹 → 옫딱'과 같은 음운변화과정에서 1단계는 'ㅊ → ㄷ(옻- → 옫-)'과 같이 'ㅊ'에 말음법칙이 적용되고, 2단계는 'ㄷ → ㄸ(-닭 → -딹)'과 같이 'ㄷ'에 경음화가 적용되고, 3단계는 'ㄺ → ㄱ(-딹 → -딱)'과 같이 'ㄹ'에 자음탈락이 적용된다.

(100) 'ㅊ'이 뒤 첫소리 'ㅁ' 앞인 경우

　'ㅊ + ㅁ → ㄷ + ㅁ → ㄴ + ㅁ'('ㅊ → ㄷ' : 말, 'ㄷ → ㄴ' : 비)

　ㄱ. 꽃말[꼰말 → 꼰말](말 → 비)

　　꽃물[꼰물]　　　　숯막[순막]　　　　숯먹[순먹]

　　옻말[온말]　　　　꽃망울[꼰망울]　　꽃맞이[꼰마지]

　　꽃모습[꼰모습]　　꽃모종[꼰모종]

　　숯머리[순머리]　　낯모르다[난모르다]

　ㄴ. 몇몇[몉몇 → 면몇 → 면면](말 → 비 → 말)

　ㄷ. 꽃목걸이[꼳목걸이 → 꼰목걸이 → 꼰목꺼리](말 → 비 → 경)

　　숯막골[순막꼴]

ㄹ. 꽃무늬[꼳무늬 → 꼰무늬 → 꼰무니](말→비→단)

(100)은 자음접변의 환경에서 앞 끝소리가 'ㅊ'이고, 뒤 첫소리가 'ㅁ'인 경우에 'ㅊ'이 'ㅊ → ㄷ'과 같이 'ㄷ'으로 실현된 경우이다. 이 경우에는 음운변화과정에서 먼저 'ㅊ → ㄷ'과 같은 말음법칙이 적용된 후에, 비음화 등이 적용된다.

(100ㄱ)의 '꽃물'이 '꽃물 → 꼳물 → 꼰물'과 같은 음운변화과정에서 1단계는 'ㅊ → ㄷ(꽃- → 꼳-)'과 같이 'ㅊ'에 말음법칙이 적용되고, 2단계는 'ㄷ → ㄴ(꼳- → 꼰-)'과 같이 'ㄷ'에 비음화가 적용된다. 이는 표기인 '꽃물'이 표준발음인 [꼰물]로 실현된 것을 의미한다. 즉 표기와 표준발음이 다른 경우이다.

(100ㄴ)의 '몇몇'이 '몇몇 → 몃몇 → 면몇 → 면면'과 같은 음운변화과정에서 1단계는 'ㅊ → ㄷ(몇- → 몃-)'과 같이 'ㅊ'에 말음법칙이 적용되고, 2단계는 'ㄷ → ㄴ(몃- → 면-)'과 같이 'ㄷ'에 비음화가 적용되고, 3단계는 'ㅊ → ㄷ(-몇 → -면)'과 같이 'ㅊ'에 말음법칙이 적용된다.

(100ㄷ)의 '꽃목걸이'가 '꽃목걸이 → 꼳목걸이 → 꼰목걸이 → 꼰목꺼리'와 같은 음운변화과정에서 1단계는 'ㅊ → ㄷ(꽃- → 꼳-)'과 같이 'ㅊ'에 말음법칙이 적용되고, 2단계는 'ㄷ → ㄴ(꼳- → 꼰-)'과 같이 'ㄷ'에 비음화가 적용되고, 3단계는 'ㄱ → ㄲ(-걸이 → -꺼리)'과 같이 'ㄱ'에 경음화가 적용된다.

(100ㄹ)의 '꽃무늬'가 '꽃무늬 → 꼳무늬 → 꼰무늬 → 꼰무니'와 같은 음운변화과정에서 1단계는 'ㅊ → ㄷ(꽃- → 꼳-)'과 같이 'ㅊ'에 말음법칙이 적용되고, 2단계는 'ㄷ → ㄴ(꼳- → 꼰-)'과 같이 'ㄷ'에 비음화가 적용되고, 3단계는 'ㅢ → ㅣ(-늬 → -니)'과 같이 'ㅢ'에 단모음화가 적용된다.

(101) 'ㅊ'이 뒤 첫소리 'ㅂ' 앞인 경우
　　'ㅊ + ㅂ → ㄷ + ㅂ → ㄷ + ㅃ'('ㅊ → ㄷ' : 말, 'ㅂ → ㅃ' : 경)

ㄱ. 꽃바람[꼰바람 → 꼰빠람](말 → 경)

　꽃밥[꼰빱]　　　꽃병[꼰뼝]　　　닻배[닫빼]　　　돛배[돋빼]

　빛발[빋빨]　　　숯불[숟뿔]　　　옻병[옫뼝]

　꽃반지[꼰빤지]　　　참숯불[참숟뿔]

　꽃바구니[꼰빠구니]　　　외돛배[외돋빼/웨-]

ㄴ. 꽃밭[꼰밭 → 꼰빹 → 꼰빧](말 → 경 → 말)

　낯빛[낟삗]　　　옻빛[옫삗]　　　윷밭[윧빹]

(101)은 자음접변의 환경에서 앞 끝소리가 'ㅊ'이고, 뒤 첫소리가 'ㅂ'인 경우에 'ㅊ'이 뒤 첫소리 앞('꽃바람'의 'ㅂ')에서 'ㅊ → ㄷ'과 같이 'ㄷ'으로 실현된 경우이다. 이 경우에는 음운변화과정에서 먼저 'ㅊ → ㄷ'과 같은 말음법칙이 적용된 후에, 경음화가 적용된다.

(101ㄱ)의 '꽃밥'이 '꽃밥 → 꼰밥 → 꼰빱'과 같은 음운변화과정에서 1단계는 'ㅊ → ㄷ(꽃- → 꼰-)'과 같이 'ㅊ'에 말음법칙이 적용되고, 2단계는 'ㅂ → ㅃ(-밥 → -빱)'과 같이 'ㅂ'에 경음화가 적용된다. 이는 표기인 '꽃밥'이 표준발음인 [꼰빱]으로 실현된 것을 의미한다. 즉 표기와 표준발음이 다른 경우이다.

(101ㄴ)의 '낯빛'이 '낯빛 → 낟빛 → 낟삗 → 낟삗'과 같은 음운변화과정에서 1단계는 'ㅊ → ㄷ(낯- → 낟-)'과 같이 'ㅊ'에 말음법칙이 적용되고, 2단계는 'ㅂ → ㅃ(-빛 → -삗)'과 같이 'ㅂ'에 경음화가 적용되고, 3단계는 'ㅊ → ㄷ(-삗 → -삗)'과 같이 'ㅊ'에 말음법칙이 적용된다.

(102) 'ㅊ'이 뒤 첫소리 'ㅅ' 앞인 경우

　'ㅊ + ㅅ → ㄷ + ㅅ → ㄷ + ㅆ'('ㅊ → ㄷ' : 말, 'ㅅ → ㅆ' : 경)

　꽃샘[꼰샘 → 꼰쌤](말 → 경)

　꽃송이[꼰쏭이]　　　낯설다[낟썰다]　　　덫사냥[덛싸냥]

　불꽃심[불꼳씸]　　　수꽃술[수꼳쑬]

(102)는 자음접변의 환경에서 앞 끝소리가 'ㅊ'이고, 뒤 첫소리가 'ㅅ'인

경우에 'ㅊ'이 뒤 첫소리 앞('꽃샘'의 'ㅅ')에서 'ㅊ → ㄷ'과 같이 'ㄷ'으로 실현된 경우이다. 이 경우에는 음운변화과정에서 먼저 'ㅊ → ㄷ'과 같은 말음법칙이 적용된 후에, 경음화가 적용된다. '꽃송이'가 '꽃송이 → 꼳송이 → 꼳쏭이'와 같은 음운변화과정에서 1단계는 'ㅊ → ㄷ(꽃- → 꼳-)'과 같이 'ㅊ'에 말음법칙이 적용되고, 2단계는 'ㅅ → ㅆ(-송- → -쏭-)'과 같이 'ㅅ'에 경음화가 적용된다. 이는 표기인 '꽃송이'가 표준발음인 [꼳쏭이]로 실현된 것을 의미한다. 즉 표기와 표준발음이 다른 경우이다.

(103) 'ㅊ'이 뒤 첫소리 'ㅈ' 앞인 경우

'ㅊ + ㅈ → ㄷ + ㅈ → ㄷ + ㅉ'('ㅊ → ㄷ' : 말, 'ㅈ → ㅉ' : 경)

낯줄[닫줄 → 닫쭐](말 → 경)

윷점[윧쩜]  숯장수[숟짱수]  숯쟁이[숟쨍이]

윷자리[윧짜리]

(103)은 자음접변의 환경에서 앞 끝소리가 'ㅊ'이고, 뒤 첫소리가 'ㅈ'인 경우에 'ㅊ'이 뒤 첫소리 앞('낯줄'의 'ㅈ')에서 'ㅊ → ㄷ'과 같이 'ㄷ'으로 실현된 경우이다. 이 경우에는 음운변화과정에서 먼저 'ㅊ → ㄷ'과 같은 말음법칙이 적용된 후에, 경음화가 적용된다. '낯줄'이 '낯줄 → 닫줄 → 닫쭐'과 같은 음운변화과정에서 1단계는 'ㅊ → ㄷ(낯- → 닫-)'과 같이 'ㅊ'에 말음법칙이 적용되고, 2단계는 'ㅈ → ㅉ(-줄 → -쭐)'과 같이 'ㅈ'에 경음화가 적용된다. 이는 표기인 '낯줄'이 표준발음인 [닫쭐]로 실현된 것을 의미한다. 즉 표기와 표준발음이 다른 경우이다.

(104) 'ㅊ'이 뒤 첫소리 'ㅎ' 앞인 경우

'ㅊ + ㅎ → ㄷ + ㅎ → ㅌ'('ㅊ → ㄷ' : 말, 'ㄷ + ㅎ → ㅌ' : 격)

꽃향기[꼳향기 → 꼬턍기](말 → 격)

꽃향내[꼬턍내]

(104)는 자음접변의 환경에서 앞 끝소리가 'ㅊ'이고, 뒤 첫소리가 'ㅎ'인

경우에 'ㅊ'이 뒤 첫소리 앞('꽃향기'의 'ㅎ')에서 'ㅊ → ㄷ'과 같이 'ㄷ'으로 실현된 경우이다. 이 경우에는 음운변화과정에서 먼저 'ㅊ → ㄷ'과 같은 말음법칙이 적용된 후에, 격음화가 적용된다. '꽃향기'가 '꽃향기 → 꼳향기 → 꼬턍기'와 같은 음운변화과정에서 1단계는 'ㅊ → ㄷ(꽃- → 꼳-)'과 같이 'ㅊ'에 말음법칙이 적용되고, 2단계는 'ㄷ + ㅎ → ㅌ(꼳향- → 꼬턍-)'과 같이 'ㄷ'에 격음화가 적용된다. 이는 표기인 '꽃향기'가 표준발음인 [꼬턍기]로 실현된 것을 의미한다. 즉 표기와 표준발음이 다른 경우이다.

**6) 끝소리가 'ㅋ'인 경우**

(105) 'ㅋ'이 단어 끝이나 뒤 첫소리 앞인 경우('ㅋ → ㄱ' : 말)

ㄱ. 가녘[가녁](말)

녘[녁]          남녘[남녁]          동녘[동녁]          부엌[부억]

서녘[서녁]          키읔[키윽]          석양녘[서걍녁]

ㄴ. 부엌칼[부억칼](말)

ㄷ. 부엌간[부억간 → 부억깐](말 → 경)

부엌방[부억빵]  부엌비[부억삐]

부엌데기[부억떼기]                    부엌방석[부억빵석]

부엌살림[부억쌀림]                    부엌살이[부억싸리]

ㄹ. 부엌문[부억문 → 부엉문](말 → 비)

(105ㄱ)은 끝소리 'ㅋ'이 단어 끝이고, (105ㄴ-ㄹ)은 'ㅋ'이 뒤 첫소리 앞인 경우이다. (105ㄷ, ㄹ)은 음운변화과정에서 먼저 'ㅋ → ㄱ'과 같은 말음법칙이 적용된 후에, 경음화 등이 적용된다.

(105ㄱ)은 'ㅋ'이 단어 끝('가녘'의 'ㅋ')에서 'ㅋ → ㄱ'과 같이 'ㄱ'으로 실현된 경우이다. '가녘'은 '가녘 → 가녁'과 같은 음운변화과정에서 'ㅋ → ㄱ'과 같이 'ㅋ'에 말음법칙이 적용된다. 이는 표기인 '가녘'이 표준발음인 [가녁]으로 실현된 것을 의미한다. 즉 표기와 표준발음이 다른 경우이다.

(105ㄴ)은 'ㅋ'이 뒤 첫소리 앞('부엌칼'에서 '-칼'의 'ㅋ')에서 'ㅋ → ㄱ'
과 같이 'ㄱ'으로 실현된 경우이다. '부엌칼'이 '부엌칼 → 부억칼'과 같은
음운변화과정에서 'ㅋ → ㄱ'과 같이 'ㅋ'에 말음법칙이 적용된다.

(105ㄷ)은 자음접변의 환경에서 앞 끝소리가 'ㅋ'이고, 뒤 첫소리가 'ㄱ'
인 경우에 'ㅋ'이 뒤 첫소리 앞('부엌간'의 'ㄱ')에서 'ㅋ → ㄱ'과 같이 'ㄱ'
으로 실현된 경우이다. 이 경우에는 음운변화과정에서 먼저 'ㅋ → ㄱ'과
같은 말음법칙이 적용된 후에, 경음화가 적용된다. '부엌간'이 '부엌간 →
부억간 → 부억깐'과 같은 음운변화과정에서 1단계는 'ㅋ → ㄱ(-엌- → -
억-)'과 같이 'ㅋ'에 말음법칙이 적용되고, 2단계는 'ㄱ → ㄲ(-간 → -깐)'
과 같이 'ㄱ'에 경음화가 적용된다.

(105ㄹ)은 자음접변의 환경에서 앞 끝소리가 'ㅋ'이고, 뒤 첫소리가 'ㅁ'
인 경우에 'ㅋ'이 뒤 첫소리 앞('부엌문'의 'ㅁ')에서 'ㅋ → ㄱ'과 같이 'ㄱ'
으로 실현된 경우이다. 이 경우에는 음운변화과정에서 먼저 'ㅋ → ㄱ'과
같은 말음법칙이 적용된 후에, 비음화가 적용된다. '부엌문'이 '부엌문 →
부억문 → 부엉문'과 같은 음운변화과정에서 1단계는 'ㅋ → ㄱ(-엌- → -
억-)'과 같이 'ㅋ'에 말음법칙이 적용되고, 2단계는 'ㄱ → ㅇ(-억- → -
엉-)'과 같이 'ㄱ'에 비음화가 적용된다.

## 7) 끝소리가 'ㅌ'인 경우

(106) 'ㅌ'이 단어 끝인 경우('ㅌ → ㄷ' : 말)

가마솥[가마솓](말)

| | | | | | |
|---|---|---|---|---|---|
| 겉[걷] | 곁[겯] | 끝[끋] | 돝[돋] | 뭍[묻] | 밑[믿] |
| 밭[받] | 볕[볃] | 샅[삳] | 솥[솓] | 숱[숟] | 팥[팓] |
| 홑[혿] | | 간팥[간팓] | | 갈밭[갈받] | 건밭[건받] |
| 고샅[고삳] | | 궁밭[궁받] | | 귀밑[귀믿] | 긴밑[긴믿] |
| 꿀밭[꿀받] | | 논밭[논받] | | 눈밭[눈받] | 단솥[단솓] |

달밑[달믿]　　달밭[달받]　　돌밭[돌받]　　돌솥[돌솓]

뒤꼍[뒤곋]　　뒤끝[뒤끋]　　들밭[들받]　　딴솥[딴솓]

떡팥[떡팓]　　말끝[말끋]　　말밑[말믿]　　매끝[매끋]

먹팥[먹팓]　　물밑[물믿]　　밀밭[밀받]　　바깥[바깓]

발끝[발끋]　　발밑[발믿]　　발솥[발솓]　　봄밭[봄받]

불볕[불볃]　　뼈끝[뼈끋]　　뽕밭[뽕받]　　산밭[산받]

살밑[살믿]　　삼밭[삼받]　　새팥[새팓]　　설밑[설믿]

세밑[세믿]　　손끝[손끋]　　손샅[손삳]　　솔밭[솔받]

실낱[실낟]　　실솥[실솓]　　씨끝[씨끋]　　예팥[예팓]

옹솥[옹솓]　　왜솥[왜솓]　　이팥[이팓]　　일끝[일끋]

조밭[조받]　　줄밑[줄믿]　　질솥[질솓]　　창끝[창끋]

창밑[창믿]　　채끝[채끋]　　촉끝[촉끋]　　칼끝[칼끋]

코밑[코믿]　　콩밭[콩받]　　콩팥[콩팓]　　큰솥[큰솓]

탕솥[탕솓]　　터앝[터앋]　　털끝[털끋]　　토끝[토끋]

통팥[통팓]　　티읕[티읃]　　파밭[파받]　　표밭[표받]

풀밭[풀받]　　피밭[피받]　　한끝[한끋]　　한낱[한낟]

혀끝[혀끋]　　화솥[화솓]

가시밭[가시받]　　　가을밭[가을받]　　　갈치밭[갈치받]

감자밭[감자받]　　　거피팥[거피팓]　　　검불밭[검불받]

고깔밑[고깔믿]　　　고추밭[고추받]　　　과목밭[과목받]

과수밭[과수받]　　　구름밭[구름받]　　　그루밭[그루받]

기름밭[기름받]　　　나무겉[나무걷]　　　노구솥[노구솓]

대림끝[대림끋]　　　덤불밭[덤불받]　　　덩굴팥[덩굴팓]

뙈기밭[뙈기받]　　　머리끝[머리끋]　　　머리맡[머리맏]

머리숱[머리숟]　　　메밀밭[메밀받]　　　명치끝[명치끋]

모래밭[모래받]　　　모새밭[모새받]　　　모시밭[모시받]

모태끝[모태끋]　　　바닥끝[바닥끋]　　　부둥팥[부둥팓]

비단팥[비단팓]　　　사래밭[사래받]　　　새알팥[새알팓]

생동팥[생동팓]　　　서덜밭[서덜받]　　　선손끝[선손끋]

세발솥[세발솓]　　　소금밭[소금받]　　　쇠솥[쇠솓/쉐－]

　　　　　　　　　　　　　　한국어 발음 교육의 실제

| | | |
|---|---|---|
| 수수밭[수수받] | 약초밭[약초받] | 양묘밭[양묘받] |
| 양은솥[양은솓] | 애솔밭[애솔받] | 여우볕[여우볃] |
| 여우팥[여우팓] | 옹달솥[옹달솓] | 왕대밭[왕대받] |
| 외밭[외받/웨-] | 울안밭[우란받] | 원두밭[원두받] |
| 자갈밭[자갈받] | 자루솥[자루솓] | 자리맡[자리맏] |
| 잔돌밭[잔돌받] | 잔디밭[잔디받] | 잔솔밭[잔솔받] |
| 장부끝[장부끋] | 종중밭[종중받] | 죄밑[죄믿/줴-] |
| 채마밭[채마받] | 채소밭[채소받] | 채종밭[채종받] |
| 화도끝[화도끋] | 화초밭[화초받] | 두루씨끝[두루씨끋] |

(106)은 'ㅌ'이 단어 끝('가시밭'의 'ㅌ')에서 'ㅌ → ㄷ'과 같이 'ㄷ'으로 실현된 경우이다. '가시밭'은 '가시밭 → 가시받'과 같은 음운변화과정에서 'ㅌ → ㄷ'과 같이 'ㅌ'에 말음법칙이 적용된다. 이는 표기인 '가시밭'이 표준발음인 [가시받]으로 실현된 것을 의미한다. 즉 표기와 표준발음이 다른 경우이다.

(107) 'ㅌ'이 뒤 첫소리(자음) 앞인 경우

ㄱ. 겉꺼풀[걷꺼풀]('ㅌ + ㄲ → ㄷ + ㄲ', 'ㅌ → ㄷ' : 말)

| | | | |
|---|---|---|---|
| 겉칠[걷칠] | 곁꾼[겯꾼] | 밑씨[믿씨] | 밑짝[믿짝] |
| 밑창[믿창] | 밑천[믿천] | 밑층[믿층] | 밑판[믿판] |
| 얕추[얃추] | 팥떡[팓떡] | 홑창[혼창] | 홑청[혼청] |

| | | |
|---|---|---|
| 겉뜨물[걷뜨물] | 겉치레[걷치레] | 겉치마[걷치마] |
| 겉치장[걷치장] | 겉포장[걷포장] | 겉표지[걷표지] |
| 말밑천[말믿천] | 바깥뜰[바깓뜰] | 바깥쪽[바깓쪽] |
| 바깥채[바깓채] | 솥뚜껑[솓뚜껑] | 한밑천[한믿천] |
| 홑처마[혼처마] | 홑치마[혼치마] | |
| 수수팥떡[수수팓떡] | | 짙푸르다[짇푸르다] |

ㄴ. 겉껍질[걷껍질 → 걷껍찔](말 → 경)

| | |
|---|---|
| 겉껍데기[걷껍떼기] | 홑껍데기[혼껍떼기] |

ㄷ. 밑씻개[믿씯개 → 믿씯개 → 믿씯깨](말 → 말 → 경)

(107ㄱ)은 'ㅌ'이 뒤 첫소리 앞('겉꺼풀'의 'ㄲ')에서 'ㅌ → ㄷ'과 같이 'ㄷ'으로 실현된 경우이다. '겉꺼풀'이 '겉꺼풀 → 걷꺼풀'과 같은 음운변화과정에서 'ㅌ → ㄷ'과 같이 'ㅌ'에 말음법칙이 적용된다. 이는 표기인 '겉꺼풀'이 표준발음인 [걷꺼풀]로 실현된 것을 의미한다. 즉 표기와 표준발음이 다른 경우이다.

(107ㄴ)은 음운변화과정에서 먼저 'ㅌ → ㄷ'과 같은 말음법칙이 적용된후에, 경음화가 적용된다. '겉껍질'이 '겉껍질 → 걷껍질 → 걷껍찔'과 같은음운변화과정에서 1단계는 'ㅌ → ㄷ(겉- → 걷-)'과 같이 'ㅌ'에 말음법칙이 적용되고, 2단계는 'ㅈ → ㅉ(-질 → -찔)'과 같이 'ㅈ'에 경음화가 적용된다.

(107ㄷ)의 '밑씻개'가 '밑씻개 → 믿씻개 → 믿씯개 → 믿씯깨'와 같은 음운변화과정에서 1단계는 'ㅌ → ㄷ(밑- → 믿-)'과 같이 'ㅌ'에 말음법칙이적용되고, 2단계는 'ㅅ → ㄷ(-씻- → -씯-)'과 같이 'ㅅ'에 말음법칙이 적용되고, 3단계는 'ㄱ → ㄲ(-개 → -깨)'과 'ㄱ'에 경음화가 적용된다.

(108) 'ㅌ'이 뒤 첫소리 'ㄱ' 앞인 경우
　'ㅌ + ㄱ → ㄷ + ㄱ → ㄷ + ㄲ'('ㅌ → ㄷ' : 말, 'ㄱ → ㄲ' : 경)
　ㄱ. 겉가루[걷가루 → 걷까루](말 → 경)

| | | | |
|---|---|---|---|
| 겉감[걷깜] | 겉겨[걷껴] | 곁길[견낄] | 낱개[낟깨] |
| 낱권[낟꿘] | 물길[묻낄] | 밑간[믿깐] | 밑감[믿깜] |
| 밑굽[믿꿉] | 밑글[믿끌] | 밭귀[받뀌] | 밭길[받낄] |
| 밭김[받낌] | 솥귀[솓뀌] | 홑겹[혿껸] | 홑금[혿끔] |
| 겉가마[걷까마] | 겉가죽[걷까죽] | | 곁가지[견까지] |
| 곁갈래[견깔래] | 곁골목[견꼴목] | | 고샅길[고삳낄] |
| 끝가지[끋까지] | 맡기다[맏끼다] | | 밑가지[믿까지] |
| 밑거름[믿꺼름] | 밑거리[믿꺼리] | | 밑구멍[믿꾸멍] |
| 밑그림[믿끄림] | 밑기둥[믿끼둥] | | 밭갈이[받까리] |
| 밭고랑[받꼬랑] | 밭구실[받꾸실] | | 끝가루[끋까루] |

팥고물[판꼬물]　　　　　홑거리[혼꺼리]　　　　　홑고깔[혼꼬깔]

홑그루[혼끄루]

홑기계[혼끼계/*－게]　　　　　　가시밭길[가시받낄]

바깥공기[바깓꽁기]　　　　　　　발끝걸음[발끋꺼름]

팥고추장[판꼬추장]　　　　　　　홑고쟁이[혼꼬쟁이]

ㄴ. 밑갓[믿갓 → 믿깟 → 믿깐](말 → 경 → 말)

겉고샅[걷꼬샅]　　　　　　　고샅고샅[고삳꼬샅]('첩어')

ㄷ. 겉곡식[걷곡식 → 걷꼭식 → 걷꼭씩](말 → 경 → 경)

밭곡식[받꼭씩]

ㄹ. 밭걷이[받걷이 → 받껃이 → 받꺼지](말 → 경 → 구)


(108ㄱ)은 자음접변의 환경에서 앞 끝소리가 'ㅌ'이고, 뒤 첫소리가 'ㄱ'
인 경우에 'ㅌ'이 뒤 첫소리 앞('겉가루'의 'ㄱ')에서 'ㅌ → ㄷ'과 같이 'ㄷ'
으로 실현된 경우이다. 이 경우에는 음운변화과정에서 먼저 'ㅌ → ㄷ'과
같은 말음법칙이 적용된 후에, 경음화가 적용된다. '겉감'이 '겉감 → 걷감
→ 걷깜'과 같은 음운변화과정에서 1단계는 'ㅌ → ㄷ(겉- → 걷-)'과 같이
'ㅌ'에 말음법칙이 적용되고, 2단계는 'ㄱ → ㄲ(-감 → -깜)'과 같이 'ㄱ'에
경음화가 적용된다. 이는 표기인 '겉감'이 표준발음인 [걷깜]으로 실현된
것을 의미한다. 즉 표기와 표준발음이 다른 경우이다.

(108ㄴ)의 '겉고샅'이 '겉고샅 → 걷고샅 → 걷꼬샅 → 걷꼬삳'과 같은 음
운변화과정에서 1단계는 'ㅌ → ㄷ(겉- → 걷-)'과 같이 'ㅌ'에 말음법칙이
적용되고, 2단계는 'ㄱ → ㄲ(-고- → -꼬-)'과 같이 'ㄱ'에 경음화가 적용
되고, 3단계는 'ㅅ → ㄷ(-샅 → -삳)'과 같이 'ㅅ'에 말음법칙이 적용된다.

(108ㄷ)의 '겉곡식'이 '겉곡식 → 걷곡식 → 걷꼭식 → 걷꼭씩'과 같은 음
운변화과정에서 1단계는 'ㅌ → ㄷ(겉- → 걷-)'과 같이 'ㅌ'에 말음법칙이
적용되고, 2단계는 'ㄱ → ㄲ(-곡- → -꼭-)'과 같이 'ㄱ'에 경음화가 적용
되고, 3단계는 'ㅅ → ㅆ(-식 → -씩)'과 같이 'ㅅ'에 경음화가 적용된다.

(108ㄹ)의 '밭걷이'가 '밭걷이 → 받걷이 → 받껃이 → 받꺼지'와 같은 음운변화과정에서 1단계는 'ㅌ → ㄷ(밭- → 받-)'과 같이 'ㅌ'에 말음법칙이 적용되고, 2단계는 'ㄱ → ㄲ(-걷- → -껃-)'과 같이 'ㄱ'에 경음화가 적용되고, 3단계는 'ㄷ → ㅈ(-껃이 → -꺼지)'과 같이 'ㄷ'에 구개음화가 적용된다.

(109) 'ㅌ'이 뒤 첫소리 'ㄴ' 앞인 경우

'ㅌ + ㄴ → ㄷ + ㄴ → ㄴ + ㄴ'('ㅌ → ㄷ' : 말, 'ㄷ → ㄴ' : 비)

ㄱ. 겉넓이[걷넓이 → 건널비](말 → 비)

  겉눈[건눈]　　　　끝내[끈내]　　　　볕내[변내]　　　　팥눈[판눈]

  홑눈[혼눈]　　　　겉놀다[건놀다]　　겉눈썹[건눈썹]

  끝나다[끈나다]　　끝내기[끈내기]　　바깥날[바깐날]

  밭농사[반농사]　　　　　　　　바깥노인[바깐노인]

  불볕나다[불변나다]　　　　　　흩날리다[흔날리다]

ㄴ. 낱낱[낟낱 → 난낱 → 난낟](말 → 비 → 말)

  홑낫표[혼낟표]

ㄷ. 끝끝내[끋끝내 → 끋끋내 → 끋끈내](말 → 말 → 비)

ㄹ. 겉늙다[걷늙다 → 건늙다 → 건늑다 → 건늑따](말 → 비 → 탈 → 경)

ㅁ. 홑낚시[혼낚시 → 혼낚시 → 혼낙시 → 혼낙씨](말 → 비 → 말 → 경)

ㅂ. 낱낱이[난낱이 → 난낱이 → 난나치](말 → 비 → 구)

(109)는 자음접변의 환경에서 앞 끝소리가 'ㅌ'이고, 뒤 첫소리가 'ㄴ'인 경우에 'ㅌ'이 뒤 첫소리 앞('겉눈'의 'ㄴ')에서 'ㅌ → ㄷ'과 같이 'ㄷ'으로 실현된 경우이다. 이 경우에는 음운변화과정에서 먼저 'ㅌ → ㄷ'과 같은 말음법칙이 적용된 후에, 비음화 등이 적용된다.

(109ㄱ)의 '겉눈'이 '겉눈 → 걷눈 → 건눈'과 같은 음운변화과정에서 1단계는 'ㅌ → ㄷ(겉- → 걷-)'과 같이 'ㅌ'에 말음법칙이 적용되고, 2단계는 'ㄷ → ㄴ(걷- → 건-)'과 같이 'ㄷ'에 비음화가 적용된다. 이는 표기인 '겉

눈'이 표준발음인 [건눈]으로 실현된 것을 의미한다. 즉 표기와 표준발음이 다른 경우이다.

(109ㄴ)의 '홑낫표'가 '홑낫표 → 혿낫표 → 혼낫표 → 혼낟표'와 같은 음운변화과정에서 1단계는 'ㅌ → ㄷ(홑- → 혿-)'과 같이 'ㅌ'에 말음법칙이 적용되고, 2단계는 'ㄷ → ㄴ(혿- → 혼-)'과 같이 'ㄷ'에 비음화가 적용되고, 3단계는 'ㅅ → ㄷ(-낫- → -낟-)'과 같이 'ㅅ'에 말음법칙이 적용된다.

(109ㄷ)의 '끝끝내'가 '끝끝내 → 끋끝내 → 끋끋내 → 끋끈내'와 같은 음운변화과정에서 1단계는 'ㅌ → ㄷ(끝- → 끋-)'과 같이 'ㅌ'에 말음법칙이 적용되고, 2단계는 'ㅌ → ㄷ(-끝- → -끋-)'과 같이 'ㅌ'에 말음법칙이 적용되고, 3단계는 'ㄷ → ㄴ(-끋- → -끈-)'과 같이 'ㄷ'에 비음화가 적용된다.

(109ㄹ)의 '겉늙다'가 '겉늙다 → 걷늙다 → 건늙다 → 건늑다 → 건늑따'와 같은 음운변화과정에서 1단계는 'ㅌ → ㄷ(겉- → 걷-)'과 같이 'ㅌ'에 말음법칙이 적용되고, 2단계는 'ㄷ → ㄴ(걷- → 건-)'과 같이 'ㄷ'에 비음화가 적용되고, 3단계는 'ㄹ → ㄱ(-늙- → -늑-)'과 같이 'ㄹ'에 자음탈락이 적용되고, 4단계는 'ㄷ → ㄸ(-다 → -따)'과 같이 'ㄷ'에 경음화가 적용된다.

(109ㅁ)의 '홑낚시'가 '홑낚시 → 혿낚시 → 혼낚시 → 혼낙시 → 혼낙씨'와 같은 음운변화과정에서 1단계는 'ㅌ → ㄷ(홑- → 혿-)'과 같이 'ㅌ'에 말음법칙이 적용되고, 2단계는 'ㄷ → ㄴ(혿- → 혼-)'과 같이 'ㄷ'에 비음화가 적용되고, 3단계는 'ㄲ → ㄱ(-낚- → -낙-)'과 같이 'ㄲ'에 말음법칙이 적용되고, 4단계는 'ㅅ → ㅆ(-시 → -씨)'과 같이 'ㅅ'에 경음화가 적용된다.

(109ㅂ)의 '낱낱이'가 '낱낱이 → 낟낱이 → 난낱이 → 난나치'와 같은 음운변화과정에서 1단계는 'ㅌ → ㄷ(낱- → 낟-)'과 같이 'ㅌ'에 말음법칙이 적용되고, 2단계는 'ㄷ → ㄴ(낟- → 난-)'과 같이 'ㄷ'에 비음화가 적용되고, 3단계는 'ㅌ → ㅊ(-낱이 → -나치)'과 같이 'ㅌ'에 구개음화가 적용된다.

(110) 'ㅌ'이 뒤 첫소리 'ㄷ' 앞인 경우

　'ㅌ + ㄷ → ㄷ + ㄷ → ㄷ + ㄸ('ㅌ → ㄷ' : 말, 'ㄷ → ㄸ' : 경)

　ㄱ. 같다[간다 → 갇따](말 → 경)

　　　맡다[맏따]　　　밑단[믿딴]　　　밑돈[믿똔]　　　밑돌[믿똘]

　　　밑동[믿똥]　　　받다[받따]　　　밭들[받뜰]　　　붙다[붇따]

　　　앝다[안따]　　　옅다[엳따]　　　짙다[짇따]　　　홑단[혿딴]

　　　홑담[혿땀]　　　훑다[훋따]

　　　겉단추[걷딴추]　　　　겉돌다[걷똘다]　　　　겉다리[걷따리]

　　　겉두리[걷뚜리]　　　　겉들다[걷뜰다]　　　　밑다짐[믿따짐]

　　　밑돌다[믿똘다]　　　　밑둥치[믿뚱치]　　　　밭도랑[받또랑]

　　　밭두둑[받뚜둑]　　　　불붙다[불붇따]　　　　붙들다[붇뜰다]

　　　솥단지[손딴지]　　　　홑단청[혿딴청]　　　　홑대패[혿때패]

　　　가로맡다[가로맏따]　　　　　　걸머맡다[걸머맏따]

　　　곤두뱉다[곤두밷따]　　　　　　홑단치마[혿딴치마]

　ㄴ. 홑닿소리[혿닿소리 → 혿땋소리 → 혿따소리 → 혿따쏘리]

　　　(말 → 경 → 'ㅎ'탈 → 경)

　ㄷ. 얕디얕다[앋디얕다 → 얃띠얕다 → 얃띠얃다 → 얃띠얃따]

　　　('첩어' : 말 → 경 → 말 → 경)

　　　옅디옅다[엳띠엳따]


　(110)은 자음접변의 환경에서 앞 끝소리가 'ㅌ'이고, 뒤 첫소리가 'ㄷ'인 경우에 'ㅌ'이 뒤 첫소리 앞('맡다'의 'ㄷ')에서 'ㅌ → ㄷ'과 같이 'ㄷ'으로 실현된 경우이다. 이 경우에는 음운변화과정에서 먼저 'ㅌ → ㄷ'과 같은 말음법칙이 적용된 후에, 경음화 등이 적용된다.

　(110ㄱ)의 '맡다'가 '맡다 → 맏다 → 맏따'와 같은 음운변화과정에서 1단계는 'ㅌ → ㄷ(맡- → 맏-)'과 같이 'ㅌ'에 말음법칙이 적용되고, 2단계는 'ㄷ → ㄸ(-다 → -따)'과 같이 'ㄷ'에 경음화가 적용된다. 이는 표기인 '맡다'가 표준발음인 [맏따]로 실현된 것을 의미한다. 즉 표기와 표준발음이

다른 경우이다.

(110ㄴ)의 '홑닿소리'가 '홑닿소리 → 혿닿소리 → 혿땋소리 → 혿따소리 → 혿따쏘리'와 같은 음운변화과정에서 1단계는 'ㅌ → ㄷ(홑- → 혿-)'과 같이 'ㅌ'에 말음법칙이 적용되고, 2단계는 'ㄷ → ㄸ(-닿- → -땋-)'과 같이 'ㄷ'에 경음화가 적용되고, 3단계는 'ㅎ → ∅(-땋- → -따-)'과 같이 'ㅎ'에 자음탈락이 적용되고, 4단계는 'ㅅ → ㅆ(-소- → -쏘-)'과 같이 'ㅅ'에 경음화가 적용된다.

(110ㄷ)은 같은 소리나 비슷한 소리를 가진 단어가 겹쳐서 이루어진 복합어의 경우이다. '옅디옅다'가 '옅디옅다 → 옏디옅다 → 옏띠옅다 → 연띠옅다 → 옏띠옏따'와 같은 음운변화과정에서 1단계는 'ㅌ → ㄷ(옅- → 옏-)'과 같이 'ㅌ'에 말음법칙이 적용되고, 2단계는 'ㄷ → ㄸ(-디- → -띠-)'과 같이 'ㄷ'에 경음화가 적용되고, 3단계는 'ㅌ → ㄷ(-옅- → -옏-)'과 같이 'ㅌ'에 말음법칙이 적용되고, 4단계는 'ㄷ → ㄸ(-다 → -따)'과 같이 'ㄷ'에 경음화가 적용된다.

(111) 'ㅌ'이 뒤 첫소리 'ㅁ' 앞인 경우
    'ㅌ + ㅁ → ㄷ + ㅁ → ㄴ + ㅁ'('ㅌ → ㄷ' : 말, 'ㄷ → ㄴ' : 비)
    ㄱ. 겉마음[겓마음 → 건마음](말 → 비)

| | | | |
|---|---|---|---|
| 겉말[건말] | 겉면[건면] | 겉몸[건몸] | 겉물[건물] |
| 곁눈[견눈] | 곁마[견마] | 곁말[견말] | 곁문[견문] |
| 끝물[끈물] | 낱말[난말] | 뭍물[문물] | 밑말[민말] |
| 밑면[민면] | 숱물[순물] | 팥물[판물] | 홑몸[혼몸] |
| 겉모습[건모습] | | 겉모양[건모양] | 곁마을[견마을] |
| 곁머슴[견머슴] | | 끝마감[끈마감] | 끝머리[끈머리] |
| 뭍나라[문나라] | | 밑머리[민머리] | 밑면적[민면적] |
| 바깥문[바깐문] | | 밭매기[반매기] | 밭머리[반머리] |
| 밭문서[반문서] | | 홑무덤[혼무덤] | 홑문장[혼문장] |
| 갈밭머리[갈반머리] | | | 겉마르다[건마르다] |

귀밑머리[귀민머리]                    끝마무리[끈마무리]

끝마치다[끈마치다]                    바깥마당[바깐마당]

밭모퉁이[반모퉁이]                    실끝매기[실끈매기]

ㄴ. 겉멋[걷멋 → 건멋 → 건먿](말 → 비 → 말)

낱못[난몯]              양끝못[양끈몯]              겉맞추다[건맏추다]

ㄷ. 겉묻다[걷묻다 → 건묻다 → 건묻따](말 → 비 → 경)

ㄹ. 끝맺다[끋맺다 → 끈맺다 → 끈맫다 → 끈맫따](말 → 비 → 말 → 경)

밭못자리[반몯짜리]

ㅁ. 홑무늬[혿무늬 → 혼무늬 → 혼무니](말 → 비 → 단)


(111)은 자음접변의 환경에서 앞 끝소리가 'ㅌ'이고, 뒤 첫소리가 'ㅁ'인 경우에 'ㅌ'이 뒤 첫소리 앞('겉말'의 'ㅁ')에서 'ㅌ → ㄷ'과 같이 'ㄷ'으로 실현된 경우이다. 이 경우에는 음운변화과정에서 먼저 'ㅌ → ㄷ'과 같은 말음법칙이 적용된 후에, 비음화 등이 적용된다.

(111ㄱ)의 '겉말'이 '겉말 → 걷말 → 건말'과 같은 음운변화과정에서 1단계는 'ㅌ → ㄷ(겉- → 걷-)'과 같이 'ㅌ'에 말음법칙이 적용되고, 2단계는 'ㄷ → ㄴ(걷- → 건-)'과 같이 'ㄷ'에 비음화가 적용된다. 이는 표기인 '겉말'이 표준발음인 [건말]로 실현된 것을 의미한다. 즉 표기와 표준발음이 다른 경우이다.

(111ㄴ)의 '낱못'이 '낱못 → 낟못 → 난못 → 난몯'과 같은 음운변화과정에서 1단계는 'ㅌ → ㄷ(낱- → 낟-)'과 같이 'ㅌ'에 말음법칙이 적용되고, 2단계는 'ㄷ → ㄴ(낟- → 난-)'과 같이 'ㄷ'에 비음화가 적용되고, 3단계는 'ㅅ → ㄷ(-못 → -몯)'과 같이 'ㅅ'에 말음법칙이 적용된다.

(111ㄷ)의 '겉묻다'가 '겉묻다 → 걷묻다 → 건묻다 → 건묻따'와 같은 음운변화과정에서 1단계는 'ㅌ → ㄷ(겉- → 걷-)'과 같이 'ㅌ'에 말음법칙이 적용되고, 2단계는 'ㄷ → ㄴ(걷- → 건-)'과 같이 'ㄷ'에 비음화가 적용되고, 3단계는 'ㄷ → ㄸ(-다 → -따)'과 같이 'ㄷ'에 경음화가 적용된다.

한국어 발음 교육의 실제

(111ㄹ)의 '끝맺다'가 '끝맺다 → 끋맺다 → 끈맺다 → 끈맫다 → 끈맫따'
와 같은 음운변화과정에서 1단계는 'ㅌ → ㄷ(끝- → 끋-)'과 같이 'ㅌ'에 말
음법칙이 적용되고, 2단계는 'ㄷ → ㄴ(끋- → 끈-)'과 같이 'ㄷ'에 비음화가
적용되고, 3단계는 'ㅈ → ㄷ(-맺- → -맫-)'과 같이 'ㅈ'에 말음법칙이 적
용되고, 4단계는 'ㄷ → ㄸ(-다 → -따)'과 같이 'ㄷ'에 경음화가 적용된다.

(111ㅁ)의 '홑무늬'가 '홑무늬 → 혼무늬 → 혼무늬 → 혼무니'와 같은 음
운변화과정에서 1단계는 'ㅌ → ㄷ(홑- → 혼-)'과 같이 'ㅌ'에 말음법칙이
적용되고, 2단계는 'ㄷ → ㄴ(혼- → 혼-)'과 같이 'ㄷ'에 비음화가 적용되
고, 3단계는 'ㅢ → ㅣ(-늬 → -니)'과 같이 'ㅢ'에 단모음화가 적용된다.

(112) 'ㅌ'이 뒤 첫소리 'ㅂ' 앞인 경우

'ㅌ + ㅂ → ㄷ + ㅂ → ㄷ + ㅃ'('ㅌ → ㄷ' : 말, 'ㅂ → ㅃ' : 경)

ㄱ. 겉바람[걷바람 → 걷빠람](말 → 경])

| | | | |
|---|---|---|---|
| 겉벽[걷뼉] | 겉봉[걷뽕] | 곁방[견빵] | 곁불[견뿔] |
| 밑밥[믿빱] | 밑변[믿뼌] | 밑불[믿뿔] | 밭벼[받뼈] |
| 샅바[삳빠] | 솥발[솓빨] | 팥밥[팓빱] | 홑벌[혼뻘] |
| 홑벽[혼뼉] | | 겉버선[걷뻐선] | 겉보기[걷뽀기] |
| 겉보리[걷뽀리] | | 겉봉투[걷뽕투] | 곁방석[견빵석] |
| 뭍바람[묻빠람] | | 밑바닥[믿빠닥] | 밑바대[믿빠대] |
| 밑바탕[믿빠탕] | | 밑반찬[믿빤찬] | 밑받침[믿빤침] |
| 바깥방[바깓빵] | | 바깥벽[바깓뼉] | 밭보리[받뽀리] |
| 붙박이[붇빠기] | | 얕보다[얃뽀다] | 팥비누[팓삐누] |
| 한솥밥[한솓빱] | | 홑바지[혼빠지] | 홑버선[혼뻐선] |
| 다리샅바[다리삳빠] | | | 바깥바람[바깓빠람] |
| 바깥부모[바깓뿌모] | | | 허리샅바[허리삳빠] |

ㄴ. 홑볏[혼볏 → 혼볏 → 혼뼏](말 → 경 → 말)

ㄷ. 붙박다[붇박다 → 붇빡다 → 붇빡따](말 → 경 → 경)

ㄹ. 짙붉다[짇붉다 → 짇붉다 → 짇뿍다 → 짇뿍따](말 → 경 → 탈 → 경)

ㅁ. 곁붙이[곁붙이 → 곁뿥이 → 곁뿌치](말 → 경 → 구)

　별받이[볕빠지]


(112)는 자음접변의 환경에서 앞 끝소리가 'ㅌ'이고, 뒤 첫소리가 'ㅂ'인
경우에 'ㅌ'이 뒤 첫소리 앞('겉버선'의 'ㅂ')에서 'ㅌ → ㄷ'과 같이 'ㄷ'으로
실현된 경우이다. 이 경우에는 음운변화과정에서 먼저 'ㅌ → ㄷ'과 같은
말음법칙이 적용된 후에, 경음화 등이 적용된다.

(112ㄱ)의 '겉벽'이 '겉벽 → 걷벽 → 걷뼉'과 같은 음운변화과정에서 1단
계는 'ㅌ → ㄷ(겉- → 걷-)'과 같이 'ㅌ'에 말음법칙이 적용되고, 2단계는
'ㅂ → ㅃ(-벽 → -뼉)'과 같이 'ㅂ'에 경음화가 적용된다. 이는 표기인 '겉
벽'이 표준발음인 [걷뼉]으로 실현된 것을 의미한다. 즉 표기와 표준발음이
다른 경우이다.

(112ㄴ)의 '홑볏'이 '홑볏 → 혼볏 → 혼뼛 → 혼뼏'과 같은 음운변화과정
에서 1단계는 'ㅌ → ㄷ(홑- → 혼-)'과 같이 'ㅌ'에 말음법칙이 적용되고, 2
단계는 'ㅂ → ㅃ(-볏 → -뼛)'과 같이 'ㅂ'에 경음화가 적용되고, 3단계는
'ㅅ → ㄷ(-뼛 → -뼏)'과 같이 'ㅅ'에 말음법칙이 적용된다.

(112ㄷ)의 '붙박다'가 '붙박다 → 붇박다 → 붇빡다 → 붇빡따'와 같은 음
운변화과정에서 1단계는 'ㅌ → ㄷ(붙- → 붇-)'과 같이 'ㅌ'에 말음법칙이
적용되고, 2단계는 'ㅂ → ㅃ(-박- → -빡-)'과 같이 'ㅂ'에 경음화가 적용
되고, 3단계는 'ㄷ → ㄸ(-다 → -따)'과 같이 'ㄷ'에 경음화가 적용된다.

(112ㄹ)의 '짙붉다'가 '짙붉다 → 짇붉다 → 짇뷹다 → 짇뿍다 → 짇뿍따'
와 같은 음운변화과정에서 1단계는 'ㅌ → ㄷ(짙- → 짇-)'과 같이 'ㅌ'에 말
음법칙이 적용되고, 2단계는 'ㅂ → ㅃ(-붉- → -뷹-)'과 같이 'ㅂ'에 경음
화가 적용되고, 3단계는 'ㄺ → ㄱ(-뷹- → -뿍-)'과 같이 'ㄹ'에 자음탈락
이 적용되고, 4단계는 'ㄷ → ㄸ(-다 → -따)'과 같이 'ㄷ'에 경음화가 적용
된다.

(112ㅁ)의 '곁붙이'가 '곁붙이 → 겯붙이 → 겯뿥이 → 겯뿌치'와 같은 음운변화과정에서 1단계는 'ㅌ → ㄷ(곁- → 겯-)'과 같이 'ㅌ'에 말음법칙이 적용되고, 2단계는 'ㅂ → ㅃ(-붙- → -뿥-)'과 같이 'ㅂ'에 경음화가 적용되고, 3단계는 'ㅌ → ㅊ(-뿥이 → -뿌치)'과 같이 'ㅌ'에 구개음화가 적용된다.

(113) 'ㅌ'이 뒤 첫소리 'ㅅ' 앞인 경우

'ㅌ + ㅅ → ㄷ + ㅅ → ㄷ + ㅆ'('ㅌ → ㄷ' : 말, 'ㅅ → ㅆ' : 경)

ㄱ. 겉살[걷살 → 걷쌀](말 → 경)

| | | | |
|---|---|---|---|
| 곁순[견쑨] | 끝수[끋쑤] | 뭍섬[묻썸] | 밑살[믿쌀] |
| 밑삼[믿쌈] | 밑손[믿쏜] | 밑솜[믿쏨] | 밑술[믿쑬] |
| 밑실[믿씰] | 솥솔[솓쏠] | 팥소[팓쏘] | 홑수[혿쑤] |

곁사돈[견싸돈]  끝소리[끋쏘리]  낱소리[낟쏘리]

뭍사람[묻싸람]  뭍살이[묻싸리]  홑소리[혿쏘리]

바깥사돈[바깓싸돈]  바깥사람[바깓싸람]

바깥사랑[바깓싸랑]  바깥상제[바깓쌍제]

바깥세상[바깓쎄상]  바깥소리[바깓쏘리]

바깥소문[바깓쏘문]  바깥소식[바깓쏘식]

바깥손님[바깓쏜님]  혀끝소리[혀끋쏘리]

바깥심부름[바깓씸부름]

ㄴ. 밭섶[받섶 → 받썲 → 받썹](말 → 경 → 말)

고비샅샅[고비산쌑]

ㄷ. 밑싣개[믿싣개 → 믿씯개 → 믿씯깨](말 → 경 → 경)

바깥식구[바깓씩꾸]  줄밑걷다[줄믿껃따]

ㄹ. 샅샅이[삳샅이 → 삳쌑이 → 삳싸치] (말 → 경 → 구)

골골샅샅이[골골삳싸치]

(113)은 자음접변의 환경에서 앞 끝소리가 'ㅌ'이고, 뒤 첫소리가 'ㅅ'인 경우에 'ㅌ'이 뒤 첫소리 앞('곁순'의 'ㅅ')에서 'ㅌ → ㄷ'과 같이 'ㄷ'으로 실

현된 경우이다. 이 경우에는 음운변화과정에서 먼저 'ㅌ → ㄷ'과 같은 말음법칙이 적용된 후에, 경음화 등이 적용된다.

(113ㄱ)의 '곁순'이 '곁순 → 겯순 → 겯쑨'과 같은 음운변화과정에서 1단계는 'ㅌ → ㄷ(곁- → 겯-)'과 같이 'ㅌ'에 말음법칙이 적용되고, 2단계는 'ㅅ → ㅆ(-순 → -쑨)'과 같이 'ㅅ'에 경음화가 적용된다. 이는 표기인 '곁순'이 표준발음인 [겯쑨]으로 실현된 것을 의미한다. 즉 표기와 표준발음이 다른 경우이다.

(113ㄴ)의 '고비삳샅'이 '고비삳샅 → 고비삳샅 → 고비삳쌑 → 고비삳싿'과 같은 음운변화과정에서 1단계는 'ㅌ → ㄷ(-삳- → -삳-)'과 같이 'ㅌ'에 말음법칙이 적용되고, 2단계는 'ㅅ → ㅆ(-샅 → -쌑)'과 같이 'ㅅ'에 경음화가 적용되고, 3단계는 'ㅌ → ㄷ(-쌑 → -싿)'과 같이 'ㅌ'에 말음법칙이 적용된다.

(113ㄷ)의 '바깥식구'가 '바깥식구 → 바깐식구 → 바깐씩구 → 바깐씩꾸'와 같은 음운변화과정에서 1단계는 'ㅌ → ㄷ(-깥- → -깐-)'과 같이 'ㅌ'에 말음법칙이 적용되고, 2단계는 'ㅅ → ㅆ(-식- → -씩-)'과 같이 'ㅅ'에 경음화가 적용되고, 3단계는 'ㄱ → ㄲ(-구 → -꾸)'과 같이 'ㄱ'에 경음화가 적용된다.

(113ㄹ)의 '샅샅이'가 '샅샅이 → 삳샅이 → 삳쌑이 → 삳싸치'와 같은 음운변화과정에서 1단계는 'ㅌ → ㄷ(샅- → 삳-)'과 같이 'ㅌ'에 말음법칙이 적용되고, 2단계는 'ㅅ → ㅆ(-샅- → -쌑-)'과 같이 'ㅅ'에 경음화가 적용되고, 3단계는 'ㅌ → ㅊ(-쌑이 → -싸치)'과 같이 'ㅌ'에 구개음화가 적용된다.

(114) 'ㅌ'이 뒤 첫소리 'ㅈ' 앞인 경우
　　'ㅌ + ㅈ → ㄷ + ㅈ → ㄷ + ㅉ'('ㅌ → ㄷ' : 말, 'ㅈ → ㅉ' : 경)
　　ㄱ. 같지다[갇지다 → 갇찌다](말 → 경)
　　　　곁집[겯찝]　　　　끝장[끋짱]　　　　낱잔[낟짠]　　　　뭍짐[묻찜]

　　　　　　　　　　　　　　　　　　　　한국어 발음 교육의 실제

밑장[민짱]          밑줄[민쭐]          숱전[숟쩐]          숱점[숟쩜]

팥장[판짱]          팥죽[판쭉]          홑집[혼찝]

겉절이[걷쩌리]          곁자리[견짜리]          곁줄기[견쭐기]

끝자리[끋짜리]          낱자루[낟짜루]          단팥죽[단판쭉]

뭍짐승[묻찜승]          밑자락[민짜락]          밑자리[민짜리]

밑절미[민쩔미]          밑조사[민쪼사]          밑줄기[민쭐기]

밑지다[민찌다]          숱지기[숟찌기]          숱지다[숟찌다]

홑자락[혼짜락]          겉저고리[걷쩌고리]

겉주머니[걷쭈머니]          곁주머니[견쭈머니]

물렁팥죽[물렁판쭉]

ㄴ. 숱젖[숟젖 → 숟쩢 → 숟쩓](말 → 경 → 말)

ㄷ. 붙잡다[붇잡다 → 붇짭다 → 붇짭따](말 → 경 → 경)

　　얕잡다[얃짭따]          홑적삼[혼쩍쌈]

ㄹ. 같잖다[갇잖다 → 갇짢다 → 갇짠타](말 → 경 → 격)

　　꼴같잖다[꼴갇짠타]          붙잡히다[붇짜피다]

(114)는 자음접변의 환경에서 앞 끝소리가 'ㅌ'이고, 뒤 첫소리가 'ㅈ'인 경우에 'ㅌ'이 뒤 첫소리 앞('곁집'의 'ㅈ')에서 'ㅌ → ㄷ'과 같이 'ㄷ'으로 실현된 경우이다. 이 경우에는 음운변화과정에서 먼저 'ㅌ → ㄷ'과 같은 말음법칙이 적용된 후에, 경음화 등이 적용된다.

(114ㄱ)의 '곁집'이 '곁집 → 견집 → 견찝'과 같은 음운변화과정에서 1단계는 'ㅌ → ㄷ(곁- → 견-)'과 같이 'ㅌ'에 말음법칙이 적용되고, 2단계는 'ㅈ → ㅉ(-집 → -찝)'과 같이 'ㅈ'에 경음화가 적용된다. 이는 표기인 '곁집'이 표준발음인 [견찝]으로 실현된 것을 의미한다. 즉 표기와 표준발음이 다른 경우이다.

(114ㄴ)의 '숱젖'이 '숱젖 → 숟젖 → 숟쩢 → 숟쩓'과 같은 음운변화과정에서 1단계는 'ㅌ → ㄷ(숱- → 숟-)'과 같이 'ㅌ'에 말음법칙이 적용되고, 2단계는 'ㅈ → ㅉ(-젖 → -쩢)'과 같이 'ㅈ'에 경음화가 적용되고, 3단계는

'ㅈ → ㄷ(-젖 → -젇)'과 같이 'ㅈ'에 말음법칙이 적용된다.

(114ㄷ)의 '얕잡다'가 '얕잡다 → 얃잡다 → 얃짭다 → 얃짭따'와 같은 음운변화과정에서 1단계는 'ㅌ → ㄷ(얕- → 얃-)'과 같이 'ㅌ'에 말음법칙이 적용되고, 2단계는 'ㅈ → ㅉ(-잡- → -짭-)'과 같이 'ㅈ'에 경음화가 적용되고, 3단계는 'ㄷ → ㄸ(-다 → -따)'과 같이 'ㄷ'에 경음화가 적용된다.

(114ㄹ)의 '붙잡히다'가 '붙잡히다 → 붇잡히다 → 붇짭히다 → 붇짜피다'와 같은 음운변화과정에서 1단계는 'ㅌ → ㄷ(붙- → 붇-)'과 같이 'ㅌ'에 말음법칙이 적용되고, 2단계는 'ㅈ → ㅉ(-잡- → -짭-)'과 같이 'ㅈ'에 경음화가 적용되고, 3단계는 'ㅂ + ㅎ → ㅍ(-짭히- → -짜피-)'과 같이 'ㅂ'에 격음화가 적용된다.

(115) 'ㅌ'이 뒤 첫소리 'ㅎ' 앞인 경우
    'ㅌ + ㅎ → ㄷ + ㅎ → ㅌ'('ㅌ → ㄷ' : 말, 'ㄷ + ㅎ → ㅌ' : 격)
    ㄱ. 숱하다[숟하다 → 수타다](말 → 격)
    ㄴ. 겉흙[걷흙 → 거틁 → 거특](말 → 격 → 탈)
    ㄷ. 겉핥다[걷핥다 → 거턅다 → 거탈다 → 거탈따](말 → 격 → 탈 → 경)

(115)는 자음접변의 환경에서 앞 끝소리가 'ㅌ'이고, 뒤 첫소리가 'ㅎ'인 경우에 'ㅌ'이 뒤 첫소리 앞('겉흙'의 'ㅎ')에서 'ㅌ → ㄷ'과 같이 'ㄷ'으로 실현된 경우이다. 이 경우에는 음운변화과정에서 먼저 'ㅌ → ㄷ'과 같은 말음법칙이 적용된 후에, 격음화 등이 적용된다.

(115ㄱ)의 '숱하다'가 '숱하다 → 숟하다 → 수타다'와 같은 음운변화과정에서 1단계는 'ㅌ → ㄷ(숱- → 숟-)'과 같이 'ㅌ'에 말음법칙이 적용되고, 2단계는 'ㄷ + ㅎ → ㅌ(숟하- → 수타-)'과 같이 'ㄷ'에 격음화가 적용된다. 이는 표기인 '숱하다'가 표준발음인 [수타다]로 실현된 것을 의미한다. 즉 표기와 표준발음이 다른 경우이다.

(115ㄴ)의 '겉흙'이 '겉흙 → 걷흙 → 거틁 → 거특'과 같은 음운변화과정

한국어 발음 교육의 실제

에서 1단계는 'ㅌ → ㄷ(겉- → 걷-)'과 같이 'ㅌ'에 말음법칙이 적용되고, 2
단계는 'ㄷ + ㅎ → ㅌ(걷훑 → 거튦)'과 같이 'ㄷ'에 격음화가 적용되고, 3단
계는 'ㄲ → ㄱ(-튦 → -특)'과 같이 'ㄺ'에 자음탈락이 적용된다.

(115ㄷ)의 '겉핥다'가 '겉핥다 → 걷핥다 → 거탏다 → 거탈다 → 거탈따'
와 같은 음운변화과정에서 1단계는 'ㅌ → ㄷ(겉- → 걷-)'과 같이 'ㅌ'에 말
음법칙이 적용되고, 2단계는 'ㄷ + ㅎ → ㅌ(걷핥- → 거탏-)'과 같이 'ㄷ'에
격음화가 적용되고, 3단계는 'ㄾ → ㄹ(-탏- → -탈-)'과 같이 'ㅌ'에 자음
탈락이 적용되고, 4단계는 'ㄷ → ㄸ(-다 → -따)'과 같이 'ㄷ'에 경음화가
적용된다.


## 8) 끝소리가 'ㅍ'인 경우

(116) 단어 끝이 'ㅍ'인 경우('ㅍ → ㅂ' : 말)
　　 가시섶[가시섭](말)

| | | | | | |
|---|---|---|---|---|---|
| 늪[늡] | 섶[섭] | 숲[숩] | 앞[압] | 옆[엽] | 잎[입] | 짚[집] |

| | | | |
|---|---|---|---|
| 거섶[거섭] | 노앞[노압] | 눈앞[누납] | 무릎[무릅] |
| 솔숲[솔숩] | 울숲[울숩] | 조짚[조집] | 줌앞[주맙] |
| 코앞[코압] | 풀숲[풀숩] | 피읖[피읍] | 헝겊[헝겁] |

| | | |
|---|---|---|
| 누에섶[누에섭] | 덤불숲[덤불숩] | 망건앞[망거납] |
| 안무릎[안무릅] | 오른섶[오른섭] | 오지랖[오지랍] |
| 왼섶[왼섭/웬-] | 한무릎[한무릅] | |

(116)은 'ㅍ'이 단어 끝('누에섶'의 'ㅍ')에서 'ㅍ → ㅂ'과 같이 'ㅂ'으로 실
현된 경우이다. '누에섶'은 '누에섶 → 누에섭'과 같은 음운변화과정에서
'ㅍ → ㅂ'과 같이 'ㅍ'에 말음법칙이 적용된다. 이는 표기인 '누에섶'이 표
준발음인 [누에섭]으로 실현된 것을 의미한다. 즉 표기와 표준발음이 다른
경우이다.

(117) 'ㅍ'이 뒤 첫소리(자음) 앞인 경우

　'ㅊ + 첫소리 → ㄷ + 첫소리'('ㅊ → ㄷ': 말)

　ㄱ. 덮치다[덥치다](말)

|  |  |  |  |
|---|---|---|---|
| 섶폭[섭폭] | 앞쪽[압쪽] | 앞창[압창] | 앞채[압채] |
| 앞칸[압칸] | 앞코[압코] | 앞턱[압턱] | 옆쪽[엽쪽] |
| 잎싹[입싹] | 덮치기[덥치기] | | 앞까지[압까지] |
| 앞차기[압차기] | 앞치마[압치마] | | 앞표지[압표지] |
| 엎치락[업치락] | 잎차례[입차례] | | 잎채소[입채소] |
| 외잎쑥[외입쑥/웨-] | 무릎치기[무릅치기] | | |
| 섶청올치[섭청올치] | 잎파랑이[입파랑이] | | |

　ㄴ. 두무릎꿇기[두무릅꿇기 → 두무릅꿀키](말 → 격)

　　외무릎꿇기[외무릅꿀키/웨-]

(117)은 'ㅍ'이 뒤 첫소리 앞에서 'ㅍ → ㅂ'과 같이 'ㅂ'으로 실현된 경우
이다. (117ㄴ)은 음운변화과정에서 먼저 'ㅍ → ㅂ'과 같은 말음법칙이 적용
된 후에, 격음화가 적용된다.

(117ㄱ)의 '앞차기'가 '앞차기 → 압차기'와 같은 음운변화과정에서 'ㅍ →
ㅂ'과 같이 'ㅍ'에 말음법칙이 적용된다. 이는 표기인 '앞차기'가 표준발음
인 [압차기]로 실현된 것을 의미한다. 즉 표기와 표준발음이 다른 경우이다.

(117ㄴ)의 '두무릎꿇기'가 '두무릎꿇기 → 두무릅꿇기 → 두무릅꿀키'
와 같은 음운변화과정에서 1단계는 'ㅍ → ㅂ(-릎- → -릅-)'과 같이 'ㅍ'
에 말음법칙이 적용되고, 2단계는 'ㅎ + ㄱ → ㅋ(-꿇기 → -꿀키)'과 같이
'ㄱ'에 격음화가 적용된다.

(118) 'ㅍ'이 뒤 첫소리 'ㄱ' 앞인 경우

　'ㅍ + ㄱ → ㅂ + ㄱ → ㅂ + ㄲ'('ㅍ → ㅂ': 말, 'ㄱ → ㄲ': 경)

　ㄱ. 공짚기[공집기 → 공집끼](말 → 경)

|  |  |  |  |
|---|---|---|---|
| 늪가[늡까] | 덮개[덥깨] | 섶감[섭깜] | 섶귀[섭뀌] |
| 숲길[숩낄] | 앞길[압낄] | 옆길[엽낄] | |

　　　　　　　　　　　　한국어 발음 교육의 실제

앞가림[압까림]　　　　앞가슴[압까슴]　　　　앞가지[압까지]

옆갈비[엽깔비]　　　　옆구리[엽꾸리]　　　　잎가지[입까지]

짚가리[집까리]

무릎걸음[무릅꺼름]　　　　　　무릎길이[무릅끼리]

앞가르마[압까르마]　　　　　　앞가리개[압까리개]

ㄴ. 덮깃[덥깃 → 덥낏 → 덥낀](말 → 경 → 말)

앞깃[압낃]　　　　꽁지덮깃[꽁지덥낃]　　　날개덮깃[날개덥낀]

　(118)은 자음접변의 환경에서 앞 끝소리가 'ㅍ'이고, 뒤 첫소리가 'ㄱ'인 경우에 'ㅍ'이 뒤 첫소리 앞('늪가'의 'ㄱ')에서 'ㅍ → ㅂ'과 같이 'ㅂ'으로 실현된 경우이다. 이 경우에 음운변화과정에서 먼저 'ㅍ → ㅂ'과 같은 말음법칙이 적용된 후에, 경음화가 적용된다.

　(118ㄱ)의 '늪가'가 '늪가 → 늡가 → 늡까'와 같은 음운변화과정에서 1단계는 'ㅍ → ㅂ(늪- → 늡-)'과 같이 'ㅍ'에 말음법칙이 적용되고, 2단계는 'ㄱ → ㄲ(-가 → -까)'과 같이 'ㄱ'에 경음화가 적용된다. 이는 표기인 '늪가'가 표준발음인 [늡까]로 실현된 것을 의미한다. 즉 표기와 표준발음이 다른 경우이다.

　(118ㄴ)의 '앞깃'이 '앞깃 → 압깃 → 압낏 → 압낀'과 같은 음운변화과정에서 1단계는 'ㅍ → ㅂ(앞- → 압-)'과 같이 'ㅍ'에 말음법칙이 적용되고, 2단계는 'ㄱ → ㄲ(-깃 → -낏)'과 같이 'ㄱ'에 경음화가 적용되고, 3단계는 'ㅅ → ㄷ(-낏 → -낀)'과 같이 'ㅅ'에 말음법칙이 적용된다.

(119) 'ㅍ'이 뒤 첫소리 'ㄴ' 앞인 경우

'ㅍ + ㄴ → ㅂ + ㄴ → ㅁ + ㄴ'('ㅍ → ㅂ' : 말, 'ㅂ → ㅁ' : 비)

ㄱ. 높낮이[놉낮이 → 놈나지](말 → 비)

앞날[암날]　　　　앞내[암내]　　　　앞니[암니]

옆눈[염눈]　　　　잎눈[임눈]

높높이[놈노피]　　　　섶나무[섬나무]　　　　숲나이[숨나이]

앞날개[암날개]         옆넓이[염널비]         잎나무[임나무]
짚나라미[짐나라미]
ㄴ. 앞녘[압녁 → 암녁 → 암녘](말 → 비 → 말)
ㄷ. 앞넘기[압넘기 → 암넘기 → 암넘끼](말 → 비 → 경)
ㄹ. 앞넣다[압넣다 → 암넣다 → 암너타](말 → 비 → 격)

(119)는 자음접변의 환경에서 앞 끝소리가 'ㅍ'이고, 뒤 첫소리가 'ㄴ'인 경우에 'ㅍ'이 뒤 첫소리 앞('앞날'의 'ㄴ')에서 'ㅍ → ㅂ'과 같이 'ㅂ'으로 실현된 경우이다. 이 경우에는 음운변화과정에서 먼저 'ㅍ → ㅂ'과 같은 말음법칙이 적용된 후에, 비음화 등이 적용된다.

(119ㄱ)의 '앞날'이 '앞날 → 압날 → 암날'과 같은 음운변화과정에서 1단계는 'ㅍ → ㅂ(앞- → 압-)'과 같이 'ㅍ'에 말음법칙이 적용되고, 2단계는 'ㅂ → ㅁ(압- → 암-)'과 같이 'ㅂ'에 비음화가 적용된다. 이는 표기인 '앞날'이 표준발음인 [암날]로 실현된 것을 의미한다. 즉 표기와 표준발음이 다른 경우이다.

(119ㄴ)의 '앞녘'이 '앞녘 → 압녘 → 암녘 → 암녁'과 같은 음운변화과정에서 1단계는 'ㅍ → ㅂ(앞- → 압-)'과 같이 'ㅍ'에 말음법칙이 적용되고, 2단계는 'ㅂ → ㅁ(압- → 암-)'과 같이 'ㅂ'에 비음화가 적용되고, 3단계는 'ㅋ → ㄱ(-녘 → -녁)'과 같이 'ㅋ'에 말음법칙이 적용된다.

(119ㄷ)의 '앞넘기'가 '앞넘기 → 압넘기 → 암넘기 → 암넘끼'와 같은 음운변화과정에서 1단계는 'ㅍ → ㅂ(앞- → 압-)'과 같이 'ㅍ'에 말음법칙이 적용되고, 2단계는 'ㅂ → ㅁ(압- → 암-)'과 같이 'ㅂ'에 비음화가 적용되고, 3단계는 'ㄱ → ㄲ(-기 → -끼)'과 같이 'ㄱ'에 경음화가 적용된다.

(119ㄹ)의 '앞넣다'가 '앞넣다 → 압넣다 → 암넣다 → 암너타'와 같은 음운변화과정에서 1단계는 'ㅍ → ㅂ(앞- → 압-)'과 같이 'ㅍ'에 말음법칙이 적용되고, 2단계는 'ㅂ → ㅁ(압- → 암-)'과 같이 'ㅂ'에 비음화가 적용되고, 3단계는 'ㅎ + ㄷ → ㅌ(-넣다 → -너타)'과 같이 'ㄷ'에 격음화가 적용

된다.

(120) 'ㅍ'이 뒤 첫소리 'ㄷ' 앞인 경우

'ㅍ + ㄷ → ㅂ + ㄷ → ㅂ + ㄸ'('ㅍ → ㅂ' : 말, 'ㄷ → ㄸ' : 경)

ㄱ. 갚다[갑다 → 갑따](말 → 경)

| | | | |
|---|---|---|---|
| 깊다[깁따] | 높다[놉따] | 덮다[덥따] | 섶단[섭딴] |
| 싶다[십따] | 앞뒤[압뛰] | 앞들[압뜰] | 엎다[업따] |
| 옆단[엽딴] | 짚다[집따] | 짚단[집딴] | 짚대[집때] |
| 톺다[톱따] | | 높드리[놉뜨리] | 앞다리[압따리] |
| 앞대문[압때문] | | 앞두다[압뚜다] | 옆다리[엽따리] |
| 옆들다[엽뜰다] | | | 잎담배[입땀배] |
| 갈아엎다[가라업따] | | | 건너짚다[건너집따] |
| 무릎도리[무릅또리] | | | 앞당기다[압땅기다] |
| 엎드리다[업뜨리다] | | | 짚둥우리[집뚱우리] |

ㄴ. 높디높다[놉디높다 → 놉띠높다 → 놉띠놉다 → 놉띠놉따]
('첩어' : 말 → 경 → 말 → 경)

ㄷ. 앞뒷문[압뒷문 → 압뗏문 → 압뛴문 → 압뗸문](말 → 경 → 말 → 비)

ㄹ. 깊다랗다[깁다랗다 → 깁따랗다 → 깁따라타](말 → 경 → 격)

(120)은 자음접변의 환경에서 앞 끝소리가 'ㅍ'이고, 뒤 첫소리가 'ㄷ'인 경우에 'ㅍ'이 뒤 첫소리 앞('깊다'의 'ㄷ')에서 'ㅍ → ㅂ'과 같이 'ㅂ'으로 실현된 경우이다. 이 경우에는 음운변화과정에서 먼저 'ㅍ → ㅂ'과 같은 말음법칙이 적용된 후에, 경음화 등이 적용된다.

(120ㄱ)의 '깊다'가 '깊다 → 깁다 → 깁따'와 같은 음운변화과정에서 1단계는 'ㅍ → ㅂ(깊- → 깁-)'과 같이 'ㅍ'에 말음법칙이 적용되고, 2단계는 'ㄷ → ㄸ(-다 → -따)'과 같이 'ㄷ'에 경음화가 적용된다. 이는 표기인 '깊다'가 표준발음인 [깁따]로 실현된 것을 의미한다. 즉 표기와 표준발음이 다른 경우이다.

(120ㄴ)은 같은 소리나 비슷한 소리를 가진 낱말이 겹쳐서 이루어진 복합어의 경우이다. '높디높다'가 '높디높다 → 놉디높다 → 놉띠높다 → 놉띠놉다 → 놉띠놉따'와 같은 음운변화과정에서 1단계는 'ㅍ → ㅂ(높- → 놉-)'과 같이 'ㅍ'에 말음법칙이 적용되고, 2단계는 'ㄷ → ㄸ(-디- → -띠-)'과 같이 'ㄷ'에 경음화가 적용되고, 3단계는 'ㅍ → ㅂ(-높- → -놉-)'과 같이 'ㅍ'에 말음법칙이 적용되고, 4단계는 'ㄷ → ㄸ(-다 → -따)'과 같이 'ㄷ'에 경음화가 적용된다.

(120ㄷ)의 '앞뒷문'이 '앞뒷문 → 압뒷문 → 압뗏문 → 압뛷문 → 압뛴문'과 같은 음운변화과정에서 1단계는 'ㅍ → ㅂ(앞- → 압-)'과 같이 'ㅍ'에 말음법칙이 적용되고, 2단계는 'ㄷ → ㄸ(-뒷- → -뗏-)'과 같이 'ㄷ'에 경음화가 적용되고, 3단계는 'ㅅ → ㄷ(-뗏- → -뛷-)'과 같이 'ㅅ'에 말음법칙이 적용되고, 4단계는 'ㄷ → ㄴ(-뛷- → -뛴-)'과 같이 'ㄷ'에 비음화가 적용된다.

(120ㄹ)의 '깊다랗다'가 '깊다랗다 → 깁다랗다 → 깁따랗다 → 깁따라타'와 같은 음운변화과정에서 1단계는 'ㅍ → ㅂ(깊- → 깁-)'과 같이 'ㅍ'에 말음법칙이 적용되고, 2단계는 'ㄷ → ㄸ(-다- → -따-)'과 같이 'ㄷ'에 경음화가 적용되고, 3단계는 'ㅎ + ㄷ → ㅌ(-랗다 → -라타)'과 같이 'ㄷ'에 격음화가 적용된다.

(121) 'ㅍ'이 뒤 첫소리 'ㅁ' 앞인 경우

　　'ㅍ + ㅁ → ㅂ + ㅁ → ㅁ + ㅁ'('ㅍ → ㅂ' : 말, 'ㅂ → ㅁ' : 비)

　ㄱ. 섶머리[섭머리 → 섬머리](말→비)

| | | | |
|---|---|---|---|
| 앞막[암막] | 앞말[암말] | 앞면[암면] | 앞몸[암몸] |
| 앞문[암문] | 옆면[염면] | 옆문[염문] | 잎맥[임맥] |
| 잎몸[임몸] | 앞마당[암마당] | | 앞마디[암마디] |
| 앞마루[암마루] | 앞마을[암마을] | | 앞머리[암머리] |
| 앞면도[암면도] | 앞모습[암모습] | | 앞모양[암모양] |

옆막이[염마기]　　　옆머리[염머리]　　　옆모습[염모습]

잎망울[임망울]　　　무릎마디[무름마디]

옆모서리[염모서리]

ㄴ. 잎밑[입밑 → 임밑 → 임믿](말 → 비 → 말)

짚못[짐몯]　　　앞무릎[암무릅]　　　무릎맞춤[무름맏춤]

(121)은 자음접변의 환경에서 앞 끝소리가 'ㅍ'이고, 뒤 첫소리가 'ㅁ'인 경우에 'ㅍ'이 뒤 첫소리 앞('앞막'의 'ㅁ')에서 'ㅍ → ㅁ'과 같이 'ㅁ'으로 실현된 경우이다. 이 경우에는 음운변화과정에서 먼저 'ㅍ → ㅂ'과 같은 말음법칙이 적용된 후에, 비음화가 적용된다.

(121ㄱ)의 '앞막'이 '앞막 → 압막 → 암막'과 같은 음운변화과정에서 1단계는 'ㅍ → ㅂ(앞- → 압-)'과 같이 'ㅍ'에 말음법칙이 적용되고, 2단계는 'ㅂ → ㅁ(압- → 암-)'과 같이 'ㅂ'에 비음화가 적용된다. 이는 표기인 '앞막'이 표준발음인 [암막]으로 실현된 것을 의미한다. 즉 표기와 표준발음이 다른 경우이다.

(121ㄴ)의 '앞무릎'이 '앞무릎 → 압무릎 → 암무릎 → 암무릅'과 같은 음운변화과정에서 1단계는 'ㅍ → ㅂ(앞- → 압-)'과 같이 'ㅍ'에 말음법칙이 적용되고, 2단계는 'ㅂ → ㅁ(압- → 암-)'과 같이 'ㅂ'에 비음화가 적용되고, 3단계는 'ㅍ → ㅂ(-릎 → -릅)'과 같이 'ㅍ'에 말음법칙이 적용된다.

(122) 'ㅍ'이 뒤 첫소리 'ㅂ' 앞인 경우

'ㅍ + ㅂ → ㅂ + ㅂ → ㅂ + ㅃ'('ㅍ → ㅂ' : 말, 'ㅂ → ㅃ' : 경)

ㄱ. 높바람[놉바람 → 놉빠람](말 → 경)

덮밥[덥빱]　　　앞발[압빨]　　　앞방[압빵]　　　앞배[압빼]

앞벌[압뻘]　　　앞볼[압뽈]　　　옆방[엽빵]　　　옆벽[엽뼉]

옆보[엽뽀]　　　짚불[집뿔]　　　앞바다[압빠다]

앞바닥[압빠닥]　　　앞바람[압빠람]　　　앞발굽[압빨굽]

앞발질[압빨질]　　　앞발치[압빨치]　　　앞보름[압뽀름]

앞부리[압뿌리]　　　　앞부분[압뿌분]　　　　옆바람[엽빠람]

옆발치[엽빨치]　　　　잎바늘[입빠늘]　　　　짚방석[집빵석]

무릎방아[무릅빵아]　　무릎베개[무릅뻬개]

ㄴ. 앞밭[압밭 → 압빹 → 압빤](말 → 경 → 말)

ㄷ. 짚북데기[집북데기 → 집뿍데기 → 집뿍떼기](말 → 경 → 경)


(122)는 자음접변의 환경에서 앞 끝소리가 'ㅍ'이고, 뒤 첫소리가 'ㅂ'인 경우에 'ㅍ'이 뒤 첫소리 앞('덮밥'의 'ㅂ')에서 'ㅍ → ㅂ'과 같이 'ㅂ'으로 실현된 경우이다. 이 경우에는 음운변화과정에서 먼저 'ㅍ → ㅂ'과 같은 말음법칙이 적용된 후에, 경음화가 적용된다.

(122ㄱ)의 '덮밥'이 '덮밥 → 덥밥 → 덥빱'과 같은 음운변화과정에서 1단계는 'ㅍ → ㅂ(덮- → 덥-)'과 같이 'ㅍ'에 말음법칙이 적용되고, 2단계는 'ㅂ → ㅃ(-밥 → -빱)'과 같이 'ㅂ'에 경음화가 적용된다. 이는 표기인 '덮밥'이 표준발음인 [덥빱]으로 실현된 것을 의미한다. 즉 표기와 표준발음이 다른 경우이다.

(122ㄴ)의 '앞밭'이 '앞밭 → 압밭 → 압빹 → 압빤'과 같은 음운변화과정에서 1단계는 'ㅍ → ㅂ(앞- → 압-)'과 같이 'ㅍ'에 말음법칙이 적용되고, 2단계는 'ㅂ → ㅃ(-밭 → -빹)'과 같이 'ㅂ'에 경음화가 적용되고, 3단계는 'ㅌ → ㄷ(-빹 → -빤)'과 같이 'ㅌ'에 말음법칙이 적용된다.

(122ㄷ)의 '짚북데기'가 '짚북데기 → 집북데기 → 집뿍데기 → 집뿍떼기'와 같은 음운변화과정에서 1단계는 'ㅍ → ㅂ(짚- → 집-)'과 같이 'ㅍ'에 말음법칙이 적용되고, 2단계는 'ㅂ → ㅃ(-북- → -뿍-)'과 같이 'ㅂ'에 경음화가 적용되고, 3단계는 'ㄷ → ㄸ(-데- → -떼-)'과 같이 'ㄷ'에 경음화가 적용된다.

(123) 'ㅍ'이 뒤 첫소리 'ㅅ' 앞인 경우

　'ㅍ + ㅅ → ㅂ + ㅅ → ㅂ + ㅆ'('ㅍ → ㅂ' : 말, 'ㅅ → ㅆ' : 경)

ㄱ. 높새[놉새 → 놉쌔](말 → 경)

    섶선[섭썬]          앞산[압싼]          앞서[압써]

    잎살[입쌀]          잎샘[입쌤]          짚신[집씬]

    섶사냥[섭싸냥]      앞사람[압싸람]      앞생각[압쌩각]

    앞서다[압써다]      앞소리[압쏘리]      옆새우[엽쌔우]

    옆쇠[엽쐬/-쒜]     잎사귀[입싸귀]      헝겊신[헝겁씬]

    짚수세미[집쑤세미]

ㄴ. 앞섶[압섶 → 압썹 → 압썹](말 → 경 → 말)

ㄷ. 깊숙하다[깁숙하다 → 깁쑥하다 → 깁쑤카다](말 → 경 → 격)


(123)은 자음접변의 환경에서 앞 끝소리가 'ㅍ'이고, 뒤 첫소리가 'ㅅ'인 경우에 'ㅍ'이 뒤 첫소리 앞('앞산'의 'ㅅ')에서 'ㅍ → ㅂ'과 같이 'ㅂ'으로 실현된 경우이다. 이 경우에는 음운변화과정에서 먼저 'ㅍ → ㅂ'과 같은 말음법칙이 적용된 후에, 경음화 등이 적용된다.

(123ㄱ)의 '짚신'이 '짚신 → 집신 → 집씬'과 같은 음운변화과정에서 1단계는 'ㅍ → ㅂ(짚- → 집-)'과 같이 'ㅍ'에 말음법칙이 적용되고, 2단계는 'ㅅ → ㅆ(-신 → -씬)'과 같이 'ㅅ'에 경음화가 적용된다. 이는 표기인 '짚신'이 표준발음인 [집씬]으로 실현된 것을 의미한다. 즉 표기와 표준발음이 다른 경우이다.

(123ㄴ)의 '앞섶'이 '앞섶 → 압섶 → 압썹 → 압썹'과 같은 음운변화과정에서 1단계는 'ㅍ → ㅂ(앞- → 압-)'과 같이 'ㅍ'에 말음법칙이 적용되고, 2단계는 'ㅅ → ㅆ(-섶 → -썹)'과 같이 'ㅅ'에 경음화가 적용되고, 3단계는 'ㅍ → ㅂ(-썹 → -썹)'과 같이 'ㅍ'에 말음법칙이 적용된다.

(123ㄷ)의 '깊숙하다'가 '깊숙하다 → 깁숙하다 → 깁쑥하다 → 깁쑤카다'와 같은 음운변화과정에서 1단계는 'ㅍ → ㅂ(깊- → 깁-)'과 같이 'ㅍ'에 말음법칙이 적용되고, 2단계는 'ㅅ → ㅆ(-숙- → -쑥-)'과 같이 'ㅅ'에 경음화가 적용되고, 3단계는 'ㄱ + ㅎ → ㅋ(-쑥하- → -쑤카-)'과 같이 'ㄱ'에

격음화가 적용된다.

(124) 'ㅍ'이 뒤 첫소리 'ㅈ' 앞인 경우

'ㅍ + ㅈ → ㅂ + ㅈ → ㅂ + ㅉ('ㅍ → ㅂ' : 말, 'ㅈ → ㅉ' : 경)

ㄱ. 늪지대[늡지대 → 늡찌대](말 → 경)

| 앞장[압짱] | 앞줄[압쭐] | 앞집[압찝] | 엎집[업찝] |
| 옆줄[엽쭐] | 옆질[엽찔] | 옆집[엽찝] | 잎집[입찝] |
| 숲정이[숩쩡이] | | 앞자락[압짜락] | 앞자리[압짜리] |
| 앞잡이[압짜비] | | 옆잡이[엽짜비] | 옆주름[엽쭈름] |
| 잎자루[입짜루] | | 잎줄기[입쭐기] | 짚자리[집짜리] |
| 무릎장단[무릅짱단] | | | 앞주머니[압쭈머니] |
| 앞지르다[압찌르다] | | | 엎지르다[업찌르다] |

ㄴ. 앞장섰다[압장섰다 → 압짱섰다 → 압짱섣다 → 압짱섣따]

(말 → 경 → 말 → 경)

ㄷ. 높직높직[놉직높직 → 놉찍높직 → 놉찡높직 → 놉찡놉직 → 놉찡놉찍]

('첩어' : 말 → 경 → 비 → 말 → 경)

ㄹ. 높직하다[놉직하다 → 놉찍하다 → 놉찌카다](말 → 경 → 격)

(124)는 자음접변의 환경에서 앞 끝소리가 'ㅍ'이고, 뒤 첫소리가 'ㅈ'인
경우에 'ㅍ'이 뒤 첫소리 앞('앞장'의 'ㅈ')에서 'ㅍ → ㅂ'과 같이 'ㅂ'으로 실
현된 경우이다. 이 경우에는 음운변화과정에서 먼저 'ㅍ → ㅂ'과 같은 말
음법칙이 적용된 후에, 경음화 등이 적용된다.

(124ㄱ)의 '앞장'이 '앞장 → 압장 → 압짱'과 같은 음운변화과정에서 1단
계는 'ㅍ → ㅂ(앞- → 압-)'과 같이 'ㅍ'에 말음법칙이 적용되고, 2단계는
'ㅈ → ㅉ(-장 → -짱)'과 같이 'ㅈ'에 경음화가 적용된다. 이는 표기인 '앞
장'이 표준발음인 [압짱]으로 실현된 것을 의미한다. 즉 표기와 표준발음이
다른 경우이다.

(124ㄴ)의 '앞장섰다'가 '앞장섰다 → 압장섰다 → 압짱섰다 → 압짱섣다

→ 압짱섣따'와 같은 음운변화과정에서 1단계는 'ㅍ → ㅂ(앞- → 압-)'
과 같이 'ㅍ'에 말음법칙이 적용되고, 2단계는 'ㅈ → ㅉ(-장- → -짱-)'과
같이 'ㅈ'에 경음화가 적용되고, 3단계는 'ㅆ → ㄷ(-섰- → -섣-)'과 같이
'ㅆ'에 말음법칙이 적용되고, 4단계는 'ㄷ → ㄸ(-다 → -따)'과 같이 'ㄷ'에
경음화가 적용된다.

(124ㄷ)은 같은 소리나 비슷한 소리를 가진 단어가 겹쳐서 이루어진 복
합어의 경우이다. '높직높직'이 '높직높직 → 놉직높직 → 놉찍높직 → 놉
찡높직 → 놉찡놉직 → 놉찡놉찍'과 같은 음운변화과정에서 1단계는 'ㅍ
→ ㅂ(높- → 놉-)'과 같이 'ㅍ'에 말음법칙이 적용되고, 2단계는 'ㅈ →
ㅉ(-직- → -찍-)'과 같이 'ㅈ'에 경음화가 적용되고, 3단계는 'ㄱ → ㅇ
(-찍- → -찡-)'과 같이 'ㄱ'에 비음화가 적용되고, 4단계는 'ㅍ → ㅂ(-
높- → -놉-)'과 같이 'ㅍ'에 말음법칙이 적용되고, 5단계는 'ㅈ → ㅉ(-직
→ -찍)'과 같이 'ㅈ'에 경음화가 적용된다.

(124ㄹ)의 '높직하다'가 '높직하다 → 놉직하다 → 놉찍하다 → 놉찌카다'
와 같은 음운변화과정에서 1단계는 'ㅍ → ㅂ(높- → 놉-)'과 같이 'ㅍ'에 말
음법칙이 적용되고, 2단계는 'ㅈ → ㅉ(-직- → -찍-)'과 같이 'ㅈ'에 경음
화가 적용되고, 3단계는 'ㄱ + ㅎ → ㅋ(-찍하- → -찌카-)'과 같이 'ㄱ'에
격음화가 적용된다.

(125) 'ㅍ'이 뒤 첫소리 'ㅎ' 앞인 경우
　　'ㅍ → ㅂ'(말, 'ㅂ + ㅎ → ㅍ' : 격)
　　ㄱ. 잎혀[입혀 → 이펴](말 → 격)
　　ㄴ. 옆훑이[엽훑이 → 여풑이 → 여풀치](말 → 격 → 구)
　　ㄷ. 옆훑치기[엽훑치기 → 여풑치기 → 여풀치기](말 → 격 → 'ㅌ'탈)

(125)는 자음접변의 환경에서 앞 끝소리가 'ㅍ'이고, 뒤 첫소리가 'ㅎ'인
경우에 'ㅍ'이 뒤 첫소리 앞('잎혀'의 'ㅎ')에서 'ㅍ → ㅂ'과 같이 'ㅂ'으로 실

현된 경우이다. 이 경우에는 음운변화과정에서 먼저 'ㅍ → ㅂ'과 같은 말음법칙이 적용된 후에, 격음화 등이 적용된다.

(125ㄱ)의 '잎혀'가 '잎혀 → 입혀 → 이펴'와 같은 음운변화과정에서 1단계는 'ㅍ → ㅂ(잎- → 입-)'과 같이 'ㅍ'에 말음법칙이 적용되고, 2단계는 'ㅂ + ㅎ → ㅍ(입혀 → 이펴)'과 같이 'ㅂ'에 격음화가 적용된다. 이는 표기인 '잎혀'가 표준발음인 [이펴]로 실현된 것을 의미한다. 즉 표기와 표준발음이 다른 경우이다.

(125ㄴ)의 '옆훑이'가 '옆훑이 → 엽훑이 → 여풀이 → 여풀치'와 같은 음운변화과정에서 1단계는 'ㅍ → ㅂ(옆- → 엽-)'과 같이 'ㅍ'에 말음법칙이 적용되고, 2단계는 'ㅂ + ㅎ → ㅍ(엽훑- → 여풀-)'과 같이 'ㅂ'에 격음화가 적용되고, 3단계는 'ㅌ → ㅊ(-풀이 → -풀치)'과 같이 'ㅌ'에 구개음화가 적용된다.

(125ㄷ)의 '옆훑치기'가 '옆훑치기 → 엽훑치기 → 여풀치기 → 여풀치기'와 같은 음운변화과정에서 1단계는 'ㅍ → ㅂ(옆- → 엽-)'과 같이 'ㅍ'에 말음법칙이 적용되고, 2단계는 'ㅂ + ㅎ → ㅍ(엽훑- → 여풀-)'과 같이 'ㅂ'에 격음화가 적용되고, 3단계는 'ㄾ → ㄹ(-풀- → -풀-)'과 같이 'ㅌ'에 자음 탈락이 적용된다.

## 9) 끝소리가 'ㅎ'인 경우

(126) 'ㅎ → ㄷ'(말)
   ㄱ. 히읗[히은](말)
     된히읗[된히은/뒌-]     쌍히읗[쌍히은]
   ㄴ. 놓치다[녿치다](말)
     닿치다[닫치다]
   ㄷ. 낳네[낟네 → 난네](말 → 비)
     낳느[난느]     낳는[난는]     내놓는[내논는]

넣는[넌는]         놓는[논는]         닿는[단는]
빨는[빤는]         쌓는[싼는]         좋네[존네]

(126ㄱ)은 끝소리 'ㅎ'이 단어 끝이고, (126ㄴ, ㄷ)은 'ㅎ'이 뒤 첫소리('ㅊ, ㄴ' 등) 앞인 경우이다. (126ㄷ)은 음운변화과정에서 먼저 'ㅎ → ㄷ'과 같은 말음법칙이 적용된 후에, 비음화가 적용된다.

(126ㄱ)은 'ㅎ'이 단어 끝('히읗'의 'ㅎ')에서 'ㅎ → ㄷ'과 같이 'ㄷ'으로 실현된 경우이다. '히읗'은 '히읗 → 히읃'과 같은 음운변화과정에서 'ㅎ → ㄷ'과 같이 'ㅎ'에 말음법칙이 적용된다. 이는 표기인 '히읗'이 표준발음인 [히읃]으로 실현된 것을 의미한다. 즉 표기와 표준발음이 다른 경우이다.

(126ㄴ)은 자음접변의 환경에서 앞 끝소리가 'ㅎ'이고, 뒤 첫소리가 'ㅊ'인 경우에 'ㅎ'이 뒤 첫소리 앞('놓치다'의 'ㅊ' 등)에서 'ㅎ → ㄷ'과 같이 'ㄷ'으로 실현된 경우이다. '놓치다'는 '놓치다 → 논치다'와 같은 음운변화과정에서 'ㅎ → ㄷ'과 같이 'ㅎ'에 말음법칙이 적용된다. 이는 표기인 '놓치다'가 표준발음인 [논치다]로 실현된 것을 의미한다. 즉 표기와 표준발음이 다른 경우이다.

(126ㄷ)은 자음접변의 환경에서 앞 끝소리가 'ㅎ'이고, 뒤 첫소리가 'ㄴ'인 경우에 'ㅎ'이 뒤 첫소리 앞('낳네'의 'ㄴ')에서 'ㅎ → ㄷ'과 같이 'ㄷ'으로 실현된 경우이다. '낳네'가 '낳네 → 낟네 → 난네'와 같은 음운변화과정에서 1단계는 'ㅎ → ㄷ(낳- → 낟-)'과 같이 'ㅎ'에 말음법칙이 적용되고, 2단계는 'ㄷ → ㄴ(낟- → 난-)'과 같이 'ㄷ'에 비음화가 적용된다. 이는 표기인 '낳네'가 표준발음인 [난네]로 실현된 것을 의미한다. 즉 표기와 표준발음이 다른 경우이다.

## ❷ 절음법칙(표 제15항)

절음법칙은 합성어나 낱말 사이에서 앞 끝소리와 뒤의 홀소리가 연결된 경우에 적용된다. 이 항에서 끝소리는 'ㅅ', 'ㅈ', 'ㅊ', 'ㅌ', 'ㅍ' 등을 중심으로 기술한다.

**1)** 끝소리가 'ㅅ'인 경우

(127) 'ㅅ'이 뒤 모음 앞인 경우('ㅅ → ㄷ' : 절)

ㄱ. 윗알[위달](절)

잣알[자달]       첫애[처대]       헛애[허대]       헛얼[허덜]

옷아귀[우다귀]       옷어른[우더른]       윗아귀[위다귀]

첫아기[처다기]       첫아들[처다들]       첫아이[처다이]

첫얼음[처더름]       첫울음[처두름]       첫인사[처딘사]

첫인상[처딘상]       풋인사[푸딘사]       핫아비[하다비]

핫어미[하더미]       헛웃음[허두슴]

의붓아들[의부다들]                       의붓아범[의부다범]

의붓아비[의부다비]                       의붓어멈[의부더멈]

의붓어미[의부더미]                       핫어머니[하더머니]

헛아궁이[허다궁이]

의붓아버지[의부다버지]                   의붓어머니[의부더머니]

ㄴ. 갓옷[가돗 → 가돈](절 → 말)

깃옷[기돈]       웃옷[우돈]       윗옷[위돈]

짓옷[지돈]       핫옷[하돈]

ㄷ. 뜻있다[뜨뎠다 → 뜨딛다 → 뜨딛따](절 → 말 → 경)

ㄹ. 덧없다[더덦다 → 더덥다 → 더덥따]('ㅅ + 없다' : 절 → 탈 → 경)

맛없다[마덥따]                       멋없다[머덥따]

가뭇없다[가무덥따]                   간곳없다[간고덥따]

느닷없다[느다덥따]                   버릇없다[버르덥따]

아랑곳없다[아랑고덥따]

(127)은 앞 끝소리 'ㅅ'이 뒤 모음과 연결된 경우이다. 보기는 'ㅅ' 받침 뒤에 모음 'ㅏ · ㅐ · ㅓ · ㅗ · ㅜ' 등으로 시작되는 실질형태소가 연결되어, 'ㅅ'이 대표음 [ㄷ]으로 바뀌어서 뒤 음절 첫소리로 옮겨 실현된 경우이다. (127ㄴ-ㄹ)은 음운변화과정에서 먼저 절음법칙이 적용된 후에, 다른 음운 규칙 등이 적용된다.

(127ㄱ)의 '윗알'은 '윗알 → 위달'과 같은 음운변화과정에서 'ㅅ → ㄷ'과 같이 'ㅅ'이 'ㄷ'으로 실현되어 뒤 음절 첫소리로 옮겨 발음된 경우이다. 이 는 절음법칙이 적용된다. 표기인 '윗알'이 표준발음인 [위달]로 실현된 것 을 의미한다. 즉 표기와 표준발음이 다른 경우이다.

(127ㄴ)의 '갓옷'이 '갓옷 → 가돗 → 가돋'과 같은 음운변화과정에서 1단 계는 'ㅅ → ㄷ(갓옷 → 가돗)'과 같이 'ㅅ'에 절음법칙이 적용되고, 2단계는 'ㅅ → ㄷ(-옷 → -돋)'과 같이 'ㅅ'에 말음법칙이 적용된다.

(127ㄷ)의 '뜻있다'가 '뜻있다 → 뜨딨다 → 뜨딛다 → 뜨딛따'와 같은 음 운변화과정에서 1단계는 'ㅅ → ㄷ(뜻있- → 뜨딨-)'과 같이 'ㅅ'에 절음법 칙이 적용되고, 2단계는 'ㅆ → ㄷ(-딨- → -딛-)'과 같이 'ㅆ'에 말음법칙이 적용되고, 3단계는 'ㄷ → ㄸ(-다 → -따)'과 같이 'ㄷ'에 경음화가 적용된다.

(127ㄹ)의 '덧얹다'가 '덧얹다 → 더덚다 → 더던다 → 더던따'와 같은 음운 변화과정에서 1단계는 'ㅅ → ㄷ(덧얹- → 더덚-)'과 같이 'ㅅ'에 절음법칙이 적용되고, 2단계는 'ㄵ → ㄴ(-덚- → -던-)'과 같이 'ㅈ'에 자음탈락이 적용 되고, 3단계는 'ㄷ → ㄸ(-다 → -따)'과 같이 'ㄷ'에 경음화가 적용된다.

(128) 'ㅅ'이 홀소리 앞과 단어 끝인 경우('첩어')

　　아긋아긋[아그다긋 → 아그다귿](절 → 말)

| | |
|---|---|
| 아릿아릿[아리다릳] | 아칫아칫[아치다칟] |
| 알밋알밋[알미달믿] | 어긋어긋[어그더귿] |
| 어릿어릿[어리더릳] | 어슷어슷[어스더슫] |
| 언뜻언뜻[언뜨던뜯] | 얼밋얼밋[얼미덜믿] |

오긋오긋[오그도근]　　　　　옴칫옴칫[옴치돔칟]

옹긋옹긋[옹그동근]　　　　　우긋우긋[우그두근]

우빗우빗[우비두빋]　　　　　움칫움칫[움치둠칟]

웅긋웅긋[웅그둥근]　　　　　을밋을밋[을미들믿]

　(128)은 같은 소리나 비슷한 소리를 가진 단어가 겹쳐서 이루어진 복합어의 경우이다. 보기는 앞 끝소리 'ㅅ'이 모음 앞('-긋아'의 '-ㅏ')과 단어끝('-아긋'의 'ㅅ')에서 'ㅅ → ㄷ'과 같이 'ㄷ'으로 실현된 경우이다. 보기는 음운변화과정에서 먼저 절음법칙이 적용된 후에, 말음법칙이 적용된다. '아릿아릿'은 '아릿아릿 → 아리다릿 → 아리다릳'과 같은 음운변화과정에서 1단계는 'ㅅ → ㄷ(-릿아- → -리다-)'과 같이 'ㅅ'에 절음법칙이 적용되고, 2단계는 'ㅅ → ㄷ(-릿 → -릳)'과 같이 'ㅅ'에 말음법칙이 적용된다. 이는 표기인 '아릿아릿'이 표준발음인 [아리다릳]으로 실현된 것을 의미한다. 즉 표기와 표준발음이 다른 경우이다.

(129) 'ㅅ'이 홀소리 앞과 낱말끝인 경우('첩어')

야긋야긋[야그댜긋 → 야그댜귿]('첩어' : 절 → 말)

얄긋얄긋[얄그댤귿]　　　　　얄깃얄깃[얄기댤긴]

여릿여릿[여리뎌릳]　　　　　여싯여싯[여시뎌싣]

일긋얄긋[일그댤귿]　　　　　일긋일긋[일그딜귿]

　(129)는 같은 소리나 비슷한 소리를 가진 단어가 겹쳐서 이루어진 복합어의 경우이다. '야긋야긋'이 [야근냐근/야그댜근]과 같이 두 가지의 표준발음이 실현된 경우이다. 이 중 전자는 'ㄴ'음이 첨가된 경우인데, 이는 '11. 자음첨가' 항에서 기술한다. 이 경우에 'ㅅ' 뒤의 모음 'ㅑ, ㅕ, ㅣ' 등은 표준발음법 제29항 음의 첨가 규정의 모음에 해당된다. 보기는 음운변화과정에서 먼저 절음법칙이 적용된 후에, 말음법칙이 적용된다. '야긋야긋'은 끝소리 'ㅅ'이 홀소리 앞('-긋야-'의 '-ㅑ')과 낱말끝('-야긋'의 'ㅅ')

에서 'ㅅ → ㄷ'과 같이 'ㄷ'으로 실현된 경우이다. '얄긋얄긋'은 '얄긋얄긋
→ 얄그달긋 → 얄그달근'과 같은 음운변화과정에서 1단계는 'ㅅ → ㄷ(-
긋얄- → -그달-)'과 같이 'ㅅ'에 절음법칙이 적용되고, 2단계는 'ㅅ → ㄷ
(-긋 → -근)'과 같이 'ㅅ'에 말음법칙이 적용된다. 이는 표기인 '얄긋얄긋'
이 표준발음인 [얄그달근]으로 실현된 것을 의미한다. 즉 표기와 표준발음
이 다른 경우이다.


## 2) 끝소리가 'ㅈ, ㅊ' 등인 경우

(130) 'ㅈ, ㅊ' 등이 뒤 모음 앞인 경우('ㅅ → ㄷ' : 절)

    ㄱ. 젖어머니[저더머니](절)

      젖어멈[저더멈]        젖어미[저더미]        젖엄마[저덤마]

    ㄴ. 갖옷[가돗 → 가돋](절 → 말)

    ㄷ. 젖앓이[저닳이 → 저다리](절 → 'ㅎ'탈)

    ㄹ. 맞았다[마닸다 → 마닫다 → 마닫따](절 → 'ㅈ'탈 → 경)

    ㅁ. 맞옮기다[마돎기다 → 마돔기다](절 → 'ㄹ'탈)

    ㅂ. 낯없다[나덦다 → 나덥다 → 나덥따](절 → 'ㅅ'탈 → 경)

      빛없다[비덥따]

    ㅅ. 꽃 안[꼬단](절)

      꽃 위[꼬뒤]        꽃 아래[꼬다래]


  (130)은 앞 끝소리 'ㅈ · ㅊ' 등이 뒤 모음 'ㅏ · ㅓ · ㅗ · ㅟ' 등과 연결되
어, 받침 'ㅈ · ㅊ' 등이 대표음 [ㄷ]으로 바뀌어서 뒤 음절의 첫소리로 옮겨
실현된 경우이다. (130ㄴ-ㅂ)은 음운변화과정에서 먼저 절음법칙이 적용
된 후에, 다른 음운규칙 등이 적용된다.

  (130ㄱ)의 '젖어멈'은 '젖어멈 → 저더멈'과 같은 음운변화과정에서 'ㅈ
→ ㄷ'과 같이 'ㅈ'이 'ㄷ'으로 실현되어 뒤 음절 첫소리로 옮겨 발음된 경
우이다. 이는 절음법칙이 적용된다. 표기인 '젖어멈'이 표준발음인 [저더

멈]으로 실현된 것을 의미한다. 즉 표기와 표준발음이 다른 경우이다.

(130ㄴ)의 '갓옷'이 '갓옷 → 가돗 → 가돋'과 같은 음운변화과정에서 1단계는 'ㅅ → ㄷ(갓옷 → 가돗)'과 같이 'ㅅ'에 절음법칙이 적용되고, 2단계는 'ㅅ → ㄷ(-옷 → -옫)'과 같이 'ㅅ'에 말음법칙이 적용된다.

(130ㄷ)의 '젖앓이'가 '젖앓이 → 저닳이 → 저다리'와 같은 음운변화과정에서 1단계는 'ㅈ → ㄷ(젖앓- → 저닳-)'과 같이 'ㅈ'에 절음법칙이 적용되고, 2단계는 'ㄶ → ㄹ(-닳이 → -다리)'과 같이 'ㅎ'에 자음탈락이 적용된다.

(130ㄹ)의 '맞앉다'가 '맞앉다 → 마닳다 → 마단다 → 마단따'와 같은 음운변화과정에서 1단계는 'ㅈ → ㄷ(맞앉- → 마닳-)'과 같이 'ㅈ'에 절음법칙이 적용되고, 2단계는 'ㄵ → ㄴ(-닳- → -단-)'과 같이 'ㅈ'에 자음탈락이 적용되고, 3단계는 'ㄷ → ㄸ(-다 → -따)'과 같이 'ㄷ'에 경음화가 적용된다.

(130ㅁ)의 '맞옮기다'가 '맞옮기다 → 마돎기다 → 마돔기다'와 같은 음운변화과정에서 1단계는 'ㅈ → ㄷ(맞옮- → 마돎-)'과 같이 'ㅈ'에 절음법칙이 적용되고, 2단계는 'ㄻ → ㅁ(-돎 → -돔-)'과 같이 'ㄹ'에 자음탈락이 적용된다.

(130ㅂ)의 '낮없다'가 '낮없다 → 나덦다 → 나덥다 → 나덥따'와 같은 음운변화과정에서 1단계는 'ㅊ → ㄷ(낮없- → 나덦-)'과 같이 'ㅊ'에 절음법칙이 적용되고, 2단계는 'ㅄ → ㅂ(-덦- → -덥-)'과 같이 'ㅅ'에 자음탈락이 적용되고, 3단계는 'ㄷ → ㄸ(-다 → -따)'과 같이 'ㄷ'에 경음화가 적용된다.

(130ㅅ)은 두 단어 사이에서 절음이 실현된 경우이다. '꽃 안'은 '꽃안 → 꼬단'과 같은 음운변화과정에서 'ㅊ → ㄷ'과 같이 'ㅊ'이 'ㄷ'으로 실현되어 뒤 음절의 첫소리로 옮겨 발음된 경우이다. 이는 절음법칙이 적용된다.

## 3) 끝소리가 'ㅌ'인 경우

(131) 'ㅌ'이 뒤 모음 앞인 경우('ㅌ → ㄷ' : 절)

ㄱ. 홑월[호뒬](절)

겉웃음[거두슴]　　　홑암술[호담술]　　　바깥어른[바까더른]

ㄴ. 겉웃[거둣→거둗](절→말)

밑앞[미답]　　　홑옷[호돋]　　　바깥옷[바까돋]

ㄷ. 겉웃고름[거둣고름→거둗고름→거둗꼬름](절→말→경)

(131)은 앞 끝소리 'ㅌ'이 뒤 모음과 연결된 경우이다. 보기는 'ㅌ' 받침 뒤에 모음 'ㅏ·ㅓ·ㅗ·ㅜ·ㅝ' 등으로 시작되는 실질형태소가 연결되어, 'ㅌ'이 대표음 [ㄷ]으로 바뀌어서 뒤 음절 첫소리로 옮겨 실현된 경우이다. (131ㄴ, ㄷ)은 음운변화과정에서 먼저 절음법칙이 적용된 후에, 말음법칙 등이 적용된다.

(131ㄱ)의 '겉웃음'은 '겉웃음→거두슴'과 같은 음운변화과정에서 'ㅌ →ㄷ'과 같이 'ㅌ'이 'ㄷ'으로 실현되어 뒤 음절 첫소리로 옮겨 발음된 경우이다. 이는 절음법칙이 적용된다. 표기인 '겉웃음'이 표준발음인 [거두슴]으로 실현된 것을 의미한다. 즉 표기와 표준발음이 다른 경우이다.

(131ㄴ)의 '밑앞'이 '밑앞→미닾→미답'과 같은 음운변화과정에서 1단계는 'ㅌ→ㄷ(밑앞→미닾)'과 같이 'ㅌ'에 절음법칙이 적용되고, 2단계는 'ㅍ→ㅂ(-앞→-압)'과 같이 'ㅍ'에 말음법칙이 적용된다.

(131ㄷ)의 '겉웃고름'이 '겉웃고름→거둣고름→거둗고름→거둗꼬름'과 같은 음운변화과정에서 1단계는 'ㅌ→ㄷ(겉웃-→거둣-)'과 같이 'ㅌ'에 절음법칙이 적용되고, 2단계는 'ㅅ→ㄷ(-둣-→-둗-)'과 같이 'ㅅ'에 말음법칙이 적용되고, 3단계는 'ㄱ→ㄲ(-고-→-꼬-)'과 같이 'ㄱ'에 경음화가 적용된다.

## 4) 끝소리가 'ㅍ'인 경우

(132) 'ㅍ'이 뒤 모음 앞인 경우('ㅍ→ㅂ': 절)

ㄱ. 옆얼굴[여벌굴](절)

ㄴ. 앞앞[아봪→아밥](절→말)

(132)는 앞 끝소리 'ㅍ'이 뒤 모음과 연결된 경우이다. 보기는 'ㅍ' 받침 뒤에 모음 'ㅏ · ㅓ' 등으로 시작되는 실질형태소가 연결된 경우에, 'ㅍ'이 대표음 [ㅂ]으로 바뀌어서 뒤 음절 첫소리로 옮겨 실현된 것이다.

(132ㄱ)의 '옆얼굴'은 '옆얼굴→ 여벌굴'과 같은 음운변화과정에서 'ㅍ → ㅂ'과 같이 'ㅍ'이 'ㅂ'으로 실현되어 뒤 음절 첫소리로 옮겨 발음된 경우이다. 이는 절음법칙이 적용된다. 표기인 '옆얼굴'이 표준발음인 [여벌굴]로 실현된 것을 의미한다. 즉 표기와 표준발음이 다른 경우이다.

(132ㄴ)의 '앞앞'이 '앞앞→ 아밮→ 아밥'과 같은 음운변화과정에서 1단계는 'ㅍ→ ㅂ(앞앞→ 아밮)'과 같이 'ㅌ'에 절음법칙이 적용되고, 2단계는 'ㅍ→ ㅂ(-밮→ -밥)'과 같이 'ㅍ'에 말음법칙이 적용된다.

## ❸ 비음화

비음화는 파열음, 파찰음, 마찰음 등이 비음을 닮아 비음으로 실현되는 경우와 유음이 비음을 닮아 비음으로 실현되는 경우처럼 두 가지로 구분할 수 있다. 전자는 표준발음법 제18항에 규정되어 있고, 후자는 제19항과 제20항 '다만'에 규정되어 있다.

비음화는 앞 끝소리 'ㄱ', 'ㄴ', 'ㄷ', 'ㅁ', 'ㅂ', 'ㅇ' 등을 중심으로 기술한다.

**1) 앞 끝소리가 'ㄱ'인 경우(표 제18항)**

(133) 'ㄱ + ㄴ → ㅇ + ㄴ'('역행동화', 'ㄱ → ㅇ': 비)

ㄱ. 가죽나무[가중나무](비)

| 국내[궁내] | 막내[망내] | 백년[뱅년] | 숙녀[숭녀] |
| 작년[장년] | 직녀[징녀] | 학년[항년] | |

| 까막눈[까망눈] | 닥나무[당나무] | 도둑놈[도둥놈] |
| 도둑눈[도둥눈] | 속눈썹[송눈썹] | 아낙네[아낭네] |

재작년[재장년]      저녁내[저녕내]      쪽나무[쫑나무]

추석날[추성날]

고목나무[고몽나무]      기억나다[기엉나다]

들락날락[들랑날락]      들쭉날쭉[들쭝날쭉]

생각나다[생강나다]      억누루다[엉누르다]

자작나무[자장나무]      저녁나절[저녕나절]

저녁노을[저녕노을]      오르락내리락[오르랑내리락]

ㄴ. 녹는[농는](비)

막는[망는]    먹는[멍는]    속는[송는]    식는[싱는]

썩는[썽는]    익는[잉는]    적는[정는]    죽는[중는]

찍는[찡는]

ㄷ. 가족 나들이[가종나드리](비)(표 제18항 [붙임])

백 날[뱅날]      백 년[뱅년]      육 년[융년]

각 나라[강나라]      막 눈물[망눈물]      수백 년[수뱅년]

쑥 냄새[쑹냄새]      오백 냥[오뱅냥]      오백 년[오뱅년]

책 내용[챙내용]      미역 냄새[미영냄새]

저녁 내내[저녕내내]      축 늘어진[충느러진]

생각 나누기[생강나누기]      책 나부랭이[챙나부랭이]

ㄹ. 벽난로[병난로 → 병날로](비 → 유)

ㅁ. 북녘[붕녘 → 붕녁](비 → 말)

새벽녘[새병녁]      저녁녘[저녕녁]

ㅂ. 저녁 늦게[저녕늦게 → 저녕는게 → 저녕는께](비 → 말 → 경)

ㅅ. 막낳이[망낳이 → 망나이](비 → 'ㅎ'탈)

목 놓아[몽노아]

ㅇ. 폭넓다[퐁넓다 → 퐁널다 → 퐁널따](비 → 'ㅂ'탈 → 경)

ㅈ. 넉넉하다[넝넉하다 → 넝너카다](비 → 격)

녹녹하다[농노카다]      눅눅하다[눙누카다]

(133)은 자음접변의 환경에서 앞 끝소리('ㄱ')가 비음인 뒤 첫소리('ㄴ')를 닮아, 'ㄱ → ㅇ'과 같이 'ㄱ'이 비음인 [ㅇ]으로 실현된 경우이다. (133ㄹ-

ㅈ)은 음운변화과정에서 먼저 비음화를 적용한 후에, 다른 음운규칙 등을
적용한다.

(133ㄱ)은 앞 끝소리 'ㄱ'이 뒤 첫소리가 비음인 'ㄴ'을 닮아, 'ㄱ → ㅇ'과
같이 'ㄱ'이 비음인 [ㅇ]으로 실현된 경우이다. '국내'는 '국내 → 궁내'와 같
은 음운변화과정에서 'ㄱ → ㅇ(국- → 궁-)'과 같이 'ㄱ'에 비음화가 적용
된다.

(133ㄴ)은 앞 끝소리가 'ㄱ'인 어간과 뒤 첫소리가 'ㄴ'인 어미가 연결된
경우에, 'ㄱ'이 'ㄴ'을 닮아 'ㄱ → ㅇ'과 같이 'ㄱ'이 비음인 [ㅇ]으로 실현
된 경우이다. '막는'은 '막는 → 망는'과 같은 음운변화과정에서 'ㄱ → ㅇ
(막- → 망-)'과 같이 'ㄱ'에 비음화가 적용된다.

(133ㄷ)은 두 단어를 이어서 한 마디로 발음하는 경우에, 'ㄱ'이 'ㄴ'을 닮
아 'ㄱ → ㅇ'과 같이 'ㄱ'이 비음인 [ㅇ]으로 실현된 경우이다. '백 날'은 '백
날 → 뱅날'과 같은 음운변화과정에서 'ㄱ → ㅇ(백- → 뱅-)'과 같이 'ㄱ'에
비음화가 적용된다.

(133ㄹ)의 '벽난로'가 '벽난로 → 병난로 → 병날로'와 같은 음운변화과정
에서 1단계는 'ㄱ → ㅇ(벽- → 병-)'과 같이 'ㄱ'에 비음화가 적용되고, 2단
계는 'ㄴ → ㄹ(-난- → -날-)'과 같이 'ㄴ'에 유음화가 적용된다.

(133ㅁ)의 '새벽녘'이 '새벽녘 → 새병녘 → 새병녁'과 같은 음운변화과정
에서 1단계는 'ㄱ → ㅇ(-벽- → -병-)'과 같이 'ㄱ'에 비음화가 적용되고,
2단계는 'ㅋ → ㄱ(-녘 → -녁)'과 같이 'ㅋ'에 말음법칙이 적용된다.

(133ㅂ)은 두 단어를 이어서 한 마디로 발음하는 경우이다. '저녁 늦게'
가 '저녁늦게 → 저녕늦게 → 저녕늗게 → 저녕늗께'와 같은 음운변화과정
에서 1단계는 'ㄱ → ㅇ(-녁- → -녕-)'과 같이 'ㄱ'에 비음화가 적용되고,
2단계는 'ㅈ → ㄷ(-늦- → -늗-)'과 같이 'ㅈ'에 말음법칙이 적용되고, 3단
계는 'ㄱ → ㄲ(-게 → -께)'과 같이 'ㄱ'에 경음화가 적용된다.

(133ㅅ)의 '막낳이'가 '막낳이 → 망낳이 → 망나이'와 같은 음운변화과정

에서 1단계는 'ㄱ → ㅇ(막- → 망-)'과 같이 'ㄱ'에 비음화가 적용되고, 2단계는 'ㅎ → ∅(-낳- → -나-)'과 같이 'ㅎ'에 자음탈락이 적용된다.

(133ㅇ)의 '폭넓다'가 '폭넓다 → 퐁넓다 → 퐁널다 → 퐁널따'와 같은 음운변화과정에서 1단계는 'ㄱ → ㅇ(폭- → 퐁-)'과 같이 'ㄱ'에 비음화가 적용되고, 2단계는 'ㄼ → ㄹ(-넓- → -널-)'과 같이 'ㅂ'에 자음탈락이 적용되고, 3단계는 'ㄷ → ㄸ(-다 → -따)'과 같이 'ㄷ'에 경음화가 적용된다.

(133ㅈ)의 '넉넉하다'가 '넉넉하다 → 넝넉하다 → 넝너카다'와 같은 음운변화과정에서 1단계는 'ㄱ → ㅇ(넉- → 넝-)'과 같이 'ㄱ'에 비음화가 적용되고, 2단계는 'ㄱ + ㅎ → ㅋ(-넉하- → -너카-)'과 같이 'ㄱ'에 격음화가 적용된다.

(134) '상호동화'(표 제19항 [붙임])
　　'ㄱ + ㄹ → ㄱ + ㄴ → ㅇ + ㄴ'('ㄱ → ㅇ, ㄹ → ㄴ' : 비)
　　ㄱ. 가득률[가득뉼 → 가등뉼](비 → 비)

| | | | |
|---|---|---|---|
| 각론[강논] | 각료[강뇨] | 격려[경녀] | 격론[경논] |
| 격리[경니] | 곡류[공뉴] | 국력[궁녁] | 국론[궁논] |
| 국립[궁닙] | 극락[긍낙] | 녹로[농노] | 독립[동닙] |
| 맥락[맹낙] | 맥류[맹뉴] | 목로[몽노] | 목록[몽녹] |
| 박력[방녁] | 박리[방니] | 백로[뱅노] | 백룡[뱅뇽] |
| 백리[뱅니] | 복리[봉니] | 석류[성뉴] | 속력[송녁] |
| 식량[싱냥] | 식료[싱뇨] | 악랄[앙날] | 악령[앙녕] |
| 약력[양녁] | 억류[엉뉴] | 역량[영냥] | 역리[영니] |
| 육례[융녜] | 육로[융노] | 육룡[융뇽] | 육류[융뉴] |
| 육림[융님] | 적록[정녹] | 직렬[징녈] | 직류[징뉴] |
| 직립[징닙] | 착륙[창뉵] | 책략[챙냑] | 책력[챙녁] |
| 측량[층냥] | 폭락[퐁낙] | 폭력[퐁녁] | 폭로[퐁노] |
| 폭리[퐁니] | 학력[항녁] | 학령[항녕] | 확률[황뉼] |
| 확립[황닙] | 구독료[구동뇨] | | 구속력[구송녁] |
| 기속력[기송녁] | 기억력[기엉녁] | | 대학로[대항노] |

면역력[며녕녁]　　　　번식력[번싱녁]　　　　번식률[번싱뉼]

성숙란[성숭난]　　　　성폭력[성퐁녁]　　　　용적률[용정뉼]

정맥류[정맹뉴]　　　　청백리[청뱅니]　　　　취학률[취항뉼]

어획량[어횡냥/-휑-]

ㄴ. 목롯집[목놋집 → 몽놋집 → 몽논집 → 몽노찝/몽논찝]

(비 → 비 → 말 → 경)

ㄷ. 적립금[적닙금 → 정닙금 → 정닙끔](비 → 비 → 경)

책략가[챙냑까]

ㄹ. 확립하다[확닙하다 → 황닙하다 → 황니파다](비 → 비 → 격)


(134)는 표준발음법 제19항 [붙임]에 규정되어 있다. 이 규정은 받침 'ㄱ, ㅂ'뒤에 연결되는 'ㄹ'도 [ㄴ]으로 발음한다는 내용이다. 보기는 자음접변의 환경에서 앞 끝소리가 'ㄱ'이고, 뒤 첫소리가 'ㄹ'인 경우이다. 이 경우는 앞 끝소리와 뒤 첫소리가 서로 영향을 끼쳐 두 자음이 모두 변화하는 상호동화에 해당된다. (134ㄴ-ㄹ)은 음운변화과정에서 먼저 비음화를 적용한 후에, 다른 음운규칙 등을 적용한다.

(134ㄱ)의 '각론'이 '각론 → 각논 → 강논'과 같은 음운변화과정에서 1단계는 'ㄹ → ㄴ(-론 → -논)'과 같이 'ㄹ'에 비음화가 적용되고, 2단계는 'ㄱ → ㅇ(각- → 강-)'과 같이 'ㄱ'에 비음화가 적용된다.

(134ㄴ)의 '목롯집'은 [몽노찝/몽논찝]과 같이 두 가지의 표준발음이 실현된 경우이다. 이 복수표준발음의 경우에는 '목롯집 → 목놋집 → 몽놋집 → 몽논집 → 몽논찝 → 몽노찝'과 같은 음운변화과정에서 설정할 수 있다. 1단계는 'ㄹ → ㄴ(-롯- → -놋-)'과 같이 'ㄹ'에 비음화가 적용되고, 2단계는 'ㄱ → ㅇ(목- → 몽-)'과 같이 'ㄱ'에 비음화가 적용되고, 3단계는 'ㅅ → ㄷ(-놋- → -논-)'과 같이 'ㅅ'에 말음법칙이 적용되고, 4단계는 'ㅈ → ㅉ(-집 → -찝)'과 같이 'ㅈ'에 경음화가 적용되고, 5단계는 'ㄷ → ∅(-논- → -노-)'과 같이 'ㄷ'에 동서열자음탈락이 적용된다.

(134ㄷ)의 '책략가'는 '책략가 → 책냑가 → 챙냑가 → 챙냑까'와 같은 음운변화과정에서 1단계는 'ㄹ → ㄴ(-략- → -냑-)'과 같이 'ㄹ'에 비음화가 적용되고, 2단계는 'ㄱ → ㅇ(책- → 챙-)'과 같이 'ㄱ'에 비음화가 적용되고, 3단계는 'ㄱ → ㄲ(-가 → -까)'과 같이 'ㄱ'에 경음화가 적용된다.

(134ㄹ)의 '확립하다'는 '확립하다 → 확닙하다 → 황닙하다 → 황니파다'와 같은 음운변화과정에서 1단계는 'ㄹ → ㄴ(-립- → -닙-)'과 같이 'ㄹ'에 비음화가 적용되고, 2단계는 'ㄱ → ㅇ(확- → 황-)'과 같이 'ㄱ'에 비음화가 적용되고, 3단계는 'ㅂ + ㅎ → ㅍ(-닙하- → -니파-)'과 같이 'ㅂ'에 격음화가 적용된다.

(135) 'ㄱ + ㅁ → ㅇ + ㅁ'('역행동화', 'ㄱ → ㅇ' : 비)
  ㄱ. 각목[강목](비)

| | | | |
|---|---|---|---|
| 곡물[공물] | 국문[궁문] | 국물[궁물] | 국민[궁민] |
| 녹말[농말] | 덕망[덩망] | 덕목[덩목] | 떡메[떵메] |
| 먹물[멍물] | 백미[뱅미] | 색맹[생맹] | 식물[싱물] |
| 작물[장물] | 쪽문[쫑문] | 쪽물[쫑물] | 학문[항문] |

| | | |
|---|---|---|
| 개척민[개청민] | 건축물[건충물] | 기록문[기롱문] |
| 다락문[다랑문] | 동식물[동싱물] | 목마름[몽마름] |
| 박물관[방물관] | 속마음[송마음] | 식물원[싱무뤈] |
| 식민지[싱민지] | 악물다[앙물다] | 얼룩말[얼룽말] |
| 음식물[음싱물] | 저작물[저장물] | 창작물[창장물] |
| 한국말[한궁말] | | 건축면적[건충면적] |
| 막무가내[망무가내] | | 모락모락[모랑모락] |
| 목마르다[몽마르다] | | 무럭무럭[무렁무럭] |
| 미역무침[미영무침] | | 초록머리[초롱머리] |

  ㄴ. 대목만[대몽만](비)

| | | |
|---|---|---|
| 음식만[음싱만] | 이익만[이잉만] | 제목만[제몽만] |
| 쪽만큼[쫑만큼] | | 가슴팍만[가슴팡만] |
| 길목마다[길몽마다] | | 저녁마다[저녕마다] |

조금씩만[조금씽만]　　　　　　　　　　지역마다[지영마다]

하나씩만[하나씽만]

ㄷ. 각 면[강면](비)(표 제18항 [붙임])

백 명[뱅명]　　　　　억 명[엉명]　　　　　각 문단[강문단]

각 문장[강문장]　　　거북 목[거붕목]　　　떡 먹여[떵머겨]

백 마리[뱅마리]　　　백 미터[뱅미터]　　　썩 물러[썽물러]

약 먹여[양머겨]　　　죽 먹여[중머겨]　　　책 먹어[챙머거]

책 모양[챙모양]　　　　　　　　생각 마라[생강마라]

수학 문제[수항문제]　　　　　　저녁 무렵[저녕무렵]

혹 모르니[홍모르니]　　　　　　들릴락 말락[들릴랑말락]


(135)는 자음접변의 환경에서 앞 끝소리('ㄱ')가 비음인 뒤 첫소리('ㅁ')를 닮아, 'ㄱ → ㅇ'과 같이 'ㄱ'이 비음인 [ㅇ]으로 실현된 경우이다. 이는 역행 동화이다.

(135ㄱ)은 앞 끝소리 'ㄱ'이 뒤 첫소리가 비음인 'ㅁ'을 닮아, 'ㄱ → ㅇ'과 같이 'ㄱ'이 비음인 [ㅇ]으로 실현된 경우이다. '곡물'은 '곡물 → 공물'과 같은 음운변화과정에서 'ㄱ → ㅇ(곡- → 공-)'과 같이 'ㄱ'에 비음화가 적용된다.

(135ㄴ)은 뒤 음절의 첫소리가 'ㅁ'인 조사('마다, 만, 만큼' 등)가 연결된 경우이다. '음식만'은 '음식만 → 음싱만'과 같은 음운변화과정에서 'ㄱ → ㅇ(-식- → -싱-)'과 같이 'ㄱ'에 비음화가 적용된다.

(135ㄷ)은 두 단어를 이어서 한 마디로 발음하는 경우에, 'ㄱ'이 'ㅁ'을 닮아 'ㄱ → ㅇ'과 같이 'ㄱ'이 비음인 [ㅇ]으로 실현된 것이다. '백 명'은 '백명 → 뱅명'과 같은 음운변화과정에서 'ㄱ → ㅇ(백- → 뱅-)'과 같이 'ㄱ'에 비음화가 적용된다.

(136) 'ㄱ + ㅁ → ㅇ + ㅁ'('역행동화', 'ㄱ → ㅇ': 비)

ㄱ. 복 많이[봉마니](표 제18항 [붙임]) : 비 → 'ㅎ'탈)

　　　　　　　　　　　한국어 발음 교육의 실제

ㄴ. 백목련[뱅목련 → 뱅몽년 → 뱅몽년](비 → 비 → 비)

직무명령[징무명녕]

ㄷ. 목밑샘[몽밑샘 → 몽민샘 → 몽민쌤](비 → 말 → 경)

변덕맞다[변덩맏따]

ㄹ. 목멱산[몽멱산 → 몽멱싼](비 → 경)

측만증[층만쯩]

ㅁ. 육미붙이[융미붙이 → 융미부치](비 → 구)

쪽매붙임[쫑매부침]

ㅂ. 누룩밑[누룽밑 → 누룽민](비 → 말)

속멋[송먼]　　　　턱밑[텅민]　　　　액막이옷[앵마기온]

ㅅ. 녹말값[농말값 → 농말깞 → 농말깝](비 → 경 → 'ㅅ'탈)

ㅇ. 막막히[망막히 → 망마키](비 → 격)

먹먹히[멍머키]　　　묵묵히[뭉무키]

ㅈ. 얼룩무늬[얼룽무늬 → 얼룽무니](비 → 단)


(136)은 자음접변의 환경에서 앞 끝소리('ㄱ')가 비음인 뒤 첫소리('ㅁ')를 닮아, 'ㄱ → ㅇ'과 같이 'ㄱ'이 비음인 [ㅇ]으로 실현된 경우이다. 이는 역행 동화이다. 이 경우에는 음운변화과정에서 먼저 비음화를 적용한 후에, 다른 음운규칙 등을 적용한다.

(136ㄱ)는 두 단어를 한 마디로 이어서 발음하는 경우이다. '복 많이'가 '복많이 → 봉많이 → 봉마니'와 같은 음운변화과정에서 1단계는 'ㄱ → ㅇ (복- → 봉-)'과 같이 'ㄱ'에 비음화가 적용되고, 2단계는 'ㅎ → ∅(많이 → 마니)'과 같이 'ㅎ'에 자음탈락이 적용된다.

(136ㄴ)의 '백목련'이 '백목련 → 뱅목련 → 뱅목년 → 뱅몽년'과 같은 음운변화과정에서 1단계는 'ㄱ → ㅇ(백- → 뱅-)'과 같이 'ㄱ'에 비음화가 적용되고, 2단계는 'ㄹ → ㄴ(-련 → -년)'과 같이 'ㄹ'에 비음화가 적용되고, 3단계는 'ㄱ → ㅇ(-목- → -몽-)'과 같이 'ㄱ'에 비음화가 적용된다.

(136ㄷ)의 '변덕맞다'가 '변덕맞다 → 변덩맞다 → 변덩맏다 → 변덩맏따'

와 같은 음운변화과정에서 1단계는 'ㄱ → ㅇ(-덕- → -덩-)'과 같이 'ㄱ'에 비음화가 적용되고, 2단계는 'ㅈ → ㄷ(-맞- → -맏-)'과 같이 'ㅈ'에 말음법칙이 적용되고, 3단계는 'ㄷ → ㄸ(-다 → -따)'과 같이 'ㄷ'에 경음화가 적용된다.

(136ㄹ)의 '측만증'이 '측만증 → 충만증 → 충만쯩'과 같은 음운변화과정에서 1단계는 'ㄱ → ㅇ(측- → 충-)'과 같이 'ㄱ'에 비음화가 적용되고, 2단계는 'ㅈ → ㅉ(-증 → -쯩)'과 같이 'ㅈ'에 경음화가 적용된다.

(136ㅁ)의 '쪽매붙임'이 '쪽매붙임 → 쫑매붙임 → 쫑매부침'과 같은 음운변화과정에서 1단계는 'ㄱ → ㅇ(쪽- → 쫑-)'과 같이 'ㄱ'에 비음화가 적용되고, 2단계는 'ㅌ → ㅊ(-붙임 → -부침)'과 같이 'ㅌ'에 구개음화가 적용된다.

(136ㅂ)의 '속멋'이 '속멋 → 송멋 → 송먿'과 같은 음운변화과정에서 1단계는 'ㄱ → ㅇ(속- → 송-)'과 같이 'ㄱ'에 비음화가 적용되고, 2단계는 'ㅅ → ㄷ(-멋 → -먿)'과 같이 'ㅅ'에 말음법칙이 적용된다.

(136ㅅ)의 '녹말값'이 '녹말값 → 농말값 → 농말깞 → 농말깝'과 같은 음운변화과정에서 1단계는 'ㄱ → ㅇ(녹- → 농-)'과 같이 'ㄱ'에 비음화가 적용되고, 2단계는 'ㄱ → ㄲ(-값 → -깞)'과 같이 'ㄱ'에 경음화가 적용되고, 3단계는 'ㅄ → ㅂ(-깞 → -깝)'과 같이 'ㅅ'에 자음탈락이 적용된다.

(136ㅇ)의 '먹먹히'가 '먹먹히 → 멍먹히 → 멍머키'와 같은 음운변화과정에서 1단계는 'ㄱ → ㅇ(먹- → 멍-)'과 같이 'ㄱ'에 비음화가 적용되고, 2단계는 'ㄱ + ㅎ → ㅋ(-먹히 → -머키)'과 같이 'ㄱ'에 격음화가 적용된다.

(136ㅈ)의 '얼룩무늬'가 '얼룩무늬 → 얼룽무늬 → 얼룽무니'와 같은 음운변화과정에서 1단계는 'ㄱ → ㅇ(-룩- → -룽-)'과 같이 'ㄱ'에 비음화가 적용되고, 2단계는 'ㅢ → ㅣ(-늬 → -니)'와 같이 'ㅢ'에 단모음화가 적용된다.

한국어 발음 교육의 실제

**2) 앞 끝소리가 'ㄴ'인 경우(표 제20항 '다만')**

(137) 'ㄴ + ㄹ → ㄴ + ㄴ'('순행동화', 'ㄹ → ㄴ' : 비)

구문론[구문논](비)

보관료[보관뇨]           보관림[보관님]           생산량[생산냥]

생산력[생산녁]           자연력[자연녁]           자연림[자연님]

전신료[전신뇨]           향신료[향신뇨]

회신료[회신뇨/훼-]     횡단로[횡단노/휑-]

(137)은 자음접변의 환경에서 뒤 첫소리 'ㄹ'이 앞 끝소리 'ㄴ'을 닮아, 'ㄹ → ㄴ'과 같이 'ㄹ'이 비음인 [ㄴ]으로 실현된 경우이다. 이는 순행동화 이다. '보관료'가 '보관료 → 보관뇨'와 같은 음운변화과정에서 'ㄹ → ㄴ(-료 → -뇨)'과 같이 'ㄹ'에 비음화가 적용된다.

**3) 앞 끝소리가 'ㄷ'인 경우(표 제18항)**

(138) 'ㄷ + ㄴ → ㄴ + ㄴ'('역행동화', 'ㄷ → ㄴ' : 비)

ㄱ. 사흗날[사흔날](비)

삼짇날[삼진날]     이튿날[이튼날]

ㄴ. 걷나[건나](비)

곁네[견네]         긷는[긴는]         닫나[단나]         돋네[돈네]

딛는[딘는]         뜯니[뜬니]         묻나[문나]         믿네[민네]

뻗는[뻔는]         싣나[신나]         쏟네[쏜네]         컫네[컨네]

굳느냐[군느냐]   깨닫니[깨단니]   듣느냐[든느냐]

받느냐[반느냐]   얻느냐[언느냐]   여닫는[여단는]

일컫니[일컨니]   캐묻나[캐문나]   헐뜯는[헐뜬는]

ㄷ. 받낳이[받낳이 → 반나이](비 → 'ㅎ'탈)

(138)은 자음접변의 환경에서 앞 끝소리 'ㄷ'이 뒤 첫소리가 비음인 'ㄴ' 을 닮아, 'ㄷ → ㄴ'과 같이 'ㄷ'이 비음인 [ㄴ]으로 실현된 경우이다. (138ㄷ)

은 음운변화과정에서 먼저 비음화를 적용한 후에, 자음탈락을 적용한다.

(138ㄱ)의 '삼짇날'은 '삼짇날 → 삼진날'과 같은 음운변화과정에서 'ㄷ → ㄴ(-짇- → -진-)'과 같이 'ㄷ'에 비음화가 적용된다.

(138ㄴ)은 앞 끝소리가 'ㄷ'인 어간과 뒤 첫소리가 'ㄴ'인 어미가 연결된 경우에, 'ㄷ'이 'ㄴ'을 닮아 'ㄷ → ㄴ'과 같이 'ㄷ'이 비음인 [ㄴ]으로 실현된 경우이다. '걷네'는 '걷네 → 건네'와 같은 음운변화과정에서 'ㄷ → ㄴ(걷- → 건-)'과 같이 'ㄷ'에 비음화가 적용된다.

(138ㄷ)의 '받낳이'가 '받낳이 → 반낳이 → 반나이'와 같은 음운변화과정에서 1단계는 'ㄷ → ㄴ(받- → 반-)'과 같이 'ㄷ'에 비음화가 적용되고, 2단계는 'ㅎ → ∅(-낳- → -나-)'과 같이 'ㅎ'에 자음탈락이 적용된다.

**4)** 앞 끝소리가 'ㅁ'인 경우(표 제19항)

(139) 'ㅁ + ㄹ → ㅁ + ㄴ'('순행동화', 'ㄹ → ㄴ' : 비)

ㄱ. 가감례[가감녜](비)

| | | | |
|---|---|---|---|
| 감량[감냥] | 감리[감니] | 금리[금니] | 남루[남누] |
| 능름[능늠] | 범람[범남] | 범례[범네] | 삼락[삼낙] |
| 삼루[삼누] | 삼류[삼뉴] | 삼림[삼님] | 심려[심녀] |
| 심령[심녕] | 심리[심니] | 염라[염나] | 염량[염냥] |
| 염려[염녀] | 염료[염뇨] | 염류[염뉴] | 염리[염니] |
| 음란[음난] | 음랭[음냉] | 음량[음냥] | 음력[음녁] |
| 음료[음뇨] | 점령[점녕] | 침략[침냑] | 함락[함낙] |
| 힘력[힘녁] | 음료수[음뇨수] | 개념론[개념논] | |
| 관념론[관념논] | 구심력[구심녁] | 작품란[작품난] | |
| 작품론[작품논] | 태음력[태음녁] | 황금률[황금뉼] | |

ㄴ. 음력설[음녁설 → 음녁썰](비 → 경)

| | | |
|---|---|---|
| 침략군[침냑꾼] | 침략기[침냑끼] | 침략상[침냑쌍] |
| 침략성[침냑썽] | 침략자[침냑짜] | |

(139)는 자음접변의 환경에서 뒤 첫소리 'ㄹ'이 앞 끝소리가 비음인 'ㅁ'을 닮아, 'ㄹ → ㄴ'과 같이 'ㄹ'이 [ㄴ]으로 실현된 경우이다. 이는 순행동화이다. (139ㄴ)은 음운변화과정에서 먼저 비음화를 적용한 후에, 경음화를 적용한다.

(139ㄱ)의 '감량'이 '감량 → 감냥'과 같은 음운변화과정에서 'ㄹ → ㄴ(-량 → -냥)'과 같이 'ㄹ'에 비음화가 적용된다.

(139ㄴ)의 '침략군'이 '침략군 → 침냑군 → 침냑꾼'과 같은 음운변화과정에서 1단계는 'ㄹ → ㄴ(-략- → -냑-)'과 같이 'ㄹ'에 비음화가 적용되고, 2단계는 'ㄱ → ㄲ(-군 → -꾼)'과 같이 'ㄱ'에 경음화가 적용된다.

**5)** 앞 끝소리가 'ㅂ'인 경우(표 제18항)

(140) 'ㅂ + ㄴ → ㅁ + ㄴ'('역행동화', 'ㅂ → ㅁ' : 비)

　　ㄱ. 겁나다[검나다](비)

|  |  |  |  |
|---|---|---|---|
| 겹눈[겸눈] | 십년[심년] | 읍내[음내] | 입납[임납] |
| 입내[임내] | 집념[짐념] | 톱니[톰니] |  |
| 겁내다[검내다] | 월급날[월금날] | 입놀림[임놀림] |  |
| 동갑내기[동감내기] |  | 조팝나무[조팜나무] |  |

　　ㄴ. 갑니다[감니다](비)

| | | |
|---|---|---|
| 겹니다[검니다] | 깁니다[김니다] | 꿉니다[꿈니다] |
| 꿥니다[꿤니다] | 낍니다[낌니다] | 납니다[남니다] |
| 냅니다[냄니다] | 넙니다[넘니다] | 놉니다[놈니다] |
| 눕니다[눔니다] | 닙니다[님니다] | 답니다[담니다] |
| 댑니다[댐니다] | 됩니다[됨니다/뱀-] | 듭니다[듬니다] |
| 듭니다[듬니다] | 떱니다[떰니다] | 뜁니다[뜀니다] |
| 랍니다[람니다] | 랩니다[램니다] | 럽니다[럼니다] |
| 룹니다[룸니다] | 릅니다[름니다] | 립니다[림니다] |
| 맙니다[맘니다] | 맵니다[맴니다] | 뭅니다[뭄니다] |
| 뮙니다[뮘니다] | 밉니다[밈니다] | 봅니다[봄니다] |

빕니다[빔니다]　　　　뽑니다[뽐니다]　　　　삽니다[삼니다]
섭니다[섬니다]　　　　쉽니다[쉼니다]　　　　습니다[슴니다]
십니다[심니다]　　　　쌉니다[쌈니다]　　　　씁니다[씀니다]
압니다[암니다]　　　　엽니다[염니다]　　　　옵니다[옴니다]
웁니다[움니다]　　　　읍니다[음니다]　　　　입니다[임니다]
잡니다[잠니다]　　　　줍니다[줌니다]　　　　집니다[짐니다]
쫩니다[쫨니다/쮐-]　　찹니다[참니다]　　　　챕니다[챔니다]
춥니다[춤니다]　　　　칩니다[침니다]　　　　캅니다[캄니다]
큽니다[큼니다]　　　　킵니다[킴니다]　　　　탑니다[탐니다]
튑니다[튐니다]　　　　픕니다[픔니다]　　　　핍니다[핌니다]
합니다[함니다]　　　　힙니다[힘니다]

ㄷ. 가깝나[가깜나](비)

굽는[굼는]　　　눕는[눔는]　　　돕는[돔는]　　　뽑나[뽐나]
쉽네[쉼네]　　　입는[임는]　　　잡는[잠는]　　　접는[점는]
줍는[줌는]　　　　　집는[짐는]　　　　　고맙네[고맘네]
꼬집는[꼬짐는]　　　반갑네[반감네]　　　부럽네[부럼네]
어렵네[어렴네]　　　우습나[우슴나]
아름답네[아름담네]

ㄹ. 겹낫표[겹낫표 → 겸낟표](비 → 말)

입노릇[임노릍]　　　　접낫[점낟]　　　　톱니잎[톰니입]

　(140)은 자음접변의 환경에서 앞 끝소리 'ㅂ'이 뒤 첫소리가 비음인 'ㄴ'을 닮아, 'ㅂ → ㅁ'과 같이 'ㅂ'이 비음인 [ㅁ]으로 실현된 경우이다. 이는 역행동화이다. (140ㄹ)은 음운변화과정에서 먼저 비음화를 적용한 후에, 말음법칙을 적용한다.

　(140ㄱ)의 '겹눈'은 '겹눈 → 겸눈'과 같은 음운변화과정에서 'ㅂ → ㅁ (겹- → 겸-)'과 같이 'ㅂ'에 비음화가 적용된다.

　(140ㄴ)은 앞 끝소리 'ㅂ'과 뒤 첫소리 'ㄴ'('-니다')이 연결된 경우에, 'ㅂ'이 'ㄴ'을 닮아 'ㅂ → ㅁ'과 같이 'ㅂ'이 비음인 [ㅁ]으로 실현된 경우

이다. '갑니다'는 '갑니다 → 감니다'와 같은 음운변화과정에서 'ㅂ → ㅁ(갑- → 감-)'과 같이 'ㅂ'에 비음화가 적용된다.

(140ㄷ)은 앞 끝소리가 'ㅂ'인 어간과 뒤 첫소리가 'ㄴ'인 어미가 연결된 경우에, 'ㅂ'이 'ㄴ'을 닮아 'ㅂ → ㅁ'과 같이 'ㅂ'이 비음인 [ㅁ]으로 실현된 경우이다. '굽는'은 '굽는 → 굼는'과 같은 음운변화과정에서 'ㅂ → ㅁ(굽- → 굼-)'과 같이 'ㅂ'에 비음화가 적용된다.

(140ㄹ)의 '입노릇'이 '입노릇 → 임노릇 → 임노른'과 같은 음운변화과정에서 1단계는 'ㅂ → ㅁ(입- → 임-)'과 같이 'ㅂ'에 비음화가 적용되고, 2단계는 'ㅅ → ㄷ(-릇 → -른)'과 같이 'ㅅ'에 말음법칙이 적용된다.

(141) '상호동화'(표 제19항 [붙임])

　　'ㅂ + ㄹ → ㅂ + ㄴ → ㅁ + ㄴ'('ㅂ → ㅁ, ㄹ → ㄴ' : 비)

　　ㄱ. 가압류[가압뉴 → 가암뉴](비 → 비)

| | | | |
|---|---|---|---|
| 급락[금낙] | 급랭[금냉] | 급료[금뇨] | 급류[금뉴] |
| 답례[담녜] | 법력[범녁] | 법령[범녕] | 법론[범논] |
| 법률[범뉼] | 섭렵[섬녑] | 섭리[섬니] | 십리[심니] |
| 압력[암녁] | 압류[암뉴] | 입력[임녁] | 합력[함녁] |
| 합류[함뉴] | 합리[함니] | 협력[혐녁] | |
| 합리적[함니적] | 기입란[기임난] | 소집령[소짐녕] | |
| 왕십리[왕심니] | | | |

　　ㄴ. 압력솥[압녁솥 → 암녁솥 → 암녁쏟 → 암녁쏟](비 → 비 → 경 → 말)

　　ㄷ. 압록강[압녹강 → 암녹강 → 암녹깡](비 → 비 → 경)

　　ㄹ. 협력하다[협녁하다 → 혐녁하다 → 혐녀카다](비 → 비 → 격)

(141)은 표준발음법 제19항 [붙임]에 규정되어 있다. 이 규정은 받침 'ㄱ, ㅂ' 뒤에 연결되는 'ㄹ'도 [ㄴ]으로 발음한다는 내용이다. 보기는 자음접변의 환경에서 앞 끝소리가 'ㅂ'이고, 뒤 첫소리가 'ㄹ'인 경우이다. 이 경우는 앞 끝소리와 뒤 첫소리가 서로 영향을 끼쳐 두 자음이 모두 변화하는 상

호동화에 해당된다. (141ㄴ-ㄹ)은 음운변화과정에서 먼저 비음화를 적용한 후에, 다른 음운규칙 등을 적용한다.

(141ㄱ)의 '급락'이 '급락→급낙→금낙'과 같은 음운변화과정에서 1단계는 'ㄹ→ㄴ(-락→-낙)'과 같이 'ㄹ'에 비음화가 적용되고, 2단계는 'ㅂ→ㅁ(급-→금-)'과 같이 'ㅂ'에 비음화가 적용된다.

(141ㄴ)의 '압력솥'은 '압력솥→압녁솥→암녁솥→암녁쏱→암녁쏟'과 같은 음운변화과정에서 1단계는 'ㄹ→ㄴ(-력-→-녁-)'과 같이 'ㄹ'에 비음화가 적용되고, 2단계는 'ㅂ→ㅁ(압-→암-)'과 같이 'ㅂ'에 비음화가 적용되고, 3단계는 'ㅅ→ㅆ(-솥→-쏱)'과 같이 'ㅅ'에 경음화가 적용되고, 4단계는 'ㅌ→ㄷ(-쏱→-쏟)'과 같이 'ㅌ'에 말음법칙이 적용된다.

(141ㄷ)의 '압록강'은 '압록강→압녹강→암녹강→암녹깡'과 같은 음운변화과정에서 1단계는 'ㄹ→ㄴ(-록-→-녹-)'과 같이 'ㄹ'에 비음화가 적용되고, 2단계는 'ㅂ→ㅁ(압-→암-)'과 같이 'ㅂ'에 비음화가 적용되고, 3단계는 'ㄱ→ㄲ(-강→-깡)'과 같이 'ㄱ'에 경음화가 적용된다.

(141ㄹ)의 '협력하다'는 '협력하다→협녁하다→혐녁하다→혐녀카다'와 같은 음운변화과정에서 1단계는 'ㄹ→ㄴ(-력-→-녁-)'과 같이 'ㄹ'에 비음화가 적용되고, 2단계는 'ㅂ→ㅁ(협-→혐-)'과 같이 'ㅂ'에 비음화가 적용되고, 3단계는 'ㄱ+ㅎ→ㅋ(-녁하-→-녀카-)'과 같이 'ㄱ'에 격음화가 적용된다.

(142) 'ㅂ+ㅁ→ㅁ+ㅁ'('역행동화', 'ㅂ→ㅁ': 비)

ㄱ. 겹말[겸말](비)

| | | | |
|---|---|---|---|
| 밥물[밤물] | 십만[심만] | 업무[엄무] | 입매[임매] |
| 입면[임면] | 입명[임명] | 입문[임문] | 접목[점목] |
| 겹문장[겸문장] | 사립문[사림문] | 입모습[임모습] | |
| 출입문[추림문] | 중앙탑면[중앙탐면] | | |

ㄴ. 고집만[고짐만](비)

　　　　겁만[검만]　　　　납만[남만]　　　　밥만[밤만]　　　　컵만[컴만]

　　　　모습만[모슴만]　　　　조립만[조림만]　　　　집마다[짐마다]

　　　　사진첩만[사진첨만]　　　　손톱만큼[손톰만큼]

　　ㄷ. 십 명[심명](비)

　　　　밥 먹어[밤머거]　　　　삽 모양[삼모양]　　　　수십 명[수심명]

　　　　십 마리[심마리]　　　　아홉 명[아홈명]　　　　일곱 명[일곰명]

　　　　입 모양[임모양]　　　　집 마당[짐마당]　　　　집 모양[짐모양]

　　　　수십 마리[수심마리]　　　　수업 마침[수엄마침]

　　　　집 무너지는[짐무너지는]

　　ㄹ. 밥맛[밤맛 → 밤맏](비 → 말)

　　　　밥밑[밤믿]　　　　입맛[임맏]　　　　잡맛[잠맏]　　　　입맞춤[임맏춤]

　　ㅁ. 겁먹다[검먹다 → 검먹따](비 → 경)

　　　　겹문자[겸문짜]　　　　입맵시[임맵씨]

　　ㅂ. 밥맛없다[밤맛없다 → 밤마덦다 → 밤마덥다 → 밤마덥따]

　　　　(비 → 절 → 'ㅅ'탈 → 경)


　　(142)는 자음접변의 환경에서 앞 끝소리 'ㅂ'이 뒤 첫소리가 비음인 'ㅁ' 을 닮아, 'ㅂ → ㅁ'과 같이 'ㅂ'이 [ㅁ]으로 실현된 경우이다. 이는 역행동화 이다. (142ㄷ)은 두 단어를 이어서 한 마디로 발음하는 경우이다. (142ㄹ- ㅂ)은 음운변화과정에서 먼저 비음화를 적용한 후에, 다른 음운규칙 등을 적용한다.

　　(142ㄱ)의 '밥물'은 '밥물 → 밤물'과 같은 음운변화과정에서 'ㅂ → ㅁ (밥- → 밤-)'과 같이 'ㅂ'에 비음화가 적용된다.

　　(142ㄴ)은 앞 끝소리 'ㅂ'이 뒤 첫소리가 'ㅁ'인 조사와 연결된 경우이다. '겁만'은 '겁만 → 검만'과 같은 음운변화과정에서 'ㅂ → ㅁ(겁- → 검-)'과 같이 'ㅂ'에 비음화가 적용된다.

　　(142ㄷ)은 앞 끝소리 'ㅂ'이 뒤 첫소리 'ㅁ'과 연결된 경우이다. '밥 먹어' 는 '밥먹어 → 밤머거'와 같은 음운변화과정에서 'ㅂ → ㅁ(밥- → 밤-)'과

같이 'ㅂ'에 비음화가 적용된다.

(142ㄹ)의 '밥밑'이 '밥밑 → 밤밑 → 밤믿'과 같은 음운변화과정에서 1단계는 'ㅂ → ㅁ(밥- → 밤-)'과 같이 'ㅂ'에 비음화가 적용되고, 2단계는 'ㅌ → ㄷ(-밑 → -믿)'과 같이 'ㅌ'에 말음법칙이 적용된다.

(142ㅁ)의 '겁먹다'가 '겁먹다 → 검먹다 → 검먹따'와 같은 음운변화과정에서 1단계는 'ㅂ → ㅁ(겁- → 검-)'과 같이 'ㅂ'에 비음화가 적용되고, 2단계는 'ㄷ → ㄸ(-다 → -따)'과 같이 'ㄷ'에 경음화가 적용된다.

(142ㅂ)의 '밥맛없다'가 '밥맛없다 → 밤맛없다 → 밤마덦다 → 밤마덥다 → 밤마덥따'와 같은 음운변화과정에서 1단계는 'ㅂ → ㅁ(밥- → 밤-)'과 같이 'ㅂ'에 비음화가 적용되고, 2단계는 'ㅅ → ㄷ(-맛없- → -마덦-)'과 같이 'ㅅ'에 절음법칙이 적용되고, 3단계는 'ㅄ → ㅂ(-덦- → -덥-)'과 같이 'ㅅ'에 자음탈락이 적용되고, 4단계는 'ㄷ → ㄸ(-다 → -따)'과 같이 'ㄷ'에 경음화가 적용된다.

**6)** 앞 끝소리가 'ㅇ'인 경우(표 제19항)

(143) 'ㅇ + ㄹ → ㅇ + ㄴ'('순행동화', 'ㄹ → ㄴ' : 비)

　　ㄱ. 가동력[가동녁](비)

| | | | |
|---|---|---|---|
| 강력[강녁] | 강렬[강녈] | 강릉[강능] | 경력[경녁] |
| 경련[경년] | 경례[경네] | 경로[경노] | 경리[경니] |
| 공략[공냑] | 공론[공논] | 공룡[공뇽] | 공립[공닙] |
| 궁리[궁니] | 낭랑[낭낭] | 냉랭[냉냉] | 농로[농노] |
| 능력[능녁] | 능률[능뉼] | 당락[당낙] | 당료[당뇨] |
| 당류[당뉴] | 당리[당니] | 동력[동녁] | 동료[동뇨] |
| 등록[등녹] | 망령[망녕] | 망루[망누] | 맹랑[맹낭] |
| 명랑[명낭] | 명령[명녕] | 명료[명뇨] | 몽롱[몽농] |
| 방랑[방낭] | 방류[방뉴] | 병력[병녁] | 상량[상냥] |
| 상례[상네] | 상록[상녹] | 상류[상뉴] | 성립[성닙] |

| 송림[송님] | 승려[승녀] | 승렬[승녈] | 승리[승니] |
| 양력[양녁] | 양로[양노] | 영락[영낙] | 영리[영니] |
| 왕래[왕내] | 왕릉[왕능] | 왕립[왕닙] | 용량[용냥] |
| 장래[장내] | 장려[장녀] | 장렬[장녈] | 장례[장녜] |
| 장류[장뉴] | 쟁론[쟁논] | 정란[정난] | 정력[정녁] |
| 정렬[정녈] | 정령[정녕] | 정론[정논] | 정리[정니] |
| 정립[정닙] | 종래[종내] | 종량[종냥] | 종례[종녜] |
| 종로[종노] | 종루[종누] | 종류[종뉴] | 중량[중냥] |
| 중력[중녁] | 중론[중논] | 중류[중뉴] | 중립[중닙] |
| 창립[창닙] | 청량[청냥] | 청력[청녁] | 청룡[청뇽] |
| 총론[총논] | 총류[총뉴] | 총리[총니] | 통로[통노] |
| 풍란[풍난] | 풍랑[풍낭] | 풍력[풍녁] | 풍류[풍뉴] |
| 항렬[항녈] | 항로[항노] | 행랑[행낭] | 행렬[행녈] |

| 황량[황냥] | 가동률[가동뉼] | 가정란[가정난] |
| 가창력[가창녁] | 감정료[감정뇨] | 경쟁력[경쟁녁] |
| 경쟁률[경쟁뉼] | 고정란[고정난] | 공로상[공노상] |
| 교통량[교통냥] | 교통로[교통노] | 권장량[권장냥] |
| 기동력[기동녁] | 노동량[노동냥] | 노동력[노동녁] |
| 몽룡실[몽뇽실] | 무정란[무정난] | 방명록[방명녹] |
| 봉황루[봉황누] | 사망률[사망뉼] | 사용량[사용냥] |
| 사용료[사용뇨] | 상상력[상상녁] | 생명력[생명녁] |
| 성리학[성니학] | 숭례문[숭녜문] | 시청료[시청뇨] |
| 시청률[시청뉼] | 영향력[영향녁] | 원동력[원동녁] |
| 음료수[음뇨수] | 이용료[이용뇨] | 장례식[장녜식] |
| 저항력[저항녁] | 적응력[저긍녁] | 정류장[정뉴장] |
| 태양력[태양녁] | 파충류[파충뉴] | 행랑채[행낭채] |

ㄴ. 명령권[명녕권 → 명녕꿘](비 → 경)

　　명령법[명녕뻡]　　　　명령조[명녕쪼]　　　　방랑길[방낭낄]

ㄷ. 명란젓[명난젓 → 명난젇](비 → 말)

　　풍류굿[풍뉴굳]

ㄹ. 행랑것[행낭것 → 행낭껏 → 행낭껃](비 → 경 → 말)

ㅁ. 정략혼[정냑혼 → 정냐콘](비 → 격)

강력하다[강녀카다]　　상륙하다[상뉴카다]

창립하다[창니파다]

ㅂ. 경락값[경낙값 → 경낙깞 → 경낙깝](비 → 경 → 탈)

ㅅ. 농립모[농닙모 → 농님모](비 → 비)

ㅇ. 영락없다[영낙없다 → 영나겂다 → 영나겁따](비 → 'ㅅ'탈 → 경)

　　(143)은 자음접변의 환경에서 뒤 첫소리 'ㄹ'이 앞 끝소리 'ㅇ'을 닮아, 'ㄹ → ㄴ'과 같이 'ㄹ'이 비음인 [ㄴ]으로 실현된 경우이다. (143ㄴ-ㅇ)은 음운 변화과정에서 먼저 비음화를 적용한 후에, 다른 음운규칙 등을 적용한다.

　　(143ㄱ)의 '강력'은 '강력 → 강녁'과 같은 음운변화과정에서 'ㄹ → ㄴ(- 력 → -녁)'과 같이 'ㄹ'에 비음화가 적용된다.

　　(143ㄴ)의 '명령법'이 '명령법 → 명녕법 → 명녕뻡'과 같은 음운변화과정 에서 1단계는 'ㄹ → ㄴ(-령- → -녕-)'과 같이 'ㄹ'에 비음화가 적용되고, 2단계는 'ㅂ → ㅃ(-법 → -뻡)'과 같이 'ㅂ'에 경음화가 적용된다.

　　(143ㄷ)의 '풍류굿'이 '풍류굿 → 풍뉴굿 → 풍뉴굳'과 같은 음운변화과정 에서 1단계는 'ㄹ → ㄴ(-류- → -뉴-)'과 같이 'ㄹ'에 비음화가 적용되고, 2단계는 'ㅅ → ㄷ(-굿 → -굳)'과 같이 'ㅅ'에 말음법칙이 적용된다.

　　(143ㄹ)의 '행랑것'이 '행랑것 → 행낭것 → 행낭껏 → 행낭껃'과 같은 음 운변화과정에서 1단계는 'ㄹ → ㄴ(-랑- → -낭-)'과 같이 'ㄹ'에 비음화가 적용되고, 2단계는 'ㄱ → ㄲ(-것 → -껏)'과 같이 'ㄱ'에 경음화가 적용되 고, 3단계는 'ㅅ → ㄷ(-껏 → -껃)'과 같이 'ㅅ'에 말음법칙이 적용된다.

　　(143ㅁ)의 '강력하다'는 '강력하다 → 강녁하다 → 강녀카다'와 같은 음운 변화과정에서 1단계는 'ㄹ → ㄴ(-력- → -녁-)'과 같이 'ㄹ'에 비음화가 적용되고, 2단계는 'ㄱ + ㅎ → ㅋ(-녁하- → -녀카-)'과 같이 'ㄱ'에 격음 화가 적용된다.

(143ㅂ)의 '경락값'이 '경락값 → 경낙값 → 경낙깞 → 경낙깝'과 같은 음운변화과정에서 1단계는 'ㄹ → ㄴ(-락- → -낙-)'과 같이 'ㄹ'에 비음화가 적용되고, 2단계는 'ㄱ → ㄲ(-값 → -깞)'과 같이 'ㄱ'에 경음화가 적용되고, 3단계는 'ㅄ → ㅂ(-깞 → -깝)'과 같이 'ㅅ'에 자음탈락이 적용된다.

(143ㅅ)의 '농립모'가 '농립모 → 농닙모 → 농님모'와 같은 음운변화과정에서 1단계는 'ㄹ → ㄴ(-립- → -닙-)'과 같이 'ㄹ'에 비음화가 적용되고, 2단계는 'ㅂ → ㅁ(-닙- → -님-)'과 같이 'ㅂ'에 비음화가 적용된다.

(143ㅇ)의 '영락없다'가 '영락없다 → 영낙없다 → 영나겂다 → 영나겂따'와 같은 음운변화과정에서 1단계는 'ㄹ → ㄴ(-락- → -낙-)'과 같이 'ㄹ'에 비음화가 적용되고, 2단계는 'ㅄ → ㅂ(-없 → -겂)'과 같이 'ㅅ'에 자음탈락이 적용되고, 3단계는 'ㄷ → ㄸ(-다 → -따)'과 같이 'ㄷ'에 경음화가 적용된다.

## ④ 유음화

유음화는 표준발음법 제20항에 규정되어 있다. 이 규정은 'ㄴ'이 'ㄹ'의 앞이나 뒤에서 [ㄹ]로 발음한다는 내용이다. 즉 이 경우는 'ㄴ'이 'ㄹ'의 앞에 온 경우와 'ㄴ'이 'ㄹ'의 뒤에 온 경우처럼 두 가지로 구분할 수 있다. 이 중 전자는 자음접변의 환경에서 앞 끝소리가 'ㄴ'이고, 뒤 첫소리가 'ㄹ'인 경우에 '곤란[골란]'과 같이 'ㄴ'('곤-'의 끝소리)이 'ㄹ'('-란'의 첫소리)을 닮아 [ㄹ]로 실현되는 역행동화 현상이다. 후자는 자음접변의 환경에서 앞 끝소리가 'ㄹ'이고, 뒤 첫소리가 'ㄴ'인 경우에 '말놀이[말로리]'와 같이 'ㄴ'('-놀-'의 첫소리)이 'ㄹ'('말-'의 끝소리)을 닮아 [ㄹ]로 실현되는 순행동화 현상이다. 그러므로 유음화는 자음접변의 환경에서 'ㄹ'이 앞 자음이든 뒤 자음이든, 유음('ㄹ')의 위치에 따라 역행동화와 순행동화처럼 두 가지가 모두 실현된다.

유음화는 앞 끝소리 'ㄴ', 'ㄹ' 등을 중심으로 기술한다.

**1)** 앞 끝소리가 'ㄴ'인 경우[표 제20항 (1)]

(144) 'ㄴ + ㄹ → ㄹ + ㄹ'('역행동화', 'ㄴ → ㄹ' : 유)

    ㄱ. 간략[갈략](유)

| | | | |
|---|---|---|---|
| 건립[걸립] | 곤란[골란] | 관람[괄람] | 관련[괄련] |
| 관례[괄례] | 관료[괄료] | 관리[괄리] | 권력[궐력] |
| 권리[궐리] | 근력[글력] | 근로[글로] | 난로[날로] |
| 난류[날류] | 난리[날리] | 논리[놀리] | 단락[달락] |
| 단련[달련] | 만료[말료] | 만루[말루] | 만류[말류] |
| 만리[말리] | 문루[물루] | 문리[물리] | 민란[밀란] |
| 반란[발란] | 반론[발론] | 변란[별란] | 변론[별론] |
| 본래[볼래] | 본론[볼론] | 분량[불량] | 분류[불류] |
| 분리[불리] | 산란[살란] | 산림[살림] | 선량[설량] |
| 선로[설로] | 순례[술례] | 순리[술리] | 신라[실라] |
| 신랑[실랑] | 신령[실령] | 신립[실립] | 안락[알락] |
| 언론[얼론] | 연락[열락] | 연령[열령] | 연례[열례] |
| 연료[열료] | 연륜[열륜] | 연리[열리] | 연립[열립] |
| 원래[월래] | 원로[월로] | 원론[월론] | 원료[월료] |
| 원리[월리] | 윤리[율리] | 은란[을란] | 은령[을령] |
| 은로[을로] | 은록[을록] | 은류[을류] | 은륜[을륜] |
| 은린[을린] | 은립[을립] | 인력[일력] | 인류[일류] |
| 인륜[일륜] | 잔류[잘류] | 전래[절래] | 전략[절략] |
| 전력[절력] | 전례[절례] | 전류[절류] | 존립[졸립] |
| 진로[질로] | 진료[질료] | 진리[질리] | 찬란[찰란] |
| 천렵[철렵] | 천륜[철륜] | 천리[철리] | 촌락[촐락] |
| 춘란[출란] | 탄력[탈력] | 편리[펼리] | 한류[할류] |
| 혼란[홀란] | 혼례[홀례] | 훈련[훌련] | 훈령[훌령] |
| 광한루[광할루] | 구만리[구말리] | | 대관령[대괄령] |

마천루[마철루]　　　반란군[발란군]　　　반려자[발려자]

산림관[살림관]　　　산신령[산실령]　　　삼천리[삼철리]

손난로[손날로]　　　신령님[실령님]　　　신선로[신설로]

전라도[절라도]　　　진료비[질료비]　　　천만리[천말리]

한라산[할라산]　　　신뢰[실뢰/-뤠]

만리장성[말리장성]　　전라남도[절라남도]

전람회[절람회/-훼]　　천리만리[철리말리]

ㄴ. 삼천 리[삼철리](유)

천 리[철리]

ㄷ. 관람료[괄람료 → 괄람뇨](유 → 비)

ㄹ. 난리굿[날리굿 → 날리굳](유 → 말)

ㅁ. 관람권[괄람권 → 괄람꿘](유 → 경)

관련성[괄련썽]　　　　관리권[괄리꿘]　　　관리법[괄리뻡]

ㅂ. 안락하다[알락하다 → 알라카다](유 → 격)

ㅅ. 한량없다[할량없다 → 할량업다 → 할량업따](유 → 'ㅅ'탈 → 경)


　　(144)는 자음접변의 환경에서 앞 끝소리 'ㄴ'이 뒤 첫소리가 유음인 'ㄹ'
을 닮아, 'ㄴ → ㄹ'과 같이 'ㄴ'이 [ㄹ]로 실현된 경우이다. (144ㄴ)은 두 단
어를 이어서 한 마디로 발음하는 경우이다. (144ㄷ-ㅅ)은 음운변화과정에
서 먼저 유음화를 적용한 후에, 다른 음운규칙 등을 적용한다.

　　(144ㄱ)의 '건립'은 '건립 → 걸립'과 같은 음운변화과정에서 'ㄴ → ㄹ
(건- → 걸-)'과 같이 'ㄴ'에 유음화가 적용된다.

　　(144ㄴ)의 '천 리'는 '천리 → 철리'와 같은 음운변화과정에서 'ㄴ → ㄹ
(천- → 철-)'과 같이 'ㄴ'에 유음화가 적용된다.

　　(144ㄷ)의 '관람료'가 '관람료 → 괄람료 → 괄람뇨'와 같은 음운변화과정
에서 1단계는 'ㄴ → ㄹ(관- → 괄-)'과 같이 'ㄴ'에 유음화가 적용되고, 2단
계는 'ㄹ → ㄴ(-료 → -뇨)'과 같이 'ㄹ'에 비음화가 적용된다.

　　(144ㄹ)의 '난리굿'은 '난리굿 → 날리굿 → 날리굳'과 같은 음운변화과정

에서 1단계는 'ㄴ → ㄹ(난- → 날-)'과 같이 'ㄴ'에 유음화가 적용되고, 2단계는 'ㅅ → ㄷ(-굿 → -굳)'과 같이 'ㅅ'에 말음법칙이 적용된다.

(144ㅁ)의 '관련성'은 '관련성 → 괄련성 → 괄련썽'과 같은 음운변화과정에서 1단계는 'ㄴ → ㄹ(관- → 괄-)'과 같이 'ㄴ'에 유음화가 적용되고, 2단계는 'ㅅ → ㅆ(-성 → -썽)'과 같이 'ㅅ'에 경음화가 적용된다.

(144ㅂ)의 '안락하다'는 '안락하다 → 알락하다 → 알라카다'와 같은 음운변화과정에서 1단계는 'ㄴ → ㄹ(안- → 알-)'과 같이 'ㄴ'에 유음화가 적용되고, 2단계는 'ㄱ + ㅎ → ㅋ(-락하- → -라카-)'과 같이 'ㄱ'에 격음화가 적용된다.

(144ㅅ)의 '한량없다'가 '한량없다 → 할량없다 → 할량업다 → 할량업따'와 같은 음운변화과정에서 1단계는 'ㄴ → ㄹ(한- → 할-)'과 같이 'ㄴ'에 유음화가 적용되고, 2단계는 'ㅄ → ㅂ(-없- → -업-)'과 같이 'ㅅ'에 자음탈락이 적용되고, 3단계는 'ㄷ → ㄸ(-다 → -따)'과 같이 'ㄷ'에 경음화가 적용된다.


**2)** 앞 끝소리가 'ㄹ'인 경우[표 제20항 (2)]

(145) 'ㄹ + ㄴ → ㄹ + ㄹ'('순행동화', 'ㄴ → ㄹ' : 유)
　　ㄱ. 가을날[가을랄](유)

| | | | |
|---|---|---|---|
| 결뉴[결류] | 궐내[궐래] | 글눈[글룬] | 길눈[길룬] |
| 길님[길림] | 달님[달림] | 돌날[돌랄] | 말년[말런] |
| 벌논[벌론] | 별놈[별롬] | 별난[별란] | 별님[별림] |
| 살날[살랄] | 살눈[살룬] | 설날[설랄] | 술내[술래] |
| 실내[실래] | 실눈[실룬] | 쌀눈[쌀룬] | 열녀[열려] |
| 울남[울람] | 울녀[울려] | 일녀[일려] | 일년[일런] |
| 일념[일렴] | 줄눈[줄룬] | 질녀[질려] | 찰나[찰라] |
| 칼날[칼랄] | 칼눈[칼룬] | 틀니[틀리] | 할날[할랄] |
| 겨울날[겨울랄] | | 겨울눈[겨울룬] | 그물눈[그물룬] |

　　　　　　　　　　　　　　　한국어 발음 교육의 실제

| | | |
|---|---|---|
| 길놀이[길로리] | 달나라[달라라] | 땔나무[땔라무] |
| 말놀음[말로름] | 말놀이[말로리] | 말눈치[말룬치] |
| 물나라[물라라] | 물너울[물러울] | 물노래[물로래] |
| 물놀이[물로리] | 반달눈[반달룬] | 발놀림[발롤림] |
| 발놀이[발로리] | 방울눈[방울룬] | 별나라[별라라] |
| 불나다[불라다] | 비늘눈[비늘룬] | 사팔눈[사팔룬] |
| 생일날[생일랄] | 생질녀[생질려] | 술누룩[술루룩] |
| 실내화[실래화] | 아들놈[아들롬] | 열나다[열라다] |
| 열나절[열라절] | 오늘날[오늘랄] | 올내년[올래년] |
| 우물눈[우물룬] | 유별난[유별란] | 이질녀[이질려] |
| 자갈논[자갈론] | 잘나다[잘라다] | 저울눈[저울룬] |
| 좁쌀눈[좁쌀룬] | 종질녀[종질려] | 철나다[철라다] |
| 팔난봉[팔란봉] | 팔놀림[팔롤림] | 하늘눈[하늘룬] |
| 열네 번[열레번] | 가을누에[가을루에] | |
| 겨울나다[겨울라다] | 결말나다[결말라다] | |
| 는질는질[는질른질] | 명절놀이[명절로리] | |
| 서울내기[서울래기] | 스물네 자[스물레자] | |
| 아들내미[아들래미] | 열네 시간[열레시간] | |
| 오늘내일[오늘래일] | 요절나다[요절라다] | |
| 요절내다[요절래다] | 유별나다[유별라다] | |
| 풍물놀이[풍물로리] | 고무줄놀이[고무줄로리] | |

ㄴ. 일 년[일련](유)

ㄷ. 개울녘[개울렫 → 개울력](유 → 말)

| | | | |
|---|---|---|---|
| 길녘[길력] | 돌낫[돌랃] | 들녘[들력] | 물녘[물력] |
| 밀낫[밀랃] | 벌낫[벌랃] | 샐녘[샐력] | |
| 물노릇[물로른] | 반달낫[반달랃] | 버들낫[버들랃] | |
| 어슬녘[어슬력] | | | |

ㄹ. 줄넘기[줄럼기 → 줄럼끼](유 → 경)

ㅁ. 실낳이[실랗이 → 실라이](유 → 'ㅎ'탈)

　　잔불놓이[잔불로이]

ㅂ. 물난리[물란리 → 물랄리](유 → 유)
　　술난리[술랄리]


(145)는 자음접변의 환경에서 앞 끝소리가 'ㄹ'이고, 뒤 첫소리가 'ㄴ'인 경우에, 'ㄴ → ㄹ'과 같이 'ㄴ'이 'ㄹ'을 닮아 [ㄹ]로 실현된 것이다. 이는 순행동화이다. (145ㄴ)은 두 단어를 이어서 한 마디로 발음하는 경우이다. (145ㄷ-ㅁ)은 음운변화과정에서 먼저 유음화를 적용한 후에, 다른 음운규칙 등을 적용한다.

(145ㄱ)의 '고무줄놀이'가 '고무줄놀이 → 고무줄로리'와 같은 음운변화과정에서 'ㄴ → ㄹ(-놀이 → -로리)'과 같이 'ㄴ'에 유음화가 적용된다.

(145ㄴ)의 '일 년'에서 '년'은 '해를 세는 단위'이기 때문에 띄어서 표기했지만(한글맞춤법 제43항 참조), 이 경우는 두 단어를 이어서 한 마디로 발음하면 '일년[일련]'과 같이 뒤 자음 'ㄴ'이 앞 자음 'ㄹ'을 닮아 [ㄹ]로 실현된 유음화이다. '일년'은 '일년 → 일련'과 같은 음운변화과정에서 'ㄴ → ㄹ(-년 → -련)'과 같이 'ㄴ'에 유음화가 적용된다.

(145ㄷ)의 '길녘'이 '길녘 → 길령 → 길력'과 같은 음운변화과정에서 1단계는 'ㄴ → ㄹ(-녘 → 력)'과 같이 'ㄴ'에 유음화가 적용되고, 2단계는 'ㅋ → ㄱ(-녘 → -녁)'과 같이 'ㅋ'에 말음법칙이 적용된다.

(145ㄹ)의 '줄넘기'가 '줄넘기 → 줄럼기 → 줄럼끼'와 같은 음운변화과정에서 1단계는 'ㄴ → ㄹ(-넘- → -럼-)'과 같이 'ㄴ'에 유음화가 적용되고, 2단계는 'ㄱ → ㄲ(-기 → -끼)'과 같이 'ㄱ'에 경음화가 적용된다.

(145ㅁ)의 '실낳이'가 '실낳이 → 실랗이 → 실라이'와 같은 음운변화과정에서 1단계는 'ㄴ → ㄹ(-낳- → -랗-)'과 같이 'ㄴ'에 유음화가 적용되고, 2단계는 'ㅎ → ∅(-랗- → -라-)'과 같이 'ㅎ'에 자음탈락이 적용된다.

(145ㅂ)의 '물난리'가 '물난리 → 물란리 → 물랄리'와 같은 음운변화과정에서 1단계는 'ㄴ → ㄹ(-난- → -란-)'과 같이 'ㄴ'에 유음화가 적용된 순

행동화이고, 2단계는 'ㄴ → ㄹ(-란- → -랄-)'과 같이 'ㄴ'에 유음화가 적용된 역행동화이다. 즉 전자(1단계)는 뒤 자음 'ㄴ'이 앞 자음 'ㄹ'을 닮아 'ㄹ'로 실현된 경우이고, 후자(2단계)는 앞 자음 'ㄴ'이 뒤 자음 'ㄹ'을 닮아 'ㄹ'로 실현된 경우이다.

# ❺ 순음화

순음화는 표준발음법 제21항에 규정되어 있다. 이는 '젖먹이[점머기]', '문법[뭄뻡]', '꽃밭[꼽빧]' 등과 같은 자음동화를 인정하지 않는다는 내용이다. 즉 이와 같은 발음은 비표준발음을 의미한다. '젖먹이[전머기](×[점머기])'의 경우에 표준발음인 [전머기]보다는 비표준발음(발음 앞에 '×'표시함.)인 [점머기]가 발음하기에 힘이 덜 들고 편하기 때문에, 언중들은 표준발음보다 비표준발음을 하게 된다.

순음화는 자음접변의 환경에서 앞 끝소리가 뒤 첫소리인 순음을 닮아, 순음으로 실현된 수의적(임의적)인 음운현상이다. 이는 역행동화이다. 이 항에서 앞 끝소리는 'ㄴ', 'ㅅ', 'ㅈ', 'ㅊ', 'ㅌ' 등이고, 뒤 첫소리는 'ㅁ' 'ㅂ' 'ㅍ' 등인 경우를 중심으로 기술한다. 예를 들면, 앞 끝소리가 'ㄴ'이고, 뒤 첫소리가 'ㅁ'인 '건물'의 표준발음은 [건물]이다. 비표준발음인 [검물]은 앞 끝소리인 'ㄴ'('건-'의 끝소리)이 순음인 뒤 첫소리 'ㅁ'('-물'의 첫소리)을 닮아 'ㄴ'이 [ㅁ]으로 실현된 경우이다. 보기 중 표기와 표준발음이 다른 경우에는 하나의 음운변화과정에서 표준발음과 비표준발음을 모두 나타내기 위해 순음화를 1단계에 적용하지 않고, 마지막 단계에 적용한다. (이 경우에 보기 앞에 '*'를 표기함. '×'는 비표준발음임.)

**1)** 앞 끝소리가 'ㄴ'인 경우(표 제21항)

(146) 'ㄴ + ㅁ → ㅁ + ㅁ'('ㄴ → ㅁ' : 순 – 비표준발음)

　ㄱ. 건물(×[검물])(순)

| | | |
|---|---|---|
| 견문(×[겸문]) | 근무(×[금무]) | 긴밀(×[김밀]) |
| 논문(×[놈문]) | 눈물(×[눔물]) | 단물(×[담물]) |
| 만물(×[맘물]) | 맨몸(×[맴몸]) | 문맥(×[뭄맥]) |
| 문명(×[뭄명]) | 문물(×[뭄물]) | 민망(×[밈망]) |
| 반말(×[밤말]) | 반면(×[밤면]) | 변명(×[볌명]) |
| 본말(×[봄말]) | 본문(×[봄문]) | 분명(×[붐명]) |
| 빈말(×[빔말]) | 산맥(×[삼맥]) | 선명(×[섬명]) |
| 선물(×[섬물]) | 손목(×[솜목]) | 신문(×[심문]) |
| 연맹(×[염맹]) | 온몸(×[옴몸]) | 운명(×[움명]) |
| 원망(×[웜망]) | 인마(×[임마]) | 인명(×[임명]) |
| 인물(×[임물]) | 전망(×[점망]) | 전문(×[점문]) |
| 준말(×[줌말]) | 찬물(×[참물]) | 천막(×[첨막]) |
| 천만(×[첨만]) | 친목(×[침목]) | 친밀(×[침밀]) |
| 큰맘(×[큼맘]) | 판매(×[꽘매]) | 한명(×[함명]) |
| 한문(×[함문]) | 한번(×[함번]) | 현명(×[혐명]) |
| 현미(×[혐미]) | 훈맹(×[훔맹]) | 훈민(×[훔민]) |
| 논문서(×[놈문서]) | 눈망울(×[눔망울]) | |
| 더운물(×[더움물]) | 맨머리(×[맴머리]) | |
| 반만년(×[밤만년]) | 빈민가(×[빔민가]) | |
| 산마루(×[삼마루]) | 산마을(×[삼마을]) | |
| 손마디(×[솜마디]) | 신문고(×[심문고]) | |
| 신문지(×[심문지]) | 전문가(×[점문가]) | |
| 중간막(×[중감막]) | 피란민(×[피람민]) | |
| 한마당(×[함마당]) | 한마디(×[함마디]) | |
| 한마을(×[함마을]) | 한마음(×[함마음]) | |
| 한민족(×[함민족]) | 훈민가(×[훔민가]) | |

산모롱이(×[삼모롱이])　산모퉁이(×[삼모퉁이])
　*ㄴ.단맛[단맏](×담맏])(말→순)
　　연못[연몯](×[염몯])


(146)처럼 앞 끝소리가 'ㄴ'이고, 뒤 첫소리가 'ㅁ'인 경우는 표준발음법 제21항의 보기에 없지만, 음운변화현상으로 보아 제21항의 규정에 해당하는 것으로 추정된다. 이 규정은 위와 같은 경우에 자음동화를 인정하지 않는다는 내용인데, 이는 비표준발음을 의미한다. (146ㄱ)은 표기와 표준발음이 같기 때문에, 비표준발음만 기술한 경우이고, (146ㄴ)은 표기와 표준발음이 다르기 때문에 표준발음과 비표준발음을 모두 기술한 경우이다. 보기는 자음접변의 환경에서 앞 끝소리 'ㄴ'('건-, 근-, 눈-' 등의 끝소리)이 뒤 첫소리 'ㅁ'('-물, -무, -만' 등의 첫소리)을 닮아, 'ㄴ → ㅁ'과 같이 'ㄴ'의 순음화가 실현된 경우이다.

(146ㄱ)의 '건물'은 '건물 → 검물'과 같은 음운변화과정에서 'ㄴ → ㅁ(건- → 검-)'과 같이 'ㄴ'에 순음화가 적용된다. 그러므로 문장에 표기된 '건물'은 표준발음 [건물]과 같지만, 순음화가 적용된 비표준발음 [검물]은 표기와 다르다.

(146ㄴ)의 '단맛'이 '단맛 → 단맏 → 담맏'과 같은 음운변화과정에서 1단계는 'ㅅ → ㄷ(-맛 → -맏)'과 같이 'ㅅ'에 말음법칙이 적용되고, 2단계는 'ㄴ → ㅁ(단- → 담-)'과 같이 'ㄴ'에 순음화가 적용된다. 1단계에서 실현된 [단맏]은 표준발음이고, 2단계에서 실현된 [담맏]은 비표준발음이다. 이 경우에는 표준발음과 비표준발음을 하나의 음운변화과정에서 모두 나타내기 위해 1단계에 순음이 적용되지 않고, 말음법칙을 적용한 것이다. (보기 앞에 '*'를 표시함.) 물론 음절 순서에 따라 '단맛 → 담맛 → 담맏'과 같은 음운변화과정을 설정할 수 있다. 이 경우에는 표준발음인 [단맏]이 나타나지 않는다.

(147) 'ㄴ + ㅂ → ㅁ + ㅂ'('ㄴ → ㅁ' : 순 – 비표준발음)

ㄱ. 간발(×[감발])(순)

| | | |
|---|---|---|
| 간밤(×[감밤]) | 건반(×[검반]) | 건배(×[검배]) |
| 관복(×[괌복]) | 군밤(×[굼밤]) | 단비(×[담비]) |
| 만병(×[맘병]) | 맨발(×[맴발]) | 문병(×[뭄병]) |
| 반박(×[밤박]) | 반복(×[밤복]) | 분별(×[붐별]) |
| 분부(×[붐부]) | 분비(×[붐비]) | 빈방(×[빔방]) |
| 빈병(×[빔병]) | 빈부(×[빔부]) | 선박(×[섬박]) |
| 선발(×[섬발]) | 선비(×[섬비]) | 손발(×[솜발]) |
| 순번(×[숨번]) | 신발(×[심발]) | 신부(×[심부]) |
| 신비(×[심비]) | 안부(×[암부]) | 연방(×[염방]) |
| 완벽(×[왐벽]) | 원본(×[웜본]) | 전복(×[점복]) |
| 전부(×[점부]) | 준비(×[줌비]) | 찬밥(×[참밥]) |
| 천박(×[첨박]) | 천벌(×[첨벌]) | 큰북(×[큼북]) |
| 큰불(×[큼불]) | 큰비(×[큼비]) | 한발(×[함발]) |
| 한밤(×[함밤]) | 한번(×[함번]) | 한복(×[함복]) |
| 헌병(×[험병]) | 환불(×[홤불]) | |
| 눈보다(×[눔보다]) | 눈보라(×[눔보라]) | |
| 눈부신(×[눔부신]) | 눈부터(×[눔부터]) | |
| 먼바다(×[멈바다]) | 문방구(×[뭄방구]) | |
| 본보기(×[봄보기]) | 빨간불(×[빨감불]) | |
| 산비탈(×[삼비탈]) | 손부리(×[솜부리]) | |
| 신분제(×[심분제]) | 안보리(×[암보리]) | |
| 연분홍(×[염분홍]) | 지난번(×[지남번]) | |
| 한바탕(×[함바탕]) | 한복판(×[함복판]) | |
| 건방지다(×[검방지다]) | 눈부시다(×[눔부시다]) | |

ㄴ. 눈뿐(×[눔뿐])(순)

| | | |
|---|---|---|
| 손뼉(×[솜뼉]) | 잔뼈(×[잠뼈]) | 찐빵(×[찜빵]) |
| 연뿌리(×[염뿌리]) | 잔뿌리(×[잠뿌리]) | |

(147)은 표준발음법 제21항의 보기 중 '문법'과 비교하면, 앞 끝소리('ㄴ') 와 뒤 첫소리('ㅂ')가 같다. 그러나 음운변화규칙에서 보기는 순음화만 적용되는데, 제21항 '문법'은 경음화와 순음화가 적용되어 차이를 나타내고 있다. 보기는 표기와 표준발음이 같기 때문에, 비표준발음만 기술한 경우이다. 이는 자음접변의 환경에서 앞 끝소리 'ㄴ'(간-, 건-, 눈- 등의 끝소리)이 뒤 첫소리 'ㅂ · ㅃ'(-발, -방-, -보- 등의 첫소리) 등을 닮아, 'ㄴ → ㅁ'과 같이 'ㄴ'의 순음화가 실현된 경우이다.

(147ㄱ)은 자음접변의 환경에서 앞 끝소리가 'ㄴ'이고, 뒤 첫소리가 'ㅂ'인 경우이다. '간발'은 '간발 → 감발'과 같은 음운변화과정에서 'ㄴ → ㅁ (간- → 감-)'과 같이 'ㄴ'에 순음화가 적용된다. 그러므로 문장에 표기된 '간발'은 표준발음 [간발]과 같지만, 순음화가 적용된 비표준발음 [감발]은 표기와 다르다.

(147ㄴ)은 자음접변의 환경에서 앞 끝소리가 'ㄴ'이고, 뒤 첫소리가 'ㅃ'인 경우이다. '눈뿐'은 '눈뿐 → 눔뿐'과 같은 음운변화과정에서 'ㄴ → ㅁ (눈- → 눔-)'과 같이 'ㄴ'에 순음화가 적용된다. 그러므로 문장에 표기된 '눈뿐'은 표준발음 [눈뿐]과 같지만, 순음화가 적용된 비표준발음 [눔뿐]은 표기와 다르다.

(148) * 'ㄴ + ㅂ → ㅁ + ㅃ'('ㄴ → ㅁ' : 순 – 비표준발음)

    ㄱ. 논밥[논빱](×[놈빱])(경 → 순)

| | |
|---|---|
| 눈병[눈뼝](×[눔뼝]) | 문법[문뻡](×[뭄뻡]) |
| 산불[산뿔](×[삼뿔]) | 안방[안빵](×[암빵]) |
| 단백질[단백찔](×[담백찔]) | 단칸방[단칸빵](×[단캄빵]) |
| 돈벌이[돈뻐리](×[돔뻐리]) | 산비탈[산삐탈](×[삼삐탈]) |
| 손바닥[손빠닥](×[솜빠닥]) | 신바람[신빠람](×[심빠람]) |

    ㄴ. 논밭[논받](×[놈받])(말 → 순)

| | |
|---|---|
| 눈밭[눈받](×[눔받]) | 문밖[문박](×[뭄박]) |

ㄷ. 눈빛[눈삗](×[눔삗])(경 → 말 → 순)
은빛[은삗](×[음삗])

(148)은 표준발음법 제21항에 규정되어 있다. 이 규정은 보기와 같은 경우에 자음동화를 인정하지 않는다는 내용이다. 이는 비표준발음을 의미한다. 보기는 표기와 표준발음이 다르기 때문에, 표준발음과 비표준발음을 모두 기술한 경우이다. 이 경우에는 표준발음과 비표준발음을 모두 나타내기 위해 순음화를 음운변화과정의 마지막 단계에 적용한다. 보기는 자음접변의 환경에서 앞 끝소리가 'ㄴ'('눈-, -칸-' 등의 끝소리)이고, 뒤 첫소리가 'ㅂ'('-병, -방' 등의 첫소리)인 경우에 'ㄴ → ㅁ'과 같이 'ㄴ'의 순음화가 실현된 경우이다.

(148ㄱ)의 '단백질'이 '단백질 → 단백찔 → 담백찔'과 같은 음운변화과정에서 1단계는 'ㅈ → ㅉ(-질 → -찔)'과 같이 'ㅈ'에 경음화가 적용되고, 2단계는 'ㄴ → ㅁ(단- → 담-)'과 같이 'ㄴ'에 순음화가 적용된다. 이 경우에 1단계에서 실현된 [단백찔]은 표준발음이고, 2단계에서 실현된 [담백찔]은 비표준발음이다.

(148ㄴ)의 '논밭'이 '논밭 → 논받 → 놈받'과 같은 음운변화과정에서 1단계는 'ㅌ → ㄷ(-밭 → -받)'과 같이 'ㅌ'에 말음법칙이 적용되고, 2단계는 'ㄴ → ㅁ(논- → 놈-)'과 같이 'ㄴ'에 순음화가 적용된다. 이 경우에 1단계에서 실현된 [논받]은 표준발음이고, 2단계에서 실현된 [놈받]은 비표준발음이다.

(148ㄷ)의 '눈빛'이 '눈빛 → 눈삧 → 눈삗 → 눔삗'과 같은 음운변화과정에서 1단계는 'ㅂ → ㅃ(-빛 → -삧)'과 같이 'ㅂ'에 경음화가 적용되고, 2단계는 'ㅊ → ㄷ(-삧 → -삗)'과 같이 'ㅊ'에 말음법칙이 적용되고, 3단계는 'ㄴ → ㅁ(눈- → 눔-)'과 같이 'ㄴ'에 순음화가 적용된다. 이 경우에 2단계에서 실현된 [눈삗]은 표준발음이고, 3단계에서 실현된 [눔삗]은 비표준발

음이다.

(149) 'ㄴ + ㅍ → ㅁ + ㅍ'('ㄴ → ㅁ' : 순 – 비표준발음)

　ㄱ. 간편(×[감편])(순)

　　단풍(×[담풍])　　　분필(×[붐필])　　　연필(×[염필])

　　왼팔(×[욈팔/웸–])　인품(×[임품])　　　한편(×[함편])

　　만년필(×[만넘필])　연필심(×[염필심])

　　한평생(×[함평생])　단풍나무(×[담풍나무])

　　한눈팔다(×[한눔팔다])

　*ㄴ. 안팎[안팍](×[암팍])(말→순)


　(149)처럼 앞 끝소리가 'ㄴ'이고, 뒤 첫소리가 'ㅍ'인 경우는 표준발음법 제21항의 보기에 없지만, 음운변화현상으로 보아 제21항의 규정에 해당하는 것으로 추정된다. 이 규정은 위와 같은 경우에 자음동화를 인정하지 않는다는 내용인데, 이는 비표준발음을 의미한다. (149ㄱ)은 표기와 표준발음이 같기 때문에 비표준발음만 기술한 경우이고, (149ㄴ)은 표기와 표준발음이 다르기 때문에 표준발음과 비표준발음을 모두 기술한 경우이다. 이 경우에는 표준발음과 비표준발음을 모두 나타내기 위해 순음화를 음운변화과정의 마지막 단계에 적용한다.

　(149ㄱ)은 자음접변의 환경에서 앞 끝소리가 'ㄴ'이고, 뒤 첫소리가 'ㅍ'인 경우에 'ㄴ → ㅁ'과 같이 'ㄴ'의 순음화가 실현된 것이다. '연필'은 '연필 → 염필'과 같은 음운변화과정에서 'ㄴ → ㅁ(연– → 염–)'과 같이 'ㄴ'에 순음화가 적용된다.

　(149ㄴ)의 '안팎'이 '안팎 → 안팍 → 암팍'과 같은 음운변화과정에서 1단계는 'ㄲ → ㄱ(–팎 → –팍)'과 같이 'ㄲ'에 말음법칙이 적용되고, 2단계는 'ㄴ → ㅁ(안– → 암–)'과 같이 'ㄴ'에 순음화가 적용된다.

## 2) 앞 끝소리가 'ㅅ'인 경우

(150) *'ㅅ + ㅁ → ㅁ + ㅁ'('ㅅ → ㅁ' : 순 – 비표준발음)

ㄱ. 깻묵[깬묵](×[깸묵])(순)　　　　냇물[낸물](×[냄물])

　　뒷말[뒨말](×[뒴말])　　　　　뒷면[뒨면](×[뒴면])

　　뒷문[뒨문](×[뒴문])　　　　　빗물(빈물](×[빔물])

　　샛문[샌문](×[샘문])　　　　　셋만[센만](×[셈만])

　　옛말[옌말](×[옘말])　　　　　윗말[윈말](×[윔말])

　　윗목[윈목](×[윔목])　　　　　윗몸[윈몸](×[윔몸])

　　윗물[윈물](×[윔물])　　　　　잿물[잰물](×[잼물])

　　콧물[콘물](×[콤물])　　　　　팻말[팬말](×[팸말])

　　갯마을[갠마을](×[갬마을])　　거짓말[거진말](×[거짐말])

　　고갯말[고갠말](×[고갬말])　　노랫말[노랜말](×[노램말])

　　뒷마당[뒨마당](×[뒴마당])　　뒷마을[뒨마을](×[뒴마을])

　　뒷머리[뒨머리](×[뒴머리])　　뒷모습[뒨모습](×[뒴모습])

　　바닷말[바단말](×[바담말])　　바닷물[바단물](×[바담물])

　　비눗물[비눈물](×[비눔물])　　수돗물[수돈물](×[수돔물])

　　시냇물[시낸물](×[시냄물])　　아랫물[아랜물](×[아램물])

　　진딧물[진딘물](×[진딤물])　　첫마디[천마디](×[첨마디])

　　첫머리[천머리](×[첨머리])　　혼잣말[혼잔말](×[혼잠말])

　　고갯마루[고갠마루](×[고갬마루])

　　아랫마을[아랜마을](×[아램마을])

　　툇마루[퇸마루/퉨–](×[툄마루/퉴–])

　　허드렛물[허드렌물](×[허드렘물])

ㄴ. 손맛[손맏](×[솜맏])(말 → 순)

ㄷ. 옷맵시[온맵씨](×[옴맵씨])(말 → 비 → 경 → 순)

　　바닷물고기[바단물꼬기](×[바담물꼬기])

ㄹ. 머뭇머뭇[머문머묻](×[머뭄머묻])('첩어' : 말 → 비 → 말 → 순)

　　무엇무엇[무언무얻](×[무엄무얻])

(150)처럼 앞 끝소리가 'ㅅ'이고, 뒤 첫소리가 'ㅁ'인 경우는 표준발음법 제21항의 보기에 없지만, 음운변화현상으로 보아 제21항의 규정에 해당하는 것으로 추정된다. 이 규정은 위와 같은 경우에 자음동화를 인정하지 않는다는 내용인데, 이는 비표준발음을 의미한다. 보기는 표기와 표준발음이 다르기 때문에, 표준발음과 비표준발음을 모두 기술한 경우이다. 이 경우에 하나의 음운변화과정에서 표준발음과 비표준발음을 모두 나타내기 위해서는 말음법칙, 비음화, 순음화 등의 순서로 규칙을 적용한다. 보기는 자음접변의 환경에서 앞 끝소리가 'ㅅ'이고, 뒤 첫소리가 'ㅁ'인 경우에 앞 끝소리의 순음화가 실현된 경우이다.

(150ㄱ)의 '거짓말'이 '거짓말 → 거진말 → 거진말 → 거짐말'과 같은 음운변화과정에서 1단계는 'ㅅ → ㄷ(-짓- → -진-)'과 같이 'ㅅ'에 말음법칙이 적용되고, 2단계는 'ㄷ → ㄴ(-진- → -진-)'과 같이 'ㄷ'에 비음화가 적용되고, 3단계는 'ㄴ → ㅁ(-진- → -짐-)'과 같이 'ㄴ'에 순음화가 적용된다. 2단계에서 실현된 [거진말]은 표준발음이고, 3단계에서 실현된 [거짐말]은 비표준발음이다.

(150ㄴ)의 '손맛'이 '손맛 → 손맏 → 솜맏'과 같은 음운변화과정에서 1단계는 'ㅅ → ㄷ(-맛 → -맏)'과 같이 'ㅅ'에 말음법칙이 적용되고, 2단계는 'ㄴ → ㅁ(손- → 솜-)'과 같이 'ㄴ'에 순음화가 적용된다. 1단계에서 실현된 [손맏]은 표준발음이고, 2단계에서 실현된 [솜맏]은 비표준발음이다.

(150ㄷ)의 '옷맵시'가 '옷맵시 → 온맵시 → 온맵시 → 온맵씨 → 옴맵씨'와 같은 음운변화과정에서 1단계는 'ㅅ → ㄷ(옷- → 온-)'과 같이 'ㅅ'에 말음법칙이 적용되고, 2단계는 'ㄷ → ㄴ(온- → 온-)'과 같이 'ㄷ'에 비음화가 적용되고, 3단계는 'ㅅ → ㅆ(-시 → -씨)'과 같이 'ㅅ'에 경음화가 적용되고, 4단계는 'ㄴ → ㅁ(온- → 옴-)'과 같이 'ㄴ'에 순음화가 적용된다. 3단계에서 실현된 [온맵씨]는 표준발음이고, 4단계에서 실현된 [옴맵씨]는 비표준발음이다.

(150ㄹ)의 '머뭇머뭇'이 '머뭇머뭇 → 머묻머뭇 → 머문머뭇 → 머문머묻
→ 머뭄머묻'과 같은 음운변화과정에서 1단계는 'ㅅ → ㄷ(-뭇- → -묻-)'
과 같이 'ㅅ'에 말음법칙이 적용되고, 2단계는 'ㄷ → ㄴ(-묻- → -문-)'과
같이 'ㄷ'에 비음화가 적용되고, 3단계는 'ㅅ → ㄷ(-뭇 → -묻)'과 같이 'ㅅ'
에 말음법칙이 적용되고, 4단계는 'ㄴ → ㅁ(-문- → -뭄-)'과 같이 'ㄴ'에
순음화가 적용된다. 3단계에서 실현된 [머문머묻]은 표준발음이고, 4단계
에서 실현된 [머뭄머묻]은 비표준발음이다.

(151) *'ㅅ + ㅂ → ㅂ + ㅃ'('ㅅ → ㅂ' : 순 − 비표준발음)

　　ㄱ. 갯벌[갣뻘](×[갭뻘])(말 → 경 → 순)

| | |
|---|---|
| 깃발[긷빨](×[깁빨]) | 뒷발[뒫빨](×[뒵빨]) |
| 뒷벽[뒫뼉](×[뒵뼉]) | 못밥[몯빱](×[몹빱]) |
| 옷본[옫뽄](×[옵뽄]) | 촛불[촏뿔](×[촙뿔]) |
| 핏발[핃빨](×[핍빨]) | 햇밤[핻빰](×[햅빰]) |
| 횃불[홷뿔](×[횁뿔]) | 갯바닥[갣빠닥](×[갭빠닥]) |
| 고깃배[고긷뻬](×[고깁뻬]) | 공깃밥[공긷빱](×[공깁빱]) |
| 구둣발[구둗빨](×[구둡빨]) | 나룻배[나룯뻬](×[나룹뻬]) |
| 담뱃불[담밷뿔](×[담뱁뿔]) | 대팻밥[대팯빱](×[대팹빱]) |
| 뒷받침[뒫빧침](×[뒵빧침]) | 뒷발질[뒫빨질](×[뒵빨질]) |
| 뒷부분[뒫뿌분](×[뒵뿌분]) | 등댓불[등댇뿔](×[등댑뿔]) |
| 맛보다[맏뽀다](×[맙뽀다]) | 빗방울[빋빵울](×[빕빵울]) |
| 샛바람[샏빠람](×[샙빠람]) | 어젯밤[어젣빰](×[어젭빰]) |
| 엿보다[엳뽀다](×[엽뽀다]) | 윗부분[윋뿌분](×[윕뿌분]) |
| 콧방귀[콛빵귀](×[콥빵귀]) | 하룻밤[하룯빰](×[하룹빰]) |
| 헛바람[헏빠람](×[헙빠람]) | 헛보다[헏뽀다](×[헙뽀다]) |
| 혓바닥[혇빠닥](×[협빠닥]) | |
| 마룻바닥[마룯빠닥](×[마룹빠닥]) | |
| 바닷바람[바닫빠람](×[바답빠람]) | |
| 반딧불이[반딛뿌리](×[반딥뿌리]) | |

비눗방울[비눋빵울](×[비눕빵울])

아랫부분[아랟뿌분](×[아랩뿌분])

햇병아리[핻뼝아리](×[햅뼝아리])

시곗바늘[시곋빠늘/-곈-](×[시곕빠늘/*-곕-])

　　ㄴ. 뒷밭[뒫빧](×[뒵빧])(말→경→말→순)

잿빛[잳삗](×[잽삗])　　　　　　텃밭[턷빧](×[텁빧])

햇볕[핻뼏](×[햅뼏])　　　　　　햇빛[핻삗](×[햅삗])

보랏빛[보랃삗](×[보랍삗])　　　연둣빛[연둗삗](×[연둡삗])

자줏빛[자줃삗](×[자줍삗])　　　장밋빛[장믿삗](×[장밉삗])

무지갯빛[무지갣삗](×[무지갭삗])

(151)처럼 앞 끝소리가 'ㅅ'이고, 뒤 첫소리가 'ㅂ'인 경우는 표준발음법 제21항의 보기에 없지만, 음운변화현상으로 보아 제21항의 규정에 해당하는 것으로 추정된다. 이 규정은 위와 같은 경우에 자음동화를 인정하지 않는다는 내용인데, 이는 비표준발음을 의미한다. 보기는 표기와 표준발음이 다르기 때문에, 표준발음과 비표준발음을 모두 기술한 경우이다. 이 경우에 하나의 음운변화과정에서 표준발음과 비표준발음을 모두 나타내기 위해서는 마지막 단계에 순음화를 적용한다. 보기는 자음접변의 환경에서 앞 끝소리가 'ㅅ'이고, 뒤 첫소리가 'ㅂ'인 경우에 앞 끝소리의 순음화가 실현된 경우이다.

(151ㄱ)의 '갯바닥'이 '갯바닥 → 갣바닥 → 갣빠닥 → 갭빠닥'과 같은 음운변화과정에서 1단계는 'ㅅ → ㄷ(갯- → 갣-)'과 같이 'ㅅ'에 말음법칙이 적용되고, 2단계는 'ㅂ → ㅃ(-바- → -빠-)'과 같이 'ㅂ'에 경음화가 적용되고, 3단계는 'ㄷ → ㅂ(갣- → 갭-)'과 같이 'ㄷ'에 순음화가 적용된다. 2단계에서 실현된 [갣빠닥]은 표준발음이고, 3단계에서 실현된 [갭빠닥]은 비표준발음이다.

(151ㄴ)의 '텃밭'이 '텃밭 → 턷밭 → 턷빹 → 턷빧 → 텁빧'과 같은 음운

변화과정에서 1단계는 'ㅅ → ㄷ(텃- → 턷-)'과 같이 'ㅅ'에 말음법칙이 적용되고, 2단계는 'ㅂ → ㅃ(-밭 → -빨)'과 같이 'ㅂ'에 경음화가 적용되고, 3단계는 'ㅌ → ㄷ(-빨 → -빤)'과 같이 'ㅌ'에 말음법칙이 적용되고, 4단계는 'ㄷ → ㅂ(턷- → 텁-)'과 같이 'ㄷ'에 순음화가 적용된다. 3단계에서 실현된 [턷빤]은 표준발음이고, 4단계에서 실현된 [텁빤]은 비표준발음이다.

**3)** 앞 끝소리가 'ㅈ'인 경우(표 제21항)

(152) *'ㅈ + ㅁ → ㅁ + ㅁ'('ㅈ → ㅁ' : 순 - 비표준발음)
　　낮말[난말](×[남말])(말 → 비 → 순)
　　젖무덤[전무덤](×[점무덤])
　　맞물리다[만물리다](×[맘물리다])

　(152)는 표준발음법 제21항에 규정하고 있다. 이 규정은 보기와 같은 경우에 자음동화를 인정하지 않는다는 내용이다. 이는 비표준발음을 의미한다. 보기는 표기와 표준발음이 다르기 때문에, 표준발음과 비표준발음을 모두 기술한 경우이다. 이 경우에는 표준발음과 비표준발음을 모두 나타내기 위해 순음화를 음운변화과정의 마지막 단계에 적용한다. 보기는 자음접변의 환경에서 앞 끝소리가 'ㅈ'('낮-' 등의 끝소리)이고, 뒤 첫소리가 'ㅁ'('-말' 등의 첫소리)인 경우에 'ㄴ → ㅁ'과 같이 'ㄴ'의 순음화가 실현된 경우이다. '낮말'이 '낮말 → 낟말 → 난말 → 남말'과 같은 음운변화과정에서 1단계는 'ㅈ → ㄷ(낮- → 낟-)'과 같이 'ㅈ'에 말음법칙이 적용되고, 2단계는 'ㄷ → ㄴ(낟- → 난-)'과 같이 'ㄷ'에 비음화가 적용되고, 3단계는 'ㄴ → ㅁ(난- → 남-)'과 같이 'ㄴ'에 순음화 적용된다. 이 경우에 2단계에서 실현된 [난말]은 표준발음이고, 3단계에서 실현된 [남말]은 비표준발음이다.

(153) *'ㅈ + ㅂ → ㅂ + ㅃ'('ㅈ → ㅂ' : 순 – 비표준발음)

　　낮보다[낟뽀다](×[납뽀다])(말 → 경 → 순)

　　낮부터[낟뿌터](×[납뿌터])　　　　　　　　맞받아[맏빠다](×[맙빠다])

　　(153)처럼 앞 끝소리가 'ㅈ'이고, 뒤 첫소리가 'ㅂ'인 경우는 표준발음법 제21항의 보기에 없지만, 음운변화현상으로 보아 제21항의 규정에 해당하는 것으로 추정된다. 이 규정은 위와 같은 경우에 자음동화를 인정하지 않는다는 내용인데, 이는 비표준발음을 의미한다. 보기는 표기와 표준발음이 다르기 때문에, 표준발음과 비표준발음을 모두 기술한 경우이다. 이 경우에 하나의 음운변화과정에서 표준발음과 비표준발음을 모두 나타내기 위해서는 마지막 단계에 순음화를 적용한다. 보기는 자음접변의 환경에서 앞 끝소리가 'ㅈ'이고, 뒤 첫소리가 'ㅂ'인 경우에 앞 끝소리의 순음화가 실현된 경우이다. '낮보다'가 '낮보다 → 낟보다 → 낟뽀다 → 납뽀다'와 같은 음운변화과정에서 1단계는 'ㅈ → ㄷ(낮- → 낟-)'과 같이 'ㅈ'에 말음법칙이 적용되고, 2단계는 'ㅂ → ㅃ(-보- → -뽀-)'과 같이 'ㅂ'에 경음화가 적용되고, 3단계는 'ㄷ → ㅂ(낟- → 납-)'과 같이 'ㄷ'에 순음화가 적용된다. 이 경우에 2단계에서 실현된 [낟뽀다]는 표준발음이고, 3단계에서 실현된 [납뽀다]는 비표준발음이다.

**4) 앞 끝소리가 'ㅊ'인 경우(표 제21항)**

(154) *'ㅊ + ㅁ → ㅁ + ㅁ'('ㅊ + ㅁ' : 순 – 비표준발음)

　　ㄱ. 꽃말[꼰말](×[꼼말])(말 → 비 → 순)

　　ㄴ. 몇몇[면면](×[몀몃])(말 → 비 → 말 → 순)

　　ㄷ. 꽃무늬[꼰무니](×[꼼무니])(말 → 비 → 단 → 순)

　　(154)처럼 앞 끝소리가 'ㅊ'이고, 뒤 첫소리가 'ㅁ'인 경우는 표준발음법 제21항의 보기에 없지만, 이는 음운변화현상으로 보아 제21항의 규정에

해당하는 것으로 추정한다. 이 규정은 위와 같은 경우에 자음동화를 인정하지 않는다는 내용인데, 이는 비표준발음을 의미한다. 보기는 표기와 표준발음이 다르기 때문에, 표준발음과 비표준발음을 모두 기술한 경우이다. 이 경우에 하나의 음운변화과정에서 표준발음과 비표준발음을 모두 나타내기 위해서는 마지막 단계에 순음화를 적용한다. 보기는 자음접변의 환경에서 앞 끝소리가 'ㅊ'이고, 뒤 첫소리가 'ㅁ'인 경우에 앞 끝소리의 순음화가 실현된 경우이다.

(154ㄱ)의 '꽃말'이 '꽃말 → 꼳말 → 꼰말 → 꼼말'과 같은 음운변화과정에서 1단계는 'ㅊ → ㄷ(꽃- → 꼳-)'과 같이 'ㅊ'에 말음법칙이 적용되고, 2단계는 'ㄷ → ㄴ(꼳- → 꼰-)'과 같이 'ㄷ'에 비음화가 적용되고, 3단계는 'ㄴ → ㅁ(꼰- → 꼼-)'과 같이 'ㄴ'에 순음화가 적용된다. 이 경우에 2단계에서 실현된 [꼰말]은 표준발음이고, 3단계에서 실현된 [꼼말]은 비표준발음이다.

(154ㄴ)의 '몇몇'이 '몇몇 → 면몇 → 면몇 → 면면 → 몀면'과 같은 음운변화과정에서 1단계는 'ㅊ → ㄷ(몇- → 면-)'과 같이 'ㅊ'에 말음법칙이 적용되고, 2단계는 'ㄷ → ㄴ(면- → 면-)'과 같이 'ㄷ'에 비음화가 적용되고, 3단계는 'ㅊ → ㄷ(-몇 → -면)'과 같이 'ㅊ'에 말음법칙이 적용되고, 4단계는 'ㄴ → ㅁ(면- → 몀-)'과 같이 'ㄴ'에 순음화가 적용된다. 이 경우에 3단계에서 실현된 [면면]은 표준발음이고, 4단계에서 실현된 [몀면]은 비표준발음이다.

(154ㄷ)의 '꽃무늬'가 '꽃무늬 → 꼳무늬 → 꼰무늬 → 꼰무니 → 꼼무니'와 같은 음운변화과정에서 1단계는 'ㅊ → ㄷ(꽃- → 꼳-)'과 같이 'ㅊ'에 말음법칙이 적용되고, 2단계는 'ㄷ → ㄴ(꼳- → 꼰-)'과 같이 'ㄷ'에 비음화가 적용되고, 3단계는 'ㅢ → ㅣ(-늬 → -니)'와 같이 'ㅢ'에 단모음화가 적용되고, 4단계는 'ㄴ → ㅁ(꼰- → 꼼-)'과 같이 'ㄴ'에 순음화가 적용된다. 이 경우에 3단계에서 실현된 [꼰무니]는 표준발음이고, 4단계에서 실현된 [꼼무니]는 비표준발음이다.

한국어 발음 교육의 실제

(155) *'ㅊ + ㅂ → ㅂ + ㅃ'('ㅊ → ㅂ' : 순 – 비표준발음)

　ㄱ. 꽃병[꼳뼝](×[꼽뼝])(말 → 경 → 순)

　　꽃반지[꼳빤지](×[꼽빤지])　　　　꽃받침[꼳빤침](×[꼽빤침])

　　꽃방게[꼳빵게](×[꼽빵게])　　　　꽃부리[꼳뿌리](×[꼽뿌리])

　　꽃봉우리[꼳뽕우리](×[꼽뽕우리])

　ㄴ. 꽃밭[꼳빧](×[꼽빧])(말 → 경 → 말 → 순)

　　낯빛[낟삗](×[납삗])

(155)는 표준발음법 제21항에 규정되어 있다. 이 규정은 보기와 같은 경우에 자음동화를 인정하지 않는다는 내용이다. 이는 비표준발음을 의미한다. 보기는 표기와 표준발음이 다르기 때문에, 표준발음과 비표준발음을 모두 기술한 경우이다. 이 경우에는 표준발음과 비표준발음을 모두 나타내기 위해 순음화를 음운변화과정의 마지막 단계에 적용한다. 보기는 자음접변의 환경에서 앞 끝소리가 'ㅊ'('꽃–' 등의 끝소리)이고, 뒤 첫소리가 'ㅂ'('–병' 등의 첫소리)인 경우에 'ㄷ → ㅂ'과 같이 'ㄷ'의 순음화가 실현된 경우이다.

(155ㄱ)의 '꽃병'이 '꽃병 → 꼳병 → 꼳뼝 → 꼽뼝'과 같은 음운변화과정에서 1단계는 'ㅊ → ㄷ(꽃– → 꼳–)'과 같이 'ㅊ'에 말음법칙이 적용되고, 2단계는 'ㅂ → ㅃ(–병 → –뼝)'과 같이 'ㅂ'에 경음화가 적용되고, 3단계는 'ㄷ → ㅂ(꼳– → 꼽–)'과 같이 'ㄷ'에 순음화가 적용된다. 이 경우에 2단계에서 실현된 [꼳뼝]은 표준발음이고, 3단계에서 실현된 [꼽뼝]은 비표준발음이다.

(155ㄴ)의 '꽃밭'이 '꽃밭 → 꼳밭 → 꼳빹 → 꼳빧 → 꼽빧'과 같은 음운변화과정에서 1단계는 'ㅊ → ㄷ(꽃– → 꼳–)'과 같이 'ㅊ'에 말음법칙이 적용되고, 2단계는 'ㅂ → ㅃ(–밭 → –빹)'과 같이 'ㅂ'에 경음화가 적용되고, 3단계는 'ㅌ → ㄷ(–빹 → –빧)'과 같이 'ㅌ'에 말음법칙이 적용되고, 4단계는 'ㄷ → ㅂ(꼳– → 꼽–)'과 같이 'ㄷ'에 순음화가 적용된다. 이 경우에 3단

계에서 실현된 [꼳빧]은 표준발음이고, 4단계에서 실현된 [꼽빧]은 비표준
발음이다.

## 5) 앞 끝소리가 'ㅌ'인 경우

(156) *'ㅌ + ㅁ → ㅁ + ㅁ'('ㅌ → ㅁ': 순 – 비표준발음)

겉면[건면](×[검면])(말 → 비 → 순)

끝말[끈말](×[끔말])　　　　　　낱말[난말](×[남말])

겉모습[건모습](×[검모습])　　　　겉모양[건모양](×[검모양])

끝매다[끈매다](×[끔매다])　　　　끝머리[끈머리](×[끔머리])

바깥문[바깐문](×[바깜문])

끝마치다[끈마치다](×[끔마치다])

(156)처럼 앞 끝소리가 'ㅌ'이고, 뒤 첫소리가 'ㅁ'인 경우는 표준발음법
제21항의 보기에 없지만, 음운변화현상으로 보아 제21항의 규정에 해당하
는 것으로 추정된다. 이 규정은 위와 같은 경우에 자음동화를 인정하지 않
는다는 내용인데, 이는 비표준발음을 의미한다. 보기는 표기와 표준발음이
다르기 때문에, 표준발음과 비표준발음을 모두 기술한 경우이다. 이 경우
에 하나의 음운변화과정에서 표준발음과 비표준발음을 모두 나타내기 위
해서는 마지막 단계에 순음화를 적용한다. 보기는 자음접변의 환경에서 앞
끝소리가 'ㅌ'이고, 뒤 첫소리가 'ㅁ'인 경우에 앞 끝소리의 순음화가 실현
된 경우이다. '겉면'이 '겉면 → 걷면 → 건면 → 검면'과 같은 음운변화과정
에서 1단계는 'ㅌ → ㄷ(겉- → 걷-)'과 같이 'ㅌ'에 말음법칙이 적용되고, 2
단계는 'ㄷ → ㄴ(걷- → 건-)'과 같이 'ㄷ'에 비음화가 적용되고, 3단계는
'ㄴ → ㅁ(건- → 검-)'과 같이 'ㄴ'에 순음화가 적용된다. 이 경우에 2단계
에서 실현된 [건면]은 표준발음이고, 3단계에서 실현된 [검면]은 비표준발
음이다.

(157) 'ㅌ + ㅂ → ㅂ + ㅃ'('ㅌ → ㅂ' : 순 – 비표준발음)

밑바닥[민빠닥](×[밉빠닥])(말 → 경 → 순)

밑받침[민빤침](×[밉빤침])    밑부분[민뿌분](×[밉뿌분])

얕보다[얃뽀다](×[얍뽀다])

 (157)처럼 앞 끝소리가 'ㅌ'이고, 뒤 첫소리가 'ㅂ'인 경우는 표준발음법 제21항의 보기에 없지만, 음운변화현상으로 보아 제21항의 규정에 해당하는 것으로 추정된다. 이 규정은 위와 같은 경우에 자음동화를 인정하지 않는다는 내용인데, 이는 비표준발음을 의미한다. 보기는 표기와 표준발음이 다르기 때문에, 표준발음과 비표준발음을 모두 기술한 경우이다. 이 경우에 하나의 음운변화과정에서 표준발음과 비표준발음을 모두 나타내기 위해서는 마지막에 순음화를 적용한다. '밑바닥'이 '밑바닥 → 민바닥 → 민빠닥 → 밉빠닥'과 같은 음운변화과정에서 1단계는 'ㅌ → ㄷ(밑- → 민-)'과 같이 'ㅌ'에 말음법칙이 적용되고, 2단계는 'ㅂ → ㅃ(-바- → -빠-)'과 같이 'ㅂ'에 경음화가 적용되고, 3단계는 'ㄷ → ㅂ(민- → 밉-)'과 같이 'ㄷ'에 순음화가 적용된다. 2단계에서 실현된 [민빠닥]은 표준발음이고, 3단계에서 실현된 [밉빠닥]은 비표준발음이다.

## ❻ 구개음화

 구개음화는 한글맞춤법 제6항과 표준발음법 제17항에 규정되어 있다. 이는 받침 'ㄷ, ㅌ(ㄾ)' 등이 뒤 모음 'ㅣ'와 결합되는 경우에 역행동화에 의해 실현되는 표준발음을 의미한다. 구개음화는 표준발음뿐만 아니라, 비표준발음도 매우 활발하게 실현되고 있는 것도 사실이다. 그러므로 구개음화에 따른 표준발음과 비표준발음을 정확히 구분하는 것이 중요하다. 이 항에서는 표준발음만 기술한다.

 구개음화는 앞 끝소리 'ㄷ', 'ㅌ' 등을 중심으로 기술한다.

**1)** 앞 끝소리가 'ㄷ'인 경우(표 제17항)

(158) 'ㄷ → ㅈ'(구)

ㄱ. 가을걷이[가을거지]('걷이 → 거지' : 구)

민걷이[민거지]             도래걷이[도래거지]

소매걷이[소매거지]

ㄴ. 곧이[고지]('곧이 → 고지' : 구)

ㄷ. 굳이[구지]('굳이 → 구지' : 구)

ㄹ. 가로닫이[가로다지]('닫이 → 다지' : 구)

미닫이[미다지]     반닫이[반다지]     여닫이[여다지]

외닫이[외다지/웨-]         내리닫이[내리다지]

쌍미닫이[쌍미다지]         쌍여닫이[쌍여다지]

안여닫이[아녀다지]         얼미닫이[얼미다지]

ㅁ. 달돋이[달도지]('돋이 → 도지' : 구)

문돋이[문도지]     움돋이[움도지]     해돋이[해도지]

ㅂ. 뼈뜯이[뼈뜨지]('뜯이 → 뜨지' : 구)

알뜯이[알뜨지]

ㅅ. 맏이[마지]('맏이 → 마지' : 구)

ㅇ. 갈묻이[갈무지]('묻이 → 무지' : 구)

휘묻이[휘무지]

ㅈ. 가루받이[가루바지]('받이 → 바지' : 구)

날받이[날바지]     대받이[대바지]     덤받이[덤바지]

등받이[등바지]     땀받이[땀바지]     말받이[말바지]

물받이[물바지]     볼받이[볼바지]     산받이[산바지]

살받이[살바지]     샘받이[샘바지]     씨받이[씨바지]

알받이[알바지]     짐받이[짐바지]     채받이[채바지]

총받이[총바지]     치받이[치바지]     힘받이[힘바지]

되받이[되바지/웨-]         가슴받이[가슴바지]

걸레받이[걸레바지]         고기받이[고기바지]

고리받이[고리바지]         고미받이[고미바지]

| | |
|---|---|
| 공수받이[공수바지] | 나사받이[나사바지] |
| 남향받이[남향바지] | 뇌물받이[뇌물바지/눼-] |
| 눈물받이[눈물바지] | 동지받이[동지바지] |
| 만세받이[만세바지] | 만수받이[만수바지] |
| 모래받이[모래바지] | 문받이턱[문바지턱] |
| 물꼬받이[물꼬바지] | 바람받이[바람바지] |
| 보받이돌[보바지돌] | 샘물받이[샘물바지] |
| 생수받이[생수바지] | 성주받이[성주바지] |
| 연기받이[연기바지] | 우수받이[우수바지] |
| 은어받이[으너바지] | 이마받이[이마바지] |
| 이슬받이[이슬바지] | 주정받이[주정바지] |
| 총알받이[총알바지] | 반자틀받이[반자틀바지] |

ㅊ. 씨받이밭[씨바지밭 → 씨바지받](구 → 말)

(158)은 앞 끝소리 'ㄷ'이 뒤 모음('ㅣ')과 결합된 경우에, 'ㄷ → ㅈ'과 같이 'ㄷ'이 구개음인 [ㅈ]으로 실현된 것이다. (158ㅊ)은 음운변화과정에서 먼저 구개음화를 적용한 후에, 말음법칙을 적용한다.

(158ㄱ)의 '가을걷이'는 '가을걷이 → 가을거지'와 같은 음운변화과정에서 'ㄷ → ㅈ'과 같이 'ㄷ'에 구개음화가 적용된다. 이 경우에 표기는 '가을걷이'이고, 표준발음은 [가을거지]이다.

(158ㄴ)의 '곧이'는 '곧이 → 고지'와 같은 음운변화과정에서 'ㄷ → ㅈ'과 같이 'ㄷ'에 구개음화가 적용된다.

(158ㄷ)의 '굳이'는 '굳이 → 구지'와 같은 음운변화과정에서 'ㄷ → ㅈ'과 같이 'ㄷ'에 구개음화가 적용된다.

(158ㄹ)의 '미닫이'는 '미닫이 → 미다지'와 같은 음운변화과정에서 'ㄷ → ㅈ'과 같이 'ㄷ'에 구개음화가 적용된다.

(158ㅁ)의 '문돋이'는 '문돋이 → 문도지'와 같은 음운변화과정에서 'ㄷ → ㅈ'과 같이 'ㄷ'에 구개음화가 적용된다.

(158ㅂ)의 '알뜯이'는 '알뜯이 → 알뜨지'와 같은 음운변화과정에서 'ㄷ → ㅈ'과 같이 'ㄷ'에 구개음화가 적용된다.

(158ㅅ)의 '맏이'는 '맏이 → 마지'와 같은 음운변화과정에서 'ㄷ → ㅈ'과 같이 'ㄷ'에 구개음화가 적용된다.

(158ㅇ)의 '갈묻이'는 '갈묻이 → 갈무지'와 같은 음운변화과정에서 'ㄷ → ㅈ'과 같이 'ㄷ'에 구개음화가 적용된다.

(158ㅈ)의 '날받이'는 '날받이 → 날바지'와 같은 음운변화과정에서 'ㄷ → ㅈ'과 같이 'ㄷ'에 구개음화가 적용된다.

(158ㅊ)의 '씨받이밭'이 '씨받이밭 → 씨바지밭 → 씨바지받'과 같은 음운변화과정에서 1단계는 'ㄷ → ㅈ(-받이- → -바지-)'과 같이 'ㄷ'에 구개음화가 적용되고, 2단계는 'ㅌ → ㄷ(-밭 → -받)'과 같이 'ㅌ'에 말음법칙이 적용된다.

## 2) 앞 끝소리가 'ㅌ'인 경우(표 제17항)

(159) 'ㅌ → ㅊ'(구)

    ㄱ. 같이[가치]('같이' : 구)

        꿈같이[꿈가치]        살같이[살가치]        이같이[이가치]

        같이가기[가치가기]

    ㄴ. 맡이다[마치다]('-이다' : 구)

        밭이다[바치다]                       흩이다[흐치다]

    ㄷ. 가루붙이[가루부치]('붙이, 붙이기, 붙임' : 구)

        껴붙임[껴부침]        덤붙이[덤부치]        붙임질[부침질]

        붙임틀[부침틀]        붙임판[부침판]        붙임표[부침표]

        붙임풀[부침풀]        빨붙이[빨부치]        뼈붙이[뼈부치]

        살붙이[살부치]        실붙이[실부치]        은붙이[은부치]

        제붙이[제부치]        철붙이[철부치]        털붙이[털부치]

        판붙임[판부침]        피붙이[피부치]        쇠붙이[쇠부치/쉐-]

가마붙이[가마부치]　　　　　　　　개미붙이[개미부치]

금은붙이[그믄부치]　　　　　　　　꿀벌붙이[꿀벌부치]

명주붙이[명주부치]　　　　　　　　보리붙이[보리부치]

비늘붙이[비늘부치]　　　　　　　　빈대붙이[빈대부치]

실붙이기[실부치기]　　　　　　　　알붙이기[알부치기]

야채붙이[야채부치]　　　　　　　　일가붙이[일가부치]

제살붙이[제살부치]　　　　　　　　처가붙이[처가부치]

친살붙이[친살부치]　　　　　　　　친정붙이[친정부치]

ㄹ. 발붙이다[발부치다]('붙이다' : 구)

붙이다[부치다]　　　　　　　　　　까붙이다[까부치다]

갈붙이다[갈부치다]　　　　　　　　내붙이다[내부치다]

다붙이다[다부치다]　　　　　　　　정붙이다[정부치다]

갈라붙이다[갈라부치다]　　　　　　갈아붙이다[가라부치다]

걷어붙이다[거더부치다]　　　　　　내려붙이다[내려부치다]

다가붙이다[다가부치다]　　　　　　밀어붙이다[미러부치다]

생청붙이다[생청부치다]　　　　　　쏘아붙이다[쏘아부치다]

올려붙이다[올려부치다]　　　　　　휘어붙이다[휘어부치다]

ㅁ. 벼훑이[벼홀치](구)

훑이[홀치]　　　　훑이기[홀치기]　　　훑이다[홀치다]

ㅂ. 겉이[거치](구)

끝이[끄치]　　　밭이[바치]　　　볕이[벼치]

논밭이[논바치]　　코끝이[코끄치]　　풀밭이[풀바치]

혀끝이[혀끄치]　　가마솥이[가마소치]

ㅅ. 붙임성[부침성 → 부침썽](구 → 경)

붙임줄[부침쭐]

ㅇ. 붙여[부쳐 → 부처](구 → 홑)

(159)는 앞 끝소리 'ㅌ'('같-, 끝- 등의 끝소리)이 뒤 모음 'ㅣ'(또는 반홀
소리 'ㅣ')와 결합된 경우에, 'ㅌ → ㅊ'과 같이 'ㅌ'이 구개음인 [ㅊ]으로 실
현된 것이다. (159ㅅ, ㅇ)은 음운변화과정에서 먼저 구개음화를 적용한 후

에, 다른 음운규칙 등을 적용한다.

(159ㄱ)의 '꿈같이'는 '꿈같이 → 꿈가치'와 같은 음운변화과정에서 'ㅌ → ㅊ'과 같이 'ㅌ'에 구개음화가 적용된다. 이 경우에 표기는 '꿈같이'이고, 표준발음은 [꿈가치]이다.

(159ㄴ)의 '맡이다'는 '맡이다 → 마치다'와 같은 음운변화과정에서 'ㅌ → ㅊ'과 같이 'ㅌ'에 구개음화가 적용된다.

(159ㄷ)의 '껴붙임'은 '껴붙임 → 껴부침'과 같은 음운변화과정에서 'ㅌ → ㅊ'과 같이 'ㅌ'에 구개음화가 적용된다.

(159ㄹ)의 '발붙이다'는 '발붙이다 → 발부치다'와 같은 음운변화과정에서 'ㅌ → ㅊ'과 같이 'ㅌ'에 구개음화가 적용된다.

(159ㅁ)의 '벼훑이'는 '벼훑이 → 벼홀치'와 같은 음운변화과정에서 'ㅌ → ㅊ'과 같이 'ㅌ'에 구개음화가 적용된다.

(159ㅂ)의 '겉이'는 '겉이 → 거치'와 같은 음운변화과정에서 'ㅌ → ㅊ'과 같이 'ㅌ'에 구개음화가 적용된다.

(159ㅅ)의 '붙임줄'이 '붙임줄 → 부침줄 → 부침쭐'과 같은 음운변화과정에서 1단계는 'ㅌ → ㅊ(붙임- → 부침-)'과 같이 'ㅌ'에 구개음화가 적용되고, 2단계는 'ㅈ → ㅉ(-줄 → -쭐)'과 같이 'ㅈ'에 경음화가 적용된다.

(159ㅇ)은 앞 끝소리의 'ㅌ'('붙-'의 끝소리)이 뒤 홀소리 '-여'('ㅕ = ㅣ + ㅓ'에서 반홀소리 'ㅣ'인 경우)와 결합되어, 'ㅌ'의 구개음화가 실현된 경우이다. '붙여'가 '붙여 → 부쳐 → 부처'와 같은 음운변화과정에서 1단계는 'ㅌ → ㅊ'과 같이 'ㅌ'에 구개음화가 적용되고, 2단계는 'ㅕ → ㅓ(-쳐 → -처)'와 같이 'ㅕ'에 단모음화가 적용된다.

## ⑦ 연구개음화

연구개음화는 표준발음법 제21항에 규정하고 있다. 이 규정은 '감기[강기]', '옷감[옥깜]', '있고[익꼬]', '꽃길[꼭낄]' 등과 같은 자음동화를 인정하지 않는다는 내용이다. 즉 이와 같은 발음은 비표준발음을 의미한다. '감기[감기](×[강기])'의 경우에 표준발음인 [감기]보다는 비표준발음(발음 앞에 '×'표시함.)인 [강기]가 발음하기에 힘이 덜 들고 편하기 때문에, 언중들은 표준발음보다 비표준발음을 하게 된다. 그러므로 표준발음과 비표준발음을 정확히 구별하는 것이 매우 중요하다.

연구개음화는 자음접변의 환경에서 앞 끝소리가 뒤 첫소리인 연구개음 'ㄱ'을 닮아, 연구개음('ㅇ', 'ㄱ' 등)으로 실현된 수의적(임의적)인 변화현상이다. 이는 역행동화이다. '감기'의 경우에 표준발음이 [감기]인데, 비표준발음인 [강기]는 앞 끝소리인 'ㅁ'('감−'의 끝소리)이 연구개음인 뒤 첫소리 'ㄱ'('−기'의 첫소리)을 닮아 'ㅁ'이 [ㅇ]으로 실현된 경우이다.

연구개음화는 앞 끝소리 'ㄴ', 'ㄷ', 'ㅁ', 'ㅅ', 'ㅆ', 'ㅈ', 'ㅊ', 'ㅌ' 등을 중심으로 기술한다. 이 중 표기와 표준발음이 다른 경우에는 표준발음과 비표준발음을 모두 나타내기 위해 음운변화과정에서 연구개음화를 1단계에 적용하지 않고, 마지막 단계에 적용한다(이 경우에 보기 앞에 '*'를 표기함).

## 1) 앞 끝소리가 'ㄴ'인 경우

(160) 'ㄴ + ㄱ → ㅇ + ㄱ'('ㄴ → ㅇ' : 연 − 비표준발음)

간격(×[강격])(연)

| | | |
|---|---|---|
| 간결(×[강결]) | 건강(×[겅강]) | 견고(×[겅고]) |
| 관가(×[광가]) | 관객(×[광객]) | 관광(×[광광]) |
| 권고(×[궝고]) | 근거(×[긍거]) | 근검(×[긍검]) |
| 긴급(×[깅급]) | 끈기(×[끙기]) | 난간(×[낭간]) |
| 난감(×[낭감]) | 는개(×[능개]) | 단골(×[당골]) |
| 만강(×[망강]) | 만큼(×[망큼]) | 문갑(×[뭉갑]) |
| 문고(×[뭉고]) | 문구(×[뭉구]) | 민간(×[밍간]) |
| 민국(×[밍국]) | 번개(×[벙개]) | 분간(×[붕간]) |

빈곤(×[빙곤])　　　빈칸(×[빙칸])　　　선거(×[성거])
순간(×[숭간])　　　순경(×[숭경])　　　신경(×[싱경])
신고(×[싱고])　　　신곡(×[싱곡])　　　신기(×[싱기])
안개(×[앙개])　　　안경(×[앙경])　　　안구(×[앙구])
연결(×[영결])　　　연관(×[영관])　　　연구(×[영구])
연극(×[영극])　　　연기(×[영기])　　　온기(×[옹기])
원고(×[웡고])　　　인간(×[잉간])　　　인구(×[잉구])
전개(×[정개])　　　전경(×[정경])　　　전구(×[정구])
전기(×[정기])　　　존경(×[종경])　　　촌극(×[총극])
친구(×[칭구])　　　큰걸(×[킁걸])　　　큰곰(×[킁곰])
큰길(×[킁길])　　　판결(×[팡결])　　　편견(×[평견])
한강(×[항강])　　　한결(×[항결])　　　한국(×[항국])
한글(×[항글])　　　한길(×[항길])　　　현관(×[형관])
환경(×[황경])　　　환곡(×[황곡])

관계(×[광계/*－게])　　　눈꺼풀(×[눙꺼풀])
눈꼬리(×[눙꼬리])　　　단계(×[당계/*－게])
단기간(×[당기간])　　　두만강(×[두망강])
등반가(×[등방가])　　　문구점(×[뭉구점])
물안개(×[무랑개])　　　사진관(×[사징관])
사진기(×[사징기])　　　안개비(×[앙개비])
연거푸(×[영거푸])　　　원고지(×[웡고지])
자신감(×[자싱감])　　　자전거(×[자정거])
잔가지(×[장가지])　　　잰거름(×[쟁거름])
전교생(×[정교생])　　　전기문(×[정기문])
조문객(×[조뭉객])　　　친근감(×[칭긍감])
한가득(×[항가득])　　　한가락(×[항가락])
한가위(×[항가위])　　　한가족(×[항가족])
한걸음(×[항거름])　　　한겨레(×[항겨레])
한겨울(×[항겨울])　　　한글날(×[항글날])
훈계(×[훙계/*－게])

　　　　　　　　한국어 발음 교육의 실제

(160)처럼 앞 끝소리가 'ㄴ'이고, 뒤 첫소리가 'ㄱ, ㄲ' 등인 경우는 표준발음법 제21항의 보기에 없지만, 음운변화현상으로 보아 제21항의 규정에 해당하는 것으로 추정된다. 이 규정은 위와 같은 경우에 자음동화를 인정하지 않는다는 내용인데, 이는 비표준발음을 의미한다. 보기는 표기와 표준발음이 같기 때문에 비표준발음만 기술한다. 이는 자음접변의 환경에서 앞 끝소리 'ㄴ'('간-, 건-, 눈-' 등의 끝소리)이 연구개음인 뒤 첫소리 'ㄱ·ㄲ'('-결, -강, -꺼-' 등의 첫소리) 등을 닮아, 'ㄴ → ㅇ'과 같이 'ㄴ'이 [ㅇ]으로 연구개음화가 실현된 경우이다. 앞 끝소리가 'ㄴ'이고, 뒤 첫소리가 'ㄱ'인 '간결'은 '간결 → 강결'과 같은 음운변화과정에서 'ㄴ → ㅇ(간- → 강-)'과 같이 'ㄴ'에 연구개음화가 적용된다. 그러므로 표기인 '간결'은 표준발음 [간결]과 같지만, 연구개음화가 적용된 비표준발음인 [강결]은 표기와 다르다. 뒤 첫소리가 'ㄲ'인 '눈꺼풀'은 '눈꺼풀 → 눙꺼풀'과 같은 음운변화과정에서 'ㄴ → ㅇ(눈- → 눙-)'과 같이 'ㄴ'에 연구개음화가 적용된다. 그러므로 표기인 '눈꺼풀'은 표준발음 [눈꺼풀]과 같지만, 연구개음화가 적용된 비표준발음 [눙꺼풀]은 표기와 다르다.

(161) * 'ㄴ + ㄱ → ㅇ + ㄱ,ㄲ'('ㄴ → ㅇ' : 연 – 비표준발음)
　　ㄱ. 눈곱[눈꼽](×[눙꼽])(경 → 연)

| | |
|---|---|
| 눈가[눈까](×[눙까]) | 눈길[눈낄](×[눙낄]) |
| 문구[문꾸](×[뭉꾸])(文句) | 산골[산꼴](×[상꼴]) |
| 산길[산낄](×[상낄]) | 손길[손낄](×[송낄]) |
| 신고[신꼬](×[싱꼬]) | 안건[안껀](×[앙껀]) |
| 안고[안꼬](×[앙꼬]) | 안골[안꼴](×[앙꼴]) |
| 윤기[윤끼](×[융끼]) | 인격[인껵](×[잉껵]) |
| 인권[인꿘](×[잉꿘]) | 인기[인끼](×[잉끼]) |
| 개천가[개천까](×[개청까]) | 눈가루[눈까루](×[눙까루]) |
| 문구멍[문꾸멍](×[뭉꾸멍]) | 분가루[분까루](×[붕까루]) |
| 비단결[비단껼](×[비당껼]) | 손가락[손까락](×[송까락]) |

인기척[인끼척](×[잉끼척])　　　　장난감[장난깜](×[장낭깜])

찬거리[찬꺼리](×[창꺼리])

ㄴ. 눈꽃[눈꼳](×[눙꼳])(말→연)

손끝[손끋](×[송끋])　　　　　　연꽃[연꼳](×[영꼳])

온갖[온갇](×[옹갇])

ㄷ. 단칸방[단칸빵](×[당캄빵])(경→연→순)

ㄹ. 번갯불[번갣뿔](×[벙갭뿔])(말→경→연→순)

ㅁ. 산국화[산구콰](×[상구콰])(격→연)


(161)처럼 앞 끝소리가 'ㄴ'이고, 뒤 첫소리가 'ㄱ·ㄲ·ㅋ' 등인 경우는 표준발음법 제21항의 보기에 없지만, 음운변화현상으로 보아 제21항의 규정에 해당하는 것으로 추정된다. 이 규정은 위와 같은 경우에 자음동화를 인정하지 않는다는 내용인데, 이는 비표준발음을 의미한다. 보기는 표기와 표준발음이 다르기 때문에 표준발음과 비표준발음을 모두 기술한 경우이다. 이 경우에 하나의 음운변화과정에서 표준발음과 비표준발음을 모두 나타내기 위해서는 마지막 단계에 연구개음화를 적용한다. 보기는 자음접변의 환경에서 앞 끝소리 'ㄴ'('눈-, 손-' 등의 끝소리)이 연구개음인 뒤 첫소리 'ㄱ·ㄲ'('-길, -끝' 등의 첫소리) 등을 닮아, 'ㄴ→ㅇ'과 같이 'ㄴ'이 [ㅇ]으로 연구개음화가 실현된 경우이다.

(161ㄱ)의 '눈곱'이 '눈곱→눈꼽→눙꼽'과 같은 음운변화과정에서 1단계는 'ㄱ→ㄲ(-곱→-꼽)'과 같이 'ㄱ'에 경음화가 적용되고, 2단계는 'ㄴ→ㅇ(눈-→눙-)'과 같이 'ㄴ'에 연구개음화가 적용된다. 이 경우에 1단계에서 실현된 [눈꼽]은 표준발음이고, 2단계에서 실현된 [눙꼽]은 비표준발음이다.

(161ㄴ)의 '손끝'이 '손끝→손끋→송끋'과 같은 음운변화과정에서 1단계는 'ㅌ→ㄷ(-끝→-끋)'과 같이 'ㅌ'에 말음법칙이 적용되고, 2단계는 'ㄴ→ㅇ(손-→송-)'과 같이 'ㄴ'에 연구개음화가 적용된다. 이 경우에 1

단계에서 실현된 [손끝]은 표준발음이고, 2단계에서 실현된 [송끝]은 비표준발음이다.

(161ㄷ)은 자음접변의 환경에서 두 가지의 음운변화가 실현되고 있다. 하나는 '단칸–[당칸–]'과 같이 앞 끝소리 'ㄴ'('단–'의 끝소리)이 연구개음인 뒤 첫소리 'ㅋ'('–칸'의 첫소리)을 닮아, 'ㄴ → ㅇ'과 같이 'ㄴ'이 [ㅇ]으로 연구개음화가 실현된 경우이다. 다른 하나는 '–칸방[–캄빵]'과 같이 앞 끝소리 'ㄴ'('–칸'의 끝소리)이 순음인 뒤 첫소리 'ㅂ'('–방'의 첫소리)을 닮아, 'ㄴ → ㅁ'과 같이 'ㄴ'이 [ㅁ]으로 순음화가 실현된 경우이다. '단칸방'이 '단칸방 → 단칸빵 → 당칸빵 → 당캄빵'과 같은 음운변화과정에서 1단계는 'ㅂ → ㅃ(–방 → –빵)'과 같이 'ㅂ'에 경음화가 적용되고, 2단계는 'ㄴ → ㅇ(단– → 당–)'과 같이 'ㄴ'에 연구개음화가 적용되고, 3단계는 'ㄴ → ㅁ(–칸– → –캄–)'과 같이 'ㄴ'에 순음화가 적용된다. 이 경우에 1단계에서 실현된 [단칸빵]은 표준발음이고, 3단계에서 실현된 [당캄빵]은 비표준발음이다.

(161ㄹ)의 '번갯불'이 '번갯불 → 번갣불 → 번갣뿔 → 벙갣뿔 → 벙갭뿔'과 같은 음운변화과정에서 1단계는 'ㅅ → ㄷ(–갯– → –갣–)'과 같이 'ㅅ'에 말음법칙이 적용되고, 2단계는 'ㅂ → ㅃ(–불 → –뿔)'과 같이 'ㅂ'에 경음화가 적용되고, 3단계는 'ㄴ → ㅇ(번– → 벙–)'과 같이 'ㄴ'에 연구개음화가 적용되고, 4단계는 'ㄷ → ㅂ(–갣– → –갭–)'과 같이 'ㄷ'에 순음화가 적용된다. 이 경우에 2단계에서 실현된 [번갣뿔]은 표준발음이고, 4단계에서 실현된 [벙갭뿔]은 비표준발음이다.

(161ㅁ)의 '산국화'가 '산국화 → 산구콰 → 상구콰'와 같은 음운변화과정에서 1단계는 'ㄱ + ㅎ → ㅋ(–국화 → –구콰)'과 같이 'ㄱ'에 격음화가 적용되고, 2단계는 'ㄴ → ㅇ(산– → 상–)'과 같이 'ㄴ'에 연구개음화가 적용된다. 이 경우에 1단계에서 실현된 [산구콰]는 표준발음이고, 2단계에서 실현된 [상구콰]는 비표준발음이다.

**2) 앞 끝소리가 'ㄷ'인 경우**

(162) * 'ㄷ + ㄱ → ㄱ + ㄲ'('ㄷ → ㄱ : 연 – 비표준발음)

    ㄱ. 숟갈[숟깔](×[숙깔])(경 → 연)

       숟가락[숟까락](×[숙까락])

    ㄴ. 걷게[걷께](×[걱께])(경 → 연)

| | |
|---|---|
| 걷고[걷꼬](×[걱꼬]) | 겯고[겯꼬](×[격꼬]) |
| 곧게[곧께](×[곡께]) | 굳게[굳께](×[국께]) |
| 긷고[긷꼬](×[긱꼬]) | 닫게[닫께](×[닥께]) |
| 돋고[돋꼬](×[독꼬]) | 듣게[듣께](×[득께]) |
| 딛고[딛꼬](×[딕꼬]) | 뜯겨[뜯껴](×[뜩껴]) |
| 묻고[묻꼬](×[묵꼬]) | 믿게[믿께](×[믹께]) |
| 받고[받꼬](×[박꼬]) | 뻗고[뻗꼬](×[뻑꼬]) |
| 싣고[싣꼬](×[식꼬]) | 쏟고[쏟꼬](×[쏙꼬]) |
| 얻고[얻꼬](×[억꼬]) | 걷거나[걷꺼나](×[걱꺼나]) |
| 깨닫고[깨닫꼬](×[깨닥꼬]) | 여닫게[여닫께](×[여닥께]) |

    (162)처럼 앞 끝소리가 'ㄷ'이고, 뒤 첫소리가 'ㄱ'인 경우는 표준발음법 제21항의 보기에 없지만, 음운변화현상으로 보아 제21항의 규정에 해당하는 것으로 추정된다. 이 규정은 위와 같은 경우에 자음동화를 인정하지 않는다는 내용인데, 이는 비표준발음을 의미한다. 보기는 표기와 표준발음이 다르기 때문에 표준발음과 비표준발음을 모두 기술한 경우이다. 이 경우에 하나의 음운변화과정에서 표준발음과 비표준발음을 모두 나타내기 위해서는 마지막 단계에 연구개음화를 적용한다. 보기는 자음접변의 환경에서 앞 끝소리 'ㄷ'('걷–, 듣–, 얻–' 등의 끝소리)이 연구개음인 뒤 첫소리 'ㄱ'('–게, –고, –기' 등의 첫소리)을 닮아, 'ㄷ → ㄱ'과 같이 'ㄷ'이 [ㄱ]으로 연구개음화가 실현된 경우이다.

    (162ㄱ)의 '숟갈'이 '숟갈 → 숟깔 → 숙깔'과 같은 음운변화과정에서 1단계는 'ㄱ → ㄲ(–갈 → –깔)'과 같이 'ㄱ'에 경음화가 적용되고, 2단계는 'ㄷ

→ ㄱ(숟- → 숙-)'과 같이 'ㄷ'에 연구개음화가 적용된다. 이 경우에 1단
계에서 실현된 [숟깔]은 표준발음이고, 2단계에서 실현된 [숙깔]은 비표준
발음이다.

(162ㄴ)은 앞 끝소리가 'ㄷ'인 어간과 뒤 첫소리가 'ㄱ'인 어미가 연결된
경우이다. '걷게'가 '걷게 → 걷께 → 걱께'와 같은 음운변화과정에서 1단
계는 'ㄱ → ㄲ(-게 → -께)'과 같이 'ㄱ'에 경음화가 적용되고, 2단계는 'ㄷ
→ ㄱ(걷- → 걱-)'과 같이 'ㄷ'에 연구개음화가 적용된다. 이 경우에 1단
계에서 실현된 [걷께]는 표준발음이고, 2단계에서 실현된 [걱께]는 비표준
발음이다.

## 3) 앞 끝소리가 'ㅁ'인 경우

(163) 'ㅁ + ㄱ, ㄲ, ㅋ → ㅇ + ㄱㄲ, ㅋ'('ㅁ → ㅇ' : 연 – 비표준발음)

ㄱ. 감겨(×[강겨])(연)

| | | |
|---|---|---|
| 남겨(×[낭겨]) | 넘겨(×[넝겨]) | 담겨(×[당겨]) |
| 섬겨(×[성겨]) | 숨겨(×[숭겨]) | 잠겨(×[장겨]) |
| 참견(×[창견]) | | |

ㄴ. 감각(×[강각])(연)

| | | |
|---|---|---|
| 감기(×[강기]) | 감긴(×[강긴]) | 남극(×[낭극]) |
| 남김(×[낭김]) | 넘길(×[넝길]) | 담긴(×[당긴]) |
| 섬긴(×[성긴]) | 숨긴(×[숭긴]) | 심각(×[싱각]) |
| 잠가(×[장가]) | 점검(×[정검]) | 탐구(×[탕구]) |
| 강점기(×[강정기]) | | 부침개(×[부칭개]) |
| 참고래(×[창고래]) | | 참기름(×[창기름]) |
| 함경도(×[항경도]) | | |

ㄷ. 깜깜(×[깡깜])(연)

| | | |
|---|---|---|
| 잠깐(×[장깐]) | | 함께(×[항께]) |
| 꼼꼼히(×[꽁꼼히]) | | 꿈까지(×[꿍까지]) |
| 잠깐만(×[장깜만]) | | 잠꾸러기(×[장꾸러기]) |

ㄹ. 삼켜(×[상켜])(연)
　　움켜(×[웅켜])　　　　　　　　움큼(×[웅큼])
　　캄캄한(×[캉캄한])　　　　　　컴컴한(×[컹컴한])


　(163)은 표준발음법 제21항에 규정하고 있다. 이 규정은 보기와 같은 경우에 자음동화를 인정하지 않는다는 내용이다. 이는 비표준발음을 의미한다. 보기는 표기와 표준발음이 같기 때문에 비표준발음만 기술한 경우이다. (163ㄱ)은 뒤 음절이 '-겨'와 같이 이중모음이고, (163ㄴ)은 뒤 음절이 '-기 · -구 · -도' 등과 같이 단모음인 경우이고, (163ㄷ)은 뒤 음절 첫소리가 'ㄲ'인 경우이고, (163ㄹ)은 뒤 음절 첫소리가 'ㅋ'인 경우이다.

　(163ㄱ)은 자음접변의 환경에서 앞 끝소리 'ㅁ'('감-, 넘-, 담-' 등의 끝소리)이 뒤 첫소리인 'ㄱ'('-겨'의 첫소리)을 닮아, 'ㅁ → ㅇ'과 같이 'ㅁ'이 [ㅇ]으로 연구개음화가 실현된 경우이다. '감겨'는 '감겨 → 강겨'와 같은 음운변화과정에서 'ㅁ → ㅇ(감- → 강-)'과 같이 'ㅁ'에 연구개음화가 적용된다. 이 경우에 [감겨]는 표준발음이고, [강겨]는 비표준발음이다.

　(163ㄴ)의 '강점기'는 '강점기 → 강정기'와 같은 음운변화과정에서 'ㅁ → ㅇ(-점- → -정-)'과 같이 'ㅁ'에 연구개음화가 적용된다. 이 경우에 [강점기]는 표준발음이고, [강정기]는 비표준발음이다.

　(163ㄷ)은 자음접변의 환경에서 앞 끝소리 'ㅁ'('꼼-, 꿈-, -숨-' 등의 끝소리)이 연구개음인 뒤 끝소리 'ㄲ'('-꼼, -까, -꿔' 등의 첫소리)을 닮아, 'ㅁ → ㅇ'과 같이 'ㅁ'이 [ㅇ]으로 연구개음화가 실현된 경우이다. '꼼꼼히'는 '꼼꼼히 → 꽁꼼히'와 같은 음운변화과정에서 'ㅁ → ㅇ(꼼- → 꽁-)'과 같이 'ㅁ'에 연구개음화가 적용된다. 이 경우에 [꼼꼼히]는 표준발음이고, [꽁꼼히]는 비표준발음이다.

　(163ㄹ)은 자음접변의 환경에서 앞 끝소리 'ㅁ'('삼-, 움-, 캄-' 등의 끝소리)이 연구개음인 뒤 첫소리 'ㅋ'('-켜, -키, -캄' 등의 첫소리)을 닮아,

'ㅁ → ㅇ'과 같이 'ㅁ'이 [ㅇ]으로 연구개음화가 실현된 경우이다. '삼켜'
는 '삼켜 → 상켜'와 같은 음운변화과정에서 'ㅁ → ㅇ(삼- → 상-)'과 같이
'ㅁ'에 연구개음화가 적용된다. 이 경우에 [삼켜]는 표준발음이고, [상켜]는
비표준발음이다.

(164) * 'ㅁ(ㄻ) + ㄱ → ㅇ + ㄱ, ㄲ('ㅁ → ㅇ' : 연 - 비표준발음)
　　ㄱ. 숨결[숨껼](×[숭껼])(경 → 연)
　　　　잠결[잠껼](×[장껼])　　　　　　　심각성[심각썽](×[싱각썽])
　　ㄴ. 감고[감꼬](×[강꼬])(경 → 연)
　　　　검고[검꼬](×[경꼬])　　　　　　　남게[남께](×[낭께])
　　　　넘게[넘께](×[넝께])　　　　　　　담고[담꼬](×[당꼬])
　　　　숨고[숨꼬](×[숭꼬])　　　　　　　심고[심꼬](×[싱꼬])
　　　　참고[참꼬](×[창꼬])　　　　　　　품고[품꼬](×[풍꼬])
　　　　남거나[남꺼나](×[낭꺼나])　　　　다듬고[다듬꼬](×[다등꼬])
　　ㄷ. 옮겨[옴겨](×[옹겨])('ㄹ'탈 → 연)
　　　　옮긴[옴긴](×[옹긴])　　　　　　　옮길[옴길](×[옹길])
　　　　옮김[옴김](×[옹김])　　　　　　　옮기다[옴기다](×[옹기다])

　(164)는 표준발음법 제21항에 규정되어 있다. 이 규정은 보기와 같은 경
우에 자음동화를 인정하지 않는다는 내용이다. 이는 비표준발음을 의미한
다. 보기는 표기와 표준발음이 다르기 때문에 표준발음과 비표준발음을 모
두 기술한 경우이다. 이 경우에 하나의 음운변화과정에서 표준발음과 비표
준발음을 모두 나타내기 위해서는 마지막 단계에 연구개음화를 적용한다.
　(164ㄱ)은 자음접변의 환경에서 앞 끝소리 'ㅁ'('감-, 남-' 등의 끝소리)
이 연구개음인 뒤 첫소리 'ㄱ'을 닮아, 'ㅁ → ㅇ'과 같이 'ㅁ'이 [ㅇ]으로 연
구개음화가 실현된 경우이다. '숨결'이 '숨결 → 숨껼 → 숭껼'과 같은 음운
변화과정에서 1단계는 'ㄱ → ㄲ(-결 → -껼)'과 같이 'ㄱ'에 경음화가 적용
되고, 2단계는 'ㅁ → ㅇ(숨- → 숭-)'과 같이 'ㅁ'에 연구개음화가 적용된

다. 이 경우에 1단계에서 실현된 [숨껼]는 표준발음이고, 2단계에서 실현된 [숭껼]는 비표준발음이다.

(164ㄴ)은 앞 끝소리가 'ㅁ'인 어간과 뒤 첫소리가 'ㄱ'인 어미가 연결된 경우이다. '감고'가 '감고 → 감꼬 → 강꼬'와 같은 음운변화과정에서 1단계는 'ㄱ → ㄲ(-고 → -꼬)'과 같이 'ㄱ'에 경음화가 적용되고, 2단계는 'ㅁ → ㅇ(감- → 강-)'과 같이 'ㅁ'에 연구개음화가 적용된다. 이 경우에 1단계에서 실현된 [감꼬]는 표준발음이고, 2단계에서 실현된 [강꼬]는 비표준발음이다.

(164ㄷ)처럼 앞 끝소리가 'ㄻ'이고, 뒤 첫소리가 'ㄱ'인 경우는 표준발음법 제21항의 보기에 없지만, 음운변화현상으로 보아 제21항의 규정에 해당하는 것으로 추정된다. 이 규정은 위와 같은 경우에 자음동화를 인정하지 않는다는 내용인데, 이는 비표준발음을 의미한다. 보기는 표기와 표준발음이 다르기 때문에 표준발음과 비표준발음을 모두 기술한 경우이다. 보기는 자음접변의 환경에서 앞 끝소리가 'ㄻ'이고, 뒤 첫소리가 'ㄱ'인 경우이다. '옮겨'가 '옮겨 → 옴겨 → 옹겨'와 같은 음운변화과정에서 1단계에 'ㄻ → ㅁ(옮- → 옴-)'과 같이 'ㄹ'에 자음탈락이 적용되고, 2단계는 'ㅁ → ㅇ(옴- → 옹-)'과 같이 'ㅁ'에 연구개음화가 적용된다. 이 경우에 1단계에서 실현된 [옴겨]는 표준발음이고, 2단계에서 실현된 [옹겨]는 비표준발음이다.

**4)** 앞 끝소리가 'ㅅ'인 경우

(165) *'ㅅ + ㄱ → ㄱ + ㄲ('ㅅ → ㄱ': 연 - 비표준발음)
　　갸웃거리다[갸운꺼리다](×[갸욱꺼리다])(말 → 경 → 연)
　　갯가[갣까](×[객까])　　　　　　곳간[곧깐](×[곡깐])
　　귓가[귇까](×[귁까])　　　　　　냇가[낻까](×[낵까])
　　댓글[댇끌](×[댁끌])　　　　　　땟국[땓꾹](×[땍꾹])

못가[몯까](×[목까])

뱃길[밷낄](×[백낄])

빗금[빋끔](×[빅끔])

옷감[옫깜](×[옥깜])

윗글[윋끌](×[윅끌])

젓갈[젇깔](×[적깔])

촛국[촏꾹](×[촉꾹])

햇김[핻낌](×[핵낌])

헛개[헏깨](×[헉깨])

고깃국[고긷꾹](×[고긱꾹])

기찻길[기찯낄](×[기착낄])

뒷걸음[뒫꺼름](×[뒥꺼름])

등굣길[등굗낄](×[등곡낄])

북엇국[부건꾹](×[부걱꾹])

방앗간[방앋깐](×[방악깐])

뱅엇국[뱅얻꾹](×[뱅억꾹])

붓글씨[붇끌씨](×[북끌씨])

시냇가[시낻까](×[시낵까])

엿기름[엳끼름](×[역끼름])

옷고름[옫꼬름](×[옥꼬름])

젓가락[젇까락](×[적까락])

진돗개[진돋깨](×[진독깨])

콧구멍[콛꾸멍](×[콕꾸멍])

풋과일[푿꽈일](×[푹꽈일])

햇감자[핻깜자](×[핵깜자])

헛걸음[헏꺼름](×[헉꺼름])

고춧가루[고춛까루](×[고축까루])

골칫거리[골칟꺼리](×[골칙꺼리])

기삿거리[기삳꺼리](×[기삭꺼리])

나뭇가지[나묻까지](×[나묵까지])

뭇국[묻꾹](×[묵꾹])

붓과[붇꽈](×[북꽈])

샛길[샏낄](×[색낄])

웃기[욷끼](×[욱끼])

잿골[잳꼴](×[잭꼴])

찻길[찯낄](×[착낄])

햇감[핻깜](×[핵깜])

헛간[헏깐](×[헉깐])

고갯길[고갣낄](×[고객낄])

귓구멍[귇꾸멍](×[귝꾸멍])

김칫국[김칟꾹](×[김칙꾹])

뒷골목[뒫꼴목](×[뒥꼴목])

모랫길[모랟낄](×[모랙낄])

바닷가[바닫까](×[바닥까])

뱃가죽[밷까죽](×[백까죽])

벗개다[벋깨다](×[벅깨다])

뺏기다[뺃끼다](×[뺙끼다])

엿가락[엳까락](×[역까락])

옷가지[옫까지](×[옥까지])

잣가루[잗까루](×[작까루])

젓갈류[젇깔류](×[적깔류])

첫걸음[천꺼름](×[척꺼름])

풋고추[푿꼬추](×[푹꼬추])

하굣길[하굗낄](×[하곡낄])

햇과일[핻꽈일](×[핵꽈일])

헛기침[헏끼침](×[헉끼침])

다섯가지[다섣까지](×[다석까지])

밤나뭇골[밤나묻꼴](×[밤나묵꼴])

서릿기둥[서릳끼둥](×[서릭끼둥])

솟구치다[솓꾸치다](×[속꾸치다])

쇠고깃국[쇠고긷꾹](×[쇠고긱꾹])

어릿광대[어릳꽝대](×[어릭꽝대])

엿가위질[엳까위질](×[역까위질])

저잣거리[저잗꺼리](×[저작꺼리])

절굿공이[절굳꽁이](×[절국꽁이])

첫걸음마[첟꺼름마](×[척꺼름마])

기웃거리다[기욷꺼리다](×[기욱꺼리다])

이야깃거리[이야긷꺼리](×[이야긱꺼리])

쫑긋거리다[쫑귿꺼리다](×[쫑극꺼리다])

(165)는 표준발음법 제21항에 규정되어 있다. 이 규정은 보기와 같은 경우에 자음동화를 인정하지 않는다는 내용이다. 이는 비표준발음을 의미한다. 보기는 표기와 표준발음이 다르기 때문에 표준발음과 비표준발음을 모두 기술한 경우이다. 이 경우에 하나의 음운변화과정에서 표준발음과 비표준발음을 모두 나타내기 위해서는 마지막 단계에 연구개음화를 적용한다. 보기는 자음접변의 환경에서 앞 끝소리가 'ㅅ'('-웃-, 것-, 곳-' 등의 끝소리)이고, 뒤 첫소리가 연구개음 'ㄱ'('-거, -과, -곳' 등의 첫소리)인 경우에, 앞 끝소리의 연구개음화가 실현된 것이다. '갸웃거리다'가 '갸웃거리다 → 갸욷거리다 → 갸욷꺼리다 → 갸욱꺼리다'와 같은 음운변화과정에서 1단계는 'ㅅ → ㄷ(-웃- → -욷-)'과 같이 'ㅅ'에 말음법칙이 적용되고, 2단계는 'ㄱ → ㄲ(-거- → -꺼-)'과 같이 'ㄱ'에 경음화가 적용되고, 3단계는 'ㄷ → ㄱ(-욷- → -욱-)'과 같이 'ㄷ'에 연구개음화가 적용된다. 이 경우에 2단계에서 실현된 [갸욷꺼리다]는 표준발음이고, 3단계에서 실현된 [갸욱꺼리다]는 비표준발음이다.

한국어 발음 교육의 실제

**5)** 앞 끝소리가 'ㅆ'인 경우

(166) \*'ㅆ + ㄱ → ㄱ + ㄲ('ㅆ → ㄱ': 연 − 비표준발음)

갔게[갇께](×[각께])(말 → 경 → 연)

| | |
|---|---|
| 겠고[겓꼬](×[겍꼬]) | 겼고[겯꼬](×[격꼬]) |
| 겼고[겯꼬](×[격꼬]) | 났고[낟꼬](×[낙꼬]) |
| 냈고[낻꼬](×[낵꼬]) | 댔기[댇끼](×[댁끼]) |
| 됐고[됃꼬](×[돽꼬]) | 랐게[랃께](×[락께]) |
| 랬건[랟껀](×[랙껀]) | 렀고[럳꼬](×[럭꼬]) |
| 렸기[럳끼](×[력끼]) | 밌게[믿께](×[믹께]) |
| 봤고[받꼬](×[복꼬]) | 빴기[빧끼](×[빡끼]) |
| 샀고[삳꼬](×[삭꼬]) | 섰고[섣꼬](×[석꼬]) |
| 셨고[섣꼬](×[셕꼬]) | 썼고[썯꼬](×[썩꼬]) |
| 았고[앋꼬](×[악꼬]) | 었고[얻꼬](×[억꼬]) |
| 였고[엳꼬](×[역꼬]) | 왔고[왇꼬](×[왁꼬]) |
| 웠고[웓꼬](×[웍꼬]) | 있게[읻께](×[익께]) |
| 잤구[잗꾸](×[작꾸]) | 쟀기[잳끼](×[잭끼]) |
| 졌고[젇꼬](×[적꼬]) | 쨌건[짿껀](×[짹껀]) |
| 찼고[찯꼬](×[착꼬]) | 컸고[컫꼬](×[컥꼬]) |
| 켰기[켣끼](×[켝끼]) | 팠기[팓끼](×[팍끼]) |
| 펐고[펃꼬](×[퍽꼬]) | 폈고[펻꼬](×[펵꼬]) |
| 했고[핻꼬](×[핵꼬]) | |

(166)은 표준발음법 제21항에 규정되어 있다. 이 규정은 보기와 같은 경우에 자음동화를 인정하지 않는다는 내용이다. 이는 비표준발음을 의미한다. 보기는 표기와 표준발음이 다르기 때문에 표준발음과 비표준발음을 모두 기술한 경우이다. 이는 전술한 것처럼, 연구개음화와 직접 관련이 있는 두 음절만 기술한 경우이다. 그러므로 보기에 따라 앞 음절이나 뒤 음절을 생략한 경우도 있다. '겼고'는 '이겼고 → 겼고'와 같이 연구개음화와 직접

관련이 있는 두 음절('겼고') 이외의 앞 음절 '이–'를 생략한 경우이다. 보기는 자음접변의 환경에서 앞 끝소리가 'ㅆ'이고, 뒤 첫소리가 연구개음 'ㄱ'인 경우에 'ㅆ'의 연구개음화가 실현된 것이다. 이 경우에는 하나의 음운변화과정에서 표준발음과 비표준발음을 모두 나타내기 위해서는 마지막 단계에 연구개음화를 적용한다. '겼고'가 '겼고 → 겯고 → 겯꼬 → 격꼬'와 같은 음운변화과정에서 1단계는 'ㅆ → ㄷ(겼– → 겯–)'과 같이 'ㅆ'에 말음법칙이 적용되고, 2단계는 'ㄱ → ㄲ(–고 → –꼬)'과 같이 'ㄱ'에 경음화가 적용되고, 3단계는 'ㄷ → ㄱ(겯– → 격–)'과 같이 'ㄷ'에 연구개음화가 적용된다. 이 경우에 2단계에서 실현된 [겯꼬]는 표준발음이고, 3단계에서 실현된 [격꼬]는 비표준발음이다.

**6)** 앞 끝소리가 'ㅈ'인 경우

(167) *'ㅈ + ㄱ → ㄱ + ㄲ'('ㅈ → ㄱ' : 연 – 비표준발음)
  ㄱ. 곶감[곧깜](×[곡깜])(말 → 경 → 연)
   갖가지[갇까지](×[각까지])  늦가을[늗까을](×[늑까을])
   늦겨울[늗껴울](×[늑껴울])  엊그제[얻끄제](×[억끄제])
  ㄴ. 갖게[갇께](×[각께])(말 → 경 → 연)
   궂고[굳꼬](×[국꼬])   꽂고[꼳꼬](×[꼭꼬])
   낮고[낟꼬](×[낙꼬])   늦게[늗께](×[늑께])
   맞고[맏꼬](×[막꼬])   맺고[맫꼬](×[맥꼬])
   빚게[빋께](×[빅께])   잊게[읻께](×[익께])
   젖고[젇꼬](×[적꼬])   짖고[짇꼬](×[직꼬])
   찢기[찓끼](×[찍끼])   찾게[찯께](×[착께])

(167)처럼 앞 끝소리가 'ㅈ'이고, 뒤 첫소리가 'ㄱ'인 경우는 표준발음법 제21항의 보기에 없지만, 음운변화현상으로 보아 제21항의 규정에 해당하는 것으로 추정된다. 이 규정은 위와 같은 경우에 자음동화를 인정하지 않

는다는 내용인데, 이는 비표준발음을 의미한다. 보기는 표기와 표준발음이 다르기 때문에 표준발음과 비표준발음을 모두 기술한 경우이다. 자음접변의 환경에서 앞 끝소리가 'ㅈ'('갖-, 낮-, 벚-' 등의 끝소리)이고, 연구개음인 뒤 첫소리가 'ㄱ'('-게, -고, -기' 등의 첫소리)인 경우에 앞 끝소리의 연구개음화가 실현된 것이다. 이 경우에는 하나의 음운변화과정에서 표준발음과 비표준발음을 모두 나타내기 위해서는 마지막 단계에 연구개음화를 적용한다.

(167ㄱ)의 '갖가지'가 '갖가지 → 갇가지 → 갇까지 → 각까지'와 같은 음운변화과정에서 1단계는 'ㅈ → ㄷ(갖- → 갇-)'과 같이 'ㅈ'에 말음법칙이 적용되고, 2단계는 'ㄱ → ㄲ(-가- → -까-)'과 같이 'ㄱ'에 경음화가 적용되고, 3단계는 'ㄷ → ㄱ(갇- → 각-)'과 같이 'ㄷ'에 연구개음화가 적용된다. 이 경우에 2단계에서 실현된 [갇까지]는 표준발음이고, 3단계에서 실현된 [각까지]는 비표준발음이다.

(167ㄴ)은 어간의 앞 끝소리 'ㅈ'이 뒤 첫소리가 'ㄱ'인 어미와 연결된 경우이다. '궂고'가 '궂고 → 굳고 → 굳꼬 → 국꼬'과 같은 음운변화과정에서 1단계는 'ㅈ → ㄷ(궂- → 굳-)'과 같이 'ㅈ'에 말음법칙이 적용되고, 2단계는 'ㄱ → ㄲ(-고 → -꼬)'과 같이 'ㄱ'에 경음화가 적용되고, 3단계는 'ㄷ → ㄱ(굳- → 국-)'과 같이 'ㄷ'에 연구개음화가 적용된다. 이 경우에 2단계에서 실현된 [굳꼬]는 표준발음이고, 3단계에서 실현된 [국꼬]는 비표준발음이다.

## 7) 앞 끝소리가 'ㅊ'인 경우

(168) * 'ㅊ + ㄱ → ㄱ + ㄲ'('ㅊ → ㄱ': 연 – 비표준발음)

꽃게[꼳께](×[꼭께])(말 → 경 → 연)

꽃가루[꼳까루](×[꼭까루])     꽃가지[꼳까지](×[꼭까지])

꽃구경[꼳꾸경](×[꼭꾸경])     꽃그늘[꼳끄늘](×[꼭끄늘])

(168)은 표준발음법 제21항에 규정되어 있다. 이 규정은 보기와 같은 경우에 자음동화를 인정하지 않는다는 내용이다. 이는 비표준발음을 의미한다. 보기는 표기와 표준발음이 다르기 때문에 표준발음과 비표준발음을 모두 기술한 경우이다. 보기는 자음접변의 환경에서 앞 끝소리가 'ㅊ'('꽃-'의 끝소리)이고, 뒤 첫소리가 연구개음 'ㄱ'('-게, -가-, -구-' 등의 첫소리)인 경우에, 앞 끝소리의 연구개음화가 실현된 것이다. 이 경우에 하나의 음운변화과정에서 표준발음과 비표준발음을 모두 나타내기 위해서는 마지막 단계에 연구개음화를 적용한다. '꽃게'가 '꽃게 → 꼳게 → 꼳께 → 꼭께'와 같은 음운변화과정에서 1단계는 'ㅊ → ㄷ(꽃- → 꼳-)'과 같이 'ㅊ'에 말음법칙이 적용되고, 2단계는 'ㄱ → ㄲ(-게 → -께)'과 같이 'ㄱ'에 경음화가 적용되고, 3단계는 'ㄷ → ㄱ(꼳- → 꼭-)'과 같이 'ㄷ'에 연구개음화가 적용된다. 이 경우에 2단계에서 실현된 [꼳께]는 표준발음이고, 3단계에서 실현된 [꼭께]는 비표준발음이다.

## 8) 앞 끝소리가 'ㅌ'인 경우

(169) 'ㅌ + ㄱ → ㄱ + ㄲ'('ㅌ → ㄱ' : 연 - 비표준발음)

밭가[받까](×[박까])(말 → 경 → 연)

겉가죽[걷까죽](×[걱까죽])　　밑거름[믿꺼름](×[믹꺼름])

밑그림[믿끄림](×[믹끄림])　　밭고랑[받꼬랑](×[박꼬랑])


(169)처럼 앞 끝소리가 'ㅌ'이고, 뒤 첫소리가 'ㄱ'인 경우는 표준발음법 제21항의 보기에 없지만, 음운변화현상으로 보아 제21항의 규정에 해당하는 것으로 추정된다. 이 규정은 위와 같은 경우에 자음동화를 인정하지 않는다는 내용인데, 이는 비표준발음을 의미한다. 보기는 표기와 표준발음이 다르기 때문에 표준발음과 비표준발음을 모두 기술한 경우이다. 자음접변의 환경에서 앞 끝소리가 'ㅌ'('밭-, 겉-, 밑-' 등의 끝소리)이고, 연구개음

인 뒤 첫소리가 'ㄱ'('-가, -거, -고' 등의 첫소리)인 경우에 앞 끝소리의 연구개음화가 실현된 것이다. 이 경우에는 하나의 음운변화과정에서 표준발음과 비표준발음을 모두 나타내기 위해서 마지막 단계에 연구개음화를 적용한다. '겉가죽'이 '겉가죽 → 걷가죽 → 걷까죽 → 걱까죽'과 같은 음운변화과정에서 1단계는 'ㅌ → ㄷ(겉- → 걷-)'과 같이 'ㅌ'에 말음법칙이 적용되고, 2단계는 'ㄱ → ㄲ(-가- → -까-)'과 같이 'ㄱ'에 경음화가 적용되고, 3단계는 'ㄷ → ㄱ(걷- → 걱-)'과 같이 'ㄷ'에 연구개음화가 적용된다. 이 경우에 2단계에서 실현된 [걷까죽]은 표준발음이고, 3단계에서 실현된 [걱까죽]은 비표준발음이다.

# 8 격음화

격음화는 표준발음법 제12항 1, [붙임 1], [붙임 2] 등에 규정되어 있다. 이는 자음접변의 환경에서 평음('ㅅ'제외)이 'ㅎ'과 결합되는 경우에 'ㄱ + ㅎ → ㅋ', 'ㄷ + ㅎ → ㅌ', 'ㅂ + ㅎ → ㅍ', 'ㅈ + ㅎ → ㅊ' 등과 같이 두 자음의 합한 소리(자음축약)로 인해 평음 'ㄱ, ㄷ, ㅂ, ㅈ' 등의 격음화가 실현된 표준발음이다. 그런데 격음화는 위 규정과 같이 자음접변의 환경에서 'ㅎ'이 앞 끝소리인 경우와 뒤 첫소리인 경우처럼 두 가지로 구분할 수 있다. 제12항 1은 '놓고[노코] · 않던[안턴] · 닳지[달치]' 등과 같이 'ㅎ'이 앞 끝소리인 경우이고, [붙임 1]은 '각하[가카] · 앉히다[안치다] · 넓히다[널피다]' 등과 같이 'ㅎ'이 뒤 첫소리인 경우이다. 또 [붙임 2]도 '옷 한 벌[오탄벌] · 낮 한때[나탄때]' 등과 같이 'ㅎ'이 뒤 첫소리인 경우이다.

격음화는 앞 끝소리 'ㄱ(ㄺ)', 'ㄷ', 'ㅂ(ㄼ)', 'ㅈ(ㄵ)', 'ㅎ(ㄶ, ㅀ)' 등을 중심으로 기술한다.

**1)** 앞 끝소리가 'ㄱ(ㄹㄱ)'인 경우(표 제12항 1. [붙임 1])

(170) 'ㄱ, ㄹㄱ + ㅎ → ㅋ'(격)

　ㄱ. 각하[가카](격)

| | | | |
|---|---|---|---|
| 국학[구칵] | 국화[구콰] | 극하[그카] | 극한[그칸] |
| 극해[그캐] | 극흉[그큥] | 극히[그키] | 녹화[노콰] |
| 덕행[더캥] | 독학[도칵] | 독해[도캐] | 독행[도캥] |
| 독후[도쿠] | 딱히[따키] | 목화[모콰] | 백하[배카] |
| 백합[배캅] | 벽화[벼콰] | 복합[보캅] | 북한[부칸] |
| 악화[아콰] | 역할[여칼] | 옥황[오쾅] | 육하[유카] |
| 축하[추카] | 특히[트키] | 헉헉[허컥] | 흑흑[흐큭] |

| | | |
|---|---|---|
| 국회[구쾨/−퀘] | 건축학[건추칵] | 낙하산[나카산] |
| 독후감[도쿠감] | 먹히다[머키다] | 박히다[바키다] |
| 사각형[사가켱] | 삭히다[사키다] | 산국화[산구콰] |
| 삼각형[삼가켱] | 역할극[여칼극] | 오죽헌[오주컨] |

| | |
|---|---|
| 학회[하쾨/−퀘] | 식혜[시켸/*시케] |
| 시식회[시시쾨/−퀘] | 음악회[으마쾨/−퀘] |
| 정사각형[정사가켱] | 조각하늘[조가카늘] |
| 가족회의[가조쾨의/−퀘이] | |

　ㄴ. 가득하다[가드카다](격)

| | | |
|---|---|---|
| 가득한[가드칸] | 가득할[가드칼] | 가득해[가드캐] |
| 가득히[가드키] | 가뜩하[가뜨카] | 간직하[간지카] |
| 감격하[감겨카] | 감독하[감도카] | 감복하[감보카] |
| 개척하[개처카] | 개학하[개하카] | 갸륵하[갸르카] |
| 거역하[거여카] | 검색하[검새카] | 고약하[고야카] |
| 공격하[공겨카] | 과격하[과겨카] | 구속하[구소카] |
| 그득하[그드카] | 극하다[그카다] | 기득하[기득카] |
| 기록하[기로카] | 기막히[기마키] | 기억하[기어카] |
| 기특하[기트카] | 깜박하[깜바카] | 깜짝하[깜짜카] |
| 깜찍하[깜찌카] | 꼼짝하[꼼짜카] | 꽥꽥하[꽥꽤카] |
| 끄덕하[끄더카] | 끈적하[끈저카] | 끔벅하[끔버카] |

　　　　　　　　　　　　　　　　한국어 발음 교육의 실제

끔찍하[끔찌카]　　나직하[나지카]　　낭독하[낭도카]

내색하[내새카]　　노력하[노려카]　　다복하[다보카]

단축하[단추카]　　달록하[달로카]　　도약하[도야카]

도착하[도차카]　　독촉하[독초카]　　독특하[독트카]

독하다[도카다]　　돈독하[돈도카]　　두둑하[두두카]

들썩하[들써카]　　딱딱하[딱따카]　　딱하다[따카다]

떡하다[떠카다]　　또박하[또바카]　　똑똑하[똑또카]

막하다[마카다]　　막히다[마키다]　　만족하[만조카]

망극하[망그카]　　먹하다[머카다]　　먹히다[머키다]

멀쑥하[멀쑤카]　　명백하[명배카]　　명확하[명화카]

목욕하[모교카]　　무식하[무시카]　　뭉툭하[뭉투카]

미숙하[미수카]　　박히다[바키다]　　반박하[반바카]

반복하[반보카]　　반죽하[반주카]　　반짝하[반짜카]

볼록하[볼로카]　　부족하[부조카]　　부축하[부추카]

부탁하[부타카]　　분석하[분서카]　　불뚝하[불뚜카]

불룩하[불루카]　　빼곡하[빼고카]　　빽빽하[빽빼카]

뻑뻑하[뻑뻐카]　　뾰족하[뾰조카]　　삐죽하[삐주카]

삭히다[사키다]　　생각하[생가카]　　서먹하[서머카]

서식하[서시카]　　선택하[선태카]　　섬뜩하[섬뜨카]

소박하[소바카]　　소복하[소보카]　　속하다[소카다]

수북하[수부카]　　수확하[수화카]　　순국하[순구카]

시작하[시자카]　　식히다[시키다]　　실룩하[실루카]

심각하[심가카]　　씩씩하[씩씨카]　　아늑하[아느카]

아득하[아드카]　　악하다[아카다]　　야속하[야소카]

약하다[야카다]　　어둑하[어두카]　　어떡하[어떠카]

어뜩하[어뜨카]　　어색하[어새카]　　엄숙하[엄수카]

예측하[예츠카]　　오싹하[오싸카]　　완벽하[완벼카]

요약하[요야카]　　욕하다[요카다]　　유익하[유이카]

으슥하[으스카]　　으쓱하[으쓰카]　　익히다[이키다]

인색하[인새카]　　인식하[인시카]　　자박하[자바카]

자욱하[자우카]　　재촉하[재초카]　　적히다[저키다]

절약하[저랴카]　　정복하[정보카]　　정직하[정지카]

정착하[정차카]　　정확하[정화카]　　제작하[제자카]

조각하[조가카]　　조직하[조지카]　　족하다[조카다]

주목하[주모카]　　지각하[지가카]　　지극하[지그카]

지적하[지저카]　　진득하[진드카]　　진맥하[진매카]

진학하[진하카]　　짐작하[짐자카]　　짝하다[짜카다]

짤막하[짤마카]　　찍히다[찌키다]　　찐득하[찐드카]

착하다[차카다]　　참석하[참서카]　　창작하[창자카]

처박히[처바키]　　척하다[처카다]　　촉촉하[촉초카]

추격하[추겨카]　　추측하[추츠카]　　축축하[축추카]

충직하[충지카]　　친숙하[친수카]　　침묵하[침무카]

침착하[침차카]　　쾌적하[쾌저카]　　큼직하[큼지카]

타박하[타바카]　　타작하[타자카]　　탁하다[타카다]

탄식하[탄시카]　　톡톡하[톡토카]　　툭하다[투카다]

파악하[파아카]　　편식하[편시카]　　푸석하[푸서카]

풍족하[풍조카]　　행복하[행보카]　　허락하[허라카]

험악하[허마카]　　흉측하[흉츠카]

계속하[계소카/*게-]　　고지식하[고지시카]

까마득하[까마드카]　　무뚝뚝하[무뚝뚜카]

믿음직하[미듬지카]　　바람직하[바람지카]

불규칙하[불규치카]　　시무룩하[시무루카]

쌔무룩하[쌔무루카]　　야트막하[야트마카]

어리숙하[어리수카]

ㄷ. 갉히다[갈키-](격)

긁히다[글키다]　　늙히다[늘키다]　　맑히다[말키다]

밝히다[발키다]　　붉히다[불키다]　　얽히다[얼키다]

옭히다[올키다]　　　　읽히다[일키다]

까밝히다[까발키다]　　　옭혀들다[올켜들다]

얽히고설키다[얼키고설키다]

(170)은 자음접변의 환경에서 앞 끝소리 'ㄱ'('각하'에서 '각-'의 끝소리 인 'ㄱ')이 뒤 첫소리 'ㅎ'('-하'의 첫소리인 ㅎ)과 결합되는 경우에, 'ㄱ + ㅎ → ㅋ'과 같이 두 자음의 합한 소리로 인해 평음인 'ㄱ'이 격음인 'ㅋ'으로 실현된 것이다.

(170ㄱ)의 '각하'는 '각하 → 가카'와 같은 음운변화과정에서 'ㄱ + ㅎ → ㅋ'과 같이 'ㄱ'에 격음화가 적용된다.

(170ㄴ)은 '가득하다'와 같이 어근(語根, 밑말)인 '가득'에 접미사 '-하다'가 결합된 경우이다. 이 경우에 '가득하다'는 '가득하-', '가득히', '가득한', '가득할', '가득해' 등과 같이 여러 활용형을 나타낼 수 있는데, 보기 중 '가득하다' 이외의 경우는 '가뜩하-'와 같이 '-다'를 생략하여 기술한 것이다. (보기에서 '-'는 생략함.) '가득하다'는 '가득하다 → 가드카다'와 같은 음운변화과정에서 'ㄱ + ㅎ → ㅋ(-득하- → -드카-)'과 같이 'ㄱ'에 격음화가 적용된다.

(170ㄷ)은 자음접변의 환경에서 앞 끝소리 'ㄺ'('갉히다'에서 '갉-'의 끝소리인 'ㄺ')이 뒤 첫소리 'ㅎ'('-히-'의 첫소리인 ㅎ)과 결합되는 경우에, 'ㄱ + ㅎ → ㅋ'과 같이 두 자음의 합한 소리로 인해 평음인 'ㄱ'이 격음인 'ㅋ'으로 실현된 것이다. '갉히다'는 '갉히다 → 갈키다'와 같은 음운변화과정에서 'ㄱ + ㅎ → ㅋ(갉히- → 갈키-)'과 같이 'ㄱ'에 격음화가 적용된다.

(171) 'ㄱ, ㄺ + ㅎ → ㅋ'(격)

　　ㄱ. 색흙[새큵 → 새큭](격 → 'ㄹ'탈)

　　ㄴ. 적합하다[저캅하다 → 저카파다](격 → 격)

　　ㄷ. 목활자[모콸자 → 모콸짜](격 → 경)
　　　　백혈병[배켤뼝]　　　　　　　　헉헉대다[허컥때다]

　　ㄹ. 육학년[유칵년 → 유캉년](격 → 비)

　　ㅁ. 북학론[부칵론 → 부칵논 → 부캉논](격 → 비 → 비)

　　ㅂ. 극한값[그칸값 → 그칸깳 → 그칸깝](격 → 경 → 'ㅅ'탈)

ㅅ. 막힘없다[마킴없다 → 마키멉다 → 마키멉따](격 → 'ㅅ'탈 → 경)

ㅇ. 막혔다[마켰다 → 마켣다 → 마켣따](격 → 말 → 경)

밝혔다[발켣따]　　　　　　노력하였다[노려카엳따]

똑똑하였다[똑또카엳따]　　　부탁하였다[부타카엳따]

부족하였다[부조카엳따]　　　시작하였다[시자카엳따]

ㅈ. 시작했습니다[시자캤습니다 → 시자캗습니다 → 시자캗씁니다

→ 시자캔씀니다](격 → 말 → 경 → 비)

으쓱했습니다[으쓰캔씀니다]

ㅊ. 약해졌다[야캐졌다 → 야캐젇다 → 야캐젇다 → 야캐젇따]

(격 → 단 → 말 → 경)

ㅋ. 백희[배킈 → 배키](격 → 단)


(171)은 자음접변의 환경에서 앞 끝소리 'ㄱ, ㄺ'('색흙'의 'ㄱ', '밝혔ㅡ'의 'ㄺ') 등이 뒤 첫소리 'ㅎ'('ㅡ흙'의 'ㅎ', 'ㅡ혔ㅡ'의 'ㅎ')과 결합되는 경우에, 'ㄱ + ㅎ → ㅋ'과 같이 두 자음의 합한 소리로 인해 평음인 'ㄱ'이 격음인 'ㅋ'으로 실현된 것이다. 이 경우에는 음운변화과정에서 먼저 격음화를 적용한 후에, 다른 음운규칙 등을 적용한다.

(171ㄱ)의 '색흙'이 '색흙 → 새큵 → 새큭'과 같은 음운변화과정에서 1단계는 'ㄱ + ㅎ → ㅋ(색흙 → 새큵)'과 같이 'ㄱ'에 격음화가 적용되고, 2단계는 'ㄺ → ㄱ(ㅡ큵 → ㅡ큭)'과 같이 'ㄹ'에 자음탈락이 적용된다.

(171ㄴ)의 '적합하다'가 '적합하다 → 저캅하다 → 저카파다'와 같은 음운변화과정에서 1단계는 'ㄱ + ㅎ → ㅋ(적합ㅡ → 저캅ㅡ)'과 같이 'ㄱ'에 격음화가 적용되고, 2단계는 'ㅂ + ㅎ → ㅍ(ㅡ캅하ㅡ → ㅡ카파ㅡ)'과 같이 'ㅂ'에 격음화가 적용된다.

(171ㄷ)의 '목활자'가 '목활자 → 모콸자 → 모콸짜'와 같은 음운변화과정에서 1단계는 'ㄱ + ㅎ → ㅋ(목활ㅡ → 모콸ㅡ)'과 같이 'ㄱ'에 격음화가 적용되고, 2단계는 'ㅈ → ㅉ(ㅡ자 → ㅡ짜)'과 같이 'ㅈ'에 경음화가 적용된다.

(171ㄹ)의 '육학년'이 '육학년 → 유각년 → 유강년'과 같은 음운변화과정에서 1단계는 'ㄱ + ㅎ → ㅋ(육학- → 유각-)'과 같이 'ㄱ'에 격음화가 적용되고, 2단계는 'ㄱ → ㅇ(-칵- → -캉-)'과 같이 'ㄱ'에 비음화가 적용된다.

(171ㅁ)의 '북학론'이 '북학론 → 부각론 → 부각논 → 부강논'과 같은 음운변화과정에서 1단계는 'ㄱ + ㅎ → ㅋ(북학- → 부각-)'과 같이 'ㄱ'에 격음화가 적용되고, 2단계는 'ㄹ → ㄴ(-론 → -논)'과 같이 'ㄹ'에 비음화가 적용되고, 3단계는 'ㄱ → ㅇ(-칵- → -캉-)'과 같이 'ㄱ'에 비음화가 적용된다.

(171ㅂ)의 '극한값'이 '극한값 → 그칸값 → 그칸값 → 그칸깝'과 같은 음운변화과정에서 1단계는 'ㄱ + ㅎ → ㅋ(극한- → 그칸-)'과 같이 'ㄱ'에 격음화가 적용되고, 2단계는 'ㄱ → ㄲ(-값 → -값)'과 같이 'ㄱ'에 경음화가 적용되고, 3단계는 'ㅄ → ㅂ(-값 → -깝)'과 같이 'ㅅ'에 자음탈락이 적용된다.

(171ㅅ)의 '막힘없다'가 '막힘없다 → 마킴없다 → 마키멉다 → 마키멉따'와 같은 음운변화과정에서 1단계는 'ㄱ + ㅎ → ㅋ(막힘- → 마킴-)'과 같이 'ㄱ'에 격음화가 적용되고, 2단계는 'ㅄ → ㅂ(-없- → -멉-)'과 같이 'ㅅ'에 자음탈락이 적용되고, 3단계는 'ㄷ → ㄸ(-다 → -따)'과 같이 'ㄷ'에 경음화가 적용된다.

(171ㅇ)의 '밝혔다'가 '밝혔다 → 발켰다 → 발켣다 → 발켣따'와 같은 음운변화과정에서 1단계는 'ㄱ + ㅎ → ㅋ(밝혔- → 발켰-)'과 같이 'ㄱ'에 격음화가 적용되고, 2단계는 'ㅆ → ㄷ(-켰- → -켣-)'과 같이 'ㅆ'에 말음법칙이 적용되고, 3단계는 'ㄷ → ㄸ(-다 → -따)'과 같이 'ㄷ'에 경음화가 적용된다.

(171ㅈ)의 '시작했습니다'가 '시작했습니다 → 시자캤습니다 → 시자캗습니다 → 시자캗씁니다 → 시자캔씁니다'와 같은 음운변화과정에서 1단계는 'ㄱ + ㅎ → ㅋ(-작했- → -자캤-)'과 같이 'ㄱ'에 격음화가 적용되고, 2단계는 'ㅆ → ㄷ(-캤- → -캗-)'과 같이 'ㅆ'에 말음법칙이 적용되고, 3단계는 'ㅅ → ㅆ(-습- → -씁-)'과 같이 'ㅅ'에 경음화가 적용되고, 4단계는 'ㅂ

→ ㅁ(-씁- → -씀-)'과 같이 'ㅂ'에 비음화가 적용된다.

(171ㅊ)의 '약해졌다'가 '약해졌다 → 야캐졌다 → 야캐젔다 → 야캐젇다 → 야캐젇따'와 같은 음운변화과정에서 1단계는 'ㄱ + ㅎ → ㅋ(약해- → 야캐-)'과 같이 'ㄱ'에 격음화가 적용되고, 2단계는 'ㅕ → ㅓ(-졌- → -젔-)'와 같이 'ㅕ'에 단모음화가 적용되고, 3단계는 'ㅆ → ㄷ(-젔- → -젇-)'과 같이 'ㅆ'에 말음법칙이 적용되고, 4단계는 'ㄷ → ㄸ(-다 → -따)'과 같이 'ㄷ'에 경음화가 적용된다.

(171ㅋ)의 '백희'가 '백희 → 배킈 → 배키'와 같은 음운변화과정에서 1단계는 'ㄱ + ㅎ → ㅋ(백희 → 배킈)'과 같이 'ㄱ'에 격음화가 적용되고, 2단계는 'ㅢ → ㅣ(-킈 → -키)'과 같이 'ㅢ'에 단모음화가 적용된다.

**2)** 앞 끝소리가 'ㄷ'인 경우(표 제12항 1. [붙임 1])

(172) 'ㄷ + ㅎ → ㅌ'(격)
   ㄱ. 맏형[마텽](격)
     맏형수[마텽수]
   ㄴ. 갇히다[같이다 → 가치다](격 → 구)
     걷히다[거치다]   굳히기[구치기]   굳히다[구치다]
     닫히다[다치다]   묻히다[무치다]   받히다[바치다]
     뻗히다[뻐치다]
   ㄷ. 갇혀[같여 → 가쳐 → 가처](격 → 구 → 단)
     닫혀[다처]      묻혀[무처]
   ㄹ. 묻혔습니다[묻엿습니다 → 무쳤습니다 → 무첬습니다 → 무천습니다 → 무철씁니다 → 무철씀니다](격 → 구 → 단 → 말 → 경 → 비)

(172)는 자음접변의 환경에서 앞 끝소리 'ㄷ'('맏형'의 'ㄷ')이 뒤 첫소리 'ㅎ'('-형'의 'ㅎ')과 결합되는 경우에, 'ㄷ + ㅎ → ㅌ'과 같이 두 자음의 합한 소리로 인해 평음인 'ㄷ'이 격음인 'ㅌ'으로 실현된 것이다. (172ㄴ-ㄹ)

은 음운변화과정에서 먼저 격음화를 적용한 후에, 다른 음운규칙 등을 적용한다.

(172ㄱ)의 '맏형'은 '맏형 → 마텽'과 같은 음운변화과정에서 'ㄷ + ㅎ → ㅌ(맏형 → 마텽)'과 같이 'ㄷ'에 격음화가 적용된다.

(172ㄴ)의 '갇히다'가 '갇히다 → 가티다 → 가치다'와 같은 음운변화과정에서 1단계는 'ㄷ + ㅎ → ㅌ(갇히- → 가티-)'과 같이 'ㄷ'에 격음화가 적용되고, 2단계는 'ㅌ → ㅊ(가티- → 가치-)'과 같이 'ㅌ'에 구개음화가 적용된다.

(172ㄷ)의 '갇혀'가 '갇혀 → 가텨 → 가쳐 → 가처'와 같은 음운변화과정에서 1단계는 'ㄷ + ㅎ → ㅌ(갇혀 → 가텨)'과 같이 'ㄷ'에 격음화가 적용되고, 2단계는 'ㅌ → ㅊ(가텨 → 가쳐)'과 같이 'ㅌ'에 구개음화가 적용되고, 3단계는 'ㅕ → ㅓ(-쳐 → -처)'와 같이 'ㅕ'에 단모음화가 적용된다.

(172ㄹ)의 '묻혔습니다'가 '묻혔습니다 → 무텼습니다 → 무쳤습니다 → 무쳤습니다 → 무철습니다 → 무철씁니다 → 무첨씁니다'와 같은 음운변화과정에서 1단계는 'ㄷ + ㅎ → ㅌ(묻혔- → 무텼-)'과 같이 'ㄷ'에 격음화가 적용되고, 2단계는 'ㅌ → ㅊ(무텼- → 무쳤-)'과 같이 'ㅌ'에 구개음화가 적용되고, 3단계는 'ㅕ → ㅓ(-쳤- → -첬-)'와 같이 'ㅕ'에 단모음화가 적용되고, 4단계는 'ㅆ → ㄷ(-첬- → -첟-)'과 같이 'ㅆ'에 말음법칙이 적용되고, 5단계는 'ㅅ → ㅆ(-습- → -씁-)'과 같이 'ㅅ'에 경음화가 적용되고, 6단계는 'ㅂ → ㅁ(-씁- → -씀-)'과 같이 'ㅂ'에 비음화가 적용된다.

**3)** 앞 끝소리가 'ㅂ(ㄼ)'인 경우(표 제12항 1. [붙임 1])

(173) 'ㅂ, ㄼ + ㅎ → ㅍ'(격)

ㄱ. 급행[그팽](격)

| 급훈[그푼] | 급히[그피] | 법학[버팍] | 입학[이팍] |
|---|---|---|---|
| 집합[지팝] | 가집행[가지팽] | | 협회[혀푀/-풰] |

긴급회의[긴그푀의/-풰이]

ㄴ. 가입하다[가이파다]('ㅂ + ㅎ → ㅍ': 격)

| | | |
|---|---|---|
| 가입한[가이판] | 가입할[가이팔] | 가입해[가이패] |
| 간섭하[간서파] | 거듭하[거드파] | 결합하[결하파] |
| 고집하[고지파] | 구입하[구이파] | 굽히다[구피다] |
| 급하다[그파다] | 기습하[기스파] | 꼽히다[꼬피다] |
| 눕히다[누피다] | 다급하[다그파] | 답하다[다파다] |
| 대답하[대다파] | 대접하[대저파] | 더럽히[더러피] |
| 뒤집히[뒤지피] | 미흡하[미흐파] | 반납하[반나파] |
| 밥하다[바파다] | 법하다[버파다] | 비겁하[비거파] |
| 뽑히다[뽀피다] | 상접하[상저파] | 섭하다[서파다] |
| 성급하[성그파] | 손꼽히[손꼬피] | 수습하[수스파] |
| 수업하[수어파] | 수집하[수지파] | 습하다[스파다] |
| 시급하[시그파] | 시합하[시하파] | 썹히다[씨피다] |
| 억압하[어가파] | 업히다[어피다] | 연습하[연스파] |
| 위급하[위그파] | 위협하[위혀파] | 응답하[응다파] |
| 입히다[이피다] | 작업하[자거파] | 잡히다[자피다] |
| 접하다[저파다] | 조급하[조그파] | 졸업하[조러파] |
| 좁히다[조피다] | 종합하[종하파] | 주입하[주이파] |
| 채집하[채지파] | 취급하[취그파] | 침입하[치미파] |
| 편집하[편지파] | 합하다[하파다] | 혼잡하[혼자파] |
| 화급하[화그파] | 화합하[화하파] | 황급하[황그파] |
| 괴롭히다[괴로피다/궤-] | | 잡혀가다[자펴가다] |
| 가로눕히다[가로누피다] | | 어지럽히다[어지러피다] |

ㄷ. 넓히다[널피다]('ㅂ + ㅎ → ㅍ': 격)
　밟히다[발피다]

ㄹ. 사립학숙[사리팍숙 → 사리팍쑥](격 → 경)

ㅁ. 입학하다[이팍하다 → 이파파카](격 → 격)

ㅂ. 무겁한량[무거판량 → 무거팔량](격 → 유)

ㅅ. 대답했습니다[대다팯습니다 → 대다팯씁니다 → 대다팯씁니다
　 → 대다팯씀니다](격 → 말 → 경 → 비)

(173)은 자음접변의 환경에서 앞 끝소리 'ㅂ'('급행'의 'ㅂ')이 뒤 첫소리 'ㅎ'('-행'의 'ㅎ')과 결합되는 경우에, 'ㅂ + ㅎ → ㅍ'과 같이 두 자음의 합한 소리로 인해 평음인 'ㅂ'이 격음인 'ㅍ'으로 실현된 것이다. (173ㄹ-ㅅ)은 음운변화과정에서 먼저 격음화를 적용한 후에, 다른 음운규칙 등을 적용한다.

(173ㄱ)의 '급훈'은 '굽훈 → 구푼'과 같은 음운변화과정에서 'ㅂ + ㅎ → ㅍ(굽훈 → 구푼)'과 같이 'ㅂ'에 격음화가 적용된다.

(173ㄴ)은 '가입하다'와 같이 어근인 '가입'에 접미사 '-하다'가 결합된 경우이다. 이 경우에 '가입하다'는 '가입하-', '가입한', '가입할', '가입해' 등과 같이 여러 활용형을 나타낼 수 있는데, 보기 중 '가입하다' 이외의 경우는 '거듭하-'와 같이 '-다'를 생략하여 기술한 것이다. (보기에서 '-'는 생략함.) '가입하다'는 '가입하다 → 가이파다'와 같은 음운변화과정에서 'ㅂ + ㅎ → ㅍ(-입하- → -이파-)'과 같이 'ㅂ'에 격음화가 적용된다.

(173ㄷ)의 '넓히다'는 '넓히다 → 널피다'와 같은 음운변화과정에서 'ㅂ + ㅎ → ㅍ(넓히- → 널피-)'과 같이 'ㅂ'에 격음화가 적용된다.

(173ㄹ)의 '사립학숙'이 '사립학숙 → 사리팍숙 → 사리팍쑥'과 같은 음운변화과정에서 1단계는 'ㅂ + ㅎ → ㅍ(-립학- → 리팍-)'과 같이 'ㅂ'에 격음화가 적용되고, 2단계는 'ㅅ → ㅆ(-숙 → -쑥)'과 같이 'ㅅ'에 경음화가 적용된다.

(173ㅁ)의 '입학하다'가 '입학하다 → 이팍하다 → 이파카다'과 같은 음운변화과정에서 1단계는 'ㅂ + ㅎ → ㅍ(입학- → 이팍-)'과 같이 'ㅂ'에 격음화가 적용되고, 2단계는 'ㄱ + ㅎ → ㅋ(-팍하- → -파카-)'과 같이 'ㄱ'에 격음화가 적용된다.

(173ㅂ)의 '무겁한량'이 '무겁한량 → 무거판량 → 무거팔량'과 같은 음운변화과정에서 1단계는 'ㅂ + ㅎ → ㅍ(-겁한- → -거판-)'과 같이 'ㅂ'에 격음화가 적용되고, 2단계는 'ㄴ → ㄹ(-판- → -팔-)'과 같이 'ㄴ'에 유음화

가 적용된다.

(173ㅅ)의 '대답했습니다'가 '대답했습니다 → 대다팼습니다 → 대다팯습니다 → 대다팯씁니다 → 대다팯씀니다'와 같은 음운변화과정에서 1단계는 'ㅂ + ㅎ → ㅍ(-답했- → -다팼-)'과 같이 'ㅂ'에 격음화가 적용되고, 2단계는 'ㅆ → ㄷ(-팼- → -팯-)'과 같이 'ㅆ'에 말음법칙이 적용되고, 3단계는 'ㅅ → ㅆ(-습- → -씁-)'과 같이 'ㅅ'에 경음화가 적용되고, 4단계는 'ㅂ → ㅁ(-씁- → -씀-)'과 같이 'ㅂ'에 비음화가 적용된다.

**4)** 앞 끝소리가 'ㅈ(ㄵ)'인 경우(표 제12항 1. [붙임 1])

(174) 'ㅈ,ㄵ + ㅎ → ㅊ'(격)

    ㄱ. 궂히다[구치다](격)

        맞히다[마치다]　　　맺히다[매치다]　　　잊히다[이치다]

        잦히다[자치다]　　　젖히다[저치다]　　　부딪히다[부디치다]

        바람맞히다[바람마치다]　　　알아맞히다[아라마치다]

    ㄴ. 가라앉히다[가라안치다]('ㅈ + ㅎ → ㅊ': 격)

        앉히다[안치다]　　　　　　얹히다[언치다]

        갈앉히다[가란치다]　　　　다가앉히다[다가안치다]

        주저앉히다[주저안치다]

    ㄷ. 젖혀지다[저쳐지다 → 저처지다](격 → 단)

    ㄹ. 맺혔습니다[매쳤습니다 → 매첟습니다 → 매천습니다 → 매천씁니다 → 매천씀니다](격 → 단 → 말 → 경 → 비)

(174)는 자음접변의 환경에서 앞 끝소리 'ㅈ'('맞히-'의 'ㅈ')이 뒤 첫소리 'ㅎ'('-히-'의 'ㅎ')과 결합되는 경우에, 'ㅈ + ㅎ → ㅊ'과 같이 두 자음의 합한 소리로 인해 평음인 'ㅈ'이 격음인 'ㅊ'으로 실현된 것이다. (174ㄷ, ㄹ)은 음운변화과정에서 먼저 격음화를 적용한 후에, 다른 음운규칙 등을 적용한다.

(174ㄱ)의 '맞히다'는 '맞히다 → 마치다'와 같은 음운변화과정에서 'ㅈ +

'ㅎ → ㅊ(맞히- → 마치-)'과 같이 'ㅈ'에 격음화가 적용된다.

(174ㄴ)은 자음접변의 환경에서 앞 끝소리 'ㄵ'('앉히-'의 'ㄵ')이 뒤 첫소리 'ㅎ'('-히-'의 'ㅎ')과 결합되는 경우에, 'ㅈ + ㅎ → ㅊ'과 같이 두 자음의 합한 소리로 인해 평음인 'ㅈ'이 격음인 'ㅊ'으로 실현된 것이다. '앉히다'는 '앉히다 → 안치다'와 같은 음운변화과정에서 'ㅈ + ㅎ → ㅊ(앉히- → 안치-)'과 같이 'ㅈ'에 격음화가 적용된다.

(174ㄷ)의 '젖혀지다'가 '젖혀지다 → 저쳐지다 → 저처지다'와 같은 음운변화과정에서 1단계는 'ㅈ + ㅎ → ㅊ(젖혀- → 저쳐-)'과 같이 'ㅈ'에 격음화가 적용되고, 2단계는 'ㅕ → ㅓ(-쳐- → -처-)'와 같이 'ㅕ'에 단모음화가 적용된다.

(174ㄹ)의 '맺혔습니다'가 '맺혔습니다 → 매쳤습니다 → 매첬습니다 → 매천습니다 → 매천씁니다 → 매천씀니다'와 같은 음운변화과정에서 1단계는 'ㅈ + ㅎ → ㅊ(맺혔- → 매쳤-)'과 같이 'ㅈ'에 격음화가 적용되고, 2단계는 'ㅕ → ㅓ(-쳤- → -첬-)'와 같이 'ㅕ'에 단모음화가 적용되고, 3단계는 'ㅆ → ㄷ(-첬- → -천-)'과 같이 'ㅆ'에 말음법칙이 적용되고, 4단계는 'ㅅ → ㅆ(-습- → -씁-)'과 같이 'ㅅ'에 경음화가 적용되고, 5단계는 'ㅂ → ㅁ(-씁- → -씀-)'과 같이 'ㅂ'에 비음화가 적용된다.

**5)** 앞 끝소리가 'ㅎ(ㄶ,ㅀ)'인 경우(표 제12항 1)

(175) 'ㅎ + ㄱ → ㅋ', 'ㅎ + ㄷ → ㅌ', 'ㅎ + ㅈ → ㅊ'(격)

ㄱ. 그렇거나[그러커나](격)

| | | |
|---|---|---|
| 그렇게[그러케] | 그렇고[그러코] | 그렇구[그러쿠] |
| 그렇군[그러쿤] | 그렇기[그러키] | 그렇긴[그러킨] |
| 그렇다[그러타] | 그렇대[그러태] | 그렇지[그러치] |

ㄴ. 가느다랗다[가느다라타](격)

| | | | |
|---|---|---|---|
| 낳고[나코] | 넣자[너차] | 닿고[다코] | 땋다[따타] |
| 쌓자[싸차] | | 좋지[조치] | 찧고[찌코] |

| | | |
|---|---|---|
| 가닿고[가다코] | 가맣다[가마타] | 거멓지[거머치] |
| 고렇게[고러케] | 그렇다[그러타] | 까맣지[까마치] |
| 내놓다[내노타] | 노랗게[노라케] | 놓도록[노토록] |
| 누렇지[누러치] | 말갛지[말가치] | 말갛게[말가케] |
| 멀겋다[멀거타] | 발갛지[발가치] | 벌겋고[벌거코] |
| 보얗다[보야타] | 부옇지[부여치] | 빨갛게[빨가케] |
| 빻도록[빠토록] | 빼놓지[빼노치] | 뻘겋고[뻘거코] |
| 뽕놓다[뽕노타] | 뿌옇지[뿌여치] | 세놓게[세노케] |
| 수놓다[수노타] | 알넣고[알너코] | 어떻다[어떠타] |
| 요렇지[요러치] | 이렇게[이러케] | 저렇다[저러타] |
| 처넣다[처너타] | 터놓지[터노치] | 파랗게[파라케] |
| 퍼렇다[퍼러타] | 펴놓자[펴노차] | 하얗고[하야코] |
| 허옇던[허여턴] | 힘닿지[힘다치] | |
| 그물닿기[그물다키] | 덩그렇게[덩그러케] | |
| 동그랗다[동그라타] | 둥그렇고[둥그러코] | |
| 사이좋지[사이조치] | 새까맣다[새까마타] | |
| 새파랗고[새파라코] | 새하얗게[새하야케] | |
| 서느렇다[서느러타] | 시꺼멓지[시꺼머치] | |
| 시퍼렇게[시퍼러케] | 싸느랗다[싸느라타] | |
| 아래닿기[아래다키] | 아무렇지[아무러치] | |
| 아스랗다[아스라타] | 알따랗고[알따라코] | |
| 자그맣지[자그마치] | 잡아넣게[자바너케] | |
| 조그맣고[조그마코] | 집어넣다[지버너타] | |
| 짤따랗게[짤따라케] | 커다랗다[커다라치] | |
| 해말갛다[해말가타] | 휘둥그렇다[휘둥그러타] | |

ㄷ. 그렇듯[그러틋 → 그르튼](격 → 말)

ㄹ. 좋겠습니다[조켔습니다 → 조켄습니다 → 조켄씁니다 → 조켄씀니다]
(격 → 말 → 경 → 비)

(175)는 자음접변의 환경에서 앞 끝소리 'ㅎ'('그렇게-'의 'ㅎ')이 뒤 첫소

리 'ㄱ, ㄷ, ㅈ'('-게-'의 'ㄱ', '-다'의 'ㄷ', '-지'의 'ㅈ' 등) 등과 결합되는 경우에, 'ㅎ + ㄱ → ㅋ'·'ㅎ + ㄷ → ㅌ'·'ㅎ + ㅈ → ㅊ' 등과 같이 두 자음의 합한 소리로 인해 평음('ㄱ, ㄷ, ㅈ' 등)이 격음('ㅋ, ㅌ, ㅊ' 등)으로 실현된 것이다. (175ㄷ, ㄹ)은 음운변화과정에서 먼저 격음화를 적용한 후에, 다른 음운규칙 등을 적용한다.

(175ㄱ)은 앞 끝소리 'ㅎ'인 '그렇-'이 뒤 첫소리가 'ㄱ, ㄷ, ㅈ' 등인 어미('-거나, -다, -지' 등)와 결합된 경우이다. '그렇고'는 '그렇고 → 그러코'와 같은 음운변화과정에서 'ㄱ + ㅎ → ㅋ(-렇고 → -러코)'과 같이 'ㄱ'에 격음화가 적용된다.

(175ㄴ)은 앞 끝소리 'ㅎ'이 뒤 첫소리 'ㄱ, ㄷ, ㅈ' 등과 결합된 경우이다. '넣자'는 '넣자 → 너차'와 같은 음운변화과정에서 'ㅈ + ㅎ → ㅊ(넣자 → 너차)'과 같이 'ㅈ'에 격음화가 적용된다.

(175ㄷ)의 '그렇듯'이 '그렇듯 → 그러틋 → 그러튿'과 같은 음운변화과정에서 1단계는 'ㅎ + ㄷ → ㅌ(-렇듯 → -러틋)'과 같이 'ㄷ'에 격음화가 적용되고, 2단계는 'ㅅ → ㄷ(-러틋 → -러튿)'과 같이 'ㅅ'에 말음법칙이 적용된다.

(175ㄹ)의 '좋겠습니다'가 '좋겠습니다 → 조켔습니다 → 조켇습니다 → 조켇씁니다 → 조켄씀니다'와 같은 음운변화과정에서 1단계는 'ㅎ + ㄱ → ㅋ(좋겠- → 조켔-)'과 같이 'ㄱ'에 격음화가 적용되고, 2단계는 'ㅆ → ㄷ(-켔- → -켇-)'과 같이 'ㅆ'에 말음법칙이 적용되고, 3단계는 'ㅅ → ㅆ(-습- → -씁-)'과 같이 'ㅅ'에 경음화가 적용되고, 4단계는 'ㅂ → ㅁ(-씁- → -씀-)'과 같이 'ㅂ'에 비음화가 적용된다.

(176) 'ㄶ, ㅀ + ㄱ, ㄷ, ㅈ → ㄴ, ㄹ + ㅋ, ㅌ, ㅊ'(격)
 ㄱ. 끊고[끈코]('ㄶ + ㄱ → ㄴ + ㅋ': 격)

| | | |
|---|---|---|
| 않죠[안쵸] | 끊기다[끈키다] | 많도록[만토록] |
| 수많고[수만코] | 애끊다[애끈타] | 언짢고[언짠코] |

잡아끓다[자바끈타]　　하고많다[하고만타]

ㄴ. 알곯기[알골키]('ㅀ + ㄱ → ㄹ + ㅋ': 격)

꿇지[꿀치]　　　　끓게[끌케]　　　　닳지[달치]　　　　뚫고[뚤코]

싫지[실치]　　　　쏧고[쏠코]　　　　앓다[알타]　　　　옳게[올케]

잃다[일타]　　　　곯거나[골커나]　　　굻도록[굴토록]

꿰뚫다[꿰뚤타]　　배곯다[배골타]　　　애끓지[애끌치]

생배앓자[생배알차]


(176)은 자음접변의 환경에서 앞 끝소리 'ㄶ, ㅀ'('앓죠'의 'ㄶ', '뚫고'의 'ㅀ' 등) 등이 뒤 첫소리 'ㄱ, ㄷ, ㅈ'('-고'의 'ㄱ', '-도록'의 'ㄷ', '-죠'의 'ㅈ' 등) 등과 결합되는 경우에, 'ㅎ + ㄱ → ㅋ'·'ㅎ + ㄷ → ㅌ'·'ㅎ + ㅈ → ㅊ' 등과 같이 두 자음의 합한 소리로 인해 평음('ㄱ, ㄷ, ㅈ' 등)이 격음('ㅋ, ㅌ, ㅊ' 등)으로 실현된 것이다.

(176ㄱ)은 앞 끝소리가 'ㄶ'인 경우이다. '앓죠'는 '앓죠 → 안쵸'와 같은 음운변화과정에서 'ㅎ + ㅈ → ㅊ(앓죠 → 안쵸)'과 같이 'ㅈ'에 격음화가 적용된다.

(176ㄴ)은 앞 끝소리가 'ㅀ'인 경우이다. '뚫고'는 '뚫고 → 뚤코'와 같은 음운변화과정에서 'ㅎ + ㄱ → ㅋ(뚫고 → 뚤코)'과 같이 'ㄱ'에 격음화가 적용된다.


(177) '-잖다 → -잔타'(격)

ㄱ. 되잖다[되잔타/뒈-](격)

ㄴ. 잠잖다[잠잔타](격)

점잖다[점잔타]

ㄷ. 그렇잖다[그러찮다 → 그러찬타](격 → 격)

좋잖다[조찬타]


(177)은 '-잖다'가 연결된 경우이다. (177ㄱ)은 앞 모음과 뒤 '-잖다'가

연결된 경우이고, (177ㄴ)은 앞 끝소리 'ㅁ'과 뒤 '–잖다'가 연결된 경우이고, (177ㄷ)은 앞 끝소리 'ㅎ'과 뒤 '–잖다'가 연결된 경우이다.

(177ㄱ)의 '되잖다'는 '되잖다 → 되잔타/뒈잔타'와 같은 음운변화과정에서 'ㅎ + ㄷ → ㅌ(–잖다 → –잔타)'과 같이 'ㄷ'에 격음화가 적용된다.

(177ㄴ)의 '점잖다'는 '점잖다 → 점잔타'와 같은 음운변화과정에서 'ㅎ + ㄷ → ㅌ(–잖다 → –잔타)'과 같이 'ㄷ'에 격음화가 적용된다.

(177ㄷ)의 '좋잖다'는 '좋잖다 → 조찮다 → 조찬타'와 같은 음운변화과정에서 1단계는 'ㅎ + ㅈ → ㅊ(좋잖– → 조찮–)'과 같이 'ㅈ'에 격음화가 적용되고, 2단계는 'ㅎ + ㄷ → ㅌ(–찮다 → –찬타)'과 같이 'ㄷ'에 격음화가 적용된다.

(178) '–찮다 → –찬타'(격)
    ㄱ. 귀찮다[귀찬타](격)

| | |
|---|---|
| 하찮다[하찬타] | 괴찮다[괴찬타/궤–] |
| 괴이찮다[괴이찬타/궤–] | 여의찮다[여의찬타/–이–] |

    ㄴ. 괜찮다[괜찬타](격)

| | |
|---|---|
| 당찮다[당찬타] | 편찮다[편찬타] |
| 가당찮다[가당찬타] | 대단찮다[대단찬타] |
| 마땅찮다[마땅찬타] | 마뜩찮다[마뜩찬타] |
| 만만찮다[만만찬타] | 변변찮다[변변찬타] |
| 수월찮다[수월찬타] | 시원찮다[시원찬타] |
| 심심찮다[심심찬타] | 안심찮다[안심찬타] |
| 조련찮다[조련찬타] | 칠칠찮다[칠칠찬타] |

(178)은 '–찮다'가 연결된 경우이다. (178ㄱ)은 앞 모음과 뒤 '–찮다'가 연결된 경우이고, (178ㄴ)은 앞 끝소리 'ㄴ, ㄹ, ㅁ, ㅇ' 등과 뒤 '–찮다'가 연결된 경우이다.

(178ㄱ)의 '귀찮다'는 '귀찮다 → 귀찬타'와 같은 음운변화과정에서 'ㅎ +

ㄷ → ㅌ(-찮다 → -찬타)'과 같이 'ㄷ'에 격음화가 적용된다.

(178ㄴ)의 '괜찮다'는 '괜찮다 → 괜찬타'와 같은 음운변화과정에서 'ㅎ + ㄷ → ㅌ(-찮다 → -찬타)'과 같이 'ㄷ'에 격음화가 적용된다.

## ❾ 경음화

경음화는 표준발음법 제23항부터 제28항까지에 규정되어 있다. 이 규정은 자음접변의 환경에서 앞 끝소리와 뒤 첫소리가 결합된 경우에, 뒤 첫소리의 경음화가 실현되는 내용이다. 이는 표준발음이다.

경음화는 앞 끝소리 'ㄱ', 'ㄴ', 'ㄷ', 'ㄹ', 'ㅁ', 'ㅂ', 'ㅇ' 등을 중심으로 기술한다.

**1) 앞 끝소리가 'ㄱ'인 경우(표 제23항)**

(179) 'ㄱ + ㄱ → ㄱ + ㄲ'('ㄱ → ㄲ' : 경)
　　ㄱ. 가격경기[가격껑기](경)

| | | | |
|---|---|---|---|
| 각각[각깍] | 각개[각깨] | 각고[각꼬] | 각골[각꼴] |
| 각광[각꽝] | 각급[각끕] | 각기[각끼] | 객고[객꼬] |
| 객관[객꽌] | 국가[국까] | 국경[국껑] | 국고[국꼬] |
| 국기[국끼] | 낙과[낙꽈] | 낙관[낙꽌] | 녹각[녹깍] |
| 독감[독깜] | 독기[독끼] | 둑길[둑낄] | 득가[득까] |
| 떡국[떡꾹] | 막간[막깐] | 막강[막깡] | 먹감[먹깜] |
| 목격[목껵] | 목공[목꽁] | 목기[목끼] | 백곡[백꼭] |
| 백골[백꼴] | 백구[백꾸] | 백군[백꾼] | 북경[북껑] |
| 북극[북끅] | 삭감[삭깜] | 색감[색깜] | 석관[석꽌] |
| 석굴[석꿀] | 속기[속끼] | 숙고[숙꼬] | 식구[식꾸] |
| 식기[식끼] | 악기[악끼] | 약간[약깐] | 약골[약꼴] |
| 약과[약꽈] | 약국[약꾹] | 역경[역껑] | 역기[역끼] |
| 욕구[욕꾸] | 작가[작까] | 작곡[작꼭] | 적군[적꾼] |

찍개[찍깨]　　　착각[착깍]　　　착공[착꽁]　　　촉감[촉깜]

촉구[촉꾸]　　　축구[축꾸]　　　탁견[탁껸]　　　탁구[탁꾸]

택견[택껸]　　　특권[특꿘]　　　특기[특끼]　　　폭거[폭꺼]

폭격[폭껵]　　　학교[학꾜]　　　학급[학끕]　　　학기[학끼]

혹간[혹깐]　　　　　각가지[각까지]　　　　경북궁[경북꿍]

골목길[골목낄]　　　국경일[국경일]　　　교육권[교육꿘]

구석기[구석끼]　　　넉가래[넉까래]　　　넉괭이[넉꽹이]

당혹감[당혹깜]　　　독과점[독꽈점]　　　떡갈비[떡깔비]

막걸리[막껄리]　　　먹구름[먹꾸름]　　　먹그림[먹끄림]

목걸이[목꺼리]　　　목구멍[목꾸멍]　　　미역국[미역꾹]

산책길[산책낄]　　　석가탑[석까탑]　　　석간수[석깐수]

석고상[석꼬상]　　　석굴암[석꾸람]　　　세탁기[세탁끼]

소작권[소작꿘]　　　속가죽[속까죽]　　　수족관[수족꽌]

순식간[순식깐]　　　신석기[신석끼]　　　애국가[애국까]

언덕길[언덕낄]　　　여객기[여객끼]　　　연속극[연속끅]

옥구슬[옥꾸슬]　　　육개장[육깨장]　　　음악가[으막까]

이윽고[이윽꼬]　　　잠복기[잠복끼]　　　장학금[장학끔]

저작권[저작꿘]　　　제각각[제각깍]　　　조각가[조각까]

창덕궁[창덕꿍]　　　책가방[책까방]　　　체육관[체육꽌]

축구공[축꾸공]　　　태극기[태극끼]　　　턱걸이[턱꺼리]

학구열[학꾸열]　　　핵가족[핵까족]

교육계[교육계/—께]　　　　　　의학계[의학계/—께]

가닥가닥[가닥까닥]　　　　　　가득가득[가득까득]

가락가락[가락까락]　　　　　　구석구석[구석꾸석]

백과사전[백꽈사전]　　　　　　삼각기둥[삼각끼둥]

애걸복걸[애걸복껄]　　　　　　오락가락[오락까락]

오색구름[오색꾸름]　　　　　　쥐어박기[쥐어박끼]

찰떡궁합[찰떡꿍합]　　　　　　학급회의[하끄푀의/—풰이]

확고부동[확꼬부동]　　　　　　도둑고양이[도둑꼬양이]

ㄴ. 국과[국꽈]('ㄱ + 과' : 경)

| 댁과[댁꽈] | 목과[목꽈] | 짝과[짝꽈] | 책과[책꽈] |
| 북과[북꽈] | 색과[색꽈] | 약과[약꽈] | 욕과[욕꽈] |
| 짝과[짝꽈] | 책과[책꽈] | | |

| 가족과[가족꽈] | 굴뚝과[굴뚝꽈] | 노력과[노력꽈] |
| 대륙과[대륙꽈] | 도둑과[도둑꽈] | 만족과[만족꽈] |
| 매력과[매력꽈] | 생각과[생각꽈] | 소득과[소득꽈] |
| 시각과[시각꽈] | 시작과[시작꽈] | 양식과[양식꽈] |
| 언덕과[언덕꽈] | 음식과[음식꽈] | 음악과[으막꽈] |
| 장작과[장작꽈] | 제목과[제목꽈] | 지식과[지식꽈] |
| 총각과[총각꽈] | 친척과[친척꽈] | 행복과[행복꽈] |
| 관찰력과[관찰력꽈] | 창조력과[창조력꽈] | |
| 피부색과[피부색꽈] | 하얀색과[하얀색꽈] | |

ㄷ. 녹게[녹께](경)

| 막고[막꼬] | 먹기[먹끼] | 묵긴[묵낀] | 박고[박꼬] |
| 익고[익꼬] | 작고[작꼬] | 적고[적꼬] | 죽고[죽꼬] |
| 찍고[찍꼬] | 기죽고[기죽꼬] | | 처박고[처박꼬] |
| 겸연쩍게[겨면쩍께] | 어리석게[어리석께] | | |

ㄹ. 거드럭거리다[거드럭꺼리다]('ㄱ + 거리다' : 경)

| 까딱거리다[까딱꺼리다] | 깜박거리다[깜박꺼리다] |
| 깜작거리다[깜작꺼리다] | 깨작거리다[깨작꺼리다] |
| 껌벅거리다[껌벅꺼리다] | ㄲ덕거리다[ㄲ덕꺼리다] |
| 끔벅거리다[끔벅꺼리다] | 다독거리다[다독꺼리다] |
| 달싹거리다[달싹꺼리다] | 뒤적거리다[뒤적꺼리다] |
| 들락거리다[들락꺼리다] | 들먹거리다[들먹꺼리다] |
| 들썩거리다[들썩꺼리다] | 또각거리다[또각꺼리다] |
| 반짝거리다[반짝꺼리다] | 삐죽거리다[삐죽꺼리다] |
| 서걱거리다[서걱꺼리다] | 쉭쉭거리다[쉭쉭꺼리다] |
| 시덕거리다[시덕꺼리다] | 실룩거리다[실룩꺼리다] |
| 씩씩거리다[씩씩꺼리다] | 잘록거리다[잘록꺼리다] |
| 절룩거리다[절룩꺼리다] | 질퍽거리다[질퍽꺼리다] |

쨀쨀거리다[쨀쨀꺼리다]　　　　　쩔뚝거리다[쩔뚝꺼리다]
콩닥거리다[콩닥꺼리다]　　　　　킥킥거리다[킥킥꺼리다]
토닥거리다[토닥꺼리다]　　　　　펄럭거리다[펄럭꺼리다]
푸덕거리다[푸덕꺼리다]　　　　　헐떡거리다[헐떡꺼리다]
훌쩍거리다[훌쩍꺼리다]　　　　　꼼지락거려[꼼지락꺼려]
덜거덕거려[덜거덕꺼려]　　　　　덜커덕거려[덜커덕꺼려]
만지작거려[만지작꺼려]　　　　　바스락거려[바스락꺼려]
부스럭거려[부스럭꺼려]　　　　　조몰락거려[조몰락꺼려]
푸드덕거려[푸드덕꺼려]　　　　　지지직거려[지지직꺼려]
허우적거려[허우적꺼려]

(179)는 자음접변의 환경에서 앞 끝소리 'ㄱ'이 뒤 첫소리 'ㄱ'과 연결된 경우에, 'ㄱ → ㄲ'과 같이 뒤 첫소리 'ㄱ'이 경음인 'ㄲ'으로 실현된 것이다.

(179ㄱ)의 '국경일'은 '국경일 → 국껑일'과 같은 음운변화과정에서 'ㄱ → ㄲ(-경- → -껑-)'과 같이 'ㄱ'에 경음화가 적용된다.

(179ㄴ)은 앞 끝소리 'ㄱ'이 뒤 첫소리가 'ㄱ'인 조사 '과'와 연결된 경우이다. '가족과'는 '가족과 → 가족꽈'와 같은 음운변화과정에서 'ㄱ → ㄲ(-과 → -꽈)'과 같이 'ㄱ'에 경음화가 적용된다.

(179ㄷ)은 앞 끝소리 'ㄱ'이 뒤 첫소리가 'ㄱ'인 어미와 연결된 경우이다. '막고'는 '막고 → 막꼬'와 같은 음운변화과정에서 'ㄱ → ㄲ(-고 → -꼬)'과 같이 'ㄱ'에 경음화가 적용된다.

(179ㄹ)은 앞 끝소리 'ㄱ'이 뒤 첫소리가 'ㄱ'인 접미사 '-거리다(-거려)'와 연결된 경우이다. '거드럭거리다'는 '거드럭거리다 → 거드럭꺼리다'와 같은 음운변화과정에서 'ㄱ → ㄲ(-거- → -꺼-)'과 같이 'ㄱ'에 경음화가 적용된다.

(180) 'ㄱ + ㄱ → ㄱ + ㄲ'('ㄱ → ㄲ' : 경)

　　ㄱ. 막국수[막꾹수 → 막꾹쑤](경 → 경)

북극곰[북끅꼼]　　　　작곡가[작꼭까]　　　　적극적[적끅쩍]

폭격기[폭껵끼]　　　　흑갈색[흑깔쌕]

ㄴ. 국그릇[국끄릇 → 국끄른](경 → 말)

목깃[목낃]　　　　속곳[속꼳]　　　　속긋[속끋]　　　　쑥갓[쑥깓]

죽갓[죽깓]　　　　독그릇[독끄른]　　　속고삿[속꼬삳]

실력굿[실력꾿]　　안택굿[안택꾿]

ㄷ. 극값[극깞 → 극깝](경 → 'ㅅ'탈)

약값[약깝]　　　　충격값[충격깝]

ㄹ. 독극물[독끅물 → 독끙물](경 → 비)

저작권료[저작꿘료 → 저작꿘뇨]

ㅁ. 각골난방[각꼴난방 → 각꼴란방](경 → 유)

떡갈나무[떡깔라무]

ㅂ. 넉걷이[넉껃이 → 넉꺼지](경 → 구)

목곧이[목꼬지]

ㅅ. 똑같이[똑깥이 → 똑까치]('ㄱ + 같이' : 경 → 구)

감쪽같이[감쪽까치]　　　굴뚝같이[굴뚝까치]

새벽같이[새벽까치]　　　악착같이[악착까치]

ㅇ. 먹긋기[먹끗기 → 먹끋기 → 먹끋끼](경 → 말 → 경)

ㅈ. 목각화[목깍화 → 목까콰](경 → 격)

북극해[북끄캐]　　　　작곡해[작꼬캐]　　　　착각하다[착까카다]

ㅊ. 똑같았습니다[똑깥았습니다 → 똑까탔습니다 → 똑까탇씁니다

　　 → 똑깐탇씀니다](경 → 말 → 경 → 비)

　(180)은 자음접변의 환경에서 앞 끝소리 'ㄱ'이 뒤 첫소리 'ㄱ'과 연결된
경우에, 'ㄱ → ㄲ'과 같이 뒤 첫소리 'ㄱ'이 경음인 'ㄲ'으로 실현된 것이다.
이 경우에 음운변화과정에서 먼저 경음화를 적용한 후에, 다른 음운규칙
등을 적용한다.

　(180ㄱ)의 '북극곰'이 '북극곰 → 북끅곰 → 북끅꼼'과 같은 음운변화과정
에서 1단계는 'ㄱ → ㄲ(-극- → -끅-)'과 같이 'ㄱ'에 경음화가 적용되고,

2단계는 'ㄱ → ㄲ(-곰 → -꼼)'과 같이 'ㄱ'에 경음화가 적용된다.

(180ㄴ)의 '독그릇'이 '독그릇 → 독끄릇 → 독끄를'과 같은 음운변화과정에서 1단계는 'ㄱ → ㄲ(-그- → -끄-)'과 같이 'ㄱ'에 경음화가 적용되고, 2단계는 'ㅅ → ㄷ(-릇 → -를)'과 같이 'ㅅ'에 말음법칙이 적용된다.

(180ㄷ)의 '약값'이 '약값 → 약깞 → 약깝'과 같은 음운변화과정에서 1단계는 'ㄱ → ㄲ(-값 → -깞)'과 같이 'ㄱ'에 경음화가 적용되고, 2단계는 'ㅄ → ㅂ(-깞 → -깝)'과 같이 'ㅅ'에 자음탈락이 적용된다.

(180ㄹ)의 '저작권료'가 '저작권료 → 저작꿘료 → 저작꿘뇨'와 같은 음운변화과정에서 1단계는 'ㄱ → ㄲ(-권- → -꿘-)'과 같이 'ㄱ'에 경음화가 적용되고, 2단계는 'ㄹ → ㄴ(-료 → -뇨)'과 같이 'ㄹ'에 비음화가 적용된다.

(180ㅁ)의 '떡갈나무'가 '떡갈나무 → 떡깔나무 → 떡깔라무'와 같은 음운변화과정에서 1단계는 'ㄱ → ㄲ(-갈- → -깔-)'과 같이 'ㄱ'에 경음화가 적용되고, 2단계는 'ㄴ → ㄹ(-나- → -라-)'과 같이 'ㄴ'에 유음화가 적용된다.

(180ㅂ)의 '목곧이'가 '목곧이 → 목꼳이 → 목꼬지'와 같은 음운변화과정에서 1단계는 'ㄱ → ㄲ(-곧- → -꼳-)'과 같이 'ㄱ'에 경음화가 적용되고, 2단계는 'ㄷ → ㅈ(-꼳이 → -꼬지)'과 같이 'ㄷ'에 구개음화가 적용된다.

(180ㅅ)은 앞 끝소리 'ㄱ'이 뒤 첫소리가 'ㄱ'인 조사 '같이'와 연결된 경우이다. '감쪽같이'가 '감쪽같이 → 감쪽깥이 → 감쪽까치'와 같은 음운변화과정에서 1단계는 'ㄱ → ㄲ(-같- → -깥-)'과 같이 'ㄱ'에 경음화가 적용되고, 2단계는 'ㅌ → ㅊ(-깥이 → -까치)'과 같이 'ㅌ'에 구개음화가 적용된다.

(180ㅇ)의 '먹긋기'가 '먹긋기 → 먹끗기 → 먹끋기 → 먹끋끼'와 같은 음운변화과정에서 1단계는 'ㄱ → ㄲ(-긋- → -끗-)'과 같이 'ㄱ'에 경음화가 적용되고, 2단계는 'ㅅ → ㄷ(-끗- → -끋-)'과 같이 'ㅅ'에 말음법칙이 적

용되고, 3단계는 'ㄱ → ㄲ(-기 → -끼)'과 같이 'ㄱ'에 경음화가 적용된다.

(180ㅈ)의 '북극해'가 '북극해 → 북끅해 → 북끄캐'와 같은 음운변화과정에서 1단계는 'ㄱ → ㄲ(-극- → -끅-)'과 같이 'ㄱ'에 경음화가 적용되고, 2단계는 'ㄱ + ㅎ → ㅋ(-끅해 → -끄캐)'과 같이 'ㄱ'에 격음화가 적용된다.

(180ㅊ)의 '똑같았습니다'가 '똑같았습니다 → 똑깥았습니다 → 똑까탇습니다 → 똑까탇씁니다 → 똑까탇씀니다'와 같은 음운변화과정에서 1단계는 'ㄱ → ㄲ(-같- → -깥-)'과 같이 'ㄱ'에 경음화가 적용되고, 2단계는 'ㅆ → ㄷ(-았- → -탇-)'과 같이 'ㅅ'에 말음법칙이 적용되고, 3단계는 'ㅅ → ㅆ(-습- → -씁-)'과 같이 'ㅆ'에 경음화가 적용되고, 4단계는 'ㅂ → ㅁ(-씁- → -씀-)'과 같이 'ㅂ'에 비음화가 적용된다.

(181) 'ㄱ + ㄷ → ㄱ + ㄸ'('ㄷ → ㄸ' : 경)

ㄱ. 각도[각또](경)

| | | | |
|---|---|---|---|
| 객담[객땀] | 격돌[격똘] | 격동[격똥] | 곡두[곡뚜] |
| 국도[국또] | 극단[극딴] | 극대[극때] | 극도[극또] |
| 극독[극똑] | 극동[극똥] | 낙담[낙땀] | 낙도[낙또] |
| 넉동[넉똥] | 녹두[녹뚜] | 늑대[늑때] | 독도[독또] |
| 막대[막때] | 목돈[목똔] | 목동[목똥] | 박대[박때] |
| 백동[백똥] | 벽돌[벽똘] | 복도[복또] | 색동[색똥] |
| 석등[석뜽] | 속담[속땀] | 속도[속또] | 식당[식땅] |
| 악단[악딴] | 악당[악땅] | 악대[악때] | 악덕[악떡] |
| 악독[악똑] | 악동[악똥] | 액달[액딸] | 약단[약딴] |
| 약도[약또] | 약동[약똥] | 억대[억때] | 역당[역땅] |
| 역대[역때] | 역도[역또] | 옥답[옥땁] | 옥당[옥땅] |
| 옥대[옥때] | 옥돌[옥똘] | 옥돔[옥똠] | 육담[육땀] |
| 육돈[육똔] | 작당[작땅] | 작동[작똥] | 작두[작뚜] |
| 적당[적땅] | 적대[적때] | 적도[적또] | 족대[족때] |
| 죽담[죽땀] | 죽도[죽또] | 직도[직또] | 척도[척또] |

| | | | |
|---|---|---|---|
| 축대[축때] | 축도[축또] | 축동[축똥] | 측달[측딸] |
| 특단[특딴] | 특대[특때] | 특등[특뜽] | 폭도[폭또] |
| 폭동[폭똥] | 폭등[폭뜽] | 학당[학땅] | 학도[학또] |
| 학동[학똥] | 혁대[혁때] | 혹독[혹똑] | 확답[확땁] |

| | | |
|---|---|---|
| 가속도[가속또] | 검색대[검색때] | 국둔전[국뚠전] |
| 깍두기[깍뚜기] | 꼭대기[꼭때기] | 낙동강[낙똥강] |
| 녹둔도[녹뚠도] | 농악대[농악때] | 더욱더[더욱떠] |
| 독단적[독딴적] | 막대기[막때기] | 막돌이[막또리] |
| 목덜미[목떨미] | 목도리[목또리] | 목둘레[목뚤레] |
| 백두산[백뚜산] | 복덩이[복떵이] | 아직도[아직또] |
| 옥도끼[옥또끼] | 옥동자[옥똥자] | 욱둥이[욱뚱이] |
| 육대주[육때주] | 작다리[작따리] | 작달비[작딸비] |
| 작대기[작때기] | 적대감[적때감] | 족두리[족뚜리] |
| 촉돌이[촉또리] | 확대경[확때경] | 후닥닥[후닥딱] |

| | |
|---|---|
| 고속도로[고속또로] | 노박덩굴[노박떵굴] |
| 다닥다닥[다닥따닥] | 다독다독[다독따독] |
| 두둑두둑[두둑뚜둑] | 산꼭대기[산꼭때기] |
| 수박돌이[수박또리] | 알록달록[알록딸록] |
| 장작더미[장작떠미] | 색동저고리[색똥저고리] |

ㄴ. 국도[국또]('ㄱ + 도, 들' : 경)

| | | | |
|---|---|---|---|
| 덕도[덕또] | 떡도[떡또] | 박들[박뜰] | 벽도[벽또] |
| 복도[복또] | 색도[색또] | 싹들[싹뜰] | 약도[약또] |
| 적도[적또] | 책도[책또] | 책들[책뜰] | |

| | | |
|---|---|---|
| 가족도[가족또] | 관객들[관객뜰] | 기록도[기록또] |
| 기억도[기억또] | 꼼짝도[꼼짝또] | 꿈쩍도[꿈쩍또] |
| ㄲ덕도[ㄲ덕또] | 녀석들[녀석뜰] | 노력도[노력또] |
| 다식도[다식또] | 도둑도[도둑또] | 돌복도[돌복또] |
| 목적도[목적또] | 미역도[미역또] | 바닥도[바닥또] |
| 발짝도[발짝또] | 새싹들[새싹뜰] | 생각도[생각또] |
| 선박들[선박뜰] | 성적도[성적또] | 아직도[아직또] |

암벽도[암벽또]　　　　　양식도[양식또]　　　　　어묵도[어묵또]

음식들[음식뜰]　　　　　음악도[으막또]　　　　　자격도[자격또]

자식들[자식뜰]　　　　　저녁도[저녁또]　　　　　제목도[제목또]

지각도[지각또]　　　　　지식도[지식또]　　　　　허락도[허락또]

도시락도[도시락또]　　　　　　　　　　　바지락도[바지락또]

방청객도[방청객또]

ㄷ. 녹다[녹따]('ㄱ + 다' : 경)

눅다[눅따]　　　　막다[막따]　　　　먹다[먹따]　　　　박다[박따]

속다[속따]　　　　익다[익따]　　　　작다[작따]　　　　적다[적따]

찍다[찍따]　　　　　　　　　　　　어리석다[어리석따]

ㄹ. 개척되다[개척뙤다/-뛔-](경)

씩씩대다[씩씩때다]　　　　　　　　　　킥킥대다[킥킥때다]

부탁드리다[부탁뜨리다]

ㅁ. 북돋다[북똗다 → 북똗따](경 → 경)

북두칠성[북뚜칠썽]　　　　　　　　　　육두문자[육뚜문짜]

ㅂ. 깍둑깍둑[깍뚝깍둑 → 깍뚝깍뚝]('첩어' : 경 → 경)

싹둑싹둑[싹뚝싹뚝]　　　　　　　　　　작디작다[작띠작따]

ㅅ. 속닥속닥[속딱속닥 → 속딱쏙닥 → 속딱쏙딱]

('첩어' : 경 → 경 → 경)

ㅇ. 새벽닭[새벽딹 → 새벽딱](경 → 'ㄹ'탈)

ㅈ. 녹두밭[녹뚜밭 → 녹뚜받](경 → 말)

색동옷[색똥옫]　　　　쑥대밭[쑥때받]　　　　쑥밭[쑥빧]

ㅊ. 벼락닫이[벼락딷이 → 벼락따지](경 → 구)


　(181)은 자음접변의 환경에서 앞 끝소리 'ㄱ'이 뒤 첫소리 'ㄷ'과 연결된
경우에, 'ㄷ → ㄸ'과 같이 뒤 첫소리 'ㄷ'이 경음인 'ㄸ'으로 실현된 것이다.
(181ㅇ-ㅊ)은 음운변화과정에서 먼저 경음화를 적용한 후에, 다른 음운규
칙 등을 적용한다.
　(181ㄱ)의 '가속도'는 '가속도 → 가속또'와 같은 음운변화과정에서 'ㄷ

→ ㄸ(-도 → -또)'과 같이 'ㄷ'에 경음화가 적용된다.

(181ㄴ)은 앞 끝소리 'ㄱ'이 뒤 첫소리가 'ㄷ'인 조사('도')나 접미사('들')와 연결된 경우이다. '가족도'는 '가족도 → 가족또'와 같은 음운변화과정에서 'ㄷ → ㄸ(-도 → -또)'과 같이 'ㄷ'에 경음화가 적용된다.

(181ㄷ)은 앞 끝소리 'ㄱ'이 뒤 첫소리가 'ㄷ'인 어미와 연결된 경우이다. '녹다'는 '녹다 → 녹따'와 같은 음운변화과정에서 'ㄷ → ㄸ(-다 → -따)'과 같이 'ㄷ'에 경음화가 적용된다.

(181ㄹ)의 '씩씩대다'는 '씩씩대다 → 씩씩때다'와 같은 음운변화과정에서 'ㄷ → ㄸ(-대- → -때-)'과 같이 'ㄷ'에 경음화가 적용된다.

(181ㅁ)의 '북두칠성'이 '북두칠성 → 북뚜칠성 → 북뚜칠썽'과 같은 음운변화과정에서 1단계는 'ㄷ → ㄸ(-두- → -뚜-)'과 같이 'ㄷ'에 경음화가 적용되고, 2단계는 'ㅅ → ㅆ(-성 → -썽)'과 같이 'ㅅ'에 경음화가 적용된다.

(181ㅂ)은 같은 소리나 비슷한 소리를 가진 단어가 겹쳐서 이루어진 합성어의 경우이다. '싹둑싹둑'이 '싹둑싹둑 → 싹뚝싹둑 → 싹뚝싹뚝'과 같은 음운변화과정에서 1단계는 'ㄷ → ㄸ(-둑- → -뚝-)'과 같이 'ㄷ'에 경음화가 적용되고, 2단계는 'ㄷ → ㄸ(-둑 → -뚝)'과 같이 'ㄷ'에 경음화가 적용된다.

(181ㅅ)의 '속닥속닥'이 '속닥속닥 → 속딱속닥 → 속딱쏙닥 → 속딱쏙딱'과 같은 음운변화과정에서 1단계는 'ㄷ → ㄸ(-닥- → -딱-)'과 같이 'ㄷ'에 경음화가 적용되고, 2단계는 'ㅅ → ㅆ(-속- → -쏙-)'과 같이 'ㅅ'에 경음화가 적용되고, 3단계는 'ㄷ → ㄸ(-닥 → -딱)'과 같이 'ㄷ'에 경음화가 적용된다.

(181ㅇ)의 '새벽닭'이 '새벽닭 → 새벽딹 → 새벽딱'과 같은 음운변화과정에서 1단계는 'ㄷ → ㄸ(-닭 → -딹)'과 같이 'ㄷ'에 경음화가 적용되고, 2단계는 'ㄺ → ㄱ(-딹 → -딱)'과 같이 'ㄹ'에 자음탈락이 적용된다.

(181ㅈ)의 '색동옷'이 '색동옷 → 색똥옷 → 색똥온'과 같은 음운변화과정에서 1단계는 'ㄷ → ㄸ(-동- → -똥-)'과 같이 'ㄷ'에 경음화가 적용되고, 2단계는 'ㅅ → ㄷ(-옷 → -온)'과 같이 'ㅅ'에 말음법칙이 적용된다.

(181ㅊ)의 '벼락닫이'가 '벼락닫이 → 벼락딷이 → 벼락따지'와 같은 음운변화과정에서 1단계는 'ㄷ → ㄸ(-닫- → -딷-)'과 같이 'ㄷ'에 경음화가 적용되고, 2단계는 'ㄷ → ㅈ(-딷이 → -따지)'과 같이 'ㄷ'에 구개음화가 적용된다.

(182) 'ㄱ + ㅂ → ㄱ + ㅃ'('ㅂ → ㅃ' : 경)
　　ㄱ. 각박[각빡](경)

| | | | |
|---|---|---|---|
| 각방[각빵] | 각배[각빼] | 각별[각뺼] | 각본[각뽄] |
| 객방[객빵] | 격분[격뿐] | 국밥[국빱] | 국방[국빵] |
| 국법[국뻡] | 국보[국뽀] | 국비[국삐] | 극복[극뽁] |
| 극비[극삐] | 낙방[낙빵] | 낙법[낙뻡] | 녹봉[녹뽕] |
| 녹비[녹삐] | 덕분[덕뿐] | 독방[독빵] | 독배[독빼] |
| 독백[독빽] | 독벌[독뻘] | 독본[독뽄] | 막벌[막뻘] |
| 맥박[맥빡] | 맥반[맥빤] | 먹보[먹뽀] | 목발[목빨] |
| 목비[목삐] | 묵비[묵삐] | 박박[박빡] | 백발[백빨] |
| 백배[백빼] | 백번[백뻔] | 벅벅[벅뻑] | 북방[북빵] |
| 북부[북뿌] | 북북[북뿍] | 삭발[삭빨] | 석방[석빵] |
| 석벌[석뻘] | 석별[석뼐] | 석불[석뿔] | 속박[속빡] |
| 속병[속뼝] | 속보[속뽀] | 숙박[숙빡] | 숙변[숙뼌] |
| 숙부[숙뿌] | 식별[식뼐] | 악법[악뻡] | 악병[악뼝] |
| 악보[악뽀] | 액비[액삐] | 약발[약빨] | 약밥[약빱] |
| 약방[약빵] | 약보[약뽀] | 약분[약뿐] | 작별[작뼐] |
| 쪽박[쪽빡] | 쪽방[쪽빵] | 책방[책빵] | 촉박[촉빡] |
| 축복[축뽁] | 특별[특뼐] | 폭발[폭빨] | 학비[학삐] |
| 확보[확뽀] | | 흑백[흑빽] | |
| 과학부[과학뿌] | 교육법[교육뻡] | 극빈자[극삔자] | |

다락방[다락빵]　　　　독바늘[독빠늘]　　　　독벌레[독뻘레]

떡방아[떡빵아]　　　　떡볶이[떡뽀끼]　　　　똑바로[똑빠로]

뚝배기[뚝빼기]　　　　막바지[막빠지]　　　　막벌이[막뻐리]

멱부리[멱뿌리]　　　　모닥불[모닥뿔]　　　　바둑부[바둑뿌]

북반구[북빤구]　　　　색바람[색빠람]　　　　속바람[속빠람]

속버선[속뻐선]　　　　숙부인[숙뿌인]　　　　악바리[악빠리]

얼럭밥[얼럭빱]　　　　약봉지[약뽕지]　　　　역부족[역뿌족]

연극반[연극빤]　　　　장작불[장작뿔]　　　　저녁밥[저녁빱]

쪽배기[쪽뻬기]　　　　책벌레[책뻘레]　　　　체육복[체육뽁]

총독부[총독뿌]　　　　폭발음[폭빠름]　　　　학부모[학뿌모]

혹부리[혹뿌리]　　　　　　　　　　　독불장군[독뿔장군]

약병아리[약뼝아리]　　　　　　　　　책보자기[책뽀자기]

개쑥부쟁이[개쑥뿌쟁이]

ㄴ. 바각바각[바각빠각]('첩어' : 경)

　바싹바싹[바싹빠싹]　　　　　　　반짝반짝[반짝빤짝]

　버럭버럭[버럭뻐럭]　　　　　　　벌컥벌컥[벌컥뻘컥]

ㄷ. 약보다[약뽀다](경)

　책밖에[책빠께]　　　　　　　　　책보다[책뽀다]

　가격보다[가격뽀다]　　　　　　　새벽부터[새벽뿌터]

　생각부터[생각뿌터]　　　　　　　이익보다[이익뽀다]

　일찍부터[일찍뿌터]　　　　　　　저녁부터[저녁뿌터]

　제목부터[제목뿌터]　　　　　　　검은색밖에[거믄색빠께]

(182)는 자음접변의 환경에서 앞 끝소리 'ㄱ'이 뒤 첫소리 'ㅂ'과 연결된 경우에, 'ㅂ → ㅃ'과 같이 뒤 첫소리 'ㅂ'이 경음인 'ㅃ'으로 실현된 것이다.

(182ㄱ)의 '각방'은 '각방 → 각빵'과 같은 음운변화과정에서 'ㅂ → ㅃ(-방 → -빵)'과 같이 'ㅂ'에 경음화가 적용된다.

(182ㄴ)은 같은 소리나 비슷한 소리를 가진 단어가 겹쳐서 이루어진 복합어의 경우이다. '바각바각'이 '바각바각 → 바각빠각'과 같은 음운변화과

정에서 'ㅂ → ㅃ(-바- → -빠-)'과 같이 'ㅂ'에 경음화가 적용된다.

(182ㄷ)은 앞 끝소리 'ㄱ'이 뒤 첫소리가 'ㅂ'인 조사('보다, 밖에, 부터' 등)와 연결된 경우이다. '가격보다'는 '가격보다 → 가격뽀다'와 같은 음운 변화과정에서 'ㅂ → ㅃ(-보- → -뽀-)'과 같이 'ㅂ'에 경음화가 적용된다.

(183) 'ㄱ + ㅂ → ㄱ + ㅃ'('ㅂ → ㅃ : 경)

  ㄱ. 독버섯[독뻐섯 → 독뻐섣](경 → 말)

  먹빛[먹삗]        약밭[약빧]        옥밭[옥빧]        짝밭[짝빧]

  쪽빛[쪽삗]        새벽빛[새벽삗]              수박빛[수박삗]

  유록빛[유록삗]        저녁볕[저녁볃]              초록빛[초록삗]

  회색빛[회색삗/훼-]                자드락밭[자드락빧]

  ㄴ. 쪽박굿[쪽빡굿 → 쪽빡긋 → 쪽빡굳](경 → 경 → 말)

  ㄷ. 국밥집[국빱집 → 국빱찝](경 → 경)

  뒤죽박죽[뒤죽빡쭉]                말뚝박기[말뚝빡끼]

  흑밥장난[흑빱짱난]                억박지르다[윽빡찌르다]

  ㄹ. 백복령[백뽁령 → 백뽁녕 → 백뽕녕](경 → 비 → 비)

  숙박료[숙빵뇨]

  ㅁ. 백발노인[백빨노인 → 백빨로인](경 → 유)

  ㅂ. 각박하다[각빡하다 → 각빠카다](경 → 격)

  극복하다[극뽀카다]                촉박하다[촉빠카다]

  ㅅ. 복받이[복빧이 → 복빠지](경 → 구)

  축받이[축빠지]                턱받이[턱빠지]

  과녁받이[과녁빠지]                응석받이[응석빠지]

  ㅇ. 극복하였다[극뽁하였다 → 극뽀카였다 → 극뽀카엳다 →
  극뽀카엳따](경 → 격 → 말 → 경)

  ㅈ. 극복하였습니다[극뽁하였습니다 → 극뽀카였습니다 →
  극뽀카엳습니다 → 극뽀카엳씁니다 → 극뽀카엳씀니다]
  (경 → 격 → 말 → 경 → 비)

(183)은 자음접변의 환경에서 앞 끝소리 'ㄱ'이 뒤 첫소리 'ㅂ'과 연결된

경우에, 'ㅂ → ㅃ'과 같이 뒤 첫소리 'ㅂ'이 경음인 'ㅃ'으로 실현된 것이다. 이 경우에 음운변화과정에서 먼저 경음화를 적용한 후에, 다른 음운규칙 등을 적용한다.

(183ㄱ)의 '저녁볕'이 '저녁볕 → 저녁뼅 → 저녁뼏'과 같은 음운변화과정에서 1단계는 'ㅂ → ㅃ(-볕 → -뼅)'과 같이 'ㅂ'에 경음화가 적용되고, 2단계는 'ㅌ → ㄷ(-뼅 → -뼏)'과 같이 'ㅌ'에 말음법칙이 적용된다.

(183ㄴ)의 '쪽박굿'이 '쪽박굿 → 쪽빡굿 → 쪽빡꿋 → 쪽빡꾿'과 같은 음운변화과정에서 1단계는 'ㅂ → ㅃ(-박- → -빡-)'과 같이 'ㅂ'에 경음화가 적용되고, 2단계는 'ㄱ → ㄲ(-굿 → -꿋)'과 같이 'ㄱ'에 경음화가 적용되고, 3단계는 'ㅅ → ㄷ(-꿋 → -꾿)'과 같이 'ㅅ'에 말음법칙이 적용된다.

(183ㄷ)의 '말뚝박기'가 '말뚝박기 → 말뚝빡기 → 말뚝빡끼'와 같은 음운변화과정에서 1단계는 'ㅂ → ㅃ(-박- → -빡-)'과 같이 'ㅂ'에 경음화가 적용되고, 2단계는 'ㄱ → ㄲ(-기 → -끼)'과 같이 'ㄱ'에 경음화가 적용된다.

(183ㄹ)의 '숙박료'가 '숙박료 → 숙빡료 → 숙빡뇨 → 숙빵뇨'와 같은 음운변화과정에서 1단계는 'ㅂ → ㅃ(-박- → -빡-)'과 같이 'ㅂ'에 경음화가 적용되고, 2단계는 'ㄹ → ㄴ(-료 → -뇨)'과 같이 'ㄹ'에 비음화가 적용되고, 3단계는 'ㄱ → ㅇ(-빡- → -빵-)'과 같이 'ㄱ'에 비음화가 적용된다.

(183ㅁ)의 '백발노인'이 '백발노인 → 백빨노인 → 백빨로인'과 같은 음운변화과정에서 1단계는 'ㅂ → ㅃ(-발- → -빨-)'과 같이 'ㅂ'에 경음화가 적용되고, 2단계는 'ㄴ → ㄹ(-노- → -로-)'과 같이 'ㄴ'에 유음화가 적용된다.

(183ㅂ)의 '극복하다'가 '극복하다 → 극뽁하다 → 극뽀카다'와 같은 음운변화과정에서 1단계는 'ㅂ → ㅃ(-복- → -뽁-)'과 같이 'ㅂ'에 경음화가 적용되고, 2단계는 'ㄱ + ㅎ → ㅋ(-뽁하- → -뽀카-)'과 같이 'ㄱ'에 격음화가 적용된다.

(183ㅅ)의 '축받이'가 '축받이 → 축빤이 → 축빠지'와 같은 음운변화과정에서 1단계는 'ㅂ → ㅃ(-받- → -빤-)'과 같이 'ㅂ'에 경음화가 적용되고, 2단계는 'ㄷ → ㅈ(-빤이 → -빠지)'과 같이 'ㄷ'에 구개음화가 적용된다.

(183ㅇ)의 '극복하였다'가 '극복하였다 → 극뽁하였다 → 극뽀카였다 → 극뽀카엳다 → 극뽀카엳따'과 같은 음운변화과정에서 1단계는 'ㅂ → ㅃ(-복- → -뽁-)'과 같이 'ㅂ'에 경음화가 적용되고, 2단계는 'ㄱ + ㅎ → ㅋ(-뽁하- → -뽀카-)'과 같이 'ㄱ'에 격음화가 적용되고, 3단계는 'ㅆ → ㄷ(-였- → -엳-)'과 같이 'ㅆ'에 말음법칙이 적용되고, 4단계는 'ㄷ → ㄸ(-다 → -따)'과 같이 'ㄷ'에 경음화가 적용된다.

(183ㅈ)의 '극복하였습니다'가 '극복하였습니다 → 극뽁하였습니다 → 극뽀카였습니다 → 극뽀카엳습니다 → 극뽀카엳씁니다 → 극뽀카엳씀니다'와 같은 음운변화과정에서 1단계는 'ㅂ → ㅃ(-복- → -뽁-)'과 같이 'ㅂ'에 경음화가 적용되고, 2단계는 'ㄱ + ㅎ → ㅋ(-뽁하- → -뽀카-)'과 같이 'ㄱ'에 격음화가 적용되고, 3단계는 'ㅆ → ㄷ(-였- → -엳-)'과 같이 'ㅆ'에 말음법칙이 적용되고, 4단계는 'ㅅ → ㅆ(-습- → -씁-)'과 같이 'ㅅ'에 경음화가 적용되고, 5단계는 'ㅂ → ㅁ(-씁- → -씀-)'과 같이 'ㅂ'에 비음화가 적용된다.

(184) 'ㄱ + ㅅ → ㄱ + ㅆ'('ㅅ → ㅆ' : 경)

ㄱ. 가족사진[가족싸진](경)

| | | | |
|---|---|---|---|
| 각색[각쌕] | 각서[각써] | 각성[각썽] | 각시[각씨] |
| 객산[객싼] | 객석[객썩] | 곡선[곡썬] | 곡식[곡씩] |
| 국수[국쑤] | 극심[극씸] | 낙산[낙싼] | 낙서[낙써] |
| 낙심[낙씸] | 넉살[넉쌀] | 녹색[녹쌕] | 독서[독써] |
| 독성[독썽] | 득실[득씰] | 떡살[떡쌀] | 막상[막쌍] |
| 먹살[먹쌀] | 목사[목싸] | 목성[목썽] | 목수[목쑤] |
| 목숨[목쑴] | 박사[박싸] | 박살[박쌀] | 박수[박쑤] |
| 백설[백썰] | 백성[백썽] | 백신[백씬] | 복사[복싸] |

한국어 발음 교육의 실제

복수[복쑤]　복습[복씁]　북상[북쌍]　북서[북써]

삭삭[삭싹]　색상[색쌍]　색색[색쌕]　색소[색쏘]

색시[색씨]　석상[석쌍]　속삭[속싹]　속살[속쌀]

속상[속쌍]　속셈[속쎔]　속속[속쏙]　숙성[숙썽]

숙소[숙쏘]　식사[식싸]　식수[식쑤]　악상[악쌍]

악성[악썽]　악수[악쑤]　액수[액쑤]　약속[약쏙]

약수[약쑤]　역사[역싸]　역수[역쑤]　역시[역씨]

욕설[욕썰]　욕실[욕씰]　욕심[욕씸]　육수[육쑤]

육십[육씹]　익살[익쌀]　익숙[익쑥]　작성[작썽]

적색[적쌕]　적선[적썬]　적성[적썽]　즉석[즉썩]

즉시[즉씨]　착시[착씨]　책상[책쌍]　축성[축썽]

택시[택씨]　특색[특쌕]　특성[특썽]　특수[특쑤]

폭식[폭씩]　푹신[푹씬]　학살[학쌀]　학생[학쌩]

학술[학쑬]　학습[학씁]　학식[학씩]　핵심[핵씸]

혁신[혁씬]　혹시[혹씨]　확산[확싼]　확신[확씬]

확실[확씰]　흑색[흑쌕]

각사탕[각싸탕]　　각살림[각쌀림]　　각선미[각썬미]

각성제[각썽제]　　각시방[각씨방]　　각시취[각씨취]

각설이[각써리]　　경각심[경각씸]　　공격수[공격쑤]

공작새[공작쌔]　　구역상[구역쌍]　　대각선[대각썬]

덕수궁[덕쑤궁]　　독수리[독쑤리]　　떡시루[떡씨루]

목소리[목쏘리]　　백설기[백썰기]　　복사뼈[복싸뼈]

복상씨[복쌍씨]　　복숭아[복쑹아]　　봉덕사[봉덕싸]

북소문[북쏘문]　　북악산[부각싼]　　사육사[사육싸]

설악산[서락싼]　　세탁소[세탁쏘]　　세탁실[세탁씰]

수막새[수막쌔]　　식생활[식쌩활]　　식수대[식쑤대]

식습관[식씁꽌]　　심각성[심각썽]　　억새풀[억쌔풀]

얼룩소[얼룩쏘]　　옥수수[옥쑤수]　　작사자[작싸자]

제작사[제작싸]　　조각상[조각쌍]　　짝사랑[짝싸랑]

초록색[초록쌕]　　콩국수[콩국쑤]　　태백산[태백싼]

턱수염[턱쑤염]　　　　특산품[특싼품]　　　　확성기[확썽기]

계약서[계약써/*게-]　　　　　계획서[계획써/*게획-]

벽시계[벽씨계/*-게]　　　　　각성바지[각썽바지]

욕심쟁이[욕씸쟁이]　　　　　원각사지[원각싸지]

학수고대[학쑤고대]　　　　　얼룩송아지[얼룩쑹아지]

ㄴ. 녹슬다[녹쓸다](경)

적시다[적씨다]　　　　　　속삭이다[속싸기다]

ㄷ. 쑥스럽다[쑥쓰럽다 → 쑥쓰럽따]('ㄱ + 스럽다' : 경 → 경)

감격스럽다[감격쓰럽따]　　　　　만족스럽다[만족쓰럽따]

먹음직스럽다[머금직쓰럽따]

믿음직스럽다[미듬직쓰럽따]

ㄹ. 사각사각[사각싸각]('첩어' : 경)

새록새록[새록쌔록]　　　　　실룩실룩[실룩씰룩]

ㅁ. 복슬복슬[복쓸복슬 → 복쓸복쏠]('첩어' : 경 → 경)

북실북실[북씰북씰]

옥신각신[옥씬각씬]


　　(184)는 자음접변의 환경에서 앞 끝소리 'ㄱ'이 뒤 첫소리 'ㅅ'과 연결된 경우에, 'ㅅ → ㅆ'과 같이 뒤 첫소리 'ㅅ'이 경음인 'ㅆ'으로 실현된 것이다.

　　(184ㄱ)의 '각사탕'은 '각사탕 → 각싸탕'과 같은 음운변화과정에서 'ㅅ → ㅆ(-사- → -싸-)'과 같이 'ㅅ'에 경음화가 적용된다.

　　(184ㄴ)의 '적시다'는 '적시다 → 적씨다'와 같은 음운변화과정에서 'ㅅ → ㅆ(-시- → -씨-)'과 같이 'ㅅ'에 경음화가 적용된다.

　　(184ㄷ)은 앞 끝소리 'ㄱ'이 뒤 첫소리가 'ㅅ'인 접미사 '-스럽다'와 연결된 경우이다. '감격스럽다'가 '감격스럽다 → 감격쓰럽다 → 감격쓰럽따'와 같은 음운변화과정에서 1단계는 'ㅅ → ㅆ(-스- → -쓰-)'과 같이 'ㅅ'에 경음화가 적용되고, 2단계는 'ㄷ → ㄸ(-다 → -따)'과 같이 'ㄷ'에 경음화가 적용된다.


　　　　　　　　　　　　　　　한국어 발음 교육의 실제

(184ㄹ, ㅁ)은 같은 소리나 비슷한 소리를 가진 단어가 겹쳐서 이루어진 복합어의 경우이다. '복슬복슬'이 '복슬복슬 → 복쓸복슬 → 복쓸복쓸'과 같은 음운변화과정에서 1단계는 'ㅅ → ㅆ(-슬- → -쓸-)'과 같이 'ㅅ'에 경음화가 적용되고, 2단계는 'ㅅ → ㅆ(-슬 → -쓸)'과 같이 'ㅅ'에 경음화가 적용된다.

(185) 'ㄱ + ㅅ → ㄱ + ㅆ'('ㅅ → ㅆ': 경)

ㄱ. 닥솥[닥쏱 → 닥쏟](경 → 말)

억새밭[억쌔받]    욕심껏[욕씸껃]    장식깃[장식낃]

책송곳[책쏭곧]    턱살밑[턱쌀믿]    옥수수엿[옥쑤수엳]

ㄴ. 곡식밥[곡씩밥 → 곡씩빱 → 곡씩빱](경 → 경 → 말)

속속곳[속쏙꼳]

ㄷ. 가죽숫돌[가죽쑷돌 → 가죽쏟돌 → 가죽쏟똘](경 → 말 → 경)

ㄹ. 학습날[학씁날 → 학씀날](경 → 비)

먹습니다[먹씀니다]         작습니다[작씀니다]

찍습니다[찍씀니다]         죽사옵니다[죽싸옴니다]

ㅁ. 낙숫물[낙쑷물 → 낙쑫물 → 낙쑨물](경 → 말 → 비)

ㅂ. 낙수받이[낙쑤받이 → 낙쑤바지](경 → 구)

ㅅ. 낙숫물받이[낙쑷물받이 → 낙쑫물받이 → 낙쑨물받이 → 낙쑨물바지]

    (경 → 말 → 비 → 구)

ㅇ. 직사각형[직싸가켱](경 → 격)

약속하다[약쏘카다]         익숙하다[익쑤카다]

ㅈ. 싹수없다[싹쑤없다 → 싹쑤업다 → 싹쑤업따](경 → 'ㅅ'탈 → 경)

ㅊ. 오륙십 명[오륙씹명 → 오륙씸명](경 → 비)

    (표 제18항 [붙임])

(185)는 자음접변의 환경에서 앞 끝소리 'ㄱ'이 뒤 첫소리 'ㅅ'과 연결된 경우에, 'ㅅ → ㅆ'과 같이 뒤 첫소리 'ㅅ'이 경음인 'ㅆ'으로 실현된 것이다. 이 경우에 음운변화과정에서 먼저 경음화를 적용한 후에, 다른 음운규칙

등을 적용한다.

(185ㄱ)의 '억새밭'이 '억새밭 → 억쌔밭 → 억쌔받'과 같은 음운변화과정에서 1단계는 'ㅅ → ㅆ(-새- → -쌔-)'과 같이 'ㅅ'에 경음화가 적용되고, 2단계는 'ㅌ → ㄷ(-밭 → -받)'과 같이 'ㅌ'에 말음법칙이 적용된다.

(185ㄴ)의 '곡식밭'이 '곡식밭 → 곡씩밭 → 곡씩빹 → 곡씩빧'과 같은 음운변화과정에서 1단계는 'ㅅ → ㅆ(-식- → -씩-)'과 같이 'ㅅ'에 경음화가 적용되고, 2단계는 'ㅂ → ㅃ(-밭 → -빹)'과 같이 'ㅂ'에 경음화가 적용되고, 3단계는 'ㅌ → ㄷ(-빹 → -빧)'과 같이 'ㅌ'에 말음법칙이 적용된다.

(185ㄷ)의 '가죽숫돌'이 '가죽숫돌 → 가죽쑷돌 → 가죽쑫돌 → 가죽쑫똘'과 같은 음운변화과정에서 1단계는 'ㅅ → ㅆ(-숫- → -쑷-)'과 같이 'ㅅ'에 경음화가 적용되고, 2단계는 'ㅅ → ㄷ(-쑷- → -쑫-)'과 같이 'ㅅ'에 말음법칙이 적용되고, 3단계는 'ㄷ → ㄸ(-돌 → -똘)'과 같이 'ㄷ'에 경음화가 적용된다.

(185ㄹ)의 '먹습니다'가 '먹습니다 → 먹씁니다 → 먹씀니다'와 같은 음운변화과정에서 1단계는 'ㅅ → ㅆ(-습- → -씁-)'과 같이 'ㅅ'에 경음화가 적용되고, 2단계는 'ㅂ → ㅁ(-씁- → -씀-)'과 같이 'ㅂ'에 비음화가 적용된다.

(185ㅁ)의 '낙숫물'이 '낙숫물 → 낙쑷물 → 낙쑫물 → 낙쑨물'과 같은 음운변화과정에서 1단계는 'ㅅ → ㅆ(-숫- → -쑷-)'과 같이 'ㅅ'에 경음화가 적용되고, 2단계는 'ㅅ → ㄷ(-쑷- → -쑫-)'과 같이 'ㅅ'에 말음법칙이 적용되고, 3단계는 'ㄷ → ㄴ(-쑫- → -쑨-)'과 같이 'ㄷ'에 비음화가 적용된다.

(185ㅂ)의 '낙수받이'가 '낙수받이 → 낙쑤받이 → 낙쑤바지'와 같은 음운변화과정에서 1단계는 'ㅅ → ㅆ(-수- → -쑤-)'과 같이 'ㅅ'에 경음화가 적용되고, 2단계는 'ㄷ → ㅈ(-받이 → -바지)'과 같이 'ㄷ'에 구개음화가 적용된다.

(185ㅅ)의 '낙숫물받이'가 '낙숫물받이 → 낙쑷물받이 → 낙쑫물받이 → 낙쑨물받이 → 낙쑨물바지'와 같은 음운변화과정에서 1단계는 'ㅅ → ㅆ(-숫- → -쑷-)'과 같이 'ㅅ'에 경음화가 적용되고, 2단계는 'ㅅ → ㄷ(-쑷- → -쑫-)'과 같이 'ㅅ'에 말음법칙이 적용되고, 3단계는 'ㄷ → ㄴ(-쑫- → -쑨-)'과 같이 'ㄷ'에 비음화가 적용되고, 4단계는 'ㄷ → ㅈ(-받이 → -바지)'과 같이 'ㄷ'에 구개음화가 적용된다.

(185ㅇ)의 '약속하다'가 '약속하다 → 약쏙하다 → 약쏘카다'와 같은 음운변화과정에서 1단계는 'ㅅ → ㅆ(-속- → -쏙-)'과 같이 'ㅅ'에 경음화가 적용되고, 2단계는 'ㄱ + ㅎ → ㅋ(-쏙하- → -쏘카-)'과 같이 'ㄱ'에 격음화가 적용된다.

(185ㅈ)의 '싹수없다'가 '싹수없다 → 싹쑤없다 → 싹쑤업다 → 싹쑤업따'와 같은 음운변화과정에서 1단계는 'ㅅ → ㅆ(-수- → -쑤-)'과 같이 'ㅅ'에 경음화가 적용되고, 2단계는 'ㅄ → ㅂ(-없- → -업-)'과 같이 'ㅅ'에 자음탈락이 적용되고, 3단계는 'ㄷ → ㄸ(-다 → -따)'과 같이 'ㄷ'에 경음화가 적용된다.

(185ㅊ)은 두 단어를 이어서 한 마디로 발음하는 경우이다. '오륙십 명'이 '오륙십명 → 오륙씹명 → 오륙씸명'과 같은 음운변화과정에서 1단계는 'ㅅ → ㅆ(-십- → -씹-)'과 같이 'ㅅ'에 경음화가 적용되고, 2단계는 'ㅂ → ㅁ(-씹- → -씸-)'과 같이 'ㅂ'에 비음화가 적용된다.

(186) 'ㄱ + ㅈ → ㄱ + ㅉ'('ㅈ → ㅉ' : 경)

ㄱ. 가락지[가락찌](경)

| | | | |
|---|---|---|---|
| 각자[각짜] | 각종[각쫑] | 각주[각쭈] | 각지[각찌] |
| 각질[각찔] | 걱정[걱쩡] | 격자[격짜] | 격조[격쪼] |
| 격지[격찌] | 곡절[곡쩔] | 국장[국짱] | 국적[국쩍] |
| 국제[국쩨] | 극장[극짱] | 극적[극쩍] | 극진[극찐] |
| 깍지[깍찌] | 꼭지[꼭찌] | 낙자[낙짜] | 낙장[낙짱] |

낙점[낙쩜]　　낙조[낙쪼]　　낙지[낙찌]　　녹지[녹찌]

덕장[덕짱]　　덕지[덕찌]　　덕진[덕찐]　　독자[독짜]

독점[독쩜]　　독종[독쫑]　　독주[독쭈]　　득점[득쩜]

딱지[딱찌]　　떡집[떡찝]　　목장[목짱]　　목재[목째]

목적[목쩍]　　묵직[묵찍]　　박자[박짜]　　박제[박쩨]

백정[백쩡]　　백제[백쩨]　　백조[백쪼]　　백지[백찌]

벅적[벅쩍]　　복잡[복짭]　　복제[복쩨]　　복종[복쫑]

북적[북쩍]　　삭제[삭쩨]　　색지[색찌]　　속절[속쩔]

숙제[숙쩨]　　액자[액짜]　　액정[액쩡]　　약자[약짜]

약재[약째]　　약점[약쩜]　　약제[약쩨]　　억장[억짱]

억제[억쩨]　　억지[억찌]　　역전[역쩐]　　역정[역쩡]

왁자[왁짜]　　육조[육쪼]　　육주[육쭈]　　육지[육찌]

작자[작짜]　　작전[작쩐]　　작정[작쩡]　　적자[적짜]

적절[적쩔]　　적정[적쩡]　　죽죽[죽쭉]　　직장[직짱]

직전[직쩐]　　직접[직쩝]　　쪽지[쪽찌]　　착잡[착짭]

책장[책짱]　　촉진[촉찐]　　축적[축쩍]　　축제[축쩨]

축조[축쪼]　　측정[측쩡]　　탁자[탁짜]　　특정[특쩡]

특집[특찝]　　특징[특찡]　　학자[학짜]　　확정[확쩡]

간척지[간척찌]　　　공격자[공격짜]　　　과학자[과학짜]

과학적[과학쩍]　　　구역질[구역찔]　　　극젱이[극쩽이]

기록자[기록짜]　　　기록장[기록짱]　　　깍쟁이[깍쨍이]

꼭지연[꼭찌연]　　　노숙자[노숙짜]　　　다락집[다락찝]

닥종이[닥쫑이]　　　단백질[단백찔]　　　도둑질[도둑찔]

도착점[도착쩜]　　　독지가[독찌가]　　　등딱지[등딱찌]

딸꾹질[딸꾹찔]　　　떡조개[떡쪼개]　　　무작정[무작쩡]

박진감[박찐감]　　　복지관[복찌관]　　　북장단[북짱단]

분식집[분식찝]　　　삼각주[삼각쭈]　　　색종이[색쫑이]

서식지[서식찌]　　　숙정문[숙쩡문]　　　식중독[식쭝독]

실학자[실학짜]　　　양식장[양식짱]　　　음식점[음식쩜]

저작자[저작짜]　　　제작자[제작짜]　　　족제비[족쩨비]

주막집[주막찜]　　　주먹질[주먹찔]　　　창작자[창작짜]

채석장[채석짱]　　　청국장[청국짱]　　　코딱지[코딱찌]

콩깍지[콩깍찌]　　　투막집[투막찜]　　　포각질[포각찔]

허벅지[허벅찌]　　　　　　　괴목장[괴목짱/궤—]

곤두박질[곤두박찔]　　　　　그럭저럭[그럭쩌럭]

달음박질[다름박찔]　　　　　달짝지근[달짝찌근]

달착지근[달착찌근]　　　　　딱정벌레[딱쩡벌레]

버럭쟁이[버럭쨍이]　　　　　복주머니[복쭈머니]

손가락질[손까락찔]　　　　　숨바꼭질[숨바꼭찔]

오두막집[오두막찜]　　　　　왁자지껄[왁짜지껄]

욕지거리[욕찌거리]　　　　　지극정성[지극쩡성]

천주학쟁[천주학쨍]　　　　　해수욕장[해수욕짱]

가무락조개[가무락쪼개]　　　직지심체요절[직찌심체요절]

ㄴ. 기죽지[기죽찌](경)

막지[막찌]　　　먹자[먹짜]　　　속지[속찌]　　　심자[심짜]

썩지[썩찌]　　　익지[익찌]　　　작지[작찌]　　　적지[적찌]

죽자[죽짜]　　　찍자[찍짜]

구석지다[구석찌다]　　　　　얼룩지다[얼룩찌다]

ㄷ. 목적지[목쩍지 → 목쩍찌](경 → 경)

숙직실[숙찍씰]　　　　　　걱정거리[걱쩡꺼리]

이삭줍기[이삭쭙끼]

ㄹ. 자박자박[자박짜박]('첩어' : 경)

자작자작[자작짜작]　　　　　절룩절룩[절룩쩔룩]

조각조각[조각쪼각]　　　　　주룩주룩[주룩쭈룩]

ㅁ. 닥지닥지[닥찌닥지 → 닥찌닥찌]('첩어' : 경 → 경)

덕지덕지[덕찌덕찌]　　　　　북적북적[북쩍북적]

(186)은 자음접변의 환경에서 앞 끝소리 'ㄱ'이 뒤 첫소리 'ㅈ'과 연결된 경우에, 'ㅈ → ㅉ'과 같이 뒤 첫소리 'ㅈ'이 경음인 'ㅉ'으로 실현된 것이다.

(186ㄱ)의 '간척지'가 '간척지 → 간척찌'와 같은 음운변화과정에서 'ㅈ

→ ㅉ(-지 → -찌)'과 같이 'ㅈ'에 경음화가 적용된다.

(186ㄴ)은 앞 끝소리 'ㄱ'이 뒤 첫소리가 'ㅈ'인 어미('-자, -지' 등)나 접미사('-지다')와 연결된 경우이다. '구석지다'는 '구석지다 → 구석찌다'와 같은 음운변화과정에서 'ㅈ → ㅉ(-지- → -찌-)'과 같이 'ㅈ'에 경음화가 적용된다.

(186ㄷ)은 복합어(複合語, 겹씨)의 경우이다. '숙직실'이 '숙직실 → 숙찍실 → 숙찍씰'과 같은 음운변화과정에서 1단계는 'ㅈ → ㅉ(-직- → -찍-)'과 같이 'ㅈ'에 경음화가 적용되고, 2단계는 'ㅅ → ㅆ(-실 → -씰)'과 같이 'ㅅ'에 경음화가 적용된다.

(186ㄹ, ㅁ)은 같은 소리나 비슷한 소리를 가진 단어가 겹쳐서 이루어진 복합어의 경우이다. '덕지덕지'가 '덕지덕지 → 덕찌덕지 → 덕찌덕찌'과 같은 음운변화과정에서 1단계는 'ㅈ → ㅉ(-지- → -찌-)'과 같이 'ㅈ'에 경음화가 적용되고, 2단계는 'ㅈ → ㅉ(-지 → -찌)'과 같이 'ㅈ'에 경음화가 적용된다.

(187) 'ㄱ + ㅈ → ㄱ + ㅉ'('ㅈ → ㅉ' : 경)

   ㄱ. 목젖[목쩟 → 목쩓](경 → 말)

     속젓[속쩓]         육젓[육쩓]         턱짓[턱찓]

     묵정밭[묵쩡받]     양육젓[양육쩓]    전복젓[전복쩓]

     제육젓[제육쩓]     죽절갓끈[죽쩔갇끈]

   ㄴ. 목젖살[목쩟살 → 목쩓살 → 목쩓쌀](경 → 말 → 경)

     짝짓기[짝찓끼]       척짓다[척찓따]

     걱정스러웠지[걱쩡스러원찌]

   ㄷ. 먹잖니[먹짢니 → 먹짠니](경 → 'ㅎ'탈)

   ㄹ. 축적물[축쩍물 → 축쩡물](경 → 비)

   ㅁ. 씨식잖다[씨식짢다 → 씨식짠타]('ㄱ + 잖다' : 경 → 격)

     썩잖다[썩짠타]      적잖다[적짠타]    오죽잖다[오죽짠타]

   ㅂ. 가무족족하다[가무족쪽하다 → 가무족쪼카다](경 → 격)

묵직하다[묵찌카다]       복잡하다[복짜파다]

착잡하다[착짜파다]       거무죽죽하다[거무죽쭈카다]

ㅅ. 속절없다[속쩔없다→속쩌럽다→속쩌럽따](경→'ㅅ'탈→경)


(187)은 자음접변의 환경에서 앞 끝소리 'ㄱ'이 뒤 첫소리 'ㅈ'과 연결된
경우에, 'ㅈ → ㅉ'과 같이 뒤 첫소리 'ㅈ'이 경음인 'ㅉ'으로 실현된 것이다.
이 경우에 음운변화과정에서 먼저 경음화를 적용한 후에, 다른 음운규칙
등을 적용한다.

(187ㄱ)의 '속젓'이 '속젓 → 속쩟 → 속쩓'과 같은 음운변화과정에서 1단
계는 'ㅈ → ㅉ(-젓 → -쩟)'과 같이 'ㅈ'에 경음화가 적용되고, 2단계는 'ㅅ
→ ㄷ(-쩟 → -쩓)'과 같이 'ㅅ'에 말음법칙이 적용된다.

(187ㄴ)의 '짝짓기'가 '짝짓기 → 짝쩟기 → 짝쩓기 → 짝쩓끼'와 같은 음
운변화과정에서 1단계는 'ㅈ → ㅉ(-짓- → -쩟-)'과 같이 'ㅈ'에 경음화가
적용되고, 2단계는 'ㅅ → ㄷ(-쩟- → -쩓-)'과 같이 'ㅅ'에 말음법칙이 적
용되고, 3단계는 'ㄱ → ㄲ(-기 → -끼)'과 같이 'ㄱ'에 경음화가 적용된다.

(187ㄷ)의 '먹잖니'이 '먹잖니 → 먹짢니 → 먹짠니'와 같은 음운변화과정
에서 1단계는 'ㅈ → ㅉ(-잖- → -짢-)'과 같이 'ㅈ'에 경음화가 적용되고,
2단계는 'ㄶ → ㄴ(-짢- → -짠-)'과 같이 'ㅎ'에 자음탈락이 적용된다.

(187ㄹ)의 '축적물'이 '축적물 → 축쩍물 → 축쩡물'과 같은 음운변화과정
에서 1단계는 'ㅈ → ㅉ(-적- → -쩍-)'과 같이 'ㅈ'에 경음화가 적용되고,
2단계는 'ㄱ → ㅇ(-쩍- → -쩡-)'과 같이 'ㄱ'에 비음화가 적용된다.

(187ㅁ)은 앞 끝소리 'ㄱ'이 뒤 첫소리가 'ㅈ'인 '잖다'와 연결된 경우이
다. '씩잖다'가 '씩잖다 → 씩짢다 → 씩짠타'와 같은 음운변화과정에서 1단
계는 'ㅈ → ㅉ(-잖- → -짢-)'과 같이 'ㅈ'에 경음화가 적용되고, 2단계는
'ㅎ + ㄷ → ㅌ(-짢다 → -짠타)'과 같이 'ㄷ'에 격음화가 적용된다.

(187ㅂ)의 '묵직하다'가 '묵직하다 → 묵찍하다 → 묵찌카다'와 같은 음운

변화과정에서 1단계는 'ㅈ → ㅉ(-직- → -찍-)'과 같이 'ㅈ'에 경음화가 적용되고, 2단계는 'ㄱ + ㅎ → ㅋ(-찍하 → -찌카)'과 같이 'ㄱ'에 격음화가 적용된다.

(187ㅅ)의 '속절없다'가 '속절없다 → 속쩔없다 → 속쩌럽다 → 속쩌럽따'와 같은 음운변화과정에서 1단계는 'ㅈ → ㅉ(-절- → -쩔-)'과 같이 'ㅈ'에 경음화가 적용되고, 2단계는 'ㅄ → ㅂ(-없- → -럽-)'과 같이 'ㅅ'에 자음탈락이 적용되고, 3단계는 'ㄷ → ㄸ(-다 → -따)'과 같이 'ㄷ'에 경음화가 적용된다.

**2)** 앞 끝소리가 'ㄴ'인 경우(표 제28항)

(188) 'ㄴ + ㄱ → ㄴ + ㄲ'('ㄱ → ㄲ' : 경)

　　ㄱ. 간국[간꾹](경)(표 제28항)

| | | | |
|---|---|---|---|
| 논길[논낄] | 논김[논낌] | 눈가[눈까] | 눈결[눈껼] |
| 눈곱[눈꼽] | 눈금[눈끔] | 눈길[눈낄] | 돈길[돈낄] |
| 문가[문까] | 문길[문낄] | 산골[산꼴] | 산길[산낄] |
| 손결[손껼] | 손곱[손꼽] | 손금[손끔] | 손길[손낄] |
| 신골[신꼴] | 안골[안꼴] | 촌길[촌낄] | |

| | | |
|---|---|---|
| 개천가[개천까] | 눈가늠[눈까늠] | 눈가루[눈까루] |
| 눈가죽[눈까죽] | 눈구멍[눈꾸멍] | 눈구석[눈꾸석] |
| 돈구멍[돈꾸멍] | 문기둥[문끼둥] | 문구멍[문꾸멍] |
| 분가루[분까루] | 산기운[산끼운] | 생눈길[생눈낄] |
| 손가늠[손까늠] | 손가락[손까락] | 손가마[손까마] |
| 손가방[손까방] | 손거울[손꺼울] | 촌구석[촌꾸석] |
| 출근길[출근낄] | 탄가루[탄까루] | 퇴근길[퇴근낄/퉤-] |
| 눈구덩이[눈꾸덩이] | 생선가루[생선까루] | |

　　ㄴ. 안깃[안낏 → 안낀](경 → 말)

　　　　손그릇[손끄른] 　　　찬그릇[찬끄른]

　　ㄷ. 산기슭[산끼슭 → 산끼슥](경 → 'ㅅ'탈)

　　　　　　　　　　　한국어 발음 교육의 실제

찬값[찬깝]　　　　　　탄값[탄깝]　　　　　　평균값[평균깝]

(188)은 자음접변의 환경에서 앞 끝소리 'ㄴ'이 뒤 첫소리 'ㄱ'과 연결된 경우에, 'ㄱ → ㄲ'과 같이 뒤 첫소리 'ㄱ'이 경음인 'ㄲ'으로 실현된 것이다. (188ㄴ, ㄷ)은 음운변화과정에서 먼저 경음화를 적용한 후에, 다른 음운규칙 등을 적용한다.

(188ㄱ)은 표준발음법 제28항에 규정하고 있다. '논길'은 '논길 → 논낄'과 같은 음운변화과정에서 'ㄱ → ㄲ(-길 → -낄)'과 같이 'ㄱ'에 경음화가 적용된다.

(188ㄴ)의 '손그릇'이 '손그릇 → 손끄릇 → 손끄른'과 같은 음운변화과정에서 1단계는 'ㄱ → ㄲ(-그- → -끄-)'과 같이 'ㄱ'에 경음화가 적용되고, 2단계는 'ㅅ → ㄷ(-릇 → -른)'과 같이 'ㅅ'에 말음법칙이 적용된다.

(188ㄷ)의 '찬값'이 '찬값 → 찬깞 → 찬깝'과 같은 음운변화과정에서 1단계는 'ㄱ → ㄲ(-값 → -깞)'과 같이 'ㄱ'에 경음화가 적용되고, 2단계는 'ㅄ → ㅂ(-깞 → -깝)'과 같이 'ㅅ'에 자음탈락이 적용된다.

(189) 'ㄴ + ㄷ → ㄴ + ㄸ'('ㄷ → ㄸ' : 경)

　　ㄱ. 간덩이[간떵이](경)(표 제28항)

　　　　논둑[논뚝]　　　　손등[손뜽]　　　　안댁[안땍]

　　　　논도랑[논또랑]　　　논두렁[논뚜렁]　　눈두덩[눈뚜덩]

　　　　돈다발[돈따발]　　　돈더미[돈떠미]　　버선등[버선뜽]

　　　　산더미[산떠미]　　　손도끼[손또끼]

　　　　논다랑이[논따랑이]　　　　산등성이[산뜽성이]

　　ㄴ. 안뒤꼍[안뛰꼍 → 안뛰견](경 → 말)

　　ㄷ. 산닭[산땕 → 산딱](경 → 'ㄹ'탈)

　　　　촌닭[촌딱]

(189)는 자음접변의 환경에서 앞 끝소리 'ㄴ'이 뒤 첫소리 'ㄷ'과 연결된

경우에, 'ㄷ → ㄸ'과 같이 뒤 첫소리 'ㄷ'이 경음인 'ㄸ'으로 실현된 것이다. (189ㄴ, ㄷ)은 음운변화과정에서 먼저 경음화를 적용한 후에, 다른 음운규칙 등을 적용한다.

(189ㄱ)의 '논둑'은 '논둑 → 논뚝'과 같은 음운변화과정에서 'ㄷ → ㄸ(-둑 → -뚝)'과 같이 'ㄷ'에 경음화가 적용된다.

(189ㄴ)의 '안뒤꼍'이 '안뒤꼍 → 안뛰꼍 → 안뛰껻'과 같은 음운변화과정에서 1단계는 'ㄷ → ㄸ(-뒤- → -뛰-)'과 같이 'ㄷ'에 경음화가 적용되고, 2단계는 'ㅌ → ㄷ(-꼍 → -껻)'과 같이 'ㅌ'에 말음법칙이 적용된다.

(189ㄷ)의 '촌닭'이 '촌닭 → 촌땕 → 촌딱'과 같은 음운변화과정에서 1단계는 'ㄷ → ㄸ(-닭 → -땕)'과 같이 'ㄷ'에 경음화가 적용되고, 2단계는 'ㄹ → ㄱ(-땕 → -딱)'과 같이 'ㄹ'에 자음탈락이 적용된다.

(190) 'ㄴ + ㅂ → ㄴ + ㅃ'('ㅂ → ㅃ' : 경)

   ㄱ. 가시연밥[가시연빱](경)(표제28항)

      논벌[논뻘]       논벼[논뼈]       문발[문빨]       산밤[산빰]

      산불[산뿔]       안방[안빵]       탄불[탄뿔]

      논보리[논뽀리]       단칸방[단칸빵]       돈벼락[돈뼈락]

      문바람[문빠람]       버선본[버선뽄]       산벼랑[산뼈랑]

      산부리[산뿌리]       산비탈[산삐탈]       손바닥[손빠닥]

      손바람[손빠람]       손벼루[손뼈루]       신바람[신빠람]

      논병아리[논뼝아리]      산봉우리[산뽕우리]

      손바느질[손빠느질]

   ㄴ. 눈빛[눈삧 → 눈삗](경 → 말)

      은빛[은삗]       손버릇[손뻐륻]

(190)은 자음접변의 환경에서 앞 끝소리 'ㄴ'이 뒤 첫소리 'ㅂ'과 연결된 경우에, 'ㅂ → ㅃ'과 같이 뒤 첫소리 'ㅂ'이 경음인 'ㅃ'으로 실현된 것이다. (190ㄴ)은 음운변화과정에서 먼저 경음화를 적용한 후에, 말음법칙을 적용

                              한국어 발음 교육의 실제

한다.

(190ㄱ)의 '논보리'는 '논보리 → 논뽀리'와 같은 음운변화과정에서 'ㅂ → ㅃ(-보- → -뽀-)'과 같이 'ㅂ'에 경음화가 적용된다.

(190ㄴ)의 '은빛'이 '은빛 → 은삧 → 은삗'과 같은 음운변화과정에서 1단계는 'ㅂ → ㅃ(-빛 → -삧)'과 같이 'ㅂ'에 경음화가 적용되고, 2단계는 'ㅊ → ㄷ(-삧 → -삗)'과 같이 'ㅊ'에 말음법칙이 적용된다.

(191) 'ㄴ + ㅅ → ㄴ + ㅆ'('ㅅ → ㅆ' : 경)

    ㄱ. 눈사람[눈싸람](경)(표 제28항)

        눈살[눈쌀]　　　문살[문쌀]　　　　산속[산쏙]　　　　손속[손쏙]

        눈송이[눈쏭이]　　　　문소리[문쏘리]　　　　산사람[산싸람]

        손수건[손쑤건]　　　　손시늉[손씨늉]　　　　신소리[신쏘리]

        안사람[안싸람]　　　　안살림[안쌀림]　　　　안손님[안쏜님]

        촌사람[촌싸람]　　　　판소리[판쏘리]　　　　집안사람[지반싸람]

    ㄴ. 촌색시[촌쌕시 → 촌쌕씨](경 → 경)

    ㄷ. 손삽[손쌉 → 손쌉](경 → 말)

        안섶[안썹]

(191)은 자음접변의 환경에서 앞 끝소리 'ㄴ'이 뒤 첫소리 'ㅅ'과 연결된 경우에, 'ㅅ → ㅆ'과 같이 뒤 첫소리 'ㅅ'이 경음인 'ㅆ'으로 실현된 것이다. (219ㄷ)은 음운변화과정에서 먼저 경음화를 적용한 후에, 말음법칙을 적용한다.

(191ㄱ)의 '눈송이'는 '눈송이 → 눈쏭이'와 같은 음운변화과정에서 'ㅅ → ㅆ(-송- → -쏭-)'과 같이 'ㅅ'에 경음화가 적용된다.

(191ㄴ)의 '촌색시'가 '촌색시 → 촌쌕시 → 촌쌕씨'와 같은 음운변화과정에서 1단계는 'ㅅ → ㅆ(-색- → -쌕-)'과 같이 'ㅅ'에 경음화가 적용되고, 2단계는 'ㅅ → ㅆ(-시 → -씨)'과 같이 'ㅅ'에 경음화가 적용된다.

(191ㄷ)의 '안섶'이 '안섶 → 안썳 → 안썹'과 같은 음운변화과정에서 1단

계는 'ㅅ → ㅆ(-섶 → -썶)'과 같이 'ㅅ'에 경음화가 적용되고, 2단계는 'ㅍ → ㅂ(-썶 → -썹)'과 같이 'ㅍ'에 말음법칙이 적용된다.

(192) 'ㄴ + ㅈ → ㄴ + ㅉ'('ㅈ → ㅉ : 경)
    ㄱ. 눈자리[눈짜리](경)(표 제28항)

| | | | |
|---|---|---|---|
| 돈줄[돈쭐] | 산쥐[산쮜] | 산집[산찝] | 안집[안찝] |
| 촌집[촌찝] | 눈주름[눈쭈름] | 눈짐작[눈찜작] | |
| 단칸집[단칸찝] | 사돈집[사돈찝] | 산주인[산쭈인] | |
| 산줄기[산쭐기] | 산짐승[산찜승] | 세간짐[세간찜] | |
| 손자국[손짜국] | 손장난[손짱난] | 손재주[손째주] | |
| 손저울[손쩌울] | 신혼집[신혼찝] | 안주인[안쭈인] | |
| 안지름[안찌름] | 주인집[주인찝] | 돈주머니[돈쭈머니] | |

    ㄴ. 손짓[손찟 → 손찔](경 → 말)
        신짚[신찝]

(192)는 자음접변의 환경에서 앞 끝소리 'ㄴ'이 뒤 첫소리 'ㅈ'과 연결된 경우에, 'ㅈ → ㅉ'과 같이 뒤 첫소리 'ㅈ'이 경음인 'ㅉ'으로 실현된 것이다. (192ㄴ)은 음운변화과정에서 먼저 경음화를 적용한 후에, 말음법칙을 적용한다.

(192ㄱ)의 '눈주름'은 '눈주름 → 눈쭈름'과 같은 음운변화과정에서 'ㅈ → ㅉ(-주- → -쭈-)'과 같이 'ㅈ'에 경음화가 적용된다.

(192ㄴ)의 '신짚'이 '신짚 → 신찔 → 신찝'과 같은 음운변화과정에서 1단계는 'ㅈ → ㅉ(-짚 → -찔)'과 같이 'ㅈ'에 경음화가 적용되고, 2단계는 'ㅍ → ㅂ(-찔 → -찝)'과 같이 'ㅍ'에 말음법칙이 적용된다.

**3)** 앞 끝소리가 'ㄷ'인 경우(표 제23항)

(193) 'ㄷ + ㄱ → ㄷ + ㄲ', 'ㄷ + ㄷ → ㄷ + ㄸ', 'ㄷ + ㅈ → ㄷ + ㅉ'(경)
    ㄱ. 낟가리[낟까리](경)

        한국어 발음 교육의 실제

ㄴ. 걷다[걷따](경)

걷다[걷따]　　　굳다[굳따]　　　깨닫다[깨닫따]

ㄷ. 잗닿다[잗땋다 → 잗따타](경 → 격)

올곧잖다[올곧짠타]

ㄹ. 잗젎다[잗쩖다 → 잗쩜다 → 잗쩜따](경 → 'ㄹ'탈 → 경)

ㅁ. 받걷이[받껃이 → 받꺼지](경 → 구)

섣달받이[섣딸바지]

(193)은 자음접변의 환경에서 앞 끝소리 'ㄷ'이 뒤 첫소리 'ㄱ, ㄷ, ㅈ' 등과 연결된 경우에, 'ㄱ → ㄲ'·'ㄷ → ㄸ'·'ㅈ → ㅉ' 등과 같이 뒤 첫소리가 경음으로 실현된 것이다. (193ㄷ-ㅁ)은 음운변화과정에서 먼저 경음화를 적용한 후에, 다른 음운규칙 등을 적용한다.

(193ㄱ)의 '낟가리'는 '낟가리 → 낟까리'와 같은 음운변화과정에서 'ㄱ → ㄲ(-가- → -까-)'과 같이 'ㄱ'에 경음화가 적용된다.

(193ㄴ)은 어간의 앞 끝소리 'ㄷ'이 뒤 첫소리가 'ㄷ'인 어미와 연결된 경우이다. '걷다'는 '걷다 → 걷따'와 같은 음운변화과정에서 'ㄷ → ㄸ(-다 → -따)'과 같이 'ㄷ'에 경음화가 적용된다.

(193ㄷ)의 '잗닿다'가 '잗닿다 → 잗땋다 → 잗따타'와 같은 음운변화과정에서 1단계는 'ㄷ → ㄸ(-닿- → -땋-)'과 같이 'ㄷ'에 경음화가 적용되고, 2단계는 'ㅎ + ㄷ → ㅌ(-땋다 → -따타)'과 같이 'ㄷ'에 격음화가 적용된다.

(193ㄹ)의 '잗젎다'가 '잗젎다 → 잗쩖다 → 잗쩜다 → 잗쩜따'와 같은 음운변화과정에서 'ㅈ → ㅉ(-젎- → -쩖-)'과 같이 'ㅈ'에 경음화가 적용되고, 2단계는 'ㄲ → ㅁ(-쩖- → -쩜-)'과 같이 'ㄹ'에 자음탈락이 적용되고, 3단계는 'ㄷ → ㄸ(-다 → -따)'과 같이 'ㄷ'에 경음화가 적용된다.

(193ㅁ)의 '섣달받이'가 '섣달받이 → 섣딸받이 → 섣딸바지'와 같은 음운변화과정에서 1단계는 'ㄷ → ㄸ(-달- → -딸-)'과 같이 'ㄷ'에 경음화가 적용되고, 2단계는 'ㄷ → ㅈ(-받이 → -바지)'과 같이 'ㄷ'에 구개음화가

적용된다.

**4)** 앞 끝소리가 'ㄹ'인 경우(표 제26항, 제28항)

(194) 'ㄹ + ㄱ → ㄹ + ㄲ'('ㄱ → ㄲ' : 경)

개울가[개울까](경)(표 제28항)

| | | | |
|---|---|---|---|
| 글감[글깜] | 글귀[글뀌] | 돌길[돌낄] | 말결[말껼] |
| 말귀[말뀌] | 말길[말낄] | 물가[물까] | 물감[물깜] |
| 물개[물깨] | 물결[물껼] | 물길[물낄] | 발곱[발꼽] |
| 발굽[발꿉] | 발길[발낄] | 불길[불낄] | 불김[불낌] |
| 살결[살껼] | 살길[살낄] | 술국[술꾹] | 술김[술낌] |
| 쌀겨[쌀껴] | 쌀광[쌀꽝] | 일감[일깜] | 철길[철낄] |

| | | |
|---|---|---|
| 글구멍[글꾸멍] | 길거리[길꺼리] | 끌구멍[끌꾸멍] |
| 나물국[나물꾹] | 논틀길[논틀낄] | 눈물길[눈물낄] |
| 덤불길[덤불낄] | 말거리[말꺼리] | 물갈래[물깔래] |
| 물고기[물꼬기] | 물고랑[물꼬랑] | 물구멍[물꾸멍] |
| 물구유[물꾸유] | 물굽이[물꾸비] | 물귀신[물뀌신] |
| 물기둥[물끼둥] | 밀가루[밀까루] | 밀기울[밀끼울] |
| 바늘귀[바늘뀌] | 발가락[발까락] | 발걸음[발꺼름] |
| 벼슬길[벼슬낄] | 불구멍[불꾸멍] | 불귀신[불뀌신] |
| 불기둥[불끼둥] | 불기운[불끼운] | 비탈길[비탈낄] |
| 살가죽[살까죽] | 살거리[살꺼리] | 솔가루[솔까루] |
| 솔가지[솔까지] | 술기운[술끼운] | 쌀가게[쌀까게] |
| 쌀가루[쌀까루] | 쌀가마[쌀까마] | 쌀고리[쌀꼬리] |
| 우물가[우물까] | 우물길[우물낄] | 일거리[일꺼리] |
| 자갈길[자갈낄] | 큰길가[큰길까] | 털구멍[털꾸멍] |
| 하늘가[하늘까] | 달걀가루[달걀까루] | |
| 메밀가루[메밀까루] | 물구덩이[물꾸덩이] | |
| 물그림자[물끄림자] | 민물고기[민물꼬기] | |
| 바늘구멍[바늘꾸멍] | 발그림자[발끄림자] | |

한국어 발음 교육의 실제

바느질고리[바느질꼬리]

ㄴ. 불깃[불낏 → 불낀](경 → 말)

살갗[살깐]　　　　　쌀깃[쌀낀]　　　　　우물겉[우물껻]

물그릇[물끄륻]

ㄷ. 꼴값[꼴깞 → 꼴깝](경 → 'ㅅ'탈)

물곬[물꼴]　　　　　술값[술깝]　　　　　쌀값[쌀깝]

신발값[신발깝]　　　　얼굴값[얼굴깝]

바느질값[바느질깝]

ㄹ. 보잘것없다[보잘껏없다 → 보잘꺼없다 → 보잘꺼덥다 → 보잘꺼덥따]

(경 → 절 → 'ㅅ'탈 → 경)

하잘것없다[하잘꺼덥따]

(194)는 자음접변의 환경에서 앞 끝소리 'ㄹ'이 뒤 첫소리 'ㄱ'과 연결된 경우에, 'ㄱ → ㄲ'과 같이 뒤 첫소리 'ㄱ'이 경음인 'ㄲ'으로 실현된 것이다. (222ㄴ-ㄹ)은 음운변화과정에서 먼저 경음화를 적용한 후에, 다른 음운규칙 등을 적용한다.

(194ㄱ)은 표준발음법 제28항에 규정하고 있다. '글구멍'은 '글구멍 → 글꾸멍'과 같은 음운변화과정에서 'ㄱ → ㄲ(-구- → -꾸-)'과 같이 'ㄱ'에 경음화가 적용된다.

(194ㄴ)의 '살갗'이 '살갗 → 살깣 → 살깐'과 같은 음운변화과정에서 1단계는 'ㄱ → ㄲ(-갗 → -깣)'과 같이 'ㄱ'에 경음화가 적용되고, 2단계는 'ㅊ → ㄷ(-깣 → -깐)'과 같이 'ㅊ'에 말음법칙이 적용된다.

(194ㄷ)의 '술값'이 '술값 → 술깞 → 술깝'과 같은 음운변화과정에서 1단계는 'ㄱ → ㄲ(-값 → -깞)'과 같이 'ㄱ'에 경음화가 적용되고, 2단계는 'ㅄ → ㅂ(-깞 → -깝)'과 같이 'ㅅ'에 자음탈락이 적용된다.

(194ㄹ)의 '하잘것없다'가 '하잘것없다 → 하잘껏없다 → 하잘꺼덦다 → 하잘꺼덥다 → 하잘꺼덥따'과 같은 음운변화과정에서 1단계는 'ㄱ → ㄲ (-것- → -껏-)'과 같이 'ㄱ'에 경음화가 적용되고, 2단계는 'ㅅ → ㄷ(-껏

없-→-꺼없-)'과 같이 'ㅅ'에 절음법칙이 적용되고, 3단계는 'ㅄ → ㅂ(-
덦-→-덥-)'과 같이 'ㅅ'에 자음탈락이 적용되고, 4단계는 'ㄷ → ㄸ(-다
→ -따-)'과 같이 'ㄷ'에 경음화가 적용된다.

(195) 'ㄹ + ㄷ → ㄹ + ㄸ'('ㄷ → ㄸ' : 경)

ㄱ. 굴다리[굴따리](경)(표 제28항)

| | | | |
|---|---|---|---|
| 물독[물똑] | 물동[물똥] | 물둑[물뚝] | 밀돌[밀똘] |
| 발등[발뜽] | 불돌[불똘] | 술독[술똑] | 쌀독[쌀똑] |
| 철둑[철뚝] | 칼등[칼뜽] | 쌀되[쌀뙤/-뛔] | |

| | | |
|---|---|---|
| 글동무[글똥무] | 길동무[길똥무] | 달동네[달똥네] |
| 말동무[말똥무] | 물도랑[물또랑] | 물동이[물똥이] |
| 물두멍[물뚜멍] | 바늘대[바늘때] | 불더미[불떠미] |
| 불덩이[불떵이] | 살덩이[살떵이] | 술동이[술똥이] |

자갈돌[자갈똘]    발뒤꿈치[발뛰꿈치]

발등거리[발뜽거리]    베틀다리[베틀따리]

ㄴ. 갈대꽃[갈때꽃 → 갈때꼳](경 → 말)

갈대밭[갈때받]    발덧[발떧]

ㄷ. 물닭[물딹 → 물딱](경 → 'ㄹ'탈)

ㄹ. 설득력[설뜩력 → 설뜽녁 → 설뜽녁](경 → 비 → 비)

ㅁ. 설득하였다[설뜩하였다 → 설뜨카였다 → 설뜨카엳다 → 설뜨카엳따]
(경 → 격 → 말 → 경)

ㅂ. 갈데없다[갈떼없다 → 갈떼업다 → 갈떼업따](경 → 'ㅅ'탈 → 경)

쓸데없다[쓸떼업따]    올데갈데없다[올떼갈떼업따]

(195)는 자음접변의 환경에서 앞 끝소리 'ㄹ'이 뒤 첫소리 'ㄷ'과 연결된
경우에, 'ㄷ → ㄸ'과 같이 뒤 첫소리 'ㄷ'이 경음인 'ㄸ'으로 실현된 것이다.
(195ㄴ-ㅂ)은 음운변화과정에서 먼저 경음화를 적용한 후에, 다른 음운규
칙 등을 적용한다.

(195ㄱ)은 표준발음법 제28항에 규정되어 있다. '글동무'는 '글동무 → 글

똥무'와 같은 음운변화과정에서 'ㄷ → ㄸ(-동- → -똥-)'과 같이 'ㄷ'에 경음화가 적용된다.

(195ㄴ)의 '갈대밭'이 '갈대밭 → 갈때밭 → 갈때받'과 같은 음운변화과정에서 1단계는 'ㄷ → ㄸ(-대- → -때-)'과 같이 'ㄷ'에 경음화가 적용되고, 2단계는 'ㅌ → ㄷ(-밭 → -받)'과 같이 'ㅌ'에 말음법칙이 적용된다.

(195ㄷ)의 '물닭'이 '물닭 → 물딹 → 물딱'과 같은 음운변화과정에서 1단계는 'ㄷ → ㄸ(-닭 → -딹)'과 같이 'ㄷ'에 경음화가 적용되고, 2단계는 'ㄹ → ㄱ(-딹 → -딱)'과 같이 'ㄹ'에 자음탈락이 적용된다.

(195ㄹ)의 '설득력'이 '설득력 → 설뜩력 → 설뜩녁 → 설뜽녁'과 같은 음운변화과정에서 1단계는 'ㄷ → ㄸ(-득- → -뜩-)'과 같이 'ㄷ'에 경음화가 적용되고, 2단계는 'ㄹ → ㄴ(-력 → -녁)'과 같이 'ㄹ'에 비음화가 적용되고, 3단계는 'ㄱ → ㅇ(-뜩- → -뜽-)'과 같이 'ㄱ'에 비음화가 적용된다.

(195ㅁ)의 '설득하였다'가 '설득하였다 → 설뜩하였다 → 설뜨카였다 → → 설뜨카엳다 → 설뜨카엳따'와 같은 음운변화과정에서 1단계는 'ㄷ → ㄸ(-득- → -뜩-)'과 같이 'ㄷ'에 경음화가 적용되고, 2단계는 'ㄱ + ㅎ → ㅋ(-뜩하- → -뜨카-)'과 같이 'ㄱ'에 격음화가 적용되고, 3단계는 'ㅆ → ㄷ(-였- → -엳-)'과 같이 'ㅆ'에 말음법칙이 적용되고, 4단계는 'ㄷ → ㄸ(-다 → -따)'과 같이 'ㄷ'에 경음화가 적용된다.

(195ㅂ)의 '쓸데없다'가 '쓸데없다 → 쓸떼없다 → 쓸떼업다 → 쓸떼업따'와 같은 음운변화과정에서 1단계는 'ㄷ → ㄸ(-데- → -떼-)'과 같이 'ㄷ'에 경음화가 적용되고, 2단계는 'ㅄ → ㅂ(-없- → -업-)'과 같이 'ㅅ'에 자음탈락이 적용되고, 3단계는 'ㄷ → ㄸ(-다 → -따)'과 같이 'ㄷ'에 경음화가 적용된다.

(196) 'ㄹ + ㅂ → ㄹ + ㅃ'('ㅂ → ㅃ' : 경)

　　ㄱ. 가을바람[가을빠람](경)(표 제28항)

| | | | |
|---|---|---|---|
| 글발[글빨] | 글방[글빵] | 널밥[널빱] | 달밤[달빰] |
| 들보[들뽀] | 말발[말빨] | 말밥[말빱] | 물발[물빨] |
| 물병[물뼝] | 발병[발뼝] | 술밥[술빱] | 술병[술뼝] |
| 실밥[실빱] | 풀비[풀삐] | | |

| | | |
|---|---|---|
| 가을밤[가을빰] | 가을비[가을삐] | 갈바람[갈빠람] |
| 겨울밤[겨울빰] | 관솔불[관솔뿔] | 구들방[구들빵] |
| 길바닥[길빠닥] | 길벌레[길뻘레] | 꿀방울[꿀빵울] |
| 돌바닥[돌빠닥] | 돌부리[돌뿌리] | 말본새[말뽄새] |
| 물바람[물빠람] | 물방울[물빵울] | 물부리[물뿌리] |
| 바늘밥[바늘빱] | 발바닥[발빠닥] | 발부리[발뿌리] |
| 솔방울[솔빵울] | 온돌방[온돌빵] | 지랄병[지랄뼝] |
| 겨울바람[겨울·빠람] | 겨울방학[겨울·빵학] | |
| 구들바닥[구들빠닥] | 술방구리[술빵구리] | |
| 이슬방울[이슬빵울] | | |

ㄴ. 걸밭[걸빹→걸빧](경 → 말)

| | | | |
|---|---|---|---|
| 글벗[글뻗] | 길벗[길뻗] | 달빛[달삗] | 말벗[말뻗] |
| 물빛[물삗] | 별빛[별삗] | 불빛[불삗] | 뿔빛[뿔삗] |
| 살빛[살삗] | 술벗[술뻗] | 술빛[술삗] | 일벗[일뻗] |
| 털빛[털삗] | 풀빛[풀삗] | | |

| | | |
|---|---|---|
| 가을볕[가을뼏] | 가을빛[가을삗] | 노을빛[노을삗] |
| 달걀빛[달걀삗] | 말버릇[말뻐른] | 술버릇[술뻐른] |
| 얼굴빛[얼굴삗] | 하늘빛[하늘삗] | |

(196)은 자음접변의 환경에서 앞 끝소리 'ㄹ'이 뒤 첫소리 'ㅂ'과 연결된 경우에, 'ㅂ → ㅃ'과 같이 뒤 첫소리 'ㅂ'이 경음인 'ㅃ'으로 실현된 것이다. (196ㄴ)은 음운변화과정에서 먼저 경음화를 적용한 후에, 말음법칙을 적용한다.

(196ㄱ)은 표준발음법 제28항에 규정되어 있다. '가을밤'은 '가을밤 → 가을빰'과 같은 음운변화과정에서 'ㅂ → ㅃ(-밤 → -빰)'과 같이 'ㅂ'에 경음

화가 적용된다.

(196ㄴ)의 '가을볕'이 '가을볕 → 가을뼡 → 가을뼏'과 같은 음운변화과정에서 1단계는 'ㅂ → ㅃ(-볕 → -뼡)'과 같이 'ㅂ'에 경음화가 적용되고, 2단계는 'ㅌ → ㄷ(-뼡 → -뼏)'과 같이 'ㅌ'에 말음법칙이 적용된다.

(197) 'ㄹ + ㅅ → ㄹ + ㅆ'('ㅅ → ㅆ' : 경)

   ㄱ. 걸상[걸쌍](경)(표제28항)

| | | | |
|---|---|---|---|
| 굴속[굴쏙] | 길속[길쏙] | 길손[길쏜] | 달수[달쑤] |
| 들소[들쏘] | 말속[말쏙] | 말수[말쑤] | 물살[물쌀] |
| 물새[물쌔] | 물색[물쌕] | 물소[물쏘] | 물속[물쏙] |
| 물손[물쏜] | 물숨[물쑴] | 불솜[불쏨] | 살색[살쌕] |
| 술살[술쌀] | 술상[술쌍] | 술손[술쏜] | 알속[알쏙] |
| 일속[일쏙] | 일손[일쏜] | | |

| | | |
|---|---|---|
| 겨울새[겨울쌔] | 길사람[길싸람] | 길송장[길쏭장] |
| 말소리[말쏘리] | 물소리[물쏘리] | 물수건[물쑤건] |
| 물시중[물씨중] | 발소리[발쏘리] | 발수건[발쑤건] |
| 불송이[불쏭이] | 살수건[살쑤건] | 술손님[술쏜님] |
| 이불속[이불쏙] | 활시위[활씨위] | 물시계[물씨계/*-게] |
| 물수세미[물쑤세미] | 물심부름[물씸부름] | |
| 바느질실[바느질씰] | 살수세미[살쑤세미] | |

   ㄴ. 길섶[길썪 → 길썹](경 → 말)

| | | |
|---|---|---|
| 발삽[발쌉] | 울섶[울썹] | 별신굿[별씬굳] |
| 칠성굿[칠썽굳] | | |

   ㄷ. 날샀[날쌌 → 날싹](경 → 'ㅅ'탈)

| | | |
|---|---|---|
| 달샀[달싹] | 이발샀[이발싹] | 바느질샀[바느질싹] |

   ㄹ. 칠석날[칠썩날 → 칠썽날](경 → 비)

   ㅁ. 결심하였다[결씸하였다 → 결씸하엳다 → 결씸하엳따](경 → 말 → 경)

   ㅂ. 물색없다[물쌕없다 → 물쌔겂다 → 물쌔겁따](경 → 'ㅅ'탈 → 경)

   ㅅ. 헐수할수없다[헐쑤할수없다 → 헐쑤할쑤없다 → 헐쑤할쑤업다

     헐쑤할쑤업따](경 → 경 → 'ㅅ'탈 → 경)

(197)은 자음접변의 환경에서 앞 끝소리 'ㄹ'이 뒤 첫소리 'ㅅ'과 연결된 경우에, 'ㅅ → ㅆ'과 같이 뒤 첫소리 'ㅅ'이 경음인 'ㅆ'으로 실현된 것이다. (197ㄴ-ㅅ)은 음운변화과정에서 먼저 경음화를 적용한 후에, 다른 음운규칙 등을 적용한다.

(197ㄱ)은 표준발음법 제28항에 규정되어 있다. '겨울새'는 '겨울새 → 겨울쌔'와 같은 음운변화과정에서 'ㅅ → ㅆ(-새 → -쌔)'과 같이 'ㅅ'에 경음화가 적용된다.

(197ㄴ)의 '발샅'이 '발샅 → 발쌑 → 발싼'과 같은 음운변화과정에서 1단계는 'ㅅ → ㅆ(-샅 → -쌑)'과 같이 'ㅅ'에 경음화가 적용되고, 2단계는 'ㅌ → ㄷ(-쌑 → -싼)'과 같이 'ㅌ'에 말음법칙이 적용된다.

(197ㄷ)의 '달샀'이 '달샀 → 달쌌 → 달싹'과 같은 음운변화과정에서 1단계는 'ㅅ → ㅆ(-샀 → -쌌)'과 같이 'ㅅ'에 경음화가 적용되고, 2단계는 'ㄳ → ㄱ(-쌌 → -싹)'과 같이 'ㅅ'에 자음탈락이 적용된다.

(197ㄹ)의 '칠석날'이 '칠석날 → 칠썩날 → 칠썽날'과 같은 음운변화과정에서 1단계는 'ㅅ → ㅆ(-석- → -썩-)'과 같이 'ㅅ'에 경음화가 적용되고, 2단계는 'ㄱ → ㅇ(-썩- → -썽-)'과 같이 'ㄱ'에 비음화가 적용된다.

(197ㅁ)의 '결심하였다'가 '결심하였다 → 결씸하였다 → 결씸하엳다 → 결씸하엳따'와 같은 음운변화과정에서 1단계는 'ㅅ → ㅆ(-심- → -씸-)'과 같이 'ㅅ'에 경음화가 적용되고, 2단계는 'ㅆ → ㄷ(-엿- → -엳-)'과 같이 'ㅆ'에 말음법칙이 적용되고, 3단계는 'ㄷ → ㄸ(-다 → -따)'과 같이 'ㄷ'에 경음화가 적용된다.

(197ㅂ)의 '물색없다'가 '물색없다 → 물쌕없다 → 물쌕겁다 → 물쌕겁따'와 같은 음운변화과정에서 1단계는 'ㅅ → ㅆ(-색- → -쌕-)'과 같이 'ㅅ'에 경음화가 적용되고, 2단계는 'ㅄ → ㅂ(-없- → -겁-)'과 같이 'ㅅ'에 자음탈락이 적용되고, 3단계는 'ㄷ → ㄸ(-다 → -따)'과 같이 'ㄷ'에 경음화가 적용된다.

한국어 발음 교육의 실제

(197ㅅ)의 '헐수할수없다'가 '헐수할수없다 → 헐쑤할수없다 → 헐쑤할쑤없다 → 헐쑤할쑤업다 → 헐쑤할쑤업따'와 같은 음운변화과정에서 1단계는 'ㅅ → ㅆ(-수- → -쑤-)'과 같이 'ㅅ'에 경음화가 적용되고, 2단계는 'ㅅ → ㅆ(-수- → -쑤-)'과 같이 'ㅅ'에 경음화가 적용되고, 3단계는 'ㅄ → ㅂ(-없- → -업-)'과 같이 'ㅅ'에 자음탈락이 적용되고, 4단계는 'ㄷ → ㄸ(-다 → -따)'과 같이 'ㄷ'에 경음화가 적용된다.

(198) 'ㄹ + ㅈ → ㄹ + ㅉ'('ㅈ → ㅉ' : 경)

ㄱ. 가을장마[가을짱마](경)(표 제28항)

글자[글짜] 글줄[글쭐] 날줄[날쭐] 달집[달찝]
말집[말찝] 물줄[물쭐] 물집[물찝] 발줄[발쭐]
벌집[벌찝] 불집[불찝] 살점[살쩜] 살줄[살쭐]
살집[살찝] 술잔[술짠] 술집[술찝] 쌀집[쌀찝]
알집[알찝] 칼집[칼찝] 풀집[풀찝] 활줄[활쭐]
활집[활찝] 거울집[거울찝] 겨울잠[겨울짬]
구들장[구들짱] 글재주[글째주] 길짐승[길찜승]
널조각[널쪼각] 마늘종[마늘쫑] 말재주[말째주]
말주변[말쭈변] 물줄기[물쭐기] 물지게[물찌게]
물짐승[물찜승] 바늘집[바늘찝] 발자국[발짜국]
발장단[발짱단] 발재간[발째간] 발짐작[발찜작]
별자리[별짜리] 선술집[선술찝] 술자리[술짜리]
시골집[시골찝] 쌀자루[쌀짜루] 우물집[우물찝]
이불줄[이불쭐] 이불장[이불짱] 일자리[일짜리]
일주일[일쭈일] 잔술집[잔술찝] 칼자국[칼짜국]
칼자루[칼짜루] 화살집[화살찝]
바느질자[바느질짜] 바느질집[바느질찝]
벼슬자리[벼슬짜리] 이불자락[이불짜락]

ㄴ. 밀짚[밀찦 → 밀찝](경 → 말)

발짓[발찓] 팔짓[팔찓] 일자못[일짜몯]

ㄷ. 발자국만[발짜국만 → 발짜궁만](경 → 비)
ㄹ. 밀접하다[밀쩝하다 → 밀쩌파다](경 → 격)

(198)은 자음접변의 환경에서 앞 끝소리 'ㄹ'이 뒤 첫소리 'ㅈ'과 연결된 경우에, 'ㅈ → ㅉ'과 같이 뒤 첫소리 'ㅈ'이 경음인 'ㅉ'으로 실현된 것이다. (226ㄴ-ㄹ)은 음운변화과정에서 먼저 경음화를 적용한 후에, 다른 음운규칙 등을 적용한다.

(198ㄱ)은 표준발음법 제28항에 규정하고 있다. '구들장'은 '구들장 → 구들짱'과 같은 음운변화과정에서 'ㅈ → ㅉ(-장 → -짱)'과 같이 'ㅈ'에 경음화가 적용된다.

(198ㄴ)의 '발짓'이 '발짓 → 발찟 → 발찓'과 같은 음운변화과정에서 1단계는 'ㅈ → ㅉ(-짓 → -찟)'과 같이 'ㅈ'에 경음화가 적용되고, 2단계는 'ㅅ → ㄷ(-찟 → -찓)'과 같이 'ㅅ'에 말음법칙이 적용된다.

(198ㄷ)의 '발자국만'이 '발자국만 → 발짜국만 → 발짜궁만'과 같은 음운변화과정에서 1단계는 'ㅈ → ㅉ(-자- → -짜-)'과 같이 'ㅈ'에 경음화가 적용되고, 2단계는 'ㄱ → ㅇ(-국- → -궁-)'과 같이 'ㄱ'에 비음화가 적용된다.

(198ㄹ)의 '밀접하다'가 '밀접하다 → 밀쩝하다 → 밀쩌파다'와 같은 음운변화과정에서 1단계는 'ㅈ → ㅉ(-접- → -쩝-)'과 같이 'ㅈ'에 경음화가 적용되고, 2단계는 'ㅂ + ㅎ → ㅍ(-쩝하- → -쩌파-)'과 같이 'ㅂ'에 격음화가 적용된다.

(199) 'ㄹ + ㄷ, ㅅ, ㅈ → ㄹ + ㄸ, ㅆ, ㅉ('ㄷ → ㄸ', 'ㅅ → ㅆ', 'ㅈ → ㅉ' : 경)

    ㄱ. 결단[결딴](경)(표 제26항)

| | | | |
|---|---|---|---|
| 결당[결땅] | 골동[골똥] | 말단[말딴] | 말대[말때] |
| 몰두[몰뚜] | 밀담[밀땀] | 밀도[밀또] | 발동[발똥] |
| 별당[별땅] | 별도[별또] | 별동[별똥] | 불당[불땅] |

| 불덕[불떡] | 불도[불또] | 설도[설또] | 절단[절딴] |
|---|---|---|---|
| 절대[절때] | 갈색[갈쌕] | 갈수[갈쑤] | 결산[결싼] |
| 결석[결썩] | 결선[결썬] | 결승[결씅] | 결식[결씩] |
| 결심[결씸] | 골상[골쌍] | 골수[골쑤] | 골습[골씁] |
| 달성[달썽] | 말살[말쌀] | 말석[말썩] | 말세[말쎄] |
| 말소[말쏘] | 말손[말쏜] | 멸실[멸씰] | 멸살[멸쌀] |
| 멸시[멸씨] | 몰살[몰쌀] | 몰수[몰쑤] | 발상[발쌍] |
| 발생[발쌩] | 발성[발썽] | 발송[발쏭] | 살색[살쌕] |
| 살생[살쌩] | 살수[살쑤] | 설상[설쌍] | 설색[설쌕] |
| 솔선[솔썬] | 술수[술쑤] | 술시[술씨] | 알선[알썬] |
| 절손[절쏜] | 절수[절쑤] | 절식[절씩] | 걸작[걸짝] |
| 결재[결째] | 결점[결쩜] | 결정[결쩡] | 골절[골쩔] |
| 골조[골쪼] | 달존[달쫀] | 말자[말짜] | 말직[말찍] |
| 멸족[멸쪽] | 멸종[멸쫑] | 발작[발짝] | 발족[발쪽] |

| 벌점[벌쩜] | 설정[설쩡] | 절정[절쩡] |
|---|---|---|
| 밀도살[밀또살] | 별동대[별똥대] | 간결성[간결썽] |
| 광물성[광물썽] | 구설수[구설쑤] | 기술사[기술싸] |
| 마술사[마술싸] | 만물상[만물쌍] | 발신국[발씬국] |
| 몰상식[몰쌍식] | 빈혈성[빈혈썽] | 생활상[생활쌍] |
| 송별사[송별싸] | 휘발성[휘발썽] | 과실주[과실쭈] |
| 광물질[광물찔] | 구갈증[구갈쯩] | 기술자[기술짜] |
| 기술진[기술찐] | 도살장[도살짱] | 매실주[매실쭈] |
| 백일장[배길짱] | 변질자[변질짜] | 부활절[부활쩔] |
| 삼일주[사밀쭈] | 계열사[계열싸/*게ー] | |
| 공갈죄[공갈쬐/ー쒀] | | |

ㄴ. 물동량[물똥량 → 물똥냥](경 → 비)

| 발동력[발똥녁] | 발전량[발쩐냥] | 발전력[발쩐녁] |
|---|---|---|

ㄷ. 설득력[설뜩력 → 설뜩녁 → 설뜽녁](경 → 비 → 비)


(199)는 표준발음법 제26항에 규정된 한자어의 경우이다. 보기는 자음접

변의 환경에서 앞 끝소리 'ㄹ'이 뒤 첫소리 'ㄷ, ㅅ, ㅈ' 등과 연결된 경우에, 'ㄷ → ㄸ'·'ㅅ → ㅆ'·'ㅈ → ㅉ' 등과 같이 뒤 첫소리가 경음으로 실현된 것이다. (199ㄴ, ㄷ)은 음운변화과정에서 먼저 경음화를 적용한 후에, 다른 음운규칙 등을 적용한다.

(199ㄱ)의 '밀도살'은 '밀도살 → 밀또살'과 같은 음운변화과정에서 'ㄷ → ㄸ(-도- → -또-)'과 같이 'ㄷ'에 경음화가 적용된다. '간결성'은 '간결성 → 간결썽'과 같은 음운변화과정에서 'ㅅ → ㅆ(-성 → -썽)'과 같이 'ㅅ'에 경음화가 적용된다. '과실주'는 '과실주 → 과실쭈'와 같은 음운변화과정에서 'ㅈ → ㅉ(-주 → -쭈)'과 같이 'ㅈ'에 경음화가 적용된다.

(199ㄴ)의 '발동력'이 '발동력 → 발똥력 → 발똥녁'과 같은 음운변화과정에서 1단계는 'ㄷ → ㄸ(-동- → -똥-)'과 같이 'ㄷ'에 경음화가 적용되고, 2단계는 'ㄹ → ㄴ(-력 → -녁)'과 같이 'ㄹ'에 비음화가 적용된다.

(199ㄷ)의 '설득력'이 '설득력 → 설뜩력 → 설뜩녁 → 설뜽녁'과 같은 음운변화과정에서 1단계는 'ㄷ → ㄸ(-득- → -뜩-)'과 같이 'ㄷ'에 경음화가 적용되고, 2단계는 'ㄹ → ㄴ(-력 → -녁)'과 같이 'ㄹ'에 비음화가 적용되고, 3단계는 'ㄱ → ㅇ(-뜩- → -뜽-)'과 같이 'ㄱ'에 비음화가 적용된다.

**5)** 앞 끝소리가 'ㅁ'인 경우(표 제28항)

(200) 'ㅁ + ㄱ → ㅁ + ㄲ'('ㄱ → ㄲ': 경)

　ㄱ. 가늠구멍[가늠꾸멍](경)(표 제28항)

| | | | |
|---|---|---|---|
| 곰국[곰꾹] | 땀국[땀꾹] | 꿈결[꿈껼] | 꿈길[꿈낄] |
| 밤길[밤낄] | 숨결[숨껼] | 잠결[잠껼] | 잠귀[잠뀌] |
| 가슴골[가슴꼴] | | 갈림길[갈림낄] | 곰거리[곰꺼리] |
| 구름결[구름껼] | | 구름길[구름낄] | 두엄간[두엄깐] |
| 땀구멍[땀꾸멍] | | 마음결[마음껼] | 무심결[무심껼] |
| 밤거리[밤꺼리] | | 봄가물[봄까물] | 봄기운[봄끼운] |
| 새김글[새김끌] | | 숨구멍[숨꾸멍] | 아침결[아침껼] |

한국어 발음 교육의 실제

양념감[양념깜]　　　　어둠길[어둠낄]　　　　얼음길[어름낄]

마침가락[마침까락]　　바람구멍[바람꾸멍]

아침거리[아침꺼리]　　양념거리[양념꺼리]

웃음거리[우슴꺼리]

ㄴ. 내림긋[내림끗 → 내림끋](경 → 말)

몸긋[몸끋]　　　　　　삼긋[삼끋]

ㄷ. 가늠값[가늠깞 → 가늠깝](경 → 'ㅅ'탈)

몸값[몸깝]　　　　　　품값[품깝]　　　　　　사람값[사람깝]

양념값[양념깝]　　　　어림값[어림깝]　　　　이름값[이름깝]

ㄹ. 엄격하다[엄격하다 → 엄껴카다](경 → 격)


(200)은 자음접변의 환경에서 앞 끝소리 'ㅁ'이 뒤 첫소리 'ㄱ'과 연결된 경우에, 'ㄱ → ㄲ'과 같이 뒤 첫소리 'ㄱ'이 경음인 'ㄲ'으로 실현된 것이다. (200ㄴ-ㄹ)은 음운변화과정에서 먼저 경음화를 적용한 후에, 다른 음운규칙 등을 적용한다.

(200ㄱ)은 표준발음법 제28항에 규정되어 있다. '가슴골'은 '가슴골 → 가슴꼴'과 같은 음운변화과정에서 'ㄱ → ㄲ(-골 → -꼴)'과 같이 'ㄱ'에 경음화가 적용된다.

(200ㄴ)의 '몸긋'이 '몸긋 → 몸끗 → 몸끋'과 같은 음운변화과정에서 1단계는 'ㄱ → ㄲ(-긋 → -끗)'과 같이 'ㄱ'에 경음화가 적용되고, 2단계는 'ㅅ → ㄷ(-끗 → -끋)'과 같이 'ㅅ'에 말음법칙이 적용된다.

(200ㄷ)의 '몸값'이 '몸값 → 몸깞 → 몸깝'과 같은 음운변화과정에서 1단계는 'ㄱ → ㄲ(-값 → -깞)'과 같이 'ㄱ'에 경음화가 적용되고, 2단계는 'ㅄ → ㅂ(-깞 → -깝)'과 같이 'ㅅ'에 자음탈락이 적용된다.

(200ㄹ)의 '엄격하다'가 '엄격하다 → 엄껵하다 → 엄껴카다'와 같은 음운변화과정에서 1단계는 'ㄱ → ㄲ(-격 → -껵)'과 같이 'ㄱ'에 경음화가 적용되고, 2단계는 'ㄱ + ㅎ → ㅋ(-껵하- → -껴카-)'과 같이 'ㄱ'에 격음화가

적용된다.

(201) 'ㅁ + ㄷ → ㅁ + ㄸ'('ㄷ → ㄸ' : 경)

　ㄱ. 가름둑[가름뚝](경)(표 제28항)

　　금돌[금똘]　　　삼단[삼딴]　　　삼대[삼때]　　　섬돌[섬똘]

　　점대[점때]　　　점돈[점똔]　　　참돈[참똔]　　　품돈[품똔]

　　그믐달[그믐딸]　　금덩이[금떵이]　　　　　마름돌[마름똘]

　　받침대[받침때]　　밤더위[밤떠위]　　　　　밤도둑[밤또둑]

　　밤도망[밤또망]　　밤도적[밤또적]　　　　　밤도주[밤또주]

　　보름달[보름딸]　　잠동무[잠똥무]　　　　　좀도둑[좀또둑]

　　미끄럼대[미끄럼때]　얼음덩이[어름떵이]

　　오줌동이[오줌똥이]

　ㄴ. 감다[감따](경)

　　검다[검따]　　　뽐다[뽐따]　　　습다[습따]　　　참다[참따]

　　품다[품따]　　　더듬다[더듬따]　　　　　서슴다[서슴따]

　　가다듬다[가다듬따]

　ㄷ. 솜돗[솜똣 → 솜똗](경 → 말)

　ㄹ. 싸움닭[싸움딹 → 싸움딱](경 → 'ㄹ'탈)

　(201)은 자음접변의 환경에서 앞 끝소리 'ㅁ'이 뒤 첫소리 'ㄷ'과 연결된 경우에, 'ㄷ → ㄸ'과 같이 뒤 첫소리 'ㄷ'이 경음인 'ㄸ'으로 실현된 것이다. (201ㄷ, ㄹ)은 음운변화과정에서 먼저 경음화를 적용한 후에, 다른 음운규칙 등을 적용한다.

　(201ㄱ)은 표준발음법 제28항에 규정되어 있다. '그믐달'은 '그믐달 → 그믐딸'과 같은 음운변화과정에서 'ㄷ → ㄸ(-달 → -딸)'과 같이 'ㄷ'에 경음화가 적용된다.

　(201ㄴ)은 어간의 앞 끝소리 'ㅁ'이 뒤 첫소리가 'ㄷ'인 어미 '-다'와 연결된 경우이다. '검다'는 '검다 → 검따'와 같은 음운변화과정에서 'ㄷ → ㄸ(-다 → -따)'과 같이 'ㄷ'에 경음화가 적용된다.

(201ㄷ)의 '솜돗'이 '솜돗 → 솜똣 → 솜똗'과 같은 음운변화과정에서 1단계는 'ㄷ → ㄸ(-돗 → -똣)'과 같이 'ㄷ'에 경음화가 적용되고, 2단계는 'ㅅ → ㄷ(-똣 → -똗)'과 같이 'ㅅ'에 말음법칙이 적용된다.

(201ㄹ)의 '싸움닭'이 '싸움닭 → 싸움딹 → 싸움딱'과 같은 음운변화과정에서 1단계는 'ㄷ → ㄸ(-닭 → -딹)'과 같이 'ㄷ'에 경음화가 적용되고, 2단계는 'ㄺ → ㄱ(-딹 → -딱)'과 같이 'ㄹ'에 자음탈락이 적용된다.

(202) 'ㅁ + ㅂ → ㅁ + ㅃ'('ㅂ → ㅃ' : 경)

    ㄱ. 걸음발[거름빨](경)(표 제28항)

| | | | |
|---|---|---|---|
| 김발[김빨] | 밤밥[밤빱] | 밤불[밤뿔] | 밤비[밤삐] |
| 봄밤[봄빰] | 봄비[봄삐] | 짐배[짐빼] | 참밥[참빱] |
| 품밥[품빱] | 그믐밤[그믐빰] | 담벼락[담뼈락] | |
| 땀방울[땀빵울] | 마음보[마음뽀] | 머슴밥[머슴빱] | |
| 머슴방[머슴빵] | 보름밤[보름빰] | 봄바람[봄빠람] | |
| 봄보리[봄뽀리] | 비빔밥[비빔빱] | 살림방[살림빵] | |
| 손님방[손님빵] | 싸움배[싸움빼] | 아침밥[아침빱] | |
| 어둠별[어둠뼐] | 울음보[우름뽀] | 웃음보[우슴뽀] | |
| 울음바다[우름빠다] | 웃음바다[우슴빠다] | | |
| 웃음보따리[우슴뽀따리] | | | |

    ㄴ. 감빛[감삗 → 감삗](경 → 말)

| | | | |
|---|---|---|---|
| 밤빛[밤삗] | 봄볕[봄뼏] | 봄빛[봄삗] | 쩜빛[쩜삗] |
| 노름빛[노름삗] | 여름빛[여름삗] | 웃음빛[우슴삗] | |

(202)는 자음접변의 환경에서 앞 끝소리 'ㅁ'이 뒤 첫소리 'ㅂ'과 연결된 경우에, 'ㅂ → ㅃ'과 같이 뒤 첫소리 'ㅂ'이 경음인 'ㅃ'으로 실현된 것이다. (202ㄴ)은 음운변화과정에서 먼저 경음화를 적용한 후에, 받침규칙을 적용한다.

(202ㄱ)은 표준발음법 제28항에 규정되어 있다. '땀방울'은 '땀방울 → 땀빵울'과 같은 음운변화과정에서 'ㅂ → ㅃ(-방- → -빵-)'과 같이 'ㅂ'에 경

음화가 적용된다.

(202ㄴ)의 '밤빛'이 '밤빛 → 밤삧 → 밤삩'과 같은 음운변화과정에서 1단 계는 'ㅂ → ㅃ(-빛 → -삧)'과 같이 'ㅂ'에 경음화가 적용되고, 2단계는 'ㅊ → ㄷ(-삧 → -삩)'과 같이 'ㅊ'에 말음법칙이 적용된다.

(203) 'ㅁ + ㅅ → ㅁ + ㅆ'('ㅅ → ㅆ' : 경)

    ㄱ. 가슴살[가슴쌀](경)(표 제28항)

| | | | |
|---|---|---|---|
| 꿈속[꿈쏙] | 몸상[몸쌍] | 몸속[몸쏙] | 밤소[밤쏘] |
| 밤손[밤쏜] | 뺨살[뺨쌀] | 셈속[셈쏙] | 품속[품쏙] |
| 힘살[힘쌀] | 가름솔[가름쏠] | | 가슴속[가슴쏙] |
| 구김살[구김쌀] | 나념수[나념쑤] | | 마음속[마음쏙] |
| 바람살[바람쌀] | 밤사이[밤싸이] | | 밤소리[밤쏘리] |
| 밤손님[밤쏜님] | 손님상[손님쌍] | | 숨소리[숨쏘리] |
| 어둠살[어둠쌀] | 웃음살[우슴쌀] | | 주름살[주름쌀] |
| 가슴소리[가슴쏘리] | 울음소리[우름쏘리] | | |
| 웃음소리[우슴쏘리] | | | |

    ㄴ. 길품삯[길품쌊 → 길품싹](경 → 'ㅅ'탈)

       짐삯[짐싹]         품삯[품싹]

(203)은 자음접변의 환경에서 앞 끝소리 'ㅁ'이 뒤 첫소리 'ㅅ'과 연결된 경우에, 'ㅅ → ㅆ'과 같이 뒤 첫소리 'ㅅ'이 경음인 'ㅆ'으로 실현된 것이다. (203ㄴ)은 음운변화과정에서 먼저 경음화를 적용한 후에, 자음탈락을 적용 한다.

(203ㄱ)은 표준발음법 제28항에 규정되어 있다. '구김살'은 '구김살 → 구 김쌀'과 같은 음운변화과정에서 'ㅅ → ㅆ(-살 → -쌀)'과 같이 'ㅅ'에 경음 화가 적용된다.

(203ㄴ)의 '짐삯'이 '짐삯 → 짐쌊 → 짐싹'과 같은 음운변화과정에서 1단 계는 'ㅅ → ㅆ(-삯 → -쌊)'과 같이 'ㅅ'에 경음화가 적용되고, 2단계는 'ㄳ

→ ㄱ(-쌌 → -싹)'과 같이 'ㅅ'에 자음탈락이 적용된다.

(204) 'ㅁ + ㅈ → ㅁ + ㅉ'('ㅈ → ㅉ' : 경)

    ㄱ. 두엄자리[두엄짜리](경)(표 제28항)

| | | | |
|---|---|---|---|
| 몸종[몸쫑] | 몸줄[몸쭐] | 몸집[몸찝] | 밤잠[밤짬] |
| 밤장[밤짱] | 밤중[밤쭝] | 흠집[흠찝] | 힘줄[힘쭐] |
| 땀줄기[땀쭐기] | 밤저녁[밤쩌녁] | | 살림집[살림찝] |
| 손님장[손님짱] | 아침잠[아침짬] | | 얼음집[어름찝] |
| 여름잠[여름짬] | 이음줄[이음쭐] | | 잠자리[잠짜리] |
| 토담집[토담찝] | 힘줄기[힘쭐기] | | |
| 마음자리[마음짜리] | 울음주머니[우름쭈머니] | | |

    ㄴ. 메밀짚[메밀찦 → 메밀찝](경 → 말)

        몸짓[몸찓]

(204)는 자음접변의 환경에서 앞 끝소리 'ㅁ'이 뒤 첫소리 'ㅈ'과 연결된 경우에, 'ㅈ → ㅉ'과 같이 뒤 첫소리 'ㅈ'이 경음인 'ㅉ'으로 실현된 것이다. (204ㄴ)은 음운변화과정에서 먼저 경음화를 적용한 후에, 말음법칙을 적용한다.

(204ㄱ)은 표준발음법 제28항에 규정하고 있다. '땀줄기'는 '땀줄기 → 땀쭐기'와 같은 음운변화과정에서 'ㅈ → ㅉ(-줄- → -쭐-)'과 같이 'ㅈ'에 경음화가 적용된다.

(204ㄴ)의 '몸짓'이 '몸짓 → 몸찟 → 몸찓'과 같은 음운변화과정에서 1단계는 'ㅈ → ㅉ(-짓 → -찟)'과 같이 'ㅈ'에 경음화가 적용되고, 2단계는 'ㅅ → ㄷ(-찟 → -찓)'과 같이 'ㅅ'에 말음법칙이 적용된다.

**6)** 앞 끝소리가 'ㅂ'인 경우(표 제23항)

(205) 'ㅂ + ㄱ → ㅂ + ㄲ'('ㄱ → ㄲ' : 경)

    ㄱ. 갑골[갑꼴](경)

갑과[갑꽈] 겁결[겁껼] 겁기[겁끼] 겹겹[겹껵]
급감[급깜] 납골[납꼴] 납기[납끼] 답곡[답꼭]
법관[법꽌] 법규[법뀨] 삽구[삽꾸] 습격[습껵]
습곡[습꼭] 습관[습꽌] 습기[습끼] 십간[십깐]
압각[압깍] 압권[압꿘] 압기[압끼] 업고[업꼬]
업귀[업뀌] 엽견[엽껸] 엽구[엽꾸] 엽기[엽끼]
입가[입까] 입관[입꽌] 입교[입꾜] 입구[입꾸]
입국[입꾹] 입궐[입꿜] 입귀[입뀌] 입금[입끔]
입김[입낌] 잡곡[잡꼭] 잡귀[잡뀌] 잡균[잡뀬]
잡기[잡끼] 접객[접깩] 접견[접껸] 접경[접꼉]
접골[접꼴] 접근[접끈] 집게[집께] 합가[합까]
합격[합껵] 합금[합끔] 협공[협꽁]

십계[십꼐/*-께] 업계[업꼐/*-께] 집계[집꼐/*-께]
합계[합꼐/*-께] 가입국[가입꾹] 굽갈래[굽깔래]
굽갈이[굽까리] 급경사[급꼉사] 급기야[급끼야]
기업가[기업까] 납거미[납꺼미] 사십권[사십꿘]
사업가[사업까] 삽괭이[삽꽹이] 수습공[수습꽁]
수집가[수집까] 엉겁결[엉겁껼] 인접권[인접꿘]
입가심[입까심] 접가지[접까지] 지급기[지급끼]
집가축[집까축] 집게발[집께발] 집구석[집꾸석]
합기도[합끼도]

가보잡기[가보잡끼] 술래잡기[술래잡끼]
십구공탄[십꾸공탄] 업구렁이[업꾸렁이]

ㄴ. 가깝거나[가깝꺼나](경)

곱게[곱께] 꼽고[꼽꼬] 눕기[눕끼] 덥기[덥끼]
돕고[돕꼬] 맵고[맵꼬] 밉고[밉꼬] 뽑고[뽑꼬]
쉽고[쉽꼬] 씹고[씹꼬] 업고[업꼬] 입고[입꼬]
잡고[잡꼬] 접고[접꼬] 좁고[좁꼬] 줍고[줍꼬]
집고[집꼬] 춥고[춥꼬] 뵙고[뵙꼬/뵙-]

가렵고[가렵꼬] 가볍고[가볍꼬] 가엽고[가엽꼬]

고맙고[고맙꼬] 귀엽고[귀엽꼬] 꼬집고[꼬집꼬]
놀랍고[놀랍꼬] 두껍고[두껍꼬] 뒤집고[뒤집꼬]
따갑고[따갑꼬] 무겁고[무겁꼬] 무섭고[무섭꼬]
반갑고[반갑꼬] 부럽고[부럽꼬] 사납고[사납꼬]
새롭고[새롭꼬] 손쉽고[손쉽꼬] 수줍고[수줍꼬]
아깝고[아깝꼬] 아쉽고[아쉽꼬] 어둡고[어둡꼬]
어렵고[어렵꼬] 우습고[우습꼬] 정겹고[정겹꼬]
정답고[정답꼬] 즐겁고[즐겁꼬] 지겹고[지겹꼬]
차갑고[차갑꼬] 흥겹고[흥겹꼬] 힘겹고[힘겹꼬]
괴롭고[괴롭꼬/궤−] 외롭고[외롭꼬/웨−]
날카롭고[날카롭꼬] 번거롭고[번거롭꼬]
부끄럽고[부끄럽꼬] 부드럽고[부드럽꼬]
사람답고[사람답꼬] 슬기롭고[슬기롭꼬]
신비롭고[신비롭꼬] 아니꼽고[아니꼽꼬]
아름답고[아름답꼬] 안타깝고[안타깝꼬]
애처롭고[애처롭꼬] 어지럽고[어지럽꼬]
여유롭고[여유롭꼬] 인간답고[인간답꼬]
자유롭고[자유롭꼬] 탐스럽고[탐스럽꼬]
평화롭고[평화롭꼬] 풍요롭고[풍요롭꼬]
향기롭고[향기롭꼬] 흥미롭고[흥미롭꼬]
새삼스럽고[새삼스럽꼬] 시원스럽고[시원스럽꼬]
어른스럽고[어른스럽꼬] 억지스럽고[억찌스럽꼬]
자연스럽고[자연스럽꼬] 정성스럽고[정성스럽꼬]
조심스럽고[조심스럽꼬] 통명스럽고[통명스럽꼬]
우스꽝스럽고[우스꽝스럽꼬]

ㄷ. 마법과[마법꽈](‘ㅂ + 과’ : 경)

밥과[밥꽈] 집과[집꽈] 컵과[컵꽈]
모습과[모습꽈] 밀랍과[밀랍꽈] 위협과[위협꽈]

ㄹ. 갑갑증[갑깝증 → 갑깝쯩](경 → 경)

갑근세[갑끈쎄] 겹글자[겹끌짜] 납골당[납꼴땅]

잡곡밥[잡꼭빱]         합격자[합격짜]

(205)는 자음접변의 환경에서 앞 끝소리 'ㅂ'이 뒤 첫소리 'ㄱ'과 연결된 경우에, 'ㄱ → ㄲ'과 같이 뒤 첫소리 'ㄱ'이 경음인 'ㄲ'으로 실현된 것이다.

(205ㄱ)의 '가입국'은 '가입국 → 가입꾹'과 같은 음운변화과정에서 'ㄱ → ㄲ(-국 → -꾹)'과 같이 'ㄱ'에 경음화가 적용된다.

(205ㄴ)은 어간의 앞 끝소리 'ㅂ'이 뒤 첫소리가 'ㄱ'인 어미('-거나, -게, -고, -기' 등)와 연결된 경우이다. '가렵고'는 '가렵고 → 가렵꼬'와 같은 음운변화과정에서 'ㄱ → ㄲ(-고 → -꼬)'과 같이 'ㄱ'에 경음화가 적용된다.

(205ㄷ)은 앞 끝소리 'ㅂ'이 뒤 첫소리가 'ㄱ'인 조사('과')와 연결된 경우이다. '모습과'는 '모습과 → 모습꽈'와 같은 음운변화과정에서 'ㄱ → ㄲ(-과 → -꽈)'과 같이 'ㄱ'에 경음화가 적용된다.

(205ㄹ)의 '갑근세'는 '갑근세 → 갑끈세 → 갑끈쎄'와 같은 음운변화과정에서 1단계는 'ㄱ → ㄲ(-근- → -끈-)'과 같이 'ㄱ'에 경음화가 적용되고, 2단계는 'ㅅ → ㅆ(-세 → -쎄)'과 같이 'ㅅ'에 경음화가 적용된다.

(206) 'ㅂ + ㄱ → ㅂ + ㄲ'('ㄱ → ㄲ' : 경)
　　　ㄱ. 밥그릇[밥끄릇 → 밥끄른](경 → 말)
　　　ㄴ. 밥값[밥깗 → 밥깝](경 → 'ㅅ'탈)
　　　ㄷ. 인접권료[인접꿘료 → 인접꿘뇨](경 → 비)
　　　ㄹ. 갑각류[갑깍류 → 갑깍뉴 → 갑깡뉴](경 → 비 → 비)
　　　ㅁ. 갑갑하다[갑깝하다 → 갑까파다](경 → 격)
　　　　 겹겹하다[겹꺼파다]　　　　　급격하다[급껴카다]
　　　　 급급하다[급끄파다]　　　　　합격하다[합껴카다]

(206)은 자음접변의 환경에서 앞 끝소리 'ㅂ'이 뒤 첫소리 'ㄱ'과 연결된 경우에, 'ㄱ → ㄲ'과 같이 뒤 첫소리 'ㄱ'이 경음인 'ㄲ'으로 실현된 것이다. 이 경우에는 음운변화과정에서 먼저 경음화를 적용한 후에, 다른 음운규칙

등을 적용한다.

(206ㄱ)의 '밥그릇'이 '밥그릇 → 밥끄릇 → 밥끄른'과 같은 음운변화과정
에서 1단계는 'ㄱ → ㄲ(-그- → -끄-)'과 같이 'ㄱ'에 경음화가 적용되고,
2단계는 'ㅅ → ㄷ(-릇 → -른)'과 같이 'ㅅ'에 말음법칙이 적용된다.

(206ㄴ)의 '밥값'이 '밥값 → 밥깞 → 밥깝'과 같은 음운변화과정에서 1단
계는 'ㄱ → ㄲ(-값 → -깞)'과 같이 'ㄱ'에 경음화가 적용되고, 2단계는 'ㅄ
→ ㅂ(-깞 → -깝)'과 같이 'ㅅ'에 자음탈락이 적용된다.

(206ㄷ)의 '인접권료'가 '인접권료 → 인접꿘료 → 인접꿘뇨'와 같은 음
운변화과정에서 1단계는 'ㄱ → ㄲ(-권- → -꿘-)'과 같이 'ㄱ'에 경음화
가 적용되고, 2단계는 'ㄹ → ㄴ(-료 → -뇨)'과 같이 'ㄹ'에 비음화가 적용
된다.

(206ㄹ)의 '갑각류'가 '갑각류 → 갑깍류 → 갑깍뉴 → 갑깡뉴'와 같은 음
운변화과정에서 1단계는 'ㄱ → ㄲ(-각- → -깍-)'과 같이 'ㄱ'에 경음화가
적용되고, 2단계는 'ㄹ → ㄴ(-류 → -뉴)'과 같이 'ㄹ'에 비음화가 적용되
고, 3단계는 'ㄱ → ㅇ(-깍- → -깡-)'과 같이 'ㄱ'에 비음화가 적용된다.

(206ㅁ)의 '합격하다'가 '합격하다 → 합껵하다 → 합껵카다'와 같은 음운
변화과정에서 1단계는 'ㄱ → ㄲ(-격- → -껵-)'과 같이 'ㄱ'에 경음화가
적용되고, 2단계는 'ㄱ + ㅎ → ㅋ(-껵하- → -껴카-)'과 같이 'ㄱ'에 격음
화가 적용된다.

(207) 'ㅂ + ㄷ → ㅂ + ㄸ'('ㄷ → ㄸ' : 경)

    ㄱ. 곱돌(경)

| | | | |
|---|---|---|---|
| 급대[급때] | 급등[급뜽] | 납득[납뜩] | 밉둥[밉뚱] |
| 법당[법땅] | 법도[법또] | 법등[법뜽] | 습도[습또] |
| 습득[습뜩] | 십대[십때] | 압도[압또] | 입단[입딴] |
| 입담[입땀] | 입당[입땅] | 입대[입때] | 입동[입똥] |
| 잡담[잡땀] | 접대[접때] | 접도[접또] | 접등[접뜽] |

| | | | |
|---|---|---|---|
| 집단[집딴] | 합당[합땅] | 합동[합똥] | 협동[협똥] |
| 굽달이[굽따리] | 굽도리[굽또리] | 굽뒤축[굽뛰축] | |
| 겹대패[겹때패] | 껍데기[껍떼기] | 납덩이[납떵이] | |
| 납도리[납또리] | 밥도둑[밥또둑] | 업둥이[업뚱이] | |
| 입다짐[입따짐] | 입단속[입딴속] | 접대패[접때패] | |
| 접두사[접뚜사] | 집대성[집때성] | 집돼지[집뙈지] | |
| 집들이[집뜨리] | | 겹도르래[겹또르래] | |
| 알껍데기[알껍떼기] | 업두꺼비[업뚜꺼비] | | |
| 입도선매[입또선매] | 잡동사니[잡똥사니] | | |

ㄴ. 가깝다[가깝따](경)

| | | | |
|---|---|---|---|
| 겹다[겹따] | 곱다[곱따] | 굽다[굽따] | 꼽다[꼽따] |
| 눕다[눕따] | 덥다[덥따] | 돕다[돕따] | 맵다[맵따] |
| 밉다[밉따] | 뽑다[뽑따] | 쉽다[쉽따] | 씹다[씹따] |
| 업다[업따] | 입다[입따] | 잡다[잡따] | 접다[접따] |
| 좁다[좁따] | 줍다[줍따] | 집다[집따] | 춥다[춥따] |
| 뵙다[뵙따/뷉−] | 가렵다[가렵따] | | 가볍다[가볍따] |
| 가엽다[가엽따] | 고맙다[고맙따] | | 귀엽다[귀엽따] |
| 꼬집다[꼬집따] | 놀랍다[놀랍따] | | 두껍다[두껍따] |
| 뒤집다[뒤집따] | 따갑다[따갑따] | | 무겁다[무겁따] |
| 무섭다[무섭따] | 반갑다[반갑따] | | 부럽다[부럽따] |
| 사납다[사납따] | 새롭다[새롭따] | | 손쉽다[손쉽따] |
| 수줍다[수줍따] | 아깝다[아깝따] | | 아쉽다[아쉽따] |
| 어둡다[어둡따] | 어렵다[어렵따] | | 우습다[우습따] |
| 정겹다[정겹따] | 정답다[정답따] | | 즐겁다[즐겁따] |
| 지겹다[지겹따] | 차갑다[차갑따] | | 흥겹다[흥겹따] |
| 힘겹다[힘겹따] | 괴롭다[괴롭따/꿰−] | | |
| 외롭다[외롭따/웨−] | 날카롭다[날카롭따] | | |
| 번거롭다[번거롭따] | 부끄럽다[부끄럽따] | | |
| 부드럽다[부드럽따] | 사람답다[사람답따] | | |
| 슬기롭다[슬기롭따] | 신비롭다[신비롭따] | | |

아니꼽다[아니꼽따]　　　　아름답다[아름답따]

안타깝다[안타깝따]　　　　애처롭다[애처롭따]

어지럽다[어지럽따]　　　　여유롭다[여유롭따]

인간답다[인간답따]　　　　자유롭다[자유롭따]

탐스럽다[탐스럽따]　　　　평화롭다[평화롭따]

풍요롭다[풍요롭따]　　　　향기롭다[향기롭따]

흥미롭다[흥미롭따]　　　　새삼스럽다[새삼스럽따]

시원스럽다[시원스럽따]　　어른스럽다[어른스럽따]

사랑스럽다[사랑스럽따]　　자연스럽다[자연스럽따]

정성스럽다[정성스럽따]　　조심스럽다[조심스럽따]

퉁명스럽다[퉁명스럽따]　　우스꽝스럽다[우스꽝스럽따]

ㄷ. 갑도[갑또](경)

밥도[밥또]　　　법도[법또]　　　입도[입또]　　　집도[집또]

집들[집뜰]　　　기업들[기업뜰]　　　　　대답도[대답또]

모습도[모습또]　몸집도[몸찝또]　　　　　방법들[방법뜰]

비법도[비뻡또]　수입도[수입또]　　　　　화합도[화합또]

(207)은 자음접변의 환경에서 앞 끝소리 'ㅂ'이 뒤 첫소리 'ㄷ'과 연결된 경우에, 'ㄷ → ㄸ'과 같이 뒤 첫소리 'ㄷ'이 경음인 'ㄸ'으로 실현된 것이다.

(207ㄱ)의 '굽달이'는 '굽달이 → 굽따리'와 같은 음운변화과정에서 'ㄷ → ㄸ(-달- → -딸-)'과 같이 'ㄷ'에 경음화가 적용된다.

(207ㄴ)은 어간의 앞 끝소리 'ㅂ'이 뒤 첫소리가 'ㄷ'인 어미('-다')와 연결된 경우이다. '가렵다'는 '가렵다 → 가렵따'와 같은 음운변화과정에서 'ㄷ → ㄸ(-다 → -따)'과 같이 'ㄷ'에 경음화가 적용된다.

(207ㄷ)은 앞 끝소리 'ㅂ'이 뒤 첫소리가 'ㄷ'인 조사('도, 들' 등)와 연결된 경우이다. '모습도'는 '모습도 → 모습또'와 같은 음운변화과정에서 'ㄷ → ㄸ(-도 → -또)'과 같이 'ㄷ'에 경음화가 적용된다.

(208) 'ㅂ + ㄷ → ㅂ + ㄸ'('ㄷ → ㄸ' : 경)

    ㄱ. 입덧[입떳 → 입떧](경 → 말)

    ㄴ. 겹닿소리[겹땋소리 → 겹따소리 → 겹따쏘리](경 → 'ㅎ'탈 → 경)

    ㄷ. 답답하다[답땁하다 → 답따파다](경 → 격)

        좁다랗다[좁따라타]

    ㄹ. 두껍닫이[두껍딷이 → 두껍따지](경 → 구)


(208)은 자음접변의 환경에서 앞 끝소리 'ㅂ'이 뒤 첫소리 'ㄷ'과 연결된 경우에, 'ㄷ → ㄸ'과 같이 뒤 첫소리 'ㄷ'이 경음인 'ㄸ'으로 실현된 것이다. 이 경우에는 음운변화과정에서 먼저 경음화를 적용한 후에, 다른 음운규칙 등을 적용한다.

(208ㄱ)의 '입덧'이 '입덧 → 입떳 → 입떧'과 같은 음운변화과정에서 1단계는 'ㄷ → ㄸ(-덧 → -떳)'과 같이 'ㄷ'에 경음화가 적용되고, 2단계는 'ㅅ → ㄷ(-떳 → -떧)'과 같이 'ㅅ'에 말음법칙이 적용된다.

(208ㄴ)의 '겹닿소리'가 '겹닿소리 → 겹땋소리 → 겹따소리 → 겹따쏘리' 와 같은 음운변화과정에서 1단계는 'ㄷ → ㄸ(-닿- → -땋-)'과 같이 'ㄷ' 에 경음화가 적용되고, 2단계는 'ㅎ → ∅(-땋- → -따-)'과 같이 'ㅎ'에 자 음탈락이 적용되고, 3단계는 'ㅅ → ㅆ(-소- → -쏘-)'과 같이 'ㅅ'에 경음 화가 적용된다.

(208ㄷ)의 '답답하다'가 '답답하다 → 답땁하다 → 답따파다'와 같은 음운 변화과정에서 1단계는 'ㄷ → ㄸ(-답- → -땁-)'과 같이 'ㄷ'에 경음화가 적용되고, 2단계는 'ㅂ + ㅎ → ㅍ(-땁하- → -따파-)'과 같이 'ㅂ'에 격음 화가 적용된다.

(208ㄹ)의 '두껍닫이'가 '두껍닫이 → 두껍딷이 → 두껍따지'와 같은 음운 변화과정에서 1단계는 'ㄷ → ㄸ(-닫- → -딷-)'과 같이 'ㄷ'에 경음화가 적용되고, 2단계는 'ㄷ → ㅈ(-딷이 → -따지)'과 같이 'ㄷ'에 구개음화가 적용된다.


                           한국어 발음 교육의 실제

(209) 'ㅂ + ㅂ → ㅂ + ㅃ'('ㅂ → ㅃ' : 경)

ㄱ. 갑배[갑빼](경)

| | | | |
|---|---|---|---|
| 갑번[갑뻔] | 갑병[갑뼝] | 갑부[갑뿌] | 겁박[겁빡] |
| 겁보[겁뽀] | 급박[급빡] | 급변[급뼌] | 급보[급뽀] |
| 급부[급뿌] | 급비[급삐] | 납본[납뽄] | 납부[납뿌] |
| 납북[납뿍] | 답방[답빵] | 답배[답빼] | 답변[답뼌] |
| 답보[답뽀] | 밥보[밥뽀] | 법복[법뽁] | 십분[십뿐] |
| 압박[압빡] | 업보[업뽀] | 입법[입뻡] | 잡범[잡뻠] |
| 잡부[잡뿌] | 탑본[탑뽄] | 탑비[탑삐] | 톱밥[톱빱] |
| 합방[합빵] | 합법[합뻡] | 협박[협빡] | |

| | | |
|---|---|---|
| 겹바지[겹빠지] | 겹받침[겹빧침] | 겹버선[겹뻐선] |
| 굽바닥[굽빠닥] | 굽바자[굽빠자] | 굽바탕[굽빠탕] |
| 밥벌레[밥뻘레] | 밥벌이[밥뻐리] | 상급반[상급빤] |
| 입방아[입빵아] | 작업복[자겁뽁] | 접바둑[접빠둑] |
| 졸업반[조럽빤] | 집배원[집빼원] | 하급반[하급빤] |
| 합부인[합뿌인] | 밥보자기[밥뽀자기] | |

ㄴ. 시집보내다[시집뽀내다](경)

ㄷ. 밥보다[밥뽀다](경)

손톱보다[손톱뽀다]

ㄹ. 합병증[합뼝증 → 합뼝쯩](경 → 경)

ㅁ. 겹벚꽃[겹뻣꽃 → 겹뼌꼳](경 → 말)

| | | |
|---|---|---|
| 납빛[납삗] | 입버릇[입뻐른] | 하엽빛[하엽삗] |

ㅂ. 대접붙이[대접뿥이 → 대접뿌치](경 → 구)

| | | |
|---|---|---|
| 밥받이[밥빠지] | 읍붙이[읍쁘치] | 접붙이기[접뿌치기] |

(209)는 자음접변의 환경에서 앞 끝소리 'ㅂ'이 뒤 첫소리 'ㅂ'과 연결된 경우에, 'ㅂ → ㅃ'과 같이 뒤 첫소리 'ㅂ'이 경음인 'ㅃ'으로 실현된 것이다. (209ㅁ, ㅂ)은 음운변화과정에서 먼저 경음화를 적용한 후에, 다른 음운규칙 등을 적용한다.

(209ㄱ)의 '겹바지'는 '겹바지 → 겹빠지'와 같은 음운변화과정에서 'ㅂ

→ ㅃ(-바- → -빠-)'과 같이 'ㅂ'에 경음화가 적용된다.

(209ㄴ)의 '시집보내다'는 '시집보내다 → 시집뽀내다'와 같은 음운변화
과정에서 'ㅂ → ㅃ(-보- → -뽀-)'과 같이 'ㅂ'에 경음화가 적용된다.

(209ㄷ)은 앞 끝소리 'ㅂ'이 뒤 첫소리가 'ㅂ'인 조사('보다')와 연결된 경
우이다. '손톱보다'는 '손톱보다 → 손톱뽀다'와 같은 음운변화과정에서 'ㅂ
→ ㅃ(-보- → -뽀-)'과 같이 'ㅂ'에 경음화가 적용된다.

(209ㄹ)의 '합병증'이 '합병증 → 합뼝증 → 합뼝쯩'과 같은 음운변화과정
에서 1단계는 'ㅂ → ㅃ(-병- → -뼝-)'과 같이 'ㅂ'에 경음화가 적용되고,
2단계는 'ㅈ → ㅉ(-증 → -쯩)'과 같이 'ㅈ'에 경음화가 적용된다.

(209ㅁ)의 '납빛'이 '납빛 → 납삧 → 납삗'과 같은 음운변화과정에서 1단
계는 'ㅂ → ㅃ(-빛 → -삧)'과 같이 'ㅂ'에 경음화가 적용되고, 2단계는 'ㅊ
→ ㄷ(-삧 → -삗)'과 같이 'ㅊ'에 말음법칙이 적용된다.

(209ㅂ)의 '밥받이'가 '밥받이 → 밥빧이 → 밥빠지'와 같은 음운변화과정
에서 1단계는 'ㅂ → ㅃ(-받- → -빧-)'과 같이 'ㅂ'에 경음화가 적용되고,
2단계는 'ㄷ → ㅈ(-빧이 → -빠지)'과 같이 'ㄷ'에 구개음화가 적용된다.

(210) 'ㅂ + ㅅ → ㅂ + ㅆ'('ㅅ → ㅆ' : 경)

ㄱ. 갑사[갑싸](경)

| | | | |
|---|---|---|---|
| 갑석[갑썩] | 갑술[갑쑬] | 갑신[갑씬] | 겹살[겹쌀] |
| 겹성[겹썽] | 겹심[겹씸] | 겹실[겹씰] | 곱사[곱싸] |
| 곱상[곱쌍] | 곱셈[곱쎔] | 곱실[곱씰] | 굽실[굽씰] |
| 급사[급싸] | 급살[급쌀] | 급성[급썽] | 급소[급쏘] |
| 급수[급쑤] | 급습[급씁] | 급식[급씩] | 납세[납쎄] |
| 답사[답싸] | 답습[답씁] | 답신[답씬] | 덥석[덥썩] |
| 맵시[맵씨] | 몹시[몹씨] | 밉상[밉쌍] | 밥상[밥쌍] |
| 밥술[밥쑬] | 법석[법썩] | 섭수[섭쑤] | 습성[습썽] |
| 압사[압싸] | 압송[압쏭] | 압수[압쑤] | 압승[압씅] |
| 업소[업쏘] | 엽서[엽써] | 입사[입싸] | 입산[입싼] |

한국어 발음 교육의 실제

입상[입쌍]　　입석[입썩]　　입선[입썬]　　입성[입썽]

입술[입쑬]　　입시[입씨]　　입심[입씸]　　접사[접싸]

접속[접쏙]　　접수[접쑤]　　접시[접씨]　　집사[집싸]

집세[집쎄]　　탑삭[탑싹]　　탑승[탑씅]　　합석[합썩]

합성[합썽]　　협상[협쌍]　　흡수[흡쑤]

가납세[가납쎄]　　간섭색[간섭쌕]　　간접세[간접쎄]

갑상선[갑쌍선]　　강습소[강습쏘]　　겹사돈[겹싸돈]

겹살림[겹쌀림]　　겹새끼[겹쌔끼]　　겹소리[겹쏘리]

곱사위[곱싸위]　　곱소리[곱쏘리]　　광합성[광합썽]

급상승[급쌍승]　　급선무[급썬무]　　급성장[급썽장]

마법사[마법싸]　　맙소사[맙쏘사]　　밥소라[밥쏘라]

사업상[사업쌍]　　삽사리[삽싸리]　　삽살개[삽쌀개]

삽시간[삽씨간]　　쉽사리[쉽싸리]　　업숭이[업쑹이]

업시름[업씨름]　　응급실[응급씰]　　입소리[입쏘리]

입술책[입쑬책]　　잡상인[잡쌍인]　　잡소리[잡쏘리]

잡손질[잡쏜질]　　잡수입[잡쑤입]　　졸업식[조럽씩]

편집실[편집씰]　　합사발[합싸발]　　합사주[합싸주]

간접선거[간접썬거]　　곱슬머리[곱쓸머리]

십시일반[십씨일반]　　십실구공[십씰구공]

청삽사리[청삽싸리]　　배꼽시계[배꼽씨계/*－게]

　ㄴ. 가렵소[가렵소 → 가렵쏘](경)

가볍소[가볍쏘]　　고맙소[고맙쏘]　　놀랍소[놀랍쏘]

무겁소[무겁쏘]　　반갑소[반갑쏘]　　부럽소[부럽쏘]

어렵소[어렵쏘]　　해롭소[해롭쏘]　　괴롭소[괴롭쏘/궤－]

부끄럽소[부끄럽쏘]　　아름답소[아름답쏘]

　ㄷ. 갑시다[갑시다 → 갑씨다](경)

눕시다[눕씨다]　　둡시다[둡씨다]　　듭시다[듭씨다]

맙시다[맙씨다]　　봅시다[봅씨다]　　읍시다[읍씨다]

줍시다[줍씨다]　　합시다[합씨다]

가십시다[가십씨다]　　그럽시다[그럽씨다]

부릅시다[부릅씨다]

ㄹ. 급식소[급씩소 → 급씩쏘](경 → 경)

곱슬곱슬[곱쓸곱쓸]　　밥숟가락[밥쑫까락]

호들갑스럽다[호들갑쓰럽따]


(210)은 자음접변의 환경에서 앞 끝소리 'ㅂ'이 뒤 첫소리 'ㅅ'과 연결된 경우에, 'ㅅ → ㅆ'과 같이 뒤 첫소리 'ㅅ'이 경음인 'ㅆ'으로 실현된 것이다.

(210ㄱ)의 '가납세'는 '가납세 → 가납쎄'와 같은 음운변화과정에서 'ㅅ → ㅆ(-세 → -쎄)'과 같이 'ㅅ'에 경음화가 적용된다.

(210ㄴ)은 어간의 앞 끝소리 'ㅂ'이 뒤 첫소리가 'ㅅ'인 어미('-소')와 연결된 경우이다. '가볍소'는 '가볍소 → 가볍쏘'와 같은 음운변화과정에서 'ㅅ → ㅆ(-소 → -쏘)'과 같이 'ㅅ'에 경음화가 적용된다.

(210ㄷ)은 앞 끝소리 'ㅂ'이 뒤 첫소리 'ㅅ'('-시다')과 연결된 경우이다. '눕시다'는 '눕시다 → 눕씨다'와 같은 음운변화과정에서 'ㅅ → ㅆ(-시- → -씨-)'과 같이 'ㅅ'에 경음화가 적용된다.

(210ㄹ)의 '밥숟가락'이 '밥숟가락 → 밥쑫가락 → 밥쑫까락'과 같은 음운변화과정에서 1단계는 'ㅅ → ㅆ(-숟- → -쑫-)'과 같이 'ㅅ'에 경음화가 적용되고, 2단계는 'ㄱ → ㄲ(-가- → -까-)'과 같이 'ㄱ'에 경음화가 적용된다.


(211) 'ㅂ + ㅅ → ㅂ + ㅆ'('ㅅ → ㅆ' : 경)

ㄱ. 밥솥[밥쏱 → 밥쏟](경 → 말)

접시꽃[접씨꼳]

ㄴ. 입속말[입쏙말 → 입쏭말](경 → 비)

ㄷ. 곱습니다[곱씁니다 → 곱씀니다](경 → 비)

쉽습니다[쉽씁니다]　　입습니다[입씁니다]

잡습니다[잡씁니다]　　접습니다[접씁니다]

ㄹ. 탑삭나룻[탑싹나룻 → 탑쌍나룻 → 탑쌍나룯](경 → 비 → 말)

ㅁ. 섭섭하다[섭썹하다→섭써파다](경→격)

(211)은 자음접변의 환경에서 앞 끝소리 'ㅂ'이 뒤 첫소리 'ㅅ'과 연결된 경우에, 'ㅅ→ㅆ'과 같이 뒤 첫소리 'ㅅ'이 경음인 'ㅆ'으로 실현된 것이다. 이 경우에는 음운변화과정에서 먼저 경음화를 적용한 후에, 다른 음운규칙 등을 적용한다.

(211ㄱ)의 '접시꽃'이 '접시꽃→접씨꽃→접씨꼳'과 같은 음운변화과정에서 1단계는 'ㅅ→ㅆ(-시-→-씨-)'과 같이 'ㅅ'에 경음화가 적용되고, 2단계는 'ㅊ→ㄷ(-꽃→-꼳)'과 같이 'ㅊ'에 말음법칙이 적용된다.

(211ㄴ)의 '입속말'이 '입속말→입쏙말→입쏭말'과 같은 음운변화과정에서 1단계는 'ㅅ→ㅆ(-속-→-쏙-)'과 같이 'ㅅ'에 경음화가 적용되고, 2단계는 'ㄱ→ㅇ(-쏙-→-쏭-)'과 같이 'ㄱ'에 비음화가 적용된다.

(211ㄷ)은 어간의 앞 끝소리 'ㅂ'이 뒤 첫소리가 'ㅅ'인 어미('-습니다')와 연결된 경우이다. '쉽습니다'가 '쉽습니다→쉽씁니다→쉽씀니다'와 같은 음운변화과정에서 1단계는 'ㅅ→ㅆ(-습-→-씁-)'과 같이 'ㅅ'에 경음화가 적용되고, 2단계는 'ㅂ→ㅁ(-씁-→-씀-)'과 같이 'ㅂ'에 비음화가 적용된다.

(211ㄹ)의 '탑삭나룻'이 '탑삭나룻→탑싹나룻→탑쌍나룻→탑쌍나룯'과 같은 음운변화과정에서 1단계는 'ㅅ→ㅆ(-삭-→-싹-)'과 같이 'ㅅ'에 경음화가 적용되고, 2단계는 'ㄱ→ㅇ(-싹-→-쌍-)'과 같이 'ㄱ'에 비음화가 적용되고, 3단계는 'ㅅ→ㄷ(-룻→-룯)'과 같이 'ㅅ'에 말음법칙이 적용된다.

(211ㅁ)의 '섭섭하다'가 '섭섭하다→섭썹하다→섭써파다'와 같은 음운변화과정에서 1단계는 'ㅅ→ㅆ(-섭-→-썹-)'과 같이 'ㅅ'에 경음화가 적용되고, 2단계는 'ㅂ+ㅎ→ㅍ(-썹하-→-써파-)'과 같이 'ㅂ'에 격음화가 적용된다.

(212) 'ㅂ + ㅈ → ㅂ + ㅉ'('ㅈ → ㅉ' : 경)

ㄱ. 갑자[갑짜](경)

| | | | |
|---|---|---|---|
| 갑절[갑쩔] | 갑족[갑쪽] | 갑종[갑쫑] | 갑좌[갑쫘] |
| 갑진[갑찐] | 겹집[겹찝] | 곱자[곱짜] | 곱절[곱쩔] |
| 굽적[굽쩍] | 급장[급짱] | 급전[급쩐] | 급제[급쩨] |
| 급증[급쯩] | 껍질[껍찔] | 납작[납짝] | 넙죽[넙쭉] |
| 답장[답짱] | 답지[답찌] | 덥적[덥쩍] | 밥장[밥짱] |
| 밥줄[밥쭐] | 밥집[밥찝] | 법정[법쩡] | 삽질[삽찔] |
| 섭정[섭쩡] | 섭죽[섭쭉] | 습자[습짜] | 습작[습짝] |
| 습지[습찌] | 습진[습찐] | 십자[십짜] | 십진[십찐] |
| 압정[압쩡] | 압제[압쩨] | 압지[압찌] | 업자[업짜] |
| 업적[업쩍] | 업종[업쫑] | 업주[업쭈] | 엽전[엽쩐] |
| 읍장[읍짱] | 입자[입짜] | 입장[입짱] | 입증[입쯩] |
| 입지[입찌] | 잡전[잡쩐] | 잡종[잡쫑] | 잡지[잡찌] |
| 접자[접짜] | 접전[접쩐] | 접종[접쫑] | 집장[집짱] |
| 집적[집쩍] | 집중[집쭝] | 집쥐[집쮜] | 집집[집찝] |
| 첩자[첩짜] | 탑재[탑째] | 톱질[톱찔] | 합작[합짝] |
| 합장[합짱] | 합주[합쭈] | 협정[협쩡] | 협조[협쪼] |

| | | |
|---|---|---|
| 흡족[흡쪽] | 갑자기[갑짜기] | 겁쟁이[겁쨍이] |
| 겹자락[겹짜락] | 곱쟁이[곱쨍이] | 굽정이[굽쩡이] |
| 급정거[급쩡거] | 급정지[급쩡지] | 급자기[급짜기] |
| 납작이[납짜기] | 납작코[납짝코] | 도읍지[도읍찌] |
| 밥잔치[밥짠치] | 밥장사[밥짱사] | 밥주걱[밥쭈걱] |
| 사업자[사업짜] | 서랍장[서랍짱] | 습자지[습짜지] |
| 십자수[십짜수] | 입조심[입쪼심] | 정답지[정답찌] |
| 집주름[집쭈름] | 집주인[집쭈인] | 짭조름[짭쪼름] |
| 통합적[통합쩍] | 간첩죄[간첩쬐/-쮀] | |
| 겹저고리[겹쩌고리] | 곱장다리[곱짱다리] | |
| 까무잡잡[까무잡짭] | 밥주머니[밥쭈머니] | |
| 옹고집전[옹고집쩐] | 허겁지겁[허겁찌겁] | |

한국어 발음 교육의 실제

후덥지근[후덥찌근]　　　합자회사[합짜회사/-훼-]

ㄴ. 겁주다[겁쭈다](경)

ㄷ. 곱지[곱찌](경)

눕자[눕짜]　　　돕자[돕짜]　　　맵지[맵찌]　　　뽑지[뽑찌]

쉽지[쉽찌]　　　씹지[씹찌]　　　잡자[잡짜]　　　좁지[좁찌]

줍자[줍짜]　　　춥지[춥찌]

가깝지[가깝찌]　　　가렵지[가렵찌]　　　가볍지[가볍찌]

고맙지[고맙찌]　　　두껍지[두껍찌]　　　무겁지[무겁찌]

무섭지[무섭찌]　　　부럽지[부럽찌]　　　아깝지[아깝찌]

어렵지[어렵찌]　　　아쉽지[아쉽찌]　　　즐겁지[즐겁찌]

지겹지[지겹찌]　　　해롭지[해롭찌]　　　혜집지[혜집찌]

후덥지[후덥찌]　　　괴롭지[괴롭찌/궤-]

대수롭지[대수롭찌]　　　부드럽지[부드럽찌]

아름답지[아름답찌]　　　여유롭지[여유롭찌]

자유롭지[자유롭찌]　　　지혜롭지[지혜롭찌]

흥미롭지[흥미롭찌]

여성스럽지[여성스럽찌]　자연스럽지[자연스럽찌]

ㄹ. 학습장[학씁장 → 학씁짱](경 → 경)

갑작스런[갑짝쓰런]

ㅁ. 갑작스럽게[갑짝스럽게 → 갑짝쓰럽게 → 갑짝쓰럽께](경 → 경 → 경)


(212)는 자음접변의 환경에서 앞 끝소리 'ㅂ'이 뒤 첫소리 'ㅈ'과 연결된
경우에, 'ㅈ → ㅉ'과 같이 뒤 첫소리 'ㅈ'이 경음인 'ㅉ'으로 실현된 것이다.

(212ㄱ)의 '겹저고리'는 '겹저고리 → 겹쩌고리'와 같은 음운변화과정에
서 'ㅈ → ㅉ(-저- → -쩌-)'과 같이 'ㅈ'에 경음화가 적용된다.

(212ㄴ)의 '겁주다'는 '겁주다 → 겁쭈다'와 같은 음운변화과정에서 'ㅈ
→ ㅉ(-주- → -쭈-)'과 같이 'ㅈ'에 경음화가 적용된다.

(212ㄷ)은 어간의 앞 끝소리 'ㅂ'이 뒤 첫소리가 'ㅈ'인 어미('-지')와 연
결된 경우이다. '가깝지'는 '가깝지 → 가깝찌'와 같은 음운변화과정에서

'ㅈ → ㅉ(-지 → -찌)'과 같이 'ㅈ'에 경음화가 적용된다.

(212ㄹ)의 '갑작스런'이 '갑작스런 → 갑짝스런 → 갑짝쓰런'과 같은 음운
변화과정에서 1단계는 'ㅈ → ㅉ(-작- → -짝-)'과 같이 'ㅈ'에 경음화가 적
용되고, 2단계는 'ㅅ → ㅆ(-스- → -쓰-)'과 같이 'ㅅ'에 경음화가 적용된다.

(212ㅁ)의 '갑작스럽게'가 '갑작스럽게 → 갑짝스럽게 → 갑짝쓰럽게 →
갑짝쓰럽께'와 같은 음운변화과정에서 1단계는 'ㅈ → ㅉ(-작- → -짝-)'
과 같이 'ㅈ'에 경음화가 적용되고, 2단계는 'ㅅ → ㅆ(-스- → -쓰-)'과 같
이 'ㅅ'에 경음화가 적용되고, 3단계는 'ㄱ → ㄲ(-게 → -께)'과 같이 'ㄱ'에
경음화가 적용된다.

(213) 'ㅂ + ㅈ → ㅂ + ㅉ'('ㅈ → ㅉ' : 경)

ㄱ. 십자못[십짜못 → 십짜몯](경 → 말)

　　입짓[입찓]　　　　잡젓[잡쩓]　　　　잡줏[잡쭏]

ㄴ. 집짓기[집찓기 → 집찓끼](경 → 말 → 경)

ㄷ. 입장료[입짱료 → 입짱뇨](경 → 비)

ㄹ. 납작못[납짝못 → 납짱못 → 납짱몯](경 → 비 → 말)

ㅁ. 어쭙잖아[어쭙짢아 → 어쭙짜나](경 → 'ㅎ'탈)

ㅂ. 갭직하다[갭찍하다 → 갭찌카다](경 → 격)

　　납작호박[납짜코박]　　　　납작하다[납짜카다]

　　흡족하다[흡쪼카다]　　　　가무잡잡하다[가무잡짜파다]

ㅅ. 꼴답잖다[꼴답짢다 → 꼴답짠타]('잖다' : 경 → 격)

　　달갑잖다[달갑짠타]　　　　시답잖다[시답짠타]

　　어쭙잖다[어쭙짠타]

(213)은 자음접변의 환경에서 앞 끝소리 'ㅂ'이 뒤 첫소리 'ㅈ'과 연결된
경우에, 'ㅈ → ㅉ'과 같이 뒤 첫소리 'ㅈ'이 경음인 'ㅉ'으로 실현된 것이다.
이 경우에는 음운변화과정에서 먼저 경음화를 적용한 후에, 다른 음운규칙
등을 적용한다.

(213ㄱ)의 '입짓'이 '입짓 → 입찟 → 입찓'과 같은 음운변화과정에서 1단계는 'ㅈ → ㅉ(-짓 → -찟)'과 같이 'ㅈ'에 경음화가 적용되고, 2단계는 'ㅅ → ㄷ(-찟 → -찓)'과 같이 'ㅅ'에 말음법칙이 적용된다.

(213ㄴ)의 '집짓기'가 '집짓기 → 집찟기 → 집찓기 → 집찓끼'와 같은 음운변화과정에서 1단계는 'ㅈ → ㅉ(-짓- → -찟-)'과 같이 'ㅈ'에 경음화가 적용되고, 2단계는 'ㅅ → ㄷ(-찟- → -찓-)'과 같이 'ㅅ'에 말음법칙이 적용되고, 3단계는 'ㄱ → ㄲ(-기 → -끼)'과 같이 'ㄱ'에 경음화가 적용된다.

(213ㄷ)의 '입장료'가 '입장료 → 입짱료 → 입짱뇨'와 같은 음운변화과정에서 1단계는 'ㅈ → ㅉ(-장- → -짱-)'과 같이 'ㅈ'에 경음화가 적용되고, 2단계는 'ㄹ → ㄴ(-료 → -뇨)'과 같이 'ㄹ'에 비음화가 적용된다.

(213ㄹ)의 '납작못'이 '납작못 → 납짝못 → 납짱못 → 납짱몯'과 같은 음운변화과정에서 1단계는 'ㅈ → ㅉ(-작- → -짝-)'과 같이 'ㅈ'에 경음화가 적용되고, 2단계는 'ㄱ → ㅇ(-짝- → -짱-)'과 같이 'ㄱ'에 비음화가 적용되고, 3단계는 'ㅅ → ㄷ(-못 → -몯)'과 같이 'ㅅ'에 말음법칙이 적용된다.

(213ㅁ)의 '어쭙잖아'가 '어쭙잖아 → 어쭙짢아 → 어쭙짜나'와 같은 음운변화과정에서 1단계는 'ㅈ → ㅉ(-잖- → -짢-)'과 같이 'ㅈ'에 경음화가 적용되고, 2단계는 'ㅀ → ㄴ(-짢아 → -짜나)'과 같이 'ㅎ'에 자음탈락이 적용된다.

(213ㅂ)의 '납작호박'이 '납작호박 → 납짝호박 → 납짜코박'과 같은 음운변화과정에서 1단계는 'ㅈ → ㅉ(-작- → -짝-)'과 같이 'ㅈ'에 경음화가 적용되고, 2단계는 'ㄱ + ㅎ → ㅋ(-짝호- → -짜코-)'과 같이 'ㄱ'에 격음화가 적용된다.

(213ㅅ)은 앞 끝소리 'ㅂ'이 뒤 첫소리가 'ㅈ'인 '잖다'와 연결된 경우이다. '달갑잖다'가 '달갑잖다 → 달갑짢다 → 달갑짠타'와 같은 음운변화과정에서 1단계는 'ㅈ → ㅉ(-잖- → -짢-)'과 같이 'ㅈ'에 경음화가 적용되고, 2단계는 'ㅎ + ㄷ → ㅌ(-짢다 → -짠타)'과 같이 'ㄷ'에 격음화가 적용된다.

**7) 앞 끝소리가 'ㅇ'인 경우(표 제28항)**

(214) 'ㅇ + ㄱ → ㅇ + ㄲ'('ㄱ → ㄲ': 경)

꿩국[꿩꾹](경)(표 제28항)

| | | | |
|---|---|---|---|
| 등골[등꼴] | 땅개[땅깨] | 땅굴[땅꿀] | 땅김[땅낌] |
| 똥개[똥깨] | 창가[창까] | 콩국[콩꾹] | 탕국[탕꾹] |
| 고생길[고생낄] | 기둥감[기둥깜] | 두렁길[두렁낄] | |
| 땅거지[땅꺼지] | 똥고집[똥꼬집] | 똥구기[똥꾸기] | |
| 똥구멍[똥꾸멍] | 마당길[마당낄] | 마당비[마당삐] | |
| 방고래[방꼬래] | 방구들[방꾸들] | 방구석[방꾸석] | |
| 사냥개[사냥깨] | 성냥갑[성냥깝] | 성냥골[성냥꼴] | |
| 저승길[저승낄] | 진창길[진창낄] | 용왕길[용왕낄] | |
| 창구멍[창꾸멍] | 총구멍[총꾸멍] | 콩가루[콩까루] | |
| 콩고물[콩꼬물] | 탕거리[탕꺼리] | 해장국[해장꾹] | |
| 혼행길[혼행낄] | 김장거리[김장꺼리] | | |
| 똥구덩이[똥꾸덩이] | 성냥개비[성냥깨비] | | |

(214)는 자음접변의 환경에서 앞 끝소리 'ㅇ'이 뒤 첫소리 'ㄱ'과 연결된 경우에, 'ㄱ → ㄲ'과 같이 뒤 첫소리 'ㄱ'이 경음인 'ㄲ'으로 실현된 것이다. '고생길'은 '고생길 → 고생낄'과 같은 음운변화과정에서 'ㄱ → ㄲ(-길 → -낄)'과 같이 'ㄱ'에 경음화가 적용된다.

(215) 'ㅇ + ㄱ → ㅇ + ㄲ'('ㄱ → ㄲ': 경)

ㄱ. 공굿[공꿋 → 공꾿](경 → 말)

조상굿[조상꾿]

ㄴ. 강기슭[강끼슭 → 강끼슥](경 → 'ㅅ'탈)

| | | | |
|---|---|---|---|
| 동값[동깝] | 땅값[땅깝] | 똥값[똥깝] | 중값[중깝] |
| 인정값[인정깝] | 중앙값[중앙깝] | | |

ㄷ. 탕국물[탕꾹물 → 탕꿍물](경 → 비)

한국어 발음 교육의 실제

(215)는 자음접변의 환경에서 앞 끝소리 'ㅇ'이 뒤 첫소리 'ㄱ'과 연결된 경우에, 'ㄱ → ㄲ'과 같이 뒤 첫소리 'ㄱ'이 경음인 'ㄲ'으로 실현된 것이다. 이 경우에는 음운변화과정에서 먼저 경음화를 적용한 후에, 다른 음운규칙 등을 적용한다.

(215ㄱ)의 '조상굿'이 '조상굿 → 조상꿋 → 조상꾿'과 같은 음운변화과정에서 1단계는 'ㄱ → ㄲ(-굿 → -꿋)'과 같이 'ㄱ'에 경음화가 적용되고, 2단계는 'ㅅ → ㄷ(-꿋 → -꾿)'과 같이 'ㅅ'에 말음법칙이 적용된다.

(215ㄴ)의 '동값'이 '동값 → 동깞 → 동깝'과 같은 음운변화과정에서 1단계는 'ㄱ → ㄲ(-값 → -깞)'과 같이 'ㄱ'에 경음화가 적용되고, 2단계는 'ㅄ → ㅂ(-깞 → -깝)'과 같이 'ㅅ'에 자음탈락이 적용된다.

(215ㄷ)의 '탕국물'이 '탕국물 → 탕꾹물 → 탕꿍물'과 같은 음운변화과정에서 1단계는 'ㄱ → ㄲ(-국- → -꾹-)'과 같이 'ㄱ'에 경음화가 적용되고, 2단계는 'ㄱ → ㅇ(-꾹- → -꿍-)'과 같이 'ㄱ'에 비음화가 적용된다.

(216) 'ㅇ + ㄷ → ㅇ + ㄸ'('ㄷ → ㄸ' : 경)
    ㄱ. 구멍돌[구멍똘](경)(표 제28항)

| | | |
|---|---|---|
| 똥독[똥똑] | 봉돌[봉똘] | 굴렁대[굴렁때] |
| 김장독[김장똑] | 상다리[상따리] | 지붕돌[지붕똘] |
| 초승달[초승딸] | 요강대가리[요강때가리] | |

    ㄴ. 양닭[양딹 → 양딱](경 → 'ㄹ'탈)
       장닭[장딱]

(216)은 자음접변의 환경에서 앞 끝소리 'ㅇ'이 뒤 첫소리 'ㄷ'과 연결된 경우에, 'ㄷ → ㄸ'과 같이 뒤 첫소리 'ㄷ'이 경음인 'ㄸ'으로 실현된 것이다. (216ㄴ)은 음운변화과정에서 먼저 경음화를 적용한 후에, 자음탈락을 적용한다.

(216ㄱ)의 '똥독'이 '똥독 → 똥똑'과 같은 음운변화과정에서 'ㄷ → ㄸ(-

독 → -똑)’과 같이 ‘ㄷ’에 경음화가 적용된다.

(216ㄴ)의 ‘장닭’이 ‘장닭 → 장땕 → 장딱’과 같은 음운변화과정에서 1단
계는 ‘ㄷ → ㄸ(-닭 → -땕)’과 같이 ‘ㄷ’에 경음화가 적용되고, 2단계는 ‘ㄲ
→ ㄱ(-땕 → -딱)’과 같이 ‘ㄹ’에 자음탈락이 적용된다.

(217) ‘ㅇ + ㅂ → ㅇ + ㅃ’(‘ㅂ → ㅃ’ : 경)
　　　ㄱ. 강바닥[강빠닥](경)(표 제28항)

| | | |
|---|---|---|
| 땅벌[땅뻘] | 똥배[똥빼] | 강바람[강빠람] |
| 동냥밥[동냥빱] | 등바닥[등빠닥] | 땅바닥[땅빠닥] |
| 방바닥[땅빠닥] | 새옹밥[새옹빱] | 성냥불[성냥뿔] |
| 유황불[유황뿔] | 장바닥[장빠닥] | 초롱불[초롱뿔] |
| 호롱불[호롱뿔] | 장바구니[장빠구니] | |

　　　ㄴ. 석양빛[서걍삧 → 서걍삗](경 → 말)

| | | |
|---|---|---|
| 석양볕[서걍뼏] | 왜청빛[왜청삗] | 오방빛[오방삗] |
| 유황빛[유황삗] | 진홍빛[진홍삗] | |

(217)은 자음접변의 환경에서 앞 끝소리 ‘ㅇ’이 뒤 첫소리 ‘ㅂ’과 연결된
경우에, ‘ㅂ → ㅃ’과 같이 뒤 첫소리 ‘ㅂ’이 경음인 ‘ㅃ’으로 실현된 것이다.
(217ㄴ)은 음운변화과정에서 먼저 경음화를 적용한 후에, 말음법칙을 적용
한다.

　　　(217ㄱ)의 ‘땅벌’은 ‘땅벌 → 땅뻘’과 같은 음운변화과정에서 ‘ㅂ → ㅃ(-
벌 → -뻘)’과 같이 ‘ㅂ’에 경음화가 적용된다.

　　　(217ㄴ)의 ‘석양볕’이 ‘석양볕 → 서걍뼡 → 서걍뼏’과 같은 음운변화과정
에서 1단계는 ‘ㅂ → ㅃ(-볕 → -뼡)’과 같이 ‘ㅂ’에 경음화가 적용되고, 2단
계는 ‘ㅌ → ㄷ(-뼡 → -뼏)’과 같이 ‘ㅌ’에 말음법칙이 적용된다.

(218) ‘ㅇ + ㅅ → ㅇ + ㅆ’(‘ㅅ → ㅆ’ : 경)
　　　동살[동쌀](경)(표 제28항)

| | | | |
|---|---|---|---|
| 등살[등쌀] | 땅속[땅쏙] | 창살[창쌀] | 통속[통쏙] |

종소리[종쏘리]         청승살[청승쌀]         해장술[해장쑬]

(218)은 자음접변의 환경에서 앞 끝소리 'ㅇ'이 뒤 첫소리 'ㅅ'과 연결된 경우에, 'ㅅ → ㅆ'과 같이 뒤 첫소리 'ㅅ'이 경음인 'ㅆ'으로 실현된 것이다. '등살'은 '등살 → 등쌀'과 같은 음운변화과정에서 'ㅅ → ㅆ(-살 → -쌀)'과 같이 'ㅅ'에 경음화가 적용된다.

(219) 'ㅇ + ㅈ → ㅇ + ㅉ'('ㅈ → ㅉ' : 경)
   강줄기[강쭐기](경)(표 제28항)
   등짐[등찜]         똥줄[똥쭐]         명줄[명쭐]      빵점[빵쩜]
   빵집[빵찝]         동냥중[동냥쭝]     등줄기[등쭐기]
   땅재주[땅째주]     땅줄기[땅쭐기]     똥자루[똥짜루]
   사랑집[사랑찝]     설렁줄[설렁쭐]     초상집[초상찝]
   총자루[총짜루]     포장집[포장찝]     동냥자루[동냥짜루]

(219)는 자음접변의 환경에서 앞 끝소리 'ㅇ'이 뒤 첫소리 'ㅈ'과 연결된 경우에, 'ㅈ → ㅉ'과 같이 뒤 첫소리 'ㅈ'이 경음인 'ㅉ'으로 실현된 것이다. '땅재주'는 '땅재주 → 땅째주'와 같은 음운변화과정에서 'ㅈ → ㅉ(-재- → -째-)'과 같이 'ㅈ'에 경음화가 적용된다.

**⑩ 자음탈락**

이 항에서 자음탈락은 표준발음법 제10항, 제11항 등의 내용과 같이 겹받침 중 하나가 발음되지 않는 경우와 제12항 2 · 3 [붙임] · 4 등의 내용과 같이 'ㅎ'이 발음되지 않는 경우처럼 두 가지를 모두 기술한다.
   자음탈락은 끝소리 'ㄳ', 'ㄵ', 'ㄺ', 'ㄻ', 'ㄼ', 'ㄽ', 'ㄾ', 'ㄿ', 'ㅄ', 'ㅎ', 'ㄶ', 'ㅀ' 등의 순서로 기술한다.

**1)** 끝소리가 'ᆪ'인 경우(표 10항)

(220) 'ᆪ'이 단어 끝이나 뒤 첫소리 앞인 경우('ᆪ→ ㄱ':'ㅅ'탈)

ㄱ. 갈이샀[가리삭]('ㅅ'탈)

| | | | |
|---|---|---|---|
| 넋[넉] | 몫[목] | 샀[삭] | 섰[석] |
| 말몫[말목] | 반몫[반목] | 발샀[발삭] | 한몫[한목] |
| 물림몫[물림목] | 미분몫[미분목] | 바다샀[바다삭] | |

ㄴ. 샀꾼[삭꾼]('ㅅ'탈)

샀팔이[삭파리]

ㄷ. 넋대[넉대 → 넉때]('ㅅ'탈→ 경)

| | | | |
|---|---|---|---|
| 샀김[삭낌] | 샀돈[삭똔] | 샀배[삭빼] | 샀전[삭쩐] |
| 샀짐[삭찜] | 넋두리[넉뚜리] | | 넋자리[넉짜리] |
| 몫자리[목짜리] | 샀가게[삭까게] | | 샀갈이[삭까리] |
| 샀방아[삭빵아] | 샀벌이[삭뻐리] | | 샀바느질[삭빠느질] |

ㄹ. 넋맞이[넉맞이 → 넝마지]('ㅅ'탈→ 비)

| | | |
|---|---|---|
| 샀말[상말] | 샀매[상매] | 몫만[몽만] |
| 샀마전[상마전] | 샀메기[상메기] | |

ㅁ. 넋굿[넉굿 → 넉꿋 → 넉꾿]('ㅅ'탈→ 경 → 말)

ㅂ. 몫몫이[목몫이 → 몽몫이 → 몽목씨]('ㅅ'탈→ 비 → 경)

ㅅ. 한몫하다[한목하다 → 한모카다]('ㅅ'탈→ 격)

ㅇ. 넋걷이[넉걷이 → 넉껃이 → 넉꺼지]('ㅅ'탈→ 경 → 구)

넋받이[넉빠지]


(220)은 'ᆪ'이 단어 끝('넋'의 'ᆪ')이나 자음 앞('샀꾼'의 'ㄲ')에서 'ᆪ→ ㄱ'과 같이 'ㄱ'으로 실현된 경우이다. (220ㄱ)은 'ᆪ'이 단어 끝인 경우이고, (220ㄴ-ㅇ)은 'ᆪ'이 뒤 첫소리 앞인 경우이다. (220ㄷ-ㅇ)은 음운변화 과정에서 1단계에 자음탈락이 적용된 후에, 다른 음운규칙 등이 적용된다.

(220ㄱ)은 'ᆪ→ ㄱ(넋→ 넉)'과 같이 'ᆪ'이 단어 끝에서 'ㅅ'이 탈락되고, 'ㄱ'만 실현된 경우이다. '말몫'은 '말몫→ 말목'과 같은 음운변화과정

에서 'ㄳ → ㄱ'과 같이 'ㅅ'에 자음탈락이 적용된다. 이는 표기인 '말몫'이 표준발음인 [말목]으로 실현된 것을 의미한다. 즉 표기와 표준발음이 다른 경우이다.

(220ㄴ)은 'ㄳ'이 뒤 첫소리 앞에서 'ㅅ'이 탈락되고, 'ㄱ'만 실현된 경우이다. '삯팔이'는 '삯팔이 → 삭파리'와 같은 음운변화과정에서 'ㄳ → ㄱ'과 같이 'ㅅ'에 자음탈락이 적용된다.

(220ㄷ)의 '삯김'이 '삯김 → 삭김 → 삭낌'과 같은 음운변화과정에서 1단계는 'ㄳ → ㄱ(삯- → 삭-)'과 같이 'ㅅ'에 자음탈락이 적용되고, 2단계는 'ㄱ → ㄲ(-김 → -낌)'과 같이 'ㄱ'에 경음화가 적용된다.

(220ㄹ)의 '삯말'이 '삯말 → 삭말 → 상말'과 같은 음운변화과정에서 1단계는 'ㄳ → ㄱ(삯- → 삭-)'과 같이 'ㅅ'에 자음탈락이 적용되고, 2단계는 'ㄱ → ㅇ(삭- → 상-)'과 같이 'ㄱ'에 비음화가 적용된다.

(220ㅁ)의 '넋굿'이 '넋굿 → 넉굿 → 넉꿋 → 넉꾿'과 같은 음운변화과정에서 1단계는 'ㄳ → ㄱ(넋- → 넉-)'과 같이 'ㅅ'에 자음탈락이 적용되고, 2단계는 'ㄱ → ㄲ(-굿 → -꿋)'과 같이 'ㄱ'에 경음화가 적용되고, 3단계는 'ㅅ → ㄷ(-굿 → -꾿)'과 같이 'ㅅ'에 말음법칙이 적용된다.

(220ㅂ)의 '몫몫이'가 '몫몫이 → 목몫이 → 몽몫이 → 몽목씨'와 같은 음운변화과정에서 1단계는 'ㄳ → ㄱ(몫- → 목-)'과 같이 'ㅅ'에 자음탈락이 적용되고, 2단계는 'ㄱ → ㅇ(목- → 몽-)'과 같이 'ㄱ'에 비음화가 적용되고, 3단계는 'ㅅ → ㅆ(-몫이 → -목씨)'과 같이 'ㅅ'에 경음화가 적용된다.

(220ㅅ)의 '한몫하다'는 '한몫하다 → 한목하다 → 한모카다'와 같은 음운변화과정에서 1단계는 'ㄳ → ㄱ(삯- → 삭-)'과 같이 'ㅅ'에 자음탈락이 적용되고, 2단계는 'ㄱ + ㅎ → ㅋ(-목하- → -모카-)'과 같이 'ㄱ'에 격음화가 적용된다.

(220ㅇ)의 '넋받이'가 '넋받이 → 넉받이 → 넉빧이 → 넉빠지'와 같은 음운변화과정에서 1단계는 'ㄳ → ㄱ(넋- → 넉-)'과 같이 'ㅅ'에 자음탈락이

적용되고, 2단계는 'ㅂ → ㅃ(-받- → -빧-)'과 같이 'ㅂ'에 경음화가 적용되고, 3단계는 'ㄷ → ㅈ(-빧이 → -빠지)'과 같이 'ㄷ'에 구개음화가 적용된다.

## 2) 끝소리가 'ㄶ'인 경우(표 10항)

(221) 'ㄶ'이 뒤 첫소리 앞인 경우('ㄶ → ㄴ' : 'ㅈ'탈)

　　ㄱ. 가라앉다[가라안다 → 가라안따]('앉다' : 'ㅈ'탈 → 경)

| | | |
|---|---|---|
| 앉다[안따] | 갈앉다[가란따] | 나앉다[나안따] |
| 되앉다[되안따/눼-] | 걸터앉다[걸터안따] | |
| 곧추앉다[곧추안따] | 기대앉다[기대안따] | |
| 내려앉다[내려안따] | 눌러앉다[눌러안따] | |
| 늘어앉다[느러안따] | 다가앉다[다가안따] | |
| 돌라앉다[돌라안따] | 돌아앉다[도라안따] | |
| 둘러앉다[둘러안따] | 들어앉다[드러안따] | |
| 물러앉다[물러안따] | 주저앉다[주저안따] | |
| 차고앉다[차고안따] | 퍼더앉다[퍼더안따] | |

　　ㄴ. 껴얹다[껴언다 → 껴언따]('얹다' : 'ㅈ'탈 → 경)

| | |
|---|---|
| 얹다[언따] | 끼얹다[끼언따] |

　　ㄷ. 앉네[안네]('ㅈ'탈)

| | | |
|---|---|---|
| 앉는[안는] | 얹네[언네] | 얹는[언는] |
| 앉느냐[안느냐] | 얹느냐[언느냐] | |

　　(221)은 'ㄶ'이 뒤 첫소리 앞('앉다'의 'ㄷ')에서 'ㄶ → ㄴ'과 같이 'ㄴ'으로 실현된 경우이다. (221ㄱ, ㄴ)은 음운변화과정에서 먼저 자음탈락을 적용한 후에, 경음화를 적용한다.

　　(221ㄱ)의 '앉다'가 '앉다 → 안다 → 안따'와 같은 음운변화과정에서 1단계는 'ㄶ → ㄴ(앉- → 안-)'과 같이 'ㅈ'에 자음탈락이 적용되고, 2단계는 'ㄷ → ㄸ(-다 → -따)'과 같이 'ㄷ'에 경음화가 적용된다.

　　　　　　　　　　　　　　　　　　한국어 발음 교육의 실제

(221ㄴ)의 '얹다'가 '얹다 → 언다 → 언따'와 같은 음운변화과정에서 1단
계는 'ㄶ → ㄴ(얹- → 언-)'과 같이 'ㅈ'에 자음탈락이 적용되고, 2단계는
'ㄷ → ㄸ(-다 → -따)'과 같이 'ㄷ'에 경음화가 적용된다.

(221ㄷ)은 앞 끝소리 'ㄶ'이 'ㄴ'과 연결된 경우이다. '앉는'은 '앉는 → 안
는'과 같은 음운변화과정에서 'ㄶ → ㄴ(앉- → 안-)'과 같이 'ㅈ'에 자음탈
락이 적용된다.

## 3) 끝소리가 'ㄺ'인 경우(표 11항)

(222) 'ㄺ'이 단어 끝인 경우('ㄺ → ㄱ' : 'ㄹ'탈)

ㄱ. 닭[닥]('ㄹ'탈)

| | | | |
|---|---|---|---|
| 삵[삭] | 칡[칙] | 흙[흑] | |
| 감흙[감흑] | 개흙[개흑] | 건흙[건흑] | 기슭[기슥] |
| 까닭[까닥] | 매흙[매흑] | 몸흙[몸흑] | 벌흙[벌흑] |
| 생흙[생흑] | 수탉[수탁] | 씨닭[씨닥] | 알닭[알닥] |
| 암탉[암탁] | 진흙[진흑] | 질흙[질흑] | 찰흙[찰흑] |
| 참흙[참흑] | 통닭[통닥] | 풀흙[풀흑] | |

| | | |
|---|---|---|
| 거름흙[거르흑] | 검은흙[거믄흑] | 고기닭[고기닥] |
| 기름흙[기름흑] | 놀란흙[놀란흑] | 모래흙[모래흑] |
| 모판흙[모판흑] | 묵은닭[무근닥] | 바다흙[바다흑] |
| 바탕흙[바탕흑] | 불찰흙[불찰흑] | 산성흙[산성흑] |
| 삼시읽[삼시윽] | 씨암탉[씨암탁] | 앙금흙[앙금흑] |
| 자갈흙[자갈흑] | 진참흙[진참흑] | 질찰흙[질찰흑] |
| 질참흙[질참흑] | 화산흙[화산흑] | |
| 물막이흙[물마기흑] | 제자리흙[제자리흑] | |

ㄴ. 우줅우줅[우주구죽]('첩어' : 'ㄹ'탈 → 'ㄹ'탈)

(222)는 'ㄺ'이 단어 끝('닭'의 'ㄺ')에서 'ㄺ → ㄱ'과 같이 'ㄱ'으로 실현된
경우이다.

(222ㄱ)의 '감흙'은 '감흙 → 감흑'과 같은 음운변화과정에서 'ㄺ → ㄱ(-흙→ -흑)'과 같이 'ㄹ'에 자음탈락이 적용된다.

(222ㄴ)은 같은 소리나 비슷한 소리를 가진 단어가 겹쳐서 이루어진 복합어의 경우이다. 보기의 '우즑우즑'이 '우즑우즑 → 우주구즑 → 우주구죽'과 같은 음운변화과정에서 1단계는 'ㄺ → ㄱ(-즑- → -죽-)'과 같이 'ㄹ'에 자음탈락이 적용되고, 2단계는 'ㄺ → ㄱ(-즑 → -죽)'과 같이 'ㄹ'에 자음탈락이 적용된다.

(223) 'ㄺ'이 뒤 첫소리 'ㄱ'앞인 경우

    'ㄺ + ㄱ → ㄱ + ㄱ → ㄱ + ㄲ'('ㄺ → ㄱ' : 'ㄹ'탈, 'ㄱ → ㄲ' : 경)

    닭고기[닥고기 → 닥꼬기]('ㄹ'탈 → 경)

| 닭국[닥꾹] | 옭다[옥따] | 닭고집[닥꼬집] |
| 닭곰탕[닥꼼탕] | 닭구이[닥꾸이] | 닭김치[닥낌치] |
| 옭걸다[옥껄다] | 칡가루[칙까루] | |
| 흙감태기[흑깜태기] | 흙구덩이[흑꾸덩이] | |
| 우즑거리다[우죽꺼리다] | | |

(223)은 'ㄺ'이 뒤 첫소리 'ㄱ'앞('닭국'에서 '-국'의 첫소리인 'ㄱ')에서 'ㄺ → ㄱ'과 같이 'ㄱ'으로 실현된 경우이다. 이 경우에 음운변화과정에서 먼저 자음탈락을 적용한 후에, 경음화를 적용한다. '닭국'이 '닭국 → 닥국 → 닥꾹'과 같은 음운변화과정에서 1단계는 'ㄺ → ㄱ(닭- → 닥-)'과 같이 'ㄹ'에 자음탈락이 적용되고, 2단계는 'ㄱ → ㄲ(-국 → -꾹)'과 같이 'ㄱ'에 경음화가 적용된다.

(224) 'ㄺ'이 뒤 첫소리 'ㄱ'앞인 경우(표 제11항 '다만')

    'ㄺ + ㄱ → ㄹ + ㄱ → ㄹ + ㄲ'('ㄺ → ㄱ' : 'ㄱ'탈, 'ㄱ → ㄲ' : 경)

    긁게[갈게 → 갈께]('ㄱ'탈 → 경)

| 굵고[굴꼬] | 긁기[글끼] | 낡게[날께] | 늙고[늘꼬] |
| 맑기[말끼] | 밝게[발께] | 붉고[불꼬] | 얽기[얼끼] |

읽게[일께]

(224)는 용언의 끝소리인 'ㄹㄱ'이 뒤 어미의 첫소리 'ㄱ'앞('굵고'에서 '-고'의 'ㄱ')에서 'ㄹㄱ → ㄹ'과 같이 'ㄹ'로 실현된 경우이다. 이 경우에 음운변화과정에서 먼저 자음탈락을 적용한 후에, 경음화를 적용한다. '굵고'가 '굵고 → 굴고 → 굴꼬'와 같은 음운변화과정에서 1단계는 'ㄹㄱ → ㄹ(굵- → 굴-)'과 같이 'ㄱ'에 자음탈락이 적용되고, 2단계는 'ㄱ → ㄲ(-고 → -꼬)'과 같이 'ㄱ'에 경음화가 적용된다.

(225) 'ㄹㄱ'이 뒤 첫소리 'ㄴ'앞인 경우(표 제18항, [붙임])

　　'ㄹㄱ+ㄴ → ㄱ+ㄴ → ㅇ+ㄴ('ㄹㄱ → ㄱ': 'ㄹ'탈, 'ㄱ → ㅇ': 비)

　　ㄱ. 닭니[닥니 → 당니]('ㄹ'탈 → 비)

　　　　흙내[흥내]　　　　붉나무[붕나무]　　　흙냄새[흥냄새]

　　ㄴ. 긁네[극네 → 긍네]('ㄹ'탈 → 비)

　　　　긁는[긍는]　　　긁니[긍니]　　　밝네[방네]　　　밝는[방는]

　　　　밝니[방니]　　　읽네[잉네]　　　읽는[잉는]　　　읽니[잉니]

　　　　긁느냐[긍느냐]　　밝느냐[방느냐]　　읽느냐[잉느냐]

　　ㄷ. 흙 나르다[흑나르다 → 흥나르다]('ㄹ'탈 → 비)

(225)는 'ㄹㄱ'이 뒤 첫소리 'ㄴ'앞('흙내'의 'ㄴ')에서 'ㄹㄱ → ㄱ'과 같이 'ㄱ'으로 실현된 경우이다. 이 경우에 음운변화과정에서 먼저 자음탈락을 적용한 후에, 비음화를 적용한다.

(225ㄱ)의 '흙내'가 '흙내 → 흑내 → 흥내'와 같은 음운변화과정에서 1단계는 'ㄹㄱ → ㄱ(흙- → 흑-)'과 같이 'ㄹ'에 자음탈락이 적용되고, 2단계는 'ㄱ → ㅇ(흑- → 흥-)'과 같이 'ㄱ'에 비음화가 적용된다.

(225ㄴ)은 용언의 끝소리인 'ㄹㄱ'이 뒤 어미의 첫소리인 'ㄴ'앞('긁네'의 'ㄴ')에서 'ㄹㄱ → ㄱ'과 같이 'ㄱ'으로 실현된 경우이다. '긁는'이 '긁는 → 극는 → 긍는'과 같은 음운변화과정에서 1단계는 'ㄹㄱ → ㄱ(긁- → 극-)'과 같

이 'ㄹ'에 자음탈락이 적용되고, 2단계는 'ㄱ → ㅇ(극- → 긍-)'과 같이 'ㄱ'에 비음화가 적용된다.

(225ㄷ)은 두 단어를 이어서 한 마디로 발음하는 경우에도 비음화가 실현되는 내용이다(표 제18항 [붙임]). '흙 나르다'가 '흙나르다 → 흑나르다 → 흥나르다'와 같은 음운변화과정에서 1단계는 'ㄺ → ㄱ(흙- → 흑-)'과 같이 'ㄹ'에 자음탈락이 적용되고, 2단계는 'ㄱ → ㅇ(흑- → 흥-)'과 같이 'ㄱ'에 비음화가 적용된다.

(226) 'ㄺ'이 뒤 첫소리 'ㄷ'앞인 경우

'ㄺ + ㄷ → ㄱ + ㄷ → ㄱ + ㄸ'('ㄺ → ㄱ' : 'ㄹ'탈, 'ㄷ → ㄸ' : 경)

ㄱ. 가로읽다[가로익다 → 가로익따]('ㄹ'탈 → 경)

| | | | |
|---|---|---|---|
| 갉다[각따] | 굵다[국따] | 긁다[극따] | 낡다[낙따] |
| 늙다[늑따] | 맑다[막따] | 묽다[묵따] | 밝다[박따] |
| 붉다[북따] | 앍다[악따] | 얽다[억다] | 읽다[익따] |
| 흙뒤[흑뛰] | | 검붉다[검묵따] | 검붉다[검북따] |
| 늙다리[늑따리] | | 뒤얽다[뒤억따] | 드밝다[드박따] |
| 칡덤불[칙떰불] | | 칡덩굴[칙떵굴] | 해맑다[해막따] |
| 헤묽다[헤묵따] | | 흙다리[흑따리] | 흙더미[흑떠미] |
| 흙도배[흑또배] | | 되읽다[되익따/뒈-] | |
| 기슭동네[기슥똥네] | | 앍둑빼기[악뚝빼기] | |
| 얽동이다[억똥이다] | | 얽둑빼기[억뚝빼기] | |
| 우줅대다[우죽때다] | | 흙덩어리[흑떵어리] | |

ㄴ. 맑디맑다[막디맑다 → 막띠맑다 → 막띠막다 → 막띠막따]

('첩어' : 'ㄹ'탈 → 경 → 'ㄹ'탈 → 경)

| | |
|---|---|
| 묽디묽다[묵띠묵따] | 붉디붉다[북띠북따] |
| 앍둑앍둑[악뚝각뚝] | 얽둑얽둑[억뚝걱뚝] |

(226)은 'ㄺ'이 뒤 첫소리 'ㄷ'앞('갉다'의 'ㄷ')에서 'ㄺ → ㄱ'과 같이 'ㄱ'으로 실현된 경우이다. 이 경우에 음운변화과정에서 먼저 자음탈락을 적용

한 후에, 경음화를 적용한다.

(226ㄱ)의 '갉다'가 '갉다 → 각다 → 각따'와 같은 음운변화과정에서 1단계는 'ㄺ → ㄱ(갉- → 각-)'과 같이 'ㄹ'에 자음탈락이 적용되고, 2단계는 'ㄷ → ㄸ(-다 → -따)'과 같이 'ㄷ'에 경음화가 적용된다.

(226ㄴ)은 같은 소리나 비슷한 소리를 가진 단어가 겹쳐서 이루어진 복합어의 경우이다. '묽디묽다'가 '묽디묽다 → 묵디묽다 → 묵띠묽다 → 묵띠묵다 → 묵띠묵따'와 같은 음운변화과정에서 1단계는 'ㄺ → ㄱ(묽- → 묵-)'과 같이 'ㄹ'에 자음탈락이 적용되고, 2단계는 'ㄷ → ㄸ(-디- → -띠-)'과 같이 'ㄷ'에 경음화가 적용되고, 3단계는 'ㄺ → ㄱ(-묽- → -묵-)'과 같이 'ㄹ'에 자음탈락이 적용되고, 4단계는 'ㄷ → ㄸ(-다 → -따)'과 같이 'ㄷ'에 경음화가 적용된다.

(227) 'ㄺ'이 뒤 첫소리 'ㅁ'앞인 경우

　　'ㄺ + ㅁ → ㄱ + ㅁ → ㅇ + ㅁ'('ㄺ → ㄱ' : 'ㄹ'탈, 'ㄱ → ㅇ' : 비)

　　ㄱ. 매흙모래[매흑모래 → 매흥모래]('ㄹ'탈 → 비)

| | | |
|---|---|---|
| 흙문[흥문] | 흙물[흥물] | 매흙물[매흥물] |
| 얽매다[엉매다] | 옭매다[옹매다] | 옭매듭[옹매듭] |
| 진흙물[진흥물] | 흙마루[흥마루] | 흙막이[흥마기] |
| 흙먼지[흥먼지] | 흙모래[흥모래] | 흙무지[흥무지] |
| 흙뭉치[흥뭉치] | 얽매이다[엉매이다] | |
| 옭매이다[옹매이다] | 흙무더기[흥무더기] | |

　　ㄴ. 까닭만[까닥만 → 까당만]('ㄹ'탈 → 비)

　　　흙만[흥만]

(227)은 'ㄺ'이 뒤 첫소리 'ㅁ'앞('흙문'의 'ㅁ')에서 'ㄺ → ㄱ'과 같이 'ㄱ'으로 실현된 경우이다. 이 경우에 음운변화과정에서 먼저 자음탈락을 적용한 후에, 비음화를 적용한다.

(227ㄱ)의 '흙문'이 '흙문 → 흑문 → 흥문'와 같은 음운변화과정에서 1단

계는 'ᆰ → ㄱ(흙- → 흑-)'과 같이 'ㄹ'에 자음탈락이 적용되고, 2단계는 'ㄱ → ㅇ(흑- → 흥-)'과 같이 'ㄱ'에 비음화가 적용된다.

(227ㄴ)은 'ᆰ'이 뒤 첫소리가 'ㅁ'('만'의 'ㅁ')인 조사와 연결된 경우이다. '흙만'이 '흙만 → 흑만 → 흥만'와 같은 음운변화과정에서 1단계는 'ᆰ → ㄱ(흙- → 흑-)'과 같이 'ㄹ'에 자음탈락이 적용되고, 2단계는 'ㄱ → ㅇ(흑- → 흥-)'과 같이 'ㄱ'에 비음화가 적용된다.

(228) 'ᆰ'이 뒤 첫소리 'ㅂ'앞인 경우

  'ᆰ + ㅂ → ㄱ + ㅂ → ㄱ + ㅃ'('ᆰ → ㄱ' : 'ㄹ'탈, 'ㅂ → ㅃ' : 경)

  ㄱ. 늙바탕[늑바탕 → 늑빠탕]('ㄹ'탈 → 경)

    닭발[닥빨]        칡범[칙뻠]        흙발[흑빨]        흙밥[흑빱]

    흙방[흑빵]        흙벽[흑뼉]        흙비[흑삐]

    닭벼룩[닥뼈룩]    흙바닥[흑빠닥]    흙바람[흑빠람]

    흙바탕[흑빠탕]    흙비료[흑삐료]

  ㄴ. 닭백숙[닥백숙 → 닥빽숙 → 닥빽쑥]('ㄹ'탈 → 경 → 경)

    흙받기[흑빤끼]    흙벽돌[흑뼉똘]

  ㄷ. 얽박얽박[악박얽박 → 악빠갉박 → 악빠각박 → 악빠각빡]

    ('첩어' : 'ㄹ'탈 → 경 → 'ㄹ'탈 → 경)

    얽벅얽벅[억뻐걱뻑]

  ㄹ. 순흙빛[순흑빛 → 순흑삧 → 순흑삔]('ㄹ'탈 → 경 → 말)

    칡밭[칙빧]        흙빛[흑삔]

(228)은 'ᆰ'이 뒤 첫소리 'ㅂ'앞('닭발'의 'ㅂ')에서 'ᆰ → ㄱ'과 같이 'ㄱ'으로 실현된 경우이다. 이 경우에 음운변화과정에서 먼저 자음탈락을 적용한 후에, 경음화를 적용한다.

(228ㄱ)의 '닭발'이 '닭발 → 닥발 → 닥빨'과 같은 음운변화과정에서 1단계는 'ᆰ → ㄱ(닭- → 닥-)'과 같이 'ㄹ'에 자음탈락이 적용되고, 2단계는 'ㅂ → ㅃ(-발 → -빨)'과 같이 'ㅂ'에 경음화가 적용된다.

한국어 발음 교육의 실제

(228ㄴ)의 '흙받기'가 '흙받기 → 흑받기 → 흑빤기 → 흑빤끼'와 같은 음운변화과정에서 1단계는 'ㄲ → ㄱ(흙- → 흑-)'과 같이 'ㄹ'에 자음탈락이 적용되고, 2단계는 'ㅂ → ㅃ(-받- → -빤-)'과 같이 'ㅂ'에 경음화가 적용되고, 3단계는 'ㄱ → ㄲ(-기 → -끼)'과 같이 'ㄱ'에 경음화가 적용된다.

(228ㄷ)은 같은 소리나 비슷한 소리를 가진 단어가 겹쳐서 이루어진 복합어의 경우이다. '얽벅얽벅'이 '얽벅얽벅 → 억벅얽벅 → 억뻐걺벅 → 억뻐걱벅 → 억뻐걱뻑'과 같은 음운변화과정에서 1단계는 'ㄲ → ㄱ(얽- → 억-)'과 같이 'ㄹ'에 자음탈락이 적용되고, 2단계는 'ㅂ → ㅃ(-벅- → -뻐-)'과 같이 'ㅂ'에 경음화가 적용되고, 3단계는 'ㄲ → ㄱ(-걺- → -걱-)'과 같이 'ㄹ'에 자음탈락이 적용되고, 4단계는 'ㅂ → ㅃ(-벅 → -뻑)'과 같이 'ㅂ'에 경음화가 적용된다.

(228ㄹ)의 '칡밭'이 '칡밭 → 칙밭 → 칙빹 → 칙빧'과 같은 음운변화과정에서 1단계는 'ㄲ → ㄱ(칡- → 칙-)'과 같이 'ㄹ'에 자음탈락이 적용되고, 2단계는 'ㅂ → ㅃ(-밭 → -빹)'과 같이 'ㅂ'에 경음화가 적용되고, 3단계는 'ㅌ → ㄷ(-빹 → -빧)'과 같이 'ㅌ'에 말음법칙이 적용된다.

(229) 'ㄲ'이 뒤 첫소리 'ㅅ'앞인 경우

'ㄲ + ㅅ → ㄱ + ㅅ → ㄱ + ㅆ'('ㄲ → ㄱ' : 'ㄹ'탈, 'ㅅ → ㅆ' : 경)

ㄱ. 까닭수[까닥수 → 까닥쑤]('ㄹ'탈 → 경)

　　닭살[닥쌀]　　　칡산[칙싼]　　　칡소[칙쏘]　　　흙살[흑쌀]
　　흙손[흑쏜]　　　늙숙이[늑쑤기]　　닭서리[닥써리]
　　흙신발[흑씬발]　　늙수레하다[늑쑤레하다]

ㄴ. 닭삭다[낙삭다 → 낙싹다 → 낙싹따]('ㄹ'탈 → 경 → 경)

ㄷ. 묽숙하다[묵숙하다 → 묵쑥하다 → 묵쑤카다]('ㄹ'탈 → 경 → 격)

(229)는 'ㄲ'이 뒤 첫소리 'ㅅ'앞('닭살'의 'ㅅ')에서 'ㄲ → ㄱ'과 같이 'ㄱ'으로 실현된 경우이다. 이 경우에 음운변화과정에서 먼저 자음탈락을 적용

한 후에, 경음화 등을 적용한다.

(229ㄱ)의 '닭살'이 '닭살 → 닥살 → 닥쌀'과 같은 음운변화과정에서 1단
계는 'ㄹㄱ → ㄱ(닭- → 닥-)'과 같이 'ㄹ'에 자음탈락이 적용되고, 2단계는
'ㅅ → ㅆ(-살 → -쌀)'과 같이 'ㅅ'에 경음화가 적용된다.

(229ㄴ)의 '닭삭다'가 '닭삭다 → 낙삭다 → 낙싹다 → 낙싹따'와 같은 음
운변화과정에서 1단계는 'ㄹㄱ → ㄱ(닭- → 낙-)'과 같이 'ㄹ'에 자음탈락이
적용되고, 2단계는 'ㅅ → ㅆ(-삭- → -싹-)'과 같이 'ㅅ'에 경음화가 적용
되고, 3단계는 'ㄷ → ㄸ(-다 → -따)'과 같이 'ㄷ'에 경음화가 적용된다.

(229ㄷ)의 '묽숙하다'가 '묽숙하다 → 묵숙하다 → 묵쑥하다 → 묵쑤카다'
와 같은 음운변화과정에서 1단계는 'ㄹㄱ → ㄱ(묽- → 묵-)'과 같이 'ㄹ'에 자
음탈락이 적용되고, 2단계는 'ㅅ → ㅆ(-숙- → -쑥-)'과 같이 'ㅅ'에 경음
화가 적용되고, 3단계는 'ㄱ + ㅎ → ㅋ(-쑥하- → -쑤카-)'과 같이 'ㄱ'에
격음화가 적용된다.

(230) 'ㄹㄱ'이 뒤 첫소리 'ㅈ'앞인 경우

'ㄹㄱ + ㅈ → ㄱ + ㅈ → ㄱ + ㅉ('ㄹㄱ → ㄱ' : 'ㄹ'탈, 'ㅈ → ㅉ' : 경)

ㄱ. 닭죽[닥죽 → 닥쭉]('ㄹ'탈 → 경)

　　흙점[흑쩜]　　　　흙질[흑찔]　　　　흙짐[흑찜]　　　　흙집[흑찝]

　　매흙질[매흑찔]　　　　　　　흙장난[흑짱난]

　　긁적이다[극쩌기다]　　　　알작빼기[악짝빼기]

　　닭족빼기[악쪽빼기]　　　　얽적빼기[억쩍빼기]

ㄴ. 갉작대다[각작대다 → 각짝대다 → 각짝때다]('ㄹ'탈 → 경 → 경)

ㄷ. 갉작갉작[각작갉작 → 각짝갉작 → 각짝각작 → 각짝각짝 →
　　각짝각짝]('첩어' : 'ㄹ'탈 → 경 → 경 → 'ㄹ'탈 → 경)

　　갉죽갉죽[각쭉각쭉]　　　　　　굵직굵직[국찍꾹찍]

　　긁적긁적[극쩍끅쩍]　　　　　　긁죽긁죽[극쭉끅쭉]

ㄹ. 앍작앍작[악자갉작 → 악짜갉작 → 악짜각작 → 악짜각짝]
　　('첩어' : 'ㄹ'탈 → 경 → 'ㄹ'탈 → 경)

얽족얽족[악쪼각쪽]　　　　　　　얽적얽적[억쩌걱쩍]

얽죽얽죽[억쭈걱쭉]

ㅁ. 굵직하다[국직하다 → 국찍하다 → 국찌카다]('ㄹ'탈 → 경 → 격)

늙직하다[늑찌카다]


(230)은 'ㄺ'이 뒤 첫소리 'ㅈ'앞('흙점'의 'ㅈ')에서 'ㄺ → ㄱ'과 같이 'ㄱ'
으로 실현된 경우이다. 이 경우에 음운변화과정에서 먼저 자음탈락을 적용
한 후에, 경음화 등을 적용한다.

(230ㄱ)의 '흙점'이 '흙점 → 흑점 → 흑쩜'과 같은 음운변화과정에서 1단
계는 'ㄺ → ㄱ(흙- → 흑-)'과 같이 'ㄹ'에 자음탈락이 적용되고, 2단계는
'ㅈ → ㅉ(-점 → -쩜)'과 같이 'ㅈ'에 경음화가 적용된다.

(230ㄴ)의 '갉작대다'가 '갉작대다 → 각작대다 → 각짝대다 → 각짝때다'
와 같은 음운변화과정에서 1단계는 'ㄺ → ㄱ(갉- → 각-)'과 같이 'ㄹ'에 자
음탈락이 적용되고, 2단계는 'ㅈ → ㅉ(-작- → -짝-)'과 같이 'ㅈ'에 경음
화가 적용되고, 3단계는 'ㄷ → ㄸ(-대- → -때-)'과 같이 'ㄷ'에 경음화가
적용된다.

(230ㄷ)은 같은 소리나 비슷한 소리를 가진 단어가 겹쳐서 이루어진 복
합어의 경우이다. '갉죽갉죽'이 '갉죽갉죽 → 각죽갉죽 → 각쭉갉죽 → 각
쭉깕죽 → 각쭉깍죽 → 각쭉깍쭉'과 같은 음운변화과정에서 1단계는 'ㄺ
→ ㄱ(갉- → 각-)'과 같이 'ㄹ'에 자음탈락이 적용되고, 2단계는 'ㅈ →
ㅉ(-죽- → -쭉-)'과 같이 'ㅈ'에 경음화가 적용되고, 3단계는 'ㄱ → ㄲ
(-갉- → -깕-)'과 같이 'ㄱ'에 경음화가 적용되고, 4단계는 'ㄺ → ㄱ(-
깕- → -깍-)'과 같이 'ㄹ'에 자음탈락이 적용되고, 5단계는 'ㅈ → ㅉ(-죽
→ -쭉)'과 같이 'ㅈ'에 경음화가 적용된다.

(230ㄹ)은 같은 소리나 비슷한 소리를 가진 단어가 겹쳐서 이루어진 복
합어의 경우이다. '얽족얽족'이 '얽족얽족 → 악족얽족 → 악쪼갉족 → 악

쪼각족 → 악쪼각쪽'과 같은 음운변화과정에서 1단계는 'ㄺ → ㄱ(앎- → 악-)'과 같이 'ㄹ'에 자음탈락이 적용되고, 2단계는 'ㅈ → ㅉ(-족- → -쪼-)'과 같이 'ㅈ'에 경음화가 적용되고, 3단계는 'ㄺ → ㄱ(-갉- → -각-)'과 같이 'ㄹ'에 자음탈락이 적용되고, 4단계는 'ㅈ → ㅉ(-족 → -쪽)'과 같이 'ㅈ'에 경음화가 적용된다.

(230ㅁ)의 '늙직하다'가 '늙직하다 → 늑직하다 → 늑찍하다 → 늑찌카다'와 같은 음운변화과정에서 1단계는 'ㄺ → ㄱ(늙- → 늑-)'과 같이 'ㄹ'에 자음탈락이 적용되고, 2단계는 'ㅈ → ㅉ(-직- → -찍-)'과 같이 'ㅈ'에 경음화가 적용되고, 3단계는 'ㄱ + ㅎ → ㅋ(-찍하- → -찌카-)'과 같이 'ㄱ'에 격음화가 적용된다.

(231) 'ㄺ'이 뒤 첫소리 'ㅊ' 앞인 경우
　　'ㄺ + ㅊ → ㄱ + ㅊ'('ㄺ → ㄱ' : 'ㄹ'탈)
　　흙차[흑차]('ㄹ'탈)
　　흙창[흑창]　　　　흙체[흑체]　　　흙층[흑층]　　　흙칠[흑칠]

(231)은 'ㄺ'이 뒤 첫소리 'ㅊ'앞('흙차'의 'ㅊ')에서 'ㄺ → ㄱ'과 같이 'ㄱ'으로 실현된 경우이다. '흙차'는 '흙차 → 흑차'와 같은 음운변화과정에서 'ㄺ → ㄱ(흙- → 흑-)'과 같이 'ㄹ'에 자음탈락이 적용된다.

(232) 'ㄺ'이 뒤 첫소리 'ㅌ' 앞인 경우
　　'ㄺ + ㅌ → ㄱ + ㅌ'('ㄺ → ㄱ' : 'ㄹ'탈)
　　ㄱ. 흙탕[흑탕]('ㄹ'탈)
　　　　흙테[흑테]　　　　　　흙토[흑토]　　　흙탕물[흑탕물]
　　　　흙투성이[흑투성이]　　흙탕치다[흑탕치다]
　　　　흙태우기[흑태우기]
　　ㄴ. 흙탕길[흑탕길 → 흑탕낄]('ㄹ'탈 → 경)

(232)는 'ㄹㄱ'이 뒤 첫소리 'ㅌ'앞('흙탕'의 'ㅌ')에서 'ㄹㄱ → ㄱ'과 같이 'ㄱ'
으로 실현된 경우이다.

(232ㄱ)의 '흙탕'은 '흙탕 → 흑탕'과 같은 음운변화과정에서 'ㄹㄱ → ㄱ
(흙- → 흑-)'과 같이 'ㄹ'에 자음탈락이 적용된다.

(232ㄴ)의 '흙탕길'이 '흙탕길 → 흑탕길 → 흑탕낄'과 같은 음운변화과정
에서 1단계는 'ㄹㄱ → ㄱ(흙- → 흑-)'과 같이 'ㄹ'에 자음탈락이 적용되고, 2
단계는 'ㄱ → ㄲ(-길 → -낄)'과 같이 'ㄱ'에 경음화가 적용된다.

(233) 'ㄹㄱ'이 뒤 첫소리 'ㅍ' 앞인 경우

    'ㄹㄱ + ㅍ → ㄱ + ㅍ'('ㄹㄱ → ㄱ' : 'ㄹ'탈)

    ㄱ. 흙펴기[흑펴기]('ㄹ'탈)

    ㄴ. 흙풍로[흑풍로 → 흑풍노]('ㄹ'탁 → 비)

(233)은 'ㄹㄱ'이 뒤 첫소리 'ㅍ'앞('흙펴기'의 'ㅍ')에서 'ㄹㄱ → ㄱ'과 같이
'ㄱ'으로 실현된 경우이다.

(233ㄱ)의 '흙펴기'는 '흙펴기 → 흑펴기'와 같은 음운변화과정에서 'ㄹㄱ
→ ㄱ(흙- → 흑-)'과 같이 'ㄹ'에 자음탈락이 적용된다.

(233ㄴ)의 '흙풍로'가 '흙풍로 → 흑풍로 → 흑풍노'와 같은 음운변화과정
에서 1단계는 'ㄹㄱ → ㄱ(흙- → 흑-)'과 같이 'ㄹ'에 자음탈락이 적용되고, 2
단계는 'ㄹ → ㄴ(-로 → -노)'과 같이 'ㄹ'에 비음화가 적용된다.

(234) 'ㄹㄱ'이 뒤 첫소리 'ㅎ' 앞인 경우

    'ㄹㄱ + ㅎ → ㄱ + ㅎ → ㅋ'('ㄹㄱ → ㄱ' : 'ㄹ'탈, 'ㄱ + ㅎ → ㅋ' : 격)

    흙화덕[흑화덕 → 흐콰덕]('ㄹ'탈 → 격)

(234)는 'ㄹㄱ'이 뒤 첫소리 'ㅎ'앞('흙화덕'의 'ㅎ')에서 'ㄹㄱ → ㄱ'과 같이
'ㄱ'으로 실현된 경우이다. 이 경우에 음운변화과정에서 먼저 자음탈락을
적용한 후에, 격음화를 적용한다. '흙화덕'이 '흙화덕 → 흑화덕 → 흐콰덕'

과 같은 음운변화과정에서 1단계는 'ᆰ → ㄱ(흙- → 흑-)'과 같이 'ㄹ'에 자음탈락이 적용되고, 2단계는 'ㄱ + ㅎ → ㅋ(흑화- → 흐콰-)'과 같이 'ㄱ'에 격음화가 적용된다.

**4)** 끝소리가 'ᆱ'인 경우(표 11항)

(235) 'ᆱ'이 단어 끝이나 뒤 첫소리 앞인 경우('ᆱ → ㅁ' : 'ㄹ'탈)

ㄱ. 늶[놈]('ㄹ'탈)

| | | | |
|---|---|---|---|
| 멹[멈] | 묽[뭄] | 삶[삼] | 앎[암] |
| 만듦[만듬] | 어즲[어짐] | 참삶[참삼] | |

ㄴ. 굶기다[굼기다]('ㄹ'탈)

| | | | |
|---|---|---|---|
| 굶겨[굼겨] | 삶과[삼과] | 옮김[옴김] | 삶도[삼도] |
| 만듦새[만듬새] | 삶기다[삼기다] | 옮기다[옴기다] | |
| 이끎개[이끔개] | 이끎꼴[이끔꼴] | 이끎음[이끄믐] | |
| 굶주리다[굼주리다] | | 이끎장치[이끔장치] | |
| 이끎화음[이끔화음] | | | |

ㄷ. 고치삶기[고치삼기 → 고치삼끼]('ㄹ'탈 → 경)

| | | | |
|---|---|---|---|
| 곪다[곰따] | 굶다[굼따] | 닮다[담따] | 밟다[밤따] |
| 삶다[삼따] | 옮다[옴따] | 젊다[점따] | 짊다[짐따] |
| 빼닮다[빼담따] | 애젊다[애점따] | 이끎길[이끔낄] | |
| 이끎법[이끔뻡] | 구워삶다[구워삼따] | | |
| 옮겨심기[옴겨심끼] | | | |

(235)는 'ᆱ'이 단어 끝('늶'의 'ᆱ' 등)이나 뒤 첫소리 앞('굶겨'의 'ㄱ')에서 'ᆱ → ㅁ'과 같이 'ㅁ'으로 실현된 경우이다. (235ㄱ)은 'ᆱ'이 단어 끝인 경우이고, (235ㄴ, ㄷ)은 뒤 첫소리 앞인 경우이다.

(235ㄱ)의 '만듦'이 '만듦 → 만듬'과 같은 음운변화과정에서 'ᆱ → ㅁ(-듦 → -듬)'과 같이 'ㄹ'에 자음탈락이 적용된다.

(235ㄴ)의 '굶겨'가 '굶겨 → 굼겨'와 같은 음운변화과정에서 'ᆱ → ㅁ

(굶- → 굼-)'과 같이 'ㄹ'에 자음탈락이 적용된다.

(235ㄷ)은 음운변화과정에서 먼저 자음탈락을 적용한 후에, 경음화를 적용한다. '곪다'가 '곪다 → 곰다 → 곰따'와 같은 음운변화과정에서 1단계는 'ㄻ → ㅁ(곪- → 곰-)'과 같이 'ㄹ'에 자음탈락이 적용되고, 2단계는 'ㄷ → ㄸ(-다 → -따)'과 같이 'ㄷ'에 경음화가 적용된다.

**5)** 끝소리가 'ㄼ'인 경우(표 제10항)

(236) 'ㄼ'이 단어 끝이나 뒤 첫소리 앞인 경우('ㄼ → ㄹ' : 'ㅂ'탈)

　ㄱ. 여덟[여덜]('ㅂ'탈)

　ㄴ. 여덟모[여덜모]('ㅂ'탈)

　　여덟째[여덜째]　　여덟팔[여덜팔]　　여덟폭[여덜폭]

　　여덟무날[여덜무날]

　ㄷ. 넓다[널다 → 널따]('ㅂ'탈 → 경)

　　떫다[떨따]　　　섧다[설따]　　　얇다[얄따]　　　엷다[열따]

　　짧다[짤따]

　ㄹ. 넓게[널게 → 널께]('ㅂ'탈 → 경)

　　넓거나[널꺼나]　　넓고[널꼬]　　　넓지[널찌]

　ㅁ. 엷붉다[열붉다 → 열북다 → 열북따]('ㅂ'탈 → 'ㄹ'탈 → 경)

　ㅂ. 넓디넓다[널디넓다 → 널띠넓다 → 널띠널다 → 널띠널따]

　　('첩어' : 'ㅂ'탈 → 경 → 'ㅂ'탈 → 경)

(236)은 'ㄼ'이 단어 끝('여덟'의 'ㄼ')이나 뒤 첫소리 앞('여덟째'의 'ㅉ')에서 'ㄼ → ㄹ'과 같이 'ㄹ'로 실현된 경우이다. (236ㄱ)은 'ㄼ'이 단어 끝인 경우이고, (236ㄴ-ㅂ)은 뒤 첫소리 앞인 경우이다. (236ㄷ-ㅂ)은 음운변화과정에서 먼저 자음탈락을 적용한 후에, 경음화 등을 적용한다.

(236ㄱ)의 '여덟'이 '여덟 → 여덜'과 같은 음운변화과정에서 'ㄼ → ㄹ(-덟 → -덜)'과 같이 'ㅂ'에 자음탈락이 적용된다.

(236ㄴ)의 '여덟팔'이 '여덟팔→ 여덜팔'과 같은 음운변화과정에서 'ㄼ → ㄹ(-덟-→ -덜-)'과 같이 'ㅂ'에 자음탈락이 적용된다.

(236ㄷ)은 용언에 뒤 첫소리가 'ㄷ'인 어미가 연결된 경우이다. '떫다'가 '떫다→ 떨다→ 떨따'와 같은 음운변화과정에서 1단계는 'ㄼ → ㄹ(떫-→ 떨-)'과 같이 'ㅂ'에 자음탈락이 적용되고, 2단계는 'ㄷ → ㄸ(-다→ -따)'과 같이 'ㄷ'에 경음화가 적용된다.

(236ㄹ)은 어간 '넓-'에 뒤 첫소리인 어미('-게, -거나, -고, -지, -습' 등)가 연결된 경우이다. '넓거나'가 '넓거나→ 널거나→ 널꺼나'와 같은 음운변화과정에서 1단계는 'ㄼ → ㄹ(넓-→ 널-)'과 같이 'ㅂ'에 자음탈락이 적용되고, 2단계는 'ㄱ → ㄲ(-거-→ -꺼-)'과 같이 'ㄱ'에 경음화가 적용된다.

(236ㅁ)의 '엷붉다'가 '엷붉다→ 열붉다→ 열북다→ 열북따'와 같은 음운변화과정에서 1단계는 'ㄼ → ㄹ(엷-→ 열-)'과 같이 'ㅂ'에 자음탈락이 적용되고, 2단계는 'ㄺ → ㄱ(-붉-→ -북-)'과 같이 'ㄹ'에 자음탈락이 적용되고, 3단계는 'ㄷ → ㄸ(-다→ -따)'과 같이 'ㄷ'에 경음화가 적용된다.

(236ㅂ)은 같은 소리나 비슷한 소리를 가진 단어가 겹쳐서 이루어진 복합어의 경우이다. '넓디넓다'가 '넓디넓다→ 널디넓다→ 널띠넓다→ 널띠널다→ 널띠널따'와 같은 음운변화과정에서 1단계는 'ㄼ → ㄹ(넓-→ 널-)'과 같이 'ㅂ'에 자음탈락이 적용되고, 2단계는 'ㄷ → ㄸ(-디-→ -띠-)'과 같이 'ㄷ'에 경음화가 적용되고, 3단계는 'ㄼ → ㄹ(-넓-→ -널-)'과 같이 'ㅂ'에 자음탈락이 적용되고, 4단계는 'ㄷ → ㄸ(-다→ -따)'과 같이 'ㄷ'에 경음화가 적용된다.

(237) 'ㄼ'이 뒤 첫소리 앞인 경우('ㄼ → ㅂ' : 'ㄹ'탈)

　ㄱ. 기와밟기[기와밥기→ 기와밥끼]('ㄹ'탈→ 경)

|  |  |  |
|---|---|---|
| 밟다[밥따] | 넓살문[넙쌀문] | 뒤밟다[뒤밥따] |
| 넓적뼈[넙쩍뼈] | 되밟다[되밥따/뒈-] | |
| 넓다듬이[넙따드미] | 넓둥글다[넙뚱글다] | |

다리밟기[다리밥끼]　　도드밟다[도드밥따]

지신밟기[지신밥끼]

ㄴ. 밟거든[밥거든→밥꺼든]('ㄹ'탈→경)

밟게[밥께]　　　　밟고[밥꼬]　　　　밟소[밥쏘]　　　밟지[밥찌]

ㄷ. 밟나[밥나→밤나]('ㄹ'탈→비)

밟네[밤네]　　　　밟느냐[밤느냐]　　　　밟는[밤는]

ㄹ. 넓미역[넙미역→넘미역]('ㄹ'탈→비)

ㅁ. 넓적꽹이[넙적꽹이→넙쩍꽹이→넙쩍꿰이]('ㄹ'탈→경→경)

넓적다리[넙쩍따리]　　넓적부리[넙쩍뿌리]

ㅂ. 넓적넓적[넙적넓적→넙쩍넓적→넙쩡넓적→넙쩡넙적→넙쩡넙쩍]

('첩어' : 'ㄹ'탈→경→비→'ㄹ'탈→경)

넓죽넓죽[넙쭝넙쭉]

ㅅ. 넓적하다[넙적하다→넙쩍하다→넙쩌카다]('ㄹ'탈→경→격)

넓죽하다[넙쭈카다]


(237)은 'ㄼ'이 뒤 첫소리 앞인 경우에 'ㄼ→ㅂ'과 같이 'ㅂ'으로 실현된 경우이다. 이 경우에 음운변화과정에서 먼저 자음탈락을 적용한 후에, 경음화나 비음화 등을 적용한다.

(237ㄱ)의 '밟다'가 '밟다→밥다→밥따'와 같은 음운변화과정에서 1단계는 'ㄼ→ㅂ(밟-→밥-)'과 같이 'ㄹ'에 자음탈락이 적용되고, 2단계는 'ㄷ→ㄸ(-다→-따)'과 같이 'ㄷ'에 경음화가 적용된다.

(237ㄴ)은 어간 '밟-'에 뒤 첫소리인 어미('-거든, -게, -고, -소, -지' 등)가 연결된 경우이다. '밟고'가 '밟고→밥고→밥꼬'와 같은 음운변화과정에서 1단계는 'ㄼ→ㅂ(밟-→밥-)'과 같이 'ㄹ'에 자음탈락이 적용되고, 2단계는 'ㄱ→ㄲ(-고→-꼬)'과 같이 'ㄱ'에 경음화가 적용된다.

(237ㄷ)은 어간 '밟-'에 뒤 첫소리 'ㄴ'('밟나'의 'ㄴ')이 연결된 경우이다. '밟네'가 '밟네→밥네→밤네'와 같은 음운변화과정에서 1단계는 'ㄼ→ㅂ(밟-→밥-)'과 같이 'ㄹ'에 자음탈락이 적용되고, 2단계는 'ㅂ→ㅁ

(밥- → 밤-)'과 같이 'ㅂ'에 비음화가 적용된다.

(237ㄹ)의 '넓미역'이 '넓미역 → 넙미역 → 넘미역'과 같은 음운변화과정에서 1단계는 'ㄼ → ㅂ(넓- → 넙-)'과 같이 'ㄹ'에 자음탈락이 적용되고, 2단계는 'ㅂ → ㅁ(넙- → 넘-)'과 같이 'ㅂ'에 비음화가 적용된다.

(237ㅁ)의 '넓적다리'가 '넓적다리 → 넙적다리 → 넙쩍다리 → 넙쩍따리'와 같은 음운변화과정에서 1단계는 'ㄼ → ㅂ(넓- → 넙-)'과 같이 'ㄹ'에 자음탈락이 적용되고, 2단계는 'ㅈ → ㅉ(-적- → -쩍-)'과 같이 'ㅈ'에 경음화가 적용되고, 3단계는 'ㄷ → ㄸ(-다- → -따-)'과 같이 'ㄷ'에 경음화가 적용된다.

(237ㅂ)은 같은 소리나 비슷한 소리를 가진 단어가 겹쳐서 이루어진 복합어의 경우이다. '넓죽넓죽'이 '넓죽넓죽 → 넙죽넓죽 → 넙쭉넓죽 → 넙쭝넓죽 → 넙쭝넙죽 → 넙쭝넙쭉'과 같은 음운변화과정에서 1단계는 'ㄼ → ㅂ(넓- → 넙-)'과 같이 'ㄹ'에 자음탈락이 적용되고, 2단계는 'ㅈ → ㅉ(-죽- → -쭉-)'과 같이 'ㅈ'에 경음화가 적용되고, 3단계는 'ㄱ → ㅇ(-쭉- → -쭝-)'과 같이 'ㄱ'에 비음화가 적용되고, 4단계는 'ㄼ → ㅂ(-넓- → -넙-)'과 같이 'ㄹ'에 자음탈락이 적용되고, 5단계는 'ㅈ → ㅉ(-죽 → -쭉)'과 같이 'ㅈ'에 경음화가 적용된다.

(237ㅅ)의 '넓죽하다'가 '넓죽하다 → 넙죽하다 → 넙쭉하다 → 넙쭈카다'와 같은 음운변화과정에서 1단계는 'ㄼ → ㅂ(넓- → 넙-)'과 같이 'ㄹ'에 자음탈락이 적용되고, 2단계는 'ㅈ → ㅉ(-죽- → -쭉-)'과 같이 'ㅈ'에 경음화가 적용되고, 3단계는 'ㄱ + ㅎ → ㅋ(-쭉하- → -쭈카-)'과 같이 'ㄱ'에 격음화가 적용된다.

### 6) 끝소리가 'ㄽ'인 경우(표 제10항)

(238) 'ㄽ'이 단어 끝이나 뒤 첫소리 앞인 경우('ㄽ → ㄹ' : 'ㅅ'탈)

ㄱ. 곬[골]('ㅅ'탈)

옰[올]　　　　　　　외곬[외골/웨-]
　ㄴ. 곬만[골만]('ㅅ'탈)
　옰만[올만]　　　　　외곬만[외골만/웨-]


(238ㄱ)은 'ㄽ'이 단어 끝('곬'의 'ㄽ')에서 'ㄽ → ㄹ'과 같이 'ㄹ'로 실현된
경우이다. '옰'은 '옰 → 올'과 같은 음운변화과정에서 'ㄽ → ㄹ'과 같이 'ㅅ'
에 자음탈락이 적용된다.

　(238ㄴ)은 'ㄽ'이 뒤 첫소리 'ㅁ'인 조사('만')와 연결된 경우에, 'ㄽ → ㄹ'
과 같이 'ㄹ'로 실현된 경우이다. '옰만'이 '옰만 → 올만'과 같은 음운변화
과정에서 'ㄽ → ㄹ'과 같이 'ㅅ'에 자음탈락이 적용된다.


## 7) 끝소리가 'ㄿ'인 경우(표 제10항)

(239) 'ㄿ'이 뒤 첫소리 앞인 경우('ㄿ → ㄹ' : 'ㅌ'탈)
　　ㄱ. 개미핥기[개미할기 → 개미할끼]('ㅌ'탈 → 경)
　　핥다[할따]　　　훑다[훌따]　　　뒤훑다[뒤훌따]
　　내리훑다[내리훌따]
　　ㄴ. 핥거나[할거나 → 할꺼나]('ㅌ'탈 → 경)
　　핥고[할꼬]　　　핥소[할쏘]　　　핥지[할찌]
　　ㄷ. 핥나[할나 → 할라]('ㅌ'탈 → 유)
　　핥네[할레]　　　핥느[할르]　　　핥는[할른]　　　핥니[할리]


(239)는 'ㄿ'이 뒤 첫소리 앞인 경우에 'ㄿ → ㄹ'과 같이 'ㄹ'로 실현된 경
우이다. 이 경우에는 음운변화과정에서 먼저 자음탈락을 적용한 후에, 경
음화나 유음화를 적용한다.

　(239ㄱ)의 '핥다'가 '핥다 → 할다 → 할따'와 같은 음운변화과정에서 1단
계는 'ㄿ → ㄹ(핥- → 할-)'과 같이 'ㅌ'에 자음탈락이 적용되고, 2단계는
'ㄷ → ㄸ(-다 → -따)'과 같이 'ㄷ'에 경음화가 적용된다.

(239ㄴ)은 어간 '핥-'에 뒤 첫소리인 어미('-나, -고, -소, -지' 등)가 연결된 경우이다. '핥고'가 '핥고 → 할고 → 할꼬'와 같은 음운변화과정에서 1단계는 'ㄾ → ㄹ(핥- → 할-)'과 같이 'ㅌ'에 자음탈락이 적용되고, 2단계는 'ㄱ → ㄲ(-고 → -꼬)'과 같이 'ㄱ'에 경음화가 적용된다.

(239ㄷ)은 어간 '핥-'에 뒤 첫소리인 'ㄴ'('핥나'의 'ㄴ')이 연결된 경우이다. '핥네'가 '핥네 → 할네 → 할레'와 같은 음운변화과정에서 1단계는 'ㄾ → ㄹ(핥- → 할-)'과 같이 'ㅌ'에 자음탈락이 적용되고, 2단계는 'ㄴ → ㄹ(-네 → -레)'과 같이 'ㄴ'에 유음화가 적용된다.

## 8) 끝소리가 'ㄿ'인 경우(표 제11항)

(240) 'ㄿ'이 뒤 첫소리 앞인 경우('ㄿ → ㅍ' : 'ㄹ'탈)

    ㄱ. 읊다[읖다 → 읍다 → 읍따]('ㄹ'탈 → 말 → 경)

      읊조리다[읍쪼리다]

    ㄴ. 읊거나[읖거나 → 읍거나 → 읍꺼나]('ㄹ'탈 → 말 → 경)

      읊고[읍꼬]      읊소[읍쏘]      읊지[읍찌]

    ㄷ. 읊나[읖나 → 읍나 → 음나]('ㄹ'탈 → 말 → 비)

      읊네[음네]     읊느[음느]     읊는[음는]     읊니[음니]

(240)은 'ㄿ'이 뒤 첫소리('ㄱ, ㄴ, ㄷ, ㅅ, ㅈ' 등) 앞인 경우에 'ㄿ → ㅍ'과 같이 'ㅍ'으로 실현된 경우이다. 이 경우에는 음운변화과정에서 먼저 자음탈락을 적용한 후에, 말음법칙 등을 적용한다.

(240ㄱ)의 '읊다'가 '읊다 → 읖다 → 읍다 → 읍따'와 같은 음운변화과정에서 1단계는 'ㄿ → ㅍ(읊- → 읖-)'과 같이 'ㄹ'에 자음탈락이 적용되고, 2단계는 'ㅍ → ㅂ(읖- → 읍-)'과 같이 'ㅍ'에 말음법칙이 적용되고, 3단계는 'ㄷ → ㄸ(-다 → -따)'과 같이 'ㄷ'에 경음화가 적용된다.

(240ㄴ)은 어간 '읊-'에 뒤 첫소리인 어미('-거나, -고, -소, -지' 등)가 연결된 경우이다. '읊고'가 '읊고 → 읖고 → 읍고 → 읍꼬'와 같은 음운변화

과정에서 1단계는 'ㄿ → ㅍ(읊– → 읖–)'과 같이 'ㄹ'에 자음탈락이 적용되고, 2단계는 'ㅍ → ㅂ(읖– → 읍–)'과 같이 'ㅍ'에 말음법칙이 적용되고, 3단계는 'ㄱ → ㄲ(–고 → –꼬)'과 같이 'ㄱ'에 경음화가 적용된다.

(240ㄷ)은 어간 '읊–'에 뒤 첫소리 'ㄴ'('읊나'의 'ㄴ')이 연결된 경우이다. '읊네'가 '읊네 → 읖네 → 읍네 → 음네'와 같은 음운변화과정에서 1단계는 'ㄿ → ㅍ(읊– → 읖–)'과 같이 'ㄹ'에 자음탈락이 적용되고, 2단계는 'ㅍ → ㅂ(읖– → 읍–)'과 같이 'ㅍ'에 말음법칙이 적용되고, 3단계는 'ㅂ → ㅁ (읍– → 음–)'과 같이 'ㅂ'에 비음화가 적용된다.


**9)** 끝소리가 'ㅄ'인 경우(표 제10항)

(241) 'ㅄ'이 단어 끝이나 뒤 첫소리 앞인 경우('ㅄ → ㅂ' : 'ㅅ'탈)

    ㄱ. 값[갑]('ㅅ'탈)

       민값[민갑]      반값[반갑]      본값[본갑]      싼값[싼갑]

       제값[제갑]

    ㄴ. 값싸다[갑싸다]('ㅅ'탈)

       값표[갑표]

    ㄷ. 가엾다[가엽다 → 가엽따]('ㅅ'탈 → 경)

       값지다[갑찌다]    값비싸다[갑삐싸다]

       열없쟁이[여럽쟁이]

    ㄹ. 값나가다[갑나가다 → 감나가다]('ㅅ'탈 → 비)

       값나다[감나다]

    ㅁ. 없나[업나 → 엄나]('ㅅ'탈 → 비)

       없네[엄네]      없느[엄느]      없는[엄는]      없니[엄니]

    ㅂ. 값있다[갑있다 → 가빋다 → 가빋따]('ㅅ'탈 → 말 → 경)

    ㅅ. 값없다[가법다 → 가법다 → 가법따]('ㅅ'탈 → 'ㅅ'탈 → 경)

(241)은 'ㅄ'이 단어 끝('값'의 'ㅄ')이나 뒤 첫소리 앞('값표'의 'ㅍ')인 경우에 'ㅄ → ㅂ'과 같이 'ㅂ'으로 실현된 경우이다. (241ㄱ)은 'ㅄ'이 단어 끝

인 경우이고, (241ㄴ-ㅁ)은 뒤 첫소리 앞인 경우이고, (241ㅂ, ㅅ)은 뒤 모음 앞인 경우이다. (241ㄷ-ㅅ)은 음운변화과정에서 먼저 자음탈락을 적용한 후에, 다른 음운규칙 등을 적용한다.

(241ㄱ)의 '민값'은 '민값 → 민갑'과 같은 음운변화과정에서 'ㅄ → ㅂ'과 같이 'ㅅ'에 자음탈락이 적용된다.

(241ㄴ)의 '값표'는 '값표 → 갑표'와 같은 음운변화과정에서 'ㅄ → ㅂ'과 같이 'ㅅ'에 자음탈락이 적용된다.

(241ㄷ)의 '값지다'는 '값지다 → 갑지다 → 갑찌다'와 같은 음운변화과정에서 1단계는 'ㅄ → ㅂ(값- → 갑-)'과 같이 'ㅅ'에 자음탈락이 적용되고, 2단계는 'ㅈ → ㅉ(-지- → -찌-)'과 같이 'ㅈ'에 경음화가 적용된다.

(241ㄹ)은 'ㅄ'이 뒤 첫소리 'ㄴ' 앞('값나-'의 'ㄴ')인 경우이다. '값나다'가 '값나다 → 갑나다 → 감나다'와 같은 음운변화과정에서 1단계는 'ㅄ → ㅂ(값- → 갑-)'과 같이 'ㅅ'에 자음탈락이 적용되고, 2단계는 'ㅂ → ㅁ(갑- → 감-)'과 같이 'ㅂ'에 비음화가 적용된다.

(241ㅁ)은 '없-'이 뒤 첫소리가 'ㄴ'인 어미('-나, -네, -느, -는, -니' 등)와 연결된 경우이다. 이 경우에는 음운변화과정에서 먼저 자음탈락을 적용한 후에, 비음화를 적용한다. '없네'가 '없네 → 업네 → 엄네'와 같은 음운변화과정에서 1단계는 'ㅄ → ㅂ(없- → 업-)'과 같이 'ㅅ'에 자음탈락이 적용되고, 2단계는 'ㅂ → ㅁ(업- → 엄-)'과 같이 'ㅂ'에 비음화가 적용된다.

(241ㅂ)은 'ㅄ'이 뒤 모음 앞('-있-'의 'ㅣ')인 경우이다. '값있다'가 '값있다 → 갑있다 → 가빘다 → 가빋따'와 같은 음운변화과정에서 1단계는 'ㅄ → ㅂ(값- → 갑-)'과 같이 'ㅅ'에 자음탈락이 적용되고, 2단계는 'ㅆ → ㄷ(-있- → -빋-)'과 같이 'ㅆ'에 말음법칙이 적용되고, 3단계는 'ㄷ → ㄸ(-다 → -따)'과 같이 'ㄷ'에 경음화가 적용된다.

(244ㅅ)의 '값없다'가 '값없다 → 가볎다 → 가법다 → 가법따'와 같은 음운변화과정에서 1단계는 'ㅄ → ㅂ(값없- → 가볎-)'과 같이 'ㅅ'에 자음탈락이

한국어 발음 교육의 실제

적용되고, 2단계는 'ᄡ → ㅂ(-넚- → -법-)'과 같이 'ㅅ'에 자음탈락이 적용
되고, 3단계는 'ㄷ → ㄸ(-다 → -따)'과 같이 'ㄷ'에 경음화가 적용된다.

(242) '없다' : '없' 앞이 모음이나 자음 'ㅇ'인 경우

　　'ᄡ + ㄷ → ㅂ + ㄸ'('ᄡ → ㅂ' : 'ㅅ'탈, 'ㄷ → ㄸ' : 경)

　　ㄱ. 가없다[가업다 → 가업따]('ㅅ'탈 → 경)

　　　　더없다[더업따]　　　　수없다[수업따]　　　　태없다[태업따]

　　　　간데없다[간데업따]　　　　　거추없다[거추업따]

　　　　그지없다[그지업따]　　　　　난데없다[난데업따]

　　　　다시없다[다시업따]　　　　　두미없다[두미업따]

　　　　두서없다[두서업따]　　　　　드리없다[드리업따]

　　　　바이없다[바이업따]　　　　　변모없다[변모업따]

　　　　본데없다[본데업따]　　　　　쓸모없다[쓸모업따]

　　　　어이없다[어이업따]　　　　　여부없다[여부업따]

　　　　여지없다[여지업따]　　　　　염치없다[염치업따]

　　　　예제없다[예제업따]　　　　　유례없다[유례업따]

　　　　재미없다[재미업따]　　　　　진배없다[진배업따]

　　　　피차없다[피차업따]　　　　　엉터리없다[엉터리업따]

　　　　외수없다[외수업따/웨-]　　　옴나위없다[옴나위업따]

　　　　터무니없다[터무니업따]　　　관계없다[관계업따/*-게-]

　　　　간데온데없다[간데온데업따]

　　　　온데간데없다[온데간데업따]

　　　　의지가지없다[의지가지업따]

　　　　자발머리없다[자발머리업따]

　　　　채신머리없다[채신머리업따]

　　ㄴ. 가량없다[가량업다 → 가량업따]('ㅅ'탈 → 경)

　　　　상없다[상업따]　　　　　　경황없다[경황업따]

　　　　구성없다[구성업따]　　　　　대중없다[대중업따]

　　　　사정없다[사정업따]　　　　　세상없다[세상업따]

소용없다[소용업따]　　　　　　　외상없다[외상업따/웨-]
인정사정없다[인정사정업따]

(242)는 '없다'가 연결된 경우이다. (242ㄱ)은 '없다' 앞이 모음('가없다'에서 '가-'의 'ㅏ' 등)인 경우이고, (242ㄴ)은 '없다' 앞이 자음 'ㅇ'('경황없다'에서 '-황-'의 'ㅇ' 등)인 경우이다. '없다'는 음운변화과정에서 먼저 자음탈락을 적용한 후에, 경음화를 적용한다.

(242ㄱ)의 '더없다'는 '더없다 → 더업다 → 더업따'와 같은 음운변화과정에서 1단계는 'ㅄ → ㅂ(-없- → -업-)'과 같이 'ㅅ'에 자음탈락이 적용되고, 2단계는 'ㄷ → ㄸ(-다 → -따)'과 같이 'ㄷ'에 경음화가 적용된다.

(242ㄴ)의 '구성없다'는 '구성없다 → 구성업다 → 구성업따'와 같은 음운변화과정에서 1단계는 'ㅄ → ㅂ(-없- → -업-)'과 같이 'ㅅ'에 자음탈락이 적용되고, 2단계는 'ㄷ → ㄸ(-다 → -따)'과 같이 'ㄷ'에 경음화가 적용된다.

(243) '없다' : '없-' 앞이 자음인 경우

'ㅄ + ㄷ → ㅂ + ㄸ'('ㅄ → ㅂ' : 'ㅅ'탈, 'ㄷ → ㄸ' : 경)
간단없다[간다넙다 → 간다넙따]('ㅅ'탈 → 경)

| | | |
|---|---|---|
| 맥없다[매겁따] | 속없다[소겁따] | 실없다[시럽따] |
| 얼없다[어럽따] | 열없다[여럽따] | 일없다[이럽따] |
| 찜없다[찌멉따] | 철없다[처럽따] | 턱없다[터겁따] |
| 한없다[하넙따] | 힘없다[히멉따] | |
| 거침없다[거치멉따] | | 기신없다[기시넙따] |
| 기탄없다[기타넙따] | | 까딱없다[까따겁따] |
| 깔축없다[깔추겁따] | | 꼼짝없다[꼼짜겁따] |
| 꾸김없다[꾸기멉따] | | 꾸밈없다[꾸미멉따] |
| 꿈쩍없다[꿈쩌겁따] | | ㄲ떡없다[ㄲ떠겁따] |
| 다름없다[다르멉따] | | 다함없다[다하멉따] |
| 두말없다[두마럽따] | | 드팀없다[드티멉따] |

　　　　　　　　　　　　　한국어 발음 교육의 실제

뜬금없다[뜬그멉따]　　　　　　　무람없다[무라멉따]

변함없다[변하멉따]　　　　　　　볼품없다[볼푸멉따]

부질없다[부지럽따]　　　　　　　분별없다[분벼럽따]

빈틈없다[빈트멉따]　　　　　　　사날없다[사나럽따]

상관없다[상과넙따]　　　　　　　서슴없다[서스멉따]

세월없다[세워럽따]　　　　　　　손색없다[손새겁따]

숨김없다[숨기멉따]　　　　　　　시름없다[시르멉따]

아낌없다[아끼멉따]　　　　　　　어김없다[어기멉따]

어림없다[어리멉따]　　　　　　　얼씬없다[얼씨넙따]

연득없다[연드겁따]　　　　　　　오줄없다[오주럽따]

유감없다[유가멉따]　　　　　　　윤척없다[윤처겁따]

자발없다[자바럽따]　　　　　　　정신없다[정시넙따]

종작없다[종자겁따]　　　　　　　주책없다[주채겁따]

채신없다[채시넙따]　　　　　　　처신없다[처시넙따]

치신없다[치시넙따]　　　　　　　틀림없다[틀리멉따]

하릴없다[하리럽따]　　　　　　　하염없다[하여멉따]

허물없다[허무럽따]　　　　　　　형편없다[형펴넙따]

계관없다[계과넙따/*게ー]　　　　물샐틈없다[물샐트멉따]

스스럼없다[스스러멉따]

　(243)은 '없다' 앞이 자음('ㄱ, ㄴ, ㄹ, ㅁ' 등)인 경우이다. '없다'는 음운
변화과정에서 먼저 자음탈락을 적용한 후에, 경음화를 적용한다. '맥없다'
가 '맥없다→ 매겁다→ 매겁따'와 같은 음운변화과정에서 1단계는 'ㅄ →
ㅂ(-없-→ -겁-)'과 같이 'ㅅ'에 자음탈락이 적용되고, 2단계는 'ㄷ → ㄸ
(-다→ -따)'과 같이 'ㄷ'에 경음화가 적용된다.

(244) 'ㅄ'이 뒤 첫소리 'ㅎ' 앞인 경우

　　'ㅄ + ㅎ → ㅂ + ㅎ → ㅍ'('ㅄ → ㅂ' : 'ㅅ'탈, 'ㅂ + ㅎ → ㅍ' : 격)

　　값하다[갑하다→ 가파다]('ㅅ'탈 → 격)

(244)는 'ㅄ'이 뒤 첫소리 앞('값하다'의 'ㅎ')인 경우이다. 보기는 음운변화과정에서 먼저 자음탈락을 적용한 후에, 격음화를 적용한다. '값하다'가 '값하다 → 갑하다 → 가파다'와 같은 음운변화과정에서 1단계는 'ㅄ → ㅂ (값- → 갑-)'과 같이 'ㅅ'에 자음탈락이 적용되고, 2단계는 'ㅂ + ㅎ → ㅍ (갑하- → 가파-)'과 같이 'ㅂ'에 격음화가 적용된다.

**10)** 끝소리가 'ㅎ'인 경우(표 제12항)

(245) 'ㅎ'이 모음이나 뒤 첫소리 앞인 경우('ㅎ → ∅' : 'ㅎ'탈)
  ㄱ. 봄낳이[봄나이]('ㅎ'탈)
    삼낳이[삼나이]     애낳이[애나이]
    명주낳이[명주나이]    아이낳이[아이나이]
    여름낳이[여름나이]
  ㄴ. 놓이다[노이다]('ㅎ'탈)
    쌓이다[싸이다]
  ㄷ. 낳아[나아]('ㅎ'탈)
    넣어[너어]  놓여[노여]   닿은[다은]   쌓을[싸을]
    좋아[조아]        찧으니[찌으니]
  ㄹ. 낳습니다(나습니다 → 나씁니다 → 나씀니다)('ㅎ'탈 → 경 → 비)
    넣습니다[너씀니다]    놓습니다[노씀니다]
    닿습니다[다씀니다]    쌓습니다[싸씀니다]
    좋습니다[조씀니다]    찧습니다[찌씀니다]

 (245)는 'ㅎ'이 모음이나 뒤 첫소리 앞('-습-')에서 자음탈락이 실현된 경우이다. (245ㄱ-ㄷ)은 'ㅎ'이 모음 앞인 경우이고, (245ㄹ)은 'ㅎ'이 뒤 첫소리 앞인 경우이다.

 (245ㄱ)의 '봄낳이'는 '봄낳이 → 봄나이'와 같은 음운변화과정에서 'ㅎ → ∅(-낳- → -나-)'과 같이 'ㅎ'에 자음탈락이 적용된다.

 (245ㄴ)은 '놓-'에 '-이다'가 연결된 경우이다. '쌓이다'는 '쌓이다 → 싸

이다'와 같은 음운변화과정에서 'ㅎ → ∅(쌓- → 싸-)'과 같이 'ㅎ'에 자음탈락이 적용된다.

(245ㄷ)은 'ㅎ'이 뒤 모음인 어미('-아, -어, -여, -으니, -은, -을' 등)와 연결된 경우이다. '낳아'는 '낳아 → 나아'와 같은 음운변화과정에서 'ㅎ → ∅(낳- → 나-)'과 같이 'ㅎ'에 자음탈락이 적용된다.

(245ㄹ)은 'ㅎ'이 뒤 첫소리가 'ㅅ'인 '-습니다'와 연결된 경우이다. '넣습니다'는 '넣습니다 → 너습니다 → 너씁니다 → 너씀니다'와 같은 음운변화과정에서 1단계는 'ㅎ → ∅(넣- → 너-)'과 같이 'ㅎ'에 자음탈락이 적용되고, 2단계는 'ㅅ → ㅆ(-습- → -씁-)'과 같이 'ㅅ'에 경음화가 적용되고, 3단계는 'ㅂ → ㅁ(-씁- → -씀-)'과 같이 'ㅂ'에 비음화가 적용된다.

## 11) 끝소리가 'ㄶ'인 경우(표 제12항)

(246) 'ㄶ'이 모음이나 뒤 첫소리 앞인 경우('ㄶ → ㄴ' : 'ㅎ'탈)

　　ㄱ. 괜찮이[괜차니]('ㅎ'탈)

　　　　끊음표[끄늠표]　　끊이다[끄니다]　　언짢이[언짜니]

　　　　끊어지다[끄너지다]　　　　많아지다[마나지다]

　　　　그러잖아도[그러자나도]

　　ㄴ. 괜찮니[괜찬니]('ㅎ'탈)

　　　　많네[만네]　　　않나[안나]　　　않느[안느]　　　않는[안는]

　　ㄷ. 많습니다[만습니다 → 만씁니다 → 만씀니다]('ㅎ'탈 → 경 → 비)

　　　　않습니다[안씀니다]

　　ㄹ. 않았다[아났다 → 아낟다 → 아낟따]('ㅎ'탈 → 말 → 경)

　　　　않으셨다[아느셛따]

　　ㅁ. 많았습니다[마났습니다 → 마낟습니다 → 마낟씁니다 → 마낟씀니다]

　　　　('ㅎ'탈 → 말 → 경 → 비)

　　　　않았습니다[아낟씀니다]

　　ㅂ. 끊임없다[끄님없다 → 끄니멉다 → 끄니멉따]('ㅎ'탈 → 'ㅅ'탈 → 경)

(246)은 'ㄶ'이 모음이나 뒤 첫소리 앞에서 'ㄶ → ㄴ'과 같이 'ㅎ'의 자음
탈락이 실현된 경우이다. (246ㄱ, ㄹ, ㅂ)은 'ㅎ'이 모음 앞인 경우이고, (246
ㄴ, ㄷ)은 'ㅎ'이 뒤 첫소리 앞인 경우이다. (246ㄷ-ㅂ)은 음운변화과정에서
먼저 자음탈락을 적용한 후에, 다른 음운규칙 등을 적용한다.

(246ㄱ)의 '끊음표'는 '끊음표 → 끄늠표'와 같은 음운변화과정에서 'ㄶ
→ ㄴ(끊- → 끈-)'과 같이 'ㅎ'에 자음탈락이 적용된다.

(246ㄴ)은 'ㄶ'이 뒤 첫소리가 'ㄴ'인 어미('-니, -네, -나, -느, -는' 등)
와 연결된 경우이다. '많네'는 '많네 → 만네'와 같은 음운변화과정에서 'ㄶ
→ ㄴ(많- → 만-)'과 같이 'ㅎ'에 자음탈락이 적용된다.

(246ㄷ)은 'ㄶ'이 뒤 첫소리가 'ㅅ'인 '-습니다'와 연결된 경우이다. '앓습
니다'는 '앓습니다 → 안습니다 → 안씁니다 → 안씀니다'와 같은 음운변화
과정에서 1단계는 'ㄶ → ㄴ(앓- → 안-)'과 같이 'ㅎ'에 자음탈락이 적용되
고, 2단계는 'ㅅ → ㅆ(-습- → -씁-)'과 같이 'ㅅ'에 경음화가 적용되고, 3
단계는 'ㅂ → ㅁ(-씁- → -씀-)'과 같이 'ㅂ'에 비음화가 적용된다.

(246ㄹ)의 '앓으셨다'는 '앓으셨다 → 아느셨다 → 아느셛다 → 아느셛따'
와 같은 음운변화과정에서 1단계는 'ㄶ → ㄴ(앓- → 안-)'과 같이 'ㅎ'에 자
음탈락이 적용되고, 2단계는 'ㅆ → ㄷ(-셨- → -셛-)'과 같이 'ㅆ'에 말음
법칙이 적용되고, 3단계는 'ㄷ → ㄸ(-다 → -따)'과 같이 'ㄷ'에 경음화가
적용된다.

(246ㅁ)의 '앓았습니다'는 '앓았습니다 → 아났습니다 → 아낟습니다
→ 아낟씁니다 → 아낟씀니다'와 같은 음운변화과정에서 1단계는 'ㄶ →
ㄴ(앓- → 안-)'과 같이 'ㅎ'에 자음탈락이 적용되고, 2단계는 'ㅆ → ㄷ
(-았- → -낟-)'과 같이 'ㅆ'에 말음법칙이 적용되고, 3단계는 'ㅅ → ㅆ
(-습- → -씁-)'과 같이 'ㅅ'에 경음화가 적용되고, 4단계는 'ㅂ → ㅁ(-
씁- → -씀-)'과 같이 'ㅂ'에 비음화가 적용된다.

(246ㅂ)의 '끊임없다'는 '끊임없다 → 끄님없다 → 끄니멉다 → 끄니멉따'

한국어 발음 교육의 실제

와 같은 음운변화과정에서 1단계는 'ᆭ → ㄴ(끊- → 끈-)'과 같이 'ㅎ'에 자음탈락이 적용되고, 2단계는 'ㅄ → ㅂ(-없- → -멉-)'과 같이 'ㅅ'에 자음탈락이 적용되고, 3단계는 'ㄷ → ㄸ(-다 → -따)'과 같이 'ㄷ'에 경음화가 적용된다.

**12)** 끝소리가 'ᆶ'인 경우(표 제12항)

(247) 'ᆶ'이 뒤 첫소리나 모음 앞인 경우('ᆶ → ㄹ' : 'ㅎ'탈)

　ㄱ. 곯리다[골리다]('ㅎ'탈)

　　굻리다[굴리다]　　　　꿇리다[꿀리다]　　　　뚫리다[뚤리다]

　　곯마르다[골마르다]

　ㄴ. 가슴앓이[가스마리]('ㅎ'탈)

　　싫이[시리]　　　　　　옳아[오라]　　　　　　옳이[오리]

　　귀앓이[귀아리]　　　　끓이다[끄리다]　　　　대뚫이[대뚜리]

　　배앓이[배아리]　　　　쓿은쌀[쓰른쌀]　　　　이앓이[이아리]

　　입앓이[이바리]　　　　뚫어지다[뚜러지다]

　　허리앓이[허리아리]　　잃어버리다[이러버리다]

　ㄷ. 곯아[고라]('ㅎ'탈)

　　꿇어[꾸러]　　　끓여[끄려]　　　닳으[다르]　　　뚫음[뚜름]

　　싫은[시른]　　　앓아[아라]　　　옳을[오를]　　　잃어[이러]

　ㄹ. 닳아먹다[다라먹다 → 다라먹따]('ㅎ'탈 → 경)

　ㅁ. 싫증[실증 → 실쯩]('ㅎ'탈 → 경)

　　옳소[올쏘]

　ㅂ. 꿇어앉다[꾸러앉다 → 꾸러안다 → 꾸러안따]('ㅎ'탈 → 'ㅈ'탈 → 경)

　ㅅ. 끓는점[끌는점 → 끌른점]('ㅎ'탈 → 유)

　　(247)은 'ᆶ'이 모음이나 뒤 첫소리 앞에서 'ᆶ → ㄹ'과 같이 'ㅎ'의 자음탈락이 실현된 경우이다. (247ㄴ, ㄷ, ㄹ, ㅂ)은 'ㅎ'이 모음 앞인 경우이고, (247ㄱ, ㅁ, ㅅ)은 'ㅎ'이 뒤 자음 앞인 경우이다. (247ㄹ-ㅅ)은 음운변화과

정에서 먼저 자음탈락을 적용한 후에, 다른 음운규칙 등을 적용한다.

(247ㄱ)의 '굻리다'는 '굻리다 → 굴리다'와 같은 음운변화과정에서 'ㅀ → ㄹ(굻- → 굴-)'과 같이 'ㅎ'에 자음탈락이 적용된다.

(247ㄴ)의 '가슴앓이'는 '가슴앓이 → 가스마리'와 같은 음운변화과정에서 'ㅀ → ㄹ(-앓이 → 아리)'과 같이 'ㅎ'에 자음탈락이 적용된다.

(247ㄷ)은 'ㅀ'이 뒤 홀소리인 어미('-아, -어, -여, -으, -은, -을' 등)와 연결된 경우이다. '꿇어'는 '꿇어 → 꾸러'와 같은 음운변화과정에서 'ㅀ → ㄹ(꿇어 → 꾸리)'과 같이 'ㅎ'에 자음탈락이 적용된다.

(247ㄹ)의 '닳아먹다'가 '닳아먹다 → 다라먹다 → 다라먹따'와 같은 음운변화과정에서 1단계는 'ㅀ → ㄹ(닳아- → 다라-)'과 같이 'ㅎ'에 자음탈락이 적용되고, 2단계는 'ㄷ → ㄸ(-다 → -따)'과 같이 'ㄷ'에 경음화가 적용된다.

(247ㅁ)의 '싫증'이 '싫증 → 실증 → 실쯩'과 같은 음운변화과정에서 1단계는 'ㅀ → ㄹ(싫- → 실-)'과 같이 'ㅎ'에 자음탈락이 적용되고, 2단계는 'ㅈ → ㅉ(-증 → -쯩)'과 같이 'ㅈ'에 경음화가 적용된다.

(247ㅂ)의 '꿇어앉다'가 '꿇어앉다 → 꾸러앉다 → 꾸러안다 → 꾸러안따'와 같은 음운변화과정에서 1단계는 'ㅀ → ㄹ(꿇어- → 꾸러-)'과 같이 'ㅎ'에 자음탈락이 적용되고, 2단계는 'ㄵ → ㄴ(-앉- → -안-)'과 같이 'ㅈ'에 자음탈락이 적용되고, 3단계는 'ㄷ → ㄸ(-다 → -따)'과 같이 'ㄷ'에 경음화가 적용된다.

(247ㅅ)의 '끓는점'이 '끓는점 → 끌는점 → 끌른점'과 같은 음운변화과정에서 1단계는 'ㅀ → ㄹ(끓- → 끌-)'과 같이 'ㅎ'에 자음탈락이 적용되고, 2단계는 'ㄴ → ㄹ(-는- → -른-)'과 같이 'ㄴ'에 유음화가 적용된다.

## 11 자음첨가

표준발음법 음의 첨가에서는 'ㄴ'음 첨가만 규정하고 있다. 표준발음법

한국어 발음 교육의 실제

제29항은 '솜이불[솜니불]', '홑이불[혼니불]' 등과 같이 합성어나 파생어의 경우에 'ㄴ'음 첨가를 나타내고 있다. 제30항 1은 '베갯잇[베갣닏 → 베갠닏]', '깻잎[깯닙 → 깬닙]' 등과 같이 사이시옷 뒤에 '이'소리가 결합되는 경우에 'ㄴ'음 첨가를 나타내고 있다.

자음첨가는 앞 끝소리 'ㄱ', 'ㄲ', 'ㄳ(ㄺ)', 'ㄴ', 'ㄷ', 'ㄹ', 'ㅁ', 'ㅂ', 'ㅅ', 'ㅇ', 'ㅈ', 'ㅊ', 'ㅋ', 'ㅌ', 'ㅍ' 등을 중심으로 기술한다. 자음첨가의 경우에는 보기 중 음절 순서에 따른 음운변화과정에서 1단계에 자음첨가가 적용되지 않는 경우에도 모두 이 항에서 기술한다.(이 경우에는 보기 앞에 '*'를 표기함.)

**1) 앞 끝소리가 'ㄱ'인 경우(표 제29항)**

(248) 'ㄱ + ∅ → ㄱ + ㄴ → ㅇ + ㄴ'('∅ → ㄴ' : 'ㄴ'첨, 'ㄱ → ㅇ' : 비)

ㄱ. 가격연동제[가격년동제 → 가경년동제]('ㄴ'첨 → 비)

| | | |
|---|---|---|
| 결막염[결망념] | 고막염[고망념] | 골막염[골망념] |
| 기폭약[기퐁냑] | 내복약[내봉냑] | 도착역[도창녁] |
| 막일꾼[망닐꾼] | 목양말[몽냥말] | 목유경[몽뉴경] |
| 복요리[봉뇨리] | 새벽일[새병닐] | 색연필[생연필] |
| 색유리[생뉴리] | 색이름[생니름] | 소독약[소동냑] |
| 종착역[종창녁] | 직육면체[징늉면체] | |
| 기록영화[기롱녕화] | 알기죽알기죽[알기중날기죽] | |

ㄴ. 떡잎[떡닢 → 떵닢 → 떵닙]('ㄴ'첨 → 비 → 말)

| | | | |
|---|---|---|---|
| 속웃[송눋] | 속잎[송닙] | 약엿[양녇] | 턱잎[텅닙] |
| 가락엿[가랑녇] | 가락윷[가랑뉻] | | 세쪽잎[세쭝닙] |
| 장작윷[장장뉻] | 호박엿[호방녇] | | 호박잎[호방닙] |
| 외떡잎[외떵닙/웨―] | | | |

ㄷ. 화석연료[화석년료 → 화성년료 → 화성녈료]('ㄴ'첨 → 비 → 유)

ㄹ. 책 이름[책니름 → 챙니름]('ㄴ'첨 → 비)(표 제29항 [붙임 2])

*ㅁ.뭇떡잎[묻떡잎 → 묻떡닢 → 묻떵닢 → 묻떵닙]

(말→'ㄴ'첨→비→말)

*ㅂ.권력욕[궐력욕 → 궐력뇩 → 궐령뇩](유 →'ㄴ'첨→비)

(248)은 앞 끝소리 'ㄱ'과 뒤 음절 '야, 여, 요, 유, 이' 등의 사이에 'ㄴ'음이 첨가된 후에, 'ㄱ → ㅇ'과 같이 'ㄱ'이 'ㄴ'에 동화되어 비음인 [ㅇ]으로 실현된 것이다. 이는 표준발음이다. (248ㄱ-ㄹ)은 음운변화과정에서 먼저 'ㄴ'음 첨가를 적용한 후에, 비음화 등을 적용한다. (248ㅁ, ㅂ)은 1단계에 'ㄴ'첨가가 적용되지 않은 경우이다.('*'표시함.)

(248ㄱ)의 '결막염'이 '결막염 → 결막념 → 결망념'과 같은 음운변화과정에서 1단계는 'Ø → ㄴ(-염 → -념)'과 같이 'ㄴ'음 첨가가 적용되고, 2단계는 'ㄱ → ㅇ(-막- → -망-)'과 같이 'ㄱ'에 비음화가 적용된다.

(248ㄴ)의 '속윷'이 '속윷 → 속늧 → 송늧 → 송늗'과 같은 음운변화과정에서 1단계는 'Ø → ㄴ(-윷 → -늧)'과 같이 'ㄴ'음 첨가가 적용되고, 2단계는 'ㄱ → ㅇ(속- → 송-)'과 같이 'ㄱ'에 비음화가 적용되고, 3단계는 'ㅊ → ㄷ(-늧 → -늗)'과 같이 'ㅊ'에 말음법칙이 적용된다.

(248ㄷ)의 '화석연료'가 '화석연료 → 화석년료 → 화성년료 → 화성녈료'과 같은 음운변화과정에서 1단계는 'Ø → ㄴ(-연- → -년-)'과 같이 'ㄴ'음 첨가가 적용되고, 2단계는 'ㄱ → ㅇ(-석- → -성-)'과 같이 'ㄱ'에 비음화가 적용되고, 3단계는 'ㄴ → ㄹ(-년- → -녈-)'과 같이 'ㄴ'에 유음화가 적용된다.

(248ㄹ)은 두 단어를 이어서 한 마디로 발음하는 경우에도 'ㄴ'음이 첨가된 것이다. '책 이름'이 '책이름 → 책니름 → 챙니름'과 같은 음운변화과정에서 1단계는 'Ø → ㄴ(-이- → -니-)'과 같이 'ㄴ'음 첨가가 적용되고, 2단계는 'ㄱ → ㅇ(책- → 챙-)'과 같이 'ㄱ'에 비음화가 적용된다.

(248ㅁ)의 '뭇떡잎'이 '뭇떡잎 → 묻떡잎 → 묻떡닢 → 묻떵닢 → 묻떵닙'과 같은 음운변화과정에서 1단계는 'ㅅ → ㄷ(뭇- → 묻-)'과 같이 'ㅅ'에 말

음법칙이 적용되고, 2단계는 '∅ → ㄴ(-잎 → -닢)'과 같이 'ㄴ'음 첨가가 적용되고, 3단계는 'ㄱ → ㅇ(-떡- → -떵-)'과 같이 'ㄱ'에 비음화가 적용되고, 4단계는 'ㅍ → ㅂ(-닢 → -닙)'과 같이 'ㅍ'에 말음법칙이 적용된다. 물론 음절 순서에 따른 음운변화과정을 설정하지 않고, 음운규칙 적용순서를 바꾸어 '뭇떡잎 → 뭇떡닢 → 묻떡닢 → 묻떵닢 → 묻떵닙'과 같은 음운변화과정을 설정할 수도 있다. 이 경우에 1단계는 'ㄴ'음 첨가를 적용하고, 2단계는 말음법칙을 적용하고, 3단계는 비음화를 적용하고, 4단계는 말음법칙을 적용해도 표준발음인 [묻떵닙]은 같다.

(248ㄴ)의 '권력욕'이 '권력욕 → 궐력욕 → 궐력뇩 → 궐령뇩'과 같은 음운변화과정에서 1단계는 'ㄴ → ㄹ(권- → 궐-)'과 같이 'ㄴ'에 유음화가 적용되고, 2단계는 '∅ → ㄴ(-욕 → -뇩)'과 같이 'ㄴ'음 첨가가 적용되고, 3단계는 'ㄱ → ㅇ(-력- → -령-)'과 같이 'ㄱ'에 비음화가 적용된다.

## 2) 앞 끝소리가 'ㄲ'인 경우(표 제29항)

(249) 'ㄲ + ∅ → ㄱ + ㄴ → ㅇ + ㄴ'
　　('ㄲ → ㄱ' : 말, '∅ → ㄴ' : 'ㄴ'첨, 'ㄱ → ㅇ' : 비)
　　* 안팎일[안팍일 → 안팍닐 → 안팡닐](말 → 'ㄴ'첨 → 비)

(249)는 앞 끝소리 'ㄲ'과 뒤 음절 '이'의 사이에 'ㄴ'음이 첨가된 후에, 'ㄱ → ㅇ'과 같이 'ㄱ'이 'ㄴ'에 동화되어 비음인 [ㅇ]으로 실현된 것이다. 이는 표준발음이다. 이 경우에는 음운변화과정에서 먼저 말음법칙을 적용한 후에, 'ㄴ'음 첨가 등을 적용한다. '안팎일'이 '안팎일 → 안팍일 → 안팍닐 → 안팡닐'과 같은 음운변화과정에서 1단계는 'ㄲ → ㄱ(-팎- → -팍-)'과 같이 'ㄲ'에 말음법칙이 적용되고, 2단계는 '∅ → ㄴ(-일 → -닐)'과 같이 'ㄴ'음 첨가가 적용되고, 3단계는 'ㄱ → ㅇ(-팍- → -팡-)'과 같이 'ㄱ'에 비음화가 적용된다.

**3)** 앞 끝소리가 겹받침('ㄳ, ㄹㄱ')인 경우(표 제29항)

(250) 'ㄳ + ∅ → ㄱ + ㄴ → ㅇ + ㄴ'

    ('ㄳ → ㄱ' : 'ㅅ'탈, '∅ → ㄴ' : 'ㄴ'첨, 'ㄱ → ㅇ' : 비)

    ＊몫일[목일 → 목닐 → 몽닐]('ㅅ'탈 → 'ㄴ'첨 → 비)

    삯일[상닐]

    (250)은 앞 끝소리 'ㄳ'과 뒤 음절 '이'의 사이에 'ㄴ'음 첨가 후에, 'ㄱ →
ㅇ'과 같이 'ㄱ'이 'ㄴ'에 동화되어 비음인 [ㅇ]으로 실현된 것이다. 이는 표
준발음이다. 이 경우에는 음운변화과정에서 먼저 자음탈락을 적용한 후에,
'ㄴ'음 첨가 등을 적용한다. '삯일'이 '삯일 → 삭일 → 삭닐 → 상닐'과 같은
음운변화과정에서 1단계는 'ㄳ → ㄱ(삯- → 삭-)'과 같이 'ㅅ'에 자음탈락
이 적용되고, 2단계는 '∅ → ㄴ(-일 → -닐)'과 같이 'ㄴ'음 첨가가 적용되
고, 3단계는 'ㄱ → ㅇ(삭- → 상-)'과 같이 'ㄱ'에 비음화가 적용된다.

(251) 'ㄹㄱ + ∅ → ㄱ + ㄴ → ㅇ + ㄴ'

    ('ㄹㄱ → ㄱ' : 'ㄹ'탈, '∅ → ㄴ' : 'ㄴ'첨, 'ㄱ → ㅇ' : 비)

    ＊ㄱ. 흙일[흑일 → 흑닐 → 흥닐]('ㄹ'탈 → 'ㄴ'첨 → 비)

    ＊ㄴ. 닭 요리[닥요리 → 닥뇨리 → 당뇨리]('ㄹ'탈 → 'ㄴ'첨 → 비)

    (251)은 앞 끝소리 'ㄹㄱ'과 뒤 음절 '이, 요' 등의 사이에 'ㄴ'음 첨가 후에,
'ㄱ → ㅇ'과 같이 'ㄱ'이 'ㄴ'에 동화되어 비음인 [ㅇ]으로 실현된 것이다.
이는 표준발음이다. 이 경우에는 음운변화과정에서 먼저 자음탈락을 적용
한 후에, 'ㄴ'음 첨가 등을 적용한다.

    (251ㄱ)의 '흙일'이 '흙일 → 흑일 → 흑닐 → 흥닐'과 같은 음운변화과정
에서 1단계는 'ㄹㄱ → ㄱ(흙- → 흑-)'과 같이 'ㄹ'에 자음탈락이 적용되고, 2
단계는 '∅ → ㄴ(-일 → -닐)'과 같이 'ㄴ'음 첨가가 적용되고, 3단계는 'ㄱ
→ ㅇ(흑- → 흥-)'과 같이 'ㄱ'에 비음화가 적용된다.

(251ㄴ)은 두 단어를 이어서 한 마디로 발음하는 경우이다. '닭 요리'가
'닭요리 → 닥요리 → 닥뇨리 → 당뇨리'과 같은 음운변화과정에서 1단계
는 'ㄺ → ㄱ(닭- → 닥-)'과 같이 'ㄹ'에 자음탈락이 적용되고, 2단계는 'ø
→ ㄴ(-요- → -뇨-)'과 같이 'ㄴ'음 첨가가 적용되고, 3단계는 'ㄱ → ㅇ
(닥- → 당-)'과 같이 'ㄱ'에 비음화가 적용된다.


**4)** 앞 끝소리가 'ㄴ'인 경우(표 제29항)

(252) 'ㄴ + ø → ㄴ + ㄴ'('ø → ㄴ' : 'ㄴ'첨)

    ㄱ. 고문역[고문녁]('ㄴ'첨)

| | | | |
|---|---|---|---|
| 군일[군닐] | 군입[군닙] | 논일[논닐] | 눈약[눈냑] |
| 산일[산닐] | 선일[선닐] | 쓴입[쓴닙] | 안일[안닐] |
| 웬일[웬닐] | 잔일[잔닐] | 잔입[잔닙] | 큰일[큰닐] |
| 한입[한닙] | 궂은일[구즌닐] | 논이랑[논니랑] | |

| | | |
|---|---|---|
| 논임자[논님자] | 더운약[더운냑] | 마른입[마른닙] |
| 맨연습[맨년습] | 맨이름[맨니름] | 모순율[모순뉼] |
| 본이름[본니름] | 빈이름[빈니름] | 빨간약[빨간냑] |
| 산열매[산녈매] | 산염불[산념불] | 선이자[선니자] |
| 송근유[송근뉴] | 순이론[순니론] | 순이익[순니익] |
| 순이자[순니자] | 숨은열[수믄녈] | 신예술[신녜술] |
| 어린양[어린냥] | 연이율[연니율] | 유전율[유전뉼] |
| 일인용[이린뇽] | 종단역[종단녁] | 집안일[지반닐] |
| 남존여비[남존녀비] | 눈여기다[눈녀기다] | |
| 미끈유월[미끈뉴월] | 비단잉어[비단닝어] | |
| 삼판양승[삼판냥승] | 생산요소[생산뇨소] | |
| 신혼여행[신혼녀행] | 우산이끼[우산니끼] | |
| 인간이별[인간니별] | | |

    ㄴ. 간 일[간닐]('ㄴ'첨)

| | | | |
|---|---|---|---|
| 본 일[본닐] | 온 일[온닐] | 잔 일[잔닐] | 준 일[준닐] |
| 탄 일[탄닐] | 한 일[한닐] | 한 입[한닙] | |

된 일[된닐/뒌–]  바꾼 일[바꾼닐]  천한 일[천한닐]

한 양반[한냥반]

ㄷ. 맨잎[맨닢 → 맨닙]('ㄴ'첨 → 말)

본잎[본닙]  산윷[산늋]  순잎[순닙]  연잎[연닙]

잔잎[잔닙]  진잎[진닙]  편윷[편늋]  한옆[한녑]

넓은잎[널븐닙]  어린잎[어린닙]

ㄹ. 군입정[군입정 → 군닙쩡]('ㄴ'첨 → 경)

군입질[군닙찔]  눈약속[눈냑쏙]

ㅁ. 큰잎말[큰닢말 → 큰닙말 → 큰님말]('ㄴ'첨 → 말 → 비)

ㅂ. 건입맛[건닙맛 → 건님맛 → 건님맏]('ㄴ'첨 → 비 → 말)

ㅅ. 연잇다[연닛다 → 연닏다 → 연닏따]('ㄴ'첨 → 말 → 경)

ㅇ. 한 잎[한닙]('ㄴ'첨 → 말)

*ㅈ.안갖춘잎[안갖춘잎 → 안갇춘닢 → 안간춘닙](말 → 'ㄴ'첨 → 말)

*ㅊ.옮긴 일[옴긴일 → 옴긴닐]('ㄹ'탈 → 'ㄴ'첨)

*ㅋ.백분율[백뿐율 → 백뿐뉼](경 → 'ㄴ'첨)

출산율[출싼뉼]

*ㅌ.흰엿[힌엿 → 힌녓 → 힌녇](단 → 'ㄴ'첨 → 말)


(252)는 앞 끝소리 'ㄴ'과 뒤 음절 '야, 여, 요, 유, 이' 등의 사이에 'ㄴ'음이 첨가된 경우이다. (252ㄷ-ㅇ)은 음운변화과정에서 먼저 'ㄴ'음 첨가를 적용한 후에, 다른 음운규칙 등을 적용한다. (252ㅈ-ㅌ)은 다른 음운규칙을 적용한 후에, 'ㄴ'음 첨가를 적용한다.

(252ㄱ)의 '궂은일'은 '궂은일 → 구즌닐'과 같은 음운변화과정에서 '∅ → ㄴ(–일 → –닐)'과 같이 'ㄴ'음 첨가가 적용된다.

(252ㄴ)은 두 단어를 이어서 한 마디로 발음하는 경우이다. '본 일'이 '본일 → 본닐'과 같은 음운변화과정에서 '∅ → ㄴ(–일 → –닐)'과 같이 'ㄴ'음 첨가가 적용된다.

(252ㄷ)의 '본잎'이 '본잎 → 본닢 → 본닙'과 같은 음운변화과정에서 1단

계는 'Ø → ㄴ(-잎 → -닢)'과 같이 'ㄴ'음 첨가가 적용되고, 2단계는 'ㅍ → ㅂ(-닢 → -닙)'과 같이 'ㅍ'에 말음법칙이 적용된다.

(252ㄹ)의 '군입질'이 '군입질 → 군닙질 → 군닙찔'과 같은 음운변화과정에서 1단계는 'Ø → ㄴ(-입 → -닙)'과 같이 'ㄴ'음 첨가가 적용되고, 2단계는 'ㅈ → ㅉ(-질 → -찔)'과 같이 'ㅈ'에 경음화가 적용된다.

(252ㅁ)의 '큰잎말'이 '큰잎말 → 큰닢말 → 큰닙말 → 큰님말'과 같은 음운변화과정에서 1단계는 'Ø → ㄴ(-잎- → -닢-)'과 같이 'ㄴ'음 첨가가 적용되고, 2단계는 'ㅍ → ㅂ(-닢- → -닙-)'과 같이 'ㅍ'에 말음법칙이 적용되고, 3단계는 'ㅂ → ㅁ(-닙- → -님-)'과 같이 'ㅂ'에 비음화가 적용된다.

(252ㅂ)의 '건입맛'이 '건입맛 → 건닙맛 → 건님맛 → 건님맏'과 같은 음운변화과정에서 1단계는 'Ø → ㄴ(-입- → -닙-)'과 같이 'ㄴ'음 첨가가 적용되고, 2단계는 'ㅂ → ㅁ(-닙- → -님-)'과 같이 'ㅂ'에 비음화가 적용되고, 3단계는 'ㅅ → ㄷ(-맛 → -맏)'과 같이 'ㅅ'에 말음법칙이 적용된다.

(252ㅅ)의 '연잇다'가 '연잇다 → 연닛다 → 연닏다 → 연닏따'와 같은 음운변화과정에서 1단계는 'Ø → ㄴ(-잇- → -닛-)'과 같이 'ㄴ'음 첨가가 적용되고, 2단계는 'ㅅ → ㄷ(-닛- → -닏-)'과 같이 'ㅅ'에 말음법칙이 적용되고, 3단계는 'ㄷ → ㄸ(-다 → -따)'과 같이 'ㄷ'에 경음화가 적용된다.

(252ㅇ)은 두 단어를 이어서 한 마디로 발음하는 경우이다. '한 잎'이 '한 잎 → 한닢 → 한닙'과 같은 음운변화과정에서 1단계는 'Ø → ㄴ(-잎 → -닢)'과 같이 'ㄴ'음 첨가가 적용되고, 2단계는 'ㅍ → ㅂ(-닢 → -닙)'과 같이 'ㅍ'에 말음법칙이 적용된다.

(252ㅈ)의 '안갖춘잎'이 '안갖춘잎 → 안갇춘잎 → 안갇춘닢 → 안갇춘닙'과 같은 음운변화과정에서 1단계는 'ㅈ → ㄷ(-갖- → -갇-)'과 같이 'ㅈ'에 말음법칙이 적용되고, 2단계는 'Ø → ㄴ(-잎 → -닢)'과 같이 'ㄴ'음 첨가가 적용되고, 3단계는 'ㅍ → ㅂ(-닢 → -닙)'과 같이 'ㅍ'에 말음법칙이 적용된다.

(252ㅊ)은 두 단어를 이어서 한 마디로 발음하는 경우이다. '옮긴 일'이 '옮긴일 → 옴긴일 → 옴긴닐'과 같은 음운변화과정에서 1단계는 'ㄻ → ㅁ (옮- → 옴-)'과 같이 'ㄹ'에 자음탈락이 적용되고, 2단계는 'Ø → ㄴ(-일 → -닐)'과 같이 'ㄴ'음 첨가가 적용된다.

(252ㅋ)의 '백분율'이 '백분율 → 백뿐율 → 백뿐뉼'과 같은 음운변화과정에서 1단계는 'ㅂ → ㅃ(-분- → -뿐-)'과 같이 'ㅂ'에 경음화가 적용되고, 2단계는 'Ø → ㄴ(-율 → -뉼)'과 같이 'ㄴ'음 첨가가 적용된다.

(252ㅌ)의 '흰엿'이 '흰엿 → 힌엿 → 힌녓 → 힌녇'과 같은 음운변화과정에서 1단계는 'ㅟ → ㅣ(흰- → 힌-)'과 같이 'ㅟ'에 단모음화가 적용되고, 2단계는 'Ø → ㄴ(-엿 → -녓)'과 같이 'ㄴ'음 첨가가 적용되고, 3단계는 'ㅅ → ㄷ(-녓 → -녇)'과 같이 'ㅅ'에 말음법칙이 적용된다.

**5) 앞 끝소리가 'ㄷ'인 경우(표 제29항)**

(253) 'ㄷ + Ø → ㄷ + ㄴ → ㄴ + ㄴ'('Ø → ㄴ' : 'ㄴ'첨, 'ㄷ → ㄴ' : 비)
　　　맏양반[맏냥반 → 만냥반]('ㄴ'첨 → 비)


(253)은 앞 끝소리 'ㄷ'과 뒤 음절 '야'의 사이에 'ㄴ'음이 첨가된 후에, 'ㄷ → ㄴ'과 같이 'ㄷ'이 'ㄴ'을 닮아 비음인 [ㄴ]으로 실현된 것이다. 이는 표준발음이다. 이 경우에는 음운변화과정에서 먼저 'ㄴ'음 첨가를 적용한 후에, 비음화를 적용한다. '맏양반'이 '맏양반 → 맏냥반 → 만냥반'과 같은 음운변화과정에서 1단계는 'Ø → ㄴ(-양- → -냥-)'과 같이 'ㄴ'음 첨가가 적용되고, 2단계는 'ㄷ → ㄴ(맏- → 만-)'과 같이 'ㄷ'에 비음화가 적용된다.

**6) 앞 끝소리가 'ㄹ'인 경우(표 제29항 [붙임 1])**

(254) 'ㄹ + Ø → ㄹ + ㄴ → ㄹ + ㄹ'('Ø → ㄴ' : 'ㄴ'첨, 'ㄴ → ㄹ' : 유)
　　　ㄱ. 날일[날닐 → 날릴]('ㄴ'첨 → 유)

| 물일[물릴] | 발일[발릴] | 별일[별릴] | 볼일[볼릴] |
| 알약[알략] | 틸요[틸료] | 틀일[틀릴] | |
| 가을일[가을릴] | 골양반[골량반] | 귤열매[귤렬매] | |
| 길이불[길리불] | 두벌일[두벌릴] | 돌잉어[돌링어] | |
| 마찰열[마찰렬] | 물여우[물려우] | 물유리[물류리] | |
| 물이끼[물리끼] | 물이랑[물리랑] | 반달연[반달련] | |
| 별이끼[별리끼] | 불이익[불리익] | 불잉걸[불링걸] | |
| 살여울[살려울] | 생활욕[생활록] | 설유두[설류두] | |
| 솔이끼[솔리끼] | 시발역[시발력] | 실연기[실런기] | |
| 알요강[알료강] | 올여름[올려름] | 윤활유[윤활류] | |
| 이슬양[이슬량] | 일일이[일리리] | 작을요[자글료] | |
| 천일염[처닐렴] | 출발역[출발력] | 틸양말[틸량말] | |
| 털여물[털려물] | 판별역[판별력] | | |
| 비뚤양반[비뚤량반] | 생살여탈[생살려탈] | | |
| 세월여류[세월려류] | 아들이삭[아들리삭] | | |
| 좁쌀여우[좁쌀려우] | 좁쌀영감[좁쌀령감] | | |

ㄴ. 생산연령[생산년령 → 생산녈령]('ㄴ'첨 → 유)

ㄷ. 여울여울[여울녀울 → 여울려울]('첨어', 'ㄴ'첨 → 유)

　　연줄연줄[연줄련줄]

ㄹ. 생활연령[생활년령 → 생활련령 → 생활렬령]('ㄴ'첨 → 유 → 유)

ㅁ. 갈잎[갈닢 → 갈맆 → 갈립]('ㄴ'첨 → 유 → 말)

| 굴잎[굴립] | 길옆[길렵] | 물잎[물립] | 벌웆[벌륯] |
| 풀잎[풀립] | 비늘잎[비늘립] | 이불잇[이불릳] | |
| 잔솔잎[잔솔립] | 찹쌀엿[찹쌀렫] | | |

ㅂ. 설익다[설닉다 → 설릭다 → 설릭따]('ㄴ'첨 → 유 → 경)

ㅅ. 세불양립[세불냥립 → 세불량립 → 세불량닙]('ㄴ'첨 → 유 → 비)

ㅇ. 갈잎나무[갈닢나무 → 갈맆나무 → 갈립나무 → 갈림나무]

　　('ㄴ'첨 → 유 → 말 → 비)

ㅈ. 갈잎무늬[갈닢무늬 → 갈맆무늬 → 갈립무늬 → 갈림무늬 → 갈림무니]

　　('ㄴ'첨 → 유 → 말 → 비 → 단)

ㅊ. 물역학[물녁학→물력학→물려칵]('ㄴ'첨→유→격)

ㅋ. 그럴 일[그럴닐→그럴릴]('ㄴ'첨→유)

| | | |
|---|---|---|
| 볼 일[볼릴] | 쓸 일[쓸릴] | 울 일[울릴] |
| 줄 일[줄릴] | 할 일[할릴] | 될 일[될릴/뒐-] |
| 모를 일[모를릴] | 배달 일[배달릴] | |

ㅌ. 스물 여덟[스물녀덟→스물려덟→스물려덜]('ㄴ'첨→유→'ㅂ'탈)

(254)는 앞 끝소리 'ㄹ'과 뒤 음절 '야, 여, 요, 유, 이' 등의 사이에 'ㄴ'음
이 첨가된 후에, 'ㄴ → ㄹ'과 같이 'ㄴ'이 'ㄹ'을 닮아 유음인 [ㄹ]로 실현된
것이다. 이는 표준발음이다. 이 경우에는 음운변화과정에서 먼저 'ㄴ'음 첨
가를 적용한 후에, 유음화 등을 적용한다.

(254ㄱ)의 '가을일'이 '가을일→가을닐→가을릴'과 같은 음운변화과정
에서 1단계는 'Ø → ㄴ(-일 → -닐)'과 같이 'ㄴ'음 첨가가 적용되고, 2단계
는 'ㄴ → ㄹ(-닐 → -릴)'과 같이 'ㄴ'에 유음화가 적용된다.

(254ㄴ)의 '생산연령'이 '생산연령 → 생산년령 → 생산녈령'과 같은 음
운변화과정에서 1단계는 'Ø → ㄴ(-연- → -년-)'과 같이 'ㄴ'음 첨가가
적용되고, 2단계는 'ㄴ → ㄹ(-년- → -녈-)'과 같이 'ㄴ'에 유음화가 적용
된다.

(254ㄷ)은 같은 소리나 비슷한 소리를 가진 단어가 겹쳐서 이루어진 복합
어인 경우이다. '연줄연줄'이 '연줄연줄 → 연줄년줄 → 연줄련줄'과 같은 음
운변화과정에서 1단계는 'Ø → ㄴ(-연- → -년-)'과 같이 'ㄴ'음 첨가가 적
용되고, 2단계는 'ㄴ → ㄹ(-년- → -련-)'과 같이 'ㄴ'에 유음화가 적용된다.

(254ㄹ)의 '생활연령'이 '생활연령 → 생활년령 → 생활련령 → 생활렬령'
과 같은 음운변화과정에서 1단계는 'Ø → ㄴ(-연- → -년-)'과 같이 'ㄴ'
음 첨가가 적용되고, 2단계는 'ㄴ → ㄹ(-년- → -련-)'과 같이 'ㄴ'에 유음
화가 적용되고, 3단계는 'ㄴ → ㄹ(-련- → -렬-)'과 같이 'ㄴ'에 유음화가
적용된다.

(254ㅁ)의 '굴잎'이 '굴잎 → 굴닢 → 굴맆 → 굴립'과 같은 음운변화과정에서 1단계는 'Ø → ㄴ(-잎 → -닢)'과 같이 'ㄴ'음 첨가가 적용되고, 2단계는 'ㄴ → ㄹ(-닢 → -맆)'과 같이 'ㄴ'에 유음화가 적용되고, 3단계는 'ㅍ → ㅂ(-맆 → -립)'과 같이 'ㅍ'에 말음법칙이 적용된다.

(254ㅂ)의 '설익다'가 '설익다 → 설닉다 → 설릭다 → 설릭따'와 같은 음운변화과정에서 1단계는 'Ø → ㄴ(-익- → -닉-)'과 같이 'ㄴ'음 첨가가 적용되고, 2단계는 'ㄴ → ㄹ(-닉- → -릭-)'과 같이 'ㄴ'에 유음화가 적용되고, 3단계는 'ㄷ → ㄸ(-다 → -따)'과 같이 'ㄷ'에 경음화가 적용된다.

(254ㅅ)의 '세불양립'이 '세불양립 → 세불냥립 → 세불량립 → 세불량닙'과 같은 음운변화과정에서 1단계는 'Ø → ㄴ(-양- → -냥-)'과 같이 'ㄴ'음 첨가가 적용되고, 2단계는 'ㄴ → ㄹ(-냥- → -량-)'과 같이 'ㄴ'에 유음화가 적용되고, 3단계는 'ㄹ → ㄴ(-립 → -닙)'과 같이 'ㄹ'에 비음화가 적용된다.

(254ㅇ)의 '갈잎나무'가 '갈잎나무 → 갈닢나무 → 갈맆나무 → 갈립나무 → 갈림나무'와 같은 음운변화과정에서 1단계는 'Ø → ㄴ(-잎- → -닢-)'과 같이 'ㄴ'음 첨가가 적용되고, 2단계는 'ㄴ → ㄹ(-닢- → -맆-)'과 같이 'ㄴ'에 유음화가 적용되고, 3단계는 'ㅍ → ㅂ(-맆- → -립-)'과 같이 'ㅍ'에 말음법칙이 적용되고, 4단계는 'ㅂ → ㅁ(-립- → -림-)'과 같이 'ㅂ'에 비음화가 적용된다.

(254ㅈ)의 '갈잎무늬'가 '갈잎무늬 → 갈닢무늬 → 갈맆무늬 → 갈립무늬 → 갈림무늬 → 갈림무니'와 같은 음운변화과정에서 1단계는 'Ø → ㄴ(-잎- → -닢-)'과 같이 'ㄴ'음 첨가가 적용되고, 2단계는 'ㄴ → ㄹ(-닢- → -맆-)'과 같이 'ㄴ'에 유음화가 적용되고, 3단계는 'ㅍ → ㅂ(-맆- → -립-)'과 같이 'ㅍ'에 말음법칙이 적용되고, 4단계는 'ㅂ → ㅁ(-립- → -림-)'과 같이 'ㅂ'에 비음화가 적용되고, 5단계는 'ㅢ → ㅣ(-늬 → -니)'과 같이 'ㅢ'에 단모음화가 적용된다.

(254ㅊ)의 '물역학'이 '물역학 → 물녁학 → 물력학 → 물려칵'과 같은 음운변화과정에서 1단계는 '∅ → ㄴ(-역- → -녁-)'과 같이 'ㄴ'음 첨가가 적용되고, 2단계는 'ㄴ → ㄹ(-녁- → -력-)'과 같이 'ㄴ'에 유음화가 적용되고, 3단계는 'ㄱ + ㅎ → ㅋ(-력학 → -려칵)'과 같이 'ㄱ'에 격음화가 적용된다.

(254ㅋ)은 두 단어를 이어서 한 마디로 발음하는 경우이다. '볼 일'이 '볼일 → 볼닐 → 볼릴'과 같은 음운변화과정에서 1단계는 '∅ → ㄴ(-일 → -닐)'과 같이 'ㄴ'음 첨가가 적용되고, 2단계는 'ㄴ → ㄹ(-닐 → -릴)'과 같이 'ㄴ'에 유음화가 적용된다.

(254ㅌ)은 두 단어를 이어서 한 마디로 발음하는 경우이다. '스물 여덟'이 '스물여덟 → 스물녀덟 → 스물려덟 → 스물려덜'과 같은 음운변화과정에서 1단계는 '∅ → ㄴ(-여- → -녀-)'과 같이 'ㄴ'음 첨가가 적용되고, 2단계는 'ㄴ → ㄹ(-녀- → -려-)'과 같이 'ㄴ'에 유음화가 적용되고, 3단계는 'ㄼ → ㄹ(-덟 → -덜)'과 같이 'ㅂ'에 자음탈락이 적용된다.

(255) *'ㄹ + ∅ → ㄹ + ㄴ → ㄹ + ㄹ'('∅ → ㄴ' : 'ㄴ'첨, 'ㄴ → ㄹ' : 유)

    ㄱ. 질산염[질싼염 → 질싼념](경 → 'ㄴ'첨)

    ㄴ. 폭발약[폭빨약 → 폭빨냑 → 폭빨랴](경 → 'ㄴ'첨 → 유)

    ㄷ. 설득요법[설뜩요법 → 설뜩뇨법 → 설뜽뇨법 → 설뜽뇨뻡]

       (경 → 'ㄴ'첨 → 비 → 경)

    ㄹ. 갈댓잎[갈땟잎 → 갈땓잎 → 갈땓닢 → 갈땐닢 → 갈땐닙 → 갈때닙

       : 갈때닙/갈땐닙](경 → 말 → 'ㄴ'첨 → 비 → 말 → 'ㄴ'탈)

    ㅁ. 녹말잎[농말잎 → 농말닢 → 농말맆 → 농말립]

       (비 → 'ㄴ'첨 → 유 → 말)

    ㅂ. 옛날이야기[옏날이야기 → 옌날이야기 → 옌날니야기 → 옌날리야기]

       (말 → 비 → 'ㄴ'첨 → 유)

(255)는 1단계에 'ㄴ'음 첨가가 적용되지 않고, 다른 음운규칙이 적용된

경우이다.

(255ㄱ)의 '질산염'이 '질산염 → 질싼염 → 질싼념'과 같은 음운변화과정에서 1단계는 'ㅅ → ㅆ(-산- → -싼-)'과 같이 'ㅅ'에 경음화가 적용되고, 2단계는 '∅ → ㄴ(-염 → -념)'과 같이 'ㄴ'음 첨가가 적용된다.

(255ㄴ)의 '폭발약'이 '폭발약 → 폭빨약 → 폭빨냑 → 폭빨략'과 같은 음운변화과정에서 1단계는 'ㅂ → ㅃ(-발- → -빨-)'과 같이 'ㅂ'에 경음화가 적용되고, 2단계는 '∅ → ㄴ(-약 → -냑)'과 같이 'ㄴ'음 첨가가 적용되고, 3단계는 'ㄴ → ㄹ(-냑 → -략)'과 같이 'ㄴ'에 유음화가 적용된다.

(255ㄷ)의 '설득요법'이 '설득요법 → 설뜩요법 → 설뜩뇨법 → 설뜽뇨법 → 설뜽뇨뻡'과 같은 음운변화과정에서 1단계는 'ㄷ → ㄸ(-득- → -뜩-)'과 같이 'ㄷ'에 경음화가 적용되고, 2단계는 '∅ → ㄴ(-요- → -뇨-)'과 같이 'ㄴ'음 첨가가 적용되고, 3단계는 'ㄱ → ㅇ(-뜩- → -뜽-)'과 같이 'ㄱ'에 비음화가 적용되고, 4단계는 'ㅂ → ㅃ(-법 → -뻡)'과 같이 'ㅂ'에 경음화가 적용된다. 이 중 4단계에서 실현된 'ㅂ'의 경음화는 모음과 모음 사이에서 실현된 경우이다.

(255ㄹ)은 복수표준발음의 경우이다. '갈댓잎'이 '갈댓잎 → 갈땟잎 → 갈땓잎 → 갈땓닢 → 갈땐닢 → 갈땐닙 → 갈때닙'과 같은 음운변화과정에서 1단계는 'ㄷ → ㄸ(-댓- → -땟-)'과 같이 'ㄷ'에 경음화가 적용되고, 2단계는 'ㅅ → ㄷ(-땟- → -땓-)'과 같이 'ㅅ'에 말음법칙이 적용되고, 3단계는 '∅ → ㄴ(-잎 → -닢)'과 같이 'ㄴ'음 첨가가 적용되고, 4단계는 'ㄷ → ㄴ(-땓- → -땐-)'과 같이 'ㄷ'에 비음화가 적용되고, 5단계는 'ㅍ → ㅂ(-닢 → -닙)'과 같이 'ㅍ'에 말음법칙이 적용되고, 6단계는 'ㄴ → ∅(-땐- → -때-)'과 같이 'ㄴ'에 동서열자음탈락이 적용된다. 이 중 5단계에서 실현된 [갈땐닙]과 6단계에서 실현된 [갈때닙]은 모두 표준발음이다.

(255ㅁ)의 '녹말잎'이 '녹말잎 → 농말잎 → 농말닢 → 농말닢 → 농말립'과 같은 음운변화과정에서 1단계는 'ㄱ → ㅇ(녹- → 농-)'과 같이 'ㄱ'에 비

음화가 적용되고, 2단계는 '∅ → ㄴ(-잎 → -닢)'과 같이 'ㄴ'음 첨가가 적용되고, 3단계는 'ㄴ → ㄹ(-닢 → -맆)'과 같이 'ㄴ'에 유음화가 적용되고, 4단계는 'ㅍ → ㅂ(-맆 → -립)'과 같이 'ㅍ'에 말음법칙이 적용된다.

(255ㅂ)의 '옛날이야기'가 '옛날이야기 → 옏날이야기 → 옌날이야기 → 옌날니야기 → 옌날리야기'와 같은 음운변화과정에서 1단계는 'ㅅ → ㄷ(옛- → 옏-)'과 같이 'ㅅ'에 말음법칙이 적용되고, 2단계는 'ㄷ → ㄴ(옏- → 옌-)'과 같이 'ㄷ'에 비음화가 적용되고, 3단계는 '∅ → ㄴ(-이- → -니-)'과 같이 'ㄴ'음 첨가가 적용되고, 4단계는 'ㄴ → ㄹ(-니- → -리-)'과 같이 'ㄴ'에 유음화가 적용된다.

## 7) 앞 끝소리가 'ㅁ'인 경우(표 제29항)

(256) 'ㅁ + ∅ → ㅁ + ㄴ'('∅ → ㄴ' : 'ㄴ'첨)

   ㄱ. 구움일[구움닐]('ㄴ'첨)

| | | | |
|---|---|---|---|
| 땜일[땜닐] | 몸약[몸냑] | 밤일[밤닐] | 좀약[좀냑] |
| 밤이슬[밤니슬] | 봄여름[봄녀름] | 비듬약[비듬냑] | |
| 여름일[여름닐] | 음이름[음니름] | 참용액[참뇽액] | |
| 피임약[피임냑] | 모듬연장[모듬년장] | | |

   ㄴ. 감잎[감닢 → 감닙]('ㄴ'첨 → 말)

| | | |
|---|---|---|
| 밤엿[밤념] | 밤윷[밤뉻] | 움잎[움닙] |
| 삼이웃[삼니욷] | 양념엿[양념녇] | 얼음엿[어름녇] |
| 주름잎[주름닙] | | |

   ㄷ. 힘입다[힘닙다 → 힘닙따]('ㄴ'첨 → 경)

(256)은 앞 끝소리 'ㅁ'과 뒤 음절 '야, 여, 요, 유, 이' 등의 사이에 'ㄴ'음이 첨가된 경우이다. (256ㄴ, ㄷ)은 음운변화과정에서 먼저 'ㄴ'음 첨가를 적용한 후에, 다른 음운규칙 등을 적용한다.

(256ㄱ)의 '밤이슬'은 '밤이슬 → 밤니슬'과 같은 음운변화과정에서 '∅ → ㄴ(-이- → -니-)'과 같이 'ㄴ'음 첨가가 적용된다.

(256ㄴ)의 '밤엿'이 '밤엿 → 밤녓 → 밤년'과 같은 음운변화과정에서 1단계는 '∅ → ㄴ(-엿 → -녓)'과 같이 'ㄴ'음 첨가가 적용되고, 2단계는 'ㅅ → ㄷ(-녓 → -년)'과 같이 'ㅅ'에 말음법칙이 적용된다.

(256ㄷ)의 '힘입다'가 '힘입다 → 힘닙다 → 힘닙따'과 같은 음운변화과정에서 1단계는 '∅ → ㄴ(-입- → -닙-)'과 같이 'ㄴ'음 첨가가 적용되고, 2단계는 'ㄷ → ㄸ(-다 → -따)'과 같이 'ㄷ'에 경음화가 적용된다.

## 8) 앞 끝소리가 'ㅂ'인 경우(표 제29항)

(257) 'ㅂ + ∅ → ㅂ + ㄴ → ㅁ + ㄴ'('∅ → ㄴ' : 'ㄴ'첨, 'ㅂ → ㅁ' : 비)
ㄱ. 겹이불[겹니불 → 겨니불]('ㄴ'첨 → 비)
구급약[구급냑]　　겹이름씨[겨니름씨]
차렵이불[차렴니불]
ㄴ. 겹잎[겹닢 → 겸닢 → 겸닙]('ㄴ'첨 → 비 → 말)

(257)은 앞 끝소리 'ㅂ'과 뒤 음절 '야, 이' 등의 사이에 'ㄴ'음이 첨가된 경우이다. 이 경우에는 음운변화과정에서 먼저 'ㄴ'음 첨가를 적용한 후에, 다른 음운규칙 등을 적용한다.

(257ㄱ)의 '구급약'이 '구급약 → 구급냑 → 구금냑'과 같은 음운변화과정에서 1단계는 '∅ → ㄴ(-약 → -냑)'과 같이 'ㄴ'음 첨가가 적용되고, 2단계는 'ㅂ → ㅁ(-급- → -금-)'과 같이 'ㅂ'에 비음화가 적용된다.

(257ㄴ)의 '겹잎'이 '겹잎 → 겹닢 → 겸닢 → 겸닙'과 같은 음운변화과정에서 1단계는 '∅ → ㄴ(-잎 → -닢)'과 같이 'ㄴ'음 첨가가 적용되고, 2단계는 'ㅂ → ㅁ(겹- → 겸-)'과 같이 'ㅂ'에 비음화가 적용되고, 3단계는 'ㅍ → ㅂ(-닢 → -닙)'과 같이 'ㅍ'에 말음법칙이 적용된다.

**9)** 앞 끝소리가 'ㅅ'인 경우(표 제30항 3)

(258) \*'ㅅ + ∅ → ㄷ + ㄴ → ㄴ + ㄴ'('∅ → ㄴ' : 'ㄴ'첨, 'ㄷ → ㄴ' : 비)

　ㄱ. 가욋일[가욑일 → 가욑닐 → 가윈닐/가웬닐](말→'ㄴ'첨→비)

| | | | |
|---|---|---|---|
| 갯일[갠닐] | 굿일[군닐] | 뒷일[뒨닐] | 못입[몬닙] |
| 뱃일[밴닐] | 숫양[순냥] | 옛일[옌닐] | 챗열[챈녈] |
| 첫입[천닙] | 헛일[헌닐] | 홋일[혼닐] | |

| | | |
|---|---|---|
| 깃이불[긴니불] | 나랏일[나란닐] | 놋연적[논년적] |
| 놋요강[논뇨강] | 덧양말[던냥말] | 두렛일[두렌닐] |
| 사삿일[사산닐] | 숫염소[순념소] | 예삿일[예산닐] |
| 옛이응[옌니응] | 첫여름[천녀름] | 첫이레[천니레] |
| 핫이불[한니불] | 헛열매[헌녈매] | 도리깻열[도리깬녈] |
| 뒷이야기[뒨니야기] | 옛이야기[옌니야기] | 짓이기다[진니기다] |
| 허드렛일[허드렌닐] | | |

　ㄴ. 댓잎[댇잎 → 댇닢 → 댄닢 → 댄닙](말→'ㄴ'첨→비→말)

| | | | |
|---|---|---|---|
| 욧잇[욘닏] | 잣엿[잔녇] | 찻잎[찬닙] | 첫윷[천뉻] |
| 풋윷[푼뉻] | 햇잎[핸닙] | 헛잎[헌닙] | |

| | | |
|---|---|---|
| 고춧잎[고춘닙] | 머윗잎[머윈닙] | 참깻잎[참깬닙] |
| 푸짓잇[푸진닏] | 가짓잎쌈[가진닙쌈] | |
| 아랫잇몸[아랜닌몸] | | |

　ㄷ. 덧입다[덛닙다 → 덛닙다 → 던닙다 → 던닙따](말→'ㄴ'첨→비→경)

　　아랫입술[아랜닙쑬]

　ㄹ. 삿갓연[삳갓연 → 삳갇연 → 삳깓연 → 삳깓년 → 삳깐년]

　　(말→경→말→'ㄴ'첨→비)

　ㅁ. 덧엮다[덛엮다 → 덛녂다 → 던녂다 → 던녁다 → 던녁따]

　　(말→'ㄴ'첨→비→말→경)

　　수숫잎덩이[수순닙떵이]

　ㅂ. 뒷입맛[뒫입맛 → 뒫닙맛 → 뒨닙맛 → 뒨닙맏 → 뒨님맏]

　　(말→'ㄴ'첨→비→비→말)

　ㅅ. 윗잇몸[윋잇몸 → 윋닛몸 → 윈닛몸 → 윈닏몸 → 윈닌몸]

　　(말→'ㄴ'첨→비→말→비)

　　　　　　　　　　　　　　　　한국어 발음 교육의 실제

(258)은 음운변화과정에서 1단계에 받침규칙을 적용한 후에, 다른 음운
규칙 등을 적용한 경우이다. 보기는 앞 끝소리 'ㅂ'과 뒤 음절 '야, 여, 요,
유, 이' 등의 사이에 'ㄴ'음이 첨가된 경우이다.

(258ㄱ)의 '나랏일'이 '나랏일 → 나랃일 → 나랃닐 → 나란닐'과 같은 음
운변화과정에서 1단계는 'ㅅ → ㄷ(-랏- → -랃-)'과 같이 'ㅅ'에 말음법칙
이 적용되고, 2단계는 'ø → ㄴ(-일 → -닐)'과 같이 'ㄴ'음 첨가가 적용되
고, 3단계는 'ㄷ → ㄴ(-랃- → -란-)'과 같이 'ㄷ'에 비음화가 적용된다.

(258ㄴ)의 '고춧잎'이 '고춧잎 → 고춛잎 → 고춛닢 → 고춘닢 → 고춘닙'
과 같은 음운변화과정에서 1단계는 'ㅅ → ㄷ(-춧- → -춛-)'과 같이 'ㅅ'
에 말음법칙이 적용되고, 2단계는 'ø → ㄴ(-잎 → -닢)'과 같이 'ㄴ'음 첨
가가 적용되고, 3단계는 'ㄷ → ㄴ(-춛- → -춘-)'과 같이 'ㄷ'에 비음화가
적용되고, 4단계는 'ㅍ → ㅂ(-닢 → -닙)'과 같이 'ㅍ'에 말음법칙이 적용
된다.

(258ㄷ)의 '아랫입술'이 '아랫입술 → 아랟입술 → 아랟닙술 → 아랜닙술
→ 아랜닙쑬'과 같은 음운변화과정에서 1단계는 'ㅅ → ㄷ(-랫- → -랟-)'
과 같이 'ㅅ'에 말음법칙이 적용되고, 2단계는 'ø → ㄴ(-입- → -닙-)'
과 같이 'ㄴ'음 첨가가 적용되고, 3단계는 'ㄷ → ㄴ(-랟- → -랜-)'과 같이
'ㄷ'에 비음화가 적용되고, 4단계는 'ㅅ → ㅆ(-술 → -쑬)'과 같이 'ㅅ'에 경
음화가 적용된다.

(258ㄹ)의 '삿갓연'이 '삿갓연 → 삳갓연 → 삳깟연 → 삳깓연 → 삳깓년
→ 삳깐년'과 같은 음운변화과정에서 1단계는 'ㅅ → ㄷ(삿- → 삳-)'과 같
이 'ㅅ'에 말음법칙이 적용되고, 2단계는 'ㄱ → ㄲ(-갓- → -깟-)'과 같이
'ㄱ'에 경음화가 적용되고, 3단계는 'ㅅ → ㄷ(-깟- → -깓-)'과 같이 'ㅅ'에
말음법칙이 적용되고, 4단계는 'ø → ㄴ(-연 → -년)'과 같이 'ㄴ'음 첨가
가 적용되고, 5단계는 'ㄷ → ㄴ(-깓- → -깐-)'과 같이 'ㄷ'에 비음화가 적
용된다.

(258ㅁ)의 '수숫잎덩이'가 '수숫잎덩이 → 수숟잎덩이 → 수숟닢덩이 → 수순닢덩이 → 수순닙덩이 → 수순닙떵이'와 같은 음운변화과정에서 1단계는 'ㅅ → ㄷ(-숫- → -숟-)'과 같이 'ㅅ'에 말음법칙이 적용되고, 2단계는 'Ø → ㄴ(-잎- → -닢-)'과 같이 'ㄴ'음 첨가가 적용되고, 3단계는 'ㄷ → ㄴ(-숟- → -순-)'과 같이 'ㄷ'에 비음화가 적용되고, 4단계는 'ㅍ → ㅂ(-닢- → -닙-)'과 같이 'ㅍ'에 말음법칙이 적용되고, 5단계는 'ㄷ → ㄸ(-덩- → -떵-)'과 같이 'ㄷ'에 경음화가 적용된다.

(258ㅂ)의 '뒷입맛'이 '뒷입맛 → 뒫입맛 → 뒫닙맛 → 된닙맛 → 된님맛 → 된님맏'과 같은 음운변화과정에서 1단계는 'ㅅ → ㄷ(뒷- → 뒫-)'과 같이 'ㅅ'에 말음법칙이 적용되고, 2단계는 'Ø → ㄴ(-입- → -닙-)'과 같이 'ㄴ'음 첨가가 적용되고, 3단계는 'ㄷ → ㄴ(뒫- → 된-)'과 같이 'ㄷ'에 비음화가 적용되고, 4단계는 'ㅂ → ㅁ(-닙- → -님-)'과 같이 'ㅂ'에 비음화가 적용되고, 5단계는 'ㅅ → ㄷ(-맛 → -맏)'과 같이 'ㅅ'에 말음법칙이 적용된다.

(258ㅅ)의 '윗잇몸'이 '윗잇몸 → 윋잇몸 → 윋닛몸 → 윈닛몸 → 윈닏몸 → 윈닌몸'과 같은 음운변화과정에서 1단계는 'ㅅ → ㄷ(윗- → 윋-)'과 같이 'ㅅ'에 말음법칙이 적용되고, 2단계는 'Ø → ㄴ(-잇- → -닛-)'과 같이 'ㄴ'음 첨가가 적용되고, 3단계는 'ㄷ → ㄴ(윋- → 윈-)'과 같이 'ㄷ'에 비음화가 적용되고, 4단계는 'ㅅ → ㄷ(-닛- → -닏-)'과 같이 'ㅅ'에 말음법칙이 적용되고, 5단계는 'ㄷ → ㄴ(-닏- → -닌-)'과 같이 'ㄷ'에 비음화가 적용된다.

(259) 'ㅅ'이 홀소리 앞과 낱말끝인 경우('ㅅ → ㄷ' : 받)('첩어')
　　야긋야긋[야근냐귿/야그댜귿](말 → 'ㄴ'첨 → 비 → 말)

| | |
|---|---|
| 얄긋얄긋[얄근냘귿/얄그댤귿] | 얄깃얄깃[얄긴냘긷/얄기댤긷] |
| 여릿여릿[여린녀릳/여리뎌릳] | 여싯여싯[여신녀싣/여시뎌싣] |
| 일긋얄긋[일근냘귿/일그댤귿] | 일긋일긋[일근닐귿/일그딜귿] |

(259)는 같은 소리나 비슷한 소리를 가진 단어가 겹쳐서 이루어진 복합어의 경우이다. 이 경우에 표준발음은 '야긋야긋[야근냐근/야그댜근]'과 같이 두 가지로 실현되는데, 이 중 전자의 발음이 이 규정에 해당된다. 즉 전자는 앞 끝소리 'ㅅ'과 뒤 음절 '야, 여, 이' 등의 사이에 'ㄴ'음이 첨가된 경우이다. '야긋야긋'이 '야긋야긋 → 야근야긋 → 야근냐긋 → 야근냐긋 → 야근냐근'과 같은 음운변화과정에서 1단계는 'ㅅ → ㄷ(-긋- → -귿-)'과 같이 'ㅅ'에 말음법칙이 적용되고, 2단계는 'Ø → ㄴ(-야- → -냐-)'과 같이 'ㄴ'음 첨가가 적용되고, 3단계는 'ㄷ → ㄴ(-귿- → -근-)'과 같이 'ㄷ'에 비음화가 적용되고, 4단계는 'ㅅ → ㄷ(-긋 → -귿)'과 같이 'ㅅ'에 말음법칙이 적용된다. [후자는 보기 (239) 참조]

**10)** 앞 끝소리가 'ㅇ'인 경우(표 제29항)

(260) 'ㅇ + Ø → ㅇ + ㄴ'('Ø → ㄴ' : 'ㄴ'첨)

　　ㄱ. 가공유[가공뉴]('ㄴ'첨)

| | | | |
|---|---|---|---|
| 공일[공닐] | 상일[상닐] | 생일[생닐] | 생입[생닙] |
| 용용[용뇽] | 총열[총녈] | 강여울[강녀울] | |
| 구풍약[구풍냑] | 대장염[대장념] | 두통약[두통냑] | |
| 마당여[마당녀] | 명연기[명년기] | 미장일[미장닐] | |
| 보충역[보충녁] | 사향유[사향뉴] | 생이별[생니별] | |
| 세상일[세상닐] | 식용육[시굥뉵] | 신장염[신장념] | |
| 영이별[영니별] | 지방열[지방녈] | 지방유[지방뉴] | |
| 총연습[총년습] | 총연장[총년장] | 총영사[총녕사] | |
| 총예산[총녜산] | 태양열[태양녈] | 한방약[한방냑] | |
| 가공유지[가공뉴지] | 몽당연필[몽당년필] | | |
| 서양요리[서양뇨리] | 시종여일[시종녀일] | | |

　　ㄴ. 갱엿[갱녓 → 갱녇]('ㄴ'첨 → 말)

| | | | |
|---|---|---|---|
| 뽕잎[뽕닙] | 생웃[생눋] | 생잎[생닙] | 양옆[양녑] |
| 콩엿[콩녇] | 콩웆[콩눚] | 콩잎[콩닙] | |

가랑엿[가랑녇]　　　　　가랑윷[가랑늍]　　　　　가랑잎[가랑닙]

단풍잎[단풍닙]　　　　　땅콩엿[땅콩녇]　　　　　새앙엿[새앙녇]

생강엿[생강녇]　　　　　은행잎[은행닙]

ㄷ. 콩잎장[콩닢장→콩닙장→콩닙짱]('ㄴ'첨→말→경)

ㄹ. 총역량[총녁량→총녁냥→총녕냥]('ㄴ'첨→비→비)

*ㅁ.막장일[막짱일→막짱닐](경→'ㄴ'첨)


(260)은 앞 끝소리 'ㅇ'과 뒤 음절 '야, 여, 요, 유, 이' 등의 사이에 'ㄴ'음이 첨가된 경우이다. (260ㄴ-ㄹ)은 음운변화과정에서 먼저 'ㄴ'음 첨가를 적용한 후에, 다른 음운규칙 등을 적용한다.

(260ㄱ)의 '구풍약'은 '구풍약 → 구풍냑'과 같은 음운변화과정에서 '∅ → ㄴ(-약 → -냑)'과 같이 'ㄴ'음 첨가가 적용된다.

(260ㄴ)의 '가랑엿'이 '가랑엿 → 가랑녓 → 가랑녇'과 같은 음운변화과정에서 1단계는 '∅ → ㄴ(-엿 → -녓)'과 같이 'ㄴ'음 첨가가 적용되고, 2단계는 'ㅅ → ㄷ(-녓 → -녇)'과 같이 'ㅅ'에 말음법칙이 적용된다.

(260ㄷ)의 '콩잎장'이 '콩잎장 → 콩닢장 → 콩닙장 → 콩닙짱'과 같은 음운변화과정에서 1단계는 '∅ → ㄴ(-잎- → -닢-)'과 같이 'ㄴ'음 첨가가 적용되고, 2단계는 'ㅍ → ㅂ(-닢- → -닙-)'과 같이 'ㅍ'에 말음법칙이 적용되고, 3단계는 'ㅈ → ㅉ(-장 → -짱)'과 같이 'ㅈ'에 경음화가 적용된다.

(260ㄹ)의 '총역량'이 '총역량 → 총녁량 → 총녁냥 → 총녕냥'과 같은 음운변화과정에서 1단계는 '∅ → ㄴ(-역- → -녁-)'과 같이 'ㄴ'음 첨가가 적용되고, 2단계는 'ㄹ → ㄴ(-량 → -냥)'과 같이 'ㄹ'에 비음화가 적용되고, 3단계는 'ㄱ → ㅇ(-녁- → -녕-)'과 같이 'ㄱ'에 비음화가 적용된다.

(260ㅁ)의 '막장일'이 '막장일 → 막짱일 → 막짱닐'과 같은 음운변화과정에서 1단계는 'ㅈ → ㅉ(-장 → -짱)'과 같이 'ㅈ'에 경음화가 적용되고, 2단계는 '∅ → ㄴ(-일 → -닐)'과 같이 'ㄴ'음 첨가가 적용된다.

**11)** 앞 끝소리가 'ㅈ'인 경우(표 제29항)

(261) *'ㅈ + ∅ → ㄷ + ㄴ → ㄴ + ㄴ'

　　　('ㅈ → ㄷ': 말, '∅ → ㄴ': 'ㄴ'첨, 'ㄷ → ㄴ': 비)

　　ㄱ. 낮일[낟일 → 낟닐 → 난닐](말 → 'ㄴ'첨 → 비)

　　　　젖양[전냥]　　　늦여름[는녀름]

　　ㄴ. 늦익다[늗익다 → 늗닉다 → 는닉다 → 는닉따]

　　　　(말 → 'ㄴ'첨 → 비 → 경)

　　ㄷ. 늦잎[늗잎 → 늗닢 → 는닢 → 는닙](말 → 'ㄴ'첨 → 비 → 말)

　　ㄹ. 맞잇다[맏잇다 → 맏닛다 → 만닛다 → 만닏다 → 만닏따]

　　　　(말 → 'ㄴ'첨 → 비 → 말 → 경)


(261)은 1단계에 말음법칙이 적용된 경우이다. 보기는 앞 끝소리 'ㅈ'과 뒤 음절 '이'의 사이에 'ㄴ'음이 첨가된 경우이다. 이 경우에는 음운변화과정에서 먼저 말음법칙을 적용한 후에, 'ㄴ'음 첨가 등을 적용한다.

(261ㄱ)의 '낮일'이 '낮일 → 낟일 → 낟닐 → 난닐'과 같은 음운변화과정에서 1단계는 'ㅈ → ㄷ(낮- → 낟-)'과 같이 'ㅈ'에 말음법칙이 적용되고, 2단계는 '∅ → ㄴ(-일 → -닐)'과 같이 'ㄴ'음 첨가가 적용되고, 3단계는 'ㄷ → ㄴ(낟- → 난-)'과 같이 'ㄷ'에 비음화가 적용된다.

(261ㄴ)의 '늦익다'가 '늦익다 → 늗익다 → 늗닉다 → 는닉다 → 는닉따'와 같은 음운변화과정에서 1단계는 'ㅈ → ㄷ(늦- → 늗-)'과 같이 'ㅈ'에 말음법칙이 적용되고, 2단계는 '∅ → ㄴ(-익- → -닉-)'과 같이 'ㄴ'음 첨가가 적용되고, 3단계는 'ㄷ → ㄴ(늗- → 는-)'과 같이 'ㄷ'에 비음화가 적용되고, 4단계는 'ㄷ → ㄸ(-다 → -따)'과 같이 'ㄷ'에 경음화가 적용된다.

(261ㄷ)의 '늦잎'이 '늦잎 → 늗잎 → 늗닢 → 는닢 → 는닙'과 같은 음운변화과정에서 1단계는 'ㅈ → ㄷ(늦- → 늗-)'과 같이 'ㅈ'에 말음법칙이 적용되고, 2단계는 '∅ → ㄴ(-잎 → -닢)'과 같이 'ㄴ'음 첨가가 적용되고, 3단계는 'ㄷ → ㄴ(늗- → 는-)'과 같이 'ㄷ'에 비음화가 적용되고, 4단계는 'ㅍ

→ ㅂ(-닢 → -닙)'과 같이 'ㅍ'에 말음법칙이 적용된다.

(261ㄹ)의 '맞있다'가 '맞있다 → 맏있다 → 맏닛다 → 만닛다 → 만닏다 → 만닌따'와 같은 음운변화과정에서 1단계는 'ㅈ → ㄷ(맞- → 맏-)'과 같이 'ㅈ'에 말음법칙이 적용되고, 2단계는 '∅ → ㄴ(-잇- → -닛-)'과 같이 'ㄴ'음 첨가가 적용되고, 3단계는 'ㄷ → ㄴ(맏- → 만-)'과 같이 'ㄷ'에 비음화가 적용되고, 4단계는 'ㅅ → ㄷ(-닛- → -닏-)'과 같이 'ㅅ'에 말음법칙이 적용되고, 5단계는 'ㄷ → ㄸ(-다 → -따)'과 같이 'ㄷ'에 경음화가 적용된다.

**12)** 앞 끝소리가 'ㅊ'인 경우(표 제29항)

(262) *'ㅊ + ∅ → ㄷ + ㄴ → ㄴ + ㄴ'('ㅈ → ㄷ' : 말, 'ㄷ → ㄴ' : 비)

    ㄱ. 꽃잎[꼳입 → 꼳닙 → 꼰닙](말 → 'ㄴ'첨 → 비)

       꽃이끼[꼰니끼]          꽃이슬[꼰니슬]

    ㄴ. 낮익다[낟익다 → 낟닉다 → 난닉다 → 난닉따](말 → 'ㄴ'첨 → 비 → 경)

    ㄷ. 홑꽃잎[혼꽃잎 → 혼꼳잎 → 혼꼳닢 → 혼꼰닢 → 혼꼰닙]

       (말 → 말 → 'ㄴ'첨 → 비 → 말)

    ㄹ. 낮익히다[낟익히다 → 낟닉히다 → 난닉히다 → 난니키다]

       (말 → 'ㄴ'첨 → 비 → 격)

    ㅁ. 꽃 요리[꼳요리 → 꼳뇨리 → 꼰뇨리](말 → 'ㄴ'첨 → 비)

       꽃 이름[꼰니름]         꽃 이야기[꼰니야기]

(262)는 1단계에 말음법칙이 적용된 경우이다. 보기는 앞 끝소리 'ㅊ'과 뒤 음절 '요, 이' 등의 사이에 'ㄴ'음이 첨가된 경우이다. 이 경우에는 음운변화과정에서 먼저 말음법칙을 적용한 후에, 'ㄴ'음 첨가 등을 적용한다.

(262ㄱ)의 '꽃이끼'가 '꽃이끼 → 꼳이끼 → 꼳니끼 → 꼰니끼'와 같은 음운변화과정에서 1단계는 'ㅊ → ㄷ(꽃- → 꼳-)'과 같이 'ㅊ'에 말음법칙이 적용되고, 2단계는 '∅ → ㄴ(-이- → -니-)'과 같이 'ㄴ'음 첨가가 적용되고, 3단계는 'ㄷ → ㄴ(꼳- → 꼰-)'과 같이 'ㄷ'에 비음화가 적용된다.

(262ㄴ)의 '낯익다'가 '낯익다 → 낟익다 → 낟닉다 → 난닉다 → 난닉따'
와 같은 음운변화과정에서 1단계는 'ㅊ → ㄷ(낯- → 낟-)'과 같이 'ㅊ'에 말
음법칙이 적용되고, 2단계는 'Ø → ㄴ(-익- → -닉-)'과 같이 'ㄴ'음 첨가
가 적용되고, 3단계는 'ㄷ → ㄴ(낟- → 난-)'과 같이 'ㄷ'에 비음화가 적용
되고, 4단계는 'ㄷ → ㄸ(-다 → -따)'과 같이 'ㄷ'에 경음화가 적용된다.

(262ㄷ)의 '홑꽃잎'이 '홑꽃잎 → 혼꽃잎 → 혼꼳잎 → 혼꼳닢 → 혼꼳닢 →
혼꼰닙'과 같은 음운변화과정에서 1단계는 'ㅌ → ㄷ(홑- → 혼-)'과 같이
'ㅌ'에 말음법칙이 적용되고, 2단계는 'ㅊ → ㄷ(-꽃- → -꼳-)'과 같이 'ㅊ'
에 말음법칙이 적용되고, 3단계는 'Ø → ㄴ(-잎 → -닢)'과 같이 'ㄴ'음 첨가
가 적용되고, 4단계는 'ㄷ → ㄴ(-꼳- → -꼰-)'과 같이 'ㄷ'에 비음화가 적
용되고, 5단계는 'ㅍ → ㅂ(-닢 → -닙)'과 같이 'ㅍ'에 말음법칙이 적용된다.

(262ㄹ)의 '낯익히다'가 '낯익히다 → 낟익히다 → 낟닉히다 → 난닉히다
→ 난니키다'와 같은 음운변화과정에서 1단계는 'ㅊ → ㄷ(낯- → 낟-)'
과 같이 'ㅊ'에 말음법칙이 적용되고, 2단계는 'Ø → ㄴ(-익- → -닉-)'과
같이 'ㄴ'음 첨가가 적용되고, 3단계는 'ㄷ → ㄴ(낟- → 난-)'과 같이 'ㄷ'
에 비음화가 적용되고, 4단계는 'ㄱ + ㅎ → ㅋ(-닉히- → -니키-)'과 같이
'ㄱ'에 격음화가 적용된다.

(262ㅁ)은 두 단어를 이어서 한 마디로 발음하는 경우이다. '꽃 이름'이
'꽃이름 → 꼳이름 → 꼳니름 → 꼰니름'과 같은 음운변화과정에서 1단계
는 'ㅊ → ㄷ(꽃- → 꼳-)'과 같이 'ㅊ'에 말음법칙이 적용되고, 2단계는 'Ø
→ ㄴ(-이- → -니-)'과 같이 'ㄴ'음 첨가가 적용되고, 3단계는 'ㄷ → ㄴ
(꼳- → 꼰-)'과 같이 'ㄷ'에 비음화가 적용된다.

**13)** 앞 끝소리가 'ㅋ'인 경우(표 제29항)

(263) 'ㅋ + Ø → ㄱ + ㄴ → ㅇ + ㄴ'('ㅋ → ㄱ': 말, 'Ø → ㄴ': 'ㄴ'첨, 'ㄱ → ㅇ': 비)
  * 부엌일[부억일 → 부억닐 → 부엉닐](말→'ㄴ'첨 → 비)

(263)은 1단계에 받침규칙이 적용된 경우이다. 보기는 앞 끝소리 'ㅋ'과 뒤 소리마디 '이'의 사이에 'ㄴ'음이 첨가된 경우이다. 이 경우에는 음운변화과정에서 먼저 받침규칙을 적용한 후에, 'ㄴ'음 첨가 등을 적용한다. '부엌일'이 '부엌일 → 부억일 → 부억닐 → 부엉닐'과 같은 음운변화과정에서 1단계는 'ㅋ → ㄱ(-엌- → -억-)'과 같이 'ㅋ'에 말음법칙이 적용되고, 2단계는 '∅ → ㄴ(-일 → -닐)'과 같이 'ㄴ'음 첨가가 적용되고, 3단계는 'ㄱ → ㅇ(-억- → -엉-)'과 같이 'ㄱ'에 비음화가 적용된다.

**14)** 앞 끝소리가 'ㅌ'인 경우(표 제29항)

(264) *'ㅌ + ∅ → ㄷ + ㄴ → ㄴ + ㄴ'('ㅌ → ㄷ' : 말, '∅ → ㄴ' : 'ㄴ'첨, 'ㄷ → ㄴ' : 비)
    ㄱ. 끝일[끋일 → 끋닐 → 끈닐](말 → 'ㄴ'첨 → 비)
      밭일[반닐]         바깥일[바깐닐]       밭이랑[반니랑]
      홑열매[혼녈매]     홑이불[혼니불]      바깥양반[바깐냥반]
    ㄴ. 겉잎[걷잎 → 걷닢 → 건닢 → 건닙](말 → 'ㄴ'첨 → 비 → 말)
      팥잎[판닙]        홑잎[혼닙]

(264)는 1단계에 받침규칙이 적용된 경우이다. 보기는 앞 끝소리 'ㅌ'과 뒤 소리마디 '이'의 사이에 'ㄴ'음이 첨가된 경우이다. 이 경우에는 음운변화과정에서 먼저 받침규칙을 적용한 후에, 'ㄴ'음 첨가 등을 적용한다.

(264ㄱ)의 '밭일'이 '밭일 → 받일 → 받닐 → 반닐'과 같은 음운변화과정에서 1단계는 'ㅌ → ㄷ(밭- → 받-)'과 같이 'ㅌ'에 말음법칙이 적용되고, 2단계는 '∅ → ㄴ(-일 → -닐)'과 같이 'ㄴ'음 첨가가 적용되고, 3단계는 'ㄷ → ㄴ(받- → 반-)'과 같이 'ㄷ'에 비음화가 적용된다.

(264ㄴ)의 '팥잎'이 '팥잎 → 팓잎 → 팓닢 → 판닢 → 판닙'과 같은 음운변화과정에서 1단계는 'ㅌ → ㄷ(팥- → 팓-)'과 같이 'ㅌ'에 말음법칙이 적용되고, 2단계는 '∅ → ㄴ(-잎 → -닢)'과 같이 'ㄴ'음 첨가가 적용되고, 3단계는 'ㄷ → ㄴ(팓- → 판-)'과 같이 'ㄷ'에 비음화가 적용되고, 4단계는 'ㅍ

→ ㅂ(-닢 → -닙)’과 같이 ‘ㅍ’에 말음법칙이 적용된다.

**15)** 앞 끝소리가 ‘ㅍ’인 경우(표 제29항)

(265) *‘ㅍ + ∅ → ㅂ + ㄴ → ㅁ + ㄴ’

　　　(‘ㅍ → ㅂ’ : 말, ‘∅ → ㄴ’ : ‘ㄴ’첨, ‘ㄷ → ㄴ’ : 비)

　　ㄱ. 앞일[압일 → 압닐 → 암닐](말 → ‘ㄴ’첨 → 비)

　　　　옆옆이[염녀피]　　　　　　짚여물[짐녀물]

　　ㄴ. 옆잇기[엽잇기 → 엽닛기 → 염닛기 → 염닏기 → 염닏끼]

　　　　(말 → ‘ㄴ’첨 → 비 → 말 → 경)

　　(265)는 1단계에 말음법칙이 적용된 경우이다. 보기는 앞 끝소리 ‘ㅍ’과 뒤 소리마디 ‘여, 이’ 등의 사이에 ‘ㄴ’음이 첨가된 경우이다. 이 경우에는 음운변화과정에서 먼저 말음법칙을 적용한 후에, ‘ㄴ’음 첨가 등을 적용한다.

　　(265ㄱ)의 ‘옆옆이’가 ‘옆옆이 → 엽옆이 → 엽녚이 → 염녀피’와 같은 음운변화과정에서 1단계는 ‘ㅍ → ㅂ(옆- → 엽-)’과 같이 ‘ㅍ’에 말음법칙이 적용되고, 2단계는 ‘∅ → ㄴ(-옆- → -녚-)’과 같이 ‘ㄴ’음 첨가가 적용되고, 3단계는 ‘ㅂ → ㅁ(엽- → 염-)’과 같이 ‘ㅂ’에 비음화가 적용된다.

　　(265ㄴ)의 ‘옆잇기’가 ‘옆잇기 → 엽잇기 → 엽닛기 → 염닛기 → 염닏기 → 염닏끼’와 같은 음운변화과정에서 1단계는 ‘ㅍ → ㅂ(옆- → 엽-)’과 같이 ‘ㅍ’에 말음법칙이 적용되고, 2단계는 ‘∅ → ㄴ(-잇- → -닛-)’과 같이 ‘ㄴ’음 첨가가 적용되고, 3단계는 ‘ㅂ → ㅁ(엽- → 염-)’과 같이 ‘ㅂ’에 비음화가 적용되고, 4단계는 ‘ㅅ → ㄷ(-닛- → -닏-)’과 같이 ‘ㅅ’에 말음법칙이 적용되고, 5단계는 ‘ㄱ → ㄲ(-기 → -끼)’과 같이 ‘ㄱ’에 경음화가 적용된다.

## 참고자료

국립국어연구원. 1999. 표준국어대사전 상·중·하. 두산동아.

## 참고문헌

李基文 外 二人共著. 1987. 國語音韻論. 學研社.
이민우. 1988. 바른말사전. 탑출판사.
허  웅. 1989. 국어음운학. 샘문화사.
黃仁權. 1991. "忠南 保寧地域語의 音韻硏究". 高麗大學校 博士學位 論文.
──. 1999. 韓國方言硏究 −충남 편−. 국학자료원.
──. 2016. 초등국어의 표기와 발음. 푸른사상.

# 표기의 음운규칙 적용에 따른 표준발음

# [부록] 표기의 음운규칙 적용에 따른 표준발음

1. 부록에 제시된 낱말은 본문에 있는 표준발음을 중심으로 하고, 비표준 발음은 제외한다. 다만, 표준발음을 이해하는 데 참고가 될 수 있도록, 본문 보기 이외의 낱말을 추가로 기술한다. 본문의 보기 중 음운변화과 정에서 2단계 이상 같거나 다른 음운규칙이 적용되는 것만 기술한다. 그러므로 1단계만 음운규칙이 적용되는 보기는 제외한다.

2. 음운규칙의 명칭은 다음과 같이 괄호 안의 약어만 사용한다. 다만, 음운 변화과정에서 적용된 규칙 중 동서열자음탈락은 자음탈락에 포함시키 고, 마찰음화·연음법칙 등은 부록에서 제외한다.

   (1) 말음법칙(말)　　　　　　　　(2) 절음법칙(절)

   (3) 비음화(비)　　　　　　　　　(4) 유음화(유)

   (5) 구개음화(구)　　　　　　　　(6) 격음화(격)

   (7) 경음화(경)　　　　　　　　　(8) 자음탈락(탈)

   (9) 자음첨가(첨)　　　　　　　　(10) 단모음화(단)

3. '→'는 음운규칙 적용순서(1단계, 2단계 등) 및 음운규칙 적용 전, 후를 나타낸다. 음운규칙은 음절 순서에 따라 적용한다.

4. '각 나라[강나라]'와 같이 띄어 있는 표기에 대해, 두 단어를 이어서 한 마디로 발음하는 경우는 표준발음으로 제시한다. (표준발음법 제12항 [붙임 2], 제18항 [붙임], 제29항 [붙임 2])

5. 표준발음법 제30항 1의 '냇가[내:까/낻:까]'와 같이 복수표준발음의 경우
   는 '냇가[낻까]'만 기술하고, [내까]는 생략한다. (':'는 생략함.)

6. 표준발음법 제5항 다만 2와 제30항 1과 관련하여 '곗돈'등과 같은 경우
   는 [계똔/곋똔/게똔/겓똔]과 같이 네 가지의 표준발음이 실현되지만, 부
   록에서는 이 중 [계똔/곋똔]과 같이 두 가지의 표준발음만 기술한다.

7. '계집[계집/게집]', '주의[주의/주이]', '우리의[우리의/우리에]'등과 같
   은 복수표준발음의 경우(표준발음법 제5항 다만 4)에 'ㅖ → ㅔ(계- →
   게-)', 'ㅢ → ㅣ(-의 → -이)', 'ㅢ → ㅔ(-의 → -에)'등은 발음만 기술하
   고, 음운규칙 적용은 생략한다.

8. 단모음 'ㅚ'는 '쇠[쇠/쉐]'와 같이 두 가지의 표준발음을 기술한다.

9. 용언의 활용에서 말음법칙과 경음화가 적용되는 경우에 '있고[읻꼬]·
   있소[읻쏘]·있지[읻찌]'등과 같이 어간 '있-'에 어미 '-고·-소·-지'
   등이 연결된 보기는 생략하고, '있다'와 같이 어간 '있-'에 어미 '-다'가
   연결된 보기만 기술한다.

가갯방[가갣방 → 가갣빵](말 → 경)

가갯집[가갣집 → 가갣찝](말 → 경)

가갰다[가갣다 → 가갣따](말 → 경)

가갰답니다[가갣답니다 → 가갣땀니다](말 → 경 → 비)

가갰습니다[가갣습니다 → 가갣씀니다](말 → 경 → 비)

가격연동제[가격년동제 → 가경년동제](첨 → 비)

가늠값[가늠깞 → 가늠깝](경 → 'ㅅ'탈)

가득률[가득뉼 → 가등뉼](비 → 비)

가라앉다[가라안다 → 가라안따](탈 → 경)

가락엿[가락녓 → 가랑녇](첨 → 비 → 말)

가락윷[가락늋 → 가랑뉻](첨 → 비 → 말)

가랑잎[가랑닢 → 가랑닙](첨 → 말)

가랫날[가랟날 → 가랜날](말 → 비)

가랫바닥[가랟바닥 → 가랟빠닥](말 → 경)

가랫밥[가랟밥 → 가랟빱](말 → 경)

가랫줄[가랟줄 → 가랟쭐](말 → 경)

가량없다[가량업다 → 가량업따](탈 → 경)

가렵습니다[가렵씁니다 → 가렵씀니다](경 → 비)

가로맡다[가로맏다 → 가로맏따](말 → 경)

가로읽다[가로익다 → 가로익따](탈 → 경)

가로젖다[가로젇다 → 가로젇따](말 → 경)

가맛바가지[가맏바가지 → 가맏빠가지](말 → 경)

가맛방석[가맏방석 → 가맏빵석](말 → 경)

가무잡잡하다[가무잡짭하다 → 가무잡짜파다](경 → 격)

가무족족하다[가무족쪽하다 → 가무족쪼카다](경 → 격)

가뭇가뭇[가문가뭇 → 가문까묻](말 → 경 → 말)

가뭇없다[가무덦다 → 가무덥따](절 → 탈 → 경)

가뭇하다[가문하다 → 가무타다](말 → 격)

가볍습니다[가볍씁니다 → 가볍씀니다](경 → 비)

가붓가붓[가붇가붓 → 가붇까붇](말 → 경 → 말)

가뿟가뿟[가뿓가뿟 → 가뿓까뿓](말 → 경 → 말)

가셨다[가셛다 → 가셛따](말 → 경)

가셨습니다[가셛습니다 → 가셛씀니다](말 → 경 → 비)

가시밭길[가시받길 → 가시받낄](말 → 경)

가압류[가압뉴 → 가암뉴](비 → 비)

가없다[가업다 → 가업따]('ㅅ'탈 → 경)

가엾다[가엽다 → 가엽따]('ㅅ'탈 → 경)

가욋돈[가욀돈 → 가욀똔/가웯똔](말 → 경)

가욋일[가욀일 → 가욀닐/가웬닐](말 → 첨 → 비)

가운뎃소리[가운뎉소리 → 가운뎉쏘리](말 → 경)

가운뎃손가락[가운뎉손가락 → 가운뎉쏜까락](말 → 경 → 경)

가운뎃점[가운뎉점 → 가운뎉쩜](말 → 경)

가운뎃줄[가운뎉줄 → 가운뎉쭐](말 → 경)

가운뎃집[가운뎉집 → 가운뎉찝](말 → 경)

가웃가웃[가욷가웃 → 가욷까욷](말 → 경 → 말)

가욋날[가욀날 → 가원날](말 → 비)

가욋밥[가욀밥 → 가욀빱](말 → 경)

가을볕[가을볃 → 가을뼏](경 → 말)

가을빛[가을삧 → 가을삗](경 → 말)

가을일[가을닐 → 가을릴](첨 → 유)

가족회의[가조쾨의/가조퀘이](격/격 → 단)

가죽숫돌[가죽쑷돌 → 가죽쏟똘](경 → 말 → 경)

가짓말[가짇말 → 가진말](말 → 비)

가짓불[가짇불 → 가짇뿔](말 → 경)

가짓수[가짇수 → 가짇쑤](말 → 경)

가짓잎쌈[가짇잎쌈 → 가진닙쌈](말 → 첨 → 비 → 말)

가칫가칫[가칟가칫 → 가칟까칟](말 → 경 → 말)

각골난방[각꼴난방 → 각꼴란방](경 → 유)

각론[각논 → 강논](비 → 비)

각료[각뇨 → 강뇨](비 → 비)

각박하다[각빡하다 → 각빠카다](경 → 격)

간곳없다[간고덦다 → 간고덥따](절 → 탈 → 경)

간단없다[간다넚다 → 간다넙따]('ㅅ'탈 → 경)

간데없다[간데업다 → 간데업따]('ㅅ'탈 → 경)

간데온데없다[간데온데업다 → 간데온데업따]('ㅅ'탈 → 경)

간짓대[가짇대 → 가짇때](말 → 경)

간혀[같여 → 가쳐 → 가처](격 → 구 → 단)

간히다[같이다 → 가치다](격 → 구)

갈깃머리[갈긷머리 → 갈긴머리](말 → 비)

갈닦다[갈닥다 → 갈닥따](말 → 경)

갈대꽃[갈때꽃 → 갈때꼳](경 → 말)

갈대밭[갈때밭 → 갈때받](경 → 말)

갈대밭이[갈때밭이 → 갈때바치](경 → 구)

갈댓잎[갈댇잎 → 갈땐닙](말 → 첨 → 비 → 말)

갈데없다[갈떼없다 → 갈떼업따](경 → 탈 → 경)

갈밭머리[갈받머리 → 갈반머리](말 → 비)
갈빗대[갈빋대 → 갈빋때](말 → 경)
갈빗집[갈빋집 → 갈빋찝](말 → 경)
갈아엎다[가라업다 → 가라업따](말 → 경)
갈앉다[가란다 → 가란따]('ㅈ'탈 → 경)
갈 일[갈닐 → 갈릴](첨 → 유)
갈잎[갈닢 → 갈립](첨 → 유 → 말)
갈잎나무[갈닢나무 → 갈림나무](첨 → 유 → 말 →
　비)
갈잎무늬[갈닢무늬 → 갈림무니](첨 → 유 → 말 →
　비 → 단)
갈큇밑[갈퀻밑 → 갈퀸믿](말 → 비 → 말)
갉다[각다 → 각따]('ㄹ'탈 → 경)
갉작갉작[각작각작 → 각짝각짝]('ㄹ'탈 → 경 → 경
　→'ㄹ'탈 → 경)
갉작대다[각작대다 → 각짝때다]('ㄹ'탈 → 경 → 경)
갉죽갉죽[각죽각죽 → 각쭉각쭉]('ㄹ'탈 → 경 → 경
　→'ㄹ'탈 → 경)
감격스럽다[감격쓰럽다 → 감격쓰럽따](경 → 경)
감궂다[감굳다 → 감굳따](말 → 경)
감빛[감삧 → 감삗](경 → 말)
감쪽같이[감쪽같이 → 감쪽까치](경 → 구)
갑각류[갑깍류 → 갑깡뉴](경 → 비 → 비)
갑갑증[갑깝증 → 갑깝쯩](경 → 경)
갑갑하다[갑깝하다 → 갑까파다](경 → 격)
갑근세[갑끈세 → 갑끈쎄](경 → 경)
값나가다[갑나가다 → 감나가다]('ㅅ'탈 → 비)
값도[갑도 → 갑또]('ㅅ'탈 → 경)
값비싸다[갑비싸다 → 갑삐싸다]('ㅅ'탈 → 경)
값없다[가법다 → 가법따]('ㅅ'탈 →'ㅅ'탈 → 경)
값있다[가빋다 → 가빋따]('ㅅ'탈 → 말 → 경)
값지다[갑지다 → 갑찌다]('ㅅ'탈 → 경)
값하다[갑하다 → 가파다]('ㅅ'탈 → 격)
갓골[갇골 → 갇꼴](말 → 경)
갓길[갇길 → 갇낄](말 → 경)
갓나물[갇나물 → 간나물](말 → 비)
갓난[갇난 → 간난](말 → 비)
갓난아이[갇난아이 → 간난아이](말 → 비)
갓 낳은[갇낳은 → 간나은](말 → 비 →'ㅎ'탈)
갓도[갇도 → 갇또](말 → 경)
갓등[갇등 → 갇뜽](말 → 경)
갓머리[갇머리 → 간머리](말 → 비)

갓모자[갇모자 → 간모자](말 → 비)
갓버섯[갇버섣 → 간뻐섣](말 → 경 → 말)
갓옷[가돗 → 가돋](절 → 말)
갓쟁이[갇쟁이 → 간쨍이](말 → 경)
갓집[갇집 → 갇찝](말 → 경)
갔니[갇니 → 간니](말 → 비)
갔다[갇다 → 갇따](말 → 경)
갔단다[갇단다 → 갇딴다](말 → 경)
갔답니다[갇답니다 → 갇땀니다](말 → 경 → 비))
갔습니다[갇습니다 → 갇씀니다](말 → 경 → 비)
강기슭[강끼슭 → 강끼슥](경 → 탈)
강력하다[강녁하다 → 강녀카다](비 → 격)
갖가지[갇가지 → 갇까지](말 → 경)
갖는[갇는 → 간는](말 → 비)
갖다[갇다 → 갇따](말 → 경)
갖신[갇신 → 갇씬](말 → 경)
갖옷[가돗 → 가돋](절 → 말)
갖저고리[갇저고리 → 갇쩌고리](말 → 경)
같나[갇나 → 간나](말 → 비)
같다[갇다 → 갇따](말 → 경)
같답니다[갇답니다 → 갇땀니다](말 → 경 → 비)
같습니다[갇습니다 → 갇씀니다](말 → 경 → 비)
같잖다[갇잖다 → 갇짠타](말 → 경 → 격)
같잖아[갇잖아 → 갇짜나](말 → 경 →'ㅎ'탈)
같지다[갇지다 → 갇찌다](말 → 경)
갚는[갑는 → 감는](말 → 비)
갚다[갑다 → 갑따](말 → 경)
개미핥기[개미할기 → 개미할끼]('ㅌ'탈 → 경)
개숫물[개순물 → 개순물](말 → 비)
개옻나무[개온나무 → 개온나무](말 → 비)
개울녘[개울력 → 개울력](유 → 말)
개웃거리다[개욷거리다 → 개욷꺼리다](말 → 경)
갭직하다[갭찍하다 → 갭찌카다](경 → 격)
갯가[갣가 → 갣까](말 → 경)
갯가재[갣가재 → 갣까재](말 → 경)
갯값[갣값 → 갣깝](말 → 경 →'ㅅ'탈)
갯고둥[갣고둥 → 갣꼬둥](말 → 경)
갯고랑[갣고랑 → 갣꼬랑](말 → 경)
갯논[갣논 → 갠논](말 → 비)
갯돌[갣돌 → 갣똘](말 → 경)
갯둑[갣둑 → 갣뚝](말 → 경)
갯마을[갣마을 → 갠마을](말 → 비)

갯머리[갠머리 → 갠머리](말 → 비)
갯물[갠물 → 갠물](말 → 비)
갯바닥[갠바닥 → 갠빠닥](말 → 경)
갯바람[갠바람 → 갠빠람](말 → 경)
갯바위[갠바위 → 갠빠위](말 → 경)
갯벌[갠벌 → 샌뻘](말 → 경)
갯일[갠일 → 갠닐](말 → 'ㄴ'첨 → 비)
갯지렁이[갠지렁이 → 갠찌렁이](말 → 경)
갰다[갠다 → 갠따](말 → 경)
갱엿[갱녓 → 갱녇]('ㄴ'첨 → 말)
갸웃갸웃[갸운갸웃 → 갸운꺄욷](말 → 경 → 말)
갸웃거리다[갸운거리다 → 갸운꺼리다](말 → 경)
갸웃하다[갸운하다 → 갸우타다](말 → 격)
거무죽죽하다[거무죽쭉하다 → 거무죽쭈카다](경 →
   격)
거뭇거뭇[거묻거뭇 → 거묻꺼묻](말 → 경 → 말)
거짓말[거짇말 → 거진말](말 → 비)
거짓부렁[거짇부렁 → 거짇뿌렁](말 → 경)
거짓부리[거짇부리 → 거짇뿌리](말 → 경)
거추없다[거추업다 → 거추업따]('ㅅ'탈 → 경)
거침없다[거침업다 → 거치멉따](탈 → 경)
거칫거칫[거칟거칟 → 거친꺼칟](말 → 경 → 말)
거풋거풋[거푿거풋 → 거푿꺼푿](말 → 경 → 말)
걱정거리[걱쩡거리 → 걱쩡꺼리](경 → 경)
건너짚다[건너집다 → 건너집따](말 → 경)
건넛마을[건넏마을 → 건넌마을](말 → 비)
건넛방[건넏방 → 건넏빵](말 → 경)
건넛산[건넏산 → 건넏싼](말 → 경)
건넛집[건넏집 → 건넏찝](말 → 경)
건넜다[건넏다 → 건넏따](말 → 경)
건듯건듯[건듣건듯 → 건듣껀듣](말 → 경 → 말)
건뜻건뜻[건뜯건뜻 → 건뜯껀뜯](말 → 경 → 말)
건입맛[건닙맛 → 건님맏]('ㄴ'첨 → 비 → 말)
걷습니다[걷씁니다 → 걷씀니다](경 → 비)
걷히다[거티다 → 거치다](격 → 구)
걸맞다[걸맏다 → 걸맏따](말 → 경)
걸머맡다[걸머맏다 → 걸머맏따](말 → 경)
걸밭[걸빹 → 걸빧](경 → 말)
걸터앉다[걸터안다 → 걸터안따](ㅈ'탈 → 경)
걸핏걸핏[걸핃걸핃 → 걸핃껄핃](말 → 경 → 말)
걸핏하다[걸핃하다 → 걸피타다](말 → 격)
검붉다[검묵다 → 검묵따]('ㄹ'탈 → 경)

검붉다[검북다 → 검북따]('ㄹ'탈 → 경)
겁겁하다[겁껍하다 → 겁꺼파다](경 → 격)
겁먹다[검먹다 → 검먹따](비 → 경)
겉갈이[걷갈이 → 걷까치](말 → 경 → 구)
겉들[걷들 → 걷뜰](말 → 경)
겉만큼[걷만큼 → 건만큼](말 → 비)
겉부터[걷부터 → 걷뿌터](말 → 경)
겉조차[걷조차 → 걷쪼차](말 → 경)
겉하다[걷하다 → 거타다](말 → 격)
겉가루[걷가루 → 걷까루](말 → 경)
겉가마[걷가마 → 걷까마](말 → 경)
겉가죽[걷가죽 → 걷까죽](말 → 경)
겉감[걷감 → 걷깜](말 → 경)
겉겨[걷겨 → 걷껴](말 → 경)
겉고삿[걷고삿 → 걷꼬산](말 → 경 → 말)
겉곡식[걷곡식 → 걷꼭씩](말 → 경 → 경)
겉껍데기[걷껍데기 → 걷껍떼기](말 → 경)
겉껍질[걷껍질 → 걷껍찔](말 → 경)
겉넓이[걷넓이 → 건널비](말 → 비)
겉놀다[걷놀다 → 건놀다](말 → 비)
겉눈[걷눈 → 건눈](말 → 비)
겉눈썹[걷눈썹 → 건눈썹](말 → 비)
겉늙다[걷늙다 → 건늑따](말 → 비 → 'ㄹ'탈 → 경)
겉단추[걷단추 → 걷딴추](말 → 경)
겉대[걷대 → 걷때](말 → 경)
겉돌다[걷돌다 → 걷똘다](말 → 경)
겉마르다[걷마르다 → 건마르다](말 → 비)
겉마음[걷마음 → 건마음](말 → 비)
겉만[걷만 → 건만](말 → 비)
겉말[걷말 → 건말](말 → 비)
겉맞추다[걷맞추다 → 건맏추다](말 → 비 → 말)
겉멋[걷멋 → 건믿](말 → 비 → 말)
겉면[걷면 → 건면](말 → 비)
겉모습[걷모습 → 건모습](말 → 비)
겉모양[걷모양 → 건모양](말 → 비)
겉몸[걷몸 → 건몸](말 → 비)
겉묻다[걷묻다 → 건묻따](말 → 비 → 경)
겉물[걷물 → 건물](말 → 비)
겉바람[걷바람 → 걷빠람](말 → 경])
겉버선[걷버선 → 걷뻐선](말 → 경)
겉벽[걷벽 → 걷뼉](말 → 경)
겉보기[걷보기 → 걷뽀기](말 → 경)

겉보리[걷보리 → 걷뽀리](말→ 경)

겉봉[걷봉 → 걷뽕](말→ 경)

겉봉투[걷봉투 → 걷뽕투](말→ 경)

겉살[걷살 → 걷쌀](말→ 경)

겉옷[거돗 → 거돈](절 → 말)

겉옷고름[거돗고름 → 거돈꼬름](절 → 말 → 경)

겉잎[걷잎 → 건닙](말→'ㄴ'첨 → 비 → 말)

겉저고리[걷저고리 → 걷쩌고리](말→ 경)

겉절이[걷절이 → 걷쩌리](말→ 경)

겉주머니[걷주머니 → 걷쭈머니](말→ 경)

겉핥다[걷핥다 → 거탈따](말→ 격 →'ㅌ'탈 → 경)

겉흙[걷흙 → 거특](말→ 격 →'ㄹ'탈)

겠네[겐네 → 겐네](말→ 비)

겠습니다[겓습니다 → 겓씀니다](말→ 경 → 비)

격려[격녀 → 경녀](비 → 비)

격론[격논 → 경논](비 → 비)

격리[격니 → 경니](비 → 비)

겪는[격는 → 경는](말→ 비)

겪다[격다 → 격따](말→ 경)

결막염[결막념 → 결망념]('ㄴ'첨 → 비)

결심하였다[결씸하였다 → 결씸하연따](경→ 말→ 경)

겹글자[겹끌자 → 겹끌짜](경 → 경)

겹낫표[겸낟표 → 겸낟표](비 → 말)

겹닿소리[겹땋소리 → 겹따쏘리](경 → 탈 → 경)

겹문자[겸문자 → 겸문짜](비 → 경)

겹벚꽃[겹뻗꽃 → 겹뻗꼳](경 → 말→ 말)

겹이름씨[겹니름씨 → 겸니름씨]('ㄴ'첨 → 비)

겹이불[겹니불 → 겸니불]('ㄴ'첨 → 비)

겹잎[겹닢 → 겸닢 → 겸닙]('ㄴ'첨 → 비 → 말)

겼는[겯는 → 견는](말→ 비)

겼다[겯다 → 겯따](말→ 경)

경락값[경낙값 → 경낙깝](비 → 경 →'ㅅ'탈)

경황없다[경황업다 → 경황업따]('ㅅ'탈 → 경)

곁가지[겯가지 → 겯까지](말→ 경)

곁갈래[겯갈래 → 겯깔래](말→ 경)

곁골목[겯골목 → 겯꼴목](말→ 경)

곁길[겯길 → 겯낄](말→ 경)

곁눈[겯눈 → 견눈](말→ 비)

곁눈질[겯눈질 → 견눈질](말→ 비)

곁다리[겯다리 → 겯따리](말→ 경)

곁두리[겯두리 → 겯뚜리](말→ 경)

곁들[겯들 → 겯뜰](말→ 경)

곁들다[겯들다 → 겯뜰다](말→ 경)

곁마[견마 → 견마](말→ 비)

곁마을[견마을 → 견마을](말→ 비)

곁말[견말 → 견말](말→ 비)

곁머슴[견머슴 → 견머슴](말→ 비)

곁문[견문 → 견문](말→ 비)

곁방[견방 → 견빵](말→ 경)

곁방석[견방석 → 견빵석](말→ 경)

곁불[견불 → 견뿔](말→ 경)

곁붙이[견붙이 → 견뿌치](말→ 경 → 구)

곁사돈[견사돈 → 견싸돈](말→ 경)

곁순[견순 → 견쑨](말→ 경)

곁자리[견자리 → 견짜리](말→ 경)

곁주머니[견주머니 → 견쭈머니](말→ 경)

곁줄기[견줄기 → 견쭐기](말→ 경)

곁집[견집 → 견찝](말→ 경)

계관없다[계관업다 → 계과넙따/게-](탈 → 경)

곗날[곈날 → 곈날/겐-](말→ 비)

곗돈[곈돈 → 계똔/곈똔](말→ 경)

곗술[곈술 → 계쑬/곈쑬](말→ 경)

고갯길[고갣길 → 고갣낄](말→ 경)

고갯마루[고갣마루 → 고갠마루](말→ 비)

고갯말[고갣말 → 고갠말](말→ 비)

고갯짓[고갣짓 → 고갣찓](말→ 경 → 말)

고깃간[고긷간 → 고긷깐](말→ 경)

고깃고깃[고긷고긷 → 고긷꼬긷](말→ 경 → 말)

고깃국[고긷국 → 고긷꾹](말→ 경)

고깃덩어리[고긷덩어리 → 고긷떵어리](말→ 경)

고깃배[고긷배 → 고긷빼](말→ 경)

고릿고릿[고릳고릳 → 고릳꼬릳](말→ 경 → 말)

고막염[고막념 → 고망념]('ㄴ'첨 → 비)

고맙습니다[고맙씁니다 → 고맙씀니다](경 → 비)

고붓고붓[고붇고붇 → 고붇꼬붇](말→ 경 → 말)

고비삽살[고비삽살 → 고비삽쌀](말→ 경 → 말)

고삿말[고삳말 → 고산말](말→ 비)

고살고살[고산고살 → 고산꼬산](말→ 경 → 말)

고살길[고삳길 → 고삳낄](말→ 경)

고춧가루[고춛가루 → 고춛까루](말→ 경)

고춧잎[고춛잎 → 고춘닙](말→'ㄴ'첨 → 비 → 말)

고치삶기[고치삼기 → 고치삼끼]('ㄹ'탈 → 경)

곡류[곡뉴 → 공뉴](비 → 비)

곡식밭[곡씩밭 → 곡씩빧](경 → 경 → 말)
곤두뱉다[곤두밷다 → 곤두뱉따](말 → 경)
곤추앉다[곤추안다 → 곤추안따]('ㅈ'탈 → 경)
골골샅샅이[골골삳샅이 → 골골삳싸치](말 → 경
　　→ 구)
골막염[골막념 → 골망념]('ㄴ'첨 → 비)
골양반[골냥반 → 골량반]('ㄴ'첨 → 유)
골칫거리[골칟거리 → 골칟꺼리](말 → 경)
곪다[곰다 → 곰따]('ㄹ'탈 → 경)
곰살궂다[곰살굳다 → 곰살굳따](말 → 경)
곱습니다[곱씁니다 → 곱씀니다](경 → 비)
곳간[곧간 → 곧깐](말 → 경)
곳곳[곧곳 → 곧꼳](말 → 경 → 말)
곳들[곧들 → 곧뜰](말 → 경)
곳마다[곧마다 → 곤마다](말 → 비)
곳만[곧만 → 곤만](말 → 비)
곳집[곧집 → 곧찝](말 → 경)
공긋[공긎 → 공귿](경 → 말)
공깃돌[공긷돌 → 공긷똘](말 → 경)
공깃밥[공긷밥 → 공긷빱](말 → 경)
공짚기[공집기 → 공집끼](말 → 경)
곶감[곧감 → 곧깜](말 → 경)
과녁받이[과녁빧이 → 과녁빠지](경 → 구)
관계없다[관계업다 → 관계업따/-게-]('ㅅ'탈 → 경)
관람권[괄람권 → 괄람꿘](유 → 경)
관람료[괄람료 → 괄람뇨](유 → 비)
관련성[괄련성 → 괄련썽](유 → 경)
관리권[괄리권 → 괄리꿘](유 → 경)
관리법[괄리법 → 괄리뻡](유 → 경)
괜찮습니다[괜찬습니다 → 괜찬씀니다]('ㅎ'탈 → 경
　　→ 비)
괭잇날[괭읻날 → 괭인날](말 → 비)
괴롭습니다[괴롭씁니다 → 괴롭씀니다/궤-](경 →
　　비)
구급약[구급냑 → 구금냑]('ㄴ'첨 → 비)
구깃구깃[구긷구깃 → 구긷꾸긷](말 → 경 → 말)
구독료[구독뇨 → 구동뇨](비 → 비)
구둣발[구둗발 → 구둗빨](말 → 경)
구둣방[구둗방 → 구둗빵](말 → 경)
구붓구붓[구붇구붓 → 구붇꾸붇](말 → 경 → 말)
구성없다[구성업다 → 구성업따]('ㅅ'탈 → 경)
구속력[구속녁 → 구송녁](비 → 비)
구워삶다[구워삼다 → 구워삼따]('ㄹ'탈 → 경)
구핏구핏[구핃구핏 → 구핃꾸핃](말 → 경 → 말)
국그릇[국끄릇 → 국끄른](경 → 말)
국력[국녁 → 궁녁](비 → 비)
국론[국논 → 궁논](비 → 비)
국립[국닙 → 궁닙](비 → 비)
국밥집[국빱집 → 국빱찝](경 → 경)
군것질[군걷질 → 군걷찔](말 → 경)
군붓질[군붇질 → 군붇찔](말 → 경)
군빗질[군빋질 → 군빋찔](말 → 경)
군입정[군닙정 → 군닙쩡]('ㄴ'첨 → 경)
군입질[군닙질 → 군닙찔]('ㄴ'첨 → 경)
굳혀[굳여 → 구쳐](격 → 구 → 단)
굳히기[굳이기 → 구치기](격 → 구)
굳히다[굳이다 → 구치다](격 → 구)
굴뚝같이[굴뚝깥이 → 굴뚝까치](경 → 구)
굴잎[굴닢 → 굴립]('ㄴ'첨 → 유 → 말)
굴젓눈이[굴젇눈이 → 굴전누니](말 → 비)
굵다[국다 → 국따]('ㄹ'탈 → 경)
굵직굵직[국직국직 → 국찍꾹찍]('ㄹ'탈 → 경 → 'ㄹ'
　　탈 → 경)
굵직하다[국직하다 → 국찌카다](탈 → 경 → 격)
굶다[굼다 → 굼따]('ㄹ'탈 → 경)
굽잇길[굽읻길 → 구빋낄](말 → 경)
굿거리[굳거리 → 굳꺼리](말 → 경)
굿모닝[굳모닝 → 군모닝](말 → 비)
굿일[굳일 → 군닐](말 → 'ㄴ'첨 → 비)
굿자리[굳자리 → 굳짜리](말 → 경)
궁싯궁싯[궁싣궁싯 → 궁신꿍싣](말 → 경 → 말)
궂다[굳다 → 굳따](말 → 경)
권력욕[궐력욕 → 궐령뇩](유 → 'ㄴ'첨 → 비)
귀밑머리[귀믿머리 → 귀민머리](말 → 비)
귀엣말[귀엗말 → 귀엔말](말 → 비)
귓가[귇가 → 귇까](말 → 경)
귓구녕[귇구녕 → 귇꾸녕](말 → 경)
귓구멍[귇구멍 → 귇꾸멍](말 → 경)
귓속[귇속 → 귇쏙](말 → 경)
귓속말[귇속말 → 귇쏭말](말 → 경 → 비)
귓전[귇전 → 귇쩐](말 → 경)
귤열매[귤녈매 → 귤렬매]('ㄴ'첨 → 유)
그것도[그걷도 → 그걷또](말 → 경)
그것만[그걷만 → 그건만](말 → 비)

　　　　　　　　　　　　한국어 발음 교육의 실제

그것보다[그걷보다 → 그걷뽀다](말 → 경)
그곳만[그곧만 → 그곤만](말 → 비)
그넷줄[그넫줄 → 그넨쭐](말 → 경)
그랬다[그랟다 → 그랟따](말 → 경)
그럴 일[그럴닐 → 그럴릴]('ㄴ'첨 → 유)
그렇듯[그러듯 → 그러튿](격 → 말)
그렇소[그러소 → 그러쏘]('ㅎ'탈 → 경)
그렇잖다[그러잖다 → 그러찬타](격 → 격)
그릇그릇[그른그릇 → 그른끄른](말 → 경 → 말)
그릇만[그른만 → 그른만](말 → 비)
그릇붙이[그른붙이 → 그른뿌치](말 → 경 → 구)
그지없다[그지업다 → 그지업따]('ㅅ'탈 → 경)
극값[극갑 → 극깝](경 → 'ㅅ'탈)
극락[극낙 → 긍낙](비 → 비)
극복하다[극뽁하다 → 극뽀카다](경 → 격)
극한값[그칸갑 → 그칸깝](격 → 경 → 'ㅅ'탈)
글벗[글벋 → 글뻗](경 → 말)
글짓기[글짇기 → 글짇끼](말 → 경)
긁는[극는 → 긍는]('ㄹ'탈 → 비)
긁다[극다 → 극따]('ㄹ'탈 → 경)
긁적긁적[극적극적 → 극쩍끅쩍]('ㄹ'탈 → 경 → 경
　→'ㄹ'탈 → 경)
긁적이다[극적이다 → 극쩌기다]('ㄹ'탈 → 경)
긁죽긁죽[극죽극죽 → 극쭉끅쭉]('ㄹ'탈 → 경 → 경
　→'ㄹ'탈 → 경)
금빛[금빋 → 금삗](경 → 말)
급격하다[급껵하다 → 급껴카다](경 → 격)
급급하다[급끕하다 → 급끄파다](경 → 격)
급락[급낙 → 금낙](비 → 비)
급랭[급냉 → 금냉](비 → 비)
급료[급뇨 → 금뇨](비 → 비)
급류[급뉴 → 금뉴](비 → 비)
급식소[급씩소 → 급씩쏘](경 → 경)
긋습니다[귿습니다 → 귿씀니다](말 → 경 → 비)
긋하다[귿하다 → 그타다](말 → 격)
기껏해야[기껃해야 → 기꺼태야](말 → 격)
기대앉다[기대안다 → 기대안따]('ㅈ'탈 → 경)
기록영화[기롱녕화 → 기롱녕화]('ㄴ'첨 → 비)
기뻤다[기뻗다 → 기뻗따](말 → 경)
기삿거리[기삳거리 → 기삳꺼리](말 → 경)
기속력[기속녁 → 기송녁](비 → 비)
기슭동네[기슥동네 → 기슥똥네]('ㄹ'탈 → 경)

기신없다[기신업다 → 기시넙따]('ㅅ'탈 → 경)
기억력[기억녁 → 기엉녁](비 → 비)
기와밟기[기와밥기 → 기와밥끼]('ㄹ'탈 → 경)
기왓장[기완장 → 기완짱](말 → 경)
기웃기웃[기욷기욷 → 기욷끼욷](말 → 경 → 말)
기입란[기입난 → 기임난](비 → 비)
기찻길[기찯길 → 기찯낄](말 → 경)
기탄없다[기탄업다 → 기타넙따]('ㅅ'탈 → 경)
기폭약[기폭냑 → 기퐁냑]('ㄴ'첨 → 비)
긴맛살[긴맏살 → 긴맏쌀](말 → 경)
길녘[길력 → 길력](유 → 말)
길벗[길벋 → 길뻗](경 → 말)
길섶[길썹 → 길썹](경 → 말)
길옆[길녑 → 길렵]('ㄴ'첨 → 유 → 말)
길이불[길니불 → 길리불]('ㄴ'첨 → 유)
길품삯[길품쌊 → 길품싹](경 → 'ㅅ'탈)
김칫국[김칟국 → 김칟꾹](말 → 경)
김칫독[김칟독 → 김칟똑](말 → 경)
깃가지[긷가지 → 긷까지](말 → 경)
깃갈이[긷갈이 → 긷까리](말 → 경)
깃고대[긷고대 → 긷꼬대](말 → 경)
깃그물[긷그물 → 긷끄물](말 → 경)
깃다[긷다 → 긷따](말 → 경)
깃동[긷동 → 긷똥](말 → 경)
깃들다[긷들다 → 긷뜰다](말 → 경)
깃머리[긷머리 → 긴머리](말 → 비)
깃목[긷목 → 긴목](말 → 비)
깃무늬[긷무늬 → 긴무니](말 → 비 → 단)
깃발[긷발 → 긷빨](말 → 경)
깃습니다[긷습니다 → 긷씀니다](말 → 경 → 비)
깃옷[기돗 → 기돋](절 → 말)
깃이불[긷이불 → 긴니불](말 →'ㄴ'첨 → 비)
깃저고리[긷저고리 → 긷쩌고리](말 → 경)
깃주머니[긷주머니 → 긷쭈머니](말 → 경)
깊다[깁다 → 깁따](말 → 경)
깊다랗다[깁다랗다 → 깁따라타](말 → 경 → 격)
깊숙하다[깁숙하다 → 깁쑤카다](말 → 경 → 격)
깊습니다[깁습니다 → 깁씀니다](말 → 경 → 비)
까닭과[까닥과 → 까닥꽈]('ㄹ'탈 → 경)
까닭만[까닥만 → 까당만]('ㄹ'탈 → 비)
까딱없다[까딱업다 → 까따겁따]('ㅅ'탈 → 경)
까뭇까뭇[까묻까뭇 → 까묻까묻](말 → 말)

까짓것[까짇것 → 까짇껃](말 → 경 → 말)
까칫까칫[까친까칫 → 까친까친](말 → 말)
깍둑깍둑[깍뚝깍둑 → 깍뚝깍뚝](경 → 경)
깎는[각는 → 깡는](말 → 비)
깎다[각다 → 깍따](말 → 경)
깔밋잖다[깔믿잖다 → 깔믿짠타](말 → 경 → 격)
깔축없다[깔축업다 → 깔추겁따]('ㅅ'탈 → 경)
깨끗하다[깨귿하다 → 깨끄타다](말 → 격)]
갯묵[갣묵 → 갠묵](말 → 비)
갯잎[갣잎 → 갠닙](말 → 'ㄴ'첨 → 비 → 말)
갰다[갣다 → 갠따](말 → 경)
꺄웃꺄웃[갸운꺄웃 → 꺄운꺄운](말 → 말)
꺼냈습니다[꺼낻씀니다](말 → 경 → 비)
꺼뭇꺼뭇[꺼묻꺼뭇 → 꺼묻꺼묻](말 → 말)
꺼칫꺼칫[꺼친꺼칫 → 꺼친꺼친](말 → 말)
껶다[꺽다 → 꺽따](말 → 경)
껬다[껃다 → 껃따](말 → 경)
껶었다[껴언다 → 껴언따]('ㅈ'탈 → 경)
껬다[껻다 → 껻따](말 → 경)
꼬깃꼬깃[꼬긴꼬깃 → 꼬긴꼬긴](말 → 말)
꼬붓꼬붓[꼬붇꼬붓 → 꼬붇꼬붇](말 → 말)
꼴값[꼴깞 → 꼴깝](경 → 'ㅅ'탈)
꼴같잖다[꼴갇잖다 → 꼴갇짠타](말 → 경 → 격)
꼴답잖다[꼴답짢다 → 꼴답짠타](경 → 격)
꼼짝없다[꼼짝업다 → 꼼짜겁따]('ㅅ'탈 → 경)
꽁지덮깃[꽁지덥깃 → 꽁지덥낃](말 → 경 → 말)
꽂개[꼳개 → 꼳깨](말 → 경)
꽂는[꼳는 → 꼰는](말 → 비)
꽂다[꼳다 → 꼳따](말 → 경)
꽂혀[꼬쳐 → 꼬처](격 → 단)
꽃가루[꼳가루 → 꼳까루](말 → 경)
꽃가마[꼳가마 → 꼳까마](말 → 경)
꽃가지[꼳가지 → 꼳까지](말 → 경)
꽃값[꼳값 → 꼳깝](말 → 경 → 'ㅅ'탈)
꽃게[꼳게 → 꼳께](말 → 경)
꽃고무신[꼳고무신 → 꼳꼬무신](말 → 경)
꽃구경[꼳구경 → 꼳꾸경](말 → 경)
꽃구름[꼳구름 → 꼳꾸름](말 → 경)
꽃그늘[꼳그늘 → 꼳끄늘](말 → 경)
꽃길[꼳길 → 꼳낄](말 → 경)
꽃나무[꼳나무 → 꼰나무](말 → 비)
꽃나비[꼳나비 → 꼰나비](말 → 비)

꽃 냄새[꼳냄새 → 꼰냄새](말 → 비)
꽃노래[꼳노래 → 꼰노래](말 → 비)
꽃놀이[꼳놀이 → 꼰노리](말 → 비)
꽃눈[꼳눈 → 꼰눈](말 → 비)
꽃다발[꼳다발 → 꼳따발](말 → 경)
꽃도[꼳도 → 꼳또](말 → 경)
꽃동네[꼳동네 → 꼳똥네](말 → 경)
꽃동산[꼳동산 → 꼳똥산](말 → 경)
꽃들[꼳들 → 꼳뜰](말 → 경)
꽃마다[꼳마다 → 꼰마다](말 → 비)
꽃말[꼳말 → 꼰말](말 → 비)
꽃망울[꼳망울 → 꼰망울](말 → 비)
꽃맞이[꼳맞이 → 꼰마지](말 → 비)
꽃모습[꼳모습 → 꼰모습](말 → 비)
꽃 모양[꼳모양 → 꼰모양](말 → 비)
꽃모종[꼳모종 → 꼰모종](말 → 비)
꽃목걸이[꼳목걸이 → 꼰목꺼리](말 → 비 → 경)
꽃무늬[꼳무늬 → 꼰무니](말 → 비 → 단)
꽃물[꼳물 → 꼰물](말 → 비)
꽃 밑[꼳믿 → 꼰믿](말 → 비 → 말)
꽃바구니[꼳바구니 → 꼳빠구니](말 → 경)
꽃바람[꼳바람 → 꼳빠람](말 → 경)
꽃반지[꼳반지 → 꼳빤지](말 → 경)
꽃받침[꼳받침 → 꼳빧침](말 → 경)
꽃발게[꼳발게 → 꼳빨게](말 → 경)
꽃밥[꼳밥 → 꼳빱](말 → 경)
꽃방게[꼳방게 → 꼳빵게](말 → 경)
꽃밭[꼳받 → 꼳빤](말 → 경 → 말)
꽃밭이[꼳밭이 → 꼳빠치](말 → 경 → 구)
꽃병[꼳병 → 꼳뼝](말 → 경)
꽃봉오리[꼳봉오리 → 꼳뽕오리](말 → 경)
꽃부리[꼳부리 → 꼳뿌리](말 → 경)
꽃삽[꼳삽 → 꼳쌉](말 → 경)
꽃상여[꼳상여 → 꼳쌍여](말 → 경)
꽃샘[꼳샘 → 꼳쌤](말 → 경)
꽃송이[꼳송이 → 꼳쏭이](말 → 경)
꽃수[꼳수 → 꼳쑤](말 → 경)
꽃술[꼳술 → 꼳쑬](말 → 경)
꽃신[꼳신 → 꼳씬](말 → 경)
꽃 요리[꼳요리 → 꼰뇨리](말 → 'ㄴ'첨 → 비)
꽃이끼[꼳이끼 → 꼰니끼](말 → 'ㄴ'첨 → 비)
꽃 이름[꼳이름 → 꼰니름](말 → 'ㄴ'첨 → 비)

　　　　　　　　　　　한국어 발음 교육의 실제

꽃이슬[꼳이슬 → 꼰니슬](말→'ㄴ'첨 → 비)
꽃 이야기[꼳이야기 → 꼰니야기](말 → 첨 → 비)
꽃잎[꼳입 → 꼰닙](말→'ㄴ'첨 → 비 → 말)
꽃잎만[꼳입만 → 꼰님만](말→'ㄴ'첨 → 비 → 비)
꽃잔디[꼳잔디 → 꼰짠디](말 → 경)
꽃잠[꼳잠 → 꼳짬](말 → 경)
꽃집[꼳집 → 꼳찝](말 → 경)
꽃향기[꼳향기 → 꼬턍기](말 → 격)
꽃향내[꼳향내 → 꼬턍내](말 → 격)
꾸김없다[꾸김업다 → 꾸기멉따]('ㅅ'탈 → 경)
꾸깃꾸깃[꾸긷꾸긷 → 꾸긴꾸긷](말 → 말)
꾸밈없다[꾸밈업다 → 꾸미멉따]('ㅅ'탈 → 경)
꾸붓꾸붓[꾸붇꾸붇 → 꾸분꾸붇](말 → 말)
꾸짖다[꾸짇다 → 꾸짇따](말 → 경)
꿇어앉다[꾸러앉다 → 꾸러안따](탈 → 탈 → 경)
꿈쩍없다[꿈쩍업다 → 꿈쩌겁따]('ㅅ'탈 → 경)
ㄲ떡없다[ㄲ떡업다 → ㄲ떠겁따]('ㅅ'탈 → 경)
끊임없다[ㄲ님없다 → ㄲ니멉따](탈 → 탈 → 경)
끓는점[끌는점 → 끌른점]('ㅎ'탈 → 유)
끗다[끋다 → 끋따](말 → 경)
끗발[끋발 → 끋빨](말 → 경)
끗수[끋수 → 끋쑤](말 → 경)
끗습니다[끋습니다 → 끋씀니다](말 → 경 → 비)
끝가지[끋가지 → 끋까지](말 → 경)
끝끝내[끋끝내 → 끋끈내](말 → 말 → 비)
끝나[끋나 → 끈나](말 → 비)
끝나다[끋나다 → 끈나다](말 → 비)
끝내기[끋내기 → 끈내기](말 → 비)
끝도[끋도 → 끋또](말 → 경)
끝마감[끋마감 → 끈마감](말 → 비)
끝마다[끋마다 → 끈마다](말 → 비)
끝마무리[끋마무리 → 끈마무리](말 → 비)
끝마치다[끋마치다 → 끈마치다](말 → 비)
끝말[끋말 → 끈말](말 → 비)
끝매[끋매 → 끈매](말 → 비)
끝맺다[끋맺다 → 끈맫따](말 → 비 → 말 → 경)
끝머리[끋머리 → 끈머리](말 → 비)
끝물[끋물 → 끈물](말 → 비)
끝소리[끋소리 → 끋쏘리](말 → 경)
끝수[끋수 → 끋쑤](말 → 경)
끝일[끋일 → 끈닐](말→'ㄴ'첨 → 비)
끝자리[끋자리 → 끋짜리](말 → 경)

끝장[끋장 → 끋짱](말 → 경)
끼없다[끼언다 → 끼언따]('ㅈ'탈 → 경)
끼웃끼웃[끼욷끼웃 → 끼욷끼욷](말 → 말)

나긋나긋[나귿나귿 → 나근나귿](말 → 비 → 말)
나눗셈[나눋셈 → 나눋쎔](말 → 경)
나눗수[나눋수 → 나눋쑤](말 → 경)
나랏일[나랃일 → 나란닐](말→'ㄴ'첨 → 비)
나룻목[나룯목 → 나룬목](말 → 비)
나룻배[나룯배 → 나룯빼](말 → 경)
나릿나릿[나릳나릳 → 나린나릳](말 → 비 → 말)
나뭇가지[나묻가지 → 나묻까지](말 → 경)
나뭇더미[나묻더미 → 나묻떠미](말 → 경)
나뭇둥걸[나묻둥걸 → 나묻뚱걸](말 → 경)
나뭇잎[나묻입 → 나문닙](말→'ㄴ'첨 → 비)
나뭇짐[나묻짐 → 나묻찜](말 → 경)
나빴습니다[나빧습니다→나빧씀니다](말→경→
  비)
나섰습니다[나섣습니다 → 나섣씀니다](말→경→
  비)
나앉다[나안다 → 나안따]('ㅈ'탈 → 경)
나풋나풋[나푿나풋 → 나푼나푿](말 → 비 → 말)
낙수받이[낙쑤받이 → 낙쑤바지](경 → 구)
낙숫물[낙숟물 → 낙쑨물](경 → 말 → 비)
낙숫물받이[낙숟물받이 → 낙쑨물바지](경 → 말→
  비 → 구)
낚다[낙다 → 낙따](말 → 경)
낚시[낙시 → 낙씨](말 → 경)
난데없다[난데업다 → 난데업따]('ㅅ'탈 → 경)
난롯불[날롣불 → 날론뿔](유 → 말 → 경)
난리굿[날리굳 → 날리굳](유 → 말)
날개덧깃[날개덛깃 → 날개덥낃](말 → 경 → 말)
날갯죽지[날갣죽지 → 날갣쭉찌](말 → 경 → 경)
날갯짓[날갣짓 → 날갣찓](말 → 경 → 말)
날샀다[날삳다 → 날싿따](경 →'ㅅ'탈)
날일[날닐 → 날릴]('ㄴ'첨 → 유)
낡다[낙다 → 낙따]('ㄹ'탈 → 경)
낡삭다[낙삭다 → 낙싹따]('ㄹ'탈 → 경 → 경)
남짓한[남짇한 → 남지탄](말 → 격)

납골당[납꼴당 → 납꼴땅](경 → 경)
납빛[납삗 → 납삗](경 → 말)
납작못[납짝못 → 납짱몯](경 → 비 → 말)
납작하다[납짝하다 → 납짜카다](경 → 격)
납작호박[납짝호박 → 납짜코박](경 → 격)
낛는[낟는 → 난는](말 → 비)
낛다[낟다 → 낟따](말 → 경)
낛습니다[낟습니다 → 낟씀니다](말 → 경 → 비)
낛질[낟질 → 낟찔](말 → 경)
낫 한 자루[낟한자루 → 나탄자루](말 → 격)
났는[낟는 → 난는](말 → 비)
났답니다[낟답니다 → 낟땀니다](말 → 경 → 비)
났습니다[낟습니다 → 낟씀니다](말 → 경 → 비)
낯같이[낟같이 → 낟까치](말 → 경 → 구)
낯게[낟게 → 낟께](말 → 경)
낯결[낟결 → 낟껼](말 → 경 → 말)
낯교대[낟교대 → 낟꾜대](말 → 경)
낯다[낟다 → 낟따](말 → 경)
낯닭[낟닭 → 낟딱](말 → 경 → 'ㄹ'탈)
낯도깨비[낟도깨비 → 낟또깨비](말 → 경)
낯도둑[낟도둑 → 낟또둑](말 → 경)
낯말[낟말 → 난말](말 → 비)
낯밤[낟밤 → 낟빰](말 → 경)
낯볕[낟볕 → 낟뼏](말 → 경 → 말)
낯보다[낟보다 → 낟뽀다](말 → 경)
낯부터[낟부터 → 낟뿌터](말 → 경)
낯술[낟술 → 낟쑬](말 → 경)
낯일[낟일 → 난닐](말 → 'ㄴ'첨 → 비)
낯잠[낟잠 → 낟짬](말 → 경)
낯가림[낟가림 → 낟까림](말 → 경)
낯가죽[낟가죽 → 낟까죽](말 → 경)
낯모르다[낟모르다 → 난모르다](말 → 비)
낯빛[낟빋 → 낟삗](말 → 경 → 말)
낯설다[낟설다 → 낟썰다](말 → 경)
낯없다[나덦다 → 나덥따](절 → 'ㅅ'탈 → 경)
낯익다[나딕다 → 난닉따](말 → 'ㄴ'첨 → 비 → 경)
낱개[낟개 → 낟께](말 → 경)
낱권[낟권 → 낟꿘](말 → 경)
낱낱[낟낱 → 난낟](말 → 비 → 말)
낱낱이[낟낱이 → 난나치](말 → 비 → 구)
낱말[낟말 → 난말](말 → 비)
낱뭇[낟뭇 → 난묻](말 → 비 → 말)

낱소리[낟소리 → 낟쏘리](말 → 경)
낱자루[낟자루 → 낟짜루](말 → 경)
낱잔[낟잔 → 낟짠](말 → 경)
낱장[낟장 → 낟짱](말 → 경)
낳는[낟는 → 난는](말 → 비)
낳습니다[나습니다 → 나씀니다]('ㅎ'탈 → 경 → 비)
내놓는[내녿는 → 내논는](말 → 비)
내려앉다[내려안다 → 내려안따]('ㅈ'탈 → 경)
내리긋다[내리귿다 → 내리귿따](말 → 경)
내리꽂다[내리꼳다 → 내리꼳따](말 → 경)
내리훑다[내리훌다 → 내리훌따]('ㅌ'탈 → 경)
내림굿[내림굳 → 내림꾿](경 → 말)
내복약[내봉냑]('ㄴ'첨 → 비)
내젓다[내젇다 → 내젇따](말 → 경)
냇가[낻가 → 낻까](말 → 경)
냇물[낻물 → 낸물](말 → 비)
냈다[낻다 → 낻따](말 → 경)
냈습니다[낻습니다 → 낻씀니다](말 → 경 → 비)
너더댓새[너더댇새 → 너더댇쌔](말 → 경)
너붓너붓[너붇너붇 → 너분너붇](말 → 비 → 말)
넉건이[넉껀이 → 넉꺼지](경 → 구)
넉지[넝너지 → 넝너찌](비 → 경)
넉넉하다[넝너하다 → 넝너카다](비 → 격)
넋걷이[넉걷이 → 넉꺼지]('ㅅ'탈 → 경 → 구)
넋굿[넉굿 → 넉꿋 → 넉꾿]('ㅅ'탈 → 경 → 말)
넋대[넉대 → 넉때]('ㅅ'탈 → 경)
넋두리[넉두리 → 넉뚜리]('ㅅ'탈 → 경)
넋맞이[넉맞이 → 넝마지]('ㅅ'탈 → 비)
넋받이[넉받이 → 넉빠지]('ㅅ'탈 → 경 → 구)
넋자리[넉자리 → 넉짜리]('ㅅ'탈 → 경)
넓다[널다 → 널따]('ㅂ'탈 → 경)
넓다듬이[넙다듬이 → 넙따드미]('ㄹ'탈 → 경)
넓둥글다[넙둥글다 → 넙뚱글다]('ㄹ'탈 → 경)
넓디넓다[널디넓다 → 널띠널따]('ㅂ'탈 → 경 → 'ㅂ'
   탈 → 경)
넓미역[넙미역 → 넘미역]('ㄹ'탈 → 비)
넓살문[넙살문 → 넙쌀문]('ㄹ'탈 → 경)
넓습니다[널습니다 → 널씀니다](탈 → 경 → 비)
넓은잎[널븐닢]('ㄴ'첨 → 말)
넓적괭이[넙적괭이 → 넙쩍꽹이](탈 → 경 → 경)
넓적넓적[넙적넓적 → 넙쩡넙쩍]('ㄹ'탈 → 경 → 비
   → 'ㄹ'탈 → 경)

410                                                   한국어 발음 교육의 실제

넓적다리[넙적다리 → 넙쩍따리](탈 → 경 → 경)
넓적부리[넙적부리 → 넙쩍뿌리](탈 → 경 → 경)
넓적뼈[넙적뼈 → 넙쩍뼈]('ㄹ'탈 → 경)
넓적한[넙적한 → 넙쩌칸]('ㄹ'탈 → 경 → 격)
넓죽넓죽[넙죽넙죽 → 넙쭝넙쭉]('ㄹ'탈 → 경 → 비
　　→'ㄹ'탈 → 경)
넓죽하다[넙죽하다 → 넙쭈카다](탈 → 경 → 격)
넘습니다[넘씁니다 → 넘씀니다](경 → 비)
넜다[넏다 → 넏따](말 → 경)
넣는[넏는 → 넌는](말 → 비)
넣습니다[너습니다 → 너씀니다](탈 → 경 → 비)
네댓 마리[네댇마리 → 네댄마리](말 → 비)
네댓새[네댇새 → 네댇쌔](말 → 경)
넸다[넫다 → 넫따](말 → 경)
녔다[년다 → 년따](말 → 경)
노긋노긋[노귿노귿 → 노근노근](말 → 비 → 말)
노랫말[노랟말 → 노랜말](말 → 비)
노랫소리[노랟소리 → 노랜쏘리](말 → 경)
노름빗[노름삗 → 노름삗](경 → 말)
노릇노릇[노륻노른 → 노른노른](말 → 비 → 말)
노릇마당[노륻마당 → 노른마당](말 → 비)
노릇하다[노륻하다 → 노르타다](말 → 격)
노을빛[노을삧 → 노을삗](경 → 말)
녹녹하다[농녹하다 → 농노카다](비 → 격)
녹두밭[녹뚜밭 → 녹뚜받](경 → 말)
녹로[녹노 → 농노](비 → 비)
녹말가루[농말가루 → 농말까루](비 → 경)
녹말값[농말값 → 농말깝](비 → 경 →'ㅅ'탈)
녹말잎[농말잎 → 농말립](비 →'ㄴ'첨 → 유 → 말)
놀랐답니다[놀란답니다 → 놀란땀니다](말 → 경 → 비)
놋구멍[녿구멍 → 녿꾸멍](말 → 경)
놋그릇[녿그른 → 녿끄른](말 → 경 → 말)
놋날[녿날 → 논날](말 → 비)
놋다리[녿다리 → 녿따리](말 → 경)
놋다리밟기[녿다리밟기 → 녿따리밥끼](말 → 경
　　→'ㄹ'탈 → 경)
놋대야[녿대야 → 녿때야](말 → 경)
놋대접[녿대접 → 녿때접](말 → 경)
놋동이[녿동이 → 녿똥이](말 → 경)
놋바리[녿바리 → 녿빠리](말 → 경)
놋방울[녿방울 → 녿빵울](말 → 경)
놋쇠[녿쇠 → 녿쐬/녿쒜](말 → 경)

놋수저[녿수저 → 녿쑤저](말 → 경)
놋숟가락[녿숟가락 → 녿쑫까락](말 → 경 → 경)
놋연적[녿연적 → 논년적](말 →'ㄴ'첨 → 비)
놋요강[녿요강 → 논뇨강](말 →'ㄴ'첨 → 비)
놋점[녿점 → 녿쩜](말 → 경)
놋접시[녿접시 → 녿쩝씨](말 → 경 → 경)
농립모[농닙모 → 농님모](비 → 비)
농삿집[농삳집 → 농삳찝](말 → 경)
높낮이[놉낮이 → 놈나지](말 → 비)
높높이[놉높이 → 놈노피](말 → 비)
높다[놉다 → 놉따](말 → 경)
높드리[놉드리 → 놉뜨리](말 → 경)
높디높다[놉디높다 → 놉띠놉따](말 → 경 → 말 → 경)
높바람[놉바람 → 놉빠람](말 → 경)
높새[놉새 → 놉쌔](말 → 경)
높습니다[놉습니다 → 놉씀니다](말 → 경 → 비)
높직높직[놉직높직 → 놉찡놉찍](말 → 경 → 비 →
　　말 → 경)
높직하다[놉직하다 → 놉찌카다](말 → 경 → 격)
놓네[녿네 → 논네](말 → 비)
놓습니다[노습니다 → 노씀니다](탈 → 경 → 비)
놨네[놛네 → 놘네](말 → 비)
놨다[놛다 → 놛따](말 → 경)
뇟보[뇓보 → 뇓뽀/뉃-](말 → 경)
누긋누긋[누귿누귿 → 누근누근](말 → 비 → 말)
누렸다[누렫다 → 누렫따](말 → 경)
누룽밑[누룽밑 → 누룽민](비 → 말)
누릇누릇[누륻누룯 → 누른누른](말 → 비 → 말)
눅눅하다[능누카다](비 → 격)
눈빛[눈삧 → 눈삗](경 → 말)
눈약속[눈냑속 → 눈냑쏙]('ㄴ'첨 → 경)
눈짓[눈찓 → 눈찓](경 → 말)
눌러앉다[눌러안다 → 눌러안따]('ㅈ'탈 → 경)
뉘엿뉘엿[뉘엳뉘엳 → 뉘연뉘엳](말 → 비 → 말)
느긋느긋[느귿느귿 → 느근느근](말 → 비 → 말)
느긋하다[느귿하다 → 느그타다](말 → 격)
느꼈답니다[느껻답니다 → 느껻땀니다](말 → 경 →
　　비)
느닷없다[느다덦다 → 느다덥따](절 → 탈 → 경)
느릿느릿[느릳느릳 → 느린느릳](말 → 비 → 말)
느짓느짓[느짇느짇 → 느진느짇](말 → 비 → 말)
늘어앉다[느러안다 → 느러안따]('ㅈ'탈 → 경)

늙다[늑다 → 늑따]('ㄹ'탈 → 경)
늙다리[늑다리 → 늑따리]('ㄹ'탈 → 경)
늙바탕[늑바탕 → 늑빠탕]('ㄹ'탈 → 경)
늙수레하다[늑수레하다 → 늑쑤레하다](탈 → 경)
늙숙이[늑숙이 → 늑쑤기]('ㄹ'탈 → 경)
늙직하다[늑직하다 → 늑찌카다](탈 → 경 → 격)
늦가을[늗가을 → 는까을](말 → 경)
늦갈이[늗갈이 → 는까리](말 → 경)
늦거름[늗거름 → 는꺼름](말 → 경)
늦겠다[늗겠다 → 는껟따](말 → 경 → 말 → 경)
늦겨울[늗겨울 → 는껴울](말 → 경)
늦공부[늗공부 → 는꽁부](말 → 경)
늦과일[늗과일 → 는꽈일](말 → 경)
늦김치[늗김치 → 는낌치](말 → 경)
늦는[늗는 → 는는](말 → 비)
늦다[늗다 → 는따](말 → 경)
늦달이[늗달이 → 는따리](말 → 경)
늦더위[늗더위 → 는떠위](말 → 경)
늦둥이[늗둥이 → 는뚱이](말 → 경)
늦모[늗모 → 는모](말 → 비)
늦모내기[늗모내기 → 는모내기](말 → 비)
늦물[늗물 → 는물](말 → 비)
늦바람[늗바람 → 는빠람](말 → 경)
늦벼[늗벼 → 는뼈](말 → 경)
늦보리[늗보리 → 는뽀리](말 → 경)
늦봄[늗봄 → 는뽐](말 → 경)
늦새끼[늗새끼 → 는쌔끼](말 → 경)
늦여름[늗여름 → 는녀름](말 →'ㄴ'첨 → 비)
늦익다[늗익다 → 는닉따](말 →'ㄴ'첨 → 비 → 경)
늦잎[늗잎 → 는닙](말 →'ㄴ'첨 → 비 → 말)
늦자식[늗자식 → 는짜식](말 → 경)
늦잠[늗잠 → 는짬](말 → 경)
늦장가[늗장가 → 는짱가](말 → 경)
늦장마[늗장마 → 는짱마](말 → 경)
늦저녁[늗저녁 → 는쩌녁](말 → 경)
늦점심[늗점심 → 는쩜심]('ㄹ'탈 → 경)
늦호박[늗호박 → 느토박](말 → 격)
늦휴가[늗휴가 → 느튜가](말 → 격)
늪가[늡가 → 늡까](말 → 경)
늪지대[늡지대 → 늡찌대](말 → 경)

## ㄷ

다가앉다[다가안다 → 다가안따]('ㅈ'탈 → 경)
다녔답니다[다녇답니다 → 다녇땀니다](말 → 경 → 비)
다름없다[다름업다 → 다르멉따]('ㅅ'탈 → 경)
다리밟기[다리밥기 → 다리밥끼]('ㄹ'탈 → 경)
다리샅바[다리삳바 → 다리삳빠](말 → 경)
다릿널[다릳널 → 다린널](말 → 비)
다릿마디[다릳마디 → 다린마디](말 → 비)
다릿목[다릳목 → 다린목](말 → 비)
다붓다붓[다붇다붇 → 다붇따붇](말 → 경 → 말)
다섯 가지[다섣가지 → 다섣까지](말 → 경)
다섯 권[다섣권 → 다섣꿘](말 → 경)
다섯 남매[다섣남매 → 다선남매](말 → 비)
다섯 마리[다섣마리 → 다선마리](말 → 비)
다섯 면[다섣면 → 다선면](말 → 비)
다섯 명[다섣명 → 다선명](말 → 비)
다섯 살[다섣살 → 다선쌀](말 → 경)
다섯 송이[다섣송이 → 다섣쏭이](말 → 경)
다섯 시[다섣시 → 다섣씨](말 → 경)
다소곳하다[다소곧하다 → 다소고타다](말 → 격)
다시없다[다시업다 → 다시업따]('ㅅ'탈 → 경)
다함없다[다함업다 → 다하멉따]('ㅅ'탈 → 경)
닥솥[닥쏟 → 닥쏟](경 → 말)
닥지닥지[닥찌닥지 → 닥찌닥찌](경 → 경)
닦는[닥는 → 당는](말 → 비)
닦다[닥다 → 닥따](말 → 경)
닦습니다[닥습니다 → 닥씀니다](말 → 경 → 비)
단옷날[다녿날 → 다논날](말 → 비)
단팥죽[단팓죽 → 단팓쭉](말 → 경)
단풍잎[단풍닢 → 단풍닙]('ㄴ'첨 → 말)
닫히다[닫이다 → 다치다](격 → 구)
달걀빛[달갈삩 → 달걀삗](경 → 말)
달랬답니다[달랟답니다 → 달랟땀니다](말 → 경 →
비)
달렸습니다[달럳습니다 → 달럳씀니다](말 → 경 →
비)
달빛[달삗 → 달삗](경 → 말)
달샀[달쌌 → 달싹](경 →'ㅅ'탈)
닭고기[닥고기 → 닥꼬기]('ㄹ'탈 → 경)
닭고집[닥고집 → 닥꼬집]('ㄹ'탈 → 경)
닭곰탕[닥곰탕 → 닥꼼탕]('ㄹ'탈 → 경)

닭구이[닥구이 → 닥꾸이]('ㄹ'탈 → 경)
닭국[닥국 → 닥꾹]('ㄹ'탈 → 경)
닭김치[닥김치 → 닥낌치]('ㄹ'탈 → 경)
닭니[닥니 → 당니]('ㄹ'탈 → 비)
닭다리[닥다리 → 닥따리]('ㄹ'탈 → 경)
닭발[닥발 → 닥빨]('ㄹ'탈 → 경)
닭백숙[닥백숙 → 닥빽쑥]('ㄹ'탈 → 경 → 경)
닭벼룩[닥벼룩 → 닥뼈룩]('ㄹ'탈 → 경)
닭살[닥살 → 닥쌀]('ㄹ'탈 → 경)
닭서리[닥서리 → 닥써리]('ㄹ'탈 → 경)
닭 요리[닥요리 → 당뇨리]('ㄹ'탈 →'ㄴ'첨 → 비)
닭장[닥장 → 닥짱]('ㄹ'탈 → 경)
닭전[닥전 → 닥쩐]('ㄹ'탈 → 경)
닭죽[닥죽 → 닥쭉]('ㄹ'탈 → 경)
닮다[담다 → 담따]('ㄹ'탈 → 경)
닳아먹다[다라먹다 → 다라먹따]('ㅎ'탈 → 경)
담뱃대[담밷대 → 담밷때](말 → 경)
담뱃불[담밷불 → 담밷뿔](말 → 경)
답답하다[답땁하다 → 답따파다](경 → 격)
답례[답녜 → 담녜](비 → 비)
닷새[닫새 → 닫쌔](말 → 경)
닷샛날[닫샏날 → 닫쌘날](말 → 경 → 비)
당싯당싯[당싣당싣 → 당싣땅싣](말 → 경 → 말)
닻가지[닫가지 → 닫까지](말 → 경)
닻고리[닫고리 → 닫꼬리](말 → 경)
닻낚시[닫낙시 → 단낙씨](말 → 비 → 말 → 경)
닻돌[닫돌 → 닫똘](말 → 경)
닻배[닫배 → 닫빼](말 → 경)
닻줄[닫줄 → 닫쭐](말 → 경)
닿는[닫는 → 단는](말 → 비)
닿습니다[다씁니다]('ㅎ'탈 → 경 → 비)
대낮같이[대낟같이 → 대낟까치](말 → 경 → 구)
대삿갓[대삳갓 → 대삳깓](말 → 경 → 말)
대삿자리[대삳자리 → 대삳짜리](말 → 경)
대엿새[대엳새 → 대엳쌔](말 → 경)
대엿샛날[대엳샏날 → 대엳쌘날](말 → 경 → 말 → 비)
대접붙이[대접뿥이 → 대접뿌치](경 → 구)
대중없다[대중업다 → 대중업따]('ㅅ'탈 → 경)
대팻날[대팯날 → 대팬날](말 → 비)
대팻밥[대팯밥 → 대팯빱](말 → 경)
대학로[대학노 → 대항노](비 → 비)
댓글[댇글 → 댇끌](말 → 경)

댓돌[댇돌 → 댇똘](말 → 경)
댓새[댇새 → 댇쌔](말 → 경)
댓잎[댇입 → 댄닙](말 →'ㄴ'첨 → 비)
댔다[댇다 → 댇따](말 → 경)
댔습니다[댇습니다 → 댇씀니다](말 → 경 → 비)
더없다[더업다 → 더업따]('ㅅ'탈 → 경)
덕지덕지[떡찌덕지 → 덕찌덕찌](경 → 경)
덖다[덕다 → 덕따](말 → 경)
덜 익은[덜닉은 → 덜리근]('ㄴ'첨 → 유)
덥수룩하다[덥쑤룩하다 → 덥쑤루카다](경 → 격)
덧가지[덛가지 → 덛까지](말 → 경)
덧감[덛감 → 덛깜](말 → 경)
덧거름[덛거름 → 덛꺼름](말 → 경)
덧거리[덛거리 → 덛꺼리](말 → 경)
덧걸다[덛걸다 → 덛껄다](말 → 경)
덧걸이[덛걸이 → 덛꺼리](말 → 경)
덧그림[덛그림 → 덛끄림](말 → 경)
덧긋다[덛귿다 → 덛끋따](말 → 경 → 말 → 경)
덧기둥[덛기둥 → 덛끼둥](말 → 경)
덧나다[덛나다 → 던나다](말 → 비)
덧눈[덛눈 → 던눈](말 → 비)
덧니[덛니 → 던니](말 → 비)
덧두리[덛두리 → 덛뚜리](말 → 경)
덧문[덛문 → 던문](말 → 비)
덧물[덛물 → 던물](말 → 비)
덧바지[덛바지 → 덛빠지](말 → 경)
덧밥[덛밥 → 덛빱](말 → 경)
덧버선[덛버선 → 덛뻐선](말 → 경)
덧베개[덛베개 → 덛뻬개](말 → 경)
덧붙여[덛붙여 → 덛뿌처](말 → 경 → 구 → 단)
덧셈[덛셈 → 덛쎔](말 → 경)
덧손질[덛손질 → 덛쏜질](말 → 경)
덧신[덛신 → 덛씬](말 → 경)
덧양말[덛양말 → 던냥말](말 →'ㄴ'첨 → 비)
덧얹다[더덛다 → 더던따](절 →'ㅈ'탈 → 경)
덧없다[더덦다 → 더덥따](절 →'ㅅ'탈 → 경)
덧엮다[덛엮다 → 던녁따](말 → 첨 → 비 → 말 → 경)
덧입다[덛입다 → 던닙따](말 →'ㄴ'첨 → 비 → 경)
덧잠[덛잠 → 덛짬](말 → 경)
덧장판[덛장판 → 덛짱판](말 → 경)
덧저고리[덛저고리 → 덛쩌고리](말 → 경)
덧짐[덛짐 → 덛찜](말 → 경)

덩싯덩싯[덩싣덩싯 → 덩싣떵싣](말 → 경 → 말)
덫사냥[덛사냥 → 덛싸냥](말 → 경)
덮개[덥개 → 덥깨](말 → 경)
덮고[덥고 → 덥꼬](말 → 경)
덮깃[덥깃 → 덥낃](말 → 경 → 말)
덮다[덥다 → 덥따](말 → 경)
덮밥[덥밥 → 덥빱](말 → 경)
덮쳐[덥쳐 → 덥처](말 → 단)
도낏자루[도낃자루 → 도낃짜루](말 → 경)
도드밟다[도드밥다 → 도드밥따]('ㄹ'탈 → 경)
도렷도렷[도럳도렷 → 도럳또럳](말 → 경 → 말)
도리깻열[도리깯열 → 도리깬녈](말 → 첨 → 비)
도착역[도착녁 → 도창녁]('ㄴ'첨 → 비)
독그릇[독끄륻 → 독끄른](경 → 말)
독극물[독끅물 → 독끙물](경 → 비)
독립[독닙 → 동닙](비 → 비)
독버섯[독뻐섣 → 독뻐썯](경 → 말)
돌낫[돌랏 → 돌란](유 → 말)
돌라앉다[돌라안다 → 돌라안따]('ㅈ'탈 → 경)
돌려짓기[돌려짇기 → 돌려짇끼](말 → 경)
돌아앉다[도라안다 → 도라안따]('ㅈ'탈 → 경)
돌잉어[돌닝어 → 돌링어]('ㄴ'첨 → 유)
돗자리[돋자리 → 돋짜리](말 → 경)
동값[동갑 → 동갑](경 → 'ㅅ'탈)
동짓날[동짇날 → 동진날](말 → 비)
돛단배[돋단배 → 돋딴배](말 → 경)
돛대[돋대 → 돋때](말 → 경)
돛배[돋배 → 돋빼](말 → 경)
됐는[됀는 → 됀는](말 → 비)
됐다[됀다 → 됀따](말 → 경)
됐습니다[됀습니다 → 됀씀니다](말 → 경 → 비)
되밟다[되밥다 → 되밥따/뒈-]('ㄹ'탈 → 경)
되앉다[되안다 → 되안따/뒈-]('ㅈ'탈 → 경)
되읽다[되익다 → 되익따/뒈-]('ㄹ'탈 → 경)
될 일[될닐 → 될릴/뒐-]('ㄴ'첨 → 유)
두껍닫이[두껍딷이 → 두껍따지](경 → 구)
두렛일[두렏일 → 두렌닐](말 → 'ㄴ'첨 → 비)
두렵습니다[두렵씁니다 → 두렵씀니다](경 → 비)
두렷두렷[두럳두럳 → 두럳뚜럳](말 → 경 → 말)
두말없다[두말업다 → 두마럽따]('ㅅ'탈 → 경)
두무릎꿇기[두무릅꿇기 → 두무릅꿀키](말 → 격)
두미없다[두미업다 → 두미업따]('ㅅ'탈 → 경)

두벌일[두벌닐 → 두벌릴]('ㄴ'첨 → 유)
두서없다[두서업다 → 두서업따]('ㅅ'탈 → 경)
둘러앉다[둘러안다 → 둘러안따]('ㅈ'탈 → 경)
둥싯둥싯[둥싣둥싯 → 둥싣뚱싣](말 → 경 → 말)
뒀다[뒏다 → 뒏따](말 → 경)
뒤밟다[뒤밥다 → 뒤밥따]('ㄹ'탈 → 경)
뒤섞다[뒤석다 → 뒤석따](말 → 경)
뒤얽다[뒤억다 → 뒤억따]('ㄹ'탈 → 경)
뒤쫓다[뒤쫃다 → 뒤쫀따](말 → 경)
뒤훑다[뒤훌다 → 뒤훌따]('ㅌ'탈 → 경)
뒷걸음[뒫걸음 → 뒫꺼름](말 → 경)
뒷골목[뒫골목 → 뒫꼴목](말 → 경)
뒷날[뒫날 → 뒨날](말 → 비)
뒷다리[뒫다리 → 뒫따리](말 → 경)
뒷담[뒫담 → 뒫땀](말 → 경)
뒷덜미[뒫덜미 → 뒫떨미](말 → 경)
뒷마당[뒫마당 → 뒨마당](말 → 비)
뒷마을[뒫마을 → 뒨마을](말 → 비)
뒷말[뒫말 → 뒨말](말 → 비)
뒷맛[뒫맛 → 뒨맏](말 → 비 → 말)
뒷머리[뒫머리 → 뒨머리](말 → 비)
뒷면[뒫면 → 뒨면](말 → 비)
뒷모습[뒫모습 → 뒨모습](말 → 비)
뒷모양[뒫모양 → 뒨모양](말 → 비)
뒷무릎[뒫무릅 → 뒨무릅](말 → 비 → 말)
뒷문[뒫문 → 뒨문](말 → 비)
뒷받침[뒫받침 → 뒫빧침](말 → 경)
뒷발질[뒫발질 → 뒫빨질](말 → 경)
뒷발[뒫발 → 뒫빨](말 → 경)
뒷밭[뒫밭 → 뒫빧](말 → 경 → 말)
뒷벽[뒫벽 → 뒫뼉](말 → 경)
뒷부분[뒫부분 → 뒫뿌분](말 → 경)
뒷사람[뒫사람 → 뒫싸람](말 → 경)
뒷산[뒫산 → 뒫싼](말 → 경)
뒷이야기[뒫이야기 → 뒤니야기](말 → 첨 → 비)
뒷일[뒫일 → 뒨닐](말 → 'ㄴ'첨 → 비)
뒷입맛[뒫입맛 → 뒨님맏](말 → 첨 → 비 → 비 → 말)
뒷자리[뒫자리 → 뒫짜리](말 → 경)
뒷장[뒫장 → 뒫짱](말 → 경)
뒷장불[뒫장불 → 뒫짱불](말 → 경)
뒷전[뒫전 → 뒫쩐](말 → 경)
뒷줄[뒫줄 → 뒫쭐](말 → 경)

414                                        한국어 발음 교육의 실제

뒷짐[뒫짐 → 뒫찜](말 → 경)
뒷집[뒫집 → 뒫찝](말 → 경)
드리없다[드리업다 → 드리업따]('ㅅ'탈 → 경)
드밝다[드박다 → 드박따]('ㄹ'탈 → 경)
드팀없다[드팀업다 → 드티멉따]('ㅅ'탈 → 경)
듣습니다[듣씁니다 → 듣씀니다](경 → 비)
듣잖니[듣짢니 → 듣짠니](경 →'ㅎ'탈)
들녘[들력 → 들력](유 → 말)
들볶다[들복다 → 들복따](말 → 경)
들어앉다[드러안다 → 드러안따]('ㅈ'탈 → 경)
들었습니다[드럳습니다 → 드럳씀니다](말 → 경 → 비)
들을 일[들을닐 → 드르릴]('ㄴ'첨 → 유)
들일[들닐 → 들릴]('ㄴ'첨 → 유)
듯하다[듣하다 → 드타다](말 → 격)
등굣길[등굗길 → 등굗낄](말 → 경)
등댓불[등댇불 → 등댇뿔](말 → 경)
등하굣길[등하굗길 → 등하굗낄](말 → 경)
따뜻하다[따뜯하다 → 따뜨타다](말 → 격)
땄습니다[딷습니다 → 딷씀니다](말 → 경 → 비)
땅값[땅갑 → 땅깝](경 →'ㅅ'탈)
땅콩엿[땅콩녇 → 땅콩녇]('ㄴ'첨 → 말)
땟국[땓국 → 땓꾹](말 → 경)
떡갈나무[덕갈나무 → 떡깔라무](경 → 유)
떡 먹기[떡먹기 → 떵먹끼](비 → 경)
떡잎[떡닢 → 떵닙]('ㄴ'첨 → 비 → 말)
떫다[떨다 → 떨따]('ㅂ'탈 → 경)
떴나[떧나 → 떤나](말 → 비)
떴다[떧다 → 떧따](말 → 경)
떴습니다[떧습니다 → 떧씀니다](말 → 경 → 비)
뗏목[뗃목 → 뗀목](말 → 비)
또렷또렷[또렫또렫 → 또렫또렫](말 → 말)
또렷하다[또렫하다 → 또려타다](말 → 격)
똑같다[똑갇다 → 똑깓따](경 → 말 → 경)
똑같이[똑같이 → 똑까치](경 → 구)
똑똑하였다[똑또카엳다 → 똑또카엳따](격 → 말
　　　　　→ 경)
똥값[똥갑 → 똥깝](경 →'ㅅ'탈)
뚜렷뚜렷[뚜렫뚜렫 → 뚜렫뚜렫](말 → 말)
뚜렷하다[뚜렫하다 → 뚜려타다](말 → 격)
뚫는[뚤는 → 뚤른]('ㅎ'탈 → 유)
뚱싯뚱싯[뚱싣뚱싣 → 뚱신뚱신](말 → 말)
뜬금없다[뜬금업다 → 뜬그멉따]('ㅅ'탈 → 경)

뜻글자[뜯글자 → 뜯끌짜](말 → 경 → 경)
뜻대로[뜯대로 → 뜯때로](말 → 경)
뜻있다[뜯딨다 → 뜨딛따](절 → 말 → 경)
뜻하다[뜯하다 → 뜨타다](말 → 격)
띠앗머리[띠앋머리 → 띠안머리](말 → 비)

ㄹ

랬다[랟다 → 랟따](말 → 경)
랬습니다[랟습니다 → 랟씀니다](말 → 경 → 비)
렀는[럳는 → 런는](말 → 비)
렀다[럳다 → 럳따](말 → 경)
렀습니다[럳습니다 → 럳씀니다](말 → 경 → 비)
렸는[렫는 → 련는](말 → 비)
렸다[렫다 → 렫따](말 → 경)
렸습니다[렫습니다 → 렫씀니다](말 → 경 → 비)

ㅁ

마뜩잖은[마뜩짢은 → 마뜩짜는](경 →'ㅎ'탈)
마룻바닥[마룯바닥 → 마룯빠닥](말 → 경)
마룻장[마룯장 → 마룯짱](말 → 경)
마릿수[마릳수 → 마릳쑤](말 → 경)
마찰열[마찰녈 → 마찰렬]('ㄴ'첨 → 유)
막깎다[막깍다 → 막깍따](말 → 경)
막낳이[망낳이 → 망나이](비 →'ㅎ'탈)
막막하다[망막하다 → 망마카다](비 → 격)
막일꾼[막닐꾼 → 망닐꾼]('ㄴ'첨 → 비)
막장일[막짱일 → 막짱닐](경 →'ㄴ'첨)
막혔다[마켣다 → 마켣따](격 → 말 → 경)
막힘없다[마킴없다 → 마키멉따](격 → 탈 → 경)
만족스럽다[만족쓰럽다 → 만족쓰럽따](경 → 경)
많습니다[만습니다 → 만씀니다](탈 → 경 → 비)
많잖아[만짢아 → 만차나](격 →'ㅎ'탈)
만양반[만냥반 → 만냥반]('ㄴ'첨 → 비)
말긋말긋[말귿말귿 → 말근말근](말 → 비 → 말)
말뚝박기[말뚝빡기 → 말뚝빡끼](경 → 경)
말버릇[말뻐륻 → 말뻐륻](경 → 말)
말벗[말뻗 → 말뻗](경 → 말)
말짓거리[말짇거리 → 말짇꺼리](말 → 경)

맑다[막다 → 막따]('ㄹ'탈 → 경)
맑디맑다[막디맑다 → 막띠막따]('ㄹ'탈 → 경 →'ㄹ'
탈 → 경)
맛국물[맏국물 → 맏꿍물](말 → 경 → 비)
맛나다[맏나다 → 만나다](말 → 비)
맛난이[맏난이 → 만나니](말 → 비)
맛보기[맏보기 → 맏뽀기](말 → 경)
맛살[맏살 → 맏쌀](말 → 경)
맛소금[맏소금 → 맏쏘금](말 → 경)
맛술[맏술 → 맏쑬](말 → 경)
맛없다[마덥다 → 마덥따](절 →'ㅅ'탈 → 경)
맛있다[마딛다 → 마딛따](절 → 말 → 경)
맛있다[마싣다 → 마싣따](말 → 경)
맛장수[맏장수 → 맏짱수](말 → 경)
맛적다[맏적다 → 맏쩍따](말 → 경 → 경)
맛젓[맏젓 → 맏쩓](말 → 경 → 말)
맛조개[맏조개 → 맏쪼개](말 → 경)
맛집[맏집 → 맏찝](말 → 경)
맞갖잖다[맏갖잖다 → 맏깓짠타](말 → 경 → 말 →
경 → 격)
맞걸다[맏걸다 → 맏껄다](말 → 경)
맞겨루다[맏겨루다 → 맏껴루다](말 → 경)
맞고소[맏고소 → 맏꼬소](말 → 경)
맞구멍[맏구멍 → 맏꾸멍](말 → 경)
맞놓다[맏놓다 → 만노타](말 → 비 → 격)
맞는[맏는 → 만는](말 → 비)
맞다[맏다 → 맏따](말 → 경)
맞단추[맏단추 → 맏딴추](말 → 경)
맞담배[맏담배 → 맏땀배](말 → 경)
맞닿는[맏닿는 → 맏딴는](말 → 경 → 말 → 비)
맞닿다[맏닿다 → 맏따타](말 → 경 → 격)
맞닿아[맏닿아 → 맏따아](말 → 경 →'ㅎ'탈)
맞대결[맏대결 → 맏때결](말 → 경)
맞대다[맏대다 → 맏때다](말 → 경)
맞대응[맏대응 → 맏때응](말 → 경)
맞돈[맏돈 → 맏똔](말 → 경)
맞뱃다[맏뱃다 → 만맫따](말 → 비 → 말 → 경)
맞먹다[맏먹다 → 만먹따](말 → 비 → 경)
맞모금[맏모금 → 만모금](말 → 비)
맞물다[맏물다 → 만물다](말 → 비)
맞물리다[맏물리다 → 만물리다](말 → 비)
맞미닫이[맏미닫이 → 만미다지](말 → 비 → 구)

맞밀다[맏밀다 → 만밀다](말 → 비)
맞바둑[맏바둑 → 맏빠둑](말 → 경)
맞바람[맏바람 → 맏빠람](말 → 경)
맞받이[맏받이 → 맏빠지](말 → 경 → 구)
맞방아[맏방아 → 맏빵아](말 → 경)
맞벌이[맏벌이 → 맏뻐리](말 → 경)
맞벽[맏벽 → 맏뼉](말 → 경)
맞보기[맏보기 → 맏뽀기](말 → 경)
맞보다[맏보다 → 맏뽀다](말 → 경)
맞보증[맏보증 → 맏뽀증](말 → 경)
맞부딪다[맏부딛다 → 맏뿌딛따](말 → 경 → 말 → 경)
맞불[맏불 → 맏뿔](말 → 경)
맞붙이[맏붙이 → 맏뿌치](말 → 경 → 구)
맞상대[맏상대 → 맏쌍대](말 → 경)
맞서다[맏서다 → 맏써다](말 → 경)
맞섶[맏섶 → 맏썹](말 → 경 → 말)
맞소리[맏소리 → 맏쏘리](말 → 경)
맞술[맏술 → 맏쑬](말 → 경)
맞습니다[맏습니다 → 맏씀니다](말 → 경 → 비)
맞앉다[마닪다 → 마단다 → 마단따](절 → 탈 → 경)
맞앉습니다[마잤습니다 → 마잔씀니다](말 → 경
→ 비)
맞옮기다[마돎기다 → 마돔기다](절 →'ㄹ'탈)
맞잇다[마닛다 → 만닏따](말 → 첨 → 비 → 말 →
경)
맞잡다[맏잡다 → 맏짭따](말 → 경 → 경)
맞장구[맏장구 → 맏짱구](말 → 경)
맞절[맏절 → 맏쩔](말 → 경)
맞찧다[맏찧다 → 맏찌타](말 → 격)
맞춤법[맏춤법 → 맏춤뻡](말 → 경)
맞혀[마쳐 → 마처](격 → 단)
맞혼인[맏혼인 → 마토닌](말 → 격)
맞흥정[맏흥정 → 마틍정](말 → 격)
맡는[맏는 → 만는](말 → 비)
맡다[맏다 → 맏따](말 → 경)
맡습니다[맏습니다 → 맏씀니다](말 → 경 → 비)
매흙모래[매흑모래 → 매흥모래]('ㄹ'탈 → 비)
매흙물[매흑물 → 매흥물]('ㄹ'탈 → 비)
매흙질[매흑질 → 매흑찔]('ㄹ'탈 → 경)
맥락[맥낙 → 맹낙](비 → 비)
맥류[맥뉴 → 맹뉴](비 → 비)
맥없다[매겁다 → 매겁따]('ㅅ'탈 → 경)

맨잎[맨닢 → 맨닙]('ㄴ'첨 → 말)

맷돌[맫돌 → 맫똘](말 → 경)

맷맷하다[맫맫하다 → 맨매타다](말 → 비 → 말 → 격)

맸다[맫다 → 맫따](말 → 경)

맺는[맫는 → 맨는](말 → 비)

맺다[맫다 → 맫따](말 → 경)

맺혀[매쳐 → 매처](격 → 단)

맺혔습니다[매쳤습니다 → 매천씀니다](격 → 단
→ 말 → 경 → 비)

머릿내[머린내 → 머린내](말 → 비)

머릿니[머린니 → 머린니](말 → 비)

머릿밑[머린밑 → 머린믿](말 → 비 → 말)

머릿속[머린속 → 머린쏙](말 → 경)

머뭇거려[머묻거려 → 머묻꺼려](말 → 경)

머뭇머뭇[머묻머뭇 → 머문머묻](말 → 비 → 말)

머뭇하다[머묻하다 → 머무타다](말 → 격)

머윗잎[머윋잎 → 머윈닙](말 →'ㄴ'첨 → 비 → 말)

먹긋기[먹긋기 → 먹끋끼](경 → 말 → 경)

먹먹히[멍먹히 → 멍머키](비 → 격)

먹빛[먹삧 → 먹삩](경 → 말)

먹습니다[먹씁니다 → 먹씀니다](경 → 비)

먹음직스럽다[머금직쓰럽다 → 머금직쓰럽따](경
→ 경)

먹잖니[먹짢니 → 먹짠니](경 →'ㅎ'탈)

먼젓번[먼젇번 → 먼젇뻔](말 → 경)

멈칫멈칫[멈칟멈칟 → 멈친멈칟](말 → 비 → 말)

멈칫하다[멈칟하다 → 멈치타다](말 → 격)

멋대로[먿대로 → 먿때로](말 → 경)

멋없다[머덦다 → 머덥따](절 →'ㅅ'탈 → 경)

멋쟁이[먿쟁이 → 먿쨍이](말 → 경)

멋지다[먿지다 → 먿찌다](말 → 경)

멎는[먿는 → 먼는](말 → 비)

멎다[먿다 → 먿따](말 → 경)

메꿎다[메꾿다 → 메꾿따](말 → 경)

메밀짚[메밀짚 → 메밀찜](경 → 말)

멧돼지[멛돼지 → 멛뙈지](말 → 경)

멨습니다[멛습니다 → 멛씀니다](말 → 경 → 비)

면역력[며녁녁 → 며녕녁](비 → 비)

몄다[묃다 → 묃따](말 → 경)

몄습니다[묃습니다 → 묃씀니다](말 → 경 → 비)

명란젓[명난젇 → 명난젇](비 → 말)

명령권[명녕권 → 명녕꿘](비 → 경)

명령법[명녕법 → 명녕뻡](비 → 경)

명령조[명녕조 → 명녕쪼](비 → 경)

모랫길[모랟길 → 모랟낄](말 → 경)

모랫돌[모랟돌 → 모랟똘](말 → 경)

모르잖소[모르잔소 → 모르잔쏘]('ㅎ'탈 → 경)

모를 일[모를닐 → 모를릴]('ㄴ'첨 → 유)

모싯물[모신물 → 모신물](말 → 비)

목각화[목깍화 → 목까콰](경 → 격)

목곧이[목꼳지](경 → 구)

목깃[목낃 → 목낃](경 → 말)

목 놓아[몽놓아 → 몽노아](비 →'ㅎ'탈)

목로[목노 → 몽노](비 → 비)

목록[목녹 → 몽녹](비 → 비)

목롯집[목녿집 → 몽논찜](비 → 비 → 말 → 경)

목멱산[몽멱산 → 몽멱싼](비 → 경)

목밑샘[몽밑샘 → 몽믿쌤](비 → 말 → 경)

목양말[목냥말 → 몽냥말]('ㄴ'첨 → 비)

목유경[목뉴경 → 몽뉴경]('ㄴ'첨 → 비)

목적지[목쩍지 → 목쩍찌](경 → 경)

목젖[목쩓 → 목쩓](경 → 말)

목젖살[목쩓살 → 목쩓쌀](경 → 말 → 경)

목활자[모콸자 → 모콸짜](격 → 경)

몫만[목만 → 몽만]('ㅅ'탈 → 비)

몫몫이[목몫이 → 몽목씨]('ㅅ'탈 → 비 → 경)

몫일[목일 → 몽닐]('ㅅ'탈 →'ㄴ'첨 → 비)

몫자리[목짜리]('ㅅ'탈 → 경)

몰랐다[몰란다 → 몰란따](말 → 경)

몸값[몸값 → 몸깝](경 →'ㅅ'탈)

몸굿[몸꿋 → 몸꾿](경 → 말)

몸빛[몸삧 → 몸삩](경 → 말)

몸짓[몸찓 → 몸찓](경 → 말)

못가[몯가 → 몯까](말 → 경)

못걸이[몯걸이 → 몯꺼리](말 → 경)

못나다[몯나다 → 몬나다](말 → 비)

못난이[몯나니 → 몬나니](말 → 비)

못내[몯내 → 몬내](말 → 비)

못논[몯논 → 몬논](말 → 비)

못대가리[몯대가리 → 몯때가리](말 → 경)

못도랑[몯도랑 → 몯또랑](말 → 경)

못되다[몯되다 → 몯뙤다/-뛔-](말 → 경)

못마땅[몯마땅 → 몬마땅](말 → 비)

못물[몯물 → 몬물](말 → 비)

못바늘[몯바늘 → 몯빠늘](말 → 경)

못밥[몯밥 → 몯빱](말 → 경)

못살다[몯살다 → 몯쌀다](말 → 경)

못생기다[몯생기다 → 몯쌩기다](말 → 경)

못자리[몯자리 → 몯짜리](말 → 경)

못정[몯성 → 몯쩡](말 → 경)

못줄[몯줄 → 몯쭐](말 → 경)

못질[몯질 → 몯찔](말 → 경)

못하다[몯하다 → 모타다](말 → 격)

못하였다[몯하였다 → 모타엳따](말 → 격 → 말 → 경)

못했습니다[몯했습니다 → 모탣씀니다](말 → 격 → 말 → 경 → 비)

몽긋몽긋[몽근몽귿 → 몽근몽근](말 → 비 → 말)

무거웠답니다[무거월답니다 → 무거월땀니다](말 → 경 → 비)

무겁습니다[무겁씁니다 → 무겁씀니다](경 → 비)

무겁한량[무거판량 → 무거팔량](격 → 유)

무람없다[무라멉다 → 무라멉따]('ㅅ'탈 → 경)

무른숫돌[무른숟돌 → 무른숟똘](말 → 경)

무릎걸음[무릅걸음 → 무릅꺼름](말 → 경)

무릎길이[무릅길이 → 무릅끼리](말 → 경)

무릎도리[무릅도리 → 무릅또리](말 → 경)

무릎마디[무릅마디 → 무름마디](말 → 비)

무릎맞춤[무릅맞춤 → 무름맏춤](말 → 비 → 말)

무릎방아[무릅방아 → 무릅빵아](말 → 경)

무릎베개[무릅베개 → 무릅뻬개](말 → 경)

무릎장단[무릅장단 → 무릅짱단](말 → 경)

무엇무엇[무언무엇 → 무언무얻](말 → 비 → 말)

무엇하다[무얻하다 → 무어타다](말 → 격)

무젓다[무젇다 → 무젇따](말 → 경)

무지갯빛[무지갣빛 → 무지갣삗](말 → 경 → 말)

묵묵히[뭉묵히 → 뭉무키](비 → 격)

묵정밭[묵쩡밭 → 묵쩡받](경 → 말)

묵직하다[묵찍하다 → 묵찌카다](경 → 격)

묶는[묵는 → 뭉는](말 → 비)

묶다[묵다 → 묵따](말 → 경)

문박놀이[문박놀이 → 문방노리](말 → 비)

문젯덩어리[문젣덩어리 → 문젣떵어리](말 → 경)

문칮문칮[문칟문칟 → 문친문친](말 → 비 → 말)

묻습니다[묻씁니다 → 묻씀니다](경 → 비)

묻혀[묻혀 → 무처](격 → 구 → 단)

묻히다[묻이다 → 무치다](격 → 구)

물곬[물곬 → 물꼴](경 → 'ㅅ'탈)

물그릇[물끄륻 → 물끄른](경 → 말)

물긋물긋[물근물귿 → 물근물근](말 → 비 → 말)

물기슭[물끼슭 → 물끼슥](경 → 'ㄹ'탈)

물난리[물란리 → 물랄리](유 → 유)

물녘[물력 → 물력](유 → 말)

물노릇[물로륻 → 물로른](유 → 말)

물닭[물딹 → 물딱](경 → 'ㄹ'탈)

물동량[물똥량 → 물똥냥](경 → 비)

물러앉다[물러안다 → 물러안따]('ㅈ'탈 → 경)

물렁팥죽[물렁판죽 → 물렁판쭉](말 → 경)

물빛[물삗 → 물삗](경 → 말)

물색없다[물쌔겁다 → 물쌔겁따](경 → 탈 → 경)

물샐틈없다[물샐트멉다 → 물샐트멉따](탈 → 경)

물약[물냑 → 물략]('ㄴ'첨 → 유)

물여우[물녀우 → 물려우]('ㄴ'첨 → 유)

물역학[물녁학 → 물려칵]('ㄴ'첨 → 유 → 격)

물엿[물녓 → 물렫]('ㄴ'첨 → 유 → 말)

물유리[물뉴리 → 물류리]('ㄴ'첨 → 유)

물이끼[물니끼 → 물리끼]('ㄴ'첨 → 유)

물이랑[물니랑 → 물리랑]('ㄴ'첨 → 유)

물일[물닐 → 물릴]('ㄴ'첨 → 유)

물잎[물닢 → 물립]('ㄴ'첨 → 유 → 말)

묽다[묵다 → 묵따]('ㄹ'탈 → 경)

묽디묽다[묵디묵다 → 묵띠묵따](탈 → 경 → 탈 → 경)

묽숙하다[묵숙하다 → 묵쑤카다](탈 → 경 → 격)

뭇가름[묻가름 → 묻까름](말 → 경)

뭇국[묻국 → 묻꾹](말 → 경)

뭇다[묻다 → 묻따](말 → 경)

뭇잎[묻떡잎 → 묻떵닙](말 → 'ㄴ'첨 → 비 → 말)

뭇매[묻매 → 문매](말 → 비)

뭇발길[묻발길 → 묻빨낄](말 → 경 → 경)

뭇사람[묻사람 → 묻싸람](말 → 경)

뭇소리[묻소리 → 묻쏘리](말 → 경)

뭇습니다[묻습니다 → 묻씀니다](말 → 경 → 비)

뭇시선[묻시선 → 묻씨선](말 → 경)

뭇입[묻입 → 문닙](말 → 'ㄴ'첨 → 비)

뭇짐승[묻짐승 → 묻찜승](말 → 경)

뭉긋뭉긋[뭉근뭉귿 → 뭉근뭉근](말 → 비 → 말)

뭍길[묻길 → 묻낄](말 → 경)

뭍나라[묻나라 → 문나라](말 → 비)
뭍물[묻물 → 문물](말 → 비)
뭍바람[묻바람 → 문빠람](말 → 경)
뭍사람[묻사람 → 문싸람](말 → 경)
뭍살이[묻살이 → 문싸리](말 → 경)
뭍섬[묻섬 → 문썸](말 → 경)
뭍짐[묻짐 → 문찜](말 → 경)
뭍짐승[묻짐승 → 문찜승](말 → 경)
민낚시[민낙시 → 민낙씨](말 → 경)
민물낚시[민물낙시 → 민물낙씨](말 → 경)
민음직스럽다[미듬직쓰럽다 → 미듬직쓰럽따](경 → 경)
밀낫[밀랏 → 밀랄](유 → 말)
밋밋하다[민밋하다 → 민미타다](말 → 비 → 말 → 격)
밌다[민다 → 민따](말 → 경)
밑가지[믿가지 → 믿까지](말 → 경)
밑간[믿간 → 믿깐](말 → 경)
밑감[믿감 → 믿깜](말 → 경)
밑갓[믿갓 → 믿깓](말 → 경 → 말)
밑거름[믿거름 → 믿꺼름](말 → 경)
밑거리[믿거리 → 믿꺼리](말 → 경)
밑구멍[믿구멍 → 믿꾸멍](말 → 경)
밑굽[믿굽 → 믿꿉](말 → 경)
밑그림[믿그림 → 믿끄림](말 → 경)
밑글[믿글 → 믿끌](말 → 경)
밑기둥[믿기둥 → 믿끼둥](말 → 경)
밑다짐[믿다짐 → 믿따짐](말 → 경)
밑단[믿단 → 믿딴](말 → 경)
밑돈[믿돈 → 믿똔](말 → 경)
밑돌[믿돌 → 믿똘](말 → 경)
밑돌다[믿돌다 → 믿똘다](말 → 경)
밑동[믿동 → 믿똥](말 → 경)
밑둥치[믿둥치 → 믿뚱치](말 → 경)
밑말[믿말 → 민말](말 → 비)
밑머리[믿머리 → 민머리](말 → 비)
밑면[믿면 → 민면](말 → 비)
밑면적[믿면적 → 민면적](말 → 비)
밑바닥[믿바닥 → 믿빠닥](말 → 경)
밑바대[믿바대 → 믿빠대](말 → 경)
밑바탕[믿바탕 → 믿빠탕](말 → 경)
밑반찬[믿반찬 → 믿빤찬](말 → 경)
밑받침[믿받침 → 믿빧침](말 → 경)
밑밥[믿밥 → 믿빱](말 → 경)

밑변[믿변 → 믿뼌](말 → 경)
밑부분[믿부분 → 믿뿌분](말 → 경)
밑불[믿불 → 믿뿔](말 → 경)
밑살[믿살 → 믿쌀](말 → 경)
밑삼[믿삼 → 믿쌈](말 → 경)
밑손[믿손 → 믿쏜](말 → 경)
밑솜[믿솜 → 믿쏨](말 → 경)
밑술[믿술 → 믿쑬](말 → 경)
밑실[믿실 → 믿씰](말 → 경)
밑씻개[믿씻개 → 믿씯깨](말 → 말 → 경)
밑앞[미닾 → 미답](절 → 말)
밑자락[믿자락 → 믿짜락](말 → 경)
밑자리[믿자리 → 믿짜리](말 → 경)
밑장[믿장 → 믿짱](말 → 경)
밑절미[믿절미 → 믿쩔미](말 → 경)
밑조사[믿조사 → 믿쪼사](말 → 경)
밑줄[믿줄 → 믿쭐](말 → 경)
밑줄기[믿줄기 → 믿쭐기](말 → 경)
밑지다[믿지다 → 믿찌다](말 → 경)


## ㅂ

바깥공기[바깓공기 → 바깓꽁기](말 → 경)
바깥날[바깓날 → 바깐날](말 → 비)
바깥노인[바깓노인 → 바깐노인](말 → 비)
바깥마당[바깓마당 → 바깐마당](말 → 비)
바깥문[바깓문 → 바깐문](말 → 비)
바깥바람[바깓바람 → 바깓빠람](말 → 경)
바깥방[바깓방 → 바깓빵](말 → 경)
바깥벽[바깓벽 → 바깓뼉](말 → 경)
바깥부모[바깓부모 → 바깓뿌모](말 → 경)
바깥사돈[바깓사돈 → 바깓싸돈](말 → 경)
바깥사람[바깓사람 → 바깓싸람](말 → 경)
바깥사랑[바깓사랑 → 바깓싸랑](말 → 경)
바깥상제[바깓상제 → 바깓쌍제](말 → 경)
바깥세상[바깓세상 → 바깓쎄상](말 → 경)
바깥소리[바깓소리 → 바깓쏘리](말 → 경)
바깥소문[바깓소문 → 바깓쏘문](말 → 경)
바깥소식[바깓소식 → 바깓쏘식](말 → 경)
바깥손님[바깓손님 → 바깓쏜님](말 → 경)
바깥식구[바깓식구 → 바깓씩꾸](말 → 경)

바깥심부름[바깥심부름 → 바깥씸부름](말 → 경)
바깥양반[바깥양반 → 바깐냥반](말 → 첨 → 비)
바깥옷[바까돗 → 바까돋](절 → 말)
바깥일[바깥일 → 바깐닐](말 → 'ㄴ'첨 → 비)
바느질값[바느질값 → 바느질깝](경 → 'ㅅ'탈)
바느질삯[바느질삯 → 바느질싹](경 → 'ㅅ'탈)
바다낚시[바다낙시 → 바다낙씨](말 → 경)
바닷가[바닫가 → 바닫까](말 → 경)
바닷말[바닫말 → 바단말](말 → 비)
바닷물[바닫물 → 바단물](말 → 비)
바닷물고기[바닫물고기 → 바단물꼬기](말 → 비 → 경)
바닷바람[바닫바람 → 바닫빠람](말 → 경)
바닷속[바닫속 → 바닫쏙](말 → 경)
바윗덩이[바윋덩이 → 바윋떵이](말 → 경)
바이없다[바이업다 → 바이업따]('ㅅ'탈 → 경)
바잣문[바잗문 → 바잔문](말 → 비)
바짓말[바짇말 → 바진말](말 → 비)
박력[박녁 → 방녁](비 → 비)
박리[박니 → 방니](비 → 비)
밖넓적다리[박넓적다리 → 방넙쩍따리](말 → 비 →
    'ㄹ'탈 → 경 → 경)
밖목[박목 → 방목](말 → 비)
밖무리[박무리 → 방무리](말 → 비)
밖복사뼈[박복사뼈 → 박뽁싸뼈](말 → 경 → 경)
밖사랑[박사랑 → 박싸랑](말 → 경)
밖주인[박주인 → 박쭈인](말 → 경)
반갑습니다[반갑씁니다 → 반갑씀니다](경 → 비)
반깎기[반깍기 → 반깍끼](말 → 경)
반달낫[반달랏 → 반달랃](유 → 말)
반달연[반달년 → 반달련]('ㄴ'첨 → 유)
반듯반듯[반듣반듯 → 반듣빤듣](말 → 경 → 말)
반듯하다[반듣하다 → 반드타다](말 → 격)
반딧불이[반딛불이 → 반딛뿌리](말 → 경)
반뜻반뜻[반뜯반뜻 → 반뜯빤뜯](말 → 경 → 말)
받걷이[받껃이 → 받꺼지](경 → 구)
받낳이[반낳이 → 반나이](비 → 'ㅎ'탈)
받습니다[받씁니다 → 받씀니다](경 → 비)
받히다[받이다 → 바치다](격 → 구)
발긋발긋[발귿발귿 → 발귿빨귿](말 → 경 → 말)
발끝걸음[발끋걸음 → 발끋꺼름](말 → 경)
발딧[발딛 → 발띧](경 → 말)
발동력[발똥력 → 발똥녁](경 → 비)

발샅[발쌑 → 발싿](경 → 말)
발생률[발쌩률 → 발쌩뉼](경 → 비)
발일[발닐 → 발릴]('ㄴ'첨 → 유)
발자국만[발짜국만 → 발짜궁만](경 → 비)
발전량[발쩐량 → 발쩐냥](경 → 비)
발전력[발쩐력 → 발쩐녁](경 → 비)
발짓[발찓 → 발찓](경 → 말)
밝고[발고 → 발꼬]('ㄱ'탈 → 경)
밝는[박는 → 방는]('ㄹ'탈 → 비)
밝다[박다 → 박따]('ㄹ'탈 → 경)
밝습니다[박습니다 → 박씀니다](탈 → 경 → 비)
밝혔다[발켰다 → 발켣따](격 → 말 → 경)
밟다[밥다 → 밥따]('ㄹ'탈 → 경)
밟는[밥는 → 밤는]('ㄹ'탈 → 비)
밟다[밥다 → 밥따]('ㄹ'탈 → 경)
밤나뭇골[밤나묻골 → 밤나묻꼴](말 → 경)
밤낚시[밤낙시 → 밤낙씨](말 → 경)
밤늦다[밤늗다 → 밤늗따](말 → 경)
밤빛[밤삧 → 밤삗](경 → 말)
밤엿[밤녓 → 밤녇]('ㄴ'첨 → 말)
밤윷[밤늋 → 밤늗]('ㄴ'첨 → 말)
밥값[밥값 → 밥깝](경 → 'ㅅ'탈)
밥값도[밥값도 → 밥깝또](경 → 'ㅅ'탈 → 경)
밥그릇[밥끄릇 → 밥끄륻](경 → 말)
밥맛[밥맏 → 밤맏](비 → 말)
밥맛없다[밤맏없다 → 밤마덥따](비 → 절 → 'ㅅ'탈
    → 경)
밥밀[밤밀 → 밤밀](비 → 말)
밥받이[밥빧이 → 밥빠지](경 → 구)
밥솥[밥쏱 → 밥쏟](경 → 말)
밥솥도[밥쏱도 → 밥쏟또](경 → 말 → 경)
밥솥이[밥쏱이 → 밥쏘치](경 → 구)
밥숟가락[밥쑫가락 → 밥쑫까락](경 → 경)
밧줄[받줄 → 받쭐](말 → 경)
방긋방긋[방귿방긋 → 방귿빵귿](말 → 경 → 말)
방긋하다[방귿하다 → 방그타다](말 → 격)
방끗방끗[방끋방끗 → 방끋빵끋](말 → 경 → 말)
방랑길[방낭길 → 방낭낄](비 → 경)
방싯방싯[방싣방싯 → 방싣빵싣](말 → 경 → 말)
방앗간[방앋간 → 방앋깐](말 → 경)
방울낚시[방울락시 → 방울락씨](유 → 말 → 경)
밭가[받가 → 받까](말 → 경)

한국어 발음 교육의 실제

밭갈이[받갈이 → 받까리](말 → 경)
밭걷이[받걷이 → 받꺼지](말 → 경 → 구)
밭고랑[받고랑 → 받꼬랑](말 → 경)
밭곡식[받곡식 → 받꼭씩](말 → 경 → 경)
밭구실[받구실 → 받꾸실](말 → 경)
밭귀[받귀 → 받뀌](말 → 경)
밭길[받길 → 받낄](말 → 경)
밭김[받김 → 받낌](말 → 경)
밭농사[받농사 → 반농사](말 → 비)
밭다[받다 → 받따](말 → 경)
밭도랑[받도랑 → 받또랑](말 → 경)
밭두덩[받두덩 → 받뚜덩](말 → 경)
밭두둑[받두둑 → 받뚜둑](말 → 경)
밭두렁[받두렁 → 받뚜렁](말 → 경)
밭둑[받둑 → 받뚝](말 → 경)
밭만[받만 → 반만](말 → 비)
밭매기[받매기 → 반매기](말 → 비)
밭머리[받머리 → 반머리](말 → 비)
밭모퉁이[받모퉁이 → 반모퉁이](말 → 비)
밭못자리[받못자리 → 반몯짜리](말 → 비 → 말 → 경)
밭문서[받문서 → 반문서](말 → 비)
밭벼[받벼 → 받뼈](말 → 경)
밭보리[받보리 → 받뽀리](말 → 경)
밭섶[받섶 → 받썹](말 → 경 → 말)
밭이랑[받이랑 → 반니랑](말 → 'ㄴ'첨 → 비)
밭일[받일 → 반닐](말 → 'ㄴ'첨 → 비)
배끗배끗[배끋배끗 → 배끋빼끋](말 → 경 → 말)
배냇냄새[배낻냄새 → 배낸냄새](말 → 비)
배냇머리[배낻머리 → 배낸머리](말 → 비)
배냇저고리[배낻저고리 → 배낻쩌고리](말 → 경)
배달 일[배달닐 → 배달릴]('ㄴ'첨 → 유)
배웠다[배웓다 → 배웓따](말 → 경)
배웠습니다[배웓습니다 → 배웓씀니다](말 → 경 → 비)
백로[백노 → 뱅노](비 → 비)
백룡[백뇽 → 뱅뇽](비 → 비)
백리[백니 → 뱅니](비 → 비)
백목련[뱅목련 → 뱅몽년](비 → 비 → 비)
백발노인[백빨노인 → 백빨로인](경 → 유)
백복령[백뽁령 → 백뽕녕](경 → 비 → 비)
백분율[백뿐율 → 백뿐뉼](경 → 'ㄴ'첨)
백옥같이[배곡같이 → 배곡까치](경 → 구)
백혈병[배켤병 → 배켤뼝](격 → 경)

백희[배킈 → 배키](격 → 단)
뱃가죽[밷가죽 → 밷까죽](말 → 경)
뱃길[밷길 → 밷낄](말 → 경)
뱃노래[밷노래 → 밴노래](말 → 비)
뱃머리[밷머리 → 밴머리](말 → 비)
뱃멀미[밷멀미 → 밴멀미](말 → 비)
뱃일[밷일 → 밴닐](말 → 'ㄴ'첨 → 비)
뱃전[밷전 → 밷쩐](말 → 경)
뱃줄[밷줄 → 밷쭐](말 → 경)
뱃짐[밷짐 → 밷찜](말 → 경)
뱃집[밷집 → 밷찝](말 → 경)
뱅엇국[뱅얻국 → 뱅얻꾹](말 → 경)
뱉습니다[밷습니다 → 밷씀니다](말 → 경 → 비)
뱉잖아[밷잖아 → 밷짜나](말 → 경 → 'ㅎ'탈)
버들낫[버들랏 → 버들랃](유 → 말)
버릇만[버른만 → 버른만](말 → 비)
버릇부터[버른부터 → 버른뿌터](말 → 경)
버릇없다[버르덦다 → 버르덥따](절 → 'ㅅ'탈 → 경)
버섯갓[버섣갓 → 버섣깓](말 → 경 → 말)
버섯나물[버섣나물 → 버선나물](말 → 비)
버섯 모양[버섣모양 → 버선모양](말 → 비)
버섯밭[버섣밭 → 버섣빧](말 → 경 → 말)
번갯불[번갣불 → 번갣뿔](말 → 경)
번듯번듯[번듣번듯 → 번듣뻔듣](말 → 경 → 말)
번뜻번뜻[번뜯번뜻 → 번뜯뻔뜯](말 → 경 → 말)
번식력[번식녁 → 번싱녁](비 → 비)
번식률[번식뉼 → 번싱뉼](비 → 비)
벌긋벌긋[벌귿벌귿 → 벌귿뻘귿](말 → 경 → 말)
벌낫[벌랏 → 벌랃](유 → 말)
벌윷[벌늧 → 벌륟]('ㄴ'첨 → 유 → 말)
벌일 일[벌일닐 → 버릴릴]('ㄴ'첨 → 유)
법력[법녁 → 범녁](비 → 비)
법령[법녕 → 범녕](비 → 비)
법론[법논 → 범논](비 → 비)
법률[법뉼 → 범뉼](비 → 비)
법률적[법뉼적 → 범뉼쩍](비 → 비 → 경)
벗개다[벋개다 → 벋깨다](말 → 경)
벗기다[벋기다 → 벋끼다](말 → 경)
벗님[벋님 → 번님](말 → 비)
벗다[벋다 → 벋따](말 → 경)
벗바리[벋바리 → 벋빠리](말 → 경)
벗습니다[벋습니다 → 벋씀니다](말 → 경 → 비)

벗해[벋해 → 버태](말 → 격)
벙긋거리다[벙귿거리다 → 벙근꺼리다](말 → 경)
벙긋벙긋[벙귿벙귿 → 벙근뻥귿](말 → 경 → 말)
벙끗벙끗[벙끋벙끋 → 벙끈뻥끋](말 → 경 → 말)
벙싯벙싯[벙싣벙싣 → 벙신뻥싣](말 → 경 → 말)
벗나무[벋나무 → 번나무](말 → 비)
베갯머리[베갣머리 → 베갠머리](말 → 비)
베갯잇[베갣잇 → 베갠닏](말 → 'ㄴ'첨 → 비 → 말)
벼락같이[벼락같이 → 벼락까치](경 → 구)
벼락닫이[벼락닫이 → 벼락따지](경 → 구)
벼룻논[벼룯논 → 벼룬논](말 → 비)
벼룻집[벼룯집 → 벼룯찝](말 → 경)
벽난로[병난로 → 병날로](비 → 유)
변덕맞다[변덕맞다 → 변덕맏따](비 → 말 → 경)
변모없다[변모업다 → 변모업따]('ㅅ'탈 → 경)
변함없다[변하멉다 → 변하멉따]('ㅅ'탈 → 경)
별빛[별삩 → 별삗](경 → 말)
별빛도[별삩도 → 별삗또](경 → 말 → 경)
별신굿[별씬굳 → 별씬굳](경 → 말)
별이끼[별니끼 → 별리끼]('ㄴ'첨 → 유)
별일[별닐 → 별릴]('ㄴ'첨 → 유)
볏낱[볃낱 → 변낟](말 → 비 → 말)
볏단[볃단 → 볃딴](말 → 경)
볏도[볃도 → 볃또](말 → 경)
볏모[볃모 → 변모](말 → 비)
볏목[볃목 → 변목](말 → 비)
볏짐[볃짐 → 볃찜](말 → 경)
볏집[볃집 → 볃찝](말 → 경)
볏짚[볃집 → 볃찝](말 → 경 → 말)
볐다[볃다 → 볃따](말 → 경)
볐습니다[볃습니다 → 볃씀니다](말 → 경 → 비)
볕내[볃내 → 변내](말 → 비)
볕받이[볃받이 → 볃빠지](말 → 경 → 구)
보랏빛[보랃빛 → 보랃삗](말 → 경 → 말)
보릿짚[보릳짚 → 보릳찝](말 → 경 → 말)
복리[복니 → 봉니](비 → 비)
복 많이[봉많이 → 봉마니](비 → 'ㅎ'탈)
복받이[복빧이 → 복빠지](경 → 구)
복슬복슬[복쓸복슬 → 복쓸복쓸](경 → 경)
복요리[복뇨리 → 봉뇨리]('ㄴ'첨 → 비)
복잡하다[복짭하다 → 복짜파다](경 → 격)
볶는[복는 → 봉는](말 → 비)

볶다[복다 → 복따](말 → 경)
본데없다[본데업다 → 본데업따]('ㅅ'탈 → 경)
본잎[본닢 → 본닙]('ㄴ'첨 → 말)
볼긋볼긋[볼귿볼귿 → 볼귿뿔귿](말 → 경 → 말)
볼일[볼닐 → 볼릴]('ㄴ'첨 → 유)
볼품없다[볼푸멉다 → 볼푸멉따]('ㅅ'탈 → 경)
봄볕[봄볃 → 봄뼏](경 → 말)
봄볕이[봄뼏이 → 봄뼈치](경 → 구)
봄빛[봄삧 → 봄삗](경 → 말)
봇도랑[본도랑 → 본또랑](말 → 경)
봇줄[본줄 → 본쭐](말 → 경)
봇짐[본짐 → 본찜](말 → 경)
봉긋봉긋[봉귿봉귿 → 봉귿뿡귿](말 → 경 → 말)
봉긋봉긋[봉귿봉귿 → 봉귿뿡귿](말 → 경 → 말)
봤다[봗다 → 봗따](말 → 경)
부딪쳐[부딛쳐 → 부딛처](말 → 단)
부딪혀[부디쳐 → 부디처](격 → 단)
부럽습니다[부럽씁니다 → 부럽씀니다](경 → 비)
부엌간[부억간 → 부억깐](말 → 경)
부엌구석[부억구석 → 부억꾸석](말 → 경)
부엌데기[부억데기 → 부억떼기](말 → 경)
부엌문[부억문 → 부엉문](말 → 비)
부엌방[부억방 → 부억빵](말 → 경)
부엌방석[부억방석 → 부억빵석](말 → 경)
부엌비[부억비 → 부억삐](말 → 경)
부엌살림[부억살림 → 부억쌀림](말 → 경)
부엌살이[부억살이 → 부억싸리](말 → 경)
부엌일[부억일 → 부엉닐](말 → 'ㄴ'첨 → 비)
부잣집[부잗집 → 부잗찝](말 → 경)
부족하였다[부조카옇다 → 부조카엳따](격 → 말 → 경)
부질없다[부지럽다 → 부지럽따]('ㅅ'탈 → 경)
부탁하였다[부타카옇다 → 부타카엳따](격 → 말 → 경)
부풋부풋[부픋부픋 → 부픋뿌픋](말 → 경 → 말)
북극해[북끅해 → 북끄깨](경 → 격)
북녘[봉녁 → 붕녁](비 → 말)
북돋다[북똗다 → 북똗따](경 → 경)
북두칠성[북뚜칠성 → 북뚜칠썽](경 → 경)
북받쳐[북빧쳐 → 북빧처](경 → 단)
북실북실[북씰북실 → 북씰북씰](경 → 경)
북엇국[북걷국 → 부걷꾹](말 → 경)
북적북적[북쩍북적 → 북쩍뿍쩍](경 → 경 → 경)
북학론[부칵론 → 부캉논](격 → 비 → 비)

분류법[불류법 → 불류뻡](유 → 경)
분별없다[분벼럽다 → 분벼럽따]('ㅅ'탈 → 경)
분홍빛[분홍삧 → 분홍삗](경 → 말)
불긋불긋[불근불긋 → 불귿뿔귿](말 → 경 → 말)
불깃[불깃 → 불낏](경 → 말)
불꽃같다[불꼳같다 → 불꼳깐따](말 → 경 → 말 → 경)
불꽃놀이[불꼳놀이 → 불꼰노리](말 → 비)
불꽃심[불꼳심 → 불꼳씸](말 → 경)
불렀다[불럳다 → 불럳따](말 → 경)
불볕나다[불벋나다 → 불변나다](말 → 비)
불붙다[불붇다 → 불붇따](말 → 경)
불빛[불ㅃ빛 → 불삗](경 → 말)
불빛만[불삧만 → 불삗만](경 → 말 → 비)
불여우[불녀우 → 불려우]('ㄴ'첨 → 유)
불이익[불니익 → 불리익]('ㄴ'첨 → 유)
불잉걸[불닝걸 → 불링걸]('ㄴ'첨 → 유)
붉나무[북나무 → 붕나무]('ㄹ'탈 → 비)
붉다[북다 → 북따]('ㄹ'탈 → 경)
붉디붉다[북디붉다 → 북띠북따]('ㄹ'탈 → 경 → 'ㄹ'
탈 → 경)
붓과[붇과 → 붇꽈](말 → 경)
붓글씨[붇글씨 → 붇끌씨](말 → 경)
붓끝[붇끝 → 붇끋](말 → 말)
붓는[붇는 → 분는](말 → 비)
붓다[붇다 → 붇따](말 → 경)
붓대[붇대 → 붇때](말 → 경)
붓두껍[붇두껍 → 붇뚜껍](말 → 경)
붓방아[붇방아 → 붇빵아](말 → 경)
붓셈[붇셈 → 붇쎔](말 → 경)
붓습니다[붇습니다 → 붇씀니다](말 → 경 → 비)
붓질[붇질 → 붇찔](말 → 경)
붕긋붕긋[붕근붕긋 → 붕귿뿡귿](말 → 경 → 말)
붙는[붇는 → 분는](말 → 비)
붙다[붇다 → 붇따](말 → 경)
붙들다[붇들다 → 붇뜰다](말 → 경)
붙박다[붇박다 → 붇빡따](말 → 경 → 경)
붙박이[붇박이 → 붇빠기](말 → 경)
붙습니다[붇습니다 → 붇씀니다](말 → 경 → 비)
붙여[부쳐 → 부처](구 → 단)
붙임성[부침성 → 부침썽](구 → 경)
붙임줄[부침줄 → 부침쭐](구 → 경)
붙잡다[붇잡다 → 붇짭따](말 → 경 → 경)

비끗비끗[비끋비끗 → 비끋삐끋](말 → 경 → 말)
비눗물[비눋물 → 비눈물](말 → 비)
비눗방울[비눋방울 → 비눋빵울](말 → 경)
비늘잎[비늘닢 → 비늘립]('ㄴ'첨 → 유 → 말)
비뚤양반[비뚤냥반 → 비뚤량반]('ㄴ'첨 → 유)
비롯하다[비롣하다 → 비로타다](말 → 격)
비릿비릿[비릳비릿 → 비릳삐릳](말 → 경 → 말)
비릿한[비릳한 → 비리탄](말 → 격)
비볐습니다[비볃습니다 → 비볃씀니다](말 → 경 → 비)
비빗대다[비빋대다 → 비빋때다](말 → 경)
비빗비빗[비빋비빗 → 비빋삐빋](말 → 경 → 말)
비슷비슷[비슫비슷 → 비슫삐슫](말 → 경 → 말)
비슷하다[비슫하다 → 비스타다](말 → 격)
비슷합니다[비슫합니다 → 비스탐니다](말 → 격 → 비)
비옷과[비옫과 → 비옫꽈](말 → 경)
비옷구이[비옫구이 → 비옫꾸이](말 → 경)
비옷는[비옫는 → 비온는](말 → 비)
비옷다[비옫다 → 비옫따](말 → 경)
빈틈없다[빈트멉다 → 빈트멉따]('ㅅ'탈 → 경)
빗각[빋각 → 빋깍](말 → 경)
빗금[빋금 → 빋끔](말 → 경)
빗길[빋길 → 빋낄](말 → 경)
빗나가다[빋나가다 → 빈나가다](말 → 비)
빗다[빋다 → 빋따](말 → 경)
빗대다[빋대다 → 빋때다](말 → 경)
빗댄[빋댄 → 빋땐](말 → 경)
빗맞다[빋맞다 → 빈만따](말 → 비 → 말 → 경)
빗물[빋물 → 빈물](말 → 비)
빗방울[빋방울 → 빋빵울](말 → 경)
빗변[빋변 → 빋뼌](말 → 경)
빗살[빋살 → 빋쌀](말 → 경)
빗습니다[빋습니다 → 빋씀니다](말 → 경 → 비)
빗자루[빋자루 → 빋짜루](말 → 경)
빗점[빋점 → 빋쩜](말 → 경)
빗접[빋접 → 빋쩝](말 → 경)
빗줄기[빋줄기 → 빋쭐기](말 → 경)
빙긋빙긋[빙근빙긋 → 빙귿삥귿](말 → 경 → 말)
빙끗빙끗[빙끋빙끗 → 빙끋삥끋](말 → 경 → 말)
빙싯빙싯[빙싣빙싯 → 빙싣삥싣](말 → 경 → 말)
빛거간[빋거간 → 빋꺼간](말 → 경)
빛겠다[빋겓다 → 빋껟따](말 → 경 → 말 → 경)
빛구럭[빋구럭 → 빋꾸럭](말 → 경)

빛구멍[빋구멍 → 빋꾸멍](말 → 경)
빛내다[빋내다 → 빈내다](말 → 비)
빛는[빋는 → 빈는](말 → 비)
빛다[빋다 → 빋따](말 → 경)
빛더미[빋더미 → 빋떠미](말 → 경)
빛도[빋도 → 빋또](말 → 경)
빛돈[빋돈 → 빋똔](말 → 경)
빛받이[빋받이 → 빋빠지](말 → 경 → 구)
빛보증[빋보증 → 빋뽀증](말 → 경)
빛잔치[빋잔치 → 빋짠치](말 → 경)
빛쟁이[빋쟁이 → 빋쨍이](말 → 경)
빛지다[빋지다 → 빋찌다](말 → 경)
빛값[빋값 → 빋깝](말 → 경 → 'ㅅ'탈)
빛갓[빋갓 → 빋깐](말 → 경 → 말)
빛기둥[빋기둥 → 빋끼둥](말 → 경)
빛나다[빋나다 → 빈나다](말 → 비)
빛 너머[빋넘어 → 빈너머](말 → 비)
빛발[빋발 → 빋빨](말 → 경)
빛없다[비덥다 → 비덥따](절 → 'ㅅ'탈 → 경)
빨긋빨긋[빨귿빨긋 → 빨귿빨귿](말 → 말)
빨랫말미[빨랟말미 → 빨랜말미](말 → 비)
빳빳하다[빧빧하다 → 빧빠타다](말 → 말 → 격)
빴다[빧다 → 빧따](말 → 경)
빵긋빵긋[빵귿빵긋 → 빵귿빵귿](말 → 말)
빵끗빵끗[빵끋빵끗 → 빵끋빵끋](말 → 말)
빵싯빵싯[빵싣빵싯 → 빵싣빵싣](말 → 말)
빵네[빧네 → 빤네](말 → 비)
빵는[빧는 → 빤는](말 → 비)
빼긋빼긋[빼귿빼긋 → 빼귿빼귿](말 → 말)
빼닮다[빼담다 → 빼담따]('ㄹ'탈 → 경)
빼앗는[빼앋는 → 빼안는](말 → 비)
빼앗다[빼앋다 → 빼앋따](말 → 경)
뺏기다[뺃기다 → 뺃끼다](말 → 경)
뺏다[뺃다 → 뺃따](말 → 경)
뺏습니다[뺃습니다 → 뺃씀니다](말 → 경 → 비)
뺑긋뺑긋[뺑귿뺑긋 → 뺑귿뺑귿](말 → 말)
뺑끗뺑끗[뺑끋뺑끗 → 뺑끋뺑끋](말 → 말)
뺑싯뺑싯[뺑싣뺑싯 → 뺑싣뺑싣](말 → 말)
뻗히다[뻗이다 → 뻐치다](격 → 구)
뻘긋뻘긋[뻘귿뻘긋 → 뻘귿뻘귿](말 → 말)
뻣뻣하다[뻗뻗하다 → 뻗뻐타다](말 → 말 → 격)
뻤습니다[뻗습니다 → 뻗씀니다](말 → 경 → 비)

뺑긋뺑긋[뺑귿뺑긋 → 뺑귿뺑귿](말 → 말)
뺑끗뺑끗[뺑끋뺑끗 → 뺑끋뺑끋](말 → 말)
뺑싯뺑싯[뺑싣뺑싯 → 뺑싣뺑싣](말 → 말)
뻣속[뻗속 → 뻗쏙](말 → 경)
뽈긋뽈긋[뽈귿뽈긋 → 뽈귿뽈귿](말 → 말)
뽕나뭇과[뽕나묻과 → 뽕나묻꽈](말 → 경)
뽕잎[뽕닙 → 뽕닙]('ㄴ'첨 → 말)
뿌듯하다[뿌듣하다 → 뿌드타다](말 → 격)
뿌렸습니다[뿌럳습니다 → 뿌럳씀니다](말 → 경 → 비)
뿔빛[뿔빋 → 뿔삗](경 → 말)
삐긋삐긋[삐귿삐긋 → 삐귿삐귿](말 → 말)
뼁긋뼁긋[뼁귿뼁긋 → 뼁귿뼁귿](말 → 말)
뼁끗뼁끗[뼁끋뼁끗 → 뼁끋뼁끋](말 → 말)
뼁싯뼁싯[뼁싣뼁싯 → 뼁싣뼁싣](말 → 말)

사납없다[사나럽다 → 사나럽따]('ㅅ'탈 → 경)
사람값[사람갑 → 사람깝](경 → 'ㅅ'탈)
사립학숙[사리팍숙 → 사리팍쑥](격 → 경)
사붓사붓[사붇사붓 → 사분싸붇](말 → 경 → 말)
사뿟사뿟[사뿓사뿟 → 사뿓싸뿓](말 → 경 → 말)
사삿일[사삳일 → 사산닐](말 → 'ㄴ'첨 → 비)
사잇문[사읻문 → 사인문](말 → 비)
사정없다[사정업다 → 사정업따]('ㅅ'탈 → 경)
사풋사풋[사푿사풋 → 사푼싸푿](말 → 경 → 말)
삭막한[상막한 → 상마칸](비 → 격)
삯가게[삭가게 → 삭까게]('ㅅ'탈 → 경)
삯갈이[삭갈이 → 삭까리]('ㅅ'탈 → 경)
삯김[삭김 → 삭낌]('ㅅ'탈 → 경)
삯돈[삭돈 → 삭똔]('ㅅ'탈 → 경)
삯마전[삭마전 → 상마전]('ㅅ'탈 → 비)
삯말[삭말 → 상말]('ㅅ'탈 → 비)
삯매[삭매 → 상매]('ㅅ'탈 → 비)
삯메기[삭메기 → 상메기]('ㅅ'탈 → 비)
삯바느질[삭바느질 → 삭빠느질]('ㅅ'탈 → 경)
삯방아[삭방아 → 삭빵아]('ㅅ'탈 → 경)
삯배[삭배 → 삭빼]('ㅅ'탈 → 경)
삯벌이[삭벌이 → 삭뻐리]('ㅅ'탈 → 경)
삯일[삭일 → 상닐]('ㅅ'탈 → 'ㄴ'첨 → 비)
삯전[삭전 → 삭쩐]('ㅅ'탈 → 경)

삯짐[삭짐 → 삭찜]('ㅅ'탈 → 경)      상없다[상업다 → 상업따]('ㅅ'탈 → 경)

산기슭[산끼슭 → 산끼슥](경 →'ㄹ'탈)      샅바[샅바 → 샅빠](말 → 경)

산닭[산닭 → 산딱](경 →'ㄹ'탈)      샅샅이[샅샅이 → 산싸치](말 → 경 → 구)

산뜻산뜻[산뜯산뜻 → 산뜯싼뜯](말 → 경 → 말)      새벽같이[새벽같이 → 새벽까치](경 → 구)

산윷[산늋 → 산뉻]('ㄴ'첨 → 말)      새벽녘[새병녘 → 새병녁](비 → 말)

살갗[살갗 → 살깐](경 → 말)      새벽닭[새벽닭 → 새벽딱](경 →'ㄹ'탈)

살긋살긋[살근살긋 → 살근쌀귿](말 → 경 → 말)      새벽빛[새벽빛 → 새벽삗](경 → 말)

살빛[살빛 → 살삗](경 → 말)      새벽일[새병닐 → 새병닐]('ㄴ'첨 → 비)

살여울[살녀울 → 살려울]('ㄴ'첨 → 유)      새앙엿[새앙녓 → 새앙년]('ㄴ'첨 → 말)

살핏살핏[살핀살핏 → 살핀쌀핀](말 → 경 → 말)      색동옷[색똥옷 → 색똥온](경 → 말)

삶다[삼다 → 삼따]('ㄹ'탈 → 경)      색연필[색년필 → 생년필]('ㄴ'첨 → 비)

삶습니다[삼습니다 → 삼씀니다](탈 → 경 → 비)      색유리[색뉴리 → 생뉴리]('ㄴ'첨 → 비)

삼굿[삼굿 → 삼꾿](경 → 말)      색이름[색니름 → 생니름]('ㄴ'첨 → 비)

삼봉낚시[삼봉낙시 → 삼봉낙씨](말 → 경)      샐긋샐긋[샐근샐긋 → 샐근쌜귿](말 → 경 → 말)

삼잎[삼니웇 → 삼니욷]('ㄴ'첨 → 말)      샐녘[샐령 → 샐력](유 → 말)

삿갓[삳갓 → 삳깓](말 → 경 → 말)      샛길[샏길 → 샏낄](말 → 경)

삿갓가마[삳갓가마 → 삳깓까마](말 → 경 → 말→ 경)      샛노랗다[샏노랗다 → 샌노라타](말 → 비 → 격)

삿갓구름[삳갓구름 → 삳깓꾸름](말 → 경 → 말→ 경)      샛눈[샏눈 → 샌눈](말 → 비)

삿갓나물[삳갓나물 → 삳깐나물](말 → 경 → 말→ 비)      샛마파람[샏마파람 → 샌마파람](말 → 비)

삿갓들이[삳갓들이 → 삳깐뜨리](말 → 경 → 말→ 경)      샛말갛다[샏말갛다 → 샌말가타](말 → 비 → 격)

삿갓반자[삳갓반자 → 삳깐빤자](말 → 경 → 말→ 경)      샛문[샏문 → 샌문](말 → 비)

삿갓버섯[삳갓버섯 → 삳깐뻐섣](말 → 경 → 말 → 경      샛바람[샏바람 → 샏빠람](말 → 경)
        → 말)

삿갓연[삳갓연 → 삳깐년](말 → 경 → 말→ 첨 → 비)      생강엿[생강녓 → 생강년]('ㄴ'첨 → 말)

삿갓장이[삳갓장이 → 삳깐짱이](말 → 경 → 말→ 경)      생거짓말[생거진말 → 생거진말](말 → 비)

삿갓쟁이[삳갓쟁이 → 삳깐쨍이](말 → 경 → 말→ 경)      생긋방긋[생근방긋 → 생근빵귿](말 → 경 → 말)

삿갓집[삳갓집 → 삳깐찝](말 → 경 → 말→ 경)      생긋뱅긋[생근뱅긋 → 생근뺑귿](말 → 경 → 말)

삿대질[삳대질 → 삳때질](말 → 경)      생긋생긋[생근생긋 → 생근쌩귿](말 → 경 → 말)

삿바늘[삳바늘 → 삳빠늘](말 → 경)      생끗방끗[생끋방끗 → 생끋빵귿](말 → 경 → 말)

삿반[삳반 → 삳빤](말 → 경)      생끗뱅끗[생끋뱅끗 → 생끋뺑귿](말 → 경 → 말)

삿부채[삳부채 → 삳뿌채](말 → 경)      생끗생끗[생끋생끗 → 생끋쌩귿](말 → 경 → 말)

삿자리[삳자리 → 삳짜리](말 → 경)      생략된[생냑된 → 생냐뒌/-뛴](비 → 경)

샀다[삳다 → 삳따](말 → 경)      생산연령[생산년령 → 생산녈령]('ㄴ'첨 → 유)

샀습니다[삳습니다 → 삳씀니다](말 → 경 → 비)      생살여탈[생살녀탈 → 생살려탈]('ㄴ'첨 → 유)

상관없다[상과넙다 → 상과넙따]('ㅅ'탈 → 경)      생윷[생늋 → 생뉻]('ㄴ'첨 → 말)

상긋방긋[상근방긋 → 상근빵귿](말 → 경 → 말)      생잎[생닢 → 생닙]('ㄴ'첨 → 말)

상긋상긋[상근상긋 → 상근쌍귿](말 → 경 → 말)      생활연령[생활년령 → 생활렬령]('ㄴ'첨 → 유)

상깃상깃[상긷상깃 → 상긷쌍긷](말 → 경 → 말)      생활욕[생활뇩 → 생활룍]('ㄴ'첨 → 유)

상끗방끗[상끋방끗 → 상끋빵귿](말 → 경 → 말)      서릿기둥[서릳기둥 → 서릳끼둥](말 → 경)

상끗상끗[상끋상끗 → 상끋쌍귿](말 → 경 → 말)      서붓서붓[서붇서붓 → 서붇써붇](말 → 경 → 말)

상록수[상녹수 → 상녹쑤](비 → 경)      서뿟서뿟[서뿓서뿟 → 서뿓써뿓](말 → 경 → 말)

상륙하다[상뉵하다 → 상뉴카다](비 → 격)      서슴없다[서스멉다 → 서스멉따]('ㅅ'탈 → 경)

     서울역[서울녁 → 서울력]('ㄴ'첨 → 유)

서풋서풋[서푿서풋 → 서푿써푿](말 → 경 → 말)
석류[석뉴 → 성뉴](비 → 비)
석양볕[서걍뼡 → 서걍뼏](경 → 말)
석양빛[서걍삧 → 서걍삗](경 → 말)
섞다[석다 → 석따](말 → 경)
섞습니다[석습니다 → 석씀니다](말 → 경 → 비)
선뜻선뜻[선뜯선뜻 → 선뜯썬뜯](말 → 경 → 말)
섣달받이[선딸받이 → 섣딸바지](경 → 구)
설득력[설뜩력 → 설뜽녁](경 → 비 → 비)
설득요법[설뜩요법 → 설뜽뇨뻡](경 →'ㄴ'첨 → 비
  → 경)
설득하다[설뜩하다 → 설뜨카다](경 → 격)
설유두[설뉴두 → 설류두]('ㄴ'첨 → 유)
설익다[설닉다 → 설릭따]('ㄴ'첨 → 유 → 경)
설핏설핏[설핃설핏 → 설핃썰핃](말 → 경 → 말)
섧다[설다 → 설따]('ㅂ'탈 → 경)
섭렵[섭녑 → 섬녑](비 → 비)
섭리[섭니 → 섬니](비 → 비)
섭섭하다[섭썹하다 → 섭써파다](경 → 격)
섯등[섣등 → 섣뜽](말 → 경)
섰는[섣는 → 선는](말 → 비)
섰다[섣다 → 섣따](말 → 경)
섰습니다[섣습니다 → 섣씀니다](말 → 경 → 비)
성긋벙긋[성귿벙귿 → 성귿뻥귿](말 → 경 → 말)
성긋성긋[성귿성긋 → 성귿썽귿](말 → 경 → 말)
성깃성깃[성긷성깃 → 성긷썽긷](말 → 경 → 말)
성끗벙끗[성끋벙끗 → 성끋뻥끋](말 → 경 → 말)
성끗성끗[성끋성끗 → 성끋썽끋](말 → 경 → 말)
성났습니다[성난습니다 → 성난씀니다](말 → 경
  → 비)
성숙란[성숙난 → 성숭난](비 → 비)
성폭력[성폭녁 → 성퐁녁](비 → 비)
섶감[섭감 → 섭깜](말 → 경)
섶귀[섭귀 → 섭뀌](말 → 경)
섶나무[섭나무 → 섬나무](말 → 비)
섶단[섭단 → 섭딴](말 → 경)
섶머리[섭머리 → 섬머리](말 → 비)
섶사냥[섭사냥 → 섭싸냥](말 → 경)
섶선[섭선 → 섭썬](말 → 경)
세뱃돈[세뱓돈 → 세밷똔](말 → 경)
세불양립[세불냥립 → 세불량닙](첨 → 유 → 비)
세상없다[세상업다 → 세상업따]('ㅅ'탈 → 경)

세숫대야[세순대야 → 세순때야](말 → 경)
세숫물[세순물 → 세순물](말 → 비)
세월없다[세워럽따]('ㅅ'탈 → 경)
세월여류[세월녀류 → 세월려류]('ㄴ'첨 → 유)
세쪽잎[세쪽닢 → 세쫑닙]('ㄴ'첨 → 비 → 말)
셋겸상[셋겸상 → 섿껌상](말 → 경)
셋말[셋말 → 센말](말 → 비)
셋붙이[셋붙이 → 섿뿌치](말 → 경 → 구)
셌다[셋다 → 섿따](말 → 경)
셌습니다[섿습니다 → 섿씀니다](말 → 경 → 비)
셨다[셛다 → 셛따](말 → 경)
셨습니다[셛습니다 → 셛씀니다](말 → 경 → 비)
소곳소곳[소곧소곳 → 소곧쏘곧](말 → 경 → 말)
소달깃날[소달긷날 → 소달긴날](말 → 비)
소독약[소독냑 → 소동냑]('ㄴ'첨 → 비)
소용없다[소용업다 → 소용업따]('ㅅ'탈 → 경)
소집령[소집녕 → 소짐녕](비 → 비)
속고삿[속꼬삳 → 속꼬삳](경 → 말)
속곳[속꼿 → 속꼳](경 → 말)
속긋[속끗 → 속끋](경 → 말)
속닥속닥[속딱속닥 → 속딱쏙딱](경 → 경 → 경)
속력[속녁 → 송녁](비 → 비)
속멋[송멋 → 송멷](비 → 말)
속솟곳[속쏙곳 → 속쏙꼳](경 → 경 → 말)
속았구나[소갇구나 → 소갇꾸나](말 → 경)
속없다[소겁다 → 소겁따]('ㅅ'탈 → 경)
속옷가지[소옫가지 → 소곧까지](말 → 경)
속윷[속늋 → 송뉻]('ㄴ'첨 → 비 → 말)
속잎[속닢 → 송닙]('ㄴ'첨 → 비 → 말)
속절없다[속쩔없다 → 속쩌럽따](경 → 탈 → 경)
속젓[속쩟 → 속쩓](경 → 말)
솎다[속다 → 속따](말 → 경)
손가락만[손까락만 → 손까랑만](경 → 비)
손그릇[손끄릇 → 손끄륻](경 → 말)
손버릇[손뻐릇 → 손뻐륻](경 → 말)
손빗기[손빋기 → 손빋끼](말 → 경)
손사랫짓[손사랟짓 → 손사랟찓](말 → 경 → 말)
손살[손쌀 → 손쌀](경 → 말)
손색없다[손새겁다 → 손새겁따]('ㅅ'탈 → 경)
손짓[손찟 → 손찓](경 → 말)
솔이끼[솔니끼 → 솔리끼]('ㄴ'첨 → 유)
솔잎[솔닢 → 솔립]('ㄴ'첨 → 유 → 말)

한국어 발음 교육의 실제

솔직하다[솔찍하다 → 솔찌카다](경 → 격)
솜돗[솜똣 → 솜똗](경 → 말)
숫고[손고 → 손꼬](말 → 경)
숫구치다[손구치다 → 손꾸치다](말 → 경)
숫는[손는 → 손는](말 → 비)
숫다[손다 → 손따](말 → 경)
숫대[손대 → 손때](말 → 경)
숫보다[손보다 → 손뽀다](말 → 경)
숫습니다[손습니다 → 손씀니다](말 → 경 → 비)
송곳과[송곧과 → 송곧꽈](말 → 경)
송곳날[송곧날 → 송곤날](말 → 비)
송곳눈[송곧눈 → 송곤눈](말 → 비)
송곳니[송곧니 → 송곤니](말 → 비)
송곳망치[송곧망치 → 송곤망치](말 → 비)
송곳방석[송곧방석 → 송곧빵석](말 → 경)
송곳질[송곧질 → 송곧찔](말 → 경)
송곳집[송곧집 → 송곧찝](말 → 경)
솥귀[솓귀 → 솓뀌](말 → 경)
솥단지[솓단지 → 솓딴지](말 → 경)
솥물[솓물 → 손물](말 → 비)
솥발[솓발 → 솓빨](말 → 경)
솥솔[솓솔 → 솓쏠](말 → 경)
솥전[솓전 → 솓쩐](말 → 경)
솥점[솓점 → 솓쩜](말 → 경)
솥젖[솓젖 → 솓쩓](말 → 경 → 말)
솥지기[솓지기 → 솓찌기](말 → 경)
쇠고깃국[쇠고긷국 → 쇠고긷꾹/쉐-](말 → 경)
쇳내[쇧내 → 쇤내/쉐-](말 → 비)
쇳덩이[쇧덩이 → 쇤떵이/쉐-](말 → 경)
쇳몸[쇧몸 → 쇤몸/쉐-](말 → 비)
쇳물[쇧물 → 쇤물/쉐-](말 → 비)
쇳빛[쇧빛 → 쇤삗/쉐-](말 → 경 → 말)
쇳소리[쇧소리 → 쇤쏘리/쉐-](말 → 경)
쇳조각[쇧조각 → 쇤쪼각/쉐-](말 → 경)
수굿수굿[수굳수굳 → 수굳쑤굳](말 → 경 → 말)
수꽃술[수꼳술 → 수꼳쑬](말 → 경)
수돗물[수돋물 → 수돈물](말 → 비)
수릿날[수릳날 → 수린날](말 → 비)
수박빛[수박빛 → 수박삗](경 → 말)
수숫잎덩이[수숟잎덩이 → 수순닙떵이](말 → 'ㄴ'첨 → 비 → 말 → 경)
수없다[수업다 → 수업따]('ㅅ'탈 → 경)

수지맞다[수지맏다 → 수지맏따](말 → 경)
수탉과[수탁과 → 수탁꽈]('ㄹ'탈 → 경)
숙박료[숙빡료 → 숙빵뇨](경 → 비 → 비)
숙직실[숙찍실 → 숙찍씰](경 → 경)
순잎[순닢 → 순닙]('ㄴ'첨 → 말)
순흙빛[순흑빛 → 순흑삗]('ㄹ'탈 → 경 → 말)
술값[술갌 → 술깝](경 → 'ㅅ'탈)
술난리[술란리 → 술랄리](유 → 유)
술버릇[술뻐릇 → 술뻐른](경 → 말)
술벗[술뻣 → 술뻗](경 → 말)
술빛[술삧 → 술삗](경 → 말)
숨김없다[숨기멉다 → 숨기멉따]('ㅅ'탈 → 경)
숫구멍[순구멍 → 순꾸멍](말 → 경)
숫기[순기 → 순끼](말 → 경)
숫눈[순눈 → 순눈](말 → 비)
숫돌[순돌 → 순똘](말 → 경)
숫백성[순백성 → 순빽썽](말 → 경 → 경)
숫보기[순보기 → 순뽀기](말 → 경)
숫사람[순사람 → 순싸람](말 → 경)
숫양[순양 → 순냥](말 → 'ㄴ'첨 → 비)
숫염소[순염소 → 순념소](말 → 'ㄴ'첨 → 비)
숫자[순자 → 순짜](말 → 경)
숫제[순제 → 순쩨](말 → 경)
숫쥐[순쥐 → 순쮜](말 → 경)
숯가마[순가마 → 순까마](말 → 경)
숯감[순감 → 순깜](말 → 경)
숯검정[순검정 → 순껌정](말 → 경)
숯구이[순구이 → 순꾸이](말 → 경)
숯내[순내 → 순내](말 → 비)
숯덩이[순덩이 → 순떵이](말 → 경)
숯등걸[순등걸 → 순뜽걸](말 → 경)
숯다리미[순다리미 → 순따리미](말 → 경)
숯막[순막 → 순막](말 → 비)
숯막골[순막골 → 순막꼴](말 → 비 → 경)
숯머리[순머리 → 순머리](말 → 비)
숯먹[순먹 → 순먹](말 → 비)
숯 몇 개[순멷개 → 순멷깨](말 → 비 → 말 → 경)
숯불[순불 → 순뿔](말 → 경)
숯장수[순장수 → 순짱수](말 → 경)
숯쟁이[순쟁이 → 순쨍이](말 → 경)
숱지다[숟지다 → 숟찌다](말 → 경)
숱하다[숟하다 → 수타다](말 → 격)

숲공원[숩공원 → 숩꽁원](말 → 경)
숲과[숩과 → 숩꽈](말 → 경)
숲길[숩길 → 숩낄](말 → 경)
숲나이[숩나이 → 숨나이](말 → 비)
숲 마을[숩마을 → 숨마을](말 → 비)
숲 속[숩속 → 숩쏙](말 → 경)
숲정이[숩정이 → 숩쩡이](말 → 경)
쉽습니다[쉽씁니다 → 쉽씀니다](경 → 비)
스물 여덟[스물녀덟 → 스물려덜](첨 → 유 → 'ㅂ'탈)
스스럼없다[스스러멉다 → 스스러멉따]('ㅅ'탈 → 경)
슬몃슬몃[슬몃슬몃 → 슬면쓸면](말 → 경 → 말)
슬펐답니다[슬펀답니다 → 슬펃땀니다](말 → 경
    → 비)
습득할[습뜩할 → 습뜨칼](경 → 격)
시곗바늘[시곋바늘 → 시곈빠늘/-겐-](말 → 경)
시냇가[시낻가 → 시낻까](말 → 경)
시냇물[시낻물 → 시낸물](말 → 비)
시답잖다[시답짢다 → 시답짠타](경 → 격)
시름없다[시르멉다 → 시르멉따]('ㅅ'탈 → 경)
시밝역[시밝녁 → 시발력]('ㄴ'첨 → 유)
시앗질[시앋질 → 시앋찔](말 → 경)
시작하였다[시자카였다 → 시자카엳따](격 → 말 → 경)
시쳇말[시쳳말 → 시첸말](말 → 비)
식량[싱냥 → 싱냥](비 → 비)
식료[싱뇨 → 싱뇨](비 → 비)
신발값[신발갑 → 신발깝](경 → 'ㅅ'탈)
신줏단지[신줃단지 → 신줃딴지](말 → 경)
신짚[신짚 → 신찝](경 → 말)
실긋샐긋[실귿실긋 → 실귿쌜귿](말 → 경 → 말)
실긋실긋[실귿실긋 → 실귿씰귿](말 → 경 → 말)
실끝매기[실끋매기 → 실끈매기](말 → 비)
실낳이[실랗이 → 실라이](유 → 'ㅎ'탈)
실력굿[실력굳 → 실력꾿](경 → 말)
실없다[시럽다 → 시럽따]('ㅅ'탈 → 경)
실연기[실년기 → 실련기]('ㄴ'첨 → 유)
실핏줄[실핃줄 → 실핃쭐](말 → 경)
싫네[실네 → 실레]('ㅎ'탈 → 유)
싫소[실소 → 실쏘]('ㅎ'탈 → 경)
싫증[실증 → 실쯩]('ㅎ'탈 → 경)
심습니다[심씁니다 → 심씀니다](경 → 비)
심리[심니 → 심니](비 → 비)
십자못[십짜못 → 십짜몯](경 → 말)

싯누렇다[싣누렇다 → 신누러타](말 → 비 → 격)
싯멀겋다[싣멀겋다 → 신멀거타](말 → 비 → 격)
싱긋벙긋[싱귿벙굿 → 싱귿뻥귿](말 → 경 → 말)
싱긋빙긋[싱귿빙굿 → 싱귿삥귿](말 → 경 → 말)
싱긋싱긋[싱귿싱굿 → 싱귿씽귿](말 → 경 → 말)
싱끗벙끗[싱끋벙끗 → 싱끈뻥끋](말 → 경 → 말)
싱끗빙끗[싱끋빙끗 → 싱끋삥끋](말 → 경 → 말)
싱끗싱끗[싱끋싱끗 → 싱끈씽끋](말 → 경 → 말)
싶나[십나 → 심나](말 → 비)
싶다[십다 → 십따](말 → 경)
싶습니다[십습니다 → 십씀니다](말 → 경 → 비)
싸움닭[싸움닥 → 싸움딱](경 → 'ㄹ'탈)
싹둑싹둑[싹뚝싹둑 → 싹뚝싹뚝](경 → 경)
싹수없다[싹쑤없다 → 싹쑤업따](경 → 탈 → 경)
쌀값[쌀갑 → 쌀깝](경 → 'ㅅ'탈)
쌀긋쌀긋[쌀귿쌀긋 → 쌀귿쌀귿](말 → 말)
쌀깃[쌀깓 → 쌀낃](경 → 말)
쌀 익는[쌀닉는 → 쌀링는]('ㄴ'첨 → 유 → 비)
샀다[쌋다 → 싿따](말 → 경)
쌍긋빵긋[쌍귿빵굿 → 쌍귿빵귿](말 → 말)
쌍긋쌍긋[쌍귿쌍굿 → 쌍귿쌍귿](말 → 말)
쌍끗빵끗[쌍끋빵끗 → 쌍끋빵끋](말 → 말)
쌍끗쌍끗[쌍끋쌍끗 → 쌍끋쌍끋](말 → 말)
쌓는[싾는 → 싼는](말 → 비)
쌓습니다[싸씁니다 → 싸씀니다](탈 → 경 → 비)
쎌긋쎌긋[쎌귿쎌긋 → 쎌귿쎌귿](말 → 말)
쌩긋빵긋[쌩귿빵굿 → 쌩귿빵귿](말 → 말)
쌩긋삥긋[쌩귿삥굿 → 쌩귿삥귿](말 → 말)
쌩긋쌩긋[쌩귿쌩긋 → 쌩귿쌩귿](말 → 말)
쌩끗빵끗[쌩끋빵끗 → 쌩끋빵끋](말 → 말)
쌩끗삥끗[쌩끋삥끗 → 쌩끋삥끋](말 → 말)
쌩끗쌩끗[쌩끋쌩끗 → 쌩끋쌩끋](말 → 말)
썼는[썬는 → 썬는](말 → 비)
썼다[썬다 → 썯따](말 → 경)
썼습니다[썯습니다 → 썯씀니다](말 → 경 → 비)
썽긋빵긋[썽귿빵굿 → 썽귿빵귿](말 → 말)
썽긋썽긋[썽귿썽긋 → 썽귿썽귿](말 → 말)
썽끗빵끗[썽끋빵끗 → 썽끋빵끋](말 → 말)
썽끗썽끗[썽끋썽끗 → 썽끋썽끋](말 → 말)
썼지[썬지 → 썯찌](말 → 경)
쑥갓[쑥갇 → 쑥깓](경 → 말)
쑥대밭[쑥때밭 → 쑥때받](경 → 말)

쑥밭[쑥빹→쑥빧](경→말)
쑥스럽다[쑥쓰럽다→쑥쓰럽따](경→경)
쓸데없다[쓸떼없다→쓸떼업따](경→탈→경)
쓸모없다[쓸모업다→쓸모업따]('ㅅ'탈→경)
쓸 일[쓸닐→쓸릴]('ㄴ'첨→유)
씨받이밭[씨바지밭→씨바지받](구→말)
씨식잖다[씨식잖다→씨식짠타](경→격)
씨앗도[씨안도→씨안또](말→경)
씩잖다[씩짢다→씩짠타](경→격)
씰긋쌜긋[씰귿쌜귿→씰귿쌜귿](말→말)
씰긋씰긋[씰귿씰귿→씰귿씰귿](말→말)
씻김굿[씯김굳→씯낌굳](말→경→말)
씻다[씯다→씯따](말→경)
씻부시다[씯부시다→씯뿌시다](말→경)
씻습니다[씯습니다→씯씀니다](말→경→비)
씽긋빵긋[씽귿빵귿→씽귿빵귿](말→말)
씽긋씽긋[씽귿씽귿→씽귿씽귿](말→말)
씽끗빵끗[씽끋빵끋→씽끋빵끋](말→말)
씽끗삥끗[씽끋삥끋→씽끋삥끋](말→말)
씽끗씽끗[씽끋씽끋→씽끋씽끋](말→말)

## ㅇ

아긋아긋[아그다귿→아그다귿](절→말)
아낌없다[아끼멉다→아끼멉따]('ㅅ'탈→경)
아들이삭[아들니삭→아들리삭]('ㄴ'첨→유)
아랑곳없다[아랑고덦다→아랑고덥따](절→'ㅅ'탈
→경)
아랫녘[아랟녘→아랜녁](말→비→말)
아랫놈[아랟놈→아랜놈](말→비)
아랫눈썹[아랟눈썹→아랜눈썹](말→비)
아랫니[아랟니→아랜니](말→비)
아랫도리[아랟도리→아랟또리](말→경)
아랫동아리[아랟동아리→아랟똥아리](말→경)
아랫마디[아랟마디→아랜마디](말→비)
아랫마을[아랟마을→아랜마을](말→비)
아랫머리[아랟머리→아랜머리](말→비)
아랫면[아랟면→아랜면](말→비)
아랫목[아랟목→아랜목](말→비)
아랫몸[아랟몸→아랜몸](말→비)
아랫물[아랟물→아랜물](말→비)

아랫미닫이틀[아랟미닫이틀→아랜미다지틀](말
→비→구)
아랫부분[아랟부분→아랟뿌분](말→경)
아랫입술[아랟입술→아랜닙쑬](말→'ㄴ'첨→비
→경)
아랫잇몸[아랟잇몸→아랜닌몸](말→'ㄴ'첨→비
→말→비)
아랫집[아랟집→아랟찝](말→경)
아름답습니다[아름답씁니다→아름답씀니다](경→비)
아릿아릿[아리다릿→아리다릳](절→말)
아릿자릿[아릳자릿→아릳짜릳](말→경→말)
아릿하다[아릳하다→아리타다](말→격)
아칫아칫[아치다칫→아치다칟](절→말)
아흐렛날[아흐렏날→아흐렌날](말→비)
악랄[악날→앙날](비→비)
악령[악녕→앙녕](비→비)
악착같이[악착같이→악착까치](경→구)
안갖춘잎[안간춘잎→안간춘닙](말→첨→말)
안깃[안낃→안낃](경→말)
안뒤꼍[안뒤꼍→안뒤곁](경→말)
안락하다[알락하다→알라카다](유→격)
안섶[안쎂→안썹](경→말)
안습니다[안씁니다→안씀니다](경→비)
안택굿[안택꿋→안택꾿](경→말)
안팎곱사[안팍곱사→안팍꼽싸](말→경→경)
안팎날[안팍날→안팡날](말→비)
안팎노자[안팍노자→안팡노자](말→비)
안팎먹기[안팍먹기→안팡먹끼](말→비→경)
안팎벌[안팍벌→안팍뻘](말→경)
안팎벽[안팍벽→안팍뼉](말→경)
안팎살림[안팍살림→안팍쌀림](말→경)
안팎식구[안팍식구→안팍씩꾸](말→경→경)
안팎심부름[안팍심부름→안팍씸부름](말→경)
안팎일[안팍일→안팡닐](말→'ㄴ'첨→비)
안팎장사[안팍장사→안팍짱사](말→경)
안팎중매[안팍중매→안팍쭝매](말→경)
앉다[안다→안따]('ㅈ'탈→경)
앉습니다[안습니다→안씀니다](탈→경→비)
앉혀[안쳐→안처](격→단)
않습니다[안습니다→안씀니다](탈→경→비)
않았다[아났다→아낟따]('ㅎ'탈→말→경)
알맞다[알맏다→알맏따](말→경)

알밋알밋[알미달밋 → 알미달믿](절 → 말)
알았다[아랃다 → 아랃따](말 → 경)
알약[알냑 → 알략]('ㄴ'첨 → 유)
알요강[알뇨강 → 알료강]('ㄴ'첨 → 유)
읽다[악다 → 악따]('ㄹ'탈 → 경)
읽둑빼기[악둑빼기 → 악뚝빼기]('ㄹ'탈 → 경)
읽둑읽둑[악두갉둑 → 악뚜각뚝]('ㄹ'탈 → 경 → 'ㄹ'탈 → 경)
읽박읽박[악바갉박 → 악빠각빡]('ㄹ'탈 → 경 → 'ㄹ'탈 → 경)
읽작빼기[악작빼기 → 악짝빼기]('ㄹ'탈 → 경)
읽작읽작[악자갉작 → 악짜각짝]('ㄹ'탈 → 경 → 'ㄹ'탈 → 경)
읽족읽족[악조갉족 → 악쪼각쪽]('ㄹ'탈 → 경 → 'ㄹ'탈 → 경)
앓는[알는 → 알른]('ㅎ'탈 → 유)
암컷과[암컫과 → 암컫꽈](말 → 경)
압력[압녁 → 암녁](비 → 비)
압력솥[압녁솓 → 암녁쏟](비 → 비 → 경 → 말)
압록강[압녹강 → 암녹깡](비 → 비 → 경)
압류[압뉴 → 암뉴](비 → 비)
앗기다[앋기다 → 앋끼다](말 → 경)
앗다[앋다 → 앋따](말 → 경)
았는[앋는 → 안는](말 → 비)
았다[앋다 → 앋따](말 → 경)
았습니다[앋습니다 → 앋씀니다](말 → 경 → 비)
앞가르마[압가르마 → 압까르마](말 → 경)
앞가리개[압가리개 → 압까리개](말 → 경)
앞가림[압가림 → 압까림](말 → 경)
앞가슴[압가슴 → 압까슴](말 → 경)
앞가지[압가지 → 압까지](말 → 경)
앞길[압길 → 압낄](말 → 경)
앞깃[압깃 → 압낃](말 → 경 → 말)
앞날[압날 → 암날](말 → 비)
앞날개[압날개 → 암날개](말 → 비)
앞내[압내 → 암내](말 → 비)
앞넘기[압넘기 → 암넘끼](말 → 비 → 경)
앞넣다[압넣다 → 암너타](말 → 비 → 격)
앞녘[압녁 → 암녁](말 → 비 → 말)
앞니[압니 → 암니](말 → 비)
앞다리[압다리 → 압따리](말 → 경)
앞다투다[압다투다 → 압따투다](말 → 경)

앞당기다[압당기다 → 압땅기다](말 → 경)
앞대문[압대문 → 압때문](말 → 경)
앞두다[압두다 → 압뚜다](말 → 경)
앞뒤[압뒤 → 압뛰](말 → 경)
앞뒷문[압뒷문 → 압뛴문](말 → 경 → 말 → 비)
앞들[압들 → 압뜰](말 → 경)
앞마당[압마당 → 암마당](말 → 비)
앞마디[압마디 → 암마디](말 → 비)
앞마루[압마루 → 암마루](말 → 비)
앞마을[압마을 → 암마을](말 → 비)
앞막[압막 → 암막](말 → 비)
앞말[압말 → 암말](말 → 비)
앞머리[압머리 → 암머리](말 → 비)
앞면[압면 → 암면](말 → 비)
앞면도[압면도 → 암면도](말 → 비)
앞모습[압모습 → 암모습](말 → 비)
앞모양[압모양 → 암모양](말 → 비)
앞몸[압몸 → 암몸](말 → 비)
앞 못 보는[압몯보는 → 암몯뽀는](말 → 비 → 경)
앞무릎[압무릎 → 암무릅](말 → 비 → 말)
앞문[압문 → 암문](말 → 비)
앞바다[압바다 → 압빠다](말 → 경)
앞바닥[압바닥 → 압빠닥](말 → 경)
앞바람[압바람 → 압빠람](말 → 경)
앞발[압발 → 압빨](말 → 경)
앞발굽[압발굽 → 압빨굽](말 → 경)
앞발질[압발질 → 압빨질](말 → 경)
앞발치[압발치 → 압빨치](말 → 경)
앞방[압방 → 압빵](말 → 경)
앞밭[압밭 → 압빧](말 → 경 → 말)
앞배[압배 → 압빼](말 → 경)
앞벌[압벌 → 압뻘](말 → 경)
앞보름[압보름 → 압뽀름](말 → 경)
앞볼[압볼 → 압뽈](말 → 경)
앞부리[압부리 → 압뿌리](말 → 경)
앞부분[압부분 → 압뿌분](말 → 경)
앞사람[압사람 → 압싸람](말 → 경)
앞산[압산 → 압싼](말 → 경)
앞생각[압생각 → 압쌩각](말 → 경)
앞서다[압서다 → 압써다](말 → 경)
앞섶[압섶 → 압썹](말 → 경 → 말)
앞세워[압세워 → 압쎄워](말 → 경)

앞소리[압소리 → 압쏘리](말 → 경)
앞 이야기[압이야기 → 암니야기](말 → 첨 → 비)
앞일[압일 → 암닐](말 → 'ㄴ'첨 → 비)
앞자락[압자락 → 압짜락](말 → 경)
앞자리[압자리 → 압짜리](말 → 경)
앞잡이[압잡이 → 압짜비](말 → 경)
앞장[압장 → 압짱](말 → 경)
앞장불[압장불 → 압짱불](말 → 경)
앞장섰다[압장섰다 → 압짱섣따](말 → 경 → 말 → 경)
앞잽이[압잽이 → 압째비](말 → 경)
앞주머니[압주머니 → 압쭈머니](말 → 경)
앞줄[압줄 → 압쭐](말 → 경)
앞지르다[압지르다 → 압찌르다](말 → 경)
앞질러[압질러 → 압찔러](말 → 경)
앞집[압집 → 압찝](말 → 경)
애젊다[애점다 → 애점따]('ㄹ'탈 → 경)
애틋한[애튿한 → 애트탄](말 → 격)
액막이옷[앵마기옷 → 앵마기온](비 → 말)
앳되다[앧되다 → 앧뙤다/-뛔-](말 → 경)
야긋야긋[야귿야긋 → 야근냐귿](말 → 'ㄴ'첨 → 비 → 말)
야긋야긋[야그댜긋 → 야그댜귿](절 → 말)
야릇하다[야륻하다 → 야르타다](말 → 격)
야젓잖다[야젇잖다 → 야젇짠타](말 → 경 → 격)
약값[약갑 → 약깝](경 → 'ㅅ'탈)
약력[약녁 → 양녁](비 → 비)
약밭[약받 → 약빧](경 → 말)
약속하다[약쏙하다 → 약쏘카다](경 → 격)
약엿[약녓 → 양녇]('ㄴ'첨 → 비 → 말)
약해졌다[야캐졌다 → 야캐젇따](격 → 단 → 말 → 경)
알긋알긋[알근알긋 → 알근날귿](말 → 'ㄴ'첨 → 비 → 말)
알긋알긋[알그댤긋 → 알그댤귿](절 → 말)
얇다[얄다 → 얄따]('ㅂ'탈 → 경)
양끝못[양끋못 → 양끈몯](말 → 비 → 말)
양념값[양념갑 → 양념깝](경 → 'ㅅ'탈)
양념엿[양념녓 → 양념녇]('ㄴ'첨 → 말)
양닭[양닥 → 양딱](경 → 'ㄹ'탈)
양옆[양녑 → 양녑]('ㄴ'첨 → 말)
양육젓[양육젇 → 양육쩓](경 → 말)
양잿물[양잳물 → 양잰물](말 → 비)

양칫물[양칟물 → 양친물](말 → 비)
얕다[얃다 → 얃따](말 → 경)
얕디얕다[얃디얃다 → 얃띠얃따](말 → 경 → 말 → 경)
얕보다[얃보다 → 얃뽀다](말 → 경)
얕잡다[얃잡다 → 얃짭따](말 → 경)
어긋나다[어귿나다 → 어근나다](말 → 비)
어긋놓다[어귿놓다 → 어근노타](말 → 비 → 격)
어긋맞다[어귿맞다 → 어근맏따](말 → 비 → 말 → 경)
어긋버긋[어귿버긋 → 어근뻐귿](말 → 경 → 말)
어긋어긋[어그더긋 → 어그더귿](절 → 말)
어김없다[어기멉다 → 어기멉따]('ㅅ'탈 → 경)
어깻짓[어깬짓 → 어깬찓](말 → 경 → 말)
어떻소[어떠소 → 어떠쏘]('ㅎ'탈 → 경)
어떻습니까[어떠습니까 → 어떠씀니까]('ㅎ'탈 → 경 → 비)
어린잎[어린닢 → 어린닙]('ㄴ'첨 → 말)
어림값[어림갑 → 어림깝](경 → 'ㅅ'탈)
어림없다[어리멉다 → 어리멉따]('ㅅ'탈 → 경)
어릿광대[어릳광대 → 어릳꽝대](말 → 경)
어릿어릿[어리더릿 → 어리더릳](절 → 말)
어섯눈[어선눈 → 어선눈](말 → 비)
어슬녘[어슬력 → 어슬력](유 → 말)
어슷비슷[어슫비슷 → 어슫삐슫](말 → 경 → 말)
어슷어슷[어스더슷 → 어스더슫](절 → 말)
어여한[어열한 → 어여탄](말 → 격)
어이없다[어이업다 → 어이업따]('ㅅ'탈 → 경)
어젯밤[어젣밤 → 어젣빰](말 → 경)
어쨌건[어쨷건 → 어쨷껀](말 → 경)
어쭙잖다[어쭙짢다 → 어쭙짠타](경 → 격)
어쭙잖아[어쭙짢아 → 어쭙짜나](경 → 'ㅎ'탈)
어획량[어획냥 → 어횡냥/-휑-](비 → 비)
억류[억뉴 → 엉뉴](비 → 비)
억새밭[억쌔밭 → 억쌔받](경 → 말)
언뜻번뜻[언뜯번뜻 → 언뜯뻔뜯](말 → 경 → 말)
언뜻언뜻[언뜨던뜻 → 언뜨던뜯](절 → 말)
얹다[언다 → 언따]('ㅈ'탈 → 경)
얼굴값[얼굴갑 → 얼굴깝](경 → 'ㅅ'탈)
얼굴빛[얼굴삧 → 얼굴삗](경 → 말)
얼룩무늬[얼룽무늬 → 얼룽무니](비 → 단)
얼밋얼밋[얼미덜밋 → 얼미덜믿](절 → 말)
얼씬없다[얼씨넙다 → 얼씨넙따]('ㅅ'탈 → 경)
얼없다[어럽다 → 어럽따]('ㅅ'탈 → 경)

얼음엿[어름녓 → 어름녇]('ㄴ'첨 → 말)
얽다[억다 → 억따]('ㄹ'탈 → 경)
얽동이다[억동이다 → 억똥이다]('ㄹ'탈 → 경)
얽둑빼기[억둑빼기 → 억뚝빼기]('ㄹ'탈 → 경)
얽두얽둑[억두걱둑 → 억뚜걱뚝]('ㄹ'탈 → 경 → 'ㄹ' 탈 → 경)
얽매다[억매다 → 엉매다]('ㄹ'탈 → 비)
얽벅얽벅[억버걱벅 → 억뻐걱뻑]('ㄹ'탈 → 경 → 'ㄹ' 탈 → 경)
얽적빼기[억적빼기 → 억쩍빼기]('ㄹ'탈 → 경)
얽적얽적[억적걱적 → 억쩌걱쩍]('ㄹ'탈 → 경 → 'ㄹ' 탈 → 경)
얽죽얽죽[억주걱죽 → 억쭈걱쭉]('ㄹ'탈 → 경 → 'ㄹ' 탈 → 경))
엄격하다[엄격하다 → 엄껴카다](경 → 격)
없는[업는 → 엄는]('ㅅ'탈 → 비)
없다[업다 → 업따]('ㅅ'탈 → 경)
없답니다[업답니다 → 업땀니다](탈 → 경 → 비)
없사옵니다[업사옵니다 → 업싸옵니다]('ㅅ'탈 → 경 → 비)
없습니다[업습니다 → 업씀니다](탈 → 경 → 비)
없잖아[업잖아 → 업짜나]('ㅅ'탈 → 경 → 'ㅎ'탈)
엇가게[얻가게 → 얻까게](말 → 경)
엇가리[얻가리 → 얻까리](말 → 경)
엇각[얻각 → 얻깍](말 → 경)
엇갈리다[얻갈리다 → 얻깔리다](말 → 경)
엇걸다[얻걸다 → 얻껄다](말 → 경)
엇결[얻결 → 얻껼](말 → 경)
엇구루[얻구루 → 얻꾸루](말 → 경)
엇길[얻길 → 얻낄](말 → 경)
엇나가다[얻나가다 → 언나가다](말 → 비)
엇논[얻논 → 언논](말 → 비)
엇놀리다[얻놀리다 → 언놀리다](말 → 비)
엇누비다[얻누비다 → 언누비다](말 → 비)
엇눈[얻눈 → 언눈](말 → 비)
엇눕다[얻눕다 → 언눕따](말 → 비 → 경)
엇다[얻다 → 얻따](말 → 경)
엇대다[얻대다 → 얻때다](말 → 경)
엇먹다[얻먹다 → 언먹따](말 → 비 → 경)
엇바꾸다[얻바꾸다 → 얻빠꾸다](말 → 경)
엇박다[얻박다 → 얻빡따](말 → 경 → 경)
엇박이[얻박이 → 얻빠기](말 → 경)

엇베다[얻베다 → 얻뻬다](말 → 경)
엇보[얻보 → 얻뽀](말 → 경)
엇부루기[얻부르기 → 얻뿌르기](말 → 경)
엇붙다[얻붇다 → 얻뿓따](말 → 경 → 말 → 경)
엇붙이다[얻붙이다 → 얻뿌치다](말 → 경 → 구)
엇비슷할[얻비슫할 → 얻삐스탈](말 → 경 → 말 → 격)
엇서다[얻서다 → 얻써다](말 → 경)
엇섞다[얻섞다 → 얻썩따](말 → 경 → 말 → 경)
엇송아지[얻송아지 → 얻쏭아지](말 → 경)
엇시조[얻시조 → 얻씨조](말 → 경)
엇시침[얻시침 → 얻씨침](말 → 경)
엇장단[얻장단 → 얻짱단](말 → 경)
엇조[얻조 → 얻쪼](말 → 경)
엇중모리[얻중모리 → 얻쭝모리](말 → 경)
엇지다[얻지다 → 얻찌다](말 → 경)
었는[얻는 → 언는](말 → 비)
었다[얻다 → 얻따](말 → 경)
었습니다[얻습니다 → 얻씀니다](말 → 경 → 비)
엉터리없다[엉터리업다 → 엉터리업따](탈 → 경)
엊그제[얻그제 → 얻끄제](말 → 경)
엊저녁[얻저녁 → 얻쩌녁](말 → 경)
엎다[업다 → 업따](말 → 경)
엎드리다[업드리다 → 업뜨리다](말 → 경)
엎지르다[업지르다 → 업찌르다](말 → 경)
엎집[업집 → 업찝](말 → 경)
여덟 가지[여덜가지 → 여덜까지]('ㅂ'탈 → 경)
여덟 개[여덜개 → 여덜깨]('ㅂ'탈 → 경)
여덟 배[여덜배 → 여덜빼]('ㅂ'탈 → 경)
여덟 살[여덜살 → 여덜쌀]('ㅂ'탈 → 경)
여덟 시[여덜시 → 여덜씨]('ㅂ'탈 → 경)
여름빛[여름삧 → 여름삗](경 → 말)
여릿여릿[여릳여릳 → 여린녀릳](말 → 'ㄴ'첨 → 비 → 말)
여릿여릿[여리더릳 → 여리더릳](절 → 말)
여부없다[여부업다 → 여부업따]('ㅅ'탈 → 경)
여섯 개[여섣개 → 여섣깨](말 → 경)
여섯-마리[여섣마리 → 여선마리](말 → 비)
여섯 해[여섣해 → 여서태](말 → 격)
여섯여섯[여섣여섣 → 여선녀섣](말 → 'ㄴ'첨 → 비 → 말)
여섯여섯[여시더섣 → 여시더싣](절 → 말)
여울여울[여울녀울 → 여울려울]('ㄴ'첨 → 유)

여지없다[여지업다 → 여지업따]('ㅅ'탈 → 경)
여쭙잖아[여쭙짢아 → 여쭙짜나](경 → 'ㅎ'탈)
역량[역냥 → 영냥](비 → 비)
역리[역니 → 영니](비 → 비)
역할놀이[여칼놀이 → 여칼로리](격 → 유)
연꽃무늬[연꼳무늬 → 연꼰무니](말 → 비 → 단)
연둣빛[연둗삧 → 연둗삗](말 → 경 → 말)
연득없다[연드겁다 → 연드겁따]('ㅅ'탈 → 경)
연못가[연몯가 → 연몯까](말 → 경)
연잇다[연닏다 → 연닏따]('ㄴ'첨 → 말 → 경)
연잎[연닢 → 연닙]('ㄴ'첨 → 말)
연줄연줄[연줄년줄 → 연줄련줄]('ㄴ'첨 → 유)
열없다[여럽다 → 여럽따]('ㅅ'탈 → 경)
열없쟁이[여럽쟁이 → 여럽쨍이]('ㅅ'탈 → 경)
엷다[열다 → 열따]('ㅂ'탈 → 경)
엷붉다[열붉다 → 열북따]('ㅂ'탈 → 'ㄹ'탈 → 경)
염치없다[염치업다 → 염치업따]('ㅅ'탈 → 경)
엿가락[엳가락 → 엳까락](말 → 경)
엿가마[엳가마 → 엳까마](말 → 경)
엿가위[엳가위 → 엳까위](말 → 경)
엿가위질[엳가위질 → 엳까위질](말 → 경)
엿강정[엳강정 → 엳깡정](말 → 경)
엿기름[엳기름 → 엳끼름](말 → 경)
엿누룽지[엳누룽지 → 연누룽지](말 → 비)
엿단쇠[엳단쇠 → 엳딴쇠/-쉐](말 → 경)
엿도가[엳도가 → 엳또가](말 → 경)
엿돈이[엳돈이 → 엳또니](말 → 경)
엿듣다[엳듣다 → 엳뜯따](말 → 경 → 말)
엿목판[엳목판 → 연목판](말 → 비)
엿물[엳물 → 연물](말 → 비)
엿밥[엳밥 → 엳빱](말 → 경)
엿방망이[엳방망이 → 엳빵망이](말 → 경)
엿보다[엳보다 → 엳뽀다](말 → 경)
엿불림[엳불림 → 엳뿔림](말 → 경)
엿살피다[엳살피다 → 엳쌀피다](말 → 경)
엿새[엳새 → 엳쌔]('ㅅ'탈 → 경)
엿샛날[엳샛날 → 엳쌘날](말 → 경 → 말 → 비)
엿자박[엳자박 → 엳짜박](말 → 경)
엿장사[엳장사 → 엳짱사](말 → 경)
엿장수[엳장수 → 엳짱수](말 → 경)
엿쟁이[엳쟁이 → 엳쨍이](말 → 경)
엿죽[엳죽 → 엳쭉](말 → 경)

엿집[엳집 → 엳찝](말 → 경)
엾는[엳는 → 연는](말 → 비)
엾다[엳다 → 엳따](말 → 경)
엾습니다[엳습니다 → 엳씀니다](말 → 경 → 비)
영락없다[영낙없다 → 영나겁따](비 → 탈 → 경)
옅다[엳다 → 엳따](말 → 경)
옅디옅다[엳디엳다 → 엳띠엳따](말 → 경 → 말 → 경)
옆갈비[엽갈비 → 엽깔비](말 → 경)
옆구리[엽구리 → 엽꾸리](말 → 경)
옆길[엽길 → 엽낄](말 → 경)
옆넓이[엽넓이 → 염널비](말 → 비)
옆눈[엽눈 → 염눈](말 → 비)
옆다리[엽다리 → 엽따리](말 → 경)
옆단[엽단 → 엽딴](말 → 경)
옆들다[엽들다 → 엽뜰다](말 → 경)
옆막이[엽막이 → 염마기](말 → 비)
옆만[엽만 → 염만](말 → 비)
옆머리[엽머리 → 염머리](말 → 비)
옆면[엽면 → 염면](말 → 비)
옆모서리[엽모서리 → 염모서리](말 → 비)
옆모습[엽모습 → 염모습](말 → 비)
옆문[엽문 → 염문](말 → 비)
옆바람[엽바람 → 엽빠람](말 → 경)
옆 반[엽반 → 엽빤](말 → 경)
옆발치[엽발치 → 엽빨치](말 → 경)
옆방[엽방 → 엽빵](말 → 경)
옆벽[엽벽 → 엽뼉](말 → 경)
옆보[엽보 → 엽뽀](말 → 경)
옆새우[엽새우 → 엽쌔우](말 → 경)
옆쇠[엽쇠 → 엽쐬/-쒜](말 → 경)
옆옆이[엽옆이 → 염녀피](말 → 'ㄴ'첨 → 비)
옆잇기[엽읻기 → 염닏끼](말 → 'ㄴ'첨 → 비 → 말
　→ 경)
옆자리[엽자리 → 엽짜리](말 → 경)
옆잡이[엽잡이 → 엽짜비](말 → 경)
옆주름[엽주름 → 엽쭈름](말 → 경)
옆줄[엽줄 → 엽쭐](말 → 경)
옆질[엽질 → 엽찔](말 → 경)
옆집[엽집 → 엽찝](말 → 경)
옆훑이[엽훑이 → 여풀치](말 → 격 → 구)
옆훑치기[엽훑치기 → 여풀치기](말 → 격 → 탈)
예삿일[예삳일 → 예산닐](말 → 'ㄴ'첨 → 비)

예제없다[예제업다 → 예제업따]('ㅅ'탈 → 경)
옛것[옏것 → 옏껃]('말 → 경 → 말)
옛글[옏글 → 옏끌](말 → 경)
옛길[옏길 → 옏낄](말 → 경)
옛날[옏날 → 옌날](말 → 비)
옛날이야기[옏날이야기 → 옌날리야기](말 → 비 →
   'ㄴ'첨 → 유)
옛말[옏말 → 옌말](말 → 비)
옛 모습[옏모습 → 옌모습](말 → 비)
옛사람[옏사람 → 옌싸람](말 → 경)
옛사랑[옏사랑 → 옌싸랑](말 → 경)
옛시조[옏시조 → 옌씨조](말 → 경)
옛이야기[옏이야기 → 옌니야기](말 → 첨 → 비)
옛이응[옏이응 → 옌니응](말 → 'ㄴ'첨 → 비)
옛일[옏일 → 옏닐 → 옌닐](말 → 'ㄴ'첨 → 비)
옛적[옏적 → 옏쩍](말 → 경)
옛정[옏정 → 옏쩡](말 → 경)
옛집[옏집 → 옏찝](말 → 경)
옜다[옏다 → 옏따](말 → 경)
오긋오긋[오그도긋 → 오그도귿](절 → 말)
오랫동안[오랟동안 → 오랟똥안](말 → 경)
오륙십 명[오륙씹명 → 오륙씸명](경 → 비)
오방빛[오방삧 → 오방삗](경 → 말)
오죽잖다[오죽짢다 → 오죽짠타](경 → 격)
오줄없다[오주럽다 → 오주럽따]('ㅅ'탈 → 경)
옥밭[옥빧 → 옥빧](경 → 말)
옥수수엿[옥쑤수엿 → 옥쑤수엳](경 → 말)
옥수숫대[옥쑤슫대 → 옥쑤숟때](경 → 말 → 경)
옥신각신[옥씬각신 → 옥씬각씬](경 → 경)
온데간데없다[온데간데업다 → 온데간데업따]('ㅅ'
   탈 → 경)
올곧잖다[올곧짢다 → 올곧짠타](경 → 격)
올긋불긋[올근불긋 → 올근뿔귿](말 → 경 → 말)
올데갈데없다[올떼갈데없다 → 올떼갈떼업따](경
   → 경 → 'ㅅ'탈 → 경)
올여름[올녀름 → 올려름]('ㄴ'첨 → 유 )
옭걸다[옥걸다 → 옥껄다]('ㄹ'탈 → 경)
옭다[옥다 → 옥따]('ㄹ'탈 → 경)
옭매다[옥매다 → 옹매다]('ㄹ'탈 → 비)
옮겨심기[옴겨심기 → 옴겨심끼]('ㄹ'탈 → 경)
옮긴 일[옴긴일 → 옴긴닐]('ㄹ'탈 → 'ㄴ'첨)
옮깁니다[옴깁니다]('ㄹ'탈 → 비)

옮다[옴다 → 옴따]('ㄹ'탈 → 경)
옳소[올소 → 올쏘]('ㅎ'탈 → 경)
옴나위없다[옴나위업다 → 옴나위업따]('ㅅ'탈 → 경)
옴칫옴칫[옴치돔칫 → 옴치돔칟](절 → 말)
옷가지[옫가지 → 옫까지](말 → 경)
옷감[옫감 → 옫깜](말 → 경)
옷감가지[옫감가지 → 옫깜가지](말 → 경)
옷갓[옫갓 → 옫깓](말 → 경 → 말)
옷거리[옫거리 → 옫꺼리](말 → 경)
옷걸이[옫걸이 → 옫꺼리](말 → 경)
옷고름[옫고름 → 옫꼬름](말 → 경)
옷과[옫과 → 옫꽈](말 → 경)
옷기장[옫기장 → 옫끼장](말 → 경)
옷깃[옫긷 → 옫낃](말 → 경 → 말)
옷농[옫농 → 온농](말 → 비)
옷단[옫단 → 옫딴](말 → 경)
옷도[옫도 → 옫또](말 → 경)
옷들[옫들 → 옫뜰](말 → 경)
옷만[옫만 → 온만](말 → 비)
옷매[옫매 → 온매](말 → 비)
옷매무새[온매무새 → 온매무새](말 → 비)
옷맵시[옫맵시 → 온맵씨](말 → 비 → 경)
옷밥[옫밥 → 옫빱](말 → 경)
옷벌[옫벌 → 옫뻘](말 → 경)
옷보[옫보 → 옫뽀](말 → 경)
옷본[옫본 → 옫뽄](말 → 경)
옷부터[옫부터 → 옫뿌터](말 → 경)
옷붙이[옫붙이 → 옫뿌치](말 → 경 → 구)
옷사치[옫사치 → 옫싸치](말 → 경)
옷상자[옫상자 → 옫쌍자](말 → 경)
옷섶[옫섶 → 옫썹](말 → 경 → 말)
옷소매[옫소매 → 옫쏘매](말 → 경)
옷솔[옫솔 → 옫쏠](말 → 경)
옷시중[옫시중 → 옫씨중](말 → 경)
옷 이름[옫이름 → 온니름](말 → 'ㄴ'첨 → 비)
옷자락[옫자락 → 옫짜락](말 → 경)
옷장[옫장 → 옫짱](말 → 경)
옷주제[옫주제 → 옫쭈제](말 → 경)
옷 한 벌[옫한벌 → 오탄벌](말 → 격)
옹긋옹긋[옹그돗긋 → 옹그돋귿](절 → 말)
옹긋쫑긋[옹근쫑긋 → 옹근쫑귿](말 → 말)
옻그릇[온그릇 → 온끄륻](말 → 경 → 말)

옻기장[옫기장 → 옫끼장](말 → 경)
옻나무[옫나무 → 온나무](말 → 비)
옻닭[옫닭 → 옫딱](말 → 경 → 'ㄹ'탈)
옻독[옫독 → 옫똑](말 → 경)
옻병[옫병 → 옫뼝](말 → 경)
옻빛[옫삧 → 옫삗](말 → 경 → 말)
왔는[완는 → 완는](말 → 비)
왔다[완다 → 왇따](말 → 경)
왔답니다[왇답니다 → 왇땀니다](말 → 경 → 비)
왔습니다[왇습니다 → 왇씀니다](말 → 경 → 비)
왔잖니[왇잖니 → 왇짠니](말 → 경 → 'ㅎ'탈)
왕십리[왕십니 → 왕심니](비 → 비)
왜청빛[왜청삧 → 왜청삗](경 → 말)
외갓집[외간집 → 외간찝/웨-](말 → 경)
외돛배[외돋배 → 외돋빼/웨-](말 → 경)
외떡잎[외떡닢 → 외떵닙/웨-]('ㄴ'첨 → 비 → 말)
외무릎꿇기[외무릅꿇기 → 외무릅꿀키/웨-](말 → 격)
외상없다[외상업다 → 외상업따/웨-]('ㅅ'탈 → 경)
외수없다[외수업다 → 외수업따/웨-]('ㅅ'탈 → 경)
외줄낚시[외줄락시 → 외줄락씨/웨-](유 → 말 → 경)
요탓조탓[요탇조탇 → 요탇쪼탇](말 → 경 → 말)
욕심껏[욕씸껃 → 욕씸껃](경 → 말)
욧잇[욛잇 → 욘닏](말 → 'ㄴ'첨 → 비 → 말)
용적률[용적뉼 → 용정뉼](비 → 비)
우거짓국[우거짇국 → 우거짇꾹](말 → 경)
우긋우긋[우그둣 → 우그둗](절 → 말)
우물결[우물껼 → 우물껼](경 → 말)
우빗우빗[우비둣 → 우비둗빋](절 → 말)
우셨습니다[우셛습니다 → 우셛씀니다](말 → 경 → 비)
우숫물[우순물 → 우순물](말 → 비)
우스갯말[우스갣말 → 우스갠말](말 → 비)
우줅거리다[우죽거리다 → 우죽꺼리다](탈 → 경)
우줅대다[우죽대다 → 우죽때다]('ㄹ'탈 → 경)
우줅우줅[우주구줔 → 우주구죽]('ㄹ'탈 → 'ㄹ'탈)
우짖다[우짇다 → 우짇따](말 → 경)
울긋불긋[울근불긋 → 울근뿔귿](말 → 경 → 말)
울부짖는[울부짇는 → 울부진는](말 → 비)
울섶[울썹 → 울썹](경 → 말)
울었다[우런다 → 우런따](말 → 경)
울었답니다[우런답니다 → 우런땀니다](말 → 경 → 비)
울었습니다[우런습니다 → 우런씀니다](말 → 경 → 비)
울 일[울닐 → 울릴]('ㄴ'첨 → 유)

움잎[움닢 → 움닙]('ㄴ'첨 → 말)
움칫움칫[움치둠칫 → 움치둠칟](절 → 말)
웃거름[욷거름 → 욷꺼름](말 → 경)
웃걷이[욷걷이 → 욷꺼지](말 → 경 → 구)
웃국[욷국 → 욷꾹](말 → 경)
웃기떡[욷기떡 → 욷끼떡](말 → 경)
웃날[욷날 → 운날](말 → 비)
웃는[욷는 → 운는](말 → 비)
웃다[욷다 → 욷따](말 → 경)
웃돈[욷돈 → 욷똔](말 → 경)
웃돌다[욷돌다 → 욷똘다](말 → 경)
웃머리[욷머리 → 운머리](말 → 비)
웃물[욷물 → 운물](말 → 비)
웃보다[욷보다 → 욷뽀다](말 → 경)
웃비[욷비 → 욷삐](말 → 경)
웃소금[욷소금 → 욷쏘금](말 → 경)
웃소리[욷소리 → 욷쏘리](말 → 경)
웃습니다[욷습니다 → 욷씀니다](말 → 경 → 비)
웃옷[우돗 → 우돋](절 → 말)
웃음빛[우슴삧 → 우슴삗](경 → 말)
웃음옛말[우스몏말 → 우스멘말](말 → 비)
웃자[욷자 → 욷짜](말 → 경)
웃자라[욷자라 → 욷짜라](말 → 경)
웃자르다[욷자르다 → 욷짜르다](말 → 경)
웅긋웅긋[웅그둥긋 → 웅그둥귿](절 → 말)
웅긋중긋[웅근중긋 → 웅근쭝귿](말 → 경 → 말)
웅긋쭝긋[웅근쭝긋 → 웅근쭝귿](말 → 말)
윘는[윋는 → 윈는](말 → 비)
윘다[윋다 → 윋따](말 → 경)
윘습니다[윋습니다 → 윋씀니다](말 → 경 → 비)
윗글[윋글 → 윋끌](말 → 경)
윗넓이[윋넓이 → 윈널비](말 → 비)
윗녘[윋녘 → 윈녁](말 → 비 → 말)
윗놀이[윋놀이 → 윈노리](말 → 비)
윗누이[윋누이 → 윈누이](말 → 비)
윗눈시울[윋눈시울 → 윈눈씨울](말 → 비 → 경)
윗눈썹[윋눈썹 → 윈눈썹](말 → 비)
윗니[윋니 → 윈니](말 → 비)
윗도리[윋도리 → 윋또리](말 → 경)
윗마구리[윋마구리 → 윈마구리](말 → 비)
윗마기[윋마기 → 윈마기](말 → 비)
윗마디[윋마디 → 윈마디](말 → 비)

윗마을[윋마을 → 윈마을](말 → 비)
윗막이[윋막이 → 윈마기](말 → 비)
윗말[윋말 → 윈말](말 → 비)
윗머리[윋머리 → 윈머리](말 → 비)
윗면[윋면 → 윈면](말 → 비)
윗목[윋목 → 윈목](말 → 비)
윗몸[윋몸 → 윈몸](말 → 비)
윗물[윋물 → 윈물](말 → 비)
윗미닫이틀[윋미닫이틀 → 윈미다지틀](말 → 비 → 구)
윗부분[윋부분 → 윋뿌분](말 → 경)
윗사람[윋사람 → 윋싸람](말 → 경)
윗옷[위돗 → 위돋](절 → 말)
윗입술[윋입술 → 윈닙쑬](말 → 'ㄴ'첨 → 비 → 경)
윗잇몸[윋잇몸 → 윈닌몸](말 → 'ㄴ'첨 → 비)
유감없다[유가멉다 → 유가멉따]('ㅅ'탈 → 경)
유례없다[유례업다 → 유례업따]('ㅅ'탈 → 경)
유록빛[유록뼃 → 유록삗](경 → 말)
유황빛[유황뼃 → 유황삗](경 → 말)
육두문자[육뚜문자 → 육뚜문짜](경 → 경)
육례[육녜 → 융녜](비 → 비)
육로[육노 → 융노](비 → 비)
육룡[육농 → 융뇽](비 → 비)
육류[육뉴 → 융뉴](비 → 비)
육림[육님 → 융님](비 → 비)
육미붙이[융미붙이 → 융미부치](비 → 구)
육젓[육젓 → 육쩓](경 → 말)
윤척없다[윤처겁다 → 윤처겁따]('ㅅ'탈 → 경)
윤활유[윤활뉴 → 윤활류]('ㄴ'첨 → 유)
윷가락[윧가락 → 윧까락](말 → 경)
윷노래[윧노래 → 윤노래](말 → 비)
윷놀이[윧놀이 → 윤노리](말 → 비)
윷말[윧말 → 윤말](말 → 비)
윷밭[윧밭 → 윤빧](말 → 경 → 말)
윷자리[윧자리 → 윧짜리](말 → 경)
윷점[윧점 → 윧쩜](말 → 경)
으쓱했습니다[으쓰캤습니다 → 으쓰캔씀니다](격 → 말 → 경 → 비)
윽박지르다[윽빡지르다 → 윽빡찌르다](경 → 경)
은빛[은삧 → 은삗](경 → 말)
은행잎[은행닢 → 은행닙]('ㄴ'첨 → 말)
을밋을밋[을미들밋 → 을미들믿](절 → 말)
읊는[읖는 → 음는]('ㄹ'탈 → 말 → 비)

읊다[읖다 → 읍따]('ㄹ'탈 → 말 → 경)
읊조리다[읖조리다 → 읍쪼리다](탈 → 말 → 경)
음력설[음녁설 → 음녁썰](비 → 경)
읍붙이[읍뿥이 → 읍뿌치](경 → 구)
응석받이[응석빧이 → 응석빠지](경 → 구)
의붓자식[의붇자식 → 의붇짜식](말 → 경)
의젓잖다[의젇잖다 → 의젇짠타](말 → 경 → 격)
의젓하다[의젇하다 → 의저타다](말 → 격)
의지가지없다[의지가지업다 → 의지가지업따]('ㅅ'탈 → 경)
이것다[이걷다 → 이걷따](말 → 경)
이것도[이걷도 → 이걷또](말 → 경)
이것만[이걷만 → 이건만](말 → 비)
이것저것[이걷저걷 → 이걷쩌걷](말 → 경 → 말)
이겼다[이겯다 → 이겯따](말 → 경)
이겼답니다[이겯답니다 → 이겯땀니다](말 → 경 → 비)
이겼습니다[이겯습니다 → 이겯씀니다](말 → 경 → 비)
이곳저곳[이곧저곧 → 이곧쩌곧](말 → 경 → 말)
이끎길[이끎길 → 이끔낄]('ㄹ'탈 → 경)
이끎법[이끔법 → 이끔뻡]('ㄹ'탈 → 경)
이렇습니다[이러습니다 → 이러씀니다]('ㅎ'탈 → 경 → 비)
이렇다[이럳다 → 이럳따](말 → 경)
이름값[이름값 → 이름깝](경 → 'ㅅ'탈)
이맛머리[이맏머리 → 이만머리](말 → 비)
이맛살[이맏살 → 이맏쌀](말 → 경)
이발샀다[이발쌌다 → 이발싹](경 → 'ㅅ'탈)
이불잇[이불닛 → 이불릳]('ㄴ'첨 → 유 → 말)
이삭줍기[이삭쭙기 → 이삭쭙끼](경 → 경)
이삿짐[이삳짐 → 이삳찜](말 → 경)
이슬양[이슬냥 → 이슬량]('ㄴ'첨 → 유)
이야깃거리[이야긷거리 → 이야긷꺼리](말 → 경)
이웃과[이욷과 → 이욷꽈](말 → 경)
이웃들[이욷들 → 이욷뜰](말 → 경)
이웃사촌[이욷사촌 → 이욷싸촌](말 → 경)
이웃집[이욷집 → 이욷찝](말 → 경)
익숙하다[익쑥하다 → 익쑤카다](경 → 격)
익혔다[이켰다 → 이켣따](격 → 말 → 경)
인접권료[인접꿘료 → 인접꿘뇨](경 → 비)
인정값[인정값 → 인정깝](경 → 'ㅅ'탈)
인정사정없다[인정사정업다 → 인정사정업따]('ㅅ'탈 → 경)

일긋얄긋[일근얄긋 → 일근냘귿](말→'ㄴ'첨 → 비
   → 말)
일긋얄긋[일그달긋 → 일그달귿](절 → 말)
일긋일긋[일근일긋 → 일근닐귿]
   (말→'ㄴ'첨 → 비 → 말)
일긋일긋[일그딜긋 → 일그딜귿](절 → 말)
일벗[일뻣 → 일뻗](경 → 말)
일없다[이럽다 → 이럽따]('ㅅ'탈 → 경)
일일이[일닐이 → 일리리]('ㄴ'첨 → 유)
읽는[익는 → 잉는]('ㄹ'탈 → 비)
읽다[익다 → 익따]('ㄹ'탈 → 경)
읽습니다[익습니다 → 익씀니다](탈 → 경 → 비)
잃는[일는 → 일른]('ㅎ'탈 → 유)
입노릇[임노릇 → 임노른](비 → 말)
입덧[입떳 → 입떧](경 → 말)
입력하다[임녁하다 → 임녀카다](비 → 비 → 격)
입맛[임맛 → 임맏](비 → 말)
입 맞추자[임맞추자 → 임맏추자](비 → 말)
입맞춤[임맞춤 → 임맏춤](비 → 말)
입맵시[임맵시 → 임맵씨](비 → 경)
입버릇[입뻐릇 → 입뻐른](경 → 말)
입속말[입쏙말 → 입쏭말](경 → 비)
입습니다[입씁니다 → 입씀니다](경 → 비)
입씻김[입씯김 → 입씯낌](말 → 경)
입장료[입짱료 → 입짱뇨](경 → 비)
입짓[입찟 → 입찓](경 → 말)
입학하다[이팍하다 → 이파카카](격 → 격)
잇는[읻는 → 인는](말 → 비)
잇다[읻다 → 읻따](말 → 경)
잇달다[읻달다 → 읻딸다](말 → 경)
잇닿다[읻닿다 → 읻따타](말 → 경 → 격)
잇몸[읻몸 → 인몸](말 → 비)
잇습니다[읻습니다 → 인씀니다](말 → 경 → 비)
있는[읻는 → 인는](말 → 비)
있다[읻다 → 읻따](말 → 경)
있답니다[읻답니다 → 읻땀니다](말 → 경 → 비)
있습니다[읻습니다 → 읻씀니다](말 → 경 → 비)
있잖아[읻잖아 → 읻짜나](말 → 경 →'ㅎ'탈)
잊는[읻는 → 인는](말 → 비)
잊다[읻다 → 읻따](말 → 경)
잎가지[입가지 → 입까지](말 → 경)
잎과[입과 → 입꽈](말 → 경)

잎나무[입나무 → 임나무](말 → 비)
잎눈[입눈 → 임눈](말 → 비)
잎담배[입담배 → 입땀배](말 → 경)
잎도[입도 → 입또](말 → 경)
잎들[입들 → 입뜰](말 → 경)
잎망울[입망울 → 임망울](말 → 비)
잎맥[입맥 → 임맥](말 → 비)
잎몸[입몸 → 임몸](말 → 비)
잎밑[입밑 → 임믿](말 → 비 → 말)
잎바늘[입바늘 → 입빠늘](말 → 경)
잎사귀[입사귀 → 입싸귀](말 → 경)
잎살[입살 → 입쌀](말 → 경)
잎샘[입샘 → 입쌤](말 → 경)
잎자루[입자루 → 입짜루](말 → 경)
잎줄기[입줄기 → 입쭐기](말 → 경)
잎집[입집 → 입찝](말 → 경)


## ㅈ

자긋자긋[자근자긋 → 자근짜귿](말 → 경 → 말)
자드락밭[자드락빹 → 자드락빧](경 → 말)
자랐습니다[자랃습니다 → 자랃씀니다](말 → 경→비)
자릿날[자릳날 → 자린날](말 → 비)
자릿내[자릳내 → 자린내](말 → 비)
자릿자릿[자릳자릿 → 자릳짜릳](말 → 경 → 말)
자발머리없다[자발머리업다 → 자발머리업따]('ㅅ'
   탈 → 경)
자발없다[자바럽다 → 자바럽따]('ㅅ'탈 → 경)
자줏빛[자준빋 → 자준삗](말 → 경 → 말)
자칫자칫[자칟자칫 → 자칟짜칟](말 → 경 → 말)
작디작다[작띠작다 → 작띠작따](경 → 경)
작습니다[작씁니다 → 작씀니다](경 → 비)
작을요[자글뇨 → 자글료]('ㄴ'첨 → 유)
잔불놓이[잔불롱이 → 잔불로이](유 →'ㅎ'탈)
잔솔잎[잔솔닢 → 잔솔립]('ㄴ'첨 → 유 → 말)
잔잎[잔닢 → 잔닙]('ㄴ'첨 → 말)
잔칫날[잔칟날 → 잔친날](말 → 비)
잔칫상[잔칟상 → 잔친쌍](말 → 경)
잔칫집[잔칟집 → 잔친찝](말 → 경)
잗닿다[잗땋다 → 잗따타](경 → 격)
잗젊다[잗쩖다 → 잗쩜따](경 →'ㄹ'탈 → 경)

잘깃잘깃[잘긴잘깃 → 잘긴짤긴](말 → 경 → 말)
잘못짚다[잘몯짚다 → 잘몯찝따](말 → 경 → 말 → 경)
잘못하다[잘몯하다 → 잘모타다](말 → 격)
잘 익다[잘닉다 → 잘릭따]('ㄴ'첨 → 유 → 경)
잠겼느니대[잠견습니다 → 잠견씀니다](말 → 경 → 비)
잡곡밥[잡꼭밥 → 잡꼭빱](경 → 경)
잡맛[잡맛 → 잠맏](비 → 말)
잡습니다[잡씁니다 → 잡씀니다](경 → 비)
잡젓[잡젿 → 잡쩓](경 → 말)
잡좆[잡좆 → 잡쫃](경 → 말)
잡힙니다[자핍니다 → 자핌니다](격 → 비)
잣가루[잗가루 → 잗까루](말 → 경)
잣기름[잗기름 → 잗끼름](말 → 경)
잣나무[잗나무 → 잔나무](말 → 비)
잣눈[잗눈 → 잔눈](말 → 비)
잣다[잗다 → 잗따](말 → 경)
잣다리[잗다리 → 잗따리](말 → 경)
잣단자[잗단자 → 잗딴자](말 → 경)
잣대[잗대 → 잗때](말 → 경)
잣불[잗불 → 잗뿔](말 → 경)
잣송이[잗송이 → 잗쏭이](말 → 경)
잣송진[잗송진 → 잗쏭진](말 → 경)
잣습니다[잗씁니다 → 잗씀니다](말 → 경 → 비)
잣엿[잗엿 → 잔녇](말 → 'ㄴ'첨 → 비 → 말)
잣죽[잗죽 → 잗쭉](말 → 경)
잤다[잗다 → 잗따](말 → 경)
잤습니다[잗씁니다 → 잗씀니다](말 → 경 → 비)
장닭[장닭 → 장딱](경 → 'ㄹ'탈)
장밋빛[장믿빛 → 장믿삗](말 → 경 → 말)
장삿날[장삳날 → 장산날](말 → 비)
장삿목[장삳목 → 장산목](말 → 비)
장식깃[장식낏 → 장식낃](경 → 말)
장식용[장식뇽 → 장싱뇽]('ㄴ'첨 → 비)
장작윷[장작늋 → 장장늍]('ㄴ'첨 → 비 → 말)
잦다[잗다 → 잗따](말 → 경)
재미없다[재미업다 → 재미업따]('ㅅ'탈 → 경)
재밌답니다[재믿답니다 → 재믿땀니다](말 → 경 → 비)
잿골[잳골 → 잳꼴](말 → 경)
잿물[잳물 → 잰물](말 → 비)
잿빛[잳빛 → 잳삗](말 → 경 → 말)
잿다[잳다 → 잳따](말 → 경)
저녁녘[저녁녘 → 저녕녁](비 → 말)

저녁 늦게[저녁늦게 → 저녕는께](비 → 말 → 경)
저녁볕[저녁볕 → 저녁뼏](경 → 말)
저릿저릿[저릳저릳 → 저릳쩌릳](말 → 경 → 말)
저작권료[저작꿘료 → 저작꿘뇨](경 → 비)
저잣거리[저잗거리 → 저잗꺼리](말 → 경)
적록[적녹 → 정녹](비 → 비)
적립금[적닙금 → 정닙끔](비 → 비 → 경)
적잖다[적짢다 → 적짠타](경 → 격)
적잖은[적짢은 → 적짜는](경 → 'ㅎ'탈)
적합하다[저캅하다 → 저카파다](격 → 격)
전기밥솥[전기밥솥 → 전기밥쏟](경 → 말)
전깃줄[전긷줄 → 전긷쭐](말 → 경)
전복젓[전복젿 → 전복쩓](경 → 말)
전봇대[전볻대 → 전볻때](말 → 경)
절굿공이[절굳공이 → 절굳꽁이](말 → 경)
젊다[점다 → 점따]('ㄹ'탈 → 경)
젊습니다[점습니다 → 점씀니다](탈 → 경 → 비)
접낫[점낫 → 점낟](비 → 말)
접목하다[점목하다 → 점모카다](비 → 격)
접붙이기[접뿥이기 → 접뿌치기](경 → 구)
접습니다[접씁니다 → 접씀니다](경 → 비)
접시꽃[접씨꽃 → 접씨꼳](경 → 말)
젓가락[전가락 → 전까락](말 → 경)
젓가락질[전가락질 → 전까락찔](말 → 경 → 경)
젓갈[전갈 → 전깔](말 → 경)
젓갈류[전갈류 → 전깔류](말 → 경)
젓갈붙이[전갈붙이 → 전깔뿌치](말 → 경 → 구)
젓국[전국 → 전꾹](말 → 경)
젓국물[전국물 → 전꿍물](말 → 경 → 비)
젓국지[전국지 → 전꾹찌](말 → 경 → 경)
젓다[전다 → 젇따](말 → 경)
젓습니다[전습니다 → 전씀니다](말 → 경 → 비)
정략혼[정냑혼 → 정냐콘](비 → 격)
정맥류[정맥뉴 → 정맹뉴](비 → 비)
정신없다[정시넙다 → 정시넙따]('ㅅ'탈 → 경)
젖가슴[전가슴 → 전까슴](말 → 경)
젖국[전국 → 전꾹](말 → 경)
젖기름[전기름 → 전끼름](말 → 경)
젖꼭지[전꼭지 → 전꼭찌](말 → 경)
젖는[전는 → 전는](말 → 비)
젖니[전니 → 전니](말 → 비)
젖다[전다 → 젇따](말 → 경)

한국어 발음 교육의 실제

젖동냥[젇동냥 → 젇똥냥](말 → 경)
젖동생[젇동생 → 젇똥생](말 → 경)
젖먹이[젇먹이 → 전머기](말 → 비)
젖멍울[젇멍울 → 전멍울](말 → 비)
젖몸살[젇몸살 → 전몸살](말 → 비)
젖무덤[젇무덤 → 전무덤](말 → 비)
젖배[젇배 → 젇빼](말 → 경)
젖병[젇병 → 젇뼝](말 → 경)
젖비린내[젇비린내 → 젇삐린내](말 → 경)
젖빛[젇빛 → 젇삗](말 → 경 → 말)
젖소[젇소 → 젇쏘](말 → 경)
젖앓이[저닳이 → 저다리](절 → 'ㅎ'탈)
젖양[젇양 → 전냥](말 → 'ㄴ'첨 → 비)
젖잖아[젇잖아 → 젇짜나](말 → 경 → 'ㅎ'탈)
젖줄[젇줄 → 젇쭐](말 → 경)
젖혀[저쳐 → 저처](격 → 단)
제멋대로[제먿대로 → 제먿때로](말 → 경)
제삿날[제삳날 → 제산날](말 → 비)
제육젓[제육쩟 → 제육쩓](경 → 말)
젯메[젣메 → 젠메](말 → 비)
졌는[졀는 → 전는](단 → 말 → 비)
졌다[졀다 → 젇따](단 → 말 → 경)
졌습니다[졀씁니다 → 젇씀니다](단 → 말 → 경 → 비)
졌잖아[졀잖아 → 젇짜나](단 → 말 → 경 → 'ㅎ'탈)
조릿조릿[조릳조릳 → 조릳쪼릳](말 → 경 → 말)
조뼛조뼛[조뼏조뼏 → 조뼏쪼뼏](말 → 경 → 말)
조상굿[조상굳 → 조상꾿](경 → 말)
졸깃졸깃[졸긷졸긷 → 졸긷쫄긷](말 → 경 → 말)
좁다랗다[좁따랗다 → 좁따라타](경 → 격)
좁쌀여우[좁쌀녀우 → 좁쌀려우]('ㄴ'첨 → 유)
좁쌀영감[좁쌀녕감 → 좁쌀령감]('ㄴ'첨 → 유)
종잇조각[종읻조각 → 종읻쪼각](말 → 경)
종작없다[종자겁다 → 종자겁따]('ㅅ'탈 → 경)
종착역[종착녁 → 종창녁]('ㄴ'첨 → 비)
좇다[졷다 → 졷따](말 → 경)
좋겠습니다[조켇습니다 → 조켇씀니다](격 → 말 →
   경 → 비)
좋네[졷네 → 존네](말 → 비)
좋소[조소 → 조쏘]('ㅎ'탈 → 경)
좋습니다[조습니다 → 조씀니다](탈 → 경 → 비)
좋잖다[조찮다 → 조찬타](격 → 격)
좋잖아[조찮아 → 조차나](격 → 'ㅎ'탈)

주름잎[주름닢 → 주름닙]('ㄴ'첨 → 말)
주무셨답니다[주무셛답니다 → 주무셛땀니다](말
   → 경 → 비)
주뼛주뼛[주뼏주뼏 → 주뼏쭈뼏](말 → 경 → 말)
주저앉다[주저안다 → 주저안따]('ㅈ'탈 → 경)
주책없다[주채겁다 → 주채겁따]('ㅅ'탈 → 경)
주춧돌[주춛돌 → 주춛똘](말 → 경)
죽갓[죽깓 → 죽깓](경 → 말)
죽사옵니다[죽싸옵니다 → 죽싸옴니다](경 → 비)
죽절갓끈[죽쩔갓끈 → 죽쩔간끈](경 → 말)
줄깃줄깃[줄긷줄긷 → 줄긷쭐긷](말 → 경 → 말)
줄넘기[줄럼기 → 줄럼끼](유 → 경)
줄밑걷다[줄밑걷다 → 줄믿걷따](말 → 경 → 경)
줄 일[줄닐 → 줄릴]('ㄴ'첨 → 유)
중값[중깞 → 중깝](경 → 'ㅅ'탈)
중굿날[중굳날 → 중군날](말 → 비)
중앙값[중앙깞 → 중앙깝](경 → 'ㅅ'탈)
쥈다[쥗다 → 쥗따](말 → 경)
쥈잖아[쥗잖아 → 쥗짜나](말 → 경 → 'ㅎ'탈)
쥐빚다[쥐빋다 → 쥐빋따](말 → 경)
지긋지긋[지귿지귿 → 지귿찌귿](말 → 경 → 말)
지신밟기[지신밥기 → 지신밥끼]('ㄹ'탈 → 경)
지싯지싯[지싣지싣 → 지싣찌싣](말 → 경 → 말)
지질맞다[지질맏다 → 지질맏따](말 → 경)
지칫지칫[지칟지칟 → 지칟찌칟](말 → 경 → 말)
직렬[직녈 → 징녈](비 → 비)
직류[직뉴 → 징뉴](비 → 비)
직립[직닙 → 징닙](비 → 비)
직무명령[징무명령 → 징무명녕](비 → 비)
직사각형[직싸각형 → 직싸가켱](경 → 격)
직육면체[직뉵면체 → 징늉면체]('ㄴ'첨 → 비 → 비)
진돗개[진돋개 → 진돋깨](말 → 경)
진딧물[진딛물 → 진딘물](말 → 비)
진배없다[진배업다 → 진배업따]('ㅅ'탈 → 경)
진잎[진닢 → 진닙]('ㄴ'첨 → 말)
진홍빛[진홍삧 → 진홍삗](경 → 말)
진흙돌[진흑돌 → 진흑똘]('ㄹ'탈 → 경)
진흙물[진흑물 → 진흥물]('ㄹ'탈 → 비)
질긋질긋[질귿질귿 → 질귿찔귿](말 → 경 → 말)
질깃질깃[질긷질긷 → 질긷찔긷](말 → 경 → 말)
질산염[질싼염 → 질싼념](경 → 'ㄴ'첨)
질삿반[질삳반 → 질삳빤](말 → 경)

질식하다[질씩하다 → 질씨카다](경 → 격)
젊다[짐다 → 짐따]('ㄹ'탈→ 경)
짐샀[짐쌌 → 짐싻](경 → 'ㅅ'탈)
집적하다[집쩍하다 → 집쩌카다](경 → 격)
집집마다[집찝마다 → 집찜마다](경 → 비)
집짓기[집찟기 → 집찓끼](경 → 말 → 경)
짓거나[짇거나 → 짇꺼나](말 → 경)
짓거리[짇거리 → 짇꺼리](말 → 경)
짓궂다[짇굳다 → 짇꾿따](말 → 경 → 말 → 경)
짓기[짇기 → 짇끼](말 → 경)
짓널다[짇널다 → 진널다](말 → 비)
짓누르다[짇누르다 → 진누르다](말 → 비)
짓눌리다[짇눌리다 → 진눌리다](말 → 비)
짓는[짇는 → 진는](말 → 비)
짓다[짇다 → 짇따](말 → 경)
짓둥이[짇둥이 → 짇뚱이](말 → 경)
짓듯[짇든 → 짇뜯](말 → 경 → 말)
짓마다[짇마다 → 진마다](말 → 비)
짓무르다[짇무르다 → 진무르다](말 → 비)
짓밟다[짇밟다 → 진빱따](말 → 경 → 'ㄹ'탈→ 경)
짓밟히다[짇밟히다 → 진빨피다](말 → 경 → 격)
짓소리[짇소리 → 짇쏘리](말 → 경)
짓습니다[짇습니다 → 짇씀니다](말 → 경 → 비)
짓시늉[짇시늉 → 짇씨늉](말 → 경)
짓옷[지돗 → 지돋](절 → 말)
짓이기다[짇이기다 → 진니기다](말→'ㄴ'첨 → 비)
짓찧다[짇찧다 → 짇찌타](말 → 격)
짖는[짇는 → 진는](말 → 비)
짖다[짇다 → 짇따](말 → 경)
짖습니다[짇습니다 → 짇씀니다](말 → 경 → 비)
짙다[짇다 → 짇따](말 → 경)
짙붉다[짇붉다 → 진뿍따](말 → 경 → 'ㄹ'탈→ 경)
짚가리[집가리 → 집까리](말 → 경)
짚고[집고 → 집꼬](말 → 경)
짚나라미[집나라미 → 짐나라미](말 → 비)
짚는[집는 → 짐는](말 → 비)
짚다[집다 → 집따](말 → 경)
짚단[집단 → 집딴](말 → 경)
짚대[집대 → 집때](말 → 경)
짚둥우리[집둥우리 → 집뚱우리](말 → 경)
짚못[집못 → 짐몯](말 → 비 → 말)
짚방석[집방석 → 집빵석](말 → 경)

짚북데기[집북데기 → 집뿍떼기](말 → 경 → 경)
짚불[집불 → 집뿔](말 → 경)
짚수세미[집수세미 → 집쑤세미](말 → 경)
짚신[집신 → 집씬](말 → 경)
짚여물[집여물 → 짐녀물](말→'ㄴ'첨 → 비)
짚자리[집자리 → 집짜리](말 → 경)
짚지[집지 → 집찌](말 → 경)
짜긋짜긋[짜귿짜귿 → 짜근짜근](말 → 말)
짜릿짜릿[짜릳짜릳 → 짜릳짜릳](말 → 말)
짜릿하다[짜릳하다 → 짜리타다](말 → 격)
짝밭[짝빧 → 짝빧](경 → 말)
짝짓기[짝찟기 → 짝찓끼](경 → 말 → 경)
짤긋짤긋[짤귿짤귿 → 짤긴짤긴](말 → 말)
짧다[짤다 → 짤따]('ㅂ'탈→ 경)
짧습니다[짤습니다 → 짤씀니다](탈 → 경 → 비)
째긋째긋[째귿째귿 → 째근째근](말 → 말)
쨈빛[쨈삧 → 쨈삗](경 → 말)
쨌다[쨋다 → 쨋따](말 → 경)
쨍긋쨍긋[쨍귿쨍귿 → 쨍근쨍근](말 → 말)
쨍끗쨍끗[째귿쨍귿 → 쨍끈쨍끈](말 → 말)
쩌릿쩌릿[쩌릳쩌릳 → 쩌릳쩌릳](말 → 말)
쪼뼛쪼뼛[쪼뼏쪼뼏 → 쪼뼏쪼뼏](말 → 말)
쪽매붙임[쪽매붙임 → 쫑매부침](비 → 구)
쪽박굿[쪽빡굿 → 쪽빡꾿](경 → 경 → 말)
쪽빛[쪽삧 → 쪽삗](경 → 말)
쫄긋쫄긋[쫄귿쫄귿 → 쫄긴쫄긴](말 → 말)
쫑긋쫑긋[쫑귿쫑귿 → 쫑근쫑근](말 → 말)
쫑긋하다[쫑귿하다 → 쫑그타다](말 → 격)
쫓겨나다[쫃겨나다 → 쫃껴나다](말 → 경)
쫓기다[쫃기다 → 쫃끼다](말 → 경)
쫓는[쫃는 → 쫀는](말 → 비)
쫓다[쫃다 → 쫃따](말 → 경)
쭈뼛쭈뼛[쭈뼏쭈뼏 → 쭈뼏쭈뼏](말 → 말)
쭈뼛하다[쭈뼏하다 → 쭈뼈타다](말 → 격)
쭐긋쭐긋[쭐귿쭐귿 → 쭐긴쭐긴](말 → 말)
쭝긋쭝긋[쭝귿쭝귿 → 쭝근쭝근](말 → 말)
찌긋찌긋[찌귿찌귿 → 찌근찌근](말 → 말)
찌릇찌릇[찌륻찌륻 → 찌른찌른](말 → 말)
찌릿찌릿[찌릳찌릳 → 찌릳찌릳](말 → 말)
찌릿하다[찌릳하다 → 찌리타다](말 → 격)
찍습니다[찍씁니다 → 찍씀니다](경 → 비)
찔긋찔긋[찔귿찔귿 → 찔긴찔긴](말 → 말)

한국어 발음 교육의 실제

찜없다[찌멉다 → 찌멉따]('ㅅ'탈 → 경)
찡긋찡긋[찡귿찡귿 → 찡귿찡귿](말 → 말)
찡긋하다[찡귿하다 → 찡그타다](말 → 격)
찡끗찡끗[찡끋찡끋 → 찡끋찡끋](말 → 말)
찢기다[찓기다 → 찓끼다](말 → 경)
찢다[찓다 → 찓따](말 → 경)
찧습니다[찌습니다 → 찌씀니다](탈 → 경 → 비)

## ㅊ

차고앉다[차고안다 → 차고안따]('ㅈ'탈 → 경)
차렵이불[차렵니불 → 차렴니불]('ㄴ'첨 → 비)
차렸다[차렫다 → 차렫따](말 → 경)
착각하다[착깍하다 → 착까카다](경 → 격)
착륙[착뉵 → 창뉵](비 → 비)
착잡하다[착짭하다 → 착짜파다](경 → 격)
찬값[찬갑 → 찬깝](경 →'ㅅ'탈)
찬그릇[찬끄륻 → 찬끄른](경 → 말)
참깻묵[참깯묵 → 참깬묵](말 → 비)
참깻잎[참깯잎 → 참깬닙](말 →'ㄴ'첨 → 비)
참빗질[참빋질 → 참빋찔](말 → 경)
참숯불[참숟불 → 참숟뿔](말 → 경)
찹쌀엿[찹쌀녇 → 찹쌀렫]('ㄴ'첨 → 유 → 말)
찻길[찯길 → 찬낄](말 → 경)
찻물[찯물 → 찬물](말 → 비)
찻상[찯상 → 찬쌍](말 → 경)
찻잎[찯입 → 찬닙](말 →'ㄴ'첨 → 비)
찻잔[찯잔 → 찬짠](말 → 경)
찻집[찯집 → 찬찝](말 → 경)
찼다[찯다 → 찬따](말 → 경)
창립하다[창닙하다 → 창니파다](비 → 격)
창밖만[창박만 → 창방만](말 → 비)
찾는[찯는 → 찬는](말 → 비)
찾다[찯다 → 찬따](말 → 경)
찾습니다[찯습니다 → 찬씀니다](말 → 경 → 비)
찾았다[차잗다 → 차잗따](말 → 경)
채신머리없다[채신머리업다 → 채신머리업따]('ㅅ'
   탈 → 경)
채신없다[채시넙다 → 채시넙따]('ㅅ'탈 → 경)
책략[책냑 → 챙냑](비 → 비)
책략가[책냑가 → 챙냑까](비 → 비 → 경)

책력[책녁 → 챙녁](비 → 비)
책송곳[책쏭곧 → 책쏭곧](경 → 말)
책 이름[책니름 → 챙니름]('ㄴ'첨 → 비)
챗열[챋열 → 챈녈](말 →'ㄴ'첨 → 비)
챘다[챋다 → 챈따](말 → 경)
처신없다[처시넙다 → 처시넙따]('ㅅ'탈 → 경)
척짓다[척찓다 → 척찓따](경 → 말 → 경)
천일염[처닐념 → 처닐렴]('ㄴ'첨 → 유)
철없다[처럽다 → 처럽따]('ㅅ'탈 → 경)
첫가물[첟가물 → 첟까물](말 → 경)
첫가을[첟가을 → 첟까을](말 → 경)
첫가지[첟가지 → 첟까지](말 → 경)
첫걸음[첟걸음 → 첟꺼름](말 → 경)
첫걸음마[첟걸음마 → 첟꺼름마](말 → 경)
첫겨울[첟겨울 → 첟껴울](말 → 경)
첫국밥[첟국밥 → 첟꾹빱](말 → 경 → 경)
첫길[첟길 → 첟낄](말 → 경)
첫나들이[첟나들이 → 천나드리](말 → 비)
첫날[첟날 → 천날](말 → 비)
첫날밤[천날밤 → 천날빰](말 → 비 → 경)
첫눈[첟눈 → 천눈](말 → 비)
첫닭[첟닭 → 천딱](말 → 경 →'ㄹ'탈)
첫대목[첟대목 → 첟때목](말 → 경)
첫더위[첟더위 → 첟떠위](말 → 경)
첫도[첟도 → 첟또](말 → 경)
첫돌[첟돌 → 첟똘](말 → 경)
첫마디[첟마디 → 천마디](말 → 비)
첫말[첟말 → 천말](말 → 비)
첫맛[첟맏 → 천맏](말 → 비 → 말)
첫머리[첟머리 → 천머리](말 → 비)
첫모[첟모 → 천모](말 → 비)
첫 문단[첟문단 → 천문단](말 → 비)
첫 문장[첟문장 → 천문장](말 → 비)
첫물[첟물 → 천물](말 → 비)
첫밖[첟밖 → 첟빡](말 → 경 →'ㅅ'탈)
첫발[첟발 → 첟빨](말 → 경)
첫밥[첟밥 → 첟빱](말 → 경)
첫 번째[첟번째 → 첟뻔째](말 → 경)
첫봄[첟봄 → 첟뽐](말 → 경)
첫사랑[첟사랑 → 첟싸랑](말 → 경)
첫새벽[첟새벽 → 첟쌔벽](말 → 경)
첫서리[첟서리 → 첟써리](말 → 경)

첫선[천선 → 첟썬](말 → 경)
첫소리[천소리 → 첟쏘리](말 → 경)
첫솜씨[천솜씨 → 첟쏨씨](말 → 경)
첫술[천술 → 첟쑬](말 → 경)
첫여름[천여름 → 천녀름](말 → 'ㄴ'첨 → 비)
첫윷[천늇 → 천늗](말 → 'ㄴ'첨 → 비 → 말)
첫이레[천이레 → 천니레](말 → 'ㄴ'첨 → 비)
첫입[천입 → 천닙](말 → 'ㄴ'첨 → 비)
첫자리[천자리 → 첟짜리](말 → 경)
첫잠[천잠 → 첟짬](말 → 경)
첫 장[천장 → 첟짱](말 → 경)
첫정[천정 → 첟쩡](말 → 경)
첫젖[천젖 → 첟쩓](말 → 경 → 말)
첫제사[천제사 → 첟쩨사](말 → 경)
첫조금[천조금 → 첟쪼금](말 → 경)
첫해[천해 → 처태](말 → 격)
첫행보[천행보 → 처탱보](말 → 격)
첫혼인[천혼인 → 처토닌](말 → 격)
청백리[청백니 → 청뱅니](비 → 비)
체육복만[체육뽁만 → 체육뽕만](경 → 비)
쳇눈[첻눈 → 첸눈](말 → 비)
쳤다[첟다 → 천따](단 → 말 → 경)
쳤습니다[첟습니다 → 첟씀니다](단 → 말 → 경 → 비)
초닷새[초닫새 → 초닫쌔](말 → 경)
초닷샛날[초닫샛날 → 초닫쌘날](말 → 경 → 말 → 비)
초록빛[초록삩 → 초록삩](경 → 말)
초맛살[초맏살 → 초맏쌀](말 → 경)
초엿새[초엳새 → 초엳쌔](말 → 경)
초엿샛날[초엳샛날 → 초엳쌘날](말 → 경 → 말 → 비)
초이렛날[초이렏날 → 초이렌날](말 → 비)
초젓국[초젇국 → 초젇꾹](말 → 경)
초하룻날[초하룯날 → 초하룬날](말 → 비)
촉박하다[촉빡하다 → 초빠카다](경 → 격)
촌닭[촌닥 → 촌딱](경 → 'ㄹ'탈)
촌색시[촌색시 → 촌쌕씨](경 → 경)
촛국[촏국 → 촏꾹](말 → 경)
촛농[촏농 → 촌농](말 → 비)
촛밀[촏밀 → 촌밀](말 → 비 → 말)
촛불[촏불 → 촏뿔](말 → 경)
총역량[총녁량 → 총녕냥]('ㄴ'첨 → 비 → 비)
추깃물[추긷물 → 추긴물](말 → 비)
축받이[축빧이 → 축빠지](경 → 구)

축적물[축쩍물 → 축쩡물](경 → 비)
출발역[출발녁 → 출발력]('ㄴ'첨 → 유)
출산율[출싼율 → 출싼뉼](경 → 'ㄴ'첨)
충격값[충격깞 → 충격깝](경 → 'ㅅ'탈)
췄다[췯다 → 췯따](말 → 경)
취학률[취학뉼 → 취항뉼](비 → 비)
측량[측냥 → 층냥](비 → 비)
측만증[측만증 → 층만쯩](비 → 경)
치꽂다[치꼳다 → 치꼳따](말 → 경)
치렛말[치렏말 → 치렌말](말 → 비)
치맛말[치맏말 → 치만말](말 → 비)
치맛자락[치맏자락 → 치맏짜락](말 → 경)
치솟다[치솓다 → 치솓따](말 → 경)
치신없다[치시넙다 → 치시넙따]('ㅅ'탈 → 경)
칠석날[칠썩날 → 칠썽날](경 → 비)
칠성굿[칠썽굿 → 칠썽굳](경 → 말)
칡가루[칙가루 → 칙까루]('ㄹ'탈 → 경)
칡덤불[칙덤불 → 칙떰불]('ㄹ'탈 → 경)
칡덩굴[칙덩굴 → 칙떵굴]('ㄹ'탈 → 경)
칡밭[칙받 → 칙빧]('ㄹ'탈 → 경 → 말)
칡범[칙범 → 칙뻠]('ㄹ'탈 → 경)
칡산[칙산 → 칙싼]('ㄹ'탈 → 경)
칡소[칙소 → 칙쏘]('ㄹ'탈 → 경)
칡잎[칙잎 → 칭닙]('ㄹ'탈 → 'ㄴ'첨 → 비 → 말)
침략군[침냑군 → 침냑꾼](비 → 경)
침략기[침냑기 → 침냑끼](비 → 경)
침략상[침냑상 → 침냑쌍](비 → 경)
침략성[침냑성 → 침냑썽](비 → 경)
침략자[침냑자 → 침냑짜](비 → 경)
칫솔[칟솔 → 칟쏠](말 → 경)

<br>

# ㅋ

캤습니다[캔습니다 → 캔씀니다](말 → 경 → 비)
컸는[컫는 → 컨는](말 → 비)
컸다[컫다 → 컨따](말 → 경)
컸습니다[컫습니다 → 컫씀니다](말 → 경 → 비)
켰다[켣다 → 켣따](말 → 경)
켰습니다[켣습니다 → 켣씀니다](말 → 경 → 비)
콧구멍[콛구멍 → 콛꾸멍](말 → 경)
콧날[콛날 → 콘날](말 → 비)

한국어 발음 교육의 실제

콧노래[콛노래 → 콘노래](말 → 비)
콧등[콛등 → 콛뜽](말 → 경)
콧마루[콛마루 → 콘마루](말 → 비)
콧물[콛물 → 콘물](말 → 비)
콧방귀[콛방귀 → 콛빵귀](말 → 경)
콧소리[콛소리 → 콛쏘리](말 → 경)
콧속[콛속 → 콛쏙](말 → 경)
콧잔등[콛잔등 → 콛짠등](말 → 경)
콩깻묵[콩ː깯묵 → 콩ː깬묵](말 → 비)
콩엿[콩엳 → 콩녇]('ㄴ'첨 → 말)
콩윷[콩윧 → 콩뉻]('ㄴ'첨 → 말)
콩잎[콩닢 → 콩닙]('ㄴ'첨 → 말)
콩잎장[콩닢장 → 콩닙짱]('ㄴ'첨 → 말 → 경)
큰잎말[큰닢말 → 큰님말]('ㄴ'첨 → 말 → 비)

### ㅌ

탄값[탄깞 → 탄깝](경 → 'ㅅ'탈)
탑삭나룻[탑싹나룯 → 탑쌍나룯](경 → 비 → 말)
탓하다[탇하다 → 타타다](말 → 격)
탔다[탇다 → 탇따](말 → 경)
탔습니다[탇습니다 → 탇씀니다](말 → 경 → 비)
탕국물[탕꾹물 → 탕꿍물](경 → 비)
태없다[태업다 → 태업따]('ㅅ'탈 → 경)
댓줄[탣줄 → 탣쭐](말 → 경)
터무니없다[터무니업다 → 터무니업따]('ㅅ'탈 → 경)
턱밑[텅밑 → 텅믿](비 → 말)
턱받이[턱빧이 → 턱빠지](경 → 구)
턱살밑[턱쌀밑 → 턱쌀믿](경 → 말)
턱없다[터겁다 → 터겁따]('ㅅ'탈 → 경)
턱잎[턱닢 → 텅닙]('ㄴ'첨 → 비 → 말)
턱짓[턱찓 → 턱찓](경 → 말)
털끝만큼[털끋만큼 → 털끈만큼](말 → 비)
털빛[털삧 → 털삗](경 → 말)
털양말[털냥말 → 털량말]('ㄴ'첨 → 유)
털여물[털녀물 → 털려물]('ㄴ'첨 → 유)
털요[털뇨 → 털료]('ㄴ'첨 → 유)
텃논[턷논 → 턴논](말 → 비)
텃마당[턷마당 → 턴마당](말 → 비)
텃물[턷물 → 턴물](말 → 비)
텃밭[턷밭 → 턷빧](말 → 경 → 말)

텃새[턷새 → 턷쌔](말 → 경)
톱니잎[톰니잎 → 톰니입](비 → 말)
톳나무[톧나무 → 톤나무](말 → 비)
통닭과[통닥과 → 통닥꽈]('ㄹ'탈 → 경)
톺다[톱다 → 톱따](말 → 경)
툇마루[퇻마루 → 퇸마루/퉨ー](말 → 비)
특허권[트커권 → 트커꿘](격 → 경)
틀림없다[틀리멉다 → 틀리멉따]('ㅅ'탈 → 경)
틀일[틀닐 → 틀릴]('ㄴ'첨 → 유)

### ㅍ

파릇파릇[파륻파륻 → 파른파른](말 → 말)
파릇하다[파륻하다 → 파르타다](말 → 격)
판별역[판별녁 → 판별력]('ㄴ'첨 → 유)
팔았답니다[파랃답니다 → 파랃땀니다](말 → 경 → 비)
팠는[판는 → 판는](말 → 비)
팠다[판다 → 판따](말 → 경)
팠습니다[판습니다 → 판씀니다](말 → 경 → 비)
팥가루[판가루 → 판까루](말 → 경)
팥고물[판고물 → 판꼬물](말 → 경)
팥고추장[판고추장 → 판꼬추장](말 → 경)
팥 난다[판난다 → 판난다](말 → 비)
팥눈[판눈 → 판눈](말 → 비)
팥물[판물 → 판물](말 → 비)
팥밥[판밥 → 판빱](말 → 경)
팥비누[판비누 → 판삐누](말 → 경)
팥소[판소 → 판쏘](말 → 경)
팥잎[판닢 → 판닙](말 → 'ㄴ'첨 → 비 → 말)
팥장[판장 → 판짱](말 → 경)
팥죽[판죽 → 판쭉](말 → 경)
팥쥐[판쥐 → 판쮀](말 → 경)
팻말[팯말 → 팬말](말 → 비)
퍼더앉다[퍼더안다 → 퍼더안따]('ㅈ'탈 → 경)
퍼붓다[퍼분다 → 퍼붇따](말 → 경)
폈다[편다 → 편따](말 → 경)
폈습니다[편습니다 → 편씀니다](말 → 경 → 비)
편윷[편늋 → 편뉻]('ㄴ'첨 → 말)
폈다[편다 → 편따](말 → 경)
폈습니다[편습니다 → 편씀니다](말 → 경 → 비)
평균값[평균깞 → 평균깝](경 → 'ㅅ'탈)

폭넓다[퐁넓다 → 퐁널따](비 → 'ㅂ'탈 → 경)
폭락[폭낙 → 퐁낙](비 → 비)
폭력[폭녁 → 퐁녁](비 → 비)
폭로[폭노 → 퐁노](비 → 비)
폭리[폭니 → 퐁니](비 → 비)
폭발약[폭빨약 → 폭빨략](경 → 'ㄴ'첨 → 유)
푠말[푠말 → 푠말](말 → 비)
푸릇푸릇[푸른푸릇 → 푸른푸른](말 → 말)
푸릇하다[푸른하다 → 푸르타다](말 → 격)
푸짓잇[푸진잇 → 푸진닏](말 → 'ㄴ'첨 → 비 → 말)
풀빛[풀삧 → 풀삗](경 → 말)
풀숲[풀쑾 → 풀쑵](경 → 말)
풀잎[풀닢 → 풀립]('ㄴ'첨 → 유 → 말)
품값[품깞 → 품깝](경 → 'ㅅ'탈)
품삯[품쌊 → 품싻](경 → 'ㅅ'탈)
풋가지[푿가지 → 푿까지](말 → 경)
풋감[푿감 → 푿깜](말 → 경)
풋거름[푿거름 → 푿꺼름](말 → 경)
풋것[푿것 → 푿껃](말 → 경 → 말)
풋게[푿게 → 푿께](말 → 경)
풋고추[푿고추 → 푿꼬추](말 → 경)
풋곡식[푿곡식 → 푿꼭씩](말 → 경 → 경)
풋과일[푿과일 → 푿꽈일](말 → 경)
풋기운[푿기운 → 푿끼운](말 → 경)
풋김치[푿김치 → 푿낌치](말 → 경)
풋나무[푿나무 → 푼나무](말 → 비)
풋나물[푿나물 → 푼나물](말 → 비)
풋낯[푿낯 → 푼낟](말 → 비 → 말)
풋내[푿내 → 푼내](말 → 비)
풋내기[푿내기 → 푼내기](말 → 비)
풋눈[푿눈 → 푼눈](말 → 비)
풋담배[푿담배 → 푿땀배](말 → 경)
풋대[푿대 → 푿때](말 → 경)
풋대추[푿대추 → 푿때추](말 → 경)
풋돈냥[푿돈냥 → 푿똔냥](말 → 경)
풋되다[푿되다 → 푿뙤다/-뛔다](말 → 경)
풋마늘[푿마늘 → 푼마늘](말 → 비)
풋머루[푿머루 → 푼머루](말 → 비)
풋머리[푿머리 → 푼머리](말 → 비)
풋면목[푿면목 → 푼면목](말 → 비)
풋바둑[푿바둑 → 푿빠둑](말 → 경)
풋바람[푿바람 → 푿빠람](말 → 경)

풋바심[푿바심 → 푿빠심](말 → 경)
풋밤[푿밤 → 푿빰](말 → 경)
풋밭[푿밭 → 푿빧](말 → 경 → 말)
풋배[푿배 → 푿빼](말 → 경)
풋벼[푿벼 → 푿뼈](말 → 경)
풋병아리[푿병아리 → 푿뼝아리](말 → 경)
풋보리[푿보리 → 푿뽀리](말 → 경)
풋사과[푿사과 → 푿싸과](말 → 경)
풋사랑[푿사랑 → 푿싸랑](말 → 경)
풋사위[푿사위 → 푿싸위](말 → 경)
풋솜씨[푿솜씨 → 푿쏨씨](말 → 경)
풋수[푿수 → 푿쑤](말 → 경)
푿수염 → 풋수염[푿쑤염](말 → 경)
풋술[푿술 → 푿쑬](말 → 경)
풋심[푿심 → 푿씸](말 → 경)
풋윷[푿윷 → 푿늍](말 → 'ㄴ'첨 → 말)
풋잠[푿잠 → 푿짬](말 → 경)
풋장[푿장 → 푿짱](말 → 경)
풋장기[푿장기 → 푿짱기](말 → 경)
풋절이[푿절이 → 푿쩌리](말 → 경)
풋젓[푿젓 → 푿쩓](말 → 경 → 말)
풋정[푿정 → 푿쩡](말 → 경)
풋하다[푿하다 → 푸타다](말 → 격)
풍류굿[풍뉴굿 → 풍뉴굳](비 → 말)
피차없다[피차업다 → 피차업따]('ㅅ'탈 → 경)
핏물[핃물 → 핀물](말 → 비)
핏발[핃발 → 핀빨](말 → 경)
핏속[핃속 → 핃쏙](말 → 경)
핏줄[핃줄 → 핃쭐](말 → 경)

ㅎ

하굣길[하곧길 → 하곧낄](말 → 경)
하늘빛[하늘삧 → 하늘삗](경 → 말)
하룻날[하룯날 → 하룬날](말 → 비)
하룻망아지[하룯망아지 → 하룬망아지](말 → 비)
하룻밤[하룯밤 → 하룬빰](말 → 경)
하릴없다[하리럽다 → 하리럽따]('ㅅ'탈 → 경)
하빗하빗[하빋하빗 → 하비타빋](말 → 격 → 말)
하염없다[하여멉다 → 하여멉따]('ㅅ'탈 → 경)
하엽빛[하엽삧 → 하엽삗](경 → 말)

하였다[하연다 → 하엳따](말 → 경)
하였듯[하연듣 → 하엳뜯](말 → 경 → 말)
하였습니다[하연습니다 → 하엳씀니다](말 → 경 →
　　비)
하잘것없다[하잘걷없다 → 하잘꺼덥따](경 → 절
　　→'ㅅ'탈 → 경)
하짓날[하짇날 → 하진날](말 → 비)
하짓머리[하짇머리 → 하진머리](말 → 비)
학굣길[학꾿길 → 학꾿낄](경 → 말 → 경)
학급회의[학끕회의 → 학끄푀의/-풰이](경 → 격/경
　　→ 격 → 단)
학력[학녁 → 항녁](비 → 비)
학령[학녕 → 항녕](비 → 비)
학습날[학씁날 → 학씀날](경 → 비)
학습장[학씁장 → 학씁짱](경 → 경)
한갓지다[한간지다 → 한갇찌다](말 → 경)
한것기[한걷기 → 한걷끼](말 → 경)
한량없다[할량없다 → 할량업따](유 → 탈 → 경)
한몫하다[한목하다 → 한모카다]('ㅅ'탈 → 격)
한솥밥[한솓밥 → 한솓빱](말 → 경)
한없다[하넙다 → 하넙따]('ㅅ'탈 → 경)
한옆[한녚 → 한녑]('ㄴ'첨 → 말)
할긋대다[할귿대다 → 할근때다](말 → 경)
할긋할긋[할귿할긋 → 할그탈근](말 → 격 → 말)
할깃할깃[할긷할긷 → 할기탈긷](말 → 격 → 말)
할낏할낏[할낃할낃 → 할끼탈낃](말 → 격 → 말)
할낏할낏[할낀할낃 → 할끼탈낀](말 → 격 → 말)
할 일[할닐 → 할릴]('ㄴ'첨 → 유)
핥는[할는 → 할른]('ㅌ'탈 → 유)
핥다[할다 → 할따]('ㅌ'탈 → 경)
합격자[합격자 → 합껵짜](경 → 경)
합격한[합격한 → 합껵칸](경 → 격)
합력[합녁 → 함녁](비 → 비)
합류[합뉴 → 함뉴](비 → 비)
합리[합니 → 함니](비 → 비)
합병증[합뼝증 → 합뼝쯩](경 → 경)
핫것[핟것 → 핟껃](말 → 경 → 말)
핫바지[핟바지 → 핟빠지](말 → 경)
핫반[핟반 → 핟빤](말 → 경)
핫옷[하돗 → 하돋](절 → 말)
핫이불[한이불 → 한니불](말 →'ㄴ'첨 → 비)
핫저고리[핟저고리 → 핟쩌고리](말 → 경)

해끗해끗[해끋해끋 → 해끄태끋](말 → 격 → 말)
해롭습니다[해롭씁니다 → 해롭씀니다](경 → 비)
해맑다[해막다 → 해막따]('ㄹ'탈 → 경)
핼끗핼끗[핼끋핼끋 → 핼끄탤끋](말 → 격 → 말)
햇가지[핻가지 → 핻까지](말 → 경)
햇감[핻감 → 핻깜](말 → 경)
햇감자[핻감자 → 핻깜자](말 → 경)
햇거지[핻거지 → 핻꺼지](말 → 경)
햇것[핻것 → 핻껃](말 → 경 → 말)
햇고구마[핻고구마 → 핻꼬구마](말 → 경)
햇고사리[핻고사리 → 핻꼬사리](말 → 경)
햇곡[핻곡 → 핻꼭](말 → 경)
햇곡식[핻곡식 → 핻꼭씩](말 → 경 → 경)
햇과일[핻과일 → 핻꽈일](말 → 경)
햇귀[핻귀 → 핻뀌](말 → 경)
햇김[핻김 → 핻낌](말 → 경)
햇김치[핻김치 → 핻낌치](말 → 경)
햇나물[핻나물 → 핸나물](말 → 비)
햇누룩[핻누룩 → 핸누룩](말 → 비)
햇닭[핻닭 → 핻딱](말 → 경 →'ㄹ'탈)
햇동[핻동 → 핻똥](말 → 경)
햇돌[핻돌 → 핻똘](말 → 경 → 말)
햇무리[핻무리 → 핸무리](말 → 비)
햇물[핻물 → 핸물](말 → 비)
햇박[핻박 → 핻빡](말 → 경)
햇밤[핻밤 → 핻빰](말 → 경)
햇밥[핻밥 → 핻빱](말 → 경)
햇벼[핻벼 → 핻뻐](말 → 경)
햇병아리[핻병아리 → 핻뼝아리](말 → 경)
햇볕[핻볃 → 핻뼏](말 → 경 → 말)
햇보리[핻보리 → 핻뽀리](말 → 경)
햇빛[핻빛 → 핻삗](말 → 경 → 말)
햇사과[핻사과 → 핻싸과](말 → 경)
햇살[핻살 → 핻쌀](말 → 경)
햇소[핻소 → 핻쏘](말 → 경)
햇솜[핻솜 → 핻쏨](말 → 경)
햇순[핻순 → 핻쑨](말 → 경)
햇잎[핻잎 → 핸닙](말 →'ㄴ'첨 → 비 → 말)
했는[핻는 → 핸는](말 → 비)
했다[핻다 → 핻따](말 → 경)
했답니다[핻답니다 → 핻땀니다](말 → 경 → 비)
했습니다[핻습니다 → 핻씀니다](말 → 경 → 비)

했잖아[핻잖아 → 핻짜나](말 → 경 →'ㅎ'탈)
행랑것[행낭것 → 행낭껃](비 → 경 → 말)
향긋한[향귿한 → 향그탄](말 → 격)
허드렛물[허드렏물 → 허드렌물](말 → 비)
허드렛일[허드렏일 → 허드렌닐](말 → 첨 → 비)
허리꺾기[허리걱기 → 허리꺽끼](말 → 경)
허리샅바[허리삳바 → 허리삳빠](말 → 경)
허릿매[허릳매 → 허린매](말 → 비)
허릿심[허릳심 → 허릳씸](말 → 경)
허물없다[허무럽다 → 허무럽따]('ㅅ'탈 → 경)
허빗허빗[허빋허빗 → 허비터빋](말 → 격 → 말)
헉헉대다[허컥대다 → 허컥때다](격 → 경)
헐벗다[헐벋다 → 헐벋따](말 → 경)
헐수할수없다[헐쑤할수없다 → 헐쑤할쑤업다](경
    → 경 →'ㅅ'탈 → 경)
헛가게[헏가게 → 헏까게](말 → 경)
헛가래[헏가래 → 헏까래](말 → 경)
헛간[헏간 → 헏깐](말 → 경)
헛갈리다[헏갈리다 → 헏깔리다](말 → 경)
헛개[헏개 → 헏깨](말 → 경)
헛걱정[헏걱정 → 헏꺽쩡](말 → 경 → 경)
헛걸음[헏걸음 → 헏꺼름](말 → 경)
헛것[헏걷 → 헏껃](말 → 경 → 말)
헛고생[헏고생 → 헏꼬생](말 → 경)
헛공부[헏공부 → 헏꽁부](말 → 경)
헛구역[헏구역 → 헏꾸역](말 → 경)
헛구호[헏구호 → 헏꾸호](말 → 경)
헛글[헏글 → 헏끌](말 → 경)
헛기르다[헏기르다 → 헏끼르다](말 → 경)
헛기운[헏기운 → 헏끼운](말 → 경)
헛기침[헏기침 → 헏끼침](말 → 경)
헛길[헏길 → 헏낄](말 → 경)
헛김[헏김 → 헏낌](말 → 경)
헛나이[헏나이 → 헌나이](말 → 비)
헛날[헏날 → 헌날](말 → 비)
헛노릇[헏노릇 → 헌노른](말 → 경 → 말)
헛농사[헏농사 → 헌농사](말 → 비)
헛놓다[헏놓다 → 헌노타](말 → 비 → 격)
헛눈[헏눈 → 헌눈](말 → 비)
헛늙다[헏늙다 → 헌늑따](말 → 비 →'ㄹ'탈 → 경)
헛다리[헏다리 → 헏따리](말 → 경)
헛돈[헏돈 → 헏똔](말 → 경)

헛돌다[헏돌다 → 헏똘다](말 → 경)
헛동자[헏동자 → 헏똥자](말 → 경)
헛되다[헏되다 → 헏뙤다/-뛔-](말 → 경)
헛듣다[헏듣다 → 헏뜯따](말 → 경 → 경)
헛맞다[헏맞다 → 헌맏따](말 → 비 → 말 → 경)
헛맞히다[헏맞히다 → 헌마치다](말 → 비 → 격)
헛맹세[헏맹세 → 헌맹세](말 → 비)
헛먹다[헏먹다 → 헌먹따](말 → 비 → 경)
헛물[헏물 → 헌물](말 → 비)
헛바람[헏바람 → 헏빠람](말 → 경)
헛바퀴[헏바퀴 → 헏빠퀴](말 → 경)
헛발[헏발 → 헏빨](말 → 경)
헛방[헏방 → 헏빵](말 → 경)
헛방귀[헏방귀 → 헏빵귀](말 → 경)
헛배[헏배 → 헏빼](말 → 경)
헛보다[헏보다 → 헏뽀다](말 → 경)
헛부엌[헏부엌 → 헏뿌억](말 → 경 → 말)
헛불[헏불 → 헏뿔](말 → 경)
헛살다[헏살다 → 헏쌀다](말 → 경)
헛생각[헏생각 → 헏쌩각](말 → 경)
헛생색[헏생색 → 헏쌩색](말 → 경)
헛선심[헏선심 → 헏썬심](말 → 경)
헛세월[헏세월 → 헏쎄월](말 → 경)
헛소동[헏소동 → 헏쏘동](말 → 경)
헛소리[헏소리 → 헏쏘리](말 → 경)
헛소문[헏소문 → 헏쏘문](말 → 경)
헛손질[헏손질 → 헏쏜질](말 → 경)
헛솥[헏솥 → 헏쏟](말 → 경 → 말)
헛수[헏수 → 헏쑤](말 → 경)
헛수고[헏수고 → 헏쑤고](말 → 경)
헛숨[헏숨 → 헏쑴](말 → 경)
헛열매[헏열매 → 헌녈매](말 →'ㄴ'첨 → 비)
헛일[헏일 → 헌닐](말 →'ㄴ'첨 → 비)
헛잎[헏잎 → 헌닙](말 →'ㄴ'첨 → 비 → 말)
헛잠[헏잠 → 헏짬](말 → 경)
헛잡다[헏잡다 → 헏짭따](말 → 경 → 경)
헛장[헏장 → 헏짱](말 → 경)
헛장사[헏장사 → 헏짱사](말 → 경)
헛집[헏집 → 헏찝](말 → 경)
헛짓[헏짓 → 헏찓](말 → 경 → 말)
헛헛증[헏헏증 → 허턷쯩](말 → 격 → 말 → 경)
헝겊신[헝겁신 → 헝겁씬](말 → 경)

한국어 발음 교육의 실제

헤묽다[헤묵다 → 헤묵따]('ㄹ'탈 → 경)
헬멧과[헬멛과 → 헬멛꽈](말 → 경)
헷갈리다[헫갈리다 → 헫깔리다](말 → 경)
혀끝소리[혀끋소리 → 혀끋쏘리](말 → 경)
협력[협녁 → 혐녁](비 → 비)
협력하다[협녁하다 → 혐녀카다](비 → 비 → 격)
혓밑[혇밑 → 현믿](말 → 비 → 말)
혓바닥[혇바닥 → 혇빠닥](말 → 경)
혔다[혇다 → 혇따](말 → 경)
혔습니다[혇습니다 → 혇씀니다](말 → 경 → 비)
형편없다[형편업다 → 형펴넙따]('ㅅ'탈 → 경)
호들갑스럽다[호들갑쓰럽다 → 호들갑쓰럽따](경 → 경)
호박엿[호박녓 → 호방녇]('ㄴ'첨 → 비 → 말)
호박잎[호박닢 → 호방닙]('ㄴ'첨 → 비 → 말)
호빗호빗[호빋호빗 → 호비토빋](말 → 격 → 말)
호젓하다[호젇하다 → 호저타다](말 → 격)
혹독한[혹똑한 → 혹또칸](경 → 격)
혼잣말[혼잗말 → 혼잔말](말 → 비)
홍보석같이[홍보석갇이 → 홍보석까치](경 → 구)
홑거리[혼거리 → 혼꺼리](말 → 경)
홑겹[혼겹 → 혼꼅](말 → 경)
홑고깔[혼고깔 → 혼꼬깔](말 → 경)
홑고쟁이[혼고쟁이 → 혼꼬쟁이](말 → 경)
홑그루[혼그루 → 혼끄루](말 → 경)
홑금[혼금 → 혼끔](말 → 경)
홑기계[혼기계 → 혼끼계/-게](말 → 경)
홑껍데기[혼껍데기 → 혼껍떼기](말 → 경)
홑꽃잎[혼꽃잎 → 혼꼰닙](말→말→'ㄴ'첨→비→말)
홑낚시[혼낚시 → 혼낙씨](말 → 비 → 말 → 경)
홑낫표[혼낫표 → 혼낟표](말 → 비 → 말)
홑눈[혼눈 → 혼눈](말 → 비)
홑단[혼단 → 혼딴](말 → 경)
홑단청[혼단청 → 혼딴청](말 → 경)
홑단치마[혼단치마 → 혼딴치마](말 → 경)
홑담[혼담 → 혼땀](말 → 경)
홑닿소리[혼닿소리 → 혼따쏘리](말 → 경 → 'ㅎ'탈 → 경)
홑대패[혼대패 → 혼때패](말 → 경)
홑몸[혼몸 → 혼몸](말 → 비)
홑무늬[혼무늬 → 혼무니](말 → 비 → 단)
홑무덤[혼무덤 → 혼무덤](말 → 비)
홑문장[혼문장 → 혼문장](말 → 비)

홑바지[혼바지 → 혼빠지](말 → 경)
홑버선[혼버선 → 혼뻐선](말 → 경)
홑벌[혼벌 → 혼뻘](말 → 경)
홑벽[혼벽 → 혼뼉](말 → 경)
홑볏[혼볓 → 혼뼏](말 → 경 → 말)
홑소리[혼소리 → 혼쏘리](말 → 경)
홑수[혼수 → 혼쑤](말 → 경)
홑실[혼실 → 혼씰](말 → 경)
홑열매[혼열매 → 혼녈매](말→'ㄴ'첨 → 비)
홑옷[호돗 → 호돋](절 → 말)
홑이불[혼이불 → 혼니불](말→'ㄴ'첨 → 비)
홑잎[혼잎 → 혼닙](말→'ㄴ'첨 → 비 → 말)
홑자락[혼자락 → 혼짜락](말 → 경)
홑적삼[혼적삼 → 혼쩍쌈](말 → 경 → 경)
홑집[혼집 → 혼찝](말 → 경)
화났다[화난다 → 화난따](말 → 경)
화석연료[화석년료 → 화성녈료](첨 → 비 → 유)
확률[확늘 → 황뉼](비 → 비)
확립[확닙 → 황닙](비 → 비)
확립하다[확닙하다 → 황니파다](비 → 비 → 격)
홧홧[환홧 → 화탇](말 → 격 → 말)
황금빛[황금빋 → 황금삗](경 → 말)
횃불[홷불 → 홷뿔](말 → 경)
회색빛[회색삗 → 회색삗/훼-](경 → 말)
횟수[획수 → 횓쑤/훼-](말 → 경)
후빗후빗[후빋후빗 → 후비투빋](말 → 격 → 말)
훌닦다[훌닥다 → 훌닥따](말 → 경)
훑다[훌다 → 훌따]('ㅌ'탈 → 경)
훗날[훋날 → 훈날](말 → 비)
훗배앓이[훋배앓이 → 훈빼아리](말 → 경 → 탈)
훗일[훋일 → 훈닐](말→'ㄴ'첨 → 비)
휘발유[휘발뉴 → 휘발류]('ㄴ'첨 → 유)
휘젓다[휘젇다 → 휘젇따](말 → 경)
횟손[획손 → 횓쏜](말 → 경)
흐릿하다[흐릳하다 → 흐리타다](말 → 격)
흐릿흐릿[흐릳흐릳 → 흐리트릳](말 → 격 → 말)
흐뭇하다[흐묻하다 → 흐무타다](말 → 격)
흐뭇흐뭇[흐묻흐묻 → 흐무트묻](말 → 격 → 말)
흘긋흘긋[흘귿흘귿 → 흘그틀근](말 → 격 → 말)
흘깃할깃[흘긷할긷 → 흘기탈긷](말 → 격 → 말)
흘깃흘깃[흘긷흘긷 → 흘기틀긷](말 → 격 → 말)
흘끗흘끗[흘끋흘끋 → 흘끄틀끋](말 → 격 → 말)

흘낏흘낏[흘낀흘낏 → 흘끼틀낃](말→ 격 → 말)
흙감태기[흑감태기 → 흑깜태기]('ㄹ'탈→ 경)
흙구덩이[흑구덩이 → 흑꾸덩이]('ㄹ'탈→ 경)
흙 나르다[흑나르다 → 흥나르다]('ㄹ'탈→ 비)
흙내[흑내 → 흥내]('ㄹ'탈→ 비)
흙냄새[흑냄새 → 흥냄새]('ㄹ'탈→ 비)
흙다리[흑다리 → 흑따리]('ㄹ'탈→ 경)
흙더미[흑더미 → 흑떠미]('ㄹ'탈→ 경)
흙덩어리[흑덩어리 → 흑떵어리]('ㄹ'탈→ 경)
흙덩이[흑덩이 → 흑떵이]('ㄹ'탈→ 경)
흙도배[흑도배 → 흑또배]('ㄹ'탈→ 경)
흙뒤[흑뒤 → 흑뛰]('ㄹ'탈→ 경)
흙마루[흑마루 → 흥마루]('ㄹ'탈→ 비)
흙막이[흑막이 → 흥마기]('ㄹ'탈→ 비)
흙만[흑만 → 흥만]('ㄹ'탈→ 비)
흙먼지[흑먼지 → 흥먼지]('ㄹ'탈→ 비)
흙모래[흑모래 → 흥모래]('ㄹ'탈→ 비)
흙무더기[흑무더기 → 흥무더기]('ㄹ'탈→ 비)
흙무지[흑무지 → 흥무지]('ㄹ'탈→ 비)
흙문[흑문 → 흥문]('ㄹ'탈→ 비)
흙물[흑물 → 흥물]('ㄹ'탈→ 비)
흙뭉치[흑뭉치 → 흥뭉치]('ㄹ'탈→ 비)
흙바닥[흑바닥 → 흑빠닥](말→ 경)
흙바람[흑바람 → 흑빠람]('ㄹ'탈→ 경)
흙바탕[흑바탕 → 흑빠탕]('ㄹ'탈→ 경)
흙받기[흑받기 → 흑빧끼]('ㄹ'탈→ 경 → 경)
흙발[흑발 → 흑빨]('ㄹ'탈→ 경)
흙밥[흑밥 → 흑빱]('ㄹ'탈→ 경)
흙방[흑방 → 흑빵]('ㄹ'탈→ 경)
흙벽[흑벽 → 흑뼉]('ㄹ'탈→ 경)
흙벽돌[흑벽돌 → 흑뼉똘]('ㄹ'탈→ 경 → 경)
흙비[흑비 → 흑삐]('ㄹ'탈→ 경)
흙비료[흑비료 → 흑삐료]('ㄹ'탈→ 경)
흙빛[흑뼃 → 흑삗]('ㄹ'탈→ 경 → 말)
흙살[흑살 → 흑쌀]('ㄹ'탈→ 경)
흙손[흑손 → 흑쏜]('ㄹ'탈→ 경)
흙신발[흑신발 → 흑씬발]('ㄹ'탈→ 경)
흙일[흑일 → 흥닐]('ㄹ'탈→'ㄴ'첨 → 비)
흙장난[흑장난 → 흑짱난]('ㄹ'탈→ 경)
흙점[흑점 → 흑쩜]('ㄹ'탈→ 경)
흙질[흑질 → 흑찔]('ㄹ'탈→ 경)
흙짐[흑짐 → 흑찜]('ㄹ'탈→ 경)

흙집[흑집 → 흑찝]('ㄹ'탈→ 경)
흙탕길[흑탕길 → 흑탕낄]('ㄹ'탈→ 경)
흙풍로[흑풍로 → 흑풍노]('ㄹ'탈→ 비)
흙화덕[흑화덕 → 흐콰덕]('ㄹ'탈→ 격)
흠칫흠칫[흠칟흠칟 → 흠치틈칟](말→ 격 → 말)
흡족하다[흡쪽하다 → 흡쪼카다](경 → 격)
흩날리다[흗날리다 → 흔날리다](말→ 비)
흩다[흗다 → 흗따](말→ 경)
희끗하다[히끋하다 → 히끄타다](단→ 말→ 격)
희끗희끗[히끋히끋 → 히끄티끋](단→ 말→ 격 →
    단→ 말)
흰맷새[힌맫새 → 힌맫쌔](단→ 말→ 경)
흰엿[힌엿 → 힌녇](단→'ㄴ'첨→ 말)
힐긋힐긋[힐귿힐귿 → 힐그티귿](말→ 격→ 말)
힐끗힐끗[힐끋힐끋 → 힐끄티끋](말→ 격→ 말)
힘없는[히업는 → 히엄는]('ㅅ'탈→ 비)
힘없다[히업다 → 히엄따]('ㅅ'탈→ 경)
힘입다[힘닙다 → 힘닙따]('ㄴ'첨 → 경)

한국어 발음 교육의 실제